개정판

PUBLIC
PERSONNEL
ADMINISTRATION

인사행정론

김판석 · 최무현 · 한유성

法文社

2nd Edition Preface 개정판 머리말

책의 초판이 나온 이래 1년 반이 지나면서, 부분적인 수정과 보완이 필요하다고 판단하여 개정판을 내놓게 되었다. 시간이 흐른다고 사람관리의 방식이 크게 바뀌지는 않지만, 행정학의 다른 분야에 비해서 인사행정은 비교적 빠르게 변하는 측면을 고려하였고, 공저자와 집필할 때 파생하는 일부 차이점을 보완하며 일관성과 통일성을 제고하고자 하였다. 개정판을 내며 보완한 점은 다음과 같다.

첫째, 우리나라 인사행정교과서에서 처음으로 다루게 된 제15장의 '보건안전과 재해보상'에 대한 설명을 보완하였다. 지난 1963년에 제정한 산업재해보상보험법(약칭 산재보험법)에 기초한 민간분야의 산재보상에 이어서, 2018년에 제정한 공무원재해보상법에 근거한 공무원 재해보상(public officials' accident compensation)을 좀 더 체계적으로 설명하며 공무상 재해보상 심사체계와 인정범위 등을 보완하였다.

둘째, 제2장을 '인사행정의 법적 체계와 보호'라는 명칭으로 수정하고, 직원보호(employee protection) 차원에서 직장 내 차별금지와 관련된 개별법(남녀고용평등법, 장애인차별금지법, 고령자고용법, 기간제법, 외국인고용법 등)에 대한 논의를 추가하였다. 또한 국회의 입법과정에서 논란이 되고 있는 포괄적 차원의 차별금지법안에 대한 법률적 맥락도 살펴보며 평등고용에 관한 법적 체계(legal framework of equal employment)를 보충하였다.

셋째, 인사행정의 제도적 기반(직업공무원제, 엽관제, 실적제, 계급제, 직위분류제 등)을 설명하며 우리의 역사적 제도발전에 대해서도 보충하였다. 신라시대에 도입을 시도한 독서삼품과, 고려시대에 도입하여 조선 말기까지 시행된 과거제도는 공개경쟁채용시험이라는 차원에서 소중한 유산이다. 또한 왕조시대의 중앙인사기관인 이조(吏曹) 등에 관한 설명도 추가하였다. 앞으로도 과거와 현대를 아우르는 노력을 계속 경주할 것이다.

넷째, 제5장 '대표관제와 다양성 관리'에서 다양성 관리(diversity management) 내용을 보완하였으며, 균형인사제도의 실상을 최신 자료로 업데이트하였다. 양성평등, 장애인, 과학기술인력, 지방·지역인재 채용과 더불어 주목을 받고 있는 사회통합형 인재 채용(저소득층, 북한이탈주민, 외국인 등)에 대한 자료도 모두 업데이트하였다.

2nd Edition Preface 개정판 머리말

다섯째, 새로 변경된 인사제도 등을 반영하였다. '공무원 성과평가 등에 관한 규정'의 개정(2022년 12월)으로 승진후보자 명부 작성 시에 근무성적평가 점수의 90퍼센트와 경력평정 점수의 10퍼센트를 반영함으로써 실적주의를 강화하였는데, 이를 제12장 '성과평가'에 반영하였다. 또한 공채시험제도의 변화사항(응시연령 통일, 5급 공채시험의 2차 시험 선택과목 폐지 예정, 한국사검정시험 인정기간 폐지, 지역인재와 지방인재 인정범위 확대 등)을 제8장 '인력계획, 모집과 선발'에 반영하였다.

마지막으로, 제11장 '역량기반 인적자원관리'에서 역량기반 교육과정(competency-based curriculum: CBC)에 대한 논의를 수정 보완하였다. 또한 저출산·고령화 극복을 위해 맞춤형 복지제도에 새로 추가된 사항(첫째자녀 출산축하점수 부여 등)을 제14장 '공무원복지와 연금'에 반영하였다.

초판에서도 언급했듯이, 인사행정의 주요 활동영역을 알기 쉽게 보여주는 것이 '인적자원 바퀴'(HR Wheel)라고 할 수 있는데, 그간 이 바퀴의 일부가 발전하지 못하여 부분적으로 울퉁불퉁한 면이 있었다. 그러나 이제는 그런 부분들이 상당히 해소되어 거의 원형에 가까운 인적자원 바퀴가 구축되었다고 할 수 있다. 앞으로도 정부의 인사제도는 계속 발전해갈 것이므로 새로 바뀌거나 미진한 부분은 개정하며 반영해 갈 것이다. 끝으로 개정판의 출간을 위해 애쓴 유진걸 과장님을 비롯한 법문사 관계자들과 원고를 세심하게 편집해준 배은영 선생님께 감사드린다.

2023년 3월
저자들을 대신하여
김판석

Preface 머리말

이 책을 집필하면서 책의 명칭을 인사행정론이라는 전통적 명칭과 달리할까를 검토하였지만, 한국 대학(원)의 많은 행정학과 교과목 등에서 여전히 인사행정이라는 표현을 대부분 지속적으로 사용하고 있는 상황을 고려하여 혼란을 피하고자 그대로 유지하기로 하였다. 그렇지만 행정환경과 시대적 변화 등을 고려하여 인사라는 말의 맥락을 인적자원(human resource)으로 이해하고 인적자원관리의 맥락에서 이 책을 집필하게 되었음을 밝힌다.

인사행정의 발전은 인사행정 분야에서 활동했거나 활동하고 있는 많은 학자와 실무자들이 함께 노력하고 연구해온 집단지성의 축적에 의한 발전결과라고 할 수 있다. 따라서 이 책은 인사행정 발전에 직간접적으로 헌신한 많은 학자와 실무자들의 기여를 발판으로 삼아 3인의 공저자가 협력하여 내놓게 된 것이다.

이 책을 집필하면서 중점을 둔 사항들을 정리하면 다음과 같다. 첫째, 인사를 인적자원 관점에서 무한한 발전 가능성에 주목하면서, 인적자원을 통제하기보다는 인간존중의 시각에서 인사행정을 도모하는 데 주목하였다. 주권재민 차원의 국민존중은 말할 것도 없거니와 공직자에 대한 인사관리도 인간존중 차원에서 새롭게 살펴볼 필요가 있다. 미진한 부분이 있겠지만, 이를 반영하려고 노력하였으며 부족한 부분은 앞으로 보완해나갈 것이다.

둘째, 기존의 인사행정에서 부분적으로 빠져 있거나 가볍게 다뤄진 부분을 확인하여, 가능하면 그런 부분들을 보충하고자 하였다. 우선 제1장에서 인사행정의 의의와 맥락 다음의 후반부에 4차산업혁명에 따른 신기술의 발달을 고려해서 인사행정도 전자인사관리시스템(e-사람)을 활용하는 것이 필요하므로 이에 관한 내용을 담았다. 그리고 제2장에서 인사행정의 법적 체계와 최근의 인사행정 법령 소개와 직장 내 쟁점(성희롱과 괴롭힘 등)을 다루었다. 제3장과 제4장에서는 제도적 기반(직업공무원제, 엽관제, 실적제, 계급제, 직위분류제)을 담았으며, 제5장에서는 대표관료제와 다양성 관리(diversity management) 부분을 보강하며 균형인사제도도 포함하였다. 제6장(인사기관)과 제7장(공무원의 구분)은 기존 체제를 원용하였다.

셋째, 그간 모집과 선발 그리고 승진과 이동 등이 함께 혼재되어 논의되어온 점

Preface 머리말

을 고려하여 제8장에서 인력계획과 모집 및 선발을 다루었다. 그리고 제9장에서 공무원 이동(수직적 이동과 수평적 이동 등)을 경력개발과 함께 다루면서 시대 흐름을 반영하여 퇴직관리에 대한 부분도 보충하였다. 제10장에서는 교육훈련 외에 개발 부분을 보충하며 학습이론도 추가하였다. 또한 역량이 날로 중요해지는 시대적 상황을 고려하여 역량기반 인적자원관리를 제11장으로 분리하여 역량기반 인사행정을 도모하였다.

넷째, 제12장에서는 성과평가를 그리고 제13장에서는 보수관리를 다루고 있다. 그간 후생복지에 관한 내용이 인사행정 교과서에서 제대로 다뤄지지 못한 상황을 개선하고자 제14장에서 이를 연금과 함께 다루고 있다. 후생복지라는 말은 비슷한 용어의 중복사용이라는 점과 이미 군인의 경우에는 군인복지라는 말이 널리 사용되고 있는 점에 주목하여 공무원 후생복지라는 표현보다 공무원복지라는 용어를 사용하며 이 부분을 보충하였다.

다섯째, 국내외 경영학계의 인사관리론에서는 오래전부터 안전과 보건을 다루어 왔는데, 행정학분야의 인사행정론에서는 이 부분을 다루지 못했다. 우리나라가 이제는 상당히 발전했기 때문에 재해와 질병의 개인화(재해와 질병의 원인을 개인에게서 찾는 현상)를 내버려 둬서는 안 된다고 생각한다. 다행히 지난 2018년에 공무원재해보상법도 제정되고 인사혁신처에 관련 조직도 설치되었으므로 이 부분에 대한 보충이 절실하다고 판단되어 제15장에서 보건안전과 재해보상을 다루고 있으며 이 부분은 인간존중(헌법 제10조의 맥락)의 철학과 정신을 잘 반영하는 부분이라고 생각된다.

여섯째, 그간 정치발전과정에서 발전속도가 다소 지체된 공무원노동조합에 대한 제도발전에 대한 논의를 보충하고, 노사관계도 이제는 교착상태를 넘어 실질적으로 상생하는 방향으로 발전해가야 한다는 관점에서 제16장에서 단체교섭(collective bargaining)에 관한 실천적인 부분을 보강하였다. 그리고 공무원도 보통 사람(ordinary people)의 일부라는 점을 재인식하면서 공무원의 의무뿐만 아니라, 공무원의 권리도 함께 존중하는 시각이 필요한 때가 되었으므로 제17장에서 공무원의 권리와 의무를 함께 다루고 있다.

일곱째, 제18장에서 공직윤리와 관련된 여러 법령을 종합적으로 살펴보고, 관련 법령들의 내용과 소관 부처 등을 고려하여 인사혁신처가 주로 관리하는 법령을 중심으로 공직윤리를 정리하였다. 그런데 부패방지 관련 법과 공직자 이해충돌방지법 등 관련 법령이 많고 복잡해진 점을 고려하여 부패에 대한 일반론 등은 이 책에 담지 않았다. 사회 전반의 윤리의식이 높아지면서 공직윤리 수준도 제고되어야 할 것이므로 공직윤리 제도는 앞으로도 계속 발전해갈 것으로 예상한다.

우리나라의 인사행정은 그간 지속적인 발전을 해왔다고 보며, 이제는 다른 선진국들의 경우와 비교해도 크게 손색이 없다고 본다. 인사행정의 주요 활동과 영역을 알기 쉽게 잘 보여주는 도식 중에서 자주 활용되는 것이 인적자원 바퀴(HR Wheel)라고 할 수 있는데, 그간 인적자원 바퀴의 일부가 발전하지 못하여 부분적으로 울퉁불퉁한 면이 있었다고 한다면, 이제는 그러한 부분들이 상당히 해소되어 거의 원형에 가까운 인적자원 바퀴가 구축되었다고 볼 수 있을 것 같다.

다른 나라와 비교할 때, 우리나라 인사행정의 특징 중의 하나는 그간 제도개혁이 비교적 활발하게 이루어져 왔다는 점을 지적할 수 있는데. 이러한 추세가 지속되면 인사행정론의 개정작업도 계속되어야 하지 않을까 한다. 따라서 미진한 부분은 앞으로 개정작업을 하면서 보완해나가도록 하겠다. 끝으로 이 책의 출간을 위해 애쓴 김성주 팀장님을 비롯한 법문사 관계자들과 원고를 세심하게 편집해준 배은영 선생님께 감사드린다.

2021년 6월
저자들을 대신하여
김판석

Contents 차 례

제2편 인사행정의 제도적 기반

Contents 차례

Contents 차례

Contents 차례

제4편 인적자원개발

제10장 교육훈련과 개발

제11장 역량기반 인적자원관리

Contents 차례

Contents 차례

Contents 차 례

제18장 공직윤리와 징계

Contents 차 례

제 **1** 편

인사행정의 성격

01

인사행정의 의의와 맥락

제 1 장 │ 인사행정의 의의와 맥락

제1절 인사와 인사행정의 의의

1. 인사의 의의

인사(人事)는 글자 그대로 사람에 대한 일을 의미하는 말이지만, 사람에 대한 일이라는 것이 시대흐름에 따라 다양하게 해석될 수 있기에 그 의미가 결코 간단하지 않다. 먼저 사전적 의미를 살펴보면 전통적인 의미의 인사라는 말의 영어표현은 personnel인데, 이에 대한 영어사전(Cambridge Dictionary)의 풀이는 한 조직(정부기관, 비정부기관, 민간회사 등)에 고용된 사람들 또는 한 조직에 일하는 사람들을 의미한다. 그런데 고용된 사람 혹은 일하는 사람이라는 말의 의미는 주어진 상황을 전제로 사람의 변화 가능성을 고려하지 않은 측면이 있다. 그래서 최근에는 민간부문이건 공공부문이건 인사라는 말의 의미를 인적자원(human resource: HR)으로 이해하는 경우가 대부분이다.

인적자원이란 말은 인사와는 달리 사람을 자원으로 본다는 의미가 강하고, 자원이라는 말은 개발이나 발전 가능성을 그 말속에 함축하고 있다. 다시 말해, 사람이라는 자원을 잘 개발하면 지속적으로 발전할 것이라는 가정이 내포되어 있다. 따라서 인적자원이라는 말은 주어진 상태를 전제로 한 것이 아니라, 지속적인 개발 가능성을 바탕에 깔고 있다. 사람의 지식과 기술 및 능력(knowledge, skills & abilities: KSA) 등은 개발될 수 있다. 그리고 공공부문은 민간부문과 달리 KSA와 더불어 가치와 태도 등도 중요하므로 KSAVA(KSA, value, & attitude)가 중요하다고 할 수 있으며, 이러한 자질을 잘 개발하면 인적자본(human capital)이 축적될 수 있을 것이다.

인적자원의 개발과 관련하여 인적자산(human assets)이나 인적자본(human capital) 등과 같은 문구도 자주 등장하는데, 이는 인사(personnel)나 인적자원(HR)이라는 말과는 다른 개념이다. 즉 인적자산이나 인적자본이라는 말은 사람 자체를 의미하는 것이 아니다. 인적자산이나 인적자본은 사람의 노동력은 물론 지식, 재능, 기술, 능력, 경험, 지능, 판단력, 지혜, 습관 및 성격 속성 등을 포함하는 집합적 가치를 의미한다. 즉, 인적자본은 인적자원개발 등을 통하여 '창출된 인적가치'를 의미한다. 따라서 조직이 발전하기 위해서는 인적자본의 축적이 필요하며 아울러 그에 대한 측정과 관리 등도 조직발전을 위해 매우 중요하다.

머리말에서 밝힌 바와 같이 책의 명칭을 인사행정론이라는 전통적 명칭과 달리 할까를 검토하였지만, 우리나라 대학(원)의 많은 행정학과 교과목 등에서 여전히 '인사행정'이라는 표현을 대부분 지속적으로 사용하고 있는 상황을 고려하여 혼란을 피하고자 이 용어를 그냥 사용하기로 하였다. 그렇지만 행정환경과 시대적 변화 등을 고려하여 인사라는 말의 맥락을 인적자원(human resource)으로 이해하고 인적자원관리(human resource management)의 맥락에서 이 책을 집필하게 되었다는 점을 밝힌다.

2. 인사행정의 의의와 특성

정치발전과 민주주의가 공고히 되기 전까지는 인사의 특수성을 이해하지 못한 채 인사를 아무나 할 수 있는 것쯤으로 인식하여 인사행정을 잘 모르는 사람도 인사업무를 맡았던 적이 많았다. 그런데 지금은 민간부문이건 공공부문이건 조직의 임무를 달성하는 데 있어서 인사관리조직(인사관리자)이 중요한 전략적 비즈니스 파트너(strategic business partner)라는 인식이 확산되었다. 이에 따라 이제는 인사전문가가 인사행정업무를 맡아야 한다는 인식이 확대되어 인사행정이 전문영역으로 인식되고 수용되기 시작했다. 특히 대기업 등에서는 국내외 기업 간의 치열한 인력경쟁 등을 고려하여 고위급 인사관리자의 직급을 부사장 등 임원급으로 높이며 그 역할을 중시하고 있음은 이미 주지의 사실이다.

우리나라 정치에서도 대통령의 정무적 인사권을 보좌할 기능을 민정수석실에 한동안 일임하고 있다가, 노무현 정부에 와서 인사수석실(처음에는 인사보좌관실)을 별도로 신설하면서 대통령의 인사권을 보좌하는 기능이 전문화되기 시작했다. 그리고 일반 공무원 인사를 담당하는 중앙인사기관도 변화를 거듭하여 총무처와 행정자치부 등을 거쳐 중앙인사위원회로 변화되었다가, 2014년부터는 인사혁신처로 자리매김하게 되어 오늘에 이르고 있다. 이제는 전문화된 중앙인사기관으로서의 체제를 갖추게 되었기 때문에 중앙인사기관 조직이 안정적으로 발전해갈 수 있을 것으로 본다. 그리고 2015년 말에는 공직의 전문성 강화를 위해 공무원임용령을 개정하여 행정직군의 행정직렬에 '인사조직' 직류를 신설하였다. 이에 따라 5급과 7급의 공개경쟁채용시험에서 인사조직 직류를 지원하는 사람에게는 인사조직론이 필수과목의 하나가 되었으며 인사조직론 시험문제는 인사행정론과 조직론에서 출제된다.

인사와 관련한 교과서를 살펴보면 일반적으로 경영학계에서는 인사관리론 혹은 인적자원관리론으로 그리고 행정학계에서는 대부분 인사행정론이라고 부르고 있다. 이것은 경영학과 행정학의 근간이 민간영역과 공공영역이라는 점에 기인하여 경영학계에서는 인사관리론(Personnel Management) 혹은 인적자원관리론(Human Resource Management)으로 부르고 있으나, 최근에는 인적자원관리론이라는 용어가 늘어나는 상황이다. 미국 행정학계의 일부에서는 정부인사관리론(Personnel Management in Government) 혹은 공직인적자원관리론(Human Resoruce Management in Public Service) 등으로 부르기도 하나, 다수는 공공인사관리론(Public Personnel Management)으로 부르고 있다. 그러나 우리나라에서는 대부분 인사행정론(Public Personnel Administration)으로 부르고 있으며, 이는 정부기관의 인사제도, 인재확보와 임용, 인적자원개발, 보상, 규범과 공무원관계 등 정부기관의 인적자원관리와 인적자원개발 등과 관련된 행정을 총칭하는 말이다.

행정학의 학문적 발전과정 등을 고려할 때, 경영학분야의 인사관리론/인적자원관리론과 행정학분야의 인사행정론 등에 대한 차이는 경영학과 행정학의 유사점과 차이점이라는 관점에서 살펴볼 수 있다. 현대 행정학은 우드로 윌슨(Woodrow Wilson)의 1887년의 행정 연구(The Study of Administration) 논문을 기점으로 정치학으로부터 분파되었다고 할 수 있다. 그 후 한 세기가 지나서 구미 선진국을 비롯한 많은 나라에서 재정위기를 겪으며 신공공관리(New Public Management: NPM)가 발전하면서 행정학에도 관리론이 부상하며 경영학과 행정학의 차이가 줄어들기도 했으나 여전히 유사성과 이질성이 동시에 존재한다고 할 수 있다. 따라서 이러한 논쟁에 대해서는 행정학 입문과목 등에서 많이 다루었을 것으로 보고, 여기에서 경영학과 행정학의 유사점과 차이점을 상술하지는 않는다.

다만 간략하게나마 양 분야의 유사성을 든다면 경영학이나 행정학에서 인사는 조직목표 달성을 위한 수단이며, 사람을 관리하는 기법 등이 유사하다고 할 수 있다. 그러나 여러 맥락에서 여전히 차이점도 존재한다. 한정된 지면에서 세세하게 설명하기는 적절하지 않고, 간략하게 언급하면 행정학은 경영학과 달리 관리 (management) 외에도 법(law)과 정치(politics)를 중시한다. 우리나라에서 행정학이 발전한 초기에는 대부분의 행정학과가 법과대학에 속해 있었고 행정학 교과과정 (curriculum)에 법학 과목이 다수 포함되었다. 그러다 1980년대 후반에 사회과학대학 혹은 유사이름의 단과대학이 늘어나면서 대부분의 행정학과가 법과대학으로부터 분리되었다. 그리고 행정학은 경영학과 달리 공적으로 불특정다수를 대상으로 공공정책을 펼칠 때가 많으며, 이때 중요한 것은 분명한 법적 근거(legal basis)를 가지고 행정을 집행해야 한다는 점이다. 그리고 새로운 정책을 형성하거나 집행할 때는 선출된 정치권력의 영향(influence of political power)을 받을 수밖에 없다. 아울러 인력을 채용할 때에 기본적으로는 공개경쟁을 통한 실적주의를 지향하면서도, 다양한 인구 구성과 민주성 및 공공성 등을 고려한 대표성(representation), 다양성 (diversity), 포용성(inclusiveness) 등도 고려하여 인사정책을 펼치고 있다. 그래서 인사혁신처에는 통합인사정책과(균형인사과)가 있으며, 인력의 다양성(젠더, 장애인, 이공계분야, 지방/지역인재, 저소득층, 다문화가족, 외국인 등)을 고려한 인사정책을 구현하고 있다. 또한 인사행정론은 행정학에 기초하면서 경영학, 정치학, 법학, 사회학, 심리학, 노동경제학 등에서 발전된 여러 이론의 영향을 받았으므로 종합적 응용학문(comprehensive applied sciences) 성격을 가지고 있다고 할 수 있다.

제2절 인사제도와 관리이론의 발전과 시대적 맥락

1. 인사제도의 발전

인사제도와 인사행정이 발전해온 과정을 제한된 지면에서 모두 살펴보기는 어렵고, 근대 이후의 주요 상황을 중심으로 개괄적으로 살펴보면, 현대적 인사행정은 영국과 미국 등의 제도발전으로부터 많은 영향을 받았다고 할 수 있다. 영국과 미국의 인사행정 발전과정을 간략하게 살펴보면 다음과 같다.

영국은 오랫동안 왕정에 기초한 정실주의적인 인사 경향을 보여 오다가, 동인도주식회사(East India Company)를 통한 인도 등지에서의 통치 경험을 통해 공직분야에 공개경쟁채용시험에 의한 인재채용 등이 필요하다는 점을 인식하고, 당시 영국재무장관(William Gladstone)이 1853년에 행정경험이 풍부한 두 고위공직자(스태포드 노스코트와 찰스 트레벨리언)로 하여금 공무원제도 개혁에 관한 보고서를 준비하도록 요청하게 된다. 그리하여 1854년에 노스코트−트레벨리언 보고서(Northcote−Trevelyan Report)가 발표되고, 그 보고서의 영향으로 공개경쟁채용시험제도의 도입과 실적에 의한 승진 등을 기초로 영국의 공무원제도가 구축되기 시작했다. 여기서 흥미로운 점은 영국이 공개경쟁채용시험제도를 새롭게 구축할 때, 중국의 과거제도를 참고하였다는 점이다. 당시 영국의 의회논의과정에서 중국의 과거제도에 대한 찬반의견이 등장하기는 하지만, 공식적인 증거자료는 부족한 상황이어서 앞으로 이에 대한 연구와 고증자료가 필요한 상태이다(Kim, 2017).

미국은 1776년에 영국으로부터 독립하여 1789년에 조지 워싱턴(George Washington)이 초대 대통령으로 취임하였다. 미국의 독립군 총사령관 조지 워싱턴은 정규교육을 받지는 못했지만, 영국과의 독립전쟁을 승리로 이끌면서 세계 최초로 국민이 직접 뽑은 대통령이 되었다. 조지 워싱턴을 제외한 건국초기 다수의 미국대통령은 명문대학 출신이어서 귀족주의적인 인사 경향을 보였다. 그 후 정당정치가 발전하면서 정치적 후원에 기초한 엽관제(spoils system)가 활성화되고 특히 제7대 앤드루 잭슨(Andrew Jackson) 대통령은 보통사람의 공직 취임 기회 확대를 주장하며 정치적 임명을 확대하였다. 그러나 시간이 지나면서 엽관제가 본래의 취지와 달리 그 폐해가 심화되면서 1883년에 공무원제도개혁법(Civil Service Reform Act of 1883; Pendleton Act) 제정을 통해 엽관제의 폐해를 줄이기 위하여 공개경쟁채용시험 등에 의한 실적제(merit system)를 구축하게 되었다.

영국과 미국 사례를 비교하면, 영국은 1854년에 노스코트−트레벨리언 보고서를 발표하며 공개경쟁채용시험을 활용하기 시작했지만, 미국은 약 30년이 지난 1883년에 펜들턴법을 제정하면서 공개경쟁채용시험을 활용하기 시작했다는 것을 알 수 있다. 이러한 영국과 미국의 인사제도 변화는 다른 나라의 현대적 인사제도 발전에도 많은 영향을 끼쳤다. 당시 영국과 미국에서는 정실주의와 귀족주의를 넘어서 어떻게 하면 다수의 보통사람들을 공개경쟁을 통하여 공정하게 공직에 채용할 수 있을까 하는 것이 주된 화두였고, 이 과정에서 오랫동안 중국에서 실시된 과거제도를 공개경쟁채용시험의 응용 사례로 참고하였다고 알려져 있다. 아울러 공무원채용시험을 실시하며, 전문적인 인사행정을 관장하기 위해 인사위원회(civil service commission) 등과 같은 전문조직을 두자는 주장이 설득력을 얻게 되면서 인사행정을 담당하는 조직도 발전하게 된 것이다.

우리나라의 경우에는 신라 원성왕 때(788년)에 독서삼품과(讀書三品科)를 도입하였으나 뿌리를 내리지 못하다가, 고려 광종 때(958년) 쌍기의 건의를 통해 과거(科擧)제도를 실시하게 되어 조선말까지 이어졌다. 왕조시대에 공개경쟁채용시험에 해당하는 과거제도를 통해 공직에 필요한 인재들을 선발한 것은 서양의 제도발전과 비교할 때 상당히 빨랐다고 평가할 수 있다. 과거제도는 갑오경장(Gabo Reform, 1894~1896년) 때에 폐지되었지만, 필기시험 차원의 전통과 맥락은 지금도 부분적으로 이어지고 있다고 할 수 있다. 조선시대에는 이조(吏曹)가 문관에 대한 인사기관 역할을 담당하였고, 건국 이후에는 총무처와 행정자치부, 중앙인사위원회, 행정안전부 등을 거쳐 인사혁신처로 발전해왔다.

해방 후 미군정시대에 미국의 직위분류법과 같은 미국식 제도가 도입되었지만, 뿌리를 내리지 못했다. 정부수립 후 1949년에 국가공무원법이 제정되었고, 지방공무원법은 1963년에 제정되었다. 정부수립 초기에는 정실주의와 엽관주의 경향이 있었다. 해방 후에 3년간의 미군정이 있었고, 이어서 한국전쟁(6·25전쟁)으로 사회적 혼란이 계속되고 정치도 불안정하여 인사행정이 정체기를 겪었다. 인사제도가 본격적으로 정립되기 시작한 시기는 1960년대부터라고 할 수 있다. 특히 1960년대 초에 인사관련 법령과 인사제도의 변화가 많았다. 그러나 권위주의적인 행정문화는 한동안 지속되었다.

그 후 정치발전과 문민화가 이루어지면서 행정에도 민주화의 영향으로 민주성과 공정성 등이 점진적으로 향상되기 시작했다. 예를 들어 1999년에 교원의 노동조합 설립 및 운영 등에 관한 법률(약칭: 교원노조법) 제정을 필두로 공무원단체의 활동이 확대되기 시작했고, 다양한 인재수급을 도모하는 균형인사정책도 발전하기 시작했다. 특히 행정학계가 바라던 중앙인사위원회가 1999년에 설치되면서 인사혁신이 촉진되기 시작했다. 그러다 부처통폐합 흐름을 타면서 2008년에 중앙인사위원회가 행정자치부, 비상기획위원회 등과 통합되면서 인사혁신기능이 한동안 정체기를 맞았으나, 2014년에 인사혁신처가 설립되면서 다시 인사제도 발전이 이어지게 되어 오늘에 이르고 있다.

2. 관리이론의 발전

경영과 행정의 학문적인 발달과정에서도 초기에는 조직차원에서 사람을 어떻게 통제하며 관리할 것인가에 초점이 맞추어졌다고 할 수 있다. 과학적 관리론을 회고해보면, 사람을 과업달성을 위한 생산수단으로 본 시각이 짙다고 할 수 있다. 프레더릭 테일러(Frederick Taylor)는 관리자의 과학적인 과업설정이라는 계획적인 관리를 통해 노동생산성을 높이고 태업을 줄이고자 하였으며, 과학적이고 표준적인 작업량 설정을 위해 시간동작연구(time & motion study)를 수행하며 생산방식의 향상을 촉구하였다. 그리고 더글러스 맥그리거(Douglas McGregor)의 X이론은 사람이 일하기를 싫어하고 책임을 회피하며 타율적이라고 가정하였다. 따라서 관리자는 보상체계를 통하여 직원을 유인하면서 감독과 명령으로 통제를 강화해야 한다고 주장했다.

그런데 테일러의 과학적 관리론과 맥그리거의 X이론은 생산성 향상에는 이바지했지만, 노동조합과 인본주의자로부터 인간을 작업도구로 삼는 권위주의적 관리를 대변한다는 비판을 받기도 했다. 그 후 엘턴 메이오(Elton Mayo) 등에 의한 호손연구(Hawthorne studies: 웨스턴전기회사 호손공장에서의 실험적 연구)를 통하여 과학적 관리법이 노동자들의 장기적인 생산성 향상에 큰 효과를 가져오지 못하며 노동자의 감정과 동기부여 등이 중요하다는 주장이 제기되었다. 호손연구의 결과를 근거로 하여 인간관계론이 주창되었는데, 인간관계론은 과업적인 요소보다는 인간관계 등을 중시하였다.

초기의 관리이론의 발전과정에서는 앞서 논의한 바와 같은 다소 이분법적인 가정을 바탕으로 발전하였지만, 지금은 이분법적으로 구분하기가 어려운 시대가 되었다. 따라서 지금은 과학적 관리론과 인간관계론 그리고 맥그리거의 X · Y 이론과 그 이후에 발전된 여러 이론을 통합적으로 이해할 필요가 있다. 지금은 과업과 인간관계를 공히 중시하면서 동시에 조직구성원의 참여와 협력을 강조하는 시대이며 관련 이론도 다양하게 발전하고 인사제도도 발전하고 있다. 이분법적인 구분은 더 이상 시대상황에 맞지 않게 되었다. 사실 X축(과업에 관한 관심)과 Y축(직원에 관한 관심)에 더해서 제3의 Z축(고객에 관한 관심)을 모두 충족하는 입체적인 관리가 필요한 시대에 살고 있기 때문이다(김판석, 1994).

이제는 정치와 경제 및 사회의 발전과 더불어 다양한 관리이론의 발전으로 인해서 민간부문이건 공공부문이건 현대적인 제도가 구축되어 있는 셈이다. 따라서 조직구성원을 관리와 통제의 대상으로만 보지 않고, 그들의 자발적이고 적극적인 참여와 협력을 도모하는 것이 필요한 시대이다. 특히 직원을 통제의 대상으로 보던 시각에서 벗어나야 한다. 그리고 공공서비스의 사용자인 국민(시민고객)도 통치 대상이 아니라 깨어있는 주권자라는 주권재민(主權在民)에 대한 인식을 공고히 해야 한다. 현재의 한국사회는 과거보다 정치적으로 경제적으로 많이 발전하였다. 따라서 이제는 한국사회의 발전수준에 걸맞게 인간존중(헌법 제10조의 맥락)이라는 철학적 기초 위에서 인사행정을 구현할 필요가 있다.

3. 시대적 맥락

과거에 공무를 수행하다가 순직한 공무원의 경우를 보면, 명분상으로는 그들의 순직에 대해 정부가 애국심차원에서 높이 평가하곤 했지만, 각종 재해에 대한 실질적인 보상조치 등은 미미하였다. 그런데 공무원재해보상법(2018년 제정)이 시행되면서 재해를 입은 공무원에 대한 보상이 현실화 되었다. 공무원재해보상법의 입법 목적을 보면 이 법은 공무원의 공무로 인한 부상·질병·장해·사망에 대하여 적합한 보상을 하고, 공무상 재해를 입은 공무원의 재활 및 직무복귀를 지원하며, 재해예방을 위한 사업을 시행함으로써 공무원이 직무에 전념할 수 있는 여건을 조성하고, 공무원 및 그 유족의 복지 향상에 이바지함을 목적으로 한다고 되어 있다(공무원재해보상법 제1조). 즉 공무원이 사고를 당하면 적합한 보상을 하고, 재해를 입으면 재활 및 직무복귀를 지원하며, 아울러 재해예방사업도 시행하여 직무에 전념할 수 있는 여건을 조성하는 등 공무원 및 그 유족의 복지 향상도 고려하고 있는데,

이러한 것이 인간존중의 정신을 반영한 좋은 사례라고 할 수 있다.

인사행정의 제도발전 초기에는 어수선한 인사행정 체제를 바로잡기 위하여 연고주의와 부패를 방지하고 공정과 공평무사를 실현하기 위해 공직윤리와 공무원의 의무 등을 강하게 강조하였지만, 이제는 기본적인 인사행정 체제가 폭넓게 확립되었다고 보고, 공무원의 삶의 질 등을 고려하여 인간존중을 실현하는 인사행정을 구현할 시기가 되었다고 할 수 있다. 또한 과거에는 행정의 공적 가치와 공공성을 내세우고 공무원들의 의무와 공직윤리 등을 강조하며 인력통제 차원에서 다루었지만, 앞으로는 공무원의 의무도 중요하지만, 공무원의 권리도 신장해줄 필요가 있다고 하겠다. 왜냐하면 기본적으로 공무원도 보통사람(ordinary people)이라는 인식을 바탕으로 공무원의 기본권을 존중할 필요가 있다.

경제발전과 정치발전 등을 통하여 우리나라의 국제적 위상이 높아졌으며, 우리나라로 들어오는 이주노동자(migrant workers)도 늘어나고 있다. 인구 구성도 저출산·고령화 등의 경향으로 점차 변화하고 있으며, 세대(世代; 베이비붐세대, X세대, 밀레니얼/M세대, Z세대 등) 간의 인식과 문화 차이도 부각되고 있다. 행정안전부가 기성세대와 신세대를 위한 공직사회의 건강한 소통을 위해 출간한 「90년생 공무원이 왔다」라는 책이 언론의 주목을 받았다(정부혁신 어벤저스, 2020). 이 책의 내용을 보면 세대 간의 문화 차이가 있음을 확인할 수 있는데, 공직사회의 조직문화 가운데 가장 개선이 필요한 부분은 과도한 의전과 수직적인 의사결정 구조 등이었다. 그리고 주니어공무원이 추구하는 직장생활의 핵심 단어를 보면, 일과 가정의 양립(67.7%)이 제일 많았고 그다음이 일한 만큼의 보상(44.6%) 등이었다(정부혁신 어벤저스, 2020). 따라서 일과 삶의 조화(work-life harmony)을 도모하고 근무환경도 좀 더 쾌적하게 바꿔줄 필요가 있다. 따라서 통제 지향적인 관행에서 벗어나 조직과 개인이 함께 발전하는 인간존중의 방향으로 인사행정이 발전해갈 때이다.

1. 인사행정의 기능 변화

인사행정을 기능별로 분류하면 사무적 기능, 운영적 기능 그리고 전략적 기능으로 구분해볼 수 있다. 첫째, 인사행정에서 인사사무가 큰 비중을 차지하는 편이다. 인사사무는 인사와 관련한 각종 행정절차와 그에 따른 서류 등을 관리하는 것을 말하는데, 과거에는 이것을 대부분 수작업으로 진행하였으나, 최근에는 전자인사관리시스템(e-사람)의 개발로 임용에서 퇴직까지의 신상정보와 인사기록 등을 전자인사관리시스템(e-HRM)으로 관리하게 되어 사무적 업무처리가 크게 개선되었다. 그럼에도 불구하고 아직도 일상의 일과에서 인사사무가 차지하는 비중이 크다.

둘째, 정부 인사발령이나 인사심사 및 인사관련 통계분석 등 인사운영적 기능도 전자인사관리시스템과 연동되어 있어서 이 부분의 업무 능률성도 상당히 향상되었다. 그러나 인사발령이나 인사심사를 하기 위해서는 관련 조직과 여러 단계의 회의와 업무협의를 거쳐야 한다. 그리고 단순 통계분석이 아니라 증거기반 정책개발(evidence-based policy development) 등을 하기 위해서는 의견수렴이나 설문조사 등을 기획하여야 하고 통계기법을 활용하여 심층적으로 분석해야 하므로 앞으로는 이를 보다 전문화할 필요가 있다.

셋째, 인사행정의 전략적 기능이 날로 중요해지는데, 이 부분은 그간 상대적으로 덜 발전되었다고 할 수 있다. 조직의 임무에 따라 전략계획을 수립하고 그에 따라 조직목표를 달성하는 것이 매우 중요하며, 그 과정에서 인사행정조직이나 인사관리자가 전략적 비즈니스 파트너 역할을 수행하려면 국정목표와 행정수요에 대한 선제적 대응과 적극적인 정책개발이 필요한데, 아직은 이 부분이 다소 미진하다고 할 수 있다. 따라서 앞으로 전략적 기능을 활성화하는 방향으로 발전해가야 할 것이다.

그래서 지금까지의 인사행정에서 인사전략적 역할의 비중은 가장 적고, 그다음이 인사운영적 역할 그리고 인사사무적 역할이 가장 큰 부분을 차지해왔다고 할 수 있다. 하지만 앞으로는 거꾸로 조직의 임무달성에 이바지하는 인사전략적 부분이

그림 1-1 인사행정의 기능 변화

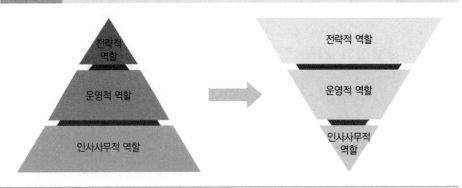

가장 큰 비중을 차지하는 방향으로 발전해갈 필요가 있다. 그다음이 운영적 역할 그리고 인사사무적 역할이 가장 적은 부분으로 변해갈 필요가 있다. 즉 역 피라미 드 형태로 발전해갈 필요가 있으며 그렇게 발전해가는 것이 향후의 인사행정의 전 략적 기능 활성화 방향이라고 할 수 있다(Mathis & Jackson, 2006).

2. 전략적 인적자원관리

인사행정의 전략적 역할을 증대하려면 전략적 인적자원관리(strategic human re- source management: SHRM)가 필요하다. 조직의 세계경쟁력 향상에 대한 인적자원 의 영향이 커지면서 민간부문과 공공부문에서 전략적 인적자원관리에 대한 논의가 매우 활발하게 전개되고 있다. 전략적 인적자원관리(SHRM)는 국정운영전략에 부합 되게 이루어지는 인적자원관리를 말하는 것으로, 정부조직이 그 전략적 목표를 추 구할 수 있도록 공무원의 역량과 인적자본을 창출하는 인사제도와 활동을 설계하 고 이를 실행하며 관리하는 것을 말한다. 이를 위해서 행정환경의 변화를 분석하며 문제점과 한계를 극복할 수 있는 새로운 혁신전략을 모색할 필요가 있고 이 과정에 서 정부의 인사전략을 개발할 필요가 있다.

SHRM은 인력의 모집과 선발, 교육훈련, 성과관리 및 보상과 같은 HR 활동을 통해 조직의 전략을 수립하고 구현하는 데 전략적 파트너로서 HR 기능을 적극적으 로 연계 활용하는 것을 의미한다. 또한 SHRM은 비즈니스 전략과 수직적으로 그리고 수평적으로 통합되는 HR 전략개발에 초점을 두고 있으므로 전략적 적합성 (strategic fit)의 달성을 목표로 하고 있다. 그리고 SHRM은 기관의 운영 및 전략목표를 지원하거나 개선하는 데 필요한 지속적인 변화와 발전을 모색하기 위한 일련의 인적자원 활동과 정책 등을 상호연계하여 전략적으로 실행하는 것을 말한다.

인적자원의 전략적 관리의 기본 목표는 조직이 경쟁우위를 달성하고 유지하는 데 필요한 우수한 직원을 확보함으로써 전략적 역량을 창출하는 것이다. 또한 미래의 행정수요 등에 필요한 인적자원을 준비하여 적기에 공급하고 조직구조, 행징과 정책의 품질, 문화, 가치 등에 관심을 두고 적극적으로 대비하는 것을 말한다. 그렇게 하면 인적자본이 더욱 높은 수준으로 발전하여 축적될 것이며 이는 궁극적으로 조직의 생산성과 경쟁력을 향상시킬 것이라는 가정을 함축하고 있다. 그렇게 하려면 인적자원 부서가 조직의 목표에 따라 채용, 교육 및 보상 계획을 전략적으로 개발해야 한다. 따라서 SHRM의 주요 작업은 직원의 동기와 성과를 향상하기 위해 효과적인 전략을 구현할 수 있는 핵심 HR 영역을 식별하여 관리하는데 있다고 할 수 있다.

그런데 이러한 SHRM에 대한 논의와 응용이 확대되고 있는 것이 사실이지만, SHRM차원의 구체적인 전략에 대한 의견은 아직도 분분한 상태이다. 그리고 HRM 과 SHRM을 구분하는 것도 명확하지 않아서 SHRM은 아직도 발전과정에 있다고 할 수 있다. 그러나 한 가지 분명한 것은 조직의 대내외 환경변화(저출산, 고령화, 고학력화, 기술의 첨단화, 다문화가정 증가와 인적구성의 다양화, 세대변화, 일과 가정 양립 선호 등 조직문화 변화 등)와 도전을 고려하여 조직의 전략목표와 인적자원관리를 연계하는 것은 필수적이고 필연적이라는 점이다.

제4절 인사관리자의 역할 변화와 인사행정의 주요 가치

1. 인사관리자의 역할 변화

데이비드 울리히(David Ulrich, 1996)에 의하면, 인사관리자의 역할을 대략 네 가지 차원에서 살펴볼 수 있다. 첫째, 인사관리자는 인사행정 전문가(HRM expert)가

되어야 하며 이는 가장 기본적인 역할이라 할 수 있다. 막스 웨버(Max Weber; 독일식 발음은 막스 베버)는 관료제가 잘 작동하기 위해서는 조직화한 계층(hierarchy), 분업(division of labor), 직업적으로 일하며 승진해가는 연속성(continuity), 개인적임의 행동이 아니라 규정된 규칙 등을 중시하는 비개인성(impersonality), 그리고 교육을 통한 지식과 실적 축적 등에 기초한 전문성(expertise) 등을 갖출 필요가 있다고 주장했다. 따라서 인사관리자는 조직화한 계층에서 분업과 연속성이 확보되도록 하면서 업무추진에 있어서 개인적인 것에 얽매이지 않고 객관적으로 업무를 처리하며 고도의 전문성을 갖추어야 한다. 인사관리자는 인력 수요를 파악하여 인력계획을 세우고 인력계획에 기반하여 인력을 채용하고 배치하며 역량개발을 도모하는 것은 물론, 정기적으로 성과관리를 하면서 보상하고, 공직이라는 특수성을 반영한 공직윤리를 지키도록 복무관리를 하고, 퇴직관리와 연금업무 등에 대한 이해를 바탕으로 입직부터 퇴직까지의 큰 틀에서 전문역량을 발휘할 수 있어야 한다.

둘째, 인사관리자는 해당조직을 이끌어가는 기관(장)의 전략적 비즈니스 파트너(strategic business partner)가 되어야 한다. HR 비즈니스 파트너로서의 역할은 HR 제도와 인사정책 등이 조직의 목표달성과 전체 비즈니스 전략에 들어맞는지 확인하며 크고 넓은 그림(big and broad picture)을 볼 수 있어야 한다. 조직임무 달성을 위한 인사차원의 전략을 개발하고 지원할 수 있어야 하며, 조직관리자와 협력하여 조직목표를 밀접하게 지원하는 HR 의제를 개발하고 지원할 수 있어야 한다. HR 비즈니스 파트너는 인사부서 일원으로 일하면서 동시에 부처 간의 중요회의에 참석하며 협력하는 등 고위관리자와 전략적으로 긴밀하게 협력하며 HR이 조직발전 전략의 일부가 되어야 한다. 비즈니스 전략을 인적자원관리와 연계하는 비즈니스 파트너 모델은 특히 민간부문에서 크게 발전해가고 있는데 이제는 공공부문에서도 그 필요성과 역할이 증대되고 있다.

셋째, 변화담당자(change agent)가 되어야 한다. 시대 흐름에 부합하는 방향으로 인사제도를 기동성 있게 혁신하면서 행정을 선진화하는 방향으로 제도와 관행 및 행정문화 등을 개선해나가야 한다. 아울러 4차산업혁명과 신기술(인공지능, 로봇, 빅데이터, 드론, 사물인터넷, 메타버스 등)의 발전을 고려하여 미래를 대비한 새로운 전문인력이 필요하므로 이에 대한 대책을 세워서 필요한 전문인력을 적기에 수급하고 아울러 재직 중인 기존 인력에게 신기술 활용능력 향상 교육 등을 실시하며 미

그림 1-2 인사관리자의 역할

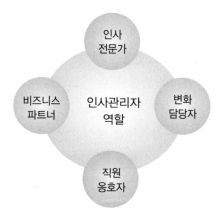

래의 행정환경 변화에 적극적으로 대처해야 한다. 전자인사관리시스템과 모바일 신분증이 현실화되었고, 인사행정에도 인공지능과 메타버스 등의 신기술을 활용하는 것이 날로 늘어날 것으로 전망된다.

넷째, 직원의 옹호자(employee advocate)로서의 기능도 중요하다. 인사관리자는 직원을 통제하는 사람이 아니라, 직원들이 공정한 처우를 받을 수 있도록 옹호하는 것도 인사관리자 역할 중의 하나이다. 공직에서는 공직윤리 준수가 필요하며 만약 공무원이 위법행위 등을 하게 되면 징계를 받을 수 있다. 그러나 공무원은 법령을 위반하지 않는 한 신분보장을 받고 있으므로, 징계 등이 과한 경우에는 소청 등의 구제기회를 제공하고 애로사항을 들어주는 고충처리제도가 있다. 그러므로 인사관리자는 공무원이 부당한 처우를 받지는 않는지 직원들의 관점에서 돌아볼 필요가 있다. 공무원들의 사기는 대국민 행정서비스의 품질에도 커다란 영향을 미친다. 따라서 공무원들의 권리를 신장하는 노력은 물론 공직사회에서의 갑질이나 괴롭힘 및 성희롱 방지 등에 대한 주의를 환기하며 공무원의 옹호자 역할도 할 필요가 있다.

2. 인사행정의 주요 가치

우리나라의 국가공무원법 제1조에서 이 법은 각급 기관에서 근무하는 모든 국가공무원에게 적용할 인사행정의 근본 기준을 확립하여 공정하게 함과 아울러 국가공무원에게 국민 전체의 봉사자로서 행정의 민주적이며 능률적인 운영을 기하게 하는 것을 목적으로 한다고 되어 있어 국가공무원법에 인사행정의 여러 가치(공정성, 민주성, 능률성 등)가 함께 담겨 있음을 알 수 있다. 그런데 여러 가치 중 어느 한 가치에 집중할 때 다른 가치와 충돌할 수 있으므로 여러 가치 간의 갈등과 조화를 이해할 필요가 있다.

예를 들어 능률성을 과하게 강조하면 공정성 및 형평성 등과 충돌할 수 있고, 공정성과 형평성을 과하게 강조하면 능률성을 저해할 수 있다. 사실 능률성은 민간부문과 공공부문에서 공히 관리의 기본 가치이므로 공개경쟁을 통해 유능한 인재를 채용하여 지속적으로 교육훈련하면 전문성과 능률성이 향상될 수 있다. 그러나 중앙인사기관에서는 보완적인 차원에서 사회적 형평성 등을 고려하여 양성평등채용목표제, 지방인재채용목표제, 장애인과 저소득층 구분모집 등 균형인사(통합인사)도 도모하고 있다. 따라서 인사행정에는 다양한 가치들이 복합적으로 서로 연계되어 있으므로 인사행정은 어느 한 가치에 집중된 기울어진 판(slanted plate)이 아니므로, 인사관리자는 조화로운 균형점을 찾아야 한다.

1) 능률성

능률성(efficiency)은 원하는 결과를 생성하는 데 필요한 자원의 낭비 없이 일을 성공적으로 수행하는 것을 말한다. 능률성은 유용한 총 투입물에 대한 유용한 산출물의 비율에 따라 정량적으로 결정될 수 있다. 따라서 능률성은 최소한의 자원투입을 통해 최대의 결과를 도출하는 것이라고 할 수 있다. 따라서 행정에서는 최소한의 유형무형의 자원투입으로 높은 성과를 내는 것을 의미한다. 정부를 효율적으로 운영하기 위해서는 유능한 공무원을 확보하고 지속적으로 역량을 개발하여 인적자본을 고도화하면 높은 성과를 가져올 수 있을 것이다.

반면에 효과성(effectiveness)은 능률성과 비슷한 듯하지만 다르다. 효과성은 원하는 목표를 달성하는 것을 의미하며, 경제성(economy)은 자원의 절약이나 효율적인 사용을 의미한다. 이에 반해 능률성은 자원의 낭비 없이 최소한의 자원을 투입하여 최상의 결과를 산출하는 것을 말하므로 차이가 있다. 따라서 경영이건 행정이건 능률성을 높이는 것은 매우 기본적이면서 중요한 가치라고 할 수 있다. 특히 민간기업에서는 능률성이 가장 중요하다고 할 수 있다. 그러나 공공분야 특히 정부기관 등에서는 능률성만이 제일 중요하다고 말할 수는 없다. 민주성, 공정성 및 형평성 등도 공히 중요하다고 할 수 있으므로 때때로 조화로운 상쇄(trade-off)와 균형(balance)이 필요하다.

2) 민주성

민주성(democracy)은 사람들 사이의 자유와 평등에 대한 믿음과 민주적인 대우 등을 의미하며 이는 민주주의에 기초한 가치이다. 민주주의는 정기적으로 개최되는 자유선거를 포함하는 대의제도를 통해 직간접적으로 선출된 대표체제에 의해 행사되는 정부형태 등을 의미하므로 선출된 대표나 임명된 공무원은 투표권을 가진 국민의 뜻을 존중해야 한다. 그래서 우리나라 헌법 제1조는 대한민국은 민주공화국이며, 대한민국의 주권은 국민에게 있고, 모든 권력은 국민으로부터 나온다고 규정되어 있다.

현대 민주주의는 선거를 통하여 국민을 대신하여 통치할 대표자를 선택하며 이러한 제도가 대표 민주주의이다. 민주주의는 인권과 기본적 자유를 존중하고 사람들의 의사표시가 자유롭게 행사되는 환경을 제공하며, 사람들은 의사결정에 발언권이 있으며, 여성과 남성은 동등한 권리를 가지며 모든 사람에게 차별이 없어야 한다. 자유의 가치, 인권 존중, 보편적 참정권에 의한 정기 선거 원칙은 민주주의의 필수 요소이다. 민주주의의 개념은 개인의 자율성과 평등 차원에서 도덕적인 힘과 대중적인 호소력을 끌어낸다. 신분이나 배경에 관계없이 인간의 기본 가치는 모두 동등하다는 것이 평등의 의미이다. 따라서 인사행정에서도 민주성은 대단히 중요한 가치라 할 수 있다.

3) 공정성

인사행정에서 공정성(fairness)도 중요한 가치이다. 한쪽 또는 다른 쪽에 대한 편파적이거나 사사로운 관계에 이끌리는 정실이 없이 모두를 공정하게 대우해야 한다. 예를 들어 공직 입직과정에는 기회의 공정성을 보장하는 것이 필요하다. 그런 측면에서 과거제도는 공개경쟁채용시험제도라고 할 수 있으며, 이는 역사적으로 오랫동안 뿌리를 내린 시험제도로써 한국사회에 많은 영향을 끼쳤다. 시험의 공정성은 매우 민감하고 중요하므로 공정경쟁(fair competition)이 강조된다. 만약 시험과 정에서 부정부패가 있다고 판명되면 이것은 마치 군인이 경계근무에 실패한 일처럼 매우 치명적인 문제가 될 수 있다. 따라서 인사행정에서는 기회의 공정을 해치는 부정부패를 예방하며 인사의 공정성을 확보해야 한다.

특히 우리 사회에서는 기회의 공정성을 중시한다. 다양한 종류의 시험 등에서 채용 비리가 있어서는 안 된다. 그래서 인사혁신처에서는 다수의 공기업과 공공기관을 포함한 공공분야의 채용 비리를 없애기 위해서 「공정채용 가이드북」을 발간한 바 있다. 게임의 규칙(Rule of game)은 공정해야 하는데, 만약 이를 자의적으로 변경하면 기회의 공정성을 심대하게 훼손할 수 있기 때문이다. 우리 사회에서 한때 '수저(spoon & chopsticks)'라는 상징적 용어를 통해 대물림 현상과 기회의 공정성에 대한 논란이 제기된 바 있다. '개천에서 용 난다(A dragon rises from a small stream)'는 속담이 오늘의 현실에서도 여전히 유효하기 위해서는 기회의 공정성이 보장되는 토양이 확장되어야 한다.

4) 사회적 형평성

형평성(equity)은 사람들이 공정하고 동등하게 대우받는 상황을 의미한다. 미국 행정에서 사회적 형평성(social equity)에 관한 관심은 1960년대에 시민권(civil rights)과 인종 불평등에 대한 사회적 인식이 높아지면서 나타났다. 민권운동가인 마틴 루터 킹(Martin Luther King) 목사는 1968년에 환경미화원(sanitation workers)의 노동 가치도 다른 직업과 마찬가지로 존중받아야 한다고 강조했다(Honey, 2008). 미국의 저명한 행정학자인 조지 프레드릭슨(H. George Frederickson, 1990)은 행정담당자들이 행정을 수행하면서 사회경제적 조건을 무시하면 안 된다고 경고하면서, 사회적 형평성을 경제성과 능률성 다음의 제3의 기둥(third pillar)에 해당하는 가치라고 주장하였다. 인사관리자는 정책이나 프로그램이 잘 작동하고 있는지에 대한 여부뿐만 아니라 그 정책이나 프로그램이 누구를 위해 작동하는지 등을 살펴보아야 한다고 강조한다. 즉 공무원은 법을 공정하고 공평하게 관리할 뿐만 아니라, 다양한 인력에게 공정한 기회를 부여하고 동시에 공정하게 행동할 수 있도록 관리하는 등의 도덕적 리더십을 발휘해야 한다는 것이다.

누구나 공정하게 대우받고 의사결정 과정 등에서도 동등하게 참여할 기회를 보장받아야 하며, 시민권, 재산권, 공공 서비스 등에 대해서도 동등한 접근을 보장해야 한다. 따라서 공공 서비스를 제공하는 행정기관은 공정하며 공평한 관리를 해야 하며, 공공 서비스의 공정하고 공평한 분배와 공정한 정책집행을 해야 하며, 또한 정책형성에서도 공정성, 정의 및 형평성을 증진하기 위해 노력해야 한다. 최근에는 인종과 성별을 넘어 훨씬 더 많은 범주(경제적 지위, 출신지역, 신체·정신적 상태나 장애 등)를 고려하도록 사회적 형평성의 개념이 확장되었다. 다양성(diversity)이 확장되면서 포용성(inclusiveness)도 중시되고 있다. 그래서 공직에서도 대표관료제(re-presentative bureaucracy)와 포용사회(inclusive society) 구현 차원에서 공무원의 인적구성을 다양화하면서 대표성과 다양성 등을 제고할 필요가 있다.

제5절 인사행정의 주요 영역과 책의 편제

1. 인사행정의 주요 영역과 인적자원 바퀴

인사행정의 주요 활동과 영역을 알기 쉽게 잘 보여주는 도식 중에서 자주 활용되는 것이 인적자원 바퀴(HR Wheel)이다. 인적자원 바퀴는 McLagan & Bedrick (1983)에 의해 인적자원관리(HRM)와 인적자원개발(HRD) 등으로 소개된 후, 여러 학자에 의해 다양하게 소개되었다. 여기에서는 McLagan & Bedrick의 인적자원 바퀴를 참고하고 우리나라의 공직 현실을 감안하여 [그림 1-3]과 같이 정리하였다. 바퀴를 둘러싸고 있는 가장자리 부분은 다양한 형태의 환경(정치적, 경제적, 법적, 사회적, 기술적, 문화적, 지리적 환경 등)이라고 할 수 있고, 바퀴의 축은 나라마다 차이가 있을 수 있다.

기본적으로 인사행정의 시작은 인력계획을 하고 모집과 선발을 통해서 인력을 충원하는 인재확보단계라고 할 수 있다. 실제로 인재채용은 인사행정의 핵심 중의 하나이고, 인재채용 담당조직이 이러한 업무를 수행한다. 그리고 충원된 인력은 전문분야(직렬과 직류)와 직급 등에 따라 수시로 혹은 정기적으로 교육훈련을 받으며 역량개발을 해나가게 되고 인재개발 조직이 교육훈련정책을 개발하고, 실제 교육훈련은 인재개발기관들이 담당한다. 또한 근무성적평정 등 성과평가를 하고 보상을 하게 되며 이를 위한 성과급여 담당조직이 있고, 또한 공무원복지와 연금을 담당하는 연금복지 담당조직이 있다.

그리고 경영학 분야의 인사관리에서는 직장 내의 산업안전과 보건 등을 오래전부터 다루었지만, 인사행정에서는 그렇지 못했다. 그래서 그간 다루지 못한 안전과 재해보상을 관리할 필요가 있다. 이 부분은 인사행정론 교과서에서 새롭게 다루어지는 부분이다. 인사혁신처는 공무원재해보상법을 2018년에 제정하고 재해보상정책관(재해보상정책담당관, 재해보상심사담당관)을 설치하였다. 그리고 공직윤리와 징계 그리고 공무원의 권리와 의무 등도 중요한 인사행정 이슈이다. 과거에는 이 부분을 인력통제로 분류하였지만, 이제는 통제적 시각보다는 직원과의 관계를 정상화하는 시각이 필요하다. 과거에는 공무원의 의무사항이 주로 강조되었다면, 이제는 의무와 권리도 함께 살펴볼 필요가 있으므로 관계 정상화가 중요한 때이다. 이러한 업무를 위해서 윤리복무 담당조직을 두고 있는데, 이러한 기능은 앞으로 점차 확대 발전할 것으로 전망된다. 그리고 과거 권위주의 시대에서는 노사관계가 발전하지 못했다. 그러나 공무원노동조합법이 합법화된 이후에 공무원들의 노조 활동은 활발한 편이다. 따라서 이제는 상징적인 수준이 아니라 현실적인 수준의 협력적 노사관계 정립이 필요하므로 공무원 노사관계는 물론 관련 조직도 앞으로 발전해갈 것으로 전망된다.

그리고 인사행정에서 법적 토대가 중요하므로 인사 관련 법적 체계를 살펴보는 것이 필요하다. 국가공무원법과 지방공무원법을 비롯해서 교육훈련, 공직윤리와 부패방지, 행정절차, 정보공개, 전자정부, 개인정보보호, 청탁금지, 재해보상 등과 관련한 법령 등이 계속 발전해가야 할 것이다. 특히 다양한 형태의 직장내 차별을 금지하는 법령이 발전하여야 할 것이다.

마지막으로 정보통신기술과 신기술(인공지능, 로봇, 메타버스, 사물인터넷 등)의 발달을 활용해서 인사행정도 전자인사관리시스템(e-HRM)을 더욱 활성화하는 것이 필요하므로, 이러한 시스템을 더욱 업그레이드하면서 지속적으로 선진화할 필요가 있다. 과거에는 인사업무를 수작업으로 처리하였지만, 지금은 전자인사관리시스템(인사혁신처에는 'e-사람'이라 칭함)을 범부처적으로 활용하여 있으므로 다른 전자시스템과 함께 계속 발전시켜나가야 할 것이다.

[그림 1-3]에 제시된 인사행정의 주요 활동 영역은 인재확보와 임용, 인적자원

그림 1-3 인사행정의 주요 영역과 인적자원 바퀴

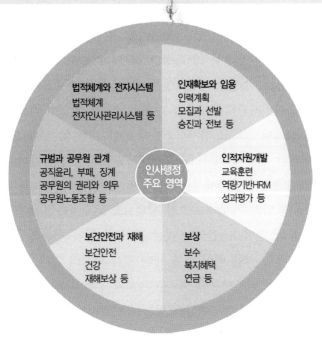

개발, 보상, 보건안전과 재해, 규범과 공무원 관계 그리고 법적 체계와 전자시스템 등이다. 그런데 과거에는 이 바퀴의 일부분이 빠져 있어서 바퀴모양이 울퉁불퉁하고 불완전한 형태의 바퀴였다고 할 수 있다. 예를 들면 과거의 인사행정론에는 보건안전과 재해보상부분이 완전히 빠져 있었고, 공무원복지도 심도있게 다뤄지지 못했는데, 이 책에 새롭게 포함했다. 또한 공무원노동조합의 단체교섭과 단체협약부분을 보강하였다. 그리고 법적 체계와 전자인사관리시스템(e-HRM) 부분 역시 새롭게 추가하였다. 그리하여 이제는 좀 더 완전한 원형에 가까운 바퀴가 구성되었다고 할 수 있으므로 이제는 서양 선진국의 인사행정 사례와 비교해도 큰 차이가 없게 되었다고 할 수 있다.

2. 인사행정론 책의 편제

이 책의 편제는 인적자원 바퀴(HR Wheel)를 기본으로 하여 구성하였다. 그러나 인적자원 바퀴 속의 내용 일부는 그 속성상 재배치할 필요가 있는 부분도 있다. 예를 들면 이 책에서 새로 추가한 재해보상은 제5편 보상 속으로 재분류하였다. 그리고 법적 체계와 전자인사관리시스템 부분에서 양자는 성격이 서로 다르므로 법적 체계는 두 번째 장에서 그리고 전자시스템에 관한 것은 이 첫째 장의 후반부에서 다루고 있다. 이러한 점을 고려하여 교과서의 구성을 다음과 같이 편제하였다.

먼저 제1편(인사행정의 성격)에서는 1장에서 인사행정의 의의와 맥락을 다루고, 2장에서 인사행정의 법적 체계와 보호를 살펴보도록 구성하였다. 먼저 1장에서 인사행정이 인사관리나 인적자원관리와 다른 맥락이라든가 인사행정의 전략적 기능 활성화와 인사관리자의 역할 변화 등에 대한 것을 다루고 있다. 또한 4차산업혁명과 신기술 발전에 따른 인사행정의 새로운 과제와 전자인사관리시스템(e-HRM) 등을 다루고 있다. 그리고 2장에서 인사행정론은 경영학분야의 인사관리론/인적자원관리론과는 달리 법적 근거를 중시하므로 인사행정의 근간이 될 수 있는 법령 등을 살펴보도록 구성하였다. 아울러 차별금지 등에 관한 내용(직장내 성희롱, 직장내 괴롭힘과 갑질, 직장내 차별금지 및 사회적 약자 보호 등)을 시대흐름에 따라 보강하였다.

제2편(인사행정의 제도적 기반)에서는 인사행정의 이론적 차원에서 제도적 기반이 중요하므로 3장에서 직업공무원제, 엽관제, 실적제 등 주요 인사행정 제도의 발전배경과 각 제도의 의의와 효과 등을 살펴본다. 이어서 4장에서 계급제와 직위분류제도 등 공직분류 체계의 발전과정과 각 제도의 장단점과 특성을 비교하고 있다. 다음으로 5장에서 민간기업과는 달리 공무원의 인적 구성은 전체 인구 구성을 어느 정도 반영하는 것이 필요하므로 대표관료제를 구성할 필요가 있고, 인적 다양성을 고려한 다양성 관리를 구현할 필요가 있다. 그리고 6장에서는 인사기관(중앙, 부처, 지방인사기관)을 살펴보고, 7장에서 공무원 구분기준에 따라 공무원을 구분해본다.

제3편(인재확보와 임용)에서는 인재확보(HR acquisition)와 임용관리에 관한 것으로 8장에서 인력계획, 모집과 선발 등 신규채용을 다루면서 채용시험제도와 채용방법 등을 다루게 될 것이다. 이와 관련하여 공공서비스동기(public service motivation)와 배경 블라인드 면접(background-blind interview) 등에 관해서도 살펴보기로 한

다. 또한 9장에서 공무원 이동과 경력관리를 다루며, 수직적 이동(승진, 강등 등)과 수평적 이동(전직, 전보, 파견, 겸임, 전입 등), 인사교류, 퇴직관리, 경력개발 등을 학습할 것이다.

제4편(인적자원개발)에서는 10장에서 교육훈련의 의의, 학습이론, 교육훈련의 종류와 방법, 직원개발, 교육훈련 업무편성과 운영 등을 중심으로 교육훈련을 살펴본다. 또한 11장에서는 역량기반 인적자원관리의 의의와 내용, 역량모델과 역량평가 등을 중심으로 역량기반 교육과정(competency-based curriculum)을 논의한다. 그리고 12장에서 성과평가 차원에서 성과계약 등에 의한 평가, 근무성적평가, 경력평정과 가점평정, 승진후보자명부 등을 살펴보기로 한다.

제5편(보상)에서는 13장의 보수관리에서 보상(compensation)개념을 총괄적으로 살펴보고 보수제도의 특성과 기본급의 종류 및 다양한 수당제도 등을 살펴보기로 한다. 또한 14장에서 그간 소홀히 다룬 공무원복지(employee benefits)에 관한 것을 구체적으로 살펴보기로 한다. 부가급부(fringe benefits)는 보수와 함께 직원 보상 패키지의 기초를 형성하고 있으며, 공무원복지의 예로는 맞춤형 복지, 생활지원, 복지시설 이용 등이 있다. 또한 연금(pension)제도는 공직의 매력으로 알려져 있으므로 연금제도의 발전과 내용, 연금재정, 연금개혁과 향후 과제 등을 중심으로 살펴보기로 한다. 그리고 15장에서 그간 인사행정에서 다루지 않은 보건안전과 재해보상을 다루기로 한다. 경영학의 인사관리론 혹은 인적자원관리론에서는 이 주제를 오래전부터 다루어 왔지만, 인사행정론은 그간 다루지 못했다. 공무원연금법에서 공무원 재해보상제도를 분리하여 공무원재해보상법을 2018년도에 제정하였는데 이것이 재해보상정책을 확립하는 계기가 되었다.

제6편(규범과 공무원 관계)에서는 규범과 공무원 관계라는 편제 명칭으로 묶어서 살펴보기로 한다. 그간 공무원의 관계가 다소 기울어진 판이었다고 할 수 있다. 따라서 시대적 흐름을 고려하여 인력통제라는 개념을 넘어서 이제는 공무원 관계(employee relations)를 정상화하는 것이 필요하다. 그래서 16장에서 공무원노동조합의 소개차원을 넘어 단체협상과 단체협약은 물론 노동쟁의와 노사관계 등을 실질적으로 살펴본다. 이어서 17장에서는 공무원의 권리와 의무를 살펴보고, 마지막으로 18장에서 공직윤리와 징계 등을 살펴보기로 한다. 사회전반의 윤리의식이 높아지면서 공무원의 공직윤리 수준도 지속적으로 제고되어 갈 것으로 보이므로 공

표 1-1	인사행정론의 편제와 주요 내용	
편의 구분	장의 구분	주요 내용
제1편 인사행정의 성격	1. 인사행정의 의의와 맥락	인사와 인사행정의 의미, 인사철학, 주요 가치, 전략적 인사관리, 책 편제, 기술발전과 새로운 과제, e-HRM 등
	2. 인사행정의 법적 체계와 보호	인사제도와 관련한 주요 법령, 차별금지와 관련한 법령과 차별금지 내용 등
제2편 인사행정의 제도적 기반	3. 직업공무원제, 엽관제, 실적제	주요 인사행정 제도의 발전배경과 각 제도의 의의와 효과 등
	4. 계급제와 직위분류제	공직분류 체계의 발전과 각 제도의 장·단점 및 특성 비교 등
	5. 대표관료제와 다양성 관리	대표관료제의 발달 배경, 적용 가능성, 효과, 다양성 관리 등
	6. 인사기관	중앙인사기관(외국사례 포함), 부처인사기관, 지방인사기관 등
	7. 공무원 구분	공무원 구분기준(임용주체, 직무성격, 근무시간, 임용형태)에 따른 구분 등
제3편 인재확보와 임용	8. 인력계획, 모집과 선발	인력계획, 신규채용과 채용방법, 공공서비스 동기, 배경 블라인드 면접 등
	9. 공무원 이동과 경력개발	수직적 이동(승진 등), 수평적 이동(전보 등), 인사교류, 퇴직관리, 경력개발 등
제4편 인적자원개발	10. 교육훈련과 개발	교육훈련 의의, 종류, 교육훈련 방법, 직원개발, 교육훈련 업무편성 운영 등
	11. 역량기반 인적자원관리	역량모델, 역량평가, 역량기반 인적자원관리, 역량기반 교육과정 등
	12. 성과평가	공무원근무성적평정, 성과계약, 경력평정, 가점평정, 승진후보자명부 등
제5편 보상	13. 보수관리	보상의 의미, 보수제도의 특성, 기본급과 종류, 수당, 성과급 등
	14. 공무원복지와 연금	공무원복지(맞춤형 복지제도 등), 연금제도의 발전과 내용, 문제점 등
	15. 보건안전과 재해보상	보건안전 관련 민관 주요법령, 공무원재해보상법, 재해보상정책, 재해보상 심사 등
제6편 규범과 공무원 관계	16. 공무원노동조합과 노사관계	공무원노동조합 의의와 특성, 단체교섭, 단체협약, 노동쟁의, 노사관계 등
	17. 공무원의 권리와 의무	신분보장, 복무규율(의무와 금지의무 등), 정치적 중립, 적극행정 면책 등
	18. 공직윤리와 징계	공직윤리의 의의, 공직윤리 관련 주요 법령과 윤리제도, 징계, 소청 등

직윤리제도는 앞으로도 계속 발전해갈 것으로 예상된다.

3. 이 책의 주요 특색

인사행정의 발전은 인사행정분야에서 활동했거나 활동하고 있는 많은 학자들과 실무자들이 함께 노력하고 연구해온 집단지성(collective intelligence)의 축적에 의한 발전결과라고 할 수 있다. 따라서 이 책은 인사행정 발전에 직간접적으로 기여한 많은 학자들과 실무자들의 기여에 기초하고 있음을 밝힌다. 그럼에도 불구하고 이 책은 형식과 내용 등 여러 측면에서 몇 가지 특색이 있다고 보기에 이를 정리하면 다음과 같다.

첫째, 인사행정의 관점을 이제는 새롭게 정립해볼 시점이다. 이 장의 초입에서 이미 설명했듯이 인사를 인적자원(human resource) 관점에서 살펴보고, 무한히 발전해갈 것을 도모하는 인적자원개발을 추구하고, 아울러 규범적 차원에서도 인적자원을 통제하는 시각에서 벗어나, 이제는 인간존중의 시각에서 인사행정을 도모할 필요가 있다는 점을 인식하면서 이 책을 구성하려고 노력하였다. 물론 여전히 미진한 부분이 있겠지만, 군데군데 반영하려고 노력하였으며 부족한 부분은 앞으로도 보완해나갈 것이다.

둘째, 기존의 인사행정에서 부분적으로 빠져 있거나 가볍게 다뤄진 부분을 확인하여, 가능하면 그런 부분들을 보충하고자 하였다. 그런 맥락에서 제2장은 인사행정의 법적 체계와 보호(차별방지제도) 등을 다루었고, 제도적 기반에서도 여러 제도(직업공무원제, 엽관제, 실적제, 계급제, 직위분류제, 대표관료제) 외에 다양성 관리(diversity management) 부분을 보강하였다.

셋째, 그간 모집과 선발 그리고 승진과 이동 등이 함께 혼재되어 논의되어온 점을 고려하여 모집과 선발 그리고 공무원 이동(수직적 이동과 수평적 이동) 등을 분리하여 별도의 장으로 다루었고, 퇴직관리에 대한 부분도 시대적인 흐름을 반영하여 보충하였다. 또한 역량이 날로 중요해지는 시대적 상황을 고려하여 역량기반 인적자원관리를 별도로 11장으로 분리해서 역량기반 교육과정(competency-based curriculum)을 다루었다.

넷째, 그간 공무원복지에 대한 내용이 인사행정 교과서에서 제대로 다뤄지지 못한 상황을 개선하고자 14장에서 좀 더 자세하게 다루고 있다. 후생복지라는 말은 비슷한 용어의 중복사용이라는 점과 이미 군인의 경우에는 군인복지라는 말이 널리 사용되고 있는 점에 주목하여 '공무원후생복지'라는 표현보다 '공무원복지'라는 단어를 사용하며 이 부분을 폭넓게 보충하여 실었다.

다섯째, 국내외 경영학계의 인사관리론에서는 오래전부터 산업안전과 보건을 다루어 왔는데, 행정학분야의 인사행정론에서는 이 부분을 다루지 못했다. 나라가 발전하면서 재해와 질병의 개인화(재해와 질병의 원인을 개인에게서 찾는 현상)를 더이상 방치해서는 아니 된다. 지난 2018년에 공무원재해보상법이 제정되고 인사혁신처에 관련 조직도 설치되었으므로 이 부분에 대한 보충이 절실하다고 판단되어 15장에서 보건안전과 재해보상을 독립된 장으로 다루게 되었으며 이 부분은 인간존중의 철학을 잘 반영하는 것이라고 생각된다.

여섯째, 공무원도 보통사람(ordinary people)의 일부라는 점을 재인식하면서 공무원의 의무뿐만 아니라, 공무원의 권리도 함께 존중하는 시각이 필요한 때가 되었다. 아울러 그간 정치발전과정에서 발전속도가 다소 지체된 공무원노동조합과 노사관계에 대한 제도발전에 대한 논의를 보충하고, 단체협상도 이제는 교착상태를 넘어 현실적인 단체협약을 쌍방간에 도모하는 방향으로 발전해가야 한다는 관점에서 단체교섭(collective bargaining)과 단체협약 및 노동쟁의 등에 관한 부분을 보강하였다.

일곱째, 공직윤리와 관련된 여러 법령들을 종합적으로 살펴보고, 관련 법령들의 내용과 소관부처 등을 고려하여 인사혁신처가 주로 관리하는 법령(공직자윤리법 등)을 중심으로 공직윤리(재산등록과 공개, 재산심사, 퇴직공직자의 취업제한과 행위제한, 주식매각, 백지신탁 등)를 정리하였다. 부패(corruption) 관련법과 공직자 이해충돌방지법 등은 부분적으로 다루었지만, 부패에 대한 일반론 등은 이 책에 담지 않았다.

이로써 앞서 언급한 바와 같이 이제 한국의 인사행정이 다른 선진국들과 비교해도 크게 손색이 없고, 인사행정론 교과서의 전체 구성차원에서도 바퀴의 울퉁불퉁한 부분이 상당히 보완되어 거의 원형에 가까운 인적자원 바퀴(HR Wheel)가 구축되었다고 할 수 있을 것 같다.

마지막으로, 다음 절에서는 전자인사관리시스템(electronic human resource management: e-HRM)의 활용에 관해 살펴보기로 한다. 4차 산업혁명에 따른 신기술의 발전으로 인해서 민간기업과 정부기관에도 신기술의 활용이 크게 확대되고 있으므로 전자인사관리시스템의 활용과 주요 서비스의 내용 등을 살펴보기로 한다.

제6절 기술발전과 인사행정의 새로운 과제

1. 기술발전과 전자인사관리시스템의 활용

신기술의 급속한 발전을 계기로 4차 산업혁명(Fourth Industrial Revolution)의 영향은 경제와 산업 부문은 물론 노동 부문 및 행정 부문 등으로까지 광범위하게 확대되고 있다. 새로운 4차 산업혁명의 주요 핵심기술은 인공지능, 로봇, 빅데이터, 사물인터넷, 확장현실(가상현실, 증강현실, 혼합현실 등), 자율주행자동차, 드론, 3D프린팅 등이다(Kim & Hong, 2017). 그런데 이러한 신기술분야의 전문인력은 민간기업은 물론 공공기관에도 필요하다. 정부에도 이러한 전문가가 있어야 신기술분야의 정책을 개발하고 집행할 수 있기 때문이다. 따라서 기술직군의 관련 분야 직렬과 직류를 시대 흐름에 부합하는 방향으로 바꾸어나가야 하며, 동시에 새로운 직렬이나 직류도 신설할 필요가 있다.

정부는 4차 산업혁명 시대의 기술변화를 예측하고 그에 따른 인력육성과 전문인력 확보방안을 마련하기 위하여 나름대로 대처해오고 있지만, 구미 선진국을 선도하기보다는 추격하는 수준에 머물러 왔다. 따라서 이제는 보다 혁신적이고 효율적인 디지털 정부(Digital Government) 혹은 지능형 정부(Intelligent Government)를 구축해 선도해 나가야 한다(정충식 외, 2021). 그러기 위해서는 행정(재무행정, 인사행정, 법무행정, 국방행정, 복지행정, 조달행정 등)에 전자시스템(electronic system)을 적극적으로 개발하여 활용할 필요가 있다.

정부에서는 기획재정부를 중심으로 디지털시스템을 개발하여 예산과 회계 분야의 일대 혁신을 가져왔다. 기획재정부는 복잡한 재정의 모든 과정을 온라인으로 수행하고, 여러 기관의 재정시스템들을 연계하여 유용한 정보를 산출해내는 통합재정정보시스템을 개발했는데, 그것이 바로 디지털예산회계시스템(Digital Budget and Accounting System: 약자는 DBAS이지만 주로 dBrain으로 통칭)이다. 정부는 디지털예산회계시스템을 안정적으로 운영·관리하고 국가재정 관련 정책의 개발을 지원하기 위하여 한국재정정보원(Korea Public Finance Information Service: KPFIS)을 2016년에 설치하여 디지털예산회계시스템(dBrain)을 관리하고 있다(한국재정정보원, 2021).

기획재정부의 디지털예산회계시스템의 공무원 급여 부분 등은 현재 인사혁신처의 전자인사관리시스템(e-사람)과 상호 연계되어 운용되고 있으며, 이는 정부의 여러 인사부서의 급여업무 처리 등에 능률성과 정확성을 제고하는데 크게 기여하고 있다. 이처럼 디지털예산회계시스템은 기획재정부뿐만 아니라, 보수업무를 담당하는 인사기관 업무에도 긍정적인 영향을 끼치고 있다. 이러한 흐름에 부응하여 인사행정 분야도 전자인사관리시스템을 도입하여 과거에 수작업을 중심으로 이루어지던 각종 인사관리가 전자인사관리시스템을 통하여 능률성과 정확성을 높이게 되었다.

정부의 전자인사관리시스템(e-HRM)은 2000년에 본격적으로 논의되기 시작하여, 2000년대 초반에 인사개혁과제로 선정되면서 시스템 구축이 추진되기 시작했고, 이어서 2001년에 4개 부처에 시범 적용하면서 연차적으로 확산 발전하게 되었다(김판석, 2021). 각 부처 간의 이해관계를 정리하고 전자인사관리시스템의 법적 근거를 마련하기 위하여 2002년에 국가공무원법을 개정(2002.1.19. 개정, 법률 제6622호)하며 관련 조항(19조의 2: 인사기관장은 공무원의 인사관리를 과학화하기 위하여 공무원의 인사기록을 데이터베이스화하여 관리하고, 인사업무를 전자적으로 처리할 수 있는 시스템을 구축하여 운영할 수 있다)을 추가하며, 2002년에 "인사관리의 전자화"를 비로소 선언하게 되었다.

이러한 법적 근거에 따라 2002년 10월에 "전자인사관리시스템의 구축·운영 등에 관한 규정"이 제정되어 전자인사관리시스템의 구축·운영 등에 관한 필요한 사항을 정하였다. 그 외에 공무원임용령, 보수규정 등 인사 관계 법령 및 예규와 지침 등에도 이와 관련한 내용을 반영하였다. 이에 따라 당시의 인사기관(중앙인사위원회와 행정자치부)이 공식적으로 공무원 인사기록을 데이터베이스화하기 시작했고, 인사업무를 전자적으로 처리할 수 있는 시스템을 구축하여 운영할 수 있게 되어 오늘에 이르게 되었다(인사혁신처, 2021).

정부에서는 전자인사관리시스템(e-HRM)을 'e-사람'이라고 칭하고 있다. 지난 2000년 당시의 인사행정은 공무원의 인사관리를 종이 문서와 수작업으로 수행하였는데 이로 인해 업무처리 속도가 느리거나 수작업으로 인한 오류 발생 등 여러 문제가 발생하였다. 이를테면 공무원들이 반복 업무를 수작업으로 수행하면서 시간이 지연되고 처리비용이 늘어났으며, 자료의 오기, 누락, 중복 등이 발생하기도 했다. 또한 다수의 정부 기관에서 개별적으로 보수지급업무 등을 처리하면서 많은 인력이 투입되어 비효율이 발생하기도 했다. 특히 자동화된 시스템의 부재로 인해서 체계적인 보수관리가 이뤄지지 못해 부정 발생 소지가 있었다. 그리고 정확한 통계산출이 어려웠고, 그로 인해 채용, 승진, 전보, 인건비 계획 등의 자료가 부정확한 탓으로, 증거기반 인사정책(Evidence-Based Personnel Policy) 수립에도 장애가 발생하여 인사관리의 신뢰성을 저하시켰다. 이러한 여러 가지 문제점을 해결하기 위하여 정부가 전자인사관리시스템을 도입하게 된 것이다.

그런데 새로운 전산지원시스템의 구축을 통해 인사업무가 통합되면서 편의성과 통일성은 증대되었지만, 초기에는 여러 문제도 발생하였다. 일례로 부처와 중앙인사기관 간의 업무중복, 부처 자료 열람, 데이터 소관 사항 등에 대한 문제 제기가 있었다. 이에 따라 인사자료의 안전성과 상호신뢰 등을 확보하기 위해 중앙인사기관과 개별 부처 간에 많은 소통과 협의가 이루어지게 되었다. 그러한 협의 과정을 거치면서 비로소 통합된 전자인사관리시스템이 탄생하게 되었다. 이제는 국가공무원 모집 단계부터 퇴직할 때까지의 모든 인사행정 과정을 정보화해 효율적이고 신속하게 관리하는 체계로 구축되어 있다. 중앙정부 인사정책 체계와 개별 기관용 인사관리 체계를 통합했으며, 소속과 직급 등 국가공무원 인사 정보 등을 통합하여 활용하고, 공정한 인사관리 체계를 확립하는 데 크게 이바지하고 있다.

2. 전자인사관리시스템의 주요 서비스

전자인사관리시스템은 각 중앙행정기관의 인사업무를 지원하는 '표준인사관리시스템'과 인사혁신처의 인사정책 및 인사업무처리를 돕는 '중앙인사정책지원시스템' 모두를 지칭한다. 즉, 표준인사관리시스템과 중앙인사정책지원시스템을 연계한 전체 시스템을 일컫는다. e-사람에서 공무원 인사, 급여, 성과평가, 교육 훈련, 복무 등과 관련된 자료를 통합 관리하고 있으며, ICT 기술을 활용하여 관련 업무를 자동화, 효율화하였다. 부처용 표준인사관리시스템과 중앙인사기관용 인사정책지원

표 1-2	표준인사시스템의 내용	
구 분		주요 서비스
인사	임용에서 퇴직까지의 모든 개인신상 정보와 인사기록을 관리	• 개인의 인사기록관리 및 증명서 발급 • 인사발령처리 및 임용기록관리 등의 임용관리 • 호봉 확정, 정기승급 등 호봉관리 및 교육 훈련, 상훈, 충원 채용관리 • 부서 코드 정보, 조직개편 및 부서 정현원 관리 등
급여	공무원과 행정지원인력의 수당 및 공제 등 급여 작업 지원, 건강보험 등 공무원복지 업무 지원	• 월 급여 및 별도지급급여(성과상여금, 연가보상비 등) • 소득세법에 따른 연말정산 등
복무	근무상황, 초과근무, 출장관리 업무 지원	• 근무시간, 형태 등 복무 기본사항 및 유연근무제관리, 근무 상황관리 • 초과근무 사전 명령제도에 따른 초과근무 신청 및 승인관리 • 소속 직원의 연가 사용일 수 및 연가 보상일 수 관리 등
연계	인사 정보를 공동 이용할 수 있는 개방형 정보 활용체계를 제공	• 금융결제원, 디지털예산회계시스템(dBrain), 국가인재 DB 등과 연계 • 각 부처 행정정보 시스템(부처 포탈)과의 연계 등

시스템의 각 서비스는 서로 주요 데이터를 공유하며 운영하고 있는데, 이러한 서비스의 주요 내용은 다음과 같다(인사혁신처, 2021).

첫째, 표준인사관리시스템(중앙행정기관용)을 살펴보면 이는 중앙행정기관 인사 관련 자료를 데이터베이스화하여 관리하고, 인사 담당자와 공무원들의 인사업무를 효과적으로 처리하는 시스템이다. <표 1-2>와 같이 각 부처 공무원의 인사, 급여, 성과평가, 교육훈련, 복무 등의 자료에 대한 데이터베이스 구축은 물론, 여러 업무를 효율적으로 연계하여 처리할 수 있도록 인사업무를 지원한다. 각 부처의 인사업무 담당자는 소속 직원에 대한 임용, 기록, 상훈 징계, 성과, 호봉관리, 정·현원, 인사감사 등 인사업무 전반에 대한 업무를 수행할 수 있다. 또한 근무상황관리, 연가보상관리, 당직 관리 등 복무에 대한 전반적인 행정업무를 처리할 수 있고, 복무사항을 고려한 급여처리, 건강보험 등도 처리한다. 또한 개별 공무원도 자신의 인사 정보를 열람할 수 있고, 신상정보의 변동사항을 신청하거나 직접 변경할 수 있다. 아울러 자신의 인사기록 정보를 조회할 수 있고, 교육실적 등을 등록 관리할 수 있고, 출퇴근관리, 초과근무신청, 출장과 휴가신청 등도 할 수 있고, 각종 증명서

표 1-3	인사정책지원시스템의 내용	
구 분		**주요 서비스**
고위공무원	고위공무원과 후보자의 인력 풀(Pool)을 관리, 고위공무원단 인사업무를 지원	• 공모 직위 및 개방형 직위(과장급 직위 포함) 등 직위 정보관리 • 개방형 직위(과장급 직위 포함), 공모직 위에 대한 충원 결과 관리 • 후보자 교육 및 역량평가관리 등 후보자 관리 • 고위공무원의 정기 및 수시 적격 심사관리 및 현황통계 조회 등
인사심사	고위공무원단의 채용, 승진임용 등을 위한 인사심사관리 업무 및 온라인 심사 작업을 지원	• 고위공무원 인사심사 개요 및 인사심사 서식자료 조회 • 온라인 심사 수행, 인사심사 결과 관리 및 부처 통보 등
정부 인사발령	임용제청 대상 공무원의 신규채용, 승진 등 대통령 임명사항에 대한 결재 및 발령처리를 지원	• 임용제청대상자 자료 접수 및 심사관리 • 정부 인사발령기안, 통지 관리 및 현황 조회 등
통계분석	축적된 데이터를 사용자에게 필요한 형태로 가공, 의사결정에 필요한 각종 통계자료를 제공	• 계급별 정·현원, 직종별 정·현원 등 정기 및 수시 통계 제공 • 급여, 복무, 균형 인사 통계 제공 • 비정형 통계를 통한 다양한 분석 자료 제공 등

신청도 할 수 있다.

둘째, 중앙인사정책지원시스템은 <표 1-3>과 같이 중앙인사기관(인사혁신처)에서 정책업무를 수행하고, 현황분석 및 통계자료를 제공하여 과학적이고 합리적인 인사정책을 수립할 수 있도록 지원하는 시스템이다. 즉 중앙인사기관에서 고위공무원의 채용, 승진, 인사심사 및 대통령 임명사항 등의 정책업무 수행 및 각종 현황, 통계자료 등을 제공하여 신속한 의사결정을 할 수 있도록 인사정책 수립을 지원한다(인사혁신처, 2021).

현재 e-사람은 클라우드 기반의 인사행정과 관련한 정보자원 통합시스템이며, 이는 기획재정부의 디지털예산회계시스템, 금융결제원, 국가공무원인재개발원, 각 부처 행정시스템, 행정안전부의 주민등록시스템, 국가인재데이터베이스 등과 연계되어있다. 이를 바탕으로 인사혁신처의 정책업무담당자, 부처의 인사업무담당자, 기관장(부서장) 그리고 개별공무원이 활용하고 있다. 각 부처와 중앙인사기관이 서버 및 데이터베이스를 공동활용하고, 부처별 데이터베이스를 물리적, 논리적으로 통합한 시스템이다. 이를 기반으로 부처 업무시스템 및 주요 행정정보시스템과 보안성, 확장성, 안정성을 고려한 인사 정보 공유체계를 구축함으로써 각 부처 업무시스템과의 상호운용성 확대 및 자원 활용성을 높였다(인사혁신처, 2021).

또한 공무원 개개인은 자신의 핸드폰 등을 이용한 모바일 서비스가 가능하다. 모바일을 이용한 신속한 업무수행이 가능하여, 이용자들에게 시·공간적 제약 없는 복무 서비스를 제공함으로써 복무 관련 업무의 실시간 보고, 처리 등 행정업무의 능률성을 높였다. 모바일 권한관리 데이터베이스를 구축하고 모바일 공통기반을 연계하였다. 연가, 출장, 유연 근무 등의 신청과 부서장 승인 결재를 모바일로 실시간 처리할 수 있다. 또한 사용자 정보(사용자 기본정보 조회 등), 급여명세나 인사이동(급여명세서 조회, 인사이동 발령 조회, 승진발령 조회 등), 결재 진행 상황(결재 대기, 결재 완료, 상신함과 알림 서비스 등), 복무(근무상황 조회와 신청, 출장 내역 조회와 신청, 연가 조회, 초과 근무시간 신청과 조회 등), 그리고 공지사항(공지사항 조회, 서비스센터 안내 등) 등을 손쉽게 조회할 수 있다.

전자인사관리시스템(e-사람)은 인사혁신처의 정보화담당관실이 여러 다른 업무를 보면서 전자인사관리시스템을 운영 관리하고 있으므로 더욱 고도화시키는 데는 한계가 있다. 따라서 전자인사관리시스템의 지속적이고 보다 선진적인 발전을 위해서는 디지털회계예산시스템을 운영 관리하고 있는 한국재정정보원의 사례를 참고할만하다. 그런 맥락에서 중장기적으로 인사혁신처 산하에 인사혁신처의 공무원 시험정보기능 등과 연계하여 가칭 "한국인사정보원" 설치를 검토할 필요가 있다. 단기적 대안으로는 정보화담당관실에 "전자인사관리센터"를 확대 설치하여 전자인사관리시스템 운영 지원 기능을 좀 더 보강할 필요가 있다.

3. 신기술분야의 전문인력 확보를 위한 과제

지난 2014년 당시의 안전행정부(인사실)는 사이버 침해의 대응과 예방을 위해 공직 내 정보보호 분야의 전문인력을 확충해야 한다는 의견에 따라 기술직군 전산직렬 내에 "정보보호 직류"를 신설하기 위해 공무원임용령을 개정(2014.06.30)하였다. 이에 따라 정부가 개인 신용정보 유출 등 사이버 보안 문제에 대응하기 위해 정보보호 직류를 2014년 6월에 신설, 정보보호 전담 공무원을 확보하여 육성하게 되었다. 그리고 개정된 공무원임용령(2014.06.30)에 따라서 정보보호 직류의 시험과목이 2015년 5월에 공무원임용시험령 개정(2015.05.06)을 통해 새로 규정되었다. 정보보호 직류의 시험과목은 전문가 자문회의·공청회 등을 거쳐 결정되었는데, 정보보호 직류의 시험과목은 네트워크 보안, 정보시스템 보안, 정보보호 기술, 정보보호관리 등을 포함하며, 이는 기존 전산직의 핵심이었던 전산개발 직류와 상당히 다른 것으로 나타났다.

그리고 4차 산업혁명의 영향과 신기술의 발전 등을 감안하여 인사혁신처는 미래수요를 대비한 직렬 직류 개편을 위해 2017년 중반에 문재인 정부가 들어서면서 기술직군의 추가적인 직렬직류 개편의 필요성을 인식하고 4차 산업혁명에 부합하는 방향으로 직렬직류를 개편하는 것을 인사혁신처의 개혁과제 중의 하나로 삼았다. 이에 따라 세부실천방안을 모색하기 위하여 인사혁신처는 2018년에 관련 연구용역을 발주하며 전산직렬의 추가적인 개편을 본격적으로 검토하기 시작했다. 이러한 내부검토와 연구용역 및 관련 부처와의 협의를 거쳐서, 공무원임용령(대통령령)은 물론 공무원임용시험령(대통령령)을 2020년에 개정하면서 기술직군 전산직렬에 "데이터" 직류를 신설하게 되었다(공무원임용령, 공무원임용시험령 개정, 2020.9.22.). 데이터 직류의 신설로 빅데이터 전문가 등을 시의적절하게 채용할 수 있는 기반이 마련되었다. 데이터 직류에 필요한 역량은 데이터 분석 역량, 데이터 관리 및 보안 관리 역량, 데이터 수집과 처리 역량, 그리고 기획과 정책개선을 위한 데이터 활용 역량 등이다. 정부가 데이터 직류를 신설함에 따라 교육기관에서는 이러한 인력을 양성할 필요성이 높아졌고, 여러 대학(원)에서 AI는 물론 빅데이터 혹은 데이터 사이언스 과정 등을 신설하면서 대학(원)교육과정도 시대흐름에 따라 발전하게 되었다.

이를 통해 각 정부기관의 데이터 기반 정책역량이 강화되고 4차 산업혁명 등 빅데이터 관련 미래 행정수요에 선제적으로 대응할 수 있을 것으로 기대된다. 데이터 직류 공무원은 공공 데이터의 수집과 처리, 분석, 보안 관리, 공개 및 활용 등 데이터 관리 업무 전반을 담당하게 될 것이며, 빅데이터 전문가의 활약으로 정부가 더욱 세밀하고 창의적인 정책을 추진할 수 있게 될 것이다. 그리고 데이터 기반 행정을 담당할 데이터 직류 신설 외에도 재난·안전 분야 연구를 수행할 방재안전연구 직렬도 함께 신설하였다.

지난 몇 년간의 '전산직렬의 직류' 변화를 요약하면, 2014년에 '정보보호' 직류를 신설하였고, 2020년에는 '데이터' 직류를 신설하였다. 특히 2020년에 기술직군의 전산직렬 내 데이터 직류를 신설한 것은 시대 흐름에 부응하는 노력의 결과라고 할 수 있다. 그런데 기술직군의 전산 직렬 내의 데이터 직류의 신설만으로는 4차 산업혁명의 도래에 따른 지능형 정부 혹은 디지털 정부 운영의 인력확보 방안으로는 부족하다. 따라서 4차 산업혁명과 같은 시대적 흐름에 능동적으로 대응하고 정부의 총체적 대응역량을 강화하기 위해서는 전산 직렬을 추가적으로 개편하거나 새로운 지능정보 직렬을 신설하는 등 좀 더 근원적인 전문인력 충원 방안이 필요하다. 그러므로 지능형 정부(Intelligent Government) 혹은 디지털 정부(Digital Government)라는 새로운 정부 운영모델을 뒷받침하는 새로운 직렬 신설 등을 추가적으로 검토할 필요가 있다.

과제 인사행정학회와 전자인사관리시스템에 대해 알아보자

☐ 다음 사항을 한국인사행정학회의 홈페이지를 통해 찾아보자.
1. 각 나라마다 인사행정학회가 있는데, 우리나라에는 한국인사행정학회가 있다. 한국인사행정학회(www.hrm.or.kr)의 홈페이지에 들어가서 학회의 학술활동을 살펴보자.
2. 위 홈페이지에서 한국인사행정학회가 발행하는 학술저널 '한국인사행정학회보'(http://www.hrm.or.kr/bbs/board.php?bo_table=article1)의 논문들을 검색해보고, 최근에 부각되고 있는 연구 주제들과 연구경향을 살펴보자.

☐ 다음 사항을 인사혁신처의 홈페이지를 통해 찾아보자.
1. 인사혁신처의 홈페이지(www.mpm.go.kr)의 기관 소개에 들어가서 인사혁신처 조직도를 찾아보고, 여러 조직들의 기능을 살펴보자.
2. 인사혁신처의 전자인사관리 게시판(www.mpm.go.kr/mpm/info/infoEsaram/infoEsaramBoard/)에 들어가서 전자인사관리시스템(e-사람)의 홍보 리플렛을 읽어보거나 홍보 동영상을 시청해보자.
3. 위 게시판을 통하여 전자인사관리시스템(e-사람)의 서비스 구성, 주요 서비스, 사용기관 현황 등을 알아보자.

인 사 행 정 론

02

인사행정의 법적 체계와 보호

제2장 | 인사행정의 법적 체계와 보호

제1절 법과 행정

1. 법의 목적

법(法)이라는 글자를 파자(破字)해보면 물 수(氵)와 갈 거(去)의 혼합이니 물 흐르듯 이치에 맞는 것이 법이라고 할 수 있으나, 본래 법(法)이라는 한자의 고대문자는 '灋'(법)이라고 하며 '灋'(법)이라는 글자를 파자해보면, 물 '氵'(수)변에 해태 '廌'(치)와 갈 '去'(거)를 합쳐 만든 글자라는 것을 알 수 있다. 따라서 법은 수면이 평평하듯 법이 만인에게 평등하다는 뜻이고, 해태(해치)와 같이 간다는 의미로 볼 수 있다. 그리고 해태(해치)는 시비·선악을 판단하여 안다는 상상의 동물로 죄인에게 다가가 뿔을 들이댄다는 의미에서 유래하였다고 한다(표시열, 2014: 7). 서양에서도, Law의 어원이 '옳은' 또는 '바른'의 뜻을 내포하고 있으며 개인의 권리를 의미하기도 한다. 법은 왜 필요할까? 다양한 법의 이유나 법의 목적이 있겠지만 크게 사회질서를 세우고, 정의를 추구하며, 국민의 기본권을 보호하는 것으로 정리할 수 있다 (Bodenheimer, 1962).

1) 질 서

법은 일반적 규칙이나 기준을 통하여 인간의 행위를 규제하는 것이다. 인간이 사회조직을 형성하거나 정치를 하는 곳에서는 늘 규제받지 않는 무질서를 피하고 생동력 있는 질서를 형성하려고 노력하여 왔다. 만일 질서를 놓는 기제가 존재하지 않는 사회는 홉스가 이야기하는 대로 '만인을 향한 만인의 투쟁'이 일상화된 정글의 법칙이 적용되는 사회일 것이다.

막스 웨버(Max Weber)는 이러한 혼란한 사회에서 질서를 가져다주는 사회의 정당성(authority)의 근거로 카리스마, 전통, 법을 들고 있다. 사회가 발전할수록 임의적이거나 불합리한 카리스마나 전통보다는 법률을 강조하게 된다. 이렇게 법의 지배로 인한 질서는 인간생활에서 임의성과 불예측성을 막아주어 사회적 안정을 가져온다.

2) 정 의

법은 규칙이나 기준을 통한 사회질서뿐 아니라 그 사회 규칙이나 기준의 내용이 얼마나 공정하고 합리적인가 하는 문제, 즉 정의를 추구한다. 하지만 무엇이 정의인가? 이것은 과거부터 지금까지 오랫동안 풀리지 않는 철학적 논제이기도 하다. 고대 그리스의 플라톤(Plato)은 모든 시민이 각자의 의무를 다하는 사회가 정의로운 사회라 말하였다. 플라톤의 제자인 아리스토텔레스(Aristotle)는 '평등한 것은 평등하게, 불평등한 것은 불평등하게'(equal to equal, unequal to unequal)의 개념으로 비례적 평등을 정의의 요소로 보았다. 그리고 근대 철학자 제레미 벤담(Jeremy Bentham)은 '최대 다수의 최대 행복'이라는 공리주의(utilitarianism)적 정의관을 제시하였다.

이러한 공리주의적 정의관에 대응하여, 존 롤스(John Rawls)는 사회계약론의 관점에서 정의론(theory of justice)을 펼치고 있다. [그림 2-1]에 제시한 바와 같이, 정의의 원칙에 대한 필요성이 생기게 되는 배경적 조건은 '정의의 여건'이라고도 하는데, 여기에는 자원의 희소성이라는 객관적 여건과 개인 간의 상이한 목표체계라는 주관적 여건을 상정해볼 수 있다. 즉 정의의 원칙이 필요한 배경적 조건은 자원이 희소한 상황 속에서 상이한 목표를 가지는 사람들이 자원 배분을 놓고 대립할 때 성립되는 것이다. 그리고 공정한 사회계약의 당사자가 가져야 할 자격요건인 원초적 입장(original position)으로 무지의 장막(veil of ignorance)과 상호 무관심적 합리성을 제시한다. 무지의 장막은 장막 뒤의 조건을 전혀 알 수 없는 무지 상태를 의미하며, 이는 정책대안을 둘러싸고 어떤 대안이 자신에게 유리한지 알지 못하는 상황을 의미한다. 따라서 무지의 장막에서 사회계약을 맺는다면, 공정한 '정의의 원칙'(the principle of justice)이 도출될 수 있다고 본다(Rawls, 1971).

그림 2-1　롤스(Rawls)가 제시한 정의의 원칙의 도출 과정

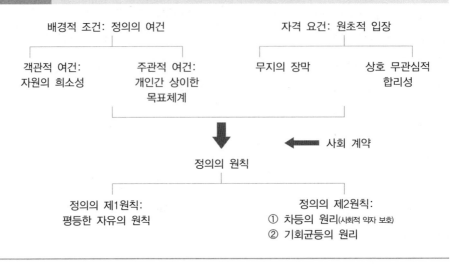

정의의 제1원칙은 평등한 자유의 원칙(equal liberty principle)이다. 이 원칙에 따르면 개개인은 다른 사람들의 유사한 자유와 양립할 수 있는 한도 내에서 광범위한 기본적 자유에 대하여 동등한 권리를 갖는다. 다음으로, 정의의 제2원칙은 불평등의 허용 기준을 제시하는 것으로 다음의 두 조건을 만족시켜야 한다. 첫째, 차등의 원리(difference principle)로 불평등에는 정당화의 요건이 필요하며, 그 정당화의 요건은 예를 들어 사회적 약자(the less advantaged)에게 합당한 범위에서 가장 많은 편익이 돌아가도록 하는 것이다. 둘째, 기회균등의 원리(equal opportunity principle)로, 이것은 불평등의 모체가 되는 직위와 직무가 모든 사람에게 기회균등하게 편성되어야 한다는 의미이다.

마이클 샌델(Michael Sandel)은 정의로운 사회는 단순히 공리를 극대화하거나 선택의 자유를 확보하는 것만으로 구현될 수 없다고 본다(Sandel, 2009). 정의를 판단하는 기준은 '행복', '자유', '미덕'을 들 수 있다. 다시 말해, 정의는 사회구성원의 행복에 도움을 줄 수 있는지, 혹은 사회 구성원 각각의 자유로움을 보장할 수 있는지, 사회에 좋은 영향을 끼쳐야 하는 지로 정의로움을 결정할 수 있다. 하지만 이러한 정의는 개인의 힘만으로는 실현할 수 없는 것이다. 따라서 샌델의 정의는 좋은 삶의 의미를 함께 고민하는 공동선을 추구하는 과정이며, 상호존중을 바탕으로 한

시민의식, 희생, 봉사 같은 공동체의식(혹은 공동체주의)과 연결된다.

마지막으로 톰 타일러(Tom Tyler)는 정의를 달성하기 위해 법이 가져야 하는 세 가지 '정당성의 원천'을 제시하고 있는데, 법과 정의의 관계에서 유념해야 할 중요한 관점을 보여준다(Tyler, 2006). 첫째, 법을 다스리는 사람뿐만 아니라 법을 따르도록 요구받는 사람들도 자신에게 발언권이 있다고 생각할 수 있어야 한다. 즉 법 집행자가 일반 국민들의 목소리를 청종할 것이라는 생각이 들어야 법의 정당성이 생긴다. 둘째, 법은 예측 가능해야 한다. 즉 내일의 법규가 오늘의 법규와 크게 다르지 않을 것이라는 합리적인 예측이 있어야 법의 정당성이 생긴다. 셋째, 법은 공정해야 한다. 즉 집단간의 차별대우가 없어야 법의 정당성이 생긴다.

3) 국민의 기본권 보호

법은 주권자인 국민의 기본권을 보호하고 보장하는 것을 목적으로 한다. 현대 국가는 국민이 주권자인 민주국가라 할 수 있다. 다만 주권자인 국민이 직접 통치할 수 없기에 선거를 통해 대표를 선출하고, 이들이 주권자의 뜻을 반영하여 국정을 실질적으로 운영하게 된다. 그런 점에서 우리나라 헌법 제1조 제1항과 제2항은 "대한민국은 민주공화국이다", "대한민국의 주권은 국민에게 있고, 모든 권력은 국민으로부터 나온다"라고 규정하고 있다.

이렇게 국민으로 주권을 위임받은 정부가 국정을 법을 기반으로 운영하게 된다는 점에서 현대 국가는 법치국가라 할 수 있다. 하지만 여기에서 주의해야 할 것은 법의 행사는 국민의 기본권을 보호하고 보장하는 범위에서 이루어 져야 한다는 점이다. 우리나라 헌법은 제2장에서 국민의 권리와 의무를 규정하고 있는데, 헌법 제10조에서는 "모든 국민은 인간으로서의 존엄과 가치를 가지며, 행복을 추구할 권리를 가진다. 국가는 개인이 가지는 불가침의 기본적 인권을 확인하고 이를 보장할 의무를 진다"라고 규정하고 있다.

2. 행정학에서 법적 접근법

현대에서 법과 행정의 관계는 불가분의 관계라고 할 수 있다. 왜냐하면 행정은 법의 테두리 안에서 법적인 수단을 가지고 이루어지는 것이 일상적이기 때문이다.

그래서 우리는 행정을 "법치"(法治) 행정이라고도 일컫는다.

데이비드 로젠블룸(David H. Rosenbloom)은 미국 행정학에 세 가지 접근방법, 즉 관리적(managerial approach), 정치적(political approach), 법적 접근방식(legal approach)이 있다고 말한다. 그리고 행정학이 전통적으로 관리적 접근법과 정치적 접근법을 중심으로 발전하였지만, 여전히 법적 접근법이 중요하게 다루어질 필요가 있다고 주장한다(Rosenbloom, 1989: 14-27; Ingraham & Rosenbloom, 1990: 210-219).

미국 행정학은 1887년 우드로 윌슨(Woodrow Wilson)이 발간한 "행정 연구"(A Study of Administration)를 계기로 정치학으로부터 독립된 학문의 길을 걷게 된다. 윌슨의 논지는 "정치는 정치인에게, 행정은 전문관료에게"로 요약될 수 있다. 이를 우리는 "정치 행정 이원론"이라고 부른다. 그런 점에서 행정학은 독자적인 학문의 길을 걸을 때부터 "관리적 접근"과 "정치적 접근"의 양 날개로 발전했다고 할 수 있다.

첫째, 관리적 접근방법은 공공행정과 민간행정의 구분을 최소화하고자 한다. 이같은 입장에 서면 행정은 민간의 경영과 기본적으로 유사하다고 보게 된다. 따라서 이 접근에서 행정의 기본가치는 능률성 내지 경제성이다. 구체적으로 관리적 접근에서는 능률성을 극대화하기 위하여 조직구조를 분업하고 전문화하는 관료제 구조를 발전시킨다. 그리고 업무는 과학적 관리법의 논리 하에 철저하게 분리되고 분석되어 효율적인 구조로 재조합된다.

둘째, 정치적 접근방법은 행정을 궁극적으로 정치과정의 하나로 파악한다. 이 접근법은 국민과 선출직 혹은 정무직 공무원에 대한 정부관료들의 대표성, 대응성, 그리고 책임성을 중요가치로 강조한다. 구체적으로 정치적 접근에서는 주권자인 국민의 의사에 부응하는 행정과 정책이 이루어지게 하기 위한 여론조사, 국민청원 등이 강조된다.

셋째, 법적 접근방법에서는 행정이 추구하는 궁극적인 목표가 헌법에 규정된 개인의 기본권, 특히 표현의 자유, 적법절차, 그리고 평등권을 보호하는 것이라고 주장한다. 존 로어(John Rohr)는 행정국가의 정당성은 헌법가치의 준수에 있다고 주장한다(Rohr, 1986: 181-183). 그는 공무원들이 협소하게 자기조직의 생존과 발전에만 몰두할 뿐 행정이 추구해야 할 좀 더 본질적인 이념인 헌법적인 원리나 가치에는 눈을 감고 있다고 지적한다. 따라서 이 접근법은 행정기관이 법적 시비를 다툴

표 2-1 행정학의 세 가지 접근법과 그 특징

접근법	관리적 접근법	정치적 접근법	법적 접근법
가치	경제성 능률성 효과성	대표성 반응성 책임성	헌법적 가치 절차적 공정, 동등보호 기본권 보호
구조	관료제	조직적 다원주의	평론 및 판결
개인관	합리적 행위자	집단의 구성원	이성적 존재
인지적 접근법	합리적 - 과학적	동의와 공공 여론 논생	귀납적 사례분석; 연역적 법리 분석; 규범적 논증 및 판결과정
의사결정	합리적 - 포괄적	점증적 시행착오	절차적 점증주의
집행	하향적	상향적	신조와 처방 수정
인사	실적주의	사회적 대표성	동등 보호(차별금지)
지적인 유산	W. Wilson L. Gulick L. White H. Simon	D. Waldo P. Appleby N. Long	F. Goodnow K. Davis M. Dimmock

출처: Ingraham & Rosenbloom(1990: 212)를 참조하여 수정.

수 있는 상대방에게 최대한 반대변론의 기회를 보장하는 것이 필요하다고 주장한다. 미국의 경우에 1946년 행정절차법(The Administrative Procedure Act)이 제정되고, 1950년대 사법부의 적극적인 개인권리 보호조치들이 이루어지면서 강조되기 시작했다.

우리나라의 행정학은 미국 행정학의 영향을 크게 받은 것이 사실이다. 하지만 법과 행정의 관계에서는 미국과는 역사와 맥락이 다르다고 할 수 있다. 왜냐하면 미국의 법체계는 불문법과 판례를 중시하는 영미계 법체계를 기반으로 하는 반면, 우리나라의 법체계는 성문법을 중시하는 대륙계 법체계를 기반으로 하기 때문이다. 따라서 우리의 경우 법과 행정의 관계에 대해 일찍 눈을 뜨게 되어 법치 행정의 오랜 전통을 가지게 되었다.

이를 반증하듯 1960~70년대까지만 해도 행정학이라는 독립적인 분과가 존재하기 보다는 법학 내에 하위 분과로 존재하는 경우가 많았다. 이는 정치학과 독립을 다투던 미국 행정학의 전통과는 거리가 먼 것이고, 오히려 행정법학의 전통이 강한 유럽과 가까운 것이었다. 하지만 1980년대 이래로 미국 행정학의 영향이 커지고 미국에서 유학한 2세대, 3세대 행정학자들이 학계의 중심이 되면서 행정학과 법학(특히 행정법)과의 거리가 멀어지게 되었다.

이렇게 행정학과 법학이 학문적으로는 분리의 과정을 걸었지만, 현장에서는 여전히 행정과 법이 분리된 것이 아니라 밀접하게 결부되어 있다. 과거보다는 법과목이 많이 줄어들었지만, 아직도 우리나라 대학의 행정학과 교과과정을 살펴보면 '행정법' 과목을 포함하고 있는 경우가 많다. 또한 공개경쟁채용시험에서 행정직(일반행정 등) 5급과 7급 공무원을 선발할 때, 헌법과 행정법 지식이 요구되고, 9급 행정직의 경우에도 행정법 지식이 필요하다.

제2절 인사행정 법령

1. 인사행정과 법

1) 인사행정 법령의 필요성

행정은 의회에서 제정된 법률과 행정부에서 만들어진 행정법령에 근거해서 실제로 수행된다. 인사행정도 마찬가지로 각종의 인사관계법과 행정명령의 법적 근거 위에서 수행된다. 특히 공공부문의 인사행정은 민간부문의 인사관리에 비해 법적 제약이 강할 수밖에 없다. 그리고 인사행정 법령의 필요성은 일반적인 법의 필요성과 크게 다르지 않다.

첫째, 인사행정 법령은 인사행정 수행과정에서의 질서를 가져다준다. 인사행정 법령은 공무원 인사에서 자의성을 줄여 주고 공무원 인사의 예측성을 가져다 줄 수 있기 때문이다.

둘째, 인사행정 법령은 사회 정의의 실현이라는 목적에 기여한다. 인사행정의 수행과정에서 능률성 가치 외에 다양한 가치, 즉 대응성, 사회적 형평성 등을 추구할 수 있는 법적 기반을 제공한다. 구체적으로 사회정의의 관점에서 사회적 약자 (social minority)에 대한 균형인사와 차별금지조치 등이 이러한 법적 근거를 통해서 이루어진다.

셋째, 인사행정 법령은 주권자인 국민의 기본권을 보호·보장하는 역할을 수행한다. 이러한 인사행정 법령의 기본권을 보호 및 보장하는 목적은 두 가지 차원을 포괄한다. 우선, 주권자인 국민들이 정부 공무원의 불공정한 행위로부터 보호되는 것과 관련된 것이다. 다음으로, 인사행정 법령은 공무원 자신들이 직무 수행과정에 공정 절차와 정치적 중립을 보장받는 것과 함께 부당한 이유로 인사상의 불이익으로부터 신분상의 보호를 받게 한다.

2) 인사행정 법령의 체계

한 국가의 법률체계는 그 국가의 역사(history)와 맥락(context)에 따라 상이하게 형성되기 때문에, 인사행정 법령의 체계를 이해함에 있어 이러한 부분이 반드시 고려될 필요가 있다. 하지만, 국가별 법률체계의 유형은 크게 '영미계' 국가의 법률체계와 '대륙계' 국가의 법률체계로 구분할 수 있다(강성철 외, 2018).

먼저, 영국, 미국, 캐나다, 호주 등 '영미계' 국가의 경우는 '보통법'(Common Law)에 근거한 불문법과 판례법의 전통을 강하게 가지고 있는데, 법률이 비교적 정교하고 상세하게 규정되고 있고, 그 내용도 구체적이고 실증적인 특징을 가지고 있다. 따라서 가능하면 인사행정 법령에 구체적인 사안이 담기는 단일 법령체계를 특징으로 한다.

다음으로, 독일, 프랑스, 이탈리아 등 '대륙계' 국가의 경우 법령의 계층제(hierarchy) 구조를 특징으로 한다. 구체적으로 인사행정 법령에서도 위계가 존재해서, 헌법에는 인사행정의 가장 기본적인 원칙이나 방향에 대한 선언이, 법률에는 인사행정의 분야별 입법 당위성을 중심으로 일반적인 내용이 규정된다. 하지만 법률도 실제 집행에 적용되기에는 지나치게 일반적이고 추상적이어서, 집행을 위해서는 시행령이나 시행규칙, 그리고 고시 등과 같은 각종 하위 행정법령에 의해 법률을 보완하고 보충하게 된다.

우리나라는 동아시아 문화권에 속해 있었기 때문에 오랜 중앙집권의 전통을 가지고 있다. 따라서 국왕을 정점으로 잘 발달된 국정관리 전문가집단으로서의 신료제도와 이를 법적으로 규정하고 있는 행정법 체계가 일찍이 발전하였다. 특히 조선시대에는 경국대전(經國大典) 등의 발달된 행정법 체계와 함께 18등급(문무관 正/從 각각 9품)의 계급제가 확립되었다. 하지만 이러한 조선시대의 법 전통은 일제시대를

그림 2-2 | 대륙계 국가의 법령 계층제(hierarchy)

거치면서 상당부분 끊겼다고 보는 것이 옳을 것 같다. 현재 우리나라의 법체계는 일제 시기에 이식(移植)된 독일 법체계에 기반하고 있다고 할 수 있다.

현재 우리나라의 인사행정 법령 체계는 '대륙계' 국가의 전통에 따라 계층제적으로 구조화되어 있다. 구체적으로, 헌법에서 인사행정의 기본적인 원리와 방향을 선언적으로 규정하고, 법률에서 인사행정 각 분야의 기본적인 사항을 일반적으로 규정하며, 시행령, 시행규칙 등에서는 집행과정에서 적용할 수 있는 구체적인 사항을 규정한다. 그리고 고시, 훈령, 예규 등에서는 공무원들이 일선에서 활용하는 기준, 별표, 서식 등을 제공한다.

이처럼 인사행정 관련 수많은 법령이 존재하고 있으며 이를 종합하여, 인사혁신처에서는 '공무원 인사실무'를 매년 발간하여 현장에서 인사실무에 참고하게 하고 있다.

2. 우리나라의 인사행정 법령

1) 헌 법

「헌법」은 국가의 최고기본법으로서 기본권 보장과 통치구조에 관한 내용을 규정하고 있다. 특히 헌법 제1장 총강의 제1조 제1항 "대한민국은 민주공화국이다"와

제2항 "대한민국의 주권은 국민에게 있고, 모든 권력은 국민으로부터 나온다"는 주권재민(主權在民)의 대원칙을 제시하고 있다. 공화국은 주권을 가진 국민이 선출한 국가 원수가 국가를 통치하는 형태를 말한다.

이를 바탕으로 헌법은 공무원 인사행정의 근원적인 인사원칙을 제시하고 있다. 구체적으로 헌법 제7조 제1항은 "공무원은 국민전체에 대한 봉사자이며 국민에 대하여 책임을 진다"고 규정하고 있고, 헌법 제7조 제2항 "공무원의 신분과 정치적 중립성은 법률이 정하는 바에 의하여 보장된다"고 규정하고 있다.

여기에서, 공무원은 국민전체에 대한 봉사자라는 말의 의미는, 공무원은 집권자나 집권당 또는 임명권자를 위한 복무자가 아니며 '국민전체'를 위해 일하기 때문에 특정인의 이익을 위하지 않으며, '봉사자'이기 때문에 국민 위에 군림하는 특권 계급이 아니란 뜻이 담겨 있다. 국민에 대하여 책임을 진다는 말은 국민에 대한 봉사자로서 공무원의 역할을 강조한 것이다. 따라서, 공무원은 그 지위와 직책에 따라 법률적 책임, 정치적 책임 그리고 도의적 책임을 진다(차병직·윤재왕, 2016: 65).

2) 법 률

공무원 인사행정과 관련되어 있는 법률은 무수히 많다. 왜냐하면 정부 조직과 관련된 조직법과 직제 등도 직·간접적으로 공무원 인사행정과 연관되어 있고, 수많은 직종별 공무원법도 그 직종에서는 기본적인 인사법의 역할을 수행하기 때문이다. 구체적으로 인사행정과 연관된 법률로는 정부조직법, 국가공무원법, 외무공무원법, 경찰공무원법, 소방공무원법, 교육공무원법, 법원조직법, 국회사무처법 등을 들 수 있다.

현재 인사혁신처 소관의 법률로는 국가공무원법(1949.08.12), 공무원연금법(1960.01.01), 공무원인재개발법(구 공무원교육훈련법, 1973.02.05), 공직자윤리법(1981.12.31), 1980년 해직공무원의 보상등에 관한 특별조치법(1989.03.29), 임용결격공무원 등에 대한 퇴직보상금지급 등에 관한 특례법(1999.08.31), 공무원 재해보상법(2018.03.20), 공무원 노동조합 관련 해직공무원등의 복직 등에 관한 특별법(2021.01.12) 등이 있다.

이상과 같은 인사 관련 법률 중에서 공무원, 인사담당기관 그리고 인사기능에 대한 가장 기본적인 규정을 담은 것이 「국가공무원법」(1949.08.12. 제정)이다. 다른

표 2-2　인사혁신처 소관 주요 법률

법　률	제정일
국가공무원법	1949.08.12
공무원연금법	1960.01.01
공무원교육훈련법(공무원인재개발법)	1973.02.05
공직자윤리법	1981.12.31
1980년 해직공무원의 보상등에 관한 특별조치법	1989.03.29
임용결격공무원 등에 대한 퇴직보상금지급 등에 관한 특례법	1999.08.31
공무원 재해보상법	2018.03.20
공무원 노동조합 관련 해직공무원등의 복직 등에 관한 특별법	2021.01.12

출처: 인사혁신처 홈페이지.

법률들은 국가공무원법의 제규정을 골격으로 하여 기관의 특성에 맞게 부분적으로 보완한 것이다. 행정법에서는 이를 '준용'(準用)한다고 표현하는데, 국가공무원법은 모든 공무원인사법령의 준거(기준, reference)가 되는 법률이라 할 수 있다.

국가공무원법은 1949년 제정 당시 일본법 등을 참고하여 57조로 시작하였다. 2022년 12월 27일 개정된 국가공무원법(법률 제19147호)은 총 12장, 85조로 구성되어 있다. 구체적인 내용으로는, 제1장 총칙, 제2장 중앙인사관장기관, 제3장 직위분류제, 제4장 임용과 시험, 제5장 보수, 제6장 능률, 제7장 복무, 제8장 신분보장, 제9장 권익의 보장, 제10장 징계, 제11장 벌칙, 제12장 보칙이다.

국가공무원법 제1조(목적)에서는 "이 법은 각급 기관에서 근무하는 모든 국가공무원에게 적용할 인사행정의 근본 기준을 확립하여 그 공정을 기함과 아울러 국가공무원에게 국민 전체의 봉사자로서 행정의 민주적이며 능률적인 운영을 기하게 하는 것을 목적으로 한다"고 규정하고 있다.

3) 대통령령과 총리령

인사행정 관련 법률은 실제로 인사행정 집행과정에서 직접 적용할 수 있게 구체적인 내용을 규정하지 않고 대략적인 내용을 담고 있는 경우가 많기 때문에 대통령령, 총리령 등을 통해 보다 구체화된다. 우리나라의 중앙인사기관인 인사혁신처는 현재 차관급 행정기관으로 독자적인 부령을 발할 수 없다. 따라서 인사혁신처는 국무총리실 소속기관으로서 총리령으로 행정규칙을 발하게 된다.

먼저, 인사혁신처 소관의 대통령령을 살펴보면, 관공서의 공휴일에 관한 규정(1949.06.04), 공무원임용령(1949.11.05), 공무원보수규정(1949.11.21), 공무원연금법 시행령(1960.02.06), 직무대리규정(1962.05.21), 별정직공무원 인사규정(1963.05.29), 소청절차규정(1963.06.01), 국가공무원 복무규정(1964.03.11), 국가공무원법제3조제3항의공무원의범위에관한규정(1965.10.27), 공무원임용시험령(1966.02.07), 인사 감사 규정(1968.10.08), 공무원수당 등에 관한 규정(1970.04.06), 공무원 징계령(1970.06.15), 공무원 채용 신체검사 규정(1970.06.15), 공무원 인재개발법 시행령(1973.03.30), 공무원고충처리규정(1981.06.10), 국가공무원 명예퇴직수당 등 지급 규정(1981.10.14), 연구직 및 지도직공무원의 임용 등에 관한 규정(1981.12.18), 공직자윤리법 시행령(1982.12.31.), 1980년해직공무원의보상등에관한특별조치법시행령(1989.05.08.), 공무원채용후보자장학규정(1991.02.01), 공무원 여비 규정(1998.02.24) 등이 있다.

표 2-3   인사혁신처 소관 주요 대통령령

대통령령	제정일
관공서의 공휴일에 관한 규정	1949.06.04
공무원임용령	1949.11.05
공무원보수규정	1949.11.21
공무원연금법 시행령	1960.02.06
직무대리규정	1962.05.21
별정직공무원 인사규정	1963.05.29
소청절차규정	1963.06.01
국가공무원 복무규정	1964.03.11
국가공무원법제3조제3항의공무원의범위에관한규정	1965.10.27
공무원임용시험령	1966.02.07
인사 감사 규정	1968.10.08
공무원수당 등에 관한 규정	1970.04.06
공무원 징계령	1970.06.15
공무원 채용 신체검사 규정	1970.06.15
공무원 인재개발법 시행령	1973.03.30
공무원고충처리규정	1981.06.10
국가공무원 명예퇴직수당 등 지급 규정	1981.10.14

연구직 및 지도직공무원의 임용 등에 관한 규정	1981.12.18
공직자윤리법 시행령	1982.12.31
1980년해직공무원의보상등에관한특별조치법시행령	1989.05.08
공무원채용후보자장학규정	1991.02.01
공무원 여비 규정	1998.02.24
임용결격공무원 등에 대한 퇴직보상금지급 등에 관한 특례법 시행령	1999.11.22
개방형 직위 및 공모 직위의 운영 등에 관한 규정	2000.02.28
공무원 성과평가 등에 관한 규정	2004.06.11
공무원 인사기록·통계 및 인사사무 처리 규정	2004.06.11
공무원 후생복지에 관한 규정	2005.05.26
공직후보자 등에 관한 정보의 수집 및 관리에 관한 규정	2005.09.30
고위공무원단 인사규정	2006.06.12
직무분석규정	2006.06.12
공무원의 구분 변경에 따른 전직임용 등에 관한 특례규정	2013.11.20
전문경력관 규정	2013.11.20
인사혁신처와 그 소속기관 직제	2014.11.19
공직인사혁신위원회의 설치 및 운영에 관한 규정	2015.03.03
전문직공무원 인사규정	2017.01.10
공무원 재해보상법 시행령	2018.09.18
성희롱·성폭력 근절을 위한 공무원 인사관리규정	2018.11.27
적극행정 운영규정	2019.08.06
공무원 인사 운영에 관한 특례규정	2019.12.10

출처: 인사혁신처 홈페이지.

다음으로, 인사혁신처 소관의 총리령으로는, 공무원 특수지근무수당 지급대상 지역 및 기관과 그 등급별 구분에 관한 규칙(1975.08.27), 공무원 징계령 시행규칙 (1981.07.14), 공직자윤리법 시행규칙(1982.12.31), 공무원연금법 시행규칙(1982.12. 31), 인사혁신처와 그 소속기관 직제 시행규칙(2014.11.19), 인사혁신처 소관 비영리 법인의 설립 및 감독에 관한 규칙(2015.06.12), 국가공무원 복무규칙(2017.04.13), 공 무원 재해보상법 시행규칙(2018.09.02) 등이 있다.

표 2-4　인사혁신처 소관 주요 총리령

법　률	제정일
공무원 특수지근무수당 지급대상 지역 및 기관과 그 등급별 구분에 관한 규칙	1975.08.27
공무원 징계령 시행규칙	1981.07.14
공직자윤리법 시행규칙	1982.12.31
공무원연금법 시행규칙	1982.12.31
인사혁신처와 그 소속기관 직제 시행규칙	2014.11.19
인사혁신처 소관 비영리법인의 설립 및 감독에 관한 규칙	2015.06.12
국가공무원 복무규칙	2017.04.13
공무원 재해보상법 시행규칙	2018.09.21

출처: 인사혁신처 홈페이지.

5) 훈령, 예규, 고시 등

인사행정 관련 시행령과 시행규칙이 집행과정에서 전반적인 방침을 제공하긴 하나, 좀더 구체적인 기준, 별표, 서식 등을 제공하기는 어렵다. 따라서 인사행정 현장에서 필요한 사항을 그때 그때 반영한 수많은 훈령, 예규, 고시 등이 보완적으로 제정되고 개정된다. 실제로 인사혁신처 소관의 대통령 훈령, 총리 훈령, 인사혁신처 훈령, 예규, 고시 등이 있다.

먼저, 훈령을 살펴보면, 첫째, 인사혁신처 소관의 대통령 훈령으로는 공무원 비위사건 처리규정, 공무원헌장이 있다. 둘째, 총리 훈령으로는, 공무원 헌장 실천 강령, 중앙행정기관의 공무원친목단체 지도·감독에 관한 지침, 공무원의직무관련범죄고발지침, 비위면직(파면·해임)자 공직 재임용 제한에 관한 규정이 있다. 셋째, 인사혁신처 훈령으로는, 인사혁신처 인사관리규정, 인사혁신처 긴급대응 조직의 설치 및 운영에 관한 규정, 인사혁신처 소관 회계직공무원 관직지정 및 회계사무취급에 관한 규정, 육아휴직 결원보충 활성화를 위한 인사혁신처와 그 소속기관에 두는 별도정원 운영규정, 인사혁신처 공무국외출장규정, 대한민국 공무원상 규정, 인사혁신처 자체감사 규정, 인사혁신처 자체 적극행정 운영규정, 인사혁신처 공무직 등 운영규정, 인사혁신처 공무원 행동강령 및 부패행위 신고 등에 관한 규정, 인사혁신처 기록관 운영규정, 인사혁신처 국제협력 업무 운영에 관한 규정, 인사혁신처 당직 및 비상근무시행세칙, 인사혁신처 공익신고 처리 및 신고자 보호 등에 관한 규정, 인사혁신처 법제업무 운영지침, 인사혁신처 자체평가위원회 운영규정, 인사혁신처 성희롱 예방지침 등이 있다.

다음으로, 인사혁신처 예규로, 균형인사지침, 국가공무원 성희롱·성폭력 신고처리 업무지침, 공무원보수 등의 업무지침, 공무원 성과평가 등에 관한 지침, 공무원 인사·성과기록 및 전자인사관리 규칙, 국가공무원 임용시험 및 실무수습 업무처리지침, 국가공무원 복무·징계 관련 예규, 퇴직공무원 사회공헌 사업 운영 규정, 공무원 임용규칙, 개방형 직위 및 공모 직위 운영지침, 전문직공무원 인사규칙, 인사 감사 사무처리 규칙, 국가인재데이터베이스 지침, 감염병 위기 극복을 위한 인사운영 효율화 지침, 별정직공무원 인사규칙, 균형인사협의체 설치 및 운영에 관한 규정, 공무상 질병 판정기준, 공무원의 구분변경에 따른 전직임용 등에 관한 특례지침, 직무분석 실시 지침, 고위공무원단 인사규칙, 공무원 인재개발 업무처리지침, 6급이하 실무직 공무원 대외직명제 운영 지침 등이 있다.

마지막으로, 인사혁신처 고시로 2021년 퇴직공직자 취업제한대상 영리사기업체 등 고시, 2021년 퇴직공직자 취업제한대상 비영리법인 등 고시, 2021년 퇴직공직자 취업심사대상기관 특정분야등 고시, 공무원연금 전액 정지 대상 기관 고시, 공무원보수인상률 고시, 공무원 임용시험 과목을 대체하는 영어·외국어 및 한국사 능력 검정시험 인정기간 등 고시, 2020년 하반기 적용 공직유관단체 지정 고시, 2020년 하반기 적용 재산 공개대상 공직유관단체 임원 고시, 2020년 퇴직공직자 취업제한대상 협회 고시, 특수요양급여비용 산정기준, 2020년 퇴직공직자 취업심사대상기관 추가 고시, 2020년도 공무원 전체의 기준소득월액 평균액 고시, 인사혁신처 기록관리기준표 고시 등이 있다.

제3절 인사행정 법령상의 쟁점과 법적 보호

외국의 경우 법적 소송이나 학술적인 논쟁으로 제기되고 있는 직장 내의 법적 쟁점들인 직장내 차별, 직장내 성희롱, 직장내 괴롭힘 혹은 갑질, 직장내 중독(마약, 알코올 등) 등을 인사행정의 새로운 쟁점(new issues)으로 독립하여 논의하고 있다. 우리나라의 경우는 인사행정 교과서가 공무원 인사과정을 중심으로 하다 보니 이러한 직장내에서 일어나는 법적인 문제에 다소 소홀한 면이 있었다. 여기에서는 직장내 성희롱과 직장내 따돌림 등을 중심으로 인사행정 법령상 쟁점을 살펴보고, 최근 행정법계에서 큰 변화를 가져올 것으로 예상되는 행정기본법 제정 등의 의의를 살펴보고자 한다.

1. 직장내 성희롱

1) 배 경

한국 사회에서 직장내 성희롱(sexual harrassment) 문제가 사회문제로 등장하게 된 것은 그다지 오래되지 못했다. 이것은 가부장제적인 유교 문화와 폐쇄적인 군문화가 결합된 억압적인 성별 차별 구조가 영향을 미친 것으로 평가된다.

이러한 상황에서 1993년 발생했던 '서울대교수 성희롱 사건'은 우리나라 최초로 제기된 성희롱 관련 소송으로 이후 직장내 성비위 문제를 수면 위로 올려 사회적 논쟁의 차원으로 올린 사건이었다. 이 사건은 6년간의 기나긴 법정투쟁으로 이어졌고, 결국 해당 교수가 피해를 입은 조교에게 500만원을 지급하라는 최종판결이 나왔다(위키피디아, 2021. 4. 30.). 이 사건을 계기로 성희롱도 명백한 범죄라는 사회적 인식이 생기기 시작했다. 그리고 2017년 10월 미국 할리우드의 유명 영화제작자인 하비 와인스틴의 성추문이 폭로되었다. 그러자 피해자를 돕기 위해 소셜 미디어에 해시태그(#MeToo)를 다는 '미투 운동'이 벌어지고 이것이 전세계에 확산되었다. 한국 사회에서도 그간 파묻혀 있던 직장내 위력에 의한 성폭력 및 성희롱 문제가 전 사회적 문제로 대두되었고, 정관계 및 스포츠계 인사들이 법적인 판단을 받게 되었다.

여성가족부의 '2018년 성희롱 실태조사' 결과에 따르면 전체 응답자의 8.1%가 지난 3년(2015~2018년)간 '한 번 이상 성희롱을 당했다.'고 답했다. 특히 공공기관 재직자 가운데 성희롱을 당했다는 사람은 16.6%로 민간사업체(6.5%)보다 2.5배나 많은 것으로 나타났다. 이는 폐쇄적이고 권위적인 공직사회의 조직 문화, 솜방망이 처벌 등에 기인하는 것으로 판단된다.

2) 직장내 성희롱의 개념과 유형

성희롱을 법적으로 규정하고 있는 법률로는 양성평등기본법(제3조 제2호), 국가인권위원회법(제2조 제3호), 남녀고용평등과 일·가정 양립 지원에 관한 법률(제2조 제2호) 등이 있다. 직장내 성희롱이란 "사업주, 상급자, 또는 근로자가 직장 내의 지위를 이용하거나 업무와 관련하여 다른 근로자에게 성적인 언동 등으로 성적 굴욕감 또는 혐오감을 느끼게 하거나 그 밖의 요구에 대한 불응을 이유로 고용상의 불이익을 주는 것"을 말한다(남녀고용평등과 일·가정 양립 지원에 관한 법률 제2조 제2호). 그리고 남녀고용평등과 일·가정 양립 지원에 관한 법률 제12조(직장 내 성희롱의 금지)에서 "사업주, 상급자 또는 근로자는 직장 내 성희롱을 하여서는 아니 된다"고 규정하고 있다.

이를 바탕으로 직장내 성희롱은 ① 직장 내 지위를 이용하며, ② 업무와의 관련성이 존재하고, ③ 성적 굴욕감을 느끼게 한다는 개념적 구성요소를 가진다고 할 수 있다. 이러한 요건이 충족되면, 행위 장소의 사업장 내외 여부, 행위시간의 근무시간 내 여부 등과는 무관하게 직장내 성희롱으로 인정된다.

특히 성적 굴욕감은 주관적 성격으로 논란의 대상이 되고 있는데 세 가지의 판단기준이 제시된다. 첫째, 행위자의 의도가 아닌 피해자의 관점을 기초로 하여 피해자의 주관적 사정을 고려해야 한다. 둘째, 사회 통념적으로 같은 처지에 있는 일반적 혹은 평균적인 사람이 성적 굴욕감을 느낄 수 있는지 여부가 기준이 된다. 셋째, 당사자의 관계, 장소 및 상황을 전체적으로 고려하여 사안별(case by case) 결론을 도출한다.

성희롱에는 네 가지 유형이 있다. 첫째, 신체적으로 접촉하는 '육체적(physical) 성희롱'으로, 갑자기 포옹하는 등 신체적 접촉을 시도하거나 가슴 등 특정 신체부위를 더듬거나 안마나 애무를 강요하는 행위를 말한다. 둘째, '언어적(verbal or written) 성희롱'으로 언어를 이용한 성희롱으로 음담패설, 외모에 대한 성적인 평가, 성생활에 대한 질문 및 유포, 성적관계를 강요하거나 회유하는 행위, 음란한 내용의 전화, 회식 자리에서 술을 따르게 하는 행위 등이 있다. 셋째, '시각적(visual) 성희롱'으로 외설적인 사진이나 그림을 게시하거나 보여주는 것, 그러한 것을 온라인을 통해 유포하거나 보여주는 행위, 성과 관련된 자신의 특정 신체부위를 고의적으로 노출하거나 만지는 행위를 의미한다. 넷째, 기타 비언어적(non-verbal) 성희롱 행위로서 사회통념상 성적 굴욕감이나 혐오감을 느끼게 하는 표정, 동작, 몸짓, 스토킹행위 등을 의미한다.

3) 직장내 성희롱 금지 의무의 내용

남녀고용평등과 일·가정 양립 지원에 관한 법률의 제2장 제2절은 직장 내 성희롱의 금지 및 예방에 대해 구체적인 사항을 담고 있다.

(1) 직장내 성희롱 예방교육

직장내 성희롱의 금지를 위해 동법 제13조에서는 매년 직장내 성희롱 예방 교육을 의무화하고 있다. 구체적으로 그 내용을 살펴보면 다음과 같다. ① 사업주는 직장 내 성희롱을 예방하고 근로자가 안전한 근로환경에서 일할 수 있는 여건을 조성하기 위하여 직장 내 성희롱의 예방을 위한 교육(약어: 성희롱 예방 교육)을 매년 실시하여야 한다. ② 사업주 및 근로자는 제1항에 따른 성희롱 예방 교육을 받아야 한다. ③ 사업주는 성희롱 예방 교육의 내용을 근로자가 자유롭게 열람할 수 있는 장소에 항상 게시하거나 갖추어 두어 근로자에게 널리 알려야 한다. ④ 사업주는 고용노동부령으로 정하는 기준에 따라 직장 내 성희롱 예방 및 금지를 위한 조치를 하여야 한다. ⑤ 제1항 및 제2항에 따른 성희롱 예방 교육의 내용·방법 및 횟수 등에 관하여 필요한 사항은 대통령령으로 정하도록 하고 있다.

남녀고용평등과 일·가정 양립 지원에 관한 법률 시행령 제3조에서는 다음과 같이 구체적인 직장 내 성희롱 방지교육의 내용을 담고 있다. ① 사업주는 직장 내 성희롱 예방을 위한 교육을 연 1회 이상 하여야 한다. ② 예방 교육은 직장 내 성희롱에 관한 법령, 해당 사업장의 직장 내 성희롱 발생 시의 처리 절차와 조치 기준, 해당 사업장의 직장 내 성희롱 피해 근로자의 고충상담 및 구제 절차, 그 밖에 직장 내 성희롱 예방에 필요한 사항의 내용을 포함해야 한다. ③ 예방 교육은 사업의 규모나 특성 등을 고려하여 직원연수·조회·회의, 인터넷 등 정보통신망을 이용한 사이버 교육 등을 통하여 실시할 수 있다. 다만, 단순히 교육자료 등을 배포·게시하거나 전자우편을 보내거나 게시판에 공지하는 데 그치는 등 근로자에게 교육 내용이 제대로 전달되었는지 확인하기 곤란한 경우에는 예방 교육을 한 것으로 보지 아니한다. ④ 상시 10명 미만의 근로자를 고용하는 사업, 사업주 및 근로자 모두가 남성 또는 여성 중 어느 한 성(性)으로 구성된 사업제의 경우는 제3조 제2항의 내용을 근로자가 알 수 있도록 교육자료 또는 홍보물을 게시하거나 배포하는 방법으로 직장 내 성희롱 예방 교육을 할 수 있다. ⑤ 사업주가 소속 근로자에게「근로자직업능력 개발법」제24조에 따라 인정받은 훈련과정 중 제3조 제2항의 내용이 포함되어 있는 훈련과정을 수료하게 한 경우에는 그 훈련과정을 마친 근로자에게는 예방 교육을 한 것으로 본다.

(2) 직장내 성희롱 발생 시 조치

직장내 성희롱의 금지를 위해 동법 제14조에서는 직장내 성희롱이 발생했을 때 다음과 같은 조치를 규정하고 있다.

① 누구든지 직장 내 성희롱 발생 사실을 알게 된 경우 그 사실을 해당 사업주에게 신고할 수 있다.

② 사업주는 신고를 받거나 직장 내 성희롱 발생 사실을 알게 된 경우에는 지체 없이 그 사실 확인을 위한 조사를 하여야 한다. 이 경우 사업주는 직장 내 성희롱과 관련하여 피해를 입은 근로자 또는 피해를 입었다고 주장하는 근로자(약어: 피해근로자등)가 조사 과정에서 성적 수치심 등을 느끼지 아니하도록 하여야 한다.

③ 사업주는 조사 기간 동안 피해근로자등을 보호하기 위하여 필요한 경우 해당 피해근로자등에 대하여 근무장소의 변경, 유급휴가 명령 등 적절한 조치를 하여야 한다. 이 경우 사업주는 피해근로자등의 의사에 반하는 조치를 하여서는 아니 된다.

④ 사업주는 조사 결과 직장 내 성희롱 발생 사실이 확인된 때에는 피해근로자가 요청하면 근무장소의 변경, 배치전환, 유급휴가 명령 등 적절한 조치를 하여야 한다.

⑤ 사업주는 조사 결과 직장 내 성희롱 발생 사실이 확인된 때에는 지체 없이 직장 내 성희롱 행위를 한 사람에 대하여 징계, 근무장소의 변경 등 필요한 조치를 하여야 한다. 이 경우 사업주는 징계 등의 조치를 하기 전에 그 조치에 대하여 직장 내 성희롱 피해를 입은 근로자의 의견을 들어야 한다.

⑥ 사업주는 성희롱 발생 사실을 신고한 근로자 및 피해근로자등에게 파면, 해

임, 해고, 그 밖에 신분상실에 해당하는 불이익 조치, 징계, 정직, 감봉, 강등, 승진 제한 등 부당한 인사조치, 직무 미부여, 직무 재배치, 그 밖에 본인의 의사에 반하는 인사조치, 성과평가 또는 동료평가 등에서 차별이나 그에 따른 임금 또는 상여금 등의 차별 지급, 직업능력 개발 및 향상을 위한 교육훈련 기회의 제한, 집단 따돌림, 폭행 또는 폭언 등 정신적·신체적 손상을 가져오는 행위를 하거나 그 행위의 발생을 방치하는 행위, 그 밖에 신고를 한 근로자 및 피해근로자 등의 의사에 반하는 불리한 처우를 하여서는 아니 된다.

⑦ 직장 내 성희롱 발생 사실을 조사한 사람, 조사 내용을 보고 받은 사람 또는 그 밖에 조사 과정에 참여한 사람은 해당 조사 과정에서 알게 된 비밀을 피해근로자등의 의사에 반하여 다른 사람에게 누설하여서는 아니 된다. 다만, 조사와 관련된 내용을 사업주에게 보고하거나 관계 기관의 요청에 따라 필요한 정보를 제공하는 경우는 제외한다.

(3) 고객 등에 의한 성희롱 방지

고객 등에 의한 성희롱 방지를 위해 동법 제14조의2에서는 사업주에게 다음과 같은 의무를 부과하고 있다. ① 사업주는 고객 등 업무와 밀접한 관련이 있는 사람이 업무수행 과정에서 성적인 언동 등을 통하여 근로자에게 성적 굴욕감 또는 혐오감 등을 느끼게 하여 해당 근로자가 그로 인한 고충 해소를 요청할 경우 근무 장소 변경, 배치전환, 유급휴가의 명령 등 적절한 조치를 하여야 한다. ② 사업주는 근로자가 업무수행과정에서 성희롱 피해를 주장하거나 고객 등으로부터의 성적 요구 등에 따르지 아니하였다는 것을 이유로 해고나 그 밖의 불이익한 조치를 하여서는 아니 된다.

2. 직장내 괴롭힘과 갑질

1) 배 경

한국 사회에서 직장내 괴롭힘(power harassment)이 사회적 이슈로 본격적으로 등장하게 된 것은 2014년 12월 5일 발생한 대한항공의 '땅콩 회항 사건'이다. 이 사건은 대항항공 오너 일가인 부사장이 이륙 준비 중이던 기내에서 땅콩 제공 서비스를 문제 삼으며 난동을 부려 비행기를 되돌려 수석 승무원을 하기시킨 사건이다. 이러한 직장내 괴롭힘 문제는 몇몇 기업에 한정된 것이 아니라 사회 전체의 문제로, 국가인권위원회(2017)의 조사에 따르면 근로자의 73.3%가 직장 내 괴롭힘을 경험해본 적이 있다고 답할 정도이다.

직장내 괴롭힘은 사회경제적 관점에서 상대방(乙)보다 우월적 지위에 있는 갑(甲)이 권한을 남용하여 을에게 행하는 부당한 요구나 행위를 '갑질'이라고 부르고 있다. 이는 서양에서 조직계층 구조 순위차이로 인해 사람들을 차별 또는 착취하는 행동인 'rankism'이나 일본의 '파워하라'(パワーハラスメント; power harassment를 줄인 말로 지위를 이용해 부하직원을 괴롭히는 행위)와 유사한 개념이다. 다양한 형태의 인격적 불이익 처우와 업무적 불이익 처우 등을 의미한다. 이를 방지하기 위해서는 사전 예방, 피해신고, 적발과 감시, 처벌제재, 보호지원 등의 노력이 필요하다.

종전까지는 직장 내 괴롭힘으로 볼 수 있는 일부 특정 행위, 즉 상해(형법 제257조), 폭행(형법 제260조, 근로기준법 제8조), 협박(형법 제283조), 명예훼손(형법 제307조), 모욕(형법 제311조), 강요(형법 제324조) 등에 대해 개별법에 따라 제재하여 왔었다. 이러한 방식은 다양한 양상의 직장내 괴롭힘을 망라하지 못할 뿐 아니라 예방 및 감독에 한계가 있었다. 이에 정부 2019년 1월 15일 근로기준법 개정을 통해 제6장의2 직장 내 괴롭힘의 금지 장을 신설하였다.

2) 내 용

지난 2019년 근로개정법 개정으로 신설된 직장 내 괴롭힘의 금지 장의 내용을 구체적으로 살펴보면 다음과 같다. 신설된 근로기준법 제76조의2(직장 내 괴롭힘의 금지)에서는 "사용자 또는 근로자는 직장에서의 지위 또는 관계 등의 우위를 이용하여 업무상 적정범위를 넘어 다른 근로자에게 신체적·정신적 고통을 주거나 근무환경을 악화시키는 행위(약어: 직장 내 괴롭힘)를 하여서는 아니 된다"고 규정하여, 직장내 괴롭힘의 개념을 명확히 하였다.

근로기준법 제76조의3에서는 직장 내 괴롭힘이 발생했을 시의 구체적인 조치를 다음과 같이 구체적으로 제시하고 있다.

① 누구든지 직장 내 괴롭힘 발생 사실을 알게 된 경우 그 사실을 사용자에게 신고할 수 있다.

② 사용자는 신고를 접수하거나 직장 내 괴롭힘 발생 사실을 인지한 경우에는 지체 없이 그 사실 확인을 위한 조사를 실시하여야 한다.

③ 사용자는 조사 기간 동안 직장 내 괴롭힘과 관련하여 피해를 입은 근로자 또는 피해를 입었다고 주장하는 근로자(약어: 피해근로자 등)를 보호하기 위하여 필요한 경우 해당 피해근로자 등에 대하여 근무장소의 변경, 유급휴가 명령 등 적절한 조치를 하여야 한다. 이 경우 사용자는 피해근로자 등의 의사에 반하는 조치를 하여서는 아니 된다.

④ 사용자는 조사 결과 직장 내 괴롭힘 발생 사실이 확인된 때에는 피해근로자가 요청하면 근무장소의 변경, 배치전환, 유급휴가 명령 등 적절한 조치를 하여야 한다.

⑤ 사용자는 조사 결과 직장 내 괴롭힘 발생 사실이 확인된 때에는 지체 없이 행위자에 대하여 징계, 근무장소의 변경 등 필요한 조치를 하여야 한다. 이 경우 사용자는 징계 등의 조치를 하기 전에 그 조치에 대하여 피해근로자의 의견을 들어야 한다.

⑥ 사용자는 직장 내 괴롭힘 발생 사실을 신고한 근로자 및 피해근로자등에게 해고나 그 밖의 불리한 처우를 하여서는 아니 된다.

⑦ 제2항에 따라 직장 내 괴롭힘 발생 사실을 조사한 사람, 조사 내용을 보고받은 사람 및 그 밖에 조사 과정에 참여한 사람은 해당 조사 과정에서 알게 된 비밀을 피해근로자등의 의사에 반하여 다른 사람에게 누설하여서는 아니 된다. 다만, 조사와 관련된 내용을 사용자에게 보고하거나 관계 기관의 요청에 따라 필요한 정보를 제공하는 경우는 제외한다.

3. 직장내 차별금지 및 사회적 약자 보호

1) 차별금지에 관한 법률의 맥락

직장내 차별금지는 평등고용기회(equal employment opportunity)와 직원보호(employee protection)차원에서 미국의 인사행정 교과서 등에서 하나의 독립된 장으로 다루기도 하지만, 한국의 경우에는 그간 미국처럼 자세하게 다루지는 못하였다. 직장내 차별금지는 법령상의 강행 규정과 이를 어겼을 때의 제재 규정을 담고 있다.

차별금지법(anti-discrimination law)은 특정 소수자 집단 등에 대한 차별을 막기 위한 법이다. 즉, 한 사회의 소수자 집단에 대한 차별을 방지하기 위한 법으로, 국가마다 역사와 맥락에 따라 소수자 집단에 대한 시각과 정의가 상이하기 때문에 나라마다 다양한 형태의 차별금지법을 채택하고 있다. 즉, 보호하는 집단과 금지하는 차별 사유 등에 있어서 나라마다 서로 차이가 있다.

차별금지법은 보통 성별, 인종, 민족, 장애, 종교, 연령, 출신지역, 언어, 정치적 의견 등을 이유로 한 정치적·경제적·사회적·문화적 생활영역에 있어서 합리적인 이유 없는 차별과 혐오적인 표현을 금지하는 법률이라고 할 수 있다. 그런데, 우리나라의 경우에는 일부 사항(성정체성과 성적지향 등)에 대한 입장차이가 커서 아직 포괄적인 차별금지법이 국회에서 제정되지 못하고 있다.

일반적으로 차별금지법의 형태는 모든 종류의 차별을 다루는 포괄적 차별금지법과 성별과 장애 등 특정 차별을 대상으로 하는 개별적 차별금지법으로 구분할 수 있다. 예를 들어 독일은 일반균등대우법(Allgemeines Gleichbehandlungsgesetz) 그리고 오스트리아는 균등대우연방법(Bundesgesetz über die Gleichbehandlung) 등과 같은 포괄적 차별금지법을 채택하고 있다. 그런데 우리나라를 비롯한 일부 국가들은 장애인차별금지법 등과 같이 개별적 차별금지법을 채택하고 있다.

2) 차별금지를 명시한 주요 개별법의 내용

우리나라의 경우에 노무현 정부 때인 2007년의 17대 국회이래로 여러 차례에 걸쳐 포괄적인 차별금지법안이 국회에서 발의되었으나, 포괄적 차별금지법의 제정을 둘러싸고 찬반 논란이 많아서 아직 제정되지 못하고 있다. 국가인권위원회법이 포괄적 성격의 차별금지 조항을 일부 규정하고 있으나, 넓은 의미의 포괄적인 차별금지법은 아직 제정되지 못한 상태이다. 현재 우리나라에서 차별금지를 명시하고 있는 개별적 차별금지법으로는 남녀고용평등법, 장애인차별금지법, 고령자고용법, 기간제법, 외국인고용법 등이 있다.

법률	내용
남녀고용평등과 일·가정 양립 지원에 관한 법률(약칭: 남녀고용평등법)	고용에서 남녀의 평등한 기회보장 및 대우(제2장) 모성보호(제3장) 일·가정 양립 지원(제3장의2)
장애인차별지 및 권리구제 등에 관한 법률(약칭: 장애인차별금지법)	장애를 이유로 차별 금지(제6조) 장애인 차별 방지와 구제의 국가 및 지자체의 의무(제8조)
고용상 연령차별금지 및 고령자고용촉진에 관한 법률(약칭: 고령자고용법)	고용상 언령차별금지(세1상의2) 모집·채용 등에서의 연령차별 금지(제4조의4)
기간제 및 단시간근로자 보호 등에 관한 법률(기간제법)	기간제 및 단시간근로자에 대한 차별적 처우의 금지 및 시정(제4장) 차별처우의 금지(제8조)
외국인근로자의 고용 등에 관한 법률(외국인고용법)	외국인근로자의 보호(제4장) 외국인 근로자라는 이유로 차별금지(제22조)

출처: 국가법령정보센터 홈페이지.

① 남녀고용평등법

남녀고용평등과 일·가정 양립 지원에 관한 법률(약칭: 남녀고용평등법)은 「대한민국헌법」의 평등이념에 따라 고용에서 남녀의 평등한 기회와 대우를 보장하고 모성 보호와 여성 고용을 촉진하여 남녀고용평등을 실현함과 아울러 근로자의 일과 가정의 양립을 지원함으로써 모든 국민의 삶의 질 향상에 이바지하는 것을 목적으로 한다(동법 제1조). 남녀고용평등법에서 '차별'이란 사업주가 근로자에게 성별, 혼인, 가족 안에서의 지위, 임신 또는 출산 등의 사유로 합리적인 이유 없이 채용 또는 근로의 조건을 다르게 하거나 그 밖의 불리한 조치를 하는 경우를 말한다(동법 제2조 1).

제2장 고용에서 남녀의 평등한 기회보장 및 대우 등에서는 사업주의 모집과 채용(제7조), 임금(제8조), 교육·배치 및 승진(제10조), 정년·퇴직 및 해고(제11조)에서 남녀를 차별해서는 아니 된다고 규정하고 있다. 그리고 제2장의 제4절에는 적극적 고용개선조치를 규정하고 있는데, 적극적 고용개선조치란 현존하는 남녀 간의 고용차별을 없애거나 고용평등을 촉진하기 위하여 잠정적으로 특정 성을 우대하는 조치를 말한다(동법 제2조 3). 고용노동부 장관은 직종별 여성 근로자의 비율이 산업별·규모별로 고용노동부령으로 정하는 고용 기준에 미달하는 사업주에 대해서

는 차별적 고용관행 및 제도 개선을 위한 적극적 고용개선조치 시행계획을 수립하여 제출할 것을 요구할 수 있다(동법 제17조의 3). 그리고 근로자는 사업주로부터 차별적 처우 등을 받은 경우 노동위원회에 그 시정을 신청할 수 있다. 다만, 차별적 처우 등을 받은 날부터 6개월이 지난 때에는 그러하지 아니하다(동법 제26조).

② 장애인차별금지법

장애인차별금지 및 권리구제 등에 관한 법률(약칭: 장애인차별금지법)의 제6조는 누구든지 장애 또는 과거의 장애경력 또는 장애가 있다고 추측됨을 이유로 차별을 하여서는 아니 된다고 규정하고 있다. 동법 제8조 제1항에서는 국가 및 지방자치단체는 장애인 및 장애인 관련자에 대한 모든 차별을 방지하고 차별받은 장애인 등의 권리를 구제할 책임이 있으며, 장애인 차별을 실질적으로 해소하기 위하여 이 법에서 규정한 차별 시정에 대하여 적극적인 조치를 하여야 한다고 규정하여, 장애인차별 방지와 권리 구제 등에 있어 정부의 책임을 명확히 하고 있다.

특히 장애인차별금지법 제4조에서는 금지하는 차별행위를 다음과 같이 규정하고 있다: (1) 장애인을 장애를 사유로 정당한 사유 없이 제한·배제·분리·거부 등에 의하여 불리하게 대하는 경우; (2) 장애인에 대하여 형식상으로는 제한·배제·분리·거부 등에 의하여 불리하게 대하지 아니하지만 정당한 사유 없이 장애를 고려하지 아니하는 기준을 적용함으로써 장애인에게 불리한 결과를 초래하는 경우; (3) 정당한 사유 없이 장애인에 대하여 정당한 편의 제공을 거부하는 경우; (4) 정당한 사유 없이 장애인에 대한 제한·배제·분리·거부 등 불리한 대우를 표시·조장하는 광고를 직접 행하거나 그러한 광고를 허용·조장하는 경우; (5) 장애인을 돕기 위한 목적에서 장애인을 대리·동행하는 자에 대하여 앞의 행위를 하는 경우; 그리고 (6) 보조견 또는 장애인보조기구 등의 정당한 사용을 방해하거나 보조견 및 장애인보조기구 등을 대상으로 제4호에 따라 금지된 행위를 하는 경우 등이다.

③ 고령자고용법

고령자고용촉진법이 1991년에 제정된 후에, 2008년에 고용상 연령차별금지 및 고령자고용촉진에 관한 법률(약칭: 고령자고용법)로 확대 개정되었다. 이 법이 제정되기 전까지는 고령자(高齡者)에 대한 고용정책이 고용촉진정책에 치중되었으나,

고용에서 연령을 이유로 차별하는 관행을 해소하기 위한 연령차별금지정책을 병행 추진하기로 함에 따라 「고용상 연령차별금지 및 고령자고용촉진에 관한 법률」로 변경하고, 모집·채용부터 퇴직·해고까지 고용의 모든 단계에서의 연령차별을 금지하며 고용상 연령차별행위로 피해를 입은 자에 대한 구제방법으로 국가인권위원회에 대한 진정 및 이에 따른 권고, 권고 불이행에 대한 시정명령제도를 도입하였다. 그리고 사업주는 연령을 이유로 하는 고용차별을 없애고, 고령자의 직업능력계발·향상과 작업시설·업무 등의 개선을 통하여 고령자에게 그 능력에 맞는 고용기회를 제공함과 아울러 정년연장 등의 방법으로 고령자의 고용이 확대되도록 노력하여야 한다(제4조).

따라서 이 법은 합리적인 이유 없이 연령을 이유로 하는 고용차별을 금지하고, 고령자가 그 능력에 맞는 직업을 가질 수 있도록 지원하고 촉진함으로써, 고령자의 고용안정과 국민경제의 발전에 이바지하는 것을 목적으로 한다. 고령자고용법 제2조의 1에서 고령자"란 인구와 취업자의 구성 등을 고려하여 대통령령으로 정하는 연령 이상인 사람을 말하는데, 고령자고용법 시행령 제2에 따르면, 고령자는 55세 이상인 사람으로 한다.

④ 기간제법

기간제 및 단시간근로자 보호 등에 관한 법률(약명: 기간제법)은 기간제근로자 및 단시간근로자에 대한 불합리한 차별을 시정하고 기간제근로자 및 단시간근로자의 근로조건 보호를 강화함으로써 노동시장의 건전한 발전에 이바지함을 목적으로 한다(동법 제1조).

동법 제3조에서 사용자는 기간제근로자 혹은 단시간근로자임을 이유로 해당사업 또는 사업장에서 동종 또는 유사한 업무에 종사하는 보통의 근로자에 비하여 차별적 처우를 하여서는 아니 된다고 규정하고 있다.

기간제근로자 또는 단시간근로자는 차별적 처우를 받은 경우 노동위원회에 그 시정을 신청할 수 있으며(동법 제9조), 그러면 노동위원회에서는 지체없이 필요한 조사와 관계당사자에 대한 심문을 하여야 하고(동법 제10조), 심문과정에서 관계당사자 쌍방 또는 일방의 신청 또는 직권에 의하여 조정 절차를 개시할 수 있고, 관계당사자가 미리 노동위원회에 중재결정에 따르기로 합의하여 중재를 신청한 경우는 중재를 할 수 있다(동법 11조). 노동위원회는 조사·심문을 종료하고 차별적 처우에 해당된다고 판정한 때에는 사용자에게 시정명령을 내려야 한다(동법 제12조).

⑤ 외국인고용법

외국인근로자의 고용 등에 관한 법률(약칭: 외국인고용법)은 외국인근로자를 체계적으로 도입·관리함으로써 원활한 인력수급 및 국민경제의 균형 있는 발전을 도모함을 목적으로 한다(동법 제1조). 외국인고용법의 제4장에서 외국인 근로자의 보호를 규정하고 있다. 특히 제22조에서 사용자는 외국인근로자라는 이유로 부당하게 차별하여 처우하여서는 아니 된다고 규정하고 있다.

그 외 외국인근로자에 대한 기숙사의 제공(제22조의2), 보증보험 등의 가입(제23조), 외국인근로자 관련 단체 등에 대한 지원(제24조), 외국인근로자 권익보호협의회(제24조의2), 사업 또는 사업장 변경의 허용(제25조) 등이 규정되어 있다.

4. 행정기본법 제정과 인사행정에의 영향

「행정기본법」은 법률 제17979호로 2021년 3월 23일 제정되었다. 동법 제1조(목적)에서 "이 법은 행정의 원칙과 기본사항을 규정하여 행정의 민주성과 적법성을 확보하고 적정성과 능률성을 향상시킴으로써 국민의 권익 보호에 이바지함을 목적으로 한다"고 규정하고 있다. 우리나라는 1998년 「행정절차법」의 제정으로 행정의 '절차'에 관한 일반법은 존재했지만, 이제껏 강행적 성격의 행정법령 집행의 원칙과 기준이 제시되고 있지 않아 여러 가지 혼선이 야기되고 있었다. 이러한 「행정기본법」의 제정은 대부분이 행정법적 성격을 가지고 있는 인사법령 전반에 영향을 미칠 것이다. 따라서 행정기본법과 같은 행정법제의 변화가 인사법령에 구체적으로 어떤 방식으로 적용되는지 살펴보는 것도 앞으로 중요한 과제가 될 것이다.

첫째, 행정기본법은 제2장 행정의 법 원칙을 통해 지금까지 법이론과 판결로만 존재하던 법치행정의 원칙(제8조), 평등의 원칙(제9조), 비례의 원칙(제10조), 성실의무 및 권한남용금지의 원칙(제11조), 신뢰보호의 원칙(제12조), 부당결부금지의 원칙(제13조) 등을 법규정으로 명문화하였다.

둘째, 불합리한 행정관행과 규제를 개선하기 위한 공직자의 적극적인 행정행위를 활성화하기 위해 제4조에 '행정의 적극적 추진' 규정을 명문화하였다. 구체적으로 동조 제1항에서 "행정은 공공의 이익을 위하여 적극적으로 추진되어야 한다.", 제2항에서는 "국가와 지방자치단체는 소속 공무원이 공공의 이익을 위하여 적극적으로 직무를 수행할 수 있도록 제반 여건을 조성하고, 이와 관련된 시책 및 조치를 추진하여야 한다."고 규정하였다. 제3항에서는 이러한 행정의 적극적 추진 및 적극행정 활성화를 위한 시책의 구체적인 사항 등은 대통령령으로 정하게 하여, 현재 훈령으로 시행 중인 적극행정을 대통령령 수준으로 격상시켜 제도화하였다. 이러한 적극행정 관련 규정은 「행정기본법 시행령」의 제2조 "「행정기본법」 제4조에 따른 행정의 적극적 추진과 적극행정 활성화를 위한 시책의 구체적인 사항 등에 관하여는 적극행정 운영규정 및 지방공무원 적극행정 운영규정에서 정하는 바에 따른다"로 보다 명확한 법령의 근거를 두게 되었다.

셋째, 입법 및 법집행의 원칙과 기준을 제시하고 있다. 예를 들어, 행정에 관한 기간의 계산(제6조), 법령 등 시행일의 기간 계산(제7조), 법 적용의 기준(제14조), 처분의 효력(제15조), 처분의 취소(제18조), 처분의 철회(제19조) 등 지금까지 혼선이 있던 법 집행상의 원칙과 기준을 명확히 하였다.

넷째, 법집행 과정에서 인허가(제24조-제26조), 과징금(제28조-제29조), 그밖의 행정상 강제(제30조-제33조) 등 행정제재 등에 대한 제도들을 통일적·체계적으로 규정하여, 복잡한 절차를 국민의 입장에서 단순화하였다.

다만, 「행정기본법」 제정시 공청회에서 제시되었던 국민참여보장, 행정서비스 혁신, 행정협업 등은 제정법에 반영되지 못하였다. 향후 법개정 과정에서 이러한 행정혁신과 관련된 조항들이 들어가게 되면 행정기본법 상의 행정혁신의 법적 근거도 확보할 것으로 기대된다.

❑ 우리나라의 인사행정 관련 헌법, 법률, 시행령, 시행규칙, 각종 훈령·예규·고시 등의 규정을 찾아보자.
- 법제처 국가법령정보센터(www.law.go.kr)에서 각종 법을 검색 가능
- 인사혁신처 법령정보(www.mpm.go.kr)에서 인사행정관련 법률, 대통령령, 총리령, 훈령/예규/고시 등을 검색 가능

❑ 대한민국 법원의 종합법률정보(https://glaw.scourt.go.kr)에서 인사행정에 관련 법령, 판례 등을 찾아보자.
- 화제가 된 판결을 찾아보자
- 최신 선고 판례를 찾아보자

❑ 직장내 성희롱, 직장내 괴롭힘과 갑질 행위, 그리고 인사행정상의 차별행위 등을 파악해보자.
- 성희롱의 정의: 남녀고용평등과 일·가정 양립 지원에 관한 법률(약칭: 남녀고용평등법)의 제2조2항
- 차별금지법(Anti-Discrimination Act): 그동안 국회에서 포괄적인 차별금지법안이 여러 차례 발의되어 왔으나, 현재까지 포괄적인 수준의 차별금지를 규정하는 법안이 국회에서 통과된 적은 없다. 차별금지법안에 대한 우리 사회의 찬반 의견을 정리해보고, 이를 주요 선진국 사례와 비교해보자.

제 **2** 편

인사행정의 제도적 기반

03

직업공무원제, 엽관제, 실적제

인 사 행 정 론

제**3**장 | 직업공무원제, 엽관제, 실적제

제1절 직업공무원제

1. 직업공무원제의 의의

1) 직업공무원제의 개념 및 요건

직업공무원제(career civil service system)는 공무원이 되면 정년퇴직 전까지 국민과 주민을 위해 봉사하면서 일하는 것이 명예롭고 보람되도록 조직·운영되는 인사제도를 말한다. 젊고 유능한 인재를 공직에 유치하고, 그들이 비교적 오랫동안 공직에 재직하며 봉사하는 것을 자랑스럽게 생각하도록 하는 것을 목적으로 한다.

직업공무원제에서 직업은 사전적 의미로 생계를 유지하기 위하여 자신의 적성과 능력에 따라 일정한 기간 동안 계속하여 종사하는 일을 의미한다. 따라서 공무원이라는 직업은 일시적으로 거쳐 가는 곳이 아니라, 정부기관에서 비교적 오랫동안 헌신할 것이 요구되는 직업을 의미한다. 영어의 career는 일하고 보수를 받는 단순한 일자리(job)를 넘어선 개념이다. 즉 Career는 비교적 긴 시간동안 일하며 책임도 커진 직업 혹은 경력을 의미하므로, 직업공무원제는 공무원이 되어 퇴직할 때까지 책임의식을 갖고 비교적 오랫동안 근무하도록 하는 제도를 의미하고 있다.

직업공무원이 된다는 것은 단순히 밥벌이를 위해서 공직에 머물게 하는 것을 의미하지 않는다. 생존 수단을 넘어 일생을 바칠만한 가치가 있다고 생각될 만큼의 조치와 제도들이 전제된 것을 의미한다. 직업을 갖고 보람을 느끼고 헌신하도록 하기 위해서는 기본적으로 퇴직할 때까지 개인의 업적과 성장에 따라 승진 등 유인책이 제공되어야 한다.

또한, 직업공무원제는 직업적 안정성을 담보하는 인사제도이다. 시간이 지날수록 승진을 하면서 책임도 커진다. 직업공무원제는 입직한 공무원들로 하여금 공직이 천직이라고 생각하고 국가와 사회에 대한 봉사와 헌신을 유도하기 위해서 도입된 인사제도라는 점에서 유능한 인재가 공직에 입직하기를 권장한다. 이처럼 유능한 인재가 국민들을 위해 봉사하는 것을 천직으로 생각하고 자긍심을 갖고 일할 수 있도록 하는 제도를 의미한다.

직업공무원제가 정착되기 위해서는 무엇보다도 공직에 대한 사회적 인식이 높아야 한다. 유능한 인재들은 사회적으로 선망의 대상이 되는 직장을 선호하기 마련이다. 유능한 인재를 공직에 널리 유입시키기 위해서 공직응시의 문호를 개방하여야 한다. 또한 입직한 유능한 인재들이 교육훈련을 통해 역량을 지속적으로 개발하고 긍지와 자신감을 가지고 비교적 오랫동안 근무할 수 있도록 해야 한다. 이를 위해 역할과 지위, 근속년수에 따른 적정한 보수가 지급되어야 하며, 퇴직 후에도 비교적 안전하게 생계를 유지할 수 있는 적정한 연금이 보장되어야 한다.

직업공무원제에서는 젊은 인재를 채용하여 공직에 비교적 오랫동안 근무토록 하는 것을 추구하기 때문에, 하위직급으로 임용해 단계적으로 승진과정을 거치게 된다. 따라서 채용에 있어 자격요건이 있기 마련이며 장기적인 발전가능성과 잠재력있는 일반행정가를 중시한다. 그러므로 직업공무원제에서는 공무원의 교육훈련, 역량개발, 경력발전 등에 많은 노력을 기울이게 된다. 직업공무원제 확립을 위해 요구되는 요건은 다음과 같다:

첫째, 공직은 국민을 위해 봉사하는 곳이며 명예롭고 자부심을 지닐 수 있는 직업이라는 높은 사회적 평가가 있어야 한다. 둘째, 국가와 사회발전을 위해서 오랫동안 머물게 되는 직업이 되어야 하므로 채용될 사람은 비교적 젊고 유능한 사람이어야 하고, 이들은 자격요건에 부합하여야 한다. 셋째, 유능한 인재에 대한 인력수급은 일시적인 노력으로 가능하지 않으므로, 장기적 시각에서 공무원에 대한 인력계획이 수립되어야 한다. 넷째, 공무원으로 채용되어 긍지와 보람을 갖도록 업적과 조직기여도 등에 따라 상위직까지 승진할 수 있는 기회와 절차가 마련되어야 한다. 다섯째, 승진, 전보, 훈련 등을 통한 능력 발전 기회가 부여되어야 한다. 여섯째, 공무원의 보수는 민간 부문의 보수와 적절한 대외적 형평성을 갖추어야 한다. 마지막으로, 적절한 연금제도가 확립되어 퇴직에 대한 걱정을 덜고 신분보장을 통해 재직 중 안심하고 공직에 몰입할 수 있도록 해야 한다.

2) 직업공무원제와 다른 인사제도와의 관계

직업공무원제는 다른 인사제도(계급제, 실적제 등)와 조화 혹은 상충되는 면이 있다. 직업공무원제는 공무원이라는 사람에 초점을 맞추고 있기 때문에, 공무원의 인적 특성을 기준으로 공직을 분류하는 계급제와 친화성이 높다. 계급제에서 공무원은 특정 자리가 아닌 공직 전체에서 신분을 부여받기 때문에 외부 환경 변화 등에 의해서 해당 직무가 없어지더라도 해당 공무원은 퇴출되기보다는 다른 직무를 부여받을 수 있다. 또한, 상위계급으로의 승진은 원칙적으로 하위 계급에서부터 내부 승진에 의해 충원되며, 외부로부터의 유입은 제한적이므로 폐쇄형 충원체제와 관련성이 높다.

또한 직업공무원제는 폐쇄형 충원제에 가깝기 때문에 개방형 인사제도와는 상충될 가능성이 있다. 개방형 인사제도는 특정 직위에 부합하는 사람을 외부에서 충원하는 것을 추구하므로, 외부에서 충원된 자리에는 내부승진이 어렵다. 즉, 내부 공무원들에게 승진기회가 축소될 수 있다. 이러한 승진기회 축소는 내부 공무원들에게 사기저하를 가져오는 요인이 되기도 한다.

정부조직은 민간조직과 마찬가지로 유능한 인재를 채용하려고 하는 점에서 유사하다. 그런데 민간조직과 다른 점은 유능한 인재를 기본적으로 선호하면서도 동시에 다양한 집단(여성, 장애인 등)들을 배려하여 다양성과 대표성을 고려하여 인력을 채용한다. 이를 대표관료제라고 하는데, 정부조직이 민간조직과 다르게 사회적 약자를 포용하는 사회적 형평성을 반영하기 위해 도입된 제도이다. 직업공무원제에서 공무원은 특정 집단을 대변하기보다는 국가 전체의 공익을 위해 국민 전체에 봉사하는 근로자라는 점에서 특정 정치적 색채에 영향을 받지 않아야 한다. 또한, 직업공무원제에서는 오랜 기간에 걸쳐 안정적인 신분을 보장받게 되므로, 정년단축, 계급정년제, 비정규직 확대, 근로시간제와 같은 유연한 인사제도와는 상충될 수 있다.

2. 직업공무원제의 역사적 발전배경

1) 유 럽

직업공무원제는 여러 나라에서 오랜 전통을 갖고 발달해 왔으며, 상대적으로 역사가 짧은 미국에서는 직업공무원제가 상대적으로 발달하지 못하였다. 유럽의 경우에 로마제국(기원전 27년부터 시작하여 西로마시대와 1453년까지 건재한 東로마시대 포함)은 고대와 중세를 걸쳐 오랫동안 건재한 제국이므로 이를 뒷받침 하는 군대조직과 관료제가 발전하였다. 로마제국의 전성시대에는 지중해(Mediterranean Sea) 주변을 중심으로 유럽, 북아프리카, 서아시아 등지까지 통치하였으므로 로마제국은 유럽 문명의 기초를 닦았으며 지중해 주변 지역의 문명에도 상당히 많은 영향을 주었다. 이러한 역사적 배경으로 인해서 로마제국의 영향권에 있었던 이탈리아의 메디치가(Medici Family)가 13세기부터 17세기까지 르네상스의 탄생과 발전을 이끌 수 있게 되었다.

그리고 16세기 절대군주국가 시대의 대륙국가들(프랑스, 독일 등)에서 대규모 관료조직을 정비·관리하기 위해 직업공무원제가 발달하기 시작했다. 절대군주는 중앙집권적 통일체제를 유지하기 위해 대규모의 상비군이 필요했고, 이들을 관리하기 위한 재원조달 및 행정사무를 담당할 대규모의 관료조직이 필요하였다. 이러한 인력들을 체계적으로 정비하기 위한 인사제도가 체계화되기 시작했는데, 이것이 직업공무원제의 시초이다.

국가에 따라 차이는 있으나, 16세기로부터 18세기에 걸친 시기를 절대주의 시대라고 하며, 그 정치 체제를 절대군주제(또는 절대왕정)라 한다. 당시 절대군주국가의 전형적인 인사제도의 요소들은 첫째, 군주는 국가와 동일시되었으며(루이14세는 '짐이 곧 국가'라고 선언한 프랑스 국왕), 관료는 군주의 신하로서 군주에게 절대적인 충성을 바치고 복종하도록 요구되었다. 둘째, 관료제는 군주를 정점으로 중앙집권적 계층구조를 이루고, 따라서 상관에 대해 절대 복종을 해야 했으며, 엄격한 복무규율이 적용되었다.

그 후 18~19세기경의 프러시아(Prussia; 독일어로는 프로이센)와 주변국가에서 관방학(Cameralism; 독일어로는 Kameralismus)이 부상하기 시작하였는데, 이는 군주국가를 유지하는데 필요한 국가 재정관리 등에 초점을 둔 것이었다. 당시 프러시아의 일부 대학에서는 관방학 과목을 개설하여 프러시아 관료제가 필요로 하는 재정관리 기술과 경제지식 등을 가르쳤다고 알려져 있다. 학자들은 이러한 관방학을 독일 행정학의 모태라고 주장하고 있으며, 관방학은 행정학의 초기발전에 기여했다. Lorenz von Stein(1815~1890) 교수의 강의는 일본어로 번역되어 소개되었고 일본 행정학의 발전에도 영향을 주었다.

영국에서는 유럽의 대륙국가들과는 조금 다른 방식으로 직업공무원제가 발달하였다. 영국은 해양국가의 특징과 중상주의라는 국가 기조에 따라 해외로 널리 진출하여 식민지 국가들로부터 재원을 공급받았다. 그래서 다른 대륙국가들처럼 대규모 상비군을 유지하기 위한 관료조직의 필요성이 상대적으로 적었다. 영국의 절대군주제에서는 자신의 친·인척이나 지인들을 직업관료로 임명하는 정실제(patronage)가 일반적이었다. 절대군주시대 영국의 공무원제는 직업공무원제의 성격을 지니지 못하였다. 영국의 직업공무원제는 19세기 이후가 되어서야 근대적 틀을 갖추기 시작했다.

2) 미 국

미국의 경우는 국가역사가 상대적으로 짧기 때문에 유럽과 같은 관료제적 전통이 거의 없었다. 널리 알려진 메이플라워호(Mayflower)는 1620년 영국 이민자를 미국의 매사추세츠(Massachusetts)주 플리머스(Plymouth)까지 수송한 배를 말한다. 그 후 영국 이주민은 차츰 세력범위를 넓혀 1733년까지 북미의 대서양 연안에 버지니아 등 13개 식민지를 만들었다. 그 후 미국은 1776년에 영국으로부터 독립을 선언하고 프랑스의 지원에 힘입어 1783년 영국으로부터 독립하였다. 이어서 1787년에 미합중국 헌법이 제정되고, 1789년에 초대 대통령 조지 워싱턴(George Washington)의 지도 아래 연방국가가 출범하였다. 하지만 건국 이후 빠르게 발전하던 미국에서 노예 제도를 둘러싸고 남북 전쟁(1861~1865년)이 일어났고, 남북전쟁을 통해 약 400만 명의 노예가 해방되었다고 한다.

미국에서는 여러 가지 이유로 직업공무원제가 일찍이 확립되지 못하였는데 그 이유는 다음과 같다. 첫째, 미국 건국초기에는 공무원에 대한 사회적 평가 및 인지도가 낮았고, 초기에는 북동부지역의 인사들을 중심으로 귀족주의적인 인사가 이루어졌다. 제7대 대통령인 앤드루 잭슨 대통령 때에 엽관제가 활성화되어 한동안 유행하다가 1880년대에는 실적제로 전환하기 시작하였다. 그럼에도 불구하고 직업공무원제에 대한 관심은 경제대공황을 겪은 이후부터 관심을 갖기 시작하였다.

둘째, 미국은 전통적으로 직업공무원제도를 민주주의에 대한 위협으로 인식하였다. 미국은 유럽의 절대군주제에서 시달리던 이민족들이 이주하여 세운 국가였으므로 직업공무원제를 민주주의에 대한 위협으로 인식하였다(백종섭 외, 2016). 관직을 오래 점유하는 것은 관료주의화를 촉진하고 민주적 대응성을 위협하여, 결국은 행정의 민주화를 해친다고 인식하였다. 실제로, 미국 건국 초기부터 앤드루 잭슨 대통령이 취임하기 전까지의 기간은 북동부의 상류계층이 관직을 독점하던 시기였다. 그 후 북동부지역 출신들의 관직 독점을 피하고자 엽관제가 등장하여 남북전쟁때까지 널리 활성화되었다.

셋째, 미국에서는 민간분야처럼 개방적 공무원제가 정부기관에도 활성화되어, 민간조직 등 다른 직종에서 근무하다가 공직에 쉽게 이직이 가능하였다. 그래서, 공직은 언제든지 입직하기 쉬운 곳이라는 인식이 확산되어 선망의 대상은 아니었다.

넷째, 미국 정부의 고위직은 상당히 정치적 임명으로 이루어져서, 경력직 공무원들에게 승진의 기회가 적었다. 또한 직위분류제라는 제도적 영향으로 승진할 기회가 상대적으로 적게 됨에 따라, 공직에 오래 머물 유인이 약화되었다. 최근에 와서 미국에서도 고위직에 내부공무원을 승진시키는 직업공무원적 요소가 가미되고 있지만, 여전히 직업공무원제적인 성격이 약하고 개방적 공무원제도의 성격이 강하다고 볼 수 있다.

3) 우리나라

우리나라는 오랜 왕조시대의 전통을 바탕으로 관료제도가 발단된 나라이다. 특히 과거시험과 같은 공개경쟁채용시험을 통하여 우수한 관료를 선발한 역사는 서양의 여러 나라들보다 빨랐다고 할 수 있다. 왜냐하면 필기시험을 통한 우리의 공개경쟁채용시험 전통은 서양의 많은 나라보다 앞서기 때문이다. 공개경쟁채용시험 차원에서 보면 우리나라는 세계에서 중국 다음으로 오랜 역사적 전통을 가지고 있는 나라라고 할 수 있다(Kim, 2017).

건국 이후 우리나라는 공무수행의 독자성을 유지하기 위하여 헌법과 법률에 의하여 공무원의 신분을 보장하고 있다. 우리나라 헌법은 제7조 제1항에서 공무원은 국민전체에 대한 봉사자이며, 국민에 대하여 책임을 진다고 규정하고 있으며, 제2항에는 공무원의 신분과 정치적 중립성은 법률이 정하는 바에 의하여 보장된다고 밝히고 있다.

국가공무원법과 지방공무원법에서 정년형 신분보장을 명시하고 있으며 공무원의 정년은 현재 60세이다. 헌법재판소는 "국가공무원법상의 정년제도는 해당 공무원으로 하여금 …… 정년까지 계속 근무를 보장함으로써 그 신분을 보장하고 다른 한편으로 공무원에 대한 계획적인 교체를 통하여 조직의 능률을 유지·향상시킴으로써 직업공무원제를 보완하는 기능을 수행하고 있는 것…"이라고 판시한 바 있다(헌법재판소 1997년 3월 27일 선고, 96헌바86). 따라서, 우리나라는 신분보장, 정치적 중립성과 같은 직업공무원제의 핵심이 헌법에서 보장되고 있으며, 구체적인 직업공무원제의 구성 요소들은 다양한 법령 등에 의해 구현되고 있다.

공직분류는 직위분류제보다는 계급제에 가깝고, 일반행정가의 원리를 바탕으로 채용이 이루어지고 있어 임용 후 교육훈련 등에 의한 능력발전 기회를 갖게 되고 인사이동을 통해 다양한 분야에서 경험을 쌓게 된다. 대체로 신규채용이 하위직급에서 이루어지고 있어 공무원의 임용형태가 폐쇄적이다. 공개경쟁채용시험에 의한 신규채용이 7급과 5급에서도 이루어지나 이는 상대적으로 적은 숫자이고, 9급에서 다수를 채용한다. 또한, 공무원들은 대부분 내부승진에 의해서 임용된다. 지방정부의 경우 중앙정부보다 임용형태가 더 폐쇄적이다(박천오 외, 2020). 이러한 요소들은 우리나라 정부의 인사제도가 직업공무원제를 바탕으로 하고 있음을 보여준다. 우리나라의 공무원의 보수 수준이 민간기업 평균보다 상대적으로 낮고, 승진이 적체되어 공무원들의 만족도가 높지 않아 이상적인 상태라고 보기는 어렵다. 그럼에도 불구하고, 정권교체 속에서 직업공무원제는 정부정책의 안정성과 일관성을 유지하는 데 중요한 역할을 하고 있다고 할 수 있다.

3. 직업공무원제의 장·단점

1) 직업공무원제의 장점

직업공무원제가 온전히 운용된다면 다양한 긍정적인 효과를 가져올 수 있다. 공무원으로 하여금 퇴직 전까지 국가를 위해 명예롭게 봉사하도록 하는 것이 직업공무원제의 목적이다. 직업공무원제는 공직에 대한 자부심과 일체감을 강화시켜 공무원들의 사기를 높일 수 있다. 또한 공직자로서의 봉사정신과 직업윤리적 공직관을 공고히 할 수 있다.

공무원의 신분을 보장함으로서 정권 교체에도 불구하고 행정의 안정성, 일관성, 계속성을 확보할 수 있다. 신분보장은 정권교체에도 흔들리지 않고 원칙과 소신에 따라 행정을 펼칠 수 있는 안정적 기반이 된다. 더불어, 정치적 중립성을 증진시키는데 기여한다.

아울러 공무원의 자격요건을 명시함으로써 유능한 인재를 유치하는데 기여한다. 비교적 장기간 근무하며 보람을 느끼도록 능력발전 기회를 제공한다. 그리고 직업공무원제는 다양한 분야에서 일할 수 있는 일반 행정가 양성에 유리하다.

2) 직업공무원제도의 단점

직업공무원제가 완벽할 수는 없고 단점도 있게 마련이다. 하위직급에서부터 임용하는 폐쇄적 채용구조는 능력있는 외부인재를 채용하는 것을 어렵게 한다. 순환보직 및 일반행정가 중심의 인사관리는 행정의 전문성을 저해할 수 있다. 다양한 계층에 외부로부터의 자유로운 충원이 이루어지지 않기 때문에 환경변화에 빠르게 대응하기 어렵다. 더 나아가, 변화에 저항적인 관료적 병리현상을 유발할 수 있다.

지나친 신분보장은 자칫 공무원들을 무사안일하며 나태하게 만들 수 있다. 조직 전체적으로 활력이나 경쟁적 자극제가 적어 분위기가 침체될 수 있으며, 이는 낮은 성과와 능률성이 떨어지는 결과로 이어질 수 있다. 직업공무원제는 신분보장 때문에, 민주적 통제를 어렵게 한다는 비판도 있다. 따라서, 국민의 요구에 관료제가 민감하게 대응하지 못할 수도 있으며, 직업공무원들은 신분보장에 의해 특권집단의식을 가질 수 있는 위험이 있다.

또한, 직업공무원제에서는 신규인력의 투입에 비해 퇴직인력의 배출이 상대적으로 적어 승진적체가 발생할 가능성이 높다. 이러한 경향으로 승진적체상황이 지속되면 구성원들의 불만이 누적될 수 있다. 이러한 한계들은 직업공무원제가 폐쇄성을 전제로 하기 때문에 발생되는 것으로 볼 수 있다(백종섭 외, 2016).

제2절 엽관제

1. 엽관제의 의의

1) 엽관제와 정실제

엽관제(獵官制, spoils system)에서 엽(獵)은 사냥한다는 뜻이므로 엽관(獵官)은 관직을 사냥한다는 의미이다. 그래서 엽관제란 선거에서 승리한 정당이 정당 지지자들에 대한 보상차원에서 관직을 부여할 수 있다는 맥락을 가지고 있다. Spoils은 전리품을 의미하는데, 이 말은 미국 의회에서 1832년 미국 상원의원 윌리엄 마시(William Marcy)가 "적의 전리품은 승리자에 속한다(To the victor belongs the spoils of the enemy)"라고 주장한 문구에서 유래한 것이다.

엽관제는 대통령선거라는 치열한 경쟁에서 승리한 정당이 관료직을 차지할 수 있다는 의미이므로 정당정치의 초기 발전과정에 촉매제 역할을 하였다. 집권정당에 대한 지지와 헌신 정도가 채용과 승진 시에 영향을 줄 수 있다는 의미이다. 따라서 엽관제는, 객관적 채용시험성적과 역량에 따라 공직을 부여하는 실적제와 배치된다.

그런데, 정당에 대한 봉사정신이 투철한 사람이 전문성과 경험 및 자질 또한 뛰어날 수도 있으며, 그러한 사람이 관직에 임용되면 엽관에 의한 인사인지 실적에 의한 인사인지 구분하기 어려울 수도 있다. 특정 사안을 개별적으로 보는 관점과 여러 사안들을 종합적으로 바라보는 관점에 의해 해석이 달라질 수 있다. 따라서, 명백하게 엽관제적인 인사인지 여부는 그 맥락과 전후배경을 살펴보아야 한다. 예를 들면, 공개경쟁채용시험에서 우수한 점수를 획득한 사람이 정무적인 차원에서도 충성스럽다면 해당 인사는 실적에 의한 임용이라고 볼 수 있다.

정실제(patronage system)는 객관적 성적과 능력에 따라 공직을 배분하는 실적제와는 다르게 개인적인 관계로 관직을 배분한다는 점에서 엽관제와 유사하게 보이나, 엄격하게 보면 차이가 있다. 엽관제는 정당에 대한 충성도가 관직 배분의 기준이라면, 정실제는 혈연, 지연, 학연, 종교, 멤버십 등의 개인적인 관계 혹은 연고에 따른 관직 배분 방식을 의미한다. 따라서, 정실제가 적용된다는 것은 정당에 대한 충성도는 낮아도, 개인적인 연고가 있는 관계인 경우 관직에 임용될 수 있다. 정실제에서 연고관계를 규정하는 요인은 다양하다. 인사권자의 측근이 관직에 진출하는 전통은 오랫동안 이어져 왔다. 일부 국가의 경우에 권력층의 친지가 고위직 공무원으로 임용되는 등, 친인척이나 측근들이 관직을 차지하는 경우가 전형적인 정실 인사이다.

과거에는 주로 혈연, 학연, 지연 등이 정실제의 핵심 요소였다면, 현대에는 군대나 종교단체와 같은 특수한 멤버십도 정실요인으로 작용하기도 한다. 박정희 정부에서 군대장교 출신들이 관직에 다수 진출한 것은 주지의 사실이다. 지금도 다른 개발도상국에서 유사한 현상이 종종 나타나기도 한다. 그리고 종교단체의 활동과 영향력이 늘어나면서 종교적 선호 혹은 차별에 대한 우려가 제기되어, 이명박 정부는 공무원의 종교중립의무를 국가공무원법에 제59조의2에 추가하였다.

요약하면, 엽관제는 공무원의 임면(任免) 및 승진을 당파적 정실에 의하여 행하는 정치관습에서 나온 정치적인 인사제도이다. 정실제는 정당에 대한 충성보다는 혈연, 지연, 학연 등의 개인적 혹은 정치적 관계에 의해 관직을 배분하는 방식이다. 따라서 엽관제와 정실제 모두 공무원을 임명할 때 능력과 자질을 중시하는 실적제와는 크게 구별되는 제도라고 할 수 있다.

2) 엽관제와 다른 인사제도와의 관계

엽관제는 역사적으로 폐해가 있음에도 불구하고, 국민에 대한 집권자의 대응성과 관료적 대응성을 향상시키고 있으므로 많은 민주주의 국가에서 직업공무원제도 및 실적제와 함께 여전히 부분적으로 병존하고 있다. 우리나라 헌법 제7조 제2항이 공무원에 대한 정치적 중립을 명시하고 있으나, 선출된 대통령은 국민과의 공약을 효과적으로 수행하기 위해 일부 공무원을 정치적으로 임명하는 엽관제도를 부분적으로 여전히 시행하고 있다.

그림 3-1　정치적 임명과 직업공무원제의 결합

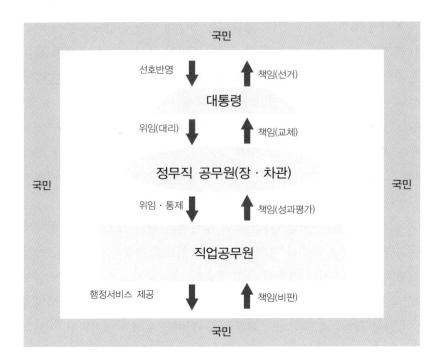

출처: 이건 · 서원석(2020)의 수정보완.

　[그림 3-1]에서 보듯이, 선출된 대통령은 정무직 공무원으로 하여금 정부기관을 이끌도록 임명하고 그들로 하여금 직업관료들을 관리하게 하고 있다. 직업관료들은 공공서비스를 전달하며, 정무직 공무원들을 따르며 그들의 지도를 받는다. 직업관료가 공공서비스를 제대로 국민들에게 제공하지 못하면 정무직 공무원은 관리자로서 지휘감독권을 행사하게 된다. 이러한 관계가 적절히 조화롭게 운영되면, 엽관제와 직업공무원제는 서로의 장점은 발휘되고 단점을 보완해주는 호혜관계가 될 수 있다.

　그런데 정치와 행정의 현장에서 엽관제와 직업공무원제가 조화롭게 운영되지 못할 때, 특히, 엽관제가 파행적으로 이루어질 때, 직업공무원의 정치적 중립성이나 신분보장을 확보하기 어려울 수도 있다(이건 · 서원석, 2020). 예를 들어, 직업공무원이 정치적으로 임명된 상관의 부당한 압력이나 지시에 협조하며 정치적 중립을 위반하게 되면, 해당 공무원의 신분은 유지되겠으나 정치적 중립성은 훼손될 수 있다. 반면에, 상관의 부당한 지시를 거부하고 정치적 중립성을 수호하면, 해당 공무원은 징계나 권고사직 등 불이익을 받을 수도 있다. 즉, 엽관제에 기초한 정무직 공무원에 의하여 직업공무원제의 핵심요소인 신분보장이나 정치적 중립성이 훼손될 수도 있다.

2. 엽관제와 정실제의 발전배경

1) 미국의 엽관제

엽관제(spoils system)는 미국에서 발전되었다(강성철 외, 2019). 미국의 초대 대통령이었던 조지 워싱턴(George Washington, 1789~1797 재임)은 북부 상공업자들을 중심으로 한 연방주의자들(federalists)과 남부 농업세력의 반연방주의자들(anti-federalists) 사이에서 공정한 인사를 집행하려고 노력하였다. 그러나 건국 초기, 워싱턴은 연방주의자와 반연방주의자들의 갈등 속에서 본인의 정책을 제대로 수행하기 어렵게 되자, 자신과 정치적 신념이 비슷한 북부 연방주의자들로 행정부를 구성하였다. 이것이 엽관제의 시초이다.

한편, 제3대 대통령 토마스 제퍼슨(Thomas Jefferson, 1801~1809 재임)은 조지 워싱턴과 다르게 반연방주의자였으므로 과도한 중앙집권을 싫어하며 연방주의를 반대했다. 제퍼슨은 대통령이 되었을 때, 전임 대통령이 임명한 각료들을 모두 경질하지 않고, 일부만 경질하였다.

그 후 제임스 먼로(James Monroe, 1817~1825 재임) 대통령은 대통령이 임명하는 공무원의 임기를 대통령의 임기 4년과 일치시키는 4년 임기법(Tenure of Office Act of 1820, Four Years' Law)을 제정하여, 엽관제를 법제화하였다. 이 법의 적용을 받는 공무원의 재직기간은 갱신이 되지 않는 한 4년밖에 되지 않는 것이었고, 이 법의 효력은 1867년까지 20년간 유지되었다.

초기의 연방정부 공직은 북동부지역의 상류계층이 다수의 공직을 차지하고 있었다. 건국 초기 대학교육은 상류층의 전유물이었는데, 부호세력이나 기득권층의 자녀들이 대학교를 졸업하였다. 따라서, 관직을 획득하는데 상류층의 기득권이 영향을 미쳤고, 일반 대중의 자녀들은 대학교육 기회가 적어 관직을 얻기 어려웠고, 이로 인해 정부에 대한 반발이 커졌다. 이러한 반발은 1829년 앤드류 잭슨(Andrew Jackson, 1829~1837 재임) 대통령을 당선시키는 동인이 되었다. 잭슨 대통령은 북동부의 상류층만이 아닌, 서부 및 남부를 포함한 일반대중들도 공직에 참여할 수 있도록 하기 위해서 몬로(Monroe) 대통령 때 제정된 4년 임기법을 적용하며 광범위한 순환제(rotation in office)를 실시하며 엽관제를 민주정치의 실천적 원리라고 주장하였다.

당시에는 엽관제를 통하여 집권 정당과 관료조직과의 동질성을 확보하고, 공직을 일반 대중에게 개방함으로써 민주주의를 실현하는데 기여한다고 보았다. 이러한 엽관제의 발전은 미국이 민주주의를 최우선 가치로 세운 점에 기인한다고 볼 수 있다. 앤드루 잭슨 대통령은 정부의 일은 일상적인 사무와 같은 것이므로, 건전한 상식을 갖고 있는 일반대중은 당시의 공직업무를 수행할 수 있다고 보았다.

그런데 미국의 엽관제는 19세기 후반에 정당이 독점자본과 결합하는 근거가 되었고, 정당의 세력 확대와 독점자본의 이익증대 수단으로 쓰이게 되었다. 엽관제는 특권적 관료제의 타파라는 당초의 목적을 잃고, 관직의 당파적 독점 내지 당파적 이용 등의 폐해와 정치부패를 드러냈다. 이러한 엽관제는 남북전쟁이 끝나기 전까지(1845~1865) 절정을 이루다가, 남북전쟁 후 엽관제는 쇠퇴하기 시작하였다. 그럼에도 불구하고 미국식 엽관제는 아직도 남아 있다. 장차관과 같은 정무직 공무원은 물론이고, 고위공무원(SES)의 약10%정도도 정치적으로 임명하고 있다. 또한 국무성의 대사직(Senior Foreign Service)에도 정치자금 후원자 등을 임명하는 경우가 많으며, 별정직(Schedule C)에도 엽관제적인 인사가 이루어지고 있다.

2) 영국의 정실제

정실제(patronage)는 유럽의 절대군주국가에서 왕이나 귀족이 자신의 측근을 관직에 등용하는 관행을 의미하는 용어로 사용되었다. 앞의 직업공무원제에서 다뤘듯이, 영국은 중상주의 정책 때문에, 다른 대륙국가의 절대군주제와 다르게 대규모 상비군을 유지할 관료제가 필요하지 않았다. 대신, 군주는 자신의 입지를 구축하기 위해 신임할 수 있는 측근들에게 고위 관직을 제공하였다. 또한 장관 등 고위공직자들도 신임하는 사람들에게 하위 관직을 제공하였다. 이러한 방식을 은혜적 정실제(恩惠的 情實制)라고 한다.

영국에서 유혈사태 없이 정권 교체를 이룬 명예혁명(Glorious Revolution, 1688~1689)이 1688년에 일어났다. 명예혁명은 시민사회가 성립되는 데 크게 기여했고, 사회변화에 큰 영향을 주었다. 명예혁명 이후 여러 차례의 개혁으로 정치가 안정되고, 법과 규칙 등에 따라 개인의 경제적 활동의 자유가 보장되기 시작했다. 또한 항해시대 중반인 17세기 무렵부터 영국은 북미 진출과 동인도 회사(East India Company) 설립 능을 통해 인도, 동남아, 청나라 등과의 동방무역 활성화를 통해 경제발전을 도모하였다.

그 후 18세기에 영국에서 일어난 방적 기계의 개량이 발단이 되어 수공업적 작업장이 증기기관 설비 등에 의해 큰 공장으로 전환되는 1차 산업혁명(Industrial Revolution)을 맞이하게 되었다. 이에 따라 정치발전도 이루어져 과거와 달리 내각책임제의 실시로 의회의 권한이 국왕을 넘어서게 되었다. 인사차원에서도 의회의 다수당이 인사권을 장악하게 되면서 정치적 정실제(政治的 情實制)가 부상하게 되었다.

3) 우리나라의 엽관제: 정무직과 별정직 공무원

정치적으로 임명하는 특수경력직에 정무직과 별정직 공무원이 있다. 특수경력직 공무원은 고도의 정책결정 업무를 담당하거나 이러한 업무를 보조하는 공무원이다. 정무직 공무원은 선거에 의해 취임하거나 장관이나 차관 등 정치적인 직종에 속하는 차관급 이상의 공무원을 말한다. 별정직 공무원은 비서관·비서 등 보좌업무 등을 수행하거나 특정한 업무 수행을 위하여 법령에서 별정직으로 지정하는 차관급 미만의 공무원을 말한다.

대통령 선거가 끝나면 집권 여당이 선거 승리를 위해 기여한 지지자들에게 정부의 관직을 배려하기도 한다. 정무직 공무원의 역할은 대통령의 정책적 견해 및 정치적 가치에 동조하여 국민에 대한 대통령의 정치적 대응성을 실현시키고, 직업관료들을 통솔함으로써 직업관료들이 대통령의 정책노선과 합치되는 행정집행을 하도록 관리하는데 있다(Lewis, 2007; 최성주, 2017).

우리나라에서 엽관제의 대표적인 예는 장관과 차관의 임명에 있다. 장관과 차관은 정권이 바뀔 때마다 대부분 교체되며, 대통령 당선에 기여하거나 집권당에 호의적인 인사들이 주로 임명된다. 우리나라는 행정의 계속성과 안정성을 위해 직업공무원제를 근간으로 하고 있지만, 선거를 통해 국민의 지지를 받은 대통령이 국민과의 공약을 이행하기 위해 엽관제차원에서 정무직과 별정직공무원을 임명하고 있다 (이건·서원석, 2020). 엽관제는 중앙정부뿐만이 아니라, 지방정부에서도 이루어지고 있다. 지방자치가 확대되면서 지방자치단체장 선거에서 승리한 단체장이 자신의 지지자를 정치적으로 임명하기도 한다.

3. 엽관제의 장·단점

1) 엽관제의 장점

엽관제가 현재에도 부분적으로 활용되고 있는 이유는 엽관제가 가지고 있는 근본적인 취지와 이에 따른 부분적인 장점 때문이다. 엽관제는 정당정치의 발전과 정치적 대응성 향상에 기여해왔다. 엽관제는 선출된 리더가 지지자들을 공직에 임명함으로써 국정 지도력을 강화하는데 유익하며, 자신의 공약을 효과적으로 실현할 수 있다는 성격을 갖는다. 엽관에 의한 임용은 정치적 대응성(responsiveness)을 보장하는데 효과적이므로 집권당이 책임정치를 할 수 있다. 즉, 집권당의 정책 추진력을 증가시킬 수 있는 장치가 되며, 집권당에 대한 관료적 대응성을 제고할 수 있다. 또한, 관료제의 특권화를 예방할 수 있다. 특정한 신분이나 자격조건을 따지지 않고, 집권층에 우호적인 사람을 임명하기 때문에 관직의 특권화를 배제해 관료제 안에서 민주화를 구현할 수 있다. 그리고, 인사행정의 유연화에 기여한다. 장기간의 채용절차를 거치지 않고, 비교적 빠르게 인재를 발굴하여 투입할 수 있기 때문에, 외부 환경변화 등에 효과적으로 대응할 수 있다.

2) 엽관제의 단점

엽관제의 단점은 엽관제의 근본적 속성에 기인한다. 엽관제는 정당지도자의 영향력을 강화시켜 자칫 관료제가 정당 간부의 이익을 추구하는 도구가 될 수 있는 위험이 있다. 정권이 바뀔 때마다 공무원이 교체되면 행정의 안전성과 연속성이 약해진다. 행정의 안전성과 연속성은 직업관료의 입장에서 매우 중요할 뿐만 아니라,

정부 및 국가의 발전에도 중요한 요소이다. 직업관료들은 행정이 안정적으로 이루어질 때 해당 직업에 대한 매력을 느낀다. 그러나, 행정이 불안정하고 비연속적이면, 유능한 인재들은 해당 공직에서 퇴출될지 모르는 불안감에 사로잡혀 관직에 대해 매력을 잃을 수 있다. 또한, 국가의 대형 프로젝트와 같은 중장기 정책은 단기간에 끝나는 것이 아닌데, 엽관제는 해당 정책의 지속성을 유지하는 데 지장을 초래한다.

엽관제 인사에서는 정치적 관계에 따라 관직이 좌우되어 행정의 전문성과 효율성 향상을 저해한다. 정당에 기여하지 않은 사람은 능력이 있다고 하더라도 고위공직에 발탁되기 어려우므로 정치적 임명을 받기 위해 정치·행정적 부정부패 등이 발생할 가능성이 있다. 또한 엽관제는 정치관계를 중시하므로 행정의 전문성과 능률성을 저하시킨다. 정치적 임명에 의해서 전문성이 부족한 사람이 공직에 임명되면 정부조직의 성과달성에 부정적인 영향을 끼칠 수 있다. 또한 정권이 바뀔 때마다 인력이 바뀌게 되면, 상당한 거래비용이 발생한다. 새로운 사람을 뽑고 새로운 조직에 적응하는 것, 그리고 기존의 인력을 교체하는 작업은 상당한 비용을 초래하기 때문이다.

제3절 실적제

1. 실적제의 의의

실적제(實績制, merit system)는 공직후보자의 지식(knowledge), 기술(skill), 능력(abilities), 경험, 자격, 전문성 등의 실적을 채용 및 승진 기준으로 삼는 인사행정제도를 말한다. 여기서 '실적'은 KSA는 물론, 경력, 자격, 전문분야, 성과 등 다양한 요인을 포함할 수 있다. 따라서, 실적제는 실적주의, 실적관료제(merit bureaucracy system), 자격임용제, 성적제 등과 혼용되어 사용되기도 한다. 이런 실적의 차이를 구별하는 지표로는 근무실적, 직무수행 능력, 근무경력, 자격, 전문성 등이 있으며, 각 나라의 문화 및 조직 상황에 따라서 실적을 평가하는 기준은 달라질 수 있다.

실적제는 실적원칙을 적용한 인사관리체계이므로 먼저 실적원칙의 개념을 이해할 필요가 있다. 실적원칙은 일반적인 의미에서, 인력이동 시에 개인의 역량을 가장 중요한 기준으로 고려하는 원칙이다. 미국의 정부간관계자문위원단(Advisory Commission on Intergovernmental Relations, 1969)은 실적원칙(merit principles)을 "개인의 정치적 소속·인종·종교 혹은 업무수행능력 외적인 그 어떤 것보다, 개인의 업무수행 능력에 기초하여 공무원의 선발·배치·승진 및 유지 등을 결정하는 것"이라고 정의하였다. 워렌과 그의 동료(Warren, Warner & Hennessy, 1967: 284)는 실적원칙을 "선발·배치·경력개발·승진·해고와 같은 결정을 공무원 당사자의 개인적 혹은 정치적 태도와 무관하게, 오직 후보자의 '실적'에 의존하여 내리는 것"이라고 정의하였다. 그리고, 스탠리(Stanley, 1970: 109)는 실적원칙을 "정치적 중립, 기회평등 및 경쟁상황에서 실적과 역량에 기초하여 공무원을 모집, 선발, 승진시키는 것"이라고 정의하면서, '경쟁'을 실적원칙의 중요한 요소로 보았다.

따라서, 실적원칙은 공무원의 채용·배치·승진·강등·전출·해고 등을 포함한 인사행정상의 결정에 있어서 엽관주의, 정실주의, 온정주의 등과 같은 주관적 기준이 아닌, 실적과 직무적합성, 역량과 같은 객관적 기준에 근거하여 공정하고 차별 없이 해야 함을 의미한다. 실적원칙은 채용 및 보수를 포함한 다양한 인사관리활동 영역들 중에서도 특히 인사이동에 초점을 맞추고 있다. 이러한 인사이동은 크게 조직외부에서 조직내부로 이동을 의미하는 채용과정(모집·선발·임용)과 조직내부에서의 이동을 의미하는 승진·강등·전보, 그리고 조직내부에서 외부로의 이동을 의미하는 퇴직 등의 다양한 하위요소들을 포함한다. 이러한 인사활동에 실적원칙이 적용될 수 있다.

실적제는 정실제와 엽관제에 의한 공직부패와 비능률성을 개선하기 위한 대안으로 도입되었다. 인사행정에 정치적 간섭을 배제하고, 능력과 자격 위주로 공무원을 채용하며, 또 정권교체와는 상관없이 공무원으로 하여금 균등하게 기회를 부여받고 행정업무에 전념할 수 있도록 하는 공무원 제도이다. 따라서, 실적제의 핵심은 공무원이 집권당을 위한 봉사자가 아니라, 국민 전체의 봉사자인 것, 그리고 기회 균등을 포함한다. 따라서, 실적제는 기회 균등과 실적에 의한 채용을 보장하기 위한 제도적 장치로 공개경쟁을 강조한다. 또한, 특정 정치적 이익집단이 아닌 국가와 사회 전체를 위한 중립된 봉사자로서의 사명을 강조하는 직업공무원제의 주요 요소인 정치적 중립 및 신분보장이 실적제의 핵심적 공통요소가 된다. 따라서,

공개경쟁채용시험에 의한 공무원의 채용과 더불어, 공정하고 중립적인 인사행정의 집행을 확보하기 위하여 전문적인 인사기관의 설치를 강조한다.

일반적으로 다음과 같은 것들이 실적주의를 정실주의나 엽관주의와 구별짓는 요소들이다: ① 공무원의 신분 보장, ② 정치적 중립 보장, ③ 균등한 공직취임 기회 부여, ④ 신규채용을 위한 공개경쟁채용시험, ⑤ 채용의 기준을 실적에 둠, ⑥ 인사행정상 공평한 대우, ⑦ 일한 만큼의 보수를 제공하고 적절한 인센티브를 부여, ⑧ 교육훈련으로 직무역량을 향상시킴. 이 중에서, 공개경쟁시험, 신분보장, 정치적 중립이 실적제의 핵심요소이며, 이에 근거해 파생한 다양한 요소들을 포함하는 방향으로 확대되었다(하재룡, 2011).

초기의 실적주의는 정당의 간섭을 줄이기 위한 수준에 머물렀다. 그런데 앞으로는 보다 적극적인 노력이 필요하다. 실적주의가 성공하기 위해서는 유능한 공무원을 널리 공정하게 채용하고, 그들이 능력을 최대로 발휘할 수 있도록 동기를 부여하고 적극적인 유인을 제공해야 한다. 이를 위한 인사행정의 주요 내용으로는 유능한 인재의 적극적 모집, 임용에의 기회균등, 재직자의 역량개발, 적절한 보상, 근무 환경의 개선 등을 들 수 있다. 이러한 적극적인 인사행정을 적극적 실적제라 하고, 초기의 실적제를 반엽관주의 차원의 소극적 실적제라 부른다.

2. 실적제의 발전배경

1) 중 국

관리임용의 역사발전과정에서 실적을 중시하는 대표적 제도는 과거제도(im-perial examination)가 있다. 중국의 과거(科擧)제도는 수나라 문제(隋文帝: 541~604) 때에 관료임용의 공식적 수단으로 도입되어 당나라 때 정착된 것으로 알려져 있다. 당시 중국에서는 제국을 다스리기 위해 실적원칙을 수용한 관료체제를 발전시켰다. 과거시험은 일종의 공개경쟁채용시험(open competitive examination)이므로 인재를 널리 구할 수 있었다. 이를 통해 합격한 사람은 공직에 진출할 수 있었고 이들의 품계는 시험성적 등에 의해 결정되었다. 이런 시험제도 아래에서 교육은 신분을 상승시킬 수 있는 기회로 작용했다.

중국의 과거제도는 주변국에도 영향을 미쳤는데, 한반도가 가장 큰 영향을 받았다. 신라시대 원성왕 때(788년)에 독서삼품과(讀書三品科; Three-Level Reading Comprehension Examination)라는 이름으로 소개되어, 공직후보자의 유교경전 독서능력에 따라 상·중·하로 구분하고 이를 관리임용에 적용하였다(Kim, 2012). 그러나, 독서삼품과는 뿌리 깊은 골품제 전통 등으로 인하여 정착되지 못하였다. 그 후 고려시대 광종 때(958년) 쌍기의 건의에 의해 과거제도가 공식적으로 도입되어 조선말기까지 이어져 오다가 갑오경장 때 폐지되었다. 이 시기까지의 관료제는 과거시험 성적과 같은 객관적 능력을 관료채용의 기준으로 채택한 점에서 제한적으로나마 인사행정에 실적주의의 요소를 갖추고 있었다고 볼 수 있다. 참고로 일본에서는 과거제도가 사무라이 전통 등으로 인하여 일시적 혹은 제한적으로만 시행되었고, 베트남에서는 리 왕조(李家; 1009~1225)와 응우옌 왕조(阮朝; 1802~1945) 시기에 시행되었다. 따라서 아시아에서는 우리나라가 중국 다음으로 과거제를 오랫동안 활용하였다고 할 수 있다(Kim, 2012).

2) 영 국

영국은 19세기 중엽까지 정실주의(patronage)에 따라 관료를 뽑았는데, 19세기 후반에는 관료 임용 제도에 큰 변화가 일어났다. 산업혁명에 성공한 영국은 급격한 경제발전에 맞추어 행정기능이 강화될 것이 요구되었다. 그러나 정실주의에 의해 임용된 관리들은 역량이 부족하여 새로운 행정수요에 대응하기 어려웠다. 따라서, 영국에서는 관료 임용에 있어서 정실주의 개혁운동이 일어나기 시작하였다.

실적주의에 입각한 관료 채용방식은 1854년 노스코트-트레벨리언 보고서(Northcote and Trevelyan Report)에서 공식적으로 제기되었다. 이 보고서는 Stafford Northcote(나중에 재무장관이 됨)와 Charles Trevelyan(당시 재무부 장관)이 영국 공무원 개혁에 대해 작성한 문서이다. 1853년에 의뢰되어 1854년 2월에 출판된 이 보고서는 영국의 현대적 공무원제도의 창설 문서(founding document)로 간주된다. 그 내용은 공무원 채용을 공개경쟁채용시험으로 할 것과, 독립적인 중앙인사위원회를 설치하여 시험을 관리하도록 하는 것, 그리고, 시험을 정기적으로 실시하며 최종 합격자에게는 시보임용을 할 것 등을 포함하였다. 이후 1855년 1차 추밀원령에서 독립적 인사위원회(Civil Service Commission)를 설치하도록 규정하여 노스코트-

트레벨리언 보고서가 제안한 것의 일부를 수용했다. 그 후 영국의 실적제는 1870년 2차 추밀원령에 의해 본격적으로 채택되었다(이종수, 2009). 영국의 2차 추밀원령에서는 공개경쟁시험을 실시하고, 일반교양과목을 시험과목으로 삼았으며, 업무를 지능적 사무와 기계적 사무로 나누어 시험을 실시하고, 재무부에 임용권을 부여하는 등의 내용을 담고 있다. 이로 인해, 종래의 귀족 외에 신흥시민계급의 젊은 자녀들도 공무원으로 진출할 수 있게 되었다. 이처럼 2차 추밀원령에 의해서 영국 실적주의의 기초가 제도적으로 확립되었다. 참고로 영국 추밀원(Privy Council)은 영국 군주의 자문 기관이며, 의회의 소집 및 해산 및 선전 포고의 칙령은 국왕의 권한이지만, 관습적으로 추밀원의 회의를 거치게 되어 있다. 추밀원령(Orders of Council)은 추밀원칙령(Orders in Council)과 다르다. 칙령(勅令)은 군주의 이름으로 추밀원이 선포한 입법행위이지만(한문에서 군주의 호령을 칙이라고 칭함), 추밀원령은 추밀원이 군주의 이름을 걸지 않고 스스로 선포한 입법행위를 말한다.

3) 미 국

영국의 실적제로의 개혁운동은 미국에 큰 영향을 끼쳤다. 미국의 관료채용은 제임스 몬로(James Monroe) 대통령 때의 공무원 4년 임기법과 앤드루 잭슨(Andrew Jackson) 대통령 때의 엽관제 확대 등 19세기 후반까지의 엽관주의에 기반하고 있었다. 그러나, 당시 미국도 영국과 마찬가지로 자본주의의 발달과 공업화와 산업화의 확산으로 사회가 발전하자 정부와 행정의 기능 및 범위도 확장되었다. 그러나, 엽관주의를 통해 채용된 관료들의 전문성 부족으로 행정이 비능률적으로 이루어졌고, 지나친 정치권력의 개입으로 인해 부정부패가 발생하는 등 여러 문제점이 발생하게 되었다.

이러한 엽관주의로 인해 초래된 문제점을 극복하고 국가를 효율적으로 운영하기 위해 미국에서도 공무원제도개혁운동(Civil Service Reform Movement)이 일어났고, 이 과정에 영국의 노스코트-트레벨리언 보고서가 영향을 끼쳤다. 그리하여 1871년, 미국의 제18대 대통령 율리시스 그랜트(Ulysses Grant)에 의해 그랜트의 인사위원회(Grant's Civil Service Commission)가 설치되고 엽관주의를 타파하기 위한 방안들이 제시되기 시작했다. 그러나 이러한 초기 노력들은 엽관주의를 보호하려는 정치인들에 의해 묵살되었다.

그런데 엽관제의 병폐를 드러내는 큰 사건이 발생하였다. 제임스 가필드(James Garfield) 대통령이 1881년에 위싱톤디씨의 철도역에서 찰스 가이토(Charles Guiteau)에게 총격을 당한 일이 발생했다. 가이토는 가필드 대통령의 선거 승리과정에서 일정한 역할을 했다고 믿고 자신을 외교영사에 임명해줄 것을 요구했지만, 이것이 묵살되자 실망하여 대통령에게 총격을 가한 것이다. 이 총격사건으로 가필드 대통령은 두 달 후 상처와 관련된 감염으로 사망했다. 이 사건은 엽관제의 폐해를 극명하게 보여주는 것으로 인식되어 1882년 중간선거의 중요한 이슈가 되어 공무원제도 개혁을 촉진하는 도화선이 되었다.

그리하여 1883년에 공무원제도개혁법(Civil Service Reform Act of 1883)이 미국 의회에서 통과되고, 가필드 대통령의 자리를 이어받은 체스트 아더(Chester Arthur) 대통령이 서명하였다. 이 법은 최초의 미연방공무원법이라는 의미에서 미국 공무원 제도의 마그나 카르타(Magna Carta)로 인식되고 있다. 이 법의 명칭은 당시 상원 공무원 제도 개혁위원회의 위원장인 조지 펜들턴(George Pendleton)의 이름을 따서 펜들턴법(Pendleton Act)으로 불리어지고 있다.

펜들턴법의 주요 내용은 ① 공무원의 정치적 중립을 확보하기 위해서 임용 등의 인사관리를 담당할 독립기관으로서의 인사위원회 설치, ② 공개경쟁채용시험제 확립, ③ 공무원의 정치자금 제공 및 정치운동의 금지 등이다. 이에 따라 정치적 압력에서 자유로운 독립기관인 공무원인사위원회(Civil Service Commission: CSC)가 설치되었고, 여기서 출제한 공개경쟁채용시험을 통과한 사람들을 공무원으로 임용하였다. 이렇게 채용된 공무원은 일정 기간 시보로 임용(probation term)되어 직무 적격성을 평가받았다. 또한 공무원의 정치적 운동도 금지되었다.

펜들턴법이 제정된 40년 후인 1923년에 분류법(Classification Act of 1923)이 제정되었다. 분류법은 직종과 직무에 따라 의무(duties)와 책임(responsibilities)을 표준적으로 분류하고, 그에 따라 급여 수준을 정할 것을 규정하고 있다. 이 법에 따라 실적제의 적용을 받는 직위분류직의 범위가 확대되었으므로 이 법은 직위분류제(job classification)의 초석이 되었다고 할 수 있다.

또한 1939년에는 공무원의 정치적 중립성을 강조하는 해치법(Hatch Act of 1939)의 제정되었다. 이 법은 행정부의 공무원이 정치 활동에 참여하는 것을 금지하는 것으로 뉴멕시코주 상원의원 Carl Hatch의 이름을 따서 명명되었다. 당시 과학적 관리론(scientific management)이 민간분야는 물론 공공분야에도 널리 확산되면서 실적주의의 관심이 늘어나면서 정치적 중립(political neutrality)도 강조되어 인사행정 전반에 실적주의 원칙이 확산되는 계기가 되었다.

그 후 지미 카터(Jimmy Carter) 대통령 때인 1978년에 공무원제도개혁법(Civil Service Reform Act of 1978)이 제정되었다. 이는 워터게이트 사건(Watergate Scandal) 등으로부터 영향을 받았다. 인사위원회는 폐지되고, 해당 기능은 인사관리처(Office of Personnel Management: OPM), 실적제보호위원회(Merit Systems Protection Board: MSPB), 연방노사관계위원회(Federal Labor Relations Authority: FLRA) 등으로 분화되었다.

오늘날 미국의 주정부와 지방정부는 연방정부와 별개의 독자적인 실적제를 운영하고 있다. 그러나, 연방정부로부터 복지·고용·의료 등 다양한 분야에 대한 보조금을 받기 때문에, 주정부와 지방정부는 기본적으로 연방 법률이 정한 실적원칙에 따라 공무원을 관리하고 있다. 예를 들어, 1970년 제정된 정부간인사법(Inter-governmental Personnel Act of 1970)은 정부 경계를 넘어 미국 연방 정부와 기타 정부 및 준정부 조직에 대해 일정한 인사원칙을 지킬 것을 규정하는 법률이다. 이를 지키지 않는 주정부 및 지방정부에 대해서는 연방정부가 교부금 등의 지급을 제한할 수 있다.

4) 한 국

우리나라의 경우 정부수립 초기에는 정실에 의한 인사가 만연했다. 정부수립 후 정당정치가 확대되자 다수의 정당이 난립하는 과정을 거쳤다. 정치적인 혼란과정에도 불구하고, 1949년에 국가공무원법이 제정된 것은 평가할 만하다. 그 후 1951년에 제1공화국의 집권당인 자유당이 창당되어 1960년 초까지 존속하는 동안 정치는 물론 공직인사에도 많은 영향을 끼쳤다. 집권세력을 중심으로 정당정치에 의한 엽관제가 널리 확산되었다. 정부수립 이후 우리나라의 인사행정은 정실주의, 엽관주의, 실적주의가 혼용되었다고 볼 수 있다.

민주당이 1960년 4·19혁명으로 제2공화국(대통령 윤보선, 국무총리 장면) 시대를 열면서 내각 책임제와 양원제를 실시하였다. 장면 정부는 자유당정권의 부정부패 등과 관련된 고위공직자에 대한 인적청산과 함께 인력의 세대교체를 도모하였으나 자유당시절부터 이어져 온 정실인사의 폐단을 단절하는데 성공하지 못했다. 특히 당시의 집권당인 민주당은 국무총리(장면) 중심의 신파, 대통령(윤보선) 중심의 구파 사이의 대립이 심하여 국정이 혼란스러웠고, 이 과정에서 정실인사와 엽관제는 계속되었다.

그 후 1961년 5 · 16 군사정변을 통해서 박정희 정부가 들어서면서 다양한 분야에서 변화가 일어났다. 정치적인 평가는 차치하고, 제도적인 차원의 변화를 보면, 일반행정은 물론 인사행정에서도 많은 변화가 일어났다고 할 수 있다. 제3공화국의 초기에는 거의 매년 국가공무원법이 개정될 정도로 인사제도의 변화가 많았다. 아울러 1963년에 국가공무원법과 별도의 지방공무원법이 제정되었고 이 또한 초기에 여러 차례 개정되었다. 이러한 과정을 통해 직업공무원제의 확립, 공무원의 신분보장, 임용기준의 강화 등이 이루어졌다. 그러다가 과도기적인 정부를 거쳐서 민주화가 진전되면서, 1993년 문민정부의 등장과 함께 실적에 입각한 합리적인 인사행정이 틀을 잡기 시작하였다(오석홍, 2016).

우리나라의 국가공무원법은 '경력직' 공무원을 실적과 자격에 의하여 임용되고 그 신분이 보장되며 비교적 오랫동안 공무원으로 근무할 것이 예정되는 공무원(제2조)이라고 정의함으로써 직업공무원제와 함께 실적제가 우리나라 공무원제도의 기본 뼈대임을 밝히고 있다(임도빈 · 유민봉, 2019).

국가공무원법 제28조 제1항에 '공무원의 채용은 공개경쟁시험에 의한다.'라고 정하고, 제25조에서 '공개경쟁에 의한 채용시험은 동일한 자격을 가진 모든 국민에게 평등하게 공개되어야 한다.'고 규정함으로써 공직진출을 위한 기회균등 원칙을 밝히고 있다. 또한 제26조에서 '공무원의 임용은 시험성적 · 근무평정 기타 능력의 실증에 의하여 행한다.', 제32조의5의 제2항에서 '소속공무원을 보직함에 있어서 당해 공무원의 전공분야 훈련 · 근무경력 · 전문성 및 적성 등을 고려하여 그 적격한 직위에 임명하여야 한다.', 제40조 제1항에서 '승진임용은 근무성적평정, 경력평정, 기타 능력의 실증에 의한다.', 제51조에서 '각 기관의 장은 정기 또는 수시로 소속 공무원의 근무성적을 평정하여 이를 인사관리에 반영시켜야 한다.'라고 규정하고 있다. 따라서, 우리나라는 공무원의 신규채용에서부터 이후 모든 인사활동은 개인의 능력, 자격 및 성적에 따라야 한다는 실적주의 인사원칙을 천명하고 있다.

우리나라 헌법도 제7조2항에서 공무원의 신분보장은 물론 공무원의 정치적 중립을 명시하였고, 이는 법률에 의해서 보호된다고 규정하였다. 이렇게 볼 때, 공직 채용에 있어서 기회균등, 성적과 능력주의, 신분보장과 정치적 중립 등 실적원칙이 우리나라 헌법과 국가공무원법 등에 잘 법제화되어 있다고 할 수 있다.

3. 실적제의 장·단점

1) 실적제의 장점

실적제는 공무원 응시자들에게 균등한 기회를 제공하여 실질적인 민주주의를 실현하는데 기여한다. 정치적 중립을 유지할 수 있게 함으로써 당파적 이익이 아니라 국민 전체 공공 이익에 봉사할 수 있게 된다. 아울러 역량과 실적에 따른 객관적 인사관행은 인사행정을 과학화·객관화시켜 주고, 공정한 분위기를 조성해준다. 정치적 연줄이나 개인적 친분이 아니라 객관적 기준에 따라 공직자를 선발하기 때문에 부정부패없이 우수한 인력을 확보하여 행정의 능률성을 향상시킬 수 있다. 또한 신분보장을 통한 행정의 지속성, 일관성, 계속성을 확보하여 지속적이고 안정적인 근무가 가능하여 공무원이 공공이익을 위해 봉사할 수 있도록 해준다.

요약하면, 실적제는 실적기준 인사로 행정의 능률성, 생산성에 기여한다. 공직 진출의 기회균등을 보장해준다는 측면에서 민주주의의 실현에 도움이 되고, 정치적 중립을 통해 행정의 공정성을 보장한다. 또한 정권교체에 따른 공무원의 인력교체를 특수경력직 등에 한정하고, 대부분의 공무원들에게 신분을 보장함으로써 행정의 안정성과 일관성을 고양시켜준다.

2) 실적제의 단점

실적제의 단점 중의 하나는 민주적인 통제가 약해진다는 점이다. 실적제에 따라 정치적인 사안에서 자유로운 공무원 조직을 형성하다보면, 적극적이고 신속한 정책 추진이 어렵게 되는 역효과가 발생할 수 있다. 정치적 중립성에 대한 강조가 정책에 대한 중립성으로까지 연장되면 행정의 대응성을 약화시킬 수도 있다(박천오 외, 2020). 또한 실적제는 시험에 합격한 공직구성원들의 엘리트 의식을 조장하고 공공의 이익보다는 공무원 조직의 권익을 우선시함에 따라, 공직사회가 특권화, 보수화를 조장할 수도 있다. 더욱이, 공무원이 국민의 요구에 무관심한 경우에 국민의 대응에 무감각한 공직사회가 될 수 있다.

또한, 대규모의 공개경쟁채용시험 등으로 인해 인사행정의 획일화와 문서주의를 심화시킬 수 있다. 따라서 인력운영의 탄력적 운용과 효율성을 약화시킬 수 있다. 더불어, 실적제의 기준이 되는 실적 그 자체의 개념이 모호하여 실적제에 대한 비판기조가 형성될 수 있다. 더욱이, 실적제가 형식적 형평성을 확보할 수 있더라도, 세부적인 인사기준을 행정현장에서 집행할 때에 오히려 실질적 공정성이 훼손될 수 있다. 예를 들어 엄격한 실적주의의 적용으로 인해 사회적 약자들은 불리할 수 있다.

4. 실적제와 직업공무원제와의 관계

실적제와 직업공무원제는 신분보장 및 정치적 중립성을 인사관리의 핵심원칙에 포함하고 있기 때문에 개념적으로 유사한 제도처럼 보일 수 있다. 두 제도 또한 개개인의 능력을 주요 가치로 두고 있기에, 두 제도가 엇비슷해 보일 수 있다. 그러나, 두 제도는 지향하는 목표가 구별되기에 서로 공통점이 존재하나 명백한 차이도 존재하며, 역사적인 발전 배경에서도 차이가 난다. 앞에서 다룬 직업공무원제와 실적제와의 공통점과 차이점을 정리하면 <표 3-2>와 같다.

표 3-2	직업공무원제와 실적제의 공통점과 차이점	
비교 기준	직업공무원제	실적제
역사적 배경	• 유럽대륙국가의 경우 실적주의 이전, 절대군주시대부터 직업공무원제가 체계화됨 • 절대군주의 상비군 운용을 위해 거대 직업관료집단 필요 • 미국은 짧은 역사로 인해 직업공무원제 전통 구축 부족	• 영국의 실적주의는 1854년의 노스코트-트레벨리언보고서와 후속적인 추밀원령에 의해 확립 • 미국의 실적주의는 1883년 펜들턴법에 의해 확립 • 시대변화와 엽관제 폐해가 실적제 도입을 촉진
핵심 추구 이념	행정의 안정성·계속성, 공무원으로서의 긍지	행정의 전문성·능률성
채용 목표 및 방식	• 공직임용시 자격요건 등의 제한을 두어 젊은 인재 채용 (제약된 기회균등) • 잠재능력(발전가능성) 중시	• 기회균등원칙과 공정성 중시 • 현재능력(직무수행능력) 중시

승진/결원 충원방식	폐쇄형(내부충원)	내부 승진뿐만 아니라 외부충원 허용(개방형 확대)
행정가 형태	순환보직을 통한 일반행정가 양성	특정 직무를 수행할 전문행정가
친화적인 인사제도	계급제, 생활급 보수제도	직위분류제, 직무급 보수제도
공통점	• 신분보장 • 정치적 중립 • 능력에 따른 인사	

과제 우리나라 공무원제도에 대해 알아보자.

☐ 우리나라 중앙정부 및 지방정부에서 적용하고 있는 직업공무원제, 엽관제(정치적 임명), 실적제의 법적 근거와 구체적 내용을 살펴보자.

☐ 국가법령정보센터(www.law.go.kr)에서 다음 법령을 찾아보고, 직업공무원제, 엽관제, 실적제 등과 관련된 조항을 각각 찾아 확인해보자.
• 대한민국헌법
• 국가공무원법
• 지방공무원법
• 공무원임용령
• 공무원임용시험령
• 공무원 성과평가 등에 관한 규정 등

04

계급제와 직위분류제

인 사 행 정 론

제**4**장 | 계급제와 직위분류제

제1절 공직분류체계의 의의

1. 공직분류체계의 의미

공직분류체계는 공직을 일정한 기준에 따라 구분한 정부조직 내의 공직배열구조 및 직무체계를 의미하며, 사람(가치)과 직무(일)를 일정한 기준에 따라 구분한 체계를 말한다. 공직을 분류할 때, 실적주의와 신분보장 등을 기준으로 공무원의 종류(직종)를 구분하고, 수직적으로는 직무의 곤란도와 책임도 등을 기준으로 직급으로 구분하며, 수평적으로는 직무의 내용이나 특성을 기준으로 직군·직렬·직류 등으로 구분하고 있다. 따라서 공직분류체계는 정부조직내의 공무원들과 직위들을 수직적·수평적으로 분류하여 직업구조를 형성하는 인사행정작용이라고 할 수 있다(오석홍, 2016). 공직을 분류하는 것은 직급의 수, 직위의 수, 정원관리, 급여 등을 포함하여, 모집, 채용, 보직부여, 경력발전, 교육훈련, 근무평정, 권리와 의무, 단체협상 등 모든 인사관리작용과 연관된다. 따라서, 공직분류는 공무원이 활동을 전개하기 위한 초석으로서 정부관료제의 성격을 결정하는 동시에 인력관리의 기준과 방향을 제시하기 위한 기본적인 정보를 제공한다(임도빈·유민봉, 2019; 김중양, 2004).

2. 직종·직급 분류의 의의

직종과 직급은 서로 다른 개념이다. 직종의 분류는 동일·유사한 계통의 업무를 수행하는 공직자들을 하나의 유사 집단으로 묶어서 관리해주는 것이며, 상이한 업무를 수행하는 공직자들은 각각 다른 집단으로 분류하여 관리한다. 직종분류의 목적은 다음과 같다.

첫째, 인사제도는 모든 직종에게 동일하게 적용될 수 없고 업무가 상이한 공직자 집단을 다른 직종으로 분류하여 각각 그 직종의 성격에 부합하는 인사제도를 적용하려는 것이다. 한편, 직무가 유사한 공직자들은 하나의 유사 집단으로 분류하여 동일한 인사관리를 적용하려는 것이다. 둘째, 직종별로 실적주의나 신분보장제도와 같은 인사행정의 기본원칙을 달리 적용해야 할 경우가 있다. 예를 들어, 경력직과 비경력직의 경우 신분보장의 정도가 다를 수 있다. 셋째, 전문성을 제고하려는 것이다. 직무성격이 다른 집단은 인사관리를 다르게 함으로써 서로 구별되는 직무의 성격을 존중하고 차별성을 유지하려는 것이다. 예를 들어, 일반행정을 담당하는 공무원과 치안을 담당하는 공무원은 직무성격이 다르므로 직종별 전문성을 제고하기 위해 직종 구분이 필요하다. 반면에, 업무의 성격이 동일하거나 유사한 직종은 동일한 인사관리가 적용된다. 넷째, 인사관리의 효율성을 제고하려는 것이다. 이를 위해, 특히 임용형태나 근무형태의 차이에 따라 직종을 분류할 필요가 있다. 요약하면, 공무원 직종의 분류는 업무성격, 근본적 인사원리, 모집·선발·임용형태나 근무형태의 차이 등을 잘 반영할 수 있는 형태로 이루어져야 한다(하미승 외, 2007). 현재 공무원의 직종은 국가공무원법 제2조에 나와 있는 대로, 경력직과 특수경력직으로 크게 분류하고 있으며, 경력직은 다시 일반직과 특정직으로, 특수경력직은 다시 정무직과 별정직으로 세분하고 있다.

한편, 직급의 분류는 업무의 책임도·중요도·난이도 별로 공직을 분류하는 것이다. 따라서, 책임도·중요도·난이도가 같은 경우 같은 직급이 되고, 차이가 나는 경우에는 다른 직급이 되는 분류방식이다. 직급에 따라 인사상, 급여상의 처우를 달리하기 위해 직급의 분류가 요구된다. 참고로 현행 일반직공무원의 직군·직렬·직류 및 직급의 명칭은 공무원임용령 별표1에서 확인할 수 있다.

직종과 직급의 분류에 기초를 두는 인사제도는 각각 직위분류제와 계급제이다. 따라서, 계급제와 직위분류제는 공직의 작업구조를 형성하는 기본적인 이론적·실무적 틀(theoretical and practical framework)을 반영한다(김기형 & 진종순, 2018). 정부조직의 인사시스템이 계급제인가 직위분류제인가에 따라서 혹은 어느 정도 두 제도가 혼합되어있느냐에 따라서, 모집·선발·임용, 인력계획, 승진 및 보직관리,

교육훈련, 성과관리 및 보상 등 여러 인사관리방식에 영향을 미치기 때문이다. 다음에서 계급제와 직위분류제의 개념과 역사적 발전과정에 대해서 살펴보고, 두 제도를 좀 더 심층적으로 비교해보기로 한다.

제2절 계급제

1. 계급제의 의의

계급제(rank classification 혹은 rank-in-person 또는 career-based system)는 사람의 가치를 기준으로 공직을 분류하는 방식으로써, 공무원이 가지는 지식(knowledge), 기술(skill), 능력(abilities), 자격 등과 같은 개인적 특성을 기준으로 계급을 구분하고 이에 따라 공직을 분류하는 것이다. 조직의 인사체계가 계급제인 경우, 공무원이 하나의 계급을 가지면 그 계급에 해당하는 어떤 직위로든지 이동이 가능하며 그 계급에 상응하는 처우를 받는다.

계급제하에서 신규채용은 대체로 하위계급에서 임용되어 상위계급으로 승진해가는 것이 일반적이다. 계급제하에서는 상위계급일수록, 해당 정부조직에서 다양한 경험과 지식을 가진 공무원이 승진을 통하여 주로 임용된다. 그래서 '상위직급으로 올라갈수록 더 넓은 시야를 가지는 경향이 있다'(Kim principle; Kim, 2020).

승진하기 전에 동일 계급에 해당되는 다양한 직무를 순환보직을 통해 수행하게 된다. 일반적으로 상위 계급은 내부승진에 의하여 충원되므로 폐쇄형 충원방식(closed career system)이라고 할 수 있으며, 계급제에서는 공무원을 주로 일반행정가(generalist)로 양성한다.

계급제는 공직에 채용된 뒤, 다양한 경험과 지식과 기술 등을 축적하여 조직 전체 혹은 국가 전반의 시각에서 업무를 파악하고 처리할 수 있는 일반행정가를 임용하는 경향을 가지고 있다(강성철 외, 2019; 박천오 외, 2020; 오석홍, 2016). 이에 반해 직위분류제는 직무 요구에 따라 직위를 분류하고, 해당되는 자격요건을 실제로 갖춘 전문가(specialist)를 임용하는 체제이다. 참고로 영어표현에 'something about everything' and 'everything about something'이 있는데, 전자를 잘 아는 사람을 일반행정가(generalist) 그리고 후자를 잘 아는 사람을 전문가(specialist)라고 할 수 있을 것 같다.

2. 계급제의 발전과정: 주요국가의 계급제

1) 영국

계급제는 농업사회를 배경으로 한 신분제적 관료제의 전통을 가졌던 영국을 포함한 유럽에서 발달했다. 영국의 전통적인 계급제는 교육수준 등을 감안하여 4대 계급제를 택하였다: ① 행정계급(administrative class), ② 집행계급(executive class), ③ 서기계급(clerical class), ④ 서기보계급(clerical assistant)(Nigro, Nigro, & Kellough, 2012). 대학졸업자는 행정계급으로, 중등교육 이수자는 집행계급으로, 더 낮은 수준의 교육을 받은 사람은 서기 혹은 서기보계급으로 채용되었다(Nigro et al., 2012). 영국의 행정계급(administrative class)은 높은 계층의 직업공무원 집단이었다(오석홍, 2016). 행정계급의 공무원은 주로 대학을 졸업한지 얼마 되지 않은 사람들을 대상으로 하는 경쟁시험을 통해 채용되며, 하위계급으로부터의 승진도 일부 허용되었으나 흔치는 않았다. 행정계급은 과거에 일곱 가지의 위계로 구분되었는데, 최고직급은 사무차관(permanent under-secretary), 최하급직은 사무관(또는 주무보: assistant principal)이었다(오석홍, 2016). 행정계급은 법령 입안, 정책수립, 장기계획 수립, 부처 간 활동조정, 소속직원 관리 등의 업무를 수행하였다. 영국의 계급제는 계급에 따라 학력이나 출신 성분, 경력, 보수 등에서 큰 차이가 났고, 높은 계급의 엘리트화 현상이 강하였다. 행정계급(administrative class)에 속하는 공무원은 대부분 옥스퍼드 대학교나 케임브리지 대학교 등의 명문대학을 졸업자들로 구성되었다. 고급공무원의 수는 적게 하면서 고급공무원들의 급여와 대우는 상대적으로 높았으며, 이들은 영국의 '상설 두뇌집단(permanent brain class)'으로 간주되었고, 보수 등 인사관리에서 우대를 해주면서 그들로 하여금 국가의 주요 정책을 결정하도록 하였다(강성철 외, 2019; Nigro et al., 2012). 따라서, 행정계급(administrative class)은 사회적으로 높은 평가를 누렸으며, 집행계급(executive class)의 공무원들은 행정계급으로 승진하는 기회가 적었다. 그리하여 고위공무원집단이 폐쇄적이며 엘리트화되었다

(강성철 외, 2019).

　　그런데 영국의 계급제는 1996년에 큰 변화를 겪게 되었다. 모든 행정 부처에 걸쳐 공통적으로 적용되는 직급(service-wide grades)은 존재하지 않게 되었고, 모든 공무원은 고위공무원(Senior Civil Service: SCS)과 비고위공무원으로 단순하게 구분되게 되었다(강성철 외, 2019). 당시 존 메이저(John Major) 총리는 1996년 4월부터 사무차관을 제외한 종전의 Grade 5 이상 공무원의 계급을 모두 폐지하고 이들을 새로 신설된 고위공무원단(SCS: permanent secretary, second permanent secretary, director-general, director, and deputy director 등)에 포함하여 내각처 인사실에서 통합 관리하도록 했다. 고위공무원단을 제외한 모든 공무원(non-SCS)에 대한 정원, 직위 분류, 계급 체계 등의 결정 권한을 각 부처 장관 및 집행기관의 장에게 위임하게 되었다(최순영, 2015).

2) 미 국

　　미국은 애초에 직류분류제가 발달했었기 때문에 계급제는 외교직(foreign service)과 군대와 같은 특수집단 등에 주로 적용돼왔다(최순영, 2015). 고위외교관(Senior Foreign Service: SFS; 참사관, 공사, 대사 등)에 속하는 공무원은 국무성의 상위 4개 직위로 구성되며, 이는 1980년의 외무법(Foreign Service Act of 1980) 및 행정 명령 12293(Executive Order 12293)에 의해 만들어졌고, 이는 군의 고위 등급과 외무직의 고위 등급을 비교하여 정한 것이다. 즉, 미국의 1980년 외무법의 목적은 고위외교공무원단(SFS)을 구성하는 데 있어 군의 장성급 장교(general officer)와 비슷한 계급의 외교 간부를 관리하기 위한 것이었다.

　　행정분야의 고위공무원단(Senior Executive Service: SES)도 미국 군대의 장성급(general officer)에 해당하는 연방 정부 공무원들을 말한다. 따라서 고위외교관이나 고위공무원은 군의 장성급에 해당한다는 의미이다. 이는 지미 카터(Jimmy Carter) 대통령 때인 1978년에 제정된 공무원제도개혁법(Civil Service Reform Act of 1978)이 발효되면서 1979년에 만들어졌다. SES는 연방공무원 직급상으로 GS-16~18에 해당하나 GS등급은 없앴다. SES 직책의 최대 10%는 경력직 공무원이 아닌 정치적 임명으로 채워질 수 있다. 또한 고위공무원단 위의 정무직에 해당하는 Executive Schedule(EX)은 5개의 등급(Level 5~Level 1; 부차관보, 차관보, 차관, 부장관, 장관)으로 구성되어 있고, Level 1의 보수가 제일 높다.

3) 한 국

계급제의 원형을 유럽국가 등에서 찾을 수도 있으나, 사실상 동양의 여러 제국이 오히려 더 강한 계급제 전통을 가졌다. 과거의 중국은 물론 조선시대와 같이 신분을 강조한 우리나라는 전형적인 계급제를 가지고 있었다고 볼수 있다(오석홍, 2016). 왕조시대에는 신하들의 계급을 의미하는 품계제도(正/從 1품에서 9품 체계)가 있었으며, 지금도 궁궐에 가면 품계석을 발견할 수 있다.

건국이후 우리나라 공무원의 계급은 여러 차례를 변화를 거쳤다. 지난 1949년 국가공무원법이 처음 제정됐을 당시에는, 일반직을 1급에서 5급까지 5계급으로 구분하였으나, 공무원임용령(대통령령)에서 3급과 4급을 갑류와 을류로 구분하여 실제로는 공직을 7계급 체제로 운영하였다. 이후 1950년에는 4급의 갑류와 을류를 통합하고 3급만을 갑류와 을류로 구분하여 6계급 체제가 되었다. 1961년에는 공무원을 1급을 제외하고 2급에서 5급까지 계급을 갑류와 을류로 구분하여 9개의 직급으로 운영하였다. 지난 1981년 국가공무원법이 개정되면서 2급 이하 5급까지 각 계급별로 갑류와 을류로 구분하던 것을 폐지하고, 경력직 공무원 중 일반직 공무원의 계급을 9개로 확정하였다.

지난 2006년 7월(노무현 정부)에는 고위공무원단제도의 도입으로 기존에 계급제로 운영되던 1-3급의 계급이 폐지되었다. 중앙행정기관 일반직 공무원은 3급에서 9급까지 7개의 계급으로 분류되었고, 고위공무원단은 직무등급제의 도입으로 가 등급에서 마 등급까지 5개의 직무 등급으로 분류되었다. 즉, 사람별로 계급을 부과한 것이 아니라, 직무성격에 따라 5개 직무등급으로 나눠 직위분류제 모습이 구현되었다. 이후 2009년에는 고위공무원단의 기존 5개 직무 등급이 가-등급과 나-등급 2개의 직무등급으로 통합되었다.

이러한 변화로 인해, 현재 우리나라 일반직 공무원의 계급체계는 연구관·연구사와 지도관·지도사의 2계급으로 되어 있는 연구직 공무원과 지도직 공무원, 이를 제외하고 3급에서 9급까지 7개의 계급으로 구분된 일반직 공무원, 그리고 가-등급과 나-등급 등 2등급으로 구분되는 고위공무원단으로 운영되고 있다.

윤견수 외(2020)는 면접조사를 통해서 공직 진입 이전에 보유한 지식이나 기술

보다는 공직 진입 이후 업무수행을 통해 쌓은 경험과 능력이 공직의 계급적 전문성의 토대라고 지적한다. 즉, 관료화 과정을 거치면서 축적되는 전문성을 공무원의 전문성이라고 보는 것이므로 공무원의 전문성의 핵심은 실무전문성이라는 것이다. 지방자치단체의 공무원들의 전문성도 계급제를 벗어나 존재하지는 않다고 지적한다. 윤견수 외(2020)의 연구조사에 따르면, 실무전문성은 법령, 규정, 제도에 대한 지식과 이를 현실에 맞게 운영하는 노하우를 뜻한다. 즉, 법규의 해석과 적용에 대한 지식, 그리고 업무에 필요한 사실정보를 제공하는 능력이 계급제적 전문성이다. 공무원들은 실무전문성 이외의 역량, 예를 들어 일반적인 관리능력을 전문성의 개념으로 보지는 않았다. 윤견수 외(2020)의 연구조사에 따르면, 연공서열을 따질 때 연령 자체보다는 근속년수나 승진연도가 중요시되고 심지어는 근무기간을 월단위로까지 따지기도 한다. 또한, 우리나라 정부는 Z형 보직경로를 통해 관리역량을 축적하는 경향을 보인다. Z형 보직경로의 영향력이 강하다는 것은 현재의 인사제도가 특정영역의 전문성보다는 일반적인 관리역량을 키우는데 더 적합하다는 것을 의미한다.

3. 계급제의 장·단점

1) 계급제의 장점

계급제는 공무원이 같은 계급에서 전직과 전보를 통해 다양한 직무를 맡게 되므로 일반행정가로 양성하는데 유리하다. 또한 잠재력을 지닌 유능한 인재를 공직에 흡수하기에 용이하며, 인사관리가 비교적 수월하고 융통성이 있다. 일반행정가는 일반적 능력과 교양, 그리고 넓은 시야 및 종합조정능력을 갖출 수 있기 때문에 직위분류제에서 나타나는 부처할거주의(sectionalism; 자기부처제일주의) 및 타부서와의 갈등 등을 극복할 수 있고, 타부서와 교류 및 협력이 비교적 용이하다. 따라서 공무원들의 연대의식과 일체감을 제고하기에 용이하다.

계급제하에서는 직위와 신분보장이 밀접한 관련이 적기 때문에, 직위가 사라져도 해당 공무원은 직급을 가지고 있으므로 당연 퇴직된다고 보기 어렵다. 따라서, 계급제하에서 공무원이 직위분류제하에서보다도 신분이 보장되어 안정되게 근무할 수 있으므로 직업공무원제 확립에 용이하다.

계급제는 조직화되고 일사분란한 지휘명령체계가 요구되는 직종에 적합하다. 따라서, 명령이 신속하게 전달되어야 하는 군인, 사회질서를 유지해야 할 경찰, 재난현장에 신속하게 도착하여 화재를 수습해야 하는 소방공무원 등에 최적화된 공직분류체계이다(김명식, 2019).

2) 계급제의 단점

계급제는 부서간의 교류 활성화에 따른 일반행정가적 소양을 강조하다 보니, 행정의 전문성을 저해할 수 있고, 직무경계가 불명확하여 업무수행 중 갈등소지가 있다. 또한 직무에서 요구하는 전문지식을 보유한 인사를 배치하지 못할 수도 있어, 능력 및 성과와 관련이 적은 연공서열형 인사가 이뤄질 수 있다. 그리고 계급제가 고착되면 상급자의 영향력이 강화되어 독단적인 의사결정이 발생할 수도 있다.

더불어, 연중에 인력결손이 발생할 경우에 외부충원을 즉시에 이행하기 어렵고 내부승진에 의존하는 폐쇄형 인사로 인해서 해당 조직운영이 경직적이 될 수 있다. 따라서 외부환경의 변화에 둔감하여 대응하기 어려운 한계가 있다.

계급제는 연공서열에 기반하여 있으므로 일정 기간이 지나면 승진이 되고 보수가 향상될 수 있는 구조이기에 공무원 개인의 능력 및 성과와 상관없는 인사가 이루어질 수 있고, 그 결과 동일노동 및 동일보수의 직무급체계를 확립하기 어렵다. 아울러 비교적 강한 신분보장으로 인해서 조직구성원의 무사안일이나 직무태만 행태가 유발될 수 있다.

제3절 | 직위분류제

1. 직위분류제의 의의

직위분류제(position classification 혹은 rank in position 또는 position-based system)는 계급제와 반대로 사람보다는 일(직무)을 기준으로 공직을 분류하는 제도로서, 특정 직위(position)에 누가 오든 그 자리를 중심으로 인사행정을 시행하는 시스템이다. 즉, 그 직위가 없어지면 해당 직위에 있던 공무원은 계급제와 달리 조직을 떠나야 할 상황에 놓이게 된다.

직위분류제는 각 직위의 직무 특성과 차이를 기준으로 유사한 직무끼리 분류하고, 직무의 난이도와 책임도(difficulty & responsibility) 등에 따라 유사 직무종류 내에서 등급을 차등적으로 부여한다. 즉, 직위분류제는 공직을 직무의 종류, 난이도와 책임도 등에 따라 수평, 수직적으로 분류한다. 같은 직위에 대해서는 같은 자격 요건을 요구하고 같은 보수가 지급되도록 정한다. 등급이 같더라도 업무의 종류·난이도·책임도 등에 따라 서로 다른 보수를 받게 된다. 즉, 직무 특성이 인사관리의 기준이 되므로 직위분류제는 특정 업무나 직위에 전문적으로 일하도록 한다. 따라서 직위분류제를 채택하고 있는 다수의 국가에서는 신규인력을 채용할 때, 한국처럼 다수의 인력을 일괄적으로 채용하여 배치하는 것이 아니라, 개별 직위 하나하나를 두고 채용하는 경우가 일반적이다(미국의 www.usajobs.com 참고). 우리나라 국가공무원법 제5조에서 직위, 직급, 직군, 직렬, 직류 등에 대한 개념 정의를 하고 있다.

1) 직 위

직위(職位, position)란 한 명의 공무원에게 부여할 수 있는 직무와 책임을 의미한다(국가공무원법 제5조). 여기서 직무는 각 직위에 배당된 업무를 의미하여, 책임은 공무원이 직무를 수행해야 할 의무를 뜻한다. 중요한 점은 직위라는 개념에서 보듯이, 직무수행 책임과 관련이 있다. 직위란 직무를 분류하는 것의 기초가 되는 일의 단위이다. 직위의 수가 바로 직원 수이다.

2) 직 급

직급(職級, class)이란 직무의 종류·곤란성과 책임도가 상당히 유사한 직위의 군을 말한다(국가공무원법 제5조). 동일한 직급에 속하는 여러 직위에 대해서는 시험·임용 자격·보수 등의 인사행정이 동일하게 적용된다. 각 직급에 포함되는 직위의 수는 직급에 따라 같을 수도 있고 다를 수도 있다.

3) 직 군

직군(職群, occupational group)이란 대분류로서 직무의 성질이 유사한 직렬의 군을 말한다(국가공무원법 제5조). 따라서, 유사한 직렬들을 묶은 개념이므로 대단위에 해당된다. 우리나라 공직에는 3개의 직군(행정, 기술, 관리운영직군)이 있다(공무원임용령 별표1 참조). 행정직군에는 행정은 물론 교정, 보호, 검찰 등 다양한 직렬이 있으며, 기술직군에는 공업, 농업, 임업 등 여러 직렬이 있으며, 관리운영직군에는 토목운영, 건축운영 등 다수의 직렬이 있다.

4) 직 렬

직렬(職列, series of classes)이란 중분류로서 직무의 종류가 유사하고 그 책임과 곤란성의 정도가 서로 다른 직급의 군을 말한다(국가공무원법 제5조). 즉, 직무의 성격은 유사하나, 직무의 곤란성과 책임성의 정도가 서로 다른 직급들을 모아 놓은 것이 직렬이다. 예를 들어, 행정직군은 행정, 세무, 관세, 교정, 보호, 검찰, 행정 등과 같은 여러 직렬로 나눌 수 있고, 다시 행정직렬은 일반행정, 인사조직, 재경, 법무행정, 재경 등과 같은 직류로 더 세밀하게 분류할 수 있다(공무원임용령 별표1 참조).

5) 직 류

직류(職類, sub-series)란 소분류로서 같은 직렬 내에서 담당 분야가 같은 직무의 군을 말한다(국가공무원법 제5조). 즉, 직렬 내에서 다시 세분한 것이 직류이다. 예를 들어 행정직군의 행정직렬에는 일반행정, 인사조직, 법무행정, 재경, 국제통상 직류 등이 있는데, 인사조직 직류는 2015년에 새롭게 추가된 것이다. 그리고 기술 직군의 전산직렬에는 전산개발, 전산기기, 정보보호, 데이터 직류가 있는데, 데이터 직류는 4차산업혁명을 감안하여 2020년에 공무원임용령을 개정하며 새로 추가한 것이다.

6) 직무등급

직무등급(grade)은 직무의 곤란성과 책임도가 상당히 유사한 직위의 군을 말한다(국가공무원법 제5조). 즉, 직무의 종류는 다르지만, 직무 수행의 책임도와 자격요건이 광범위하게 유사해 동일한 보수를 지급할 수 있는 모든 직위를 포함하는 것을 의미하므로 직급보다는 넓은 개념이다. 예를 들어 행정직군에서 세무직렬과 감사직렬은 직무의 내용이 다르나, 책임도와 곤란성이 유사하다면, 같은 직무등급으로 배정되어 해당 직원은 동일한 보수를 받게 된다.

2. 직위분류제의 발전과정: 주요 국가의 직위분류제

1) 미 국

직위분류제는 미국에서 발달한 제도로서, 1909년 미국 시카고시에서 처음으로 직위분류제(Chicago Civil Service)가 실시되었다. 직무를 중심으로 공무원을 분류하고 개별 공무원은 담당 직무를 장기간 담당하여 전문가로 양성되었다(정재명 외, 2006). 연방정부 차원에서는 1923년 직위분류법(Classification Act of 1923)이 제정됨에 따라 직위분류제가 발달하게 되었다(최순영, 2015).

미국은 엽관제로 인한 공무원제도의 폐해를 근절하기 위하여 직위분류제를 도입하였다. 제1차 세계대전 동안 악화된 보수의 불평등 때문에 정부부문 공무원의 사기가 저하되고 이직이 심화되었다. 그래서 엽관제에 의한 불합리한 보수제도를 개선하는 것이 필요하게 되었다. 또한, 그 당시에 과학적 관리론(scientific mana-gement)의 영향으로 민간분야에서 작업 능률 향상과 보수의 공정성 강화를 위한 직무분석과 직무평가 방법이 발달하였는데, 이것이 정부개혁운동에 영향을 미쳤다. 즉, 보수의 불평등, 사기저하와 이직, 과학적 관리론의 확산 등은 미국 정부의 직위분류제의 발달에 많은 영향을 미쳤다(오석홍, 2016). 그리고 케네디(John F. Kennedy) 대통령 때인 1963년에 평등임금법(Equal Pay Act of 1963)이 제정되었는데, 이 법은 성별에 따른 임금 격차를 철폐하기 위해 공정근로기준법을 개정한 것이다.

그 후 지미 카터(Jimmy Carter) 대통령 때인 1978년에 공무원제도개혁법(Civil Service Reform Act of 1978)에 의하여 직위분류제가 확대될 기반이 구축되었다. 기존의 인사위원회(Civil Service Commission)가 인사관리처(Office of Personnel Management: OPM), 실적제보호위원회(Merit Systems Protection Board: MSPB), 연방노사계청(Federal Labor Relations Authority: FLRA)으로 분화되었다.

연방정부의 사무직은 전문직렬(Professional Series), 행정직렬(Administrative Series), 기술직렬(Technical Series), 서기직렬(Clerical Series), 기타직(Others) 등 5개(PATCO)로 구분된다. 미국 공직의 직급은 GS-1에서 GS-15의 15개 등급으로 구성되어 있

으며, 고위공무원단(SES)은 과거의 GS16~18에 해당하지만 현재 등급을 두지 않고 있다. 연방공무원은 경쟁직(Competitive service employee)과 경쟁절차에 따라 임용이 이루어지지 않는 예외직 공무원(Excepted service employee)으로 구분된다. SES 위의 정무직은 Executive Schedule(EX)로 구분되며 5개 등급이 있다.

미국의 직위분류체계에서 승진은 봉급표상의 높은 등급으로의 직위 이동(봉급표가 없는 경우 급여가 많은 직위로 이동)하는 것을 의미한다. 미국정부기관에서의 승진은 상위의 직위에 공석이 발생하는 경우 응모가 원칙이므로 승진도 채용과 비슷하다. 미국은 직위분류제를 적용하고 있어, 공무원의 보직 이동은 직무에 합당한 전문성을 개인이 갖출 경우에 이루어질 수 있다(이선우 외, 2013). 즉, 다른 직위에서 필요로 하는 전문성을 갖추지 않는 한, 당사자는 현직에 계속 머물러 기존 직무를 지속적으로 수행할 수밖에 없다. 따라서, 주어진 직위에서 오랫동안 고도의 전문성을 함양시킬 수 있다. 미국의 직위분류제는 신입공무원이 직무에 해당하는 역량을 보유하고 있다고 간주하기에 경력관리는 개인의 영역으로 본다.

이러한 미국의 전통적 직위분류제가 공무원으로 하여금 타 직위로의 이동을 제약하고 있기에, 이는 인사권자의 융통성있는 전략적 인사관리에 장애가 될 수 있다. 그래서 1980년대 이후부터 두 개 이상의 보수등급을 하나의 영역으로 통합하고 분류를 단순화하여 공무원의 수평적 보직이동과 다양한 업무수행 기회를 확대하는 광대역 분류제(broad-banding classification)로의 개혁을 시도해왔다(정재명 외, 2006). 또한, 조직의 필요성이나 개인의 희망에 따라 부처나 직렬을 바꾸어 새로운 경력경로를 모색하기 위해 기존 직무에서 다른 직무로의 경력전환을 요구하는 경력전환 지원제도가 도입되었다(이선우 외, 2013). 이러한 변화는 전통적 직위분류제에 계급제적 요소를 가미하여 공직의 유연성을 확보하기 위한 것이다. 이러한 미국의 직위분류제의 발달은, 미국이 절대왕정을 거치지 않고 바로 근대 민주주의 형태의 국가를 형성하여 계급사회의 전통을 갖지 않았기 때문이라고 볼 수 있다(강성철 외, 2019). OECD(2009: 79)에 의하면, 미국, 영국, 호주, 뉴질랜드, 네덜란드, 스웨덴, 핀란드, 노르웨이, 덴마크, 스위스, 독일 등이 직위분류제(position-based system)를 하고 있고, 한국, 일본, 프랑스, 아일랜드, 룩셈부르크, 터기, 포르투갈, 벨기에, 폴란드, 멕시코 등은 계급제(career-bsased system)를 유지하고 있는 것으로 나타났다.

2) 영 국

영국은 1854년 노스코트-트레벨리언 보고서(Northcote-Trevelyan Report)에 의한 실적주의가 확립된 후, 직위분류제가 발달하기 시작하였다. 그 후 1968년 풀턴 보고서(Fulton Report)는 공무원이 전문성이 부족이 부족하여 이를 극복하기 위해 계급제적 요소의 개혁을 제안하였다. 국장급 이상 고위공무원의 직렬 통합을 포함하여 모든 공무원의 단일 계급체계화를 도모하였고 고위공무원을 신속하게 채용할 수 있는 새로운 부서의 설립을 주창하여 공무원부(Civil Service Department: CSD)가 설립되었다(박해육·윤영근, 2016).

지난 1996년 이후부터 현재의 공무원은 크게 직급에 따라 고위공무원단(Senior Civil Services: SCS)과 그 외의 공무원(non-SCS)으로 구분된다. SCS(Deputy-Director, Director, Director-General, Second Permanent Secretary, Permanent Secretary 포함)는 2020년 현재 전체 공무원의 1%를 차지하며, 이는 계장부터 사무차관(경력직 공무원의 최고지위)까지를 의미한다. SCS 아래의 중간층이라고 할 수 있는 6급과 7급(Grades 6 & 7)이 13%, SEO(senior executive officer)와 HEO(higher executive officer)가 27%, EO(executive officer)가 26%, 그리고 조직하부의 AO(administrative officer)와 AA(administrative assistant)가 32%로 다수를 차지한다(Institute for Government, 2021). 영국은 행정부 조직운영을 위해 각 부처에 상당한 재량을 부여하고 있다. 영국은 미국과는 달리 공무원에 대한 계급, 급여결정 권한 등이 각 부처의 재량에 달려있어 통일적인 직위분류제가 존재하지 않는다(정재명 외, 2006).

영국은 정부채용포털(www.gov.uk)에서 자세한 채용정보를 제공하고 있으며, 고위관료의 채용제도로써 속진임용제(Fast Stream: www.faststream.gov.uk)를 운영하고 있다. 속진임용제는 가속화된 경력 경로(accelerated career path)라고 할 수 있으며, 경쟁률(최근에 약 50:1)이 상당히 높다. 영국은 현재 미국처럼 공무원 전체에 공통적으로 적용되는 일률적인 교육훈련제도는 없으며, 각 부처별로 개별적인 교육훈련이 실시되고 있다(정재명 외, 2006). 이는 직위별로 요구되는 역량과 전문성을 이미 갖춘 인력을 채용하므로 전문성 함양을 위한 일괄적인 교육훈련이 필요하지 않기 때문이다.

3) 한 국

국가공무원법 제22조는 직위분류제의 원칙을 규정하고 있는데, 이에 의하면, '직위분류를 할 때에는 모든 대상 직위를 직무의 종류와 곤란성 및 책임도에 따라 직군·직렬·직급 또는 직무등급별로 분류하되, 같은 직급이나 같은 직무등급에 속하는 직위에 대하여는 동일하거나 유사한 보수가 지급되도록 분류하여야 한다'고 규정하고 있다. 우리나라의 직위분류제는 1963년에 직위분류제법이 제정되고 1967년부터 적용하기로 하였으나 실현되지 않고 1973년에 폐지되었다. 그러나 국가공무원법 제21~24조에서 직위분류제와 관련한 규정을 두고 있다. 우리나라 인사관리의 실제는 계급제를 근간으로 하면서도 직무중심으로 접근하는 직위분류제적 속성이 결합되어 운영되어 왔다(유민봉·박성민, 2014). 따라서 우리나라에는 계급제를 기본으로 하되, 다양한 직위분류제적 요소들을 국가공무원법 등에 포함하고 있다고 할 수 있다.

(1) 채용에서의 직위분류제 요소

임기제 공무원제도, 직위공모제도, 개방형직위제도, 경력경쟁채용제도, 민간경력자 일괄채용제도는 직위분류제 요소를 확대한 대표적인 제도라고 볼 수 있다.

첫째, 기존의 전문직 공무원제도, 계약직 공무원제도와 임기제 공무원제도가 직위분류제에 근간을 두고 있다. 기존의 전문직 공무원 규정은 1998년에 계약직 공무원 규정으로 개정되었고, 다시 임기제 공무원으로 명칭이 변경되었다. 임기제 공무원 제도는 전문지식·기술이 요구되거나 임용관리에 특수성이 요구되는 업무를 담당하게 하기 위하여 경력직 공무원을 임용할 때에 일정기간을 정하여 근무하는 공무원을 임용하는 제도이다. 1998년도의 계약직 공무원제도는 특수 전문분야 업무를 한시적으로 수행하는 것을 전제로 운영되었었다. 2013년 일반직 중심으로 공무원 직종체계가 재편성되면서 기능직과 계약직이 폐지되었고 이에 대한 보완 조치로 임기제 공무원제도가 도입되었는데, 이는 조직을 효과적으로 관리하고 대국민 대응성을 높이기 위해 계약직 공무원제도의 취지가 더욱 확대·반영된 것이다. 또한 종전의 계약직은 보수등급으로 구분될 뿐이며, 신분보장이 되지 않았으나, 임기제 공무원은 주사 등과 같이 일반직과 동일한 직급명칭이 부여되고, 임기 동안에는 신분이 보장된다는 점이 다르다(최순영, 2015).

둘째, 직위공모제가 직위분류제 속성을 갖는다. 직위공모제는 공모직위제도라고
도 하며, 효율적인 정책수립 및 관리를 위하여 필요하다고 판단되는 직위에 당해
기관(부처)내부 또는 공직내 외부기관(부처)의 '공무원' 중에서 공개모집과 선발시험
을 거쳐 직무요건을 갖춘 최적격자를 선발하여 임용하는 제도로써, 2000년부터 도
입되었다. 2006년 고위공무원단제도 도입 당시 중앙행정기관 실·국장급에 대하여
공모직위를 30% 할당하였다.

셋째, 국가공무원법 제28조 4의 제1항에 따라 2000년에 도입된 개방형직위제도
는 직위분류제 요소를 확대한 대표적인 경우라고 할 수 있다(남궁 근·류임철, 2004).
개방형직위제도는 직무수행에 특수한 전문성이 요구되거나 효율적으로 정책을 수
립하기 위해 필요하다고 판단되는 직위에 대하여 공직 내·외부에서 직무수행요건
을 갖춘 다양한 후보자들을 대상으로 공개모집을 실시하고 제한경쟁시험을 거쳐
최적격자를 선발·임용하는 제도이다. 고위공무원단의 직책에 개방형 직위를 20%
할당하였다. 이는 정부조직의 유연성과 효율성, 성과와 경쟁력, 민주성이 강조되면
서 조직을 효과적으로 관리하고 대국민 반응성을 높이기 위해 확대되었다.

넷째, 경력경쟁채용제도는 공무원 신규채용에서 필기시험 위주의 공개경쟁채용
시험으로는 최적임자를 충원하기가 어려운 분야에 대하여 비교적 간소한 절차를
통해 경력경쟁채용시험으로 채용하는 제도이다. 박사학위나 자격증 소지자, 특정
능력과 전문지식을 보유한 자와 같은 우수한 전문인력 및 유경험자를 채용하는 제
도이다. 이 제도는 국가공무원법 제28조 제2항에 나타나 있으며 종전의 특별채용
제도가 확대된 것이다. 공무원 임용령 제18조에 따라, 경력경쟁채용시험으로 공무
원을 임용할 때에는 원칙적으로 그 시험을 실시할 때의 임용예정 직위 외의 직위에
임용할 수 없다. 그러나 인사혁신처장이 실시하는 5급 경력경쟁채용시험 중 직무분
야를 정하여 실시할 때에는 직무분야에 속하는 여러 직위 중에서 임용할 수 있다
(최순영, 2015).

다섯째, 민간경력자 일괄채용제도 또한 어느 정도는 직위분류제적 속성을 내포
한다. 이 제도는 기존 공무원들의 무사안일주의와 복지부동, 창의성 부족을 극복하
기 위해서 도입되었다. 해당분야의 민간경력을 강조함으로써 공직구성의 다양성과
개방성 확대를 추구했다는 점에서 직위분류제 요소를 확대한 것이라고 볼 수 있다.
특히 5급, 7급 민간경력자 채용제도는 직렬과 직류, 직무군 또는 직무분야별로 채

용하며, 직무수행의 자격요건을 명시적으로 규정한다는 점에서 직위분류제 성격이 있다(강성철 외, 2019). 그러나, 직위별 채용이 아니라 직급별 일괄채용을 택한다는 점에서 엄밀한 의미의 완전한 직위분류제는 아니다.

(2) 승진 및 보직에서의 직위분류제 요소

개방형직위제도 및 직위공모제도는 공직 내부의 공무원과 민간인 상호간의 경쟁 그리고 공직 내부의 공무원 상호간에 경쟁을 거친다는 점에서 승진과도 관련되는 제도이다. 즉, 폐쇄적인 계급제 하에서 빈 공석에 연공서열이 높은 공무원이 승진하는 것이 아니라, 해당 직책에 가장 적합한 사람을 공직 내외에서 찾는 것이다. 경력개발제도는 공무원의 전문성을 강화하기 위한 인사혁신방안의 하나로 2003년 노무현 정부 출범 후에 도입되었다. 계급제가 두루두루 다양한 분야의 경험을 쌓는 일반행정가를 양성하는 것과 달리, 직위분류제는 특정분야의 전문성을 고취시키는 것을 강조한다. 따라서, 경력개발제도 또한 직위분류제적 속성을 지닌다고 할 수 있다.

(3) 성과평가 및 보상에서의 직위분류제 요소

공무원에 대한 평가의 종류는 직무성과계약제와 근무성적평가제로 구분할 수 있는데, 직무성과계약제는 고위공무원 및 4급 이상 공무원에게 적용되며, 근무성적평가제는 5급 이하 공무원에게 적용된다. 근무성적평가제는 상관이 부하직원을 평가하는 것이 중심이 된다는 점에서 계급제 요소에 가깝다고 볼 수 있으나, 성과계약제는 실적을 평가한다는 점에서 직무중심의 직위분류제 요소에 가깝다고 볼 수 있다(유민봉·박성민, 2014). 직무성과계약제도의 근거는 국가공무원법에서 근무성적의 평정에 관한 제51조, 승진에 관한 제40조, 승진임용의 방법에 관한 제40조의2 제4항, 공무원 성과평가 등에 관한 규정, 공무원 성과평가 등에 관한 지침 등이 있다. 성과계약제도는 장관이나 차관 등 기관의 책임자와 실·국장, 과장 등 관리자 간에 성과목표 및 지표에 대한 공식적인 성과계약을 체결하고 목표의 달성도를 평가하여 보수 등에 반영하는 제도이다(최관섭·박천오, 2014).

연봉제도는 직무성과의 평가결과에 따른 보상을 제공하는 점에서 직위분류제 요소로 볼 수 있다. 공무원 보수규정 제33조 37과 별표31에 의하여 연봉제의 구분은 고정급적 연봉제, 성과급적 연봉제, 직무성과급적 연봉제, 세 가지로 구분된다.

이러한 연봉제가 적용되는 세 그룹 중 특히 직위분류제 요소가 강한 보수제도는 성과급적 연봉제와 직무성과급적 연봉제라고 볼 수 있다.

공무원의 보수종류에서 성과급을 강화하는 것은 직위분류제 요소를 도입한 것이다. 사람의 지식, 능력, 자격을 기준으로 보수를 제공한다는 직급별 호봉제 관념이 아니라 사람이 수행하는 직무를 기준으로 직무분석에 의하여 직무의 핵심요소를 규명하고 이러한 요소별 달성도와 직무의 난이도와 책임도에 따라 직무성과급을 제공한다는 점에서 직위분류제 요소를 강화하는 것이라고 볼 수 있다(최순영, 2015). 공직사회에 성과주의 연봉제가 도입된 것은 IMF 외환위기를 겪으면서 공직사회의 경쟁력을 높일 필요성을 절감하게 되었고, 이를 위해서는 계급과 연공서열 중심의 인사관리체계를 직무와 성과중심으로 전환해야 할 필요성에 공감도가 형성되었기 때문이다. 김대중 정부는 1998년 말 국장급 이상 공무원에 대해서는 연봉제, 과장급 이하 공무원에 대해서는 성과상여금제도를 도입하였다(최순영, 2015). 그 이후 성과급적 연봉제, 직무성과급적 연봉제로 확대되었다. 성과평가와 관련된 자세한 내용은 제12장에서 살펴볼 수 있다.

(4) 지방정부에서 직위분류제적 요소

윤견수 외(2020)는 인터뷰를 통해서 우리나라 지방정부에서 비록 순환보직 중심의 계급제가 인사행정의 토대를 이루고 있지만, 영역 특정성을 근간으로 하는 전문화된 업무군·직위분류제 요소가 동시에 존재한다고 주장한다. 상기 연구에 의하면, 다른 부서와 달리 기획, 인사, 예산, 감사 등 관리부서에서는 '전문화된 순환보직'이 두드러지게 나타났다. 면담대상자 중 한 명은 이것을 '회전날개형'(나선형) 인사행정이라고 주장하였다. 마치 회전날개가 돌아가면서 다른 것들이 끼어들면 튕겨내듯, 특정 영역의 업무를 보던 사람들만 계속 그 영역에서 승진을 하고 다른 공무원들이 끼어들지 못하게 한다는 의미다. 하위직급 때 근무했던 영역에서 좋은 평가를 받으면 나중에 다시 그 영역에서 계속 승진하며 관리자까지 되는 것이다. 이런 방식으로 승진한 공무원은 영역 특정성을 가지고 있을 뿐만 아니라 순환보직을 통해서 관리역량까지 갖추게 된다고 보는 것이다.

지방정부는 계급제의 영향이 크지만 직위분류제 형태의 전문영역이 존재할 수 있었던 이유는 학연이나 지연 등과 같은 개인적 연결 이외에 업무를 통해 알게 된

업무연이 중요하게 작동하고 있기 때문이다. 예컨대 인사부서의 경우 인사라인·인우회·인사 마피아 등으로 불리우는 업무연을 토대로 맺어진 선후배간 업무적 네트워크가 공고하게 존재하게 되고, 이를 통해 형성된 연계성은 능력 있는 공무원의 인사부서로의 회귀와 경력 축적을 돕게 된다고 보는 것이다. 따라서 윤견수 외 (2020)의 연구는 계급제 안에서도 '회전날개형'(나선형) 인사 관행이 실무전문성과 관리역량을 결합하여 인사분야 내의 전문가들을 배출하고 있다고 주장한다. 이렇게 전문성을 축적한 공무원을 '전문화된 일반행정가'(specialized generalist)라고 부르기도 한다(최병대, 2003).

3. 직위분류제의 장·단점

1) 직위분류제의 장점

직위분류제는 직무수행에 요구되는 자격요건 등에 따라 채용시험, 전직, 승진 등을 시행함으로써 행정의 전문화 촉진에 유리하다. 직위분류제는 사람의 개인적인 신분이나 (직무와 상관없는 개인적) 능력보다는 직무의 내용, 성격을 고려하여 직무수행에 따른 곤란도 및 책임도를 고려하여 인사관리를 하므로 직무분야별 전문가 육성에 유리하다. 또한 개방형 임용으로 폭넓게 유능한 인재채용이 가능하고 외부 환경변화에 신축적으로 대응하기 유리하다.

직위분류제는 승진 및 보직이동이 조직차원에서 일괄적으로 이루어지는 것이 아니라, 필요시 개인이 지원하고 심사절차를 거쳐 이동하는 것이므로 직무별로 개인의 경력개발이 가능하다. 또한, 직위분류제는 인사관리의 합리화에 기여한다. 시간이 지나면 자동적으로 승진 혹은 보직이 부여되는 연공서열에 따른 인사관리가 아니라, 직무에서 요구하는 여러 능력 요건에 부합한 사람에게 승진 혹은 보직이 부여된다. 따라서 직무와 인간 능력의 결합으로 능률성을 제고할 수 있고 직무몰입을 강화시킬 수 있다. 그리고 직무책임의 명확화를 조성하고, 직무 강도에 맞는 합리적 보상이 가능하다. 따라서 직무분석에 입각한 합리적 인사운영을 가능하게 해주므로 직무중심의 인사행정을 수행하는데 용이하고, 직무급 체계 확립에도 유용하므로 인사행정의 객관화 및 과학화에 기여한다.

2) 직위분류제의 단점

직위분류제는 많은 장점에도 불구하고 단점 또한 존재한다. 먼저, 직무중심으로 관리되다 보니, 부서간 교류와 협력을 약화시킬 수 있고, 상위직급에서의 업무통합이 어려워질 수 있다. 해당 직무수행에 필요한 역량과 경험을 쌓아야 하기에 공무원의 다양한 경력발전 기회를 제공하기 어려우며, 따라서 다양한 분야를 아우르는 폭넓은 시야와 관리역량을 가진 일반행정가를 양성하기에는 한계가 있다.

더불어, 다양한 종류의 직무를 수행하지 않기 때문에 인사행정의 융통성이 떨어질 수 있다. 해당 직위가 공석일 경우 다른 직무수행자로 하여금 공석을 채우지 않고 새로운 사람을 선발하여 해당 공석에 배치하기 때문이다. 이러한 절차는 인사관리의 비용을 증대시킬 수 있다.

직위분류제는 공무원의 신분보장을 약화시킬 수 있다. 계급제에서는 환경변화 등 여러 이유로 직위가 사라지게 되어도 해당 점직자의 계급은 남아 있기에 신분이 보장되는 편이나, 직위분류제에서는 해당 직위가 사라지면, 그 직위에 속한 사람도 자리를 잃을 개연성이 높으므로 공무원의 신분보장과 직업공무원제 역시 약화될 소지가 있으며, 조직에 대한 헌신이나 단결심 등이 약해질 수 있다.

제4절　계급제와 직위분류제의 비교

1. 계급제와 직위분류제의 특성 비교

오늘날 세계 각국의 인사제도를 보면, 직위분류제와 계급제는 서로의 장점을 받아들이고 혼합됨으로써 각각의 전형적인 제도는 찾기 어렵다(유민봉·임도빈, 2014). 그러나 순수형태를 가정하고 비교한다면, 채용, 승진 및 보직관리, 평가 및 보상 등에 있어서 다음 표와 같이 특성 비교가 가능하며, 이는 앞의 제1절에서 제3절까지를 요약한 것이다.

표 4-1 계급제와 직위분류제의 특성 비교

구분		계급제	직위분류제
분류단위		계급(사람)	직위(일/직무)
채용 및 임용	인적자원 확보	• 직급별 선발	• 직위별 선발
	자격요건	• 특정 경력(career)을 발전시켜 나가기 위한 자격 요구 • 교양과 상식적/일반적 능력, 높은 잠재력을 지닌 젊은 사람을 선호	• 특정 직위(position)를 담당하기 위한 자격 요구 • 구체적 직무 전문성/전문능력
	임용체계	• 폐쇄형 • 민간근무경력 인정에 소극적 • 당해 계급 하위 직급에 외부 채용 • 행정처분에 의한 임용	• 개방형 • 민간근무경력 인정 • 대부분의 직급에 외부 채용 • 계약에 의한 임용
승진 및 보직관리	승진 경로	• 폐쇄형, 계층 사다리 • 연공서열, 상관의 자의성 개입용이	• 개방형(공직내외에 개방) 강조 • 능력중심, 객관적 기준근거
	인사이동	• 순환보직으로 유동성 고려/광범위, 신축적 이동	• 담당업무에 장기 근무, 제한적·경직적 이동
	교육훈련	• 일반적으로 계급별 임용이나 승진 시 실시	• 개별 직위별 필요시 실시
	경력개발	• 일반행정가의 다양한 경력 중시 • 경력 사다리를 이동하며 관리역량 개발 • 업무현장에서의 실무전문성 개발 강조	• 전문가(전문분야경력) 중시 • 우선순위는 직무역량 개발 • 경력개발제도 설계에 따라 관리역량 개발의 필요성
평가 및 보상	성과측정	• 측정 곤란	• 측정 용이
	성과기준	• 연공/서열/능력(직급으로 표현되는 잠재역량)	• 직무의 난이도와 책임도 • 실적주의(실현된 성과)
	보수책정	• 계급별 호봉제(생활급/연공급 강조) • 동일계급 동일보수 • 법정 보수 제공	• 직무급/성과급 중심 • 동일직무 동일보수 • 단체협약에 의한 보수결정
인사관리의 내재적 동기부여 강조점		• 조직몰입	• 직무몰입
공무원의 시각		• 종합적, 광범위	• 협소(부분적), 깊음
행정의 전문화		• 장애	• 기여
직무수행의 형평성		• 낮음	• 높음
신분보장		• 강함	• 약함
직업공무원제 확립		• 유리	• 불리

출처: 최순영(2015); Shafritz et al.(2001); 박천오 외(2020); 이창길(2019)을 참조하여 재구성.

우리나라 공무원 채용의 경우, 인사혁신처의 사이버국가고시센터(www.gosi.kr)에서 볼 수 있는 9급, 7급, 5급 공개경쟁시험채용은 계급제적 요소이고, 인사혁신처의 나라일터(www.gojobs.go.kr)에서 볼 수 있는 개방형직위채용 등은 직위분류제적 요소에 해당된다. 미국의 경우, USAjobs(www.usajobs.gov)에서 공고된 연방공무원 채용방식을 보면 직위분류제에 기반하여 각 직위별로 모집을 하고 있음을 확인할 수 있다.

유럽국가들의 경우에 특별법의 존재여부를 기준으로 계급제와 직위분류제를 구분하는 경우가 있다(김영우, 2005). 계급제적 요소가 강한 국가들은 공익을 추구하고, 국민으로부터 부여받은 공권력을 배경으로 기능을 수행하며, 엄격한 법적 규제와 정치적 영향을 받는 공무원 조직의 운영방식은 민간기업과는 다르다는 점을 강조한다. 따라서 해당 국가들의 공무원들은 그들만을 대상으로 민간의 인사관리와 구별되는 특별법의 적용을 받는 경향이 강하다. 특별법의 적용에 따라, 공무원들은 행정처분의 형식으로 임명되며 법정보수제도가 적용되기도 한다.

반면에, 직위분류제국가에서는 법적으로 공무원들이 일반 근로자들과 동일한 상황에 있으며, 계급제와는 다르게 행정조직과 민간기업의 운영방식에 큰 차이가 없다는 견해가 지배적이다. 따라서, 민간기업의 근로자들에게 적용되는 규정이 공무원들에게도 그대로 적용될 수 있기에 특별히 공무원만을 위한 특별법 제정을 요구받지 않는다. 그 결과 공무원의 임용은 행정처분에 의하지 않고 직무·성과 계약의 형식으로 실시된다. 보수도 행정기관이 호봉규정에 따라 일방적으로 결정하지 않고 단체협약에 의해 정해질 수 있다.

2. 계급제와 직위분류제의 장·단점 비교

계급제와 직위분류제는 각각 장점과 단점을 가지고 있다. 이론적으로는 계급제의 장점이 직위분류제의 단점으로 인식될 수 있으며, 계급제의 단점이 직위분류제의 장점으로 보일 수 있다. 이는 계급제의 한계점을 극복하고자 직위분류제가 도입된 역사적 배경 등에 기인한다. 또한 직위분류제의 장점이 계급제의 단점으로, 직위분류제의 단점이 계급제의 장점으로 나타날 수 있다. 따라서 오늘날 세계 각국은 각 제도의 장점은 취하면서 단점을 상쇄하기 위해 직위분류제와 계급제를 혼합하

표 4-2   계급제과 직위분류제의 장·단점 비교

	계급제	직위분류제
장점	• 조직 전체 인력활용의 융통성 • 공무원 신분보장과 개인의 장기적 경력발전에 기여 • 공무원의 장기근무를 유도하고 조직 전체를 바라보는 안목을 기르도록 유도 • 조직에 대한 충성심 확보에 유리(직업공무원제 확립에 유리) • 조정능력이 요구되는 일반행정가(generalist) 육성에 유리	• 공무원의 전문성 강화와 조직설계의 체계화 가능 • 직무중심의 동기유발이 가능함 • 업무책임의 명확 • 보수지급의 합리적 기준제시(직무급) • 업적 평가의 합리성 확보 • 특정분야의 전문가(specialist) 육성에 유리
단점	• 행정 전문화에 부응 못함 • 인사행정의 합리화를 위한 기준 제시 미흡 • 인사행정의 과학화에 제약 • 계급 중심의 경직성: 능력에 따른 처우 및 보수가 아닌 연공서열에 의한 승진 및 보직이동은 동기유발 저해할 가능성 • 대외 폐쇄성 경향 우려 • 조직의 실적·성과향상에 제약	• 승진, 전직, 전보 등 배치 이동은 동일한 직렬이나 직군 안에서만 가능하게 되므로 인사의 탄력성과 융통성 및 인사배치의 신축성이 부족함 • 직업공무원제의 약화 • 특정 직위의 전문가를 요구하므로 폭넓은 시각과 조직관리능력을 갖춘 일반행정가의 확보나 양성에 어려움 • 협소한 안목으로 수평적 협조 어려움 • 직무중심으로 운영되므로 인간적 요소에 대한 경시 우려

여 적용하고 있다. 그러나 순수형태를 가정하고 각 제도의 장·단점을 정리하면 다음 표와 같이 비교될 수 있으며, 이는 앞의 제1절에서 제3절까지를 요약한 것이다.

제5절 직무분석과 직무평가

1. 직무분석

1) 직무분석의 절차

직위분류제는 여러 단계를 거쳐 수립된다: ① 직무조사, ② 직무분석, ③ 직무평가, ④ 직급명세서 작성, 그리고 ⑤ 정급(최종태, 2008). 직위분류제를 도입하기 위해서는 직위를 적절하게 분류하기 위한 전문가가 우선 필요하다. 먼저 직무조사와 직무분석에 관한 것을 살펴보면 다음과 같다. 첫째, 직무조사(collecting of job information)란 직무에 대한 객관적 정보를 수집하고 기록하는 작업이다. 따라서 직무조사에서는 직무의 내용, 책임도, 곤란성, 자격 요건 등에 관한 모든 자료를 수집해야 하며, 이는 직무분석을 포함하여 직위분류작업의 기초가 된다(김동원, 2012). 둘째, 직무분석(job analysis)이란, 직무조사에서 얻은 직무에 관한 정보를 토대로 직무를 종류별로 구분하는 작업이다. 즉, 직무분석은 직무의 수평적 분류를 위해 요구되는 작업이다. 우리 정부의 직무분석은 중앙인사위원회의 주도로 김대중 정부 때인 2000년부터 단계적으로 매년 2~3개의 부처를 대상으로 추진되었다. 직무분석은 정형화된 절차가 있는 것은 아니지만 대체로 다음의 절차를 거친다: (1) 직무분석의 목적 제시, (2) 분석 대상 직무 확인, (3) 구성원의 참여 유도, (4) 정보 수집, (5) 직무기술서와 직무명세서 작성, 그리고 (6) 사후관리이다. [그림 4-1]은 과

그림 4-1   직무분석의 진행절차

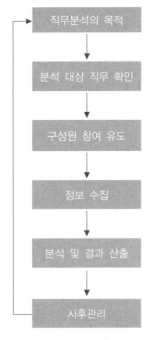

직무분석의 목적	• 조직의 전략에서 출발하여 직무분석의 목적을 명시함
분석 대상 직무 확인	• 최초분석이라면 직무 전부가 분석대상 • 대규모 조직개편이나 이직률이 특히 높은 직무가 있는 경우 대상직무 확인 필요
구성원 참여 유도	• 직무분석의 목적과 진행 절차를 알리는 의사소통을 수행함으로써 구성원의 동참을 유도함
정보 수집	• 정보수집 방법을 결정 • 정확한 정보의 수집(재확인 작업 포함)
분석 및 결과 산출	• 수집된 정보의 재확인과 누락된 정보의 보완 • 통일된 형식의 직무기술서와 직무명세서에 결과를 정리함으로써 직무간 비교를 용이하게 함
사후관리	• 직무기술서와 직무명세서의 수시 보완 • 조직개편시 대규모 보완작업

출처: 중앙인사위원회(2002).

거 중앙인사위원회에서 활용한 직무분석의 절차이다.

2) 직문분석에 필요한 자료수집방법

(1) 최초자료 수집방법

어떤 조직에서 대규모 조직개편과 같은 직무분석을 최초로 실시할 경우에는 다양한 최초자료 수집방법이 활용될 수 있으며, 가능하면 많은 정보를 수집하는 것이

표 4-3   최초자료 수집방법

자료수집 방법		장 점	단 점
면접	• 조직 구성원들과 관리자들과의 면접을 통해 직무에 관한 많은 정보를 심도있게 조사 • 조직도, 업무흐름, 업무분담표 참고 • 설문지와 병행 사용하는 것이 효과적임	• 직무에 대한 폭넓고 정확한 정보수집 • 전문가가 면접을 주도하므로 점직자에게 편리함 • 자료수집시에 용어 통일 용이	• 시간, 노력, 비용이 많이 소요됨 • 비용 때문에 조사대상 폭이 좁아질 가능성 • 직무분석 담당자와 대상자 간에 솔직하고 개방적 소통 관계가 요구됨
설문지	• 표준화되어 있는 질문지를 사용하여 직무분석대상 구성원(점직자)이 직접 작성하는 방법 – 체크리스트방식 – 서술식 등	• 많은 인원과 직무를 대상으로 조사 가능 • 표준화된 질문을 통해 조직적이고 포괄적인 답변유도 • 가장 많이 활용	• 최적의 설문지를 작성하기가 어려움 • 모든 작성자들이 성의 있게 답변하지 않을 수 있음(과대포장 가능성)
관찰법	• 직무분석자(전문가)가 분석대상자의 직무수행과정을 직접 관찰함으로써 정보를 수집 • 직무의 수가 적을 때 적합	• 점직자의 작업흐름을 방해하지 않고 직접 관찰 가능 • 면접이나 설문지로 파악하기 어려운 정보수집 가능 • 작업의 순환과정이 비교적 짧고 표준화되어 반복 되는 경우(생산직 등)에 유용	• 시간, 노력, 비용이 많이 소요됨 • 직무조사 대상의 폭이 좁음 • 사무관리직의 경우 관찰법을 사용할 경우, 면접이나 설문지법을 병행할 필요성 있음
대상자 기록법	• 직무분석의 대상자가 스스로 업무일지에 2~4주간의 업무를 매일 기입 하는 기법 • 1시간 단위로 업무를 기술하여야함	• 직무의 전반적인 흐름을 파악할 수 있음 • 같은 직무를 여러 사람이 담당할 경우 성실하지 못한 대답을 걸러낼 수 있음	• 대상자가 성실히 기입하지 않거나, 과장되게 기입할 가능성이 있음
중요 사건법	• 직무행동들 중 보다 중요한, 혹은 보다 가치 있는 사건에 대한 정보를 수집하는 기법	• 효율적 혹은 비효율적 성과와 특성의 체크리스트 개발의 기초가 됨	• 일상적인 직무행동이나 직무 전체의 모습이 기술되지 않음

바람직하다. 이때에는 면접(interview), 설문지(questionnaire), 관찰법(observation) 등이 주로 쓰이게 된다. 최초자료 수집방법의 종류별 의미와 장단점에 대한 설명은 <표 4-3>과 같다(중앙인사위원회, 2002).

(2) 기존자료 수집방법

기존자료 수집방법은 과거에 직무분석을 실시한 적이 있어 어느 정도의 기초자료가 취합되어 있는 경우에는 사용된다. 비교확인법, 그룹토의기법 등이 있다. 기존자료 수집방법은 최초자료 수집방법에 비해서 좀 더 단기간에 적은 비용으로 필요한 정보를 수집할 수 있다는 장점이 있다. 기존에 분석된 직무에 대해 다시 분석하는 것은 검증과 갱신 등이 주요 목적이기 때문에, 정보의 양보다도 정확한 정보를 모으는 데 노력을 기울여야 한다. 기존자료 수집방법의 종류별 의미와 장단점에 대한 설명은 아래 표와 같다(중앙인사위원회, 2002).

표 4-4   기존자료 수집방법

자료수집 방법		장 점	단 점
비교확인법	• 지금까지 수집된 각종 자료를 참고 하여 현재의 직무상태를 비교 확인하는 방법 • 참고자료를 통해 대강의 직무 내용을 파악한 후, 현장에 나가서 대상 직무에 대한 정보를 수집하여, 기존 자료를 수정 보완	• 직무분석 대상의 직무의 폭이 너무 넓어서 단시간의 관찰을 통하여 그 내용을 수집하기 어려운 경우에 이용되는 기법	• 대상 직무에 대한 비교적 많은 참고자료가 있어야 함 • 이 방법만으로는 특정 직무의 분석을 완전히 해낼 수는 없으며, 다른 방법과 상호 보완적으로 사용하여야 함
그룹토의기법	• 소규모 그룹(8~14명)을 편성하여 1~3일 정도가 소요됨 • 참가자는 그 분야 작업에 대한 지식과 현장 경험 등을 갖고 있는 전문가여야 하며 열린 마음으로 집단토의를 해야 함 • 모든 직무는 기록자에 의해 목록 카드로 작성되고 게시됨 • 직무내용은 토의를 거쳐 재배열됨	• 신속하고 타당성이 높은 직무분석 가능 • 그룹이 참여하므로 다양한 시각을 반영할 수 있음	• 사회자가 미숙할 경우, 소정의 성과를 달성하기 어려움 • 전문가를 여러 날 동안 초청하기 어려움

3) 직무기술서

직무기술서(job description)란 직무와 관련된 주요업무, 임무, 책임에 대한 정보

직무기술서의 예

임용예정기관명	근무예정부서
○○부	국제협력관실

주요 업무	○ 국제협력 및 국제기구 － FTA 고용노동분야(노동시장 및 인력이동 등) 통상협상 대응 － 통상협상 협정문 이행 및 분쟁해결절차 등에 대한 대응 － 고용노동분야 ODA 사업, 국제기구와의 협력사업 및 양자협력사업 － G20, APEC, ASEAN+3·ASEM 고용노동장관회의 등 고위급 외교 － 인권, 인신매매 관련 대응, SOFA 협정 노무분야 관리·대응 － 국제노동기구(ILO) 각종 회의 및 진정·권고 대응, 협약 이행 관리 등 － OECD, UN 등 각종 국제기구의 고용노동분야 논의 참여 및 정책교류

필요 역량	○ (공통 역량) 공직윤리(공정성, 청렴성), 공직의식(책임감, 사명감), 고객지향마인드 (공복의식) ○ (직급별 역량) 상황인식/판단력, 기획력·팀워크지향, 의사소통능력·조정능력 ○ (직렬별 역량) 분석력, 전략적 사고력, 창의력

필요 지식	○ 영어 대화 및 문서 교류를 위한 영어 활용 지식 ○ 양자 및 다자 협상 전략에 관한 교육·경력 및 전문 지식 ○ 국제회의 및 국제기구 대응에 관한 높은 이해도 등 관련 지식 ○ 무역협정, 기관간 양해각서 등 각종 약정에 관한 지식

응시자격요건		관련분야: 고용노동, 외교통상, 국제협력					
	경력	○ 관련분야에서 10년 이상 재직한 경력이 있는 자 ○ 관련분야에서 관리자로 3년 이상 재직한 경력이 있는 자					
	학위	○ 관련분야 박사학위 소지자 ○ 관련분야 석사학위 소지 후 4년 이상 경력이 있는 자					

우대 요건	○ 국제기구 정규직원으로 1년 이상 경력자 또는 고용노동분야 국제협력업무 3년 이 상 경력자(인턴 제외) ○ 3년 이상 영어권 거주자로서 해당 지역에서 고등학교를 졸업한 영어능통자 ○ 영어능통자로서 어학성적이 아래 기준 이상인 자

구분	텝스 (TEPS)	토익 (TOEIC)	토플(TOEFL)		지텔프 (G–TELP)	플렉스 (FLEX)
			(CBT)	(IBT)		
점수	800점 이상	870점 이상	243점 이상	97점 이상	Level 2 (88점 이상)	800점 이상

를 제공하는 문서로서 직무분석의 결과를 요약한 문서이다. 한편, 직무기술서와 직무명세서를 구별하기도 한다. 직무명세서(job specification)란 해당 직무를 수행하는데 요구되는 숙련도 및 노력 등 인적 자격 요건(qualifications)을 상세히 기술한 내용이다. 직무분석의 타당성을 평가하기 위한 기준이 모호할 때, 직무기술서와 직무명세서 간 인과관계, 즉 직무명세서가 직무기술서를 토대로 작성되었는지 살펴볼 필요가 있다(Sanchez & Levine, 2000). 국가공무원 임용시험 및 실무수습 업무처리지침에 나와 있는 직무기술서의 예는 [그림 4-2]와 같다.

2. 직무평가

1) 직무평가의 의의

직무평가(job evaluation)란 직위분류작업에서 직무분석 후에 이루어지는 작업으로써, 조직 내 직무들 간의 상대적 가치를 정하는 작업이다. 즉 직무평가는 직무의 수직적 분류를 위해 수행되며 직무의 곤란도 및 책임도 등을 평가한다. 직무평가는 일반적으로 직무분석의 결과물인 직무기술서와 직무명세서의 내용을 반영하여 작성된다. 직무평가는 주로 인사관리를 위해 일반적으로 직원의 채용, 배치, 교육훈련, 보상 등을 설계하는 자료로 활용된다. 따라서, 직원들은 직무분석보다는 직무평가에 더 민감하며, 직무평가는 해당 직무의 성과달성 및 조직성과에 대한 기여 등 조직진단 및 조직재설계를 위해서도 활용된다(이창길, 2019). 아래 그림은 인과관계로 연결된 직무기술서, 직무명세서, 직무평가의 개념도를 보여주며, 이어지는 표는 직무분석과 직무평가의 차이를 비교한 것이다.

| 그림 4-3 | 직무분석과 직무평가의 관계 |

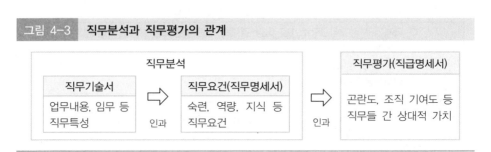

출처: 김동원(2012)을 수정보완.

표 4-5	직무분석과 직무평가의 비교	
구분기준	직무분석	직무평가
분류내용	수평적 분류	수직적 분류
활용도	직무 특성 파악	개인별 평가, 직무(보수) 등 결정
평가방식	절대적 평가	상대적 평가
수집정보	직무 중심(직무 활동과 상황)	직위 중심(직무 곤란도, 책임도)
직원 민감도	간접적	직접적
조직구조의 변화수준	조직 중심(조직구조 설계)	개인(개인별 인사관리)
직무재설계 이유	직무확대	직무충실화

출처: 이창길(2019)을 수정보완.

2) 직무평가방법

직무평가방법은 서열법(ranking method), 분류법(classification), 점수법(point ranking), 요소비교법(factor comparison)이 있다. 서열법은 직무의 상대적 가치에 기초를 두고 중요도와 장점에 따라 서열을 정하는 질적 평가방법이다. 분류법은 직무등급으로 분류하는 질적 평가법으로 사전에 만들어 놓은 등급기준표에 맞추어 평가한다. 점수법은 직무를 요소별로 분류하고 각 요소별로 중요도를 설정하여 등급별 점수를 매기고 총점수를 합하여 직무의 가치를 평가하는 양적 평가방법이다. 요소비교법은 여러 가지 요소를 도출하여 각 요소의 척도에 따라 평가하는 양적 평가방법이다(강성철 외, 2019). 직무평가방법간의 비교표는 다음과 같다.

표 4-6	직무평가방법			
비교기준	직무평가방법			
	서열법	분류법	점수법	요소비교법
사용빈도	가장 적음	보통	가장 많음	보통
비교방법	직무와 직무	직무와 기준표	직무와 기준표	직무와 직무
특징	서열을 전체적으로 평가	등급기준표에 직무를 배치	직무평가기준표에 따른 평가 요소별 점수 배점	대표직위의 선정과 요소별 보수액 배분
요소의 수	없음	없음	평균 11개	보통 5~7개
척도의 형태	서열	등급	요소별 점수	대표 직위별 점수
다른 방법과의 관계	요소비교법의 단순한 형태	점수법의 단순한 형태	분류법의 발전된 형태	서열법의 발전된 형태

평가방법	질적 방법	질적 방법	계량적 방법	계량적 방법
평가대상	직무전체	직무전체	직무의 평가요소	직무의 평가요소
장점	등급을 신속하게 매김	내용이 표준화되어 있지 않은 경우에도 비교적 용이함	기술숙련도, 노력, 책임, 작업 조건 등을 요인으로 고려하며 임금수준에 맞는 정교한 임금체계 설정을 하는데 유용함	특수 직무에 적합하며 유사 부문 간 비교가 가능하고 비교적 용이하게 수행
단점	평가에 대한 보편적 지침이 없고 수가 많으며 내용이 복잡할 경우에는 실효성이 없음	등급 결정에 일반적 개념을 사용하기에 다소간 해석의 논란이 발생할 소지가 있음	직위의 수가 많은 경우, 점수의 차이 하나하나를 등급으로 설정하면 등급 간 차이가 크게 나지 않을 수 있음	대표 기준을 설정하기 어려우며 편견이 개입될 가능성이 존재

출처: 강성철 외(2019) 및 박천오 외(2020)의 수정보완.

3) 직급명세서 및 정급

직무분석과 직무평가를 통해 직무를 수직적·수평적으로 분류하게 되면 각 직급의 특징에 관한 설명이 있어야 하는데, 이를 직급명세서(class specification)라고 한다. 직급명세서에는 각 직급별로 직급 명칭, 직무 개요, 직무 수행의 예시, 자격요건 등을 명시하게 된다. 직급명세서도 직무기술서 및 직무명세서와 같이 모집, 선발, 훈련, 근무성적평정 등 인사관리의 기준을 제시하기 위한 문서로도 활용된다. 또한 직급명세서는 각 직위의 직급별 특성을 설명한 것으로 정급의 지표를 제시하기 위해 필요하다(강성철 외, 2019).

정급(allocation)이란 직급명세서의 작성이 끝나면 분류 대상 직위들을 해당 직급에 배치하는 것을 말한다. 따라서, 직무분석과 직무평가를 통해 각 직위들의 직무 내용과 수준 등을 하나하나 검토하여 그것이 어느 직급에 해당될 것인지 결정하는 배치단계에 해당된다. 정급이 끝나면 해당 기관의 공무원의 성명, 그 직위가 속하는 직급이나 등급이 기록된 정급표(allocation list)를 기관별로 작성해 각 기관에 배포하고, 각 기관의 직원들이 알 수 있도록 공개해야 한다(박천오 외, 2020).

❑ 인사혁신처 홈페이지(www.mpm.go.kr)에 들어가 우리나라 공직분류체계에서 직위분류제적 요소를 찾아보자. 예를 들어 다양한 채용제도 중에서 직위분류제 적 요소를 가지고 있는 것(임기제 공무원, 직위공모제도, 개방형직위제도, 경력경쟁채용제도, 민간경력자 채용제도 등)을 찾아보자.

❑ 우리나라 공직분류체계에서 계급제적 요소가 무엇이 있는지 조사해보자.

❑ 우리나라 공직시스템에 도입된 계급제와 직위분류제의 장·단점에 대해 알아보자.

❑ 조선시대의 품계제도와 관직을 알아보자.

05

대표관료제와 다양성 관리

인 사 행 정 론

제5장 | 대표관료제와 다양성 관리

제1절 대표관료제

1. 대표관료제의 의의

1) 개 념

대표관료제(Representative Bureaucracy)란 용어를 1944년에 처음 사용한 데이비드 킹슬리(David Kingsley, 1944: 282-283)는 "대표관료제란 사회내의 지배적인 세력들(main stream)을 반영하는(mirror) 관료제"라고 정의하였다. 폴 반 라이퍼(Paul van Riper, 1958: 552)는 사회적 특성 외에 사회적 가치까지 대표관료제의 요소로 포함하여 대표관료제의 개념을 확대하였다. 즉 대표관료제는 직업, 사회계층, 지역 등의 관점에서 그 사회의 모든 계층과 집단을 합리적으로 대표할 수 있도록 구성되어야 할 뿐만 아니라, 그 사회의 사조나 태도까지도 충분히 반영될 수 있도록 구성되어야 한다는 것이다.

그리고 헨리 크랜츠(Henry Kranz, 1976)는 비례대표(proportional representation)로까지 확대하여 킹슬리의 대표관료제의 개념을 명확히 하였다. 그에 의하면, 특정 집단 출신이 정부관료제 내에서 차지하는 비율이 그 집단의 구성원들이 국가의 총인구(혹은 특정기관의 관할구역 내의 총인구)에서 차지하는 비율과 동일해야 할 뿐만 아니라, 사회 내의 모든 집단이 관료제 내의 모든 직무 분야와 계급에 인구 비율과 상응하게 분포되어야 한다고 주장하였다. 즉, 모든 사회집단들이 한 나라의 인구전체 안에서 차지하는 수적 비율에 맞게 관료조직의 직위들을 차지해야 한다는 원리가 적용되는 인사제도로서, 정부가 인구구성면이나 정책지향면에서 사회전체의 축도(縮圖: cross-section)를 포용하는 것이라고 구체화하였다(오석홍, 1993). 따라서 대표관료제는 그 사회를 구성하는 모든 주요 집단으로부터 인구비례에 따라 관료를 충원하고, 그들을 모든 직무분야와 계급에 비례적으로 배치함으로써 정부관료제가 그 사회의 모든 계층과 집단에 공평하게 대응하도록 하는 인사제도라고 정의할 수 있다(강성철 외, 2018).

2) 중요성

인사행정에서 대표관료제는 사회적 형평성(social equity) 가치를 극대화하는 인사운영원리라고 할 수 있다. 와이즈(Wise, 1990: 567-579)는 정부가 사회적 대표성을 고려한 충원 및 인사를 실시하는 것이 다음 세 가지 측면에서 중요하다고 주장한다.

첫째, 현대사회에서 가장 큰 고용주 중의 하나가 정부이기 때문에 노동시장에서 불리한 처지에 놓여 있는 사람들에게 보상적인 정책을 펼치는 것은 사회전반에 큰 영향을 미치게 된다.

둘째, 정부의 고용은 외적인 보상 이상의 의미를 가지기 때문이다. 사람들은 사회적 직무를 수행하는 것으로부터 자아실현의 경험을 한다. 또한 사람들은 자신의 직업을 공공기관과 비교하여 평가하는 등 정부부문을 자신의 처지를 평가하는 척도(reference)로 사용하기도 한다.

셋째, 정부의 고용은 경제적인 기회뿐만 아니라 실질적인 정치적 대표의 기회를 제공한다. 현대 민주주의 체제는 그 규모로 인해 다원주의적 성격을 가질 수밖에 없다. 그러나 다원주의 체제하에서 관료제는 전문화된 인력만을 우대하며 조직화 능력이 부족하고 정치적·경제적 자원을 가지고 있지 못한 소수집단을 차별하게 마련이다(Frederickson, 1980: 7; Dahl, 1982: 26). 따라서 사회적 약자를 효과적으로 지원하는 '형평성 지향의 관료제'가 필요하다(Hart, 1974: 4). 이를 위해, 관료제가 그 사회의 모든 계층과 집단을 정치적으로 대표하게 되면, 관료들은 자신의 출신 배경 혹은 집단의 이익을 적극적으로든 아니면 상징적으로든 대변하게 되어 다원주의의 폐해를 어느 정도 완화할 수 있게 된다. 특히 국가의 중요한 정책을 결정하는 정부내부의 고위직 관료들의 영향력은 대단히 크다 할 수 있기 때문에, 고위직 관료의 비례적 구성은 대단히 중요한 의미를 가진다.

그 외에도 대표관료제는 관료의 국민에 대한 대응성과 책임성을 향상시키고, 국가적인 차원에서 인적자원을 효율적으로 관리하게 하며, 차별받는 사회적 소외계층을 사회에 통합함으로써 이들의 반사회적 행위를 감소시킨다(Kranz, 1976: 108-115). 또한 교육 기회가 사회집단 간에 불평등하게 배분되어 있는 상황에서 실적주의는 결과적으로 사회적 약자에 대해 차별적인 효과를 끼치게 되는데, 대표관료제는 이러한 실적주의의 폐단을 시정하고 기회평등을 적극적으로 보장한다는 의의도 있다(오석홍, 1993: 325-326).

2. 대표관료제의 이론

1) 대표관료제 논의의 전개

대표관료제의 개념은 현대 민주주의 정치이론에 기인한다. 현대 정치는 그 성격상 대의제 민주주의의 특성을 가질 수밖에 없다. 따라서 이론적으로는 대의제 민주주의 국가의 모든 정치제도, 즉 입법부, 행정부, 사법부의 모든 기관들은 국민대표성을 확보해야 하고 이를 토대로 국민에 대해 책임을 져야 한다(양형일·이태영, 1993: 343). 그런데 국민이 직접적으로 참여하여 자신의 의사를 표시하는 선거에 의해 선출되는 입법부와 행정부의 선출직은 국민대표성을 확보하고 있다고 할 수 있지만, 공개경쟁채용시험에 의해 임용되고 비교적 장기간 복무를 보장받는 관료들은 국민의 대표성을 반드시 가진다고 할 수 없다. 특히 현대국가가 행정국가화 되면서, 행정부의 관료집단은 광범위한 재량권을 가지게 되고, 정책결정과 집행 과정에서 커다란 영향력을 행사하게 되었다. 이러한 상황에서 대표관료제는 민주 행정과 관료제의 내부통제를 위한 방안으로 등장하게 되었다.

데이비드 킹슬리(David Kingsley, 1944)는 영국의 고위 관료의 사회적 배경을 분석하는 과정에서 관료를 불편부당하다고 보는 것은 적절하지 못하며, 그들도 자신이 속한 계급의 가치와 이해에 따라 행동한다고 보았다. 즉 주류 계급(main stream) 출신이 대다수인 영국 정부관료제는 사회지배계층의 이익을 대변한다고 본 것이다. 그러나 이때까지의 대표관료제 이론은 "관료들 누구나 자신의 사회적 배경(출신집단)의 가치나 이익을 정책과정에서 반영시키려 노력한다"는 명제를 전제로 한 단일한 대표성을 가정하고 있었다. 그러나 프레드릭 모셔(Frederick Mosher, 1968: 10-14)는 이 같은 전제에 의문을 제기하며, 소극적 대표성(passive representation)과 적극적 대표성(active representation)으로 구분하였다.

여기에서 적극적 대표성(active representation)이란 정부 관료들이 자신이 대표하는 것으로 가정되는 집단의 이익과 욕구를 표현하기 위해 적극적으로 행동한다는 것이다. 반면 소극적 혹은 수동적 대표성(passive representation)은 정부 관료제의 인적 구성이 전체 사회의 인구 구성의 특성, 즉 출신지역, 성별, 전직(前職), 아버지의 직업, 교육, 가족의 소득, 가족의 사회계급, 인종, 종교 등과 같은 특성을 반영하는 것에 불과하며, 관료들은 자신이 속한 집단을 위해 사회의 의사결정과정에 적극적으로 참여하기보다는 단지 상징적으로 대표(symbolic representation)하는 수준에 불과하다는 것이다.

소극적 대표성과 적극적 대표성 중 어느 것이 현실에 보다 적절한가는 논쟁의 여지가 있다. 이 논쟁은 공무원의 의사결정에 출신배경이 더 큰 영향을 미치느냐, 아니면 현재 소속된 조직적 특성이 더 많은 영향을 미치는가의 문제로 귀결된다고 할 수 있다. 첫째, 적극적 대표성을 지지하는 논거로는 다음을 들 수 있다. ① 실제 직무 태도에서 인종적 혹은 집단적 차이가 여전히 존재한다. ② 공무원의 실질적인 대표성은 의사결정을 하는 고위층뿐 아니라 서비스를 전달하면서 상당한 재량권을 가지고 있는 하위층에서도 나타나는데, 하위층의 경우 소수집단 출신의 비율은 적지 않다. ③ 소수집단 출신의 비공식 공무원조직이 다수 존재하고 있다. 둘째, 소극적 대표성을 지지하는 논거는 다음과 같다. ① 직무 사회화로 인해 출신배경보다는 소속조직의 이익을 대변하는 경우가 많다. ② 출신집단의 이익을 대변하다가는 공정성을 해쳤다고 조직의 공식적 혹은 비공식적 제재를 받을 가능성이 높다. ③ 적극적 대표를 싫어하는 동료들의 압력을 무시할 수 없다.

2) 대표관료제 이론

이상과 같은 프레드릭 모셔의 논의를 바탕으로 대표관료제는 네 가지 모형, 즉 '수탁자 대표,' '위임자 대표,' '지위 대표,' '상징적 대표' 모형으로 범주화할 수 있다 (Mitchell, 1997: 161-163).

첫째, '수탁자 대표'(受託者 代表: Trustee Representation) 모형은 관료제를 다양한

이익을 반영하는 시민사회의 갈등을 조정하고 국가의 보편적 이익을 수호하는 수단으로 파악했던 헤겔(Hegel)의 관점에 따라 관료제를 중립적이고 공정한 관료상으로 가정한다. 수탁자는 신탁을 관리하는 사람으로 '수탁자 대표'에 따르면 관료는 다원주의 사회의 다양하고 경쟁하는 이익집단의 요구로부터 초연하여 공익의 관점에서 행동하는 것으로 가정된다. 이는 전통적인 관료제 모형으로 정치·행정이원론의 기본이 된다. 그러나 이 모형은 비록 외면적으로는 합리적으로 보일지는 몰라도 현실적으로 보면 관료들은 자신의 이익을 추구하는 존재이며, 행정행위에는 가치가 개입될 수밖에 없다는 점을 간과하고 있다고 비판할 수 있다.

둘째, '위임자 대표'(委任者 代表: Delegate Representation) 모형은 관료를 임명자로부터 권한을 위임받아 자신을 임명한 사람의 이익을 위하여 행동한다고 본다. '위임자 대표' 모형은 일종의 '주인-대리인'(principal-agent) 모형으로 대리인인 관료들이 자신을 임명한 주인인 정치인이 결정한 정책을 정확하게 해석하여 집행한다는 것이다. '엽관주의'(spoil system) 하에서는 '위임자 대표'의 특성이 잘 나타날 수 있다. 그러나 선거에 의해 주기적으로 교체되는 정치인들이 실적제와 직업관료제를 근간으로 장기복무를 원칙으로 하는 관료들을 완전히 통제한다는 것은 현실적으로 어렵다고 할 수 있다.

셋째, '지위 대표'(地位 代表: Status Representation) 모형은 관료가 어떤 집단의 특성을 공유하게 될 때 그 집단의 전체 구성원들처럼 행동하게 된다고 전제한다. 이것은 모셔(Mosher)가 말한 '적극적 대표'라 할 수 있다. 이러한 지위 대표는 일반 국민들에게 정부에 참여할 기회를 제공하고, 소수집단이 영향을 받게 되는 프로그램을 자신들이 직접 통제할 수 있는 기회를 제공하며, 관료제가 그들이 봉사하는 국민의 모습을 닮을 수 있게 하기 때문에 치리(governance)의 다양성(diversity) 개념에 부합한다. 그러나 관료들의 성향과 태도는 직무 사회화(socialization)의 논리에 따라 공직충원 후에 습득된 훈련, 조직내 인간관계, 직무상의 경험 등에 의해 결정되는 것으로 알려져 있다. 따라서 관료들이 정책을 결정할 때 항상 자신의 배경적 특성에 따르는 것은 아니라고 할 수 있다.

넷째, '상징적 대표'(象徵的 代表: Symbolic Representation) 모형은 관료제가 단지 정치인, 고위 관료, 전문가에 의해 내려진 결정을 정당화하는 도구일 뿐이라고 파악한다. 상징적 대표에 의하면 관료의 대표성은 형식적일 뿐인 것으로 모셔가 말한 소극적 대표와 비슷한 개념이다. 그러나 상징적 대표 모형은 관료들의 막강한 재량적 권력을 이해하지 못하며, 실제로 관료는 출신 집단에 보다 동정적이며 그들의 이익을 대변하려는 성향을 보이는 현실을 무시하고 있다고 비판받을 수 있다.

3. 대표관료제의 한계

이처럼 대표관료제는 한 사회의 민주주의를 충실하게 하고 사회의 실질적 형평을 달성하는데 대단히 유용한 제도라고 할 수 있다. 그러나 대표관료제에 대해 몇 가지 측면에서 비판이 제기되고 있어 대표관료제의 실제 적용과정에서 이러한 비판을 충분히 고려할 필요가 있다.

1) 대표관료제의 내재적 한계

대표관료제가 소극적 대표성을 의미한다면 소수 집단을 적극적으로 대표하지 못하므로 의미가 약하다고 할 수 있다. 그렇다고 적극적 대표성을 의미한다면 민주주의를 위협하는 위험성을 내포할 수 있다. 구체적으로 모셔(1968: 15)는 적극적 대표성이 가질 수 있는 위험성을 지적하고 있다. 즉 정부 관료제 내에서 서로 다른 이해관계와 영향력을 지닌 집단들이 자신들의 이익을 극대화하기 위하여 경쟁할 경우, 그 경쟁은 사회적 형평성을 제고하기보다는 오히려 소수집단에게 불리한 결과를 초래하거나 집단간 갈등을 심화시킬 수 있다고 지적하고 있다.

2) 할당제와 역차별 문제

대표관료제는 개념상 할당과 연결될 수밖에 없다. 할당(quota)이란 과거의 사회적 차별로 인해 피해를 입은 소수 집단의 구성원이라는 사실에 기초를 두고 기회나 이익을 일정한 비율로 분배하는 것을 말한다(김영환, 1991: 39). 그러나 할당제(quota system)는 그 자체적으로 여러 가지 문제점을 가지고 있다.

첫째, 할당제를 설정할 때는 그 할당의 기준이 자의적이라는 문제에 직면하게 된다. "할당의 대상(target group)을 누구로 할 것인가," "전체 공무원 중 몇 퍼센트를 할당할 것인가"는 합리적 기준에 의해 정해지는 것이 아니며 대개 정치적 과정을 통해 정해지는 것이다.

둘째, 할당제를 실시하려 할 때 기술적인 문제가 따른다. 인구비례에 맞게 공무원 비율을 구성하려고 할 때 그 기준을 "출생당시의 지역별 인구로 해야 할 것인지," 혹은 "성장시기의 지역별 인구로 해야 할 것인지," 아니면 "임용당시 현재의 출신 지역별 인구로 해야 할 것인지"에 대한 합의가 없는 상태이다(박경효, 1993: 713). 또한 대표관료제의 적용을 받는 공무원의 대상범위를 전체 공무원으로 할 것인지 아니면 정책결정에 큰 영향을 미치는 중간 내지 고위직 공무원만을 대상으로 할 것인지에 대해서도 합의가 되어있지 못하다.

셋째, 소수집단 출신자가 할당제로 인해 고용 및 인사상의 특혜대우를 받게 되면 인사행정의 기본 원칙인 실적제 원칙을 무너뜨린다는 비난을 받을 수 있다. 또한 소수집단 출신이 아니라는 이유만으로 자격을 갖춘 비소수집단(다수집단) 출신자들을 차별한다는 역차별(reverse discrimination)의 비난에 직면할 수 있다. 비소수집단 출신자들에 대한 역차별은 이들이 과거 소수집단 차별의 가해자가 아니라는 점에서 법리적인 쟁점도 있다.

3) 실적주의 훼손의 문제

실적주의(merit system)는 동일한 능력 및 자질을 가진 사람에게는 동일한 기회를 주어야 한다는 것을 의미하며, 개인이 지니고 있는 역량과 자격 및 실적(competency, qualification, merit)을 인사행정의 기준으로 삼는다는 것을 의미한다(박동서, 1994: 79-81). 실적주의는 현대 행정에서 기본적인 인사원칙으로 자리 잡고 있다. 이 같은 실적주의를 사회 전반으로 일반화하게 되면 능력주의가 되며, 능력주의란 사회적 지위가 타고난 재능과 노력의 총화인 능력에 의해 결정된다는 것을 의미한다.

그러나 만일 실적주의 또는 능력주의에 의해서만 채용과 승진 등의 인사가 이루어진다면, 오랜 사회적 차별, 혹은 장애와 같은 육체적인 한계를 가지는 사회적 약자나 소수집단은 저임금과 고용불안에 시달릴 수밖에 없고 경제적・사회적으로 어려움에 처하게 될 것이다. 이러한 문제를 해결하기 위해 정부가 활용하고 있는 제도 중의 하나가 대표관료제이다. 반면, 대표관료제가 좋은 취지를 가지고 있음에도 불구하고, 사회적 약자나 소수집단의 구성원이라는 이유만으로 능력이나 자격이 부족한 사람을 임용할 수 있는 위험성을 내포하고 있다. 만약 이러한 현상이 심화되면 관료의 질적 저하가 초래될 수 있다.

제2절 다양성 관리

1. 다양성 관리의 대두 배경

사회적 차별에 대응하고 형평성을 제고하는 정부정책은 여러 단계의 과정을 거치며 발전해왔다. 초기에는 사회 소수집단에 대한 현존하는 차별관행을 제거하여 기회평등을 제공하려는 '평등고용기회'(Equal Employment Opportunity: EEO) 정책에서 시작하였다. 그러다가 이러한 소극적인 차별해소 정책만으로 소수집단의 실질적인 처우의 개선이 불가능하다는 점을 인식하여 적극적으로 소수집단에게 고용 및 인사상의 우대를 하는 '적극적 조치'(Affirmative Action)와 '긍정적 차별'(positive discrimination) 정책으로 발전하게 된다. 서구를 비롯해서 우리나라의 인구구성도 다양해지고 있다. 이러한 다양성 증대 현상에 부응하여 다양성(diversity)에 가치를 부여하여 이를 적극적으로 활용하려는 시도가 전개되고 있다(Klingner & Nalbandian, 1993: 136-134). 다양성 관리의 발전과정은 세 가지 접근법으로 정리할 수 있다(Kirton & Greene(2000, 99-104: 2005).

1) 자유주의적 접근법

자유주의 접근법(liberal approach)은 고전적 자유주의의 정치적 이상인 '기회의 평등'(equality of opportunity)을 기본적인 가치로 삼고 있다. '기회의 평등'이란 인간이 소망하는 목적을 추구하는 과정에서 기회를 똑같이 부여하는 개념이다. 이러한 개념에 따라 인간들은 어떤 인위적 제약 없이 자신의 가치관과 능력에 따라 직업을 선택하고 지위를 획득할 수 있다. 따라서 기회의 평등과 자유 사이에는 근본적으로 갈등이 존재하지 않는다.

자유주의 접근법에서 기회의 평등이라는 목적을 달성하는데 크게 두 가지 전략이 있다. 첫째, 기회의 평등의 최소한의 여건을 조성하는 것으로 사회적 편견과 차별에 반대하는 반차별 조치이다. 둘째, 소극적인 성격을 지니고 있는 반차별 조치에서 나아가 정부가 기회의 평등을 달성하기 위한 보다 나은 여건을 마련하고자 하는 '긍정적 조치'(positive action)이다. '긍정적 조치'는 노동시장의 자유로운 작동과 능력주의적 경쟁을 저해하는 방해물을 제거하는 노력을 의미한다(Kirton & Greene, 2000: 102). 구체적으로 긍정적 조치는 고용 및 인사관리에서 사람의 능력과 실적으로만 평가하고, 인종·성별·장애 등과 같은 사회 편견적 요인으로부터 자유로울 수 있는 절차와 제도를 도입하는 것을 의미한다. 또한 시장에서 경쟁할 수 있는 자격과 능력을 배양하는 채용전 교육훈련과 재직훈련 등에 이르기까지 기회평등을 보장하는 등 다양한 방법을 들 수 있다.

자유주의적 접근론을 취하는 학자들은 경제학 배경을 가지고 있는 인적자본이론 및 합리적 선택이론가들이 대표적이며 시대적 배경은 1950~60년대이다. 이들은 소수집단의 고용 및 인사상의 차별과 불평등은 전적으로 노동의 공급자인 소수집단 개인의 자격과 능력 부족에서 기인하는 결과로 결론짓는다. 따라서 정부의 개입은 비합리적인 편견과 차별 관행을 제거하는 것과 기회의 평등을 위한 교육·훈련으로 한정되고, 그 외의 부분은 자격과 능력을 향상시키려는 개인적 노력에 강조점을 두게 된다. 한편, 사회학이나 정치경제학적 접근을 하는 학자들은 사회에 만연한 차별관행과 불평등이 소수집단 개인의 무능력에서 기인하는 것이 아니라 사회적 편견과 차별, 그리고 분리로 특징지어지는 사회구조적인 모순 때문이라고 비판하며 급진주의적 접근법을 취하였다(Kirton & Greene, 2000: 7-8).

2) 급진주의적 접근법

급진주의적 접근법(radical approach)은 공정한 절차를 획득하려는 '기회의 평등' 뿐만 아니라 궁극적인 보상의 평등한 배분을 보장하는 '결과의 평등'(equality of outcome or result)과 '사회적 대표성'이라는 가치까지 획득하려고 한다. '결과의 평등'은 모든 사람을 똑같이 취급하여 삶의 욕구나 능력의 차이에 관계없이 사회적 자원을 똑같이 분배하는 것을 의미한다. '사회적 대표성'은 사회 내의 모든 계층과 집단의 이익을 공정하게 대응할 수 있도록 사회적으로 중요한 직위를 비례적으로 배분하는 것을 의미하는 것으로 단순한 기회의 평등을 뛰어넘어 궁극적인 평등 가치를 추구하는 것으로 볼 수 있다(Kingsley, 1994; Mosher, 1968; Krantz, 1976; 오석홍, 1993).

결과의 평등과 사회적 대표성 가치를 주장하는 급진주의 접근에서는 사회적 차별과 불평등을 개인의 노력으로 극복할 수 없는 구조화된 모순으로 파악하기 때문에 이에 대한 집단적 대응이 유효적절한 대안이라고 주장한다. 따라서 이들은 '결과의 평등'과 '사회적 대표성'의 가치를 충족시키기 위해 정부의 직접적인 개입을 의미하는 '적극적 조치'(affirmative action: AA) 혹은 '긍정적 차별'(positive discrimination) 전략을 제안한다. '긍정적 차별'은 소극적이고 배제적인(exclusionary) 특징으로 인해 사회적 차별과 불평등 문제를 적극적으로 다루지 못했던 자유주의 접근과는 달리, 사회의 궁극적인 평등을 달성하기 위해 불이익을 받는 소수집단에게 평등한 배분이 이루어질 수 있도록 적극적인 개입 노력이 필요하다고 강조한다(Kirton & Greene, 2000: 103). 구체적으로 고용과 인사상의 각종 우대와 할당제 등의 수단이 여기에 포함된다.

급진주의 입장을 취하는 학자들은 미시적인 경제학보다는 보다 거시적인 사회학과 정치경제학 지적 배경을 가지고 있으며 시대적 배경은 1970~80년대이다. 그런데 급진주의적 접근법도 자유주의적 접근법과 마찬가지로 공히 사회적 약자나 소수집단의 부족함을 전제로 하고 있다는 점이다. 따라서 이 입장에 서게 되면 차별시정정책은 '가부장적' 국가가 사회적 약자인 사회적 약자나 소수집단에게 더 많은 고용 및 인사상의 기회를 제공하려는 시혜적인 노력으로 보여 지게 된다. 이에 따라 소수집단에게 의존자라는 낙인이 찍히게 되고, 보호자·인도자인 정부와 기업은 과도한 재정적 부담을 떠안게 된다.

3) 다양성 관리 접근법

지난 1990년대 이후 학문적 조류의 변화에 따라 국가의 차별시정정책 또한 탈규제, 유연성, 신공공관리, 인적자원관리를 강조하는 방향으로 초점이 바뀌게 된다. 이러한 시대적 요구에 반영하여 다양성 관리 접근법이 등장하게 된 것이다. 여기서 다양성(diversity)라는 개념은 성별, 연령, 배경, 인종, 장애, 작업 스타일 등과 같은 가시적 혹은 비가시적 차이점(differences)들을 의미한다.

다양성 관리 접근법(diversity management approach)을 지향하는 학자들은 사회적 차별과 불평등 문제에 보다 실용적인 접근을 하는 행정학과 경영학적 배경을 가지고 있다. 이들은 사회 구성의 동질성(homogeneity)이라는 전제에 서있던 자유주의 접근과 급진주의 접근과는 달리 이질성(heterogeneity)을 강조하면서 양 접근의 연결을 모색하였다. 이들은 자유주의 접근에 대해서는 생산성이라는 유일한 기준으로 능력의 서열을 매기고 사람을 평가하여 인간능력의 다양성을 무시한다고 비판한다(강정인, 1991: 22-25). 또한 급진주의 접근에 대해서도 이 같은 정책을 국가의 시혜적 노력으로 의미를 축소시킬 뿐 아니라 집행과정에서 할당제 등으로 인해 인사관리의 핵심적인 원리인 실적주의를 훼손하고 역차별을 조장하는 것이라고 비판한다. 앞서 살펴 본대로 정부의 차별시정정책은 시기적으로 세 가지 발전단계를 거치며, 이들 접근법은 단절적이지 않고 현실적으로는 혼합된 모습으로 나타난다(<표 5-1> 참고).

표 5-1   다양성 관리의 발전과정

접근법	시기와 지적 배경	가치	전략	수단
자유주의적 접근법	1950~60년대 경제학적 배경	기회의 평등 평등고용기회	反차별	反차별 규정, 고용 및 인사의 절차상 평등(사회구조적 문제에 소극적으로 대처했다는 비판 받음)
			긍정적 조치	채용 등에서 경쟁저해 방해물 제거 교육훈련, 특별과정 등의 관리상의 평등기회 향상
급진주의적 접근법	1970~80년대 사회학, 정치경제학적 배경	결과의 평등 사회적 대표성	적극적 조치 긍정적 차별	궁극적인 평등을 달성하기 위해 소수집단에게 적극적 조치 및 고용 및 인사상의 우대와 할당제(국가가 가부장적 약자에게 시혜적으로 노력했다는 비판받음)
다양성 관리 접근법	1990년대 이후 행정학, 경영학적 배경	조직목적과 연계된 평등 이질성 강조	다양성에 가치 부가	다양성 확대 조치, 다양성 감수성 훈련, 문화 감사를 통한 문화 변화

출처: Kirton & Greene(2000: 205-206)를 참고하여 재작성.

2. 다양성 관리의 의의

1) 다양성과 다양성 관리의 개념

다양성(diversity)의 사전적 의미는 '차이'(difference) 또는 '여러 가지 다양성'

(variety)의 개념이지만, 현재 여러 분야에서 초점을 달리하며 서로 다른 용도로 사용되고 있다. 사회학자와 심리학자들은 사회적 차원의 다양성에 관심을 두는 반면, 경영학자와 행정학자들은 조직 내부의 인력 다양성(workforce diversity)과 결부된 인적자원관리 차원에서 관심을 두고 있다(Carrol & Mann, 1995; 이상호, 2005: 2).

인사관리 분야에서 다양성 관리(diversity management 혹은 managing diversity)란 용어는 Johnston & Packer(1988)의 보고서 "Workforce 2000"에서 처음으로 사용되었는데, 이들은 미국 노동계에서 이질성이 증가하고 있으며 2000년대가 되면 백인남성은 신규노동자 중에서 소수로 전락할 것이라고 전망하면서 다양해진 노동력의 관리가 행정학과 경영학의 주요 주제가 될 것이라고 예측하였다.

인사관리 분야에서 다양성이란 크게 일차와 이차 두 가지 차원으로 구분된다(Ely & Thomas, 2001; Milliken & Martins, 1996). 일차적 차원의 관찰가능한 다양성은 성별, 인종이나 민족, 나이, 물리적 장애, 성적 취향 등과 같은 특성을 포함한다. 반면, 이차적 차원의 관찰하기 어려운 다양성 차원은 변화가능한 특성, 즉 교육정도, 결혼상태, 부모배경, 지리적 배경(출신지역), 소득수준, 종교, 직장 및 조직에서의 위치, 개인성향, 군대 경험 등을 포함한다.

다양성 관리에서는 이 같은 차이가 사람들의 존재가치이자, 능력의 일부로서, 조직에서 생산성을 높이는 환경을 만드는 배경이 될 것이라고 전제한다(Kandola & Fullerton, 1994: 8). 따라서 관리자는 차이를 부인하거나 제거하려고 하지 말고, 오히려 차이를 인정해야 하며, 상이한 사회 집단의 포용(inclusion)을 촉진할 수 있는 작업환경을 조성하여 모든 사람들이 자신의 방식으로 조직에 기여할 수 있도록 만들어야 한다. 따라서 다양성 관리 접근법은 차이나 다름을 부정적으로 여기지 말고, 오히려 구성원의 내재적인 강점이라고 보고 억압하기보다 오히려 도모해야 한다고 강조한다(Kirton & Greene, 2000: 109-110).

이처럼 다양성 관리는 차별시정정책을 통해 미래의 변화에 적응하여 조직의 성과를 증진시키는 인적자원관리(HRM) 정책으로 파악한다. 이렇게 될 때 사회적 차별과 불평등의 문제를 개인적인 수준으로만 이해하지 않고 사회구조적인 문제로 이해할 수 있으며, 또한 사회의 다양성에 긍정적인 가치를 부여할 수 있다. 따라서 다양성 관리는 시혜적인 정부정책이 아니라 전체 조직의 성과 증진에 도움이 되는 관리 원리요 수단이라고 할 수 있 수 있다. Kossek & Lobel(1996: 3)은 다양성 관리는 사회적 차별 장벽을 제거하여 개인의 생산성을 증가시킬 수 있는 기회를 제공하고, 다양한 고객의 요구를 반영하여 대응성과 유연성을 극대화하며, 또한 조직 내부적으로 창의성, 문제해결력, 작업집단 응집력, 의사소통 등을 증진시킨다고 주장한다.

학자들은 다양성 관리를 다양하게 정의하고 있다. Cox(1993)는 다양성 관리를 "다양성이 갖는 잠재적 장점을 극대화하고 단점을 극소화할 수 있게끔 사람을 관리하는 조직의 시스템과 실무관행을 계획하고 실천하는 것"이라고 규정하고 있다. Ivancevich & Gilbert (2000)는 "조직적이고 기획된 전략으로 인적자원의 확보·개발·관리에 있어서 이질적 혼합(Heterogeneous Mix)을 이루어 내어 생산성 향상을 꾀하는 관리전략"이라고 정의한다. Kellough & Naff(2004)는 "직장에서 여성과 소수집단에 대한 편견을 타파하고, 이들의 성장과 포용을 방해하는 것을 제거하도록 설계된 전략"이라고 주장한다. 이상호(2005)는 "차이를 가진 다양한 노동력을 공평하고 효율적으로 활용하기 위한 조직의 모든 계획적인 노력 또는 과정"이라 규정한다.

2) 유사개념과 비교

일반적으로 다양성 관리는 단순히 평등고용기회(equal employment opportunity: EEO), 적극적 조치(affirmative action: AA)와 구분되는 다음과 같은 특징을 가진다 (Carrell & Mann, 1995: 114; Golembiewski, 1995; Kellough & Naff, 2004; Thomas. Jr., 1996).

첫째, EEO/AA는 법적 기반을 갖는 공공정책에 의해 강제되는 반면, 다양성 관리는 강제보다는 자발적인 구현을 요구하며, 수량적인 대표성의 향상 이상의 문화적 변혁을 추구한다.

둘째, EEO/AA는 성별, 인종이나 민족 등에 한정된 적용대상에 초점을 둔 반면, 다양성 관리는 모든 다양성의 원천으로 적용대상이 확대된다.

셋째, AA는 고용 및 인사상의 각종 우대와 할당제 등의 집행수단으로 사용하게 되는데, 이는 인사관리의 핵심적인 원리인 실적주의를 훼손하고, 역차별을 초래한다는 비판을 받게 된다. 반면 다양성 관리는 조직 구성원의 차이를 조직의 효과성, 효율성, 직무 만족도 등의 향상의 전제로 파악한다.

표 5-2	EEO/AA와 다양성 관리의 구분	
구분	평등고용기회(EEO)와 적극적 조치(AA)	다양성 관리(diversity management)
성격	법적 기반과 공공정책에 의한 강제적	자발적으로 대표성 향상과 문화변혁
대상	성별, 인종이나 민족 등 한정된 대상	모든 대상에게 다양성의 원칙 적용
수단	고용 및 인사상의 우대와 할당제	다양성이 조직효과성 향상의 전제
초점	모집, 채용, 승진 등 인사관리 과정	교육훈련, 경력개발 등과 질적 연계
관점	과거의 차별과 불평등을 교정, 단기적	대표성과 다문화주의를 목표, 장기적
기반	동질성 가정에 근거	이질성에 근거

출처: Kellough & Naff(2004: 65)를 수정하여 재작성.

넷째, EEO/AA는 모집과 채용 및 승진 등에 초점을 두는 반면, 다양성 관리는 입직 혹은 승진 이후의 다양한 일상적인 인사관리 과정에 초점을 둔다. 다시 말해서, 다양성 관리는 다양성의 수량적 확대 이상으로 질적인 측면에서 변화를 이끌어내기 위해 교육훈련, 경력개발, 멘토링, 성과평가 등 다양한 인사관리 방안과 연계된다.

다섯째, EEO/AA는 과거의 차별과 기타 불평등을 교정하는 단기적인 관점을 가지지만, 다양성 정책은 장기적인 대표성 혹은 다문화주의를 목표로 한다.

여섯째, EEO/AA는 전통적인 인사관리 체제의 전제인 동질성(homogeneity)의 가정에 기반하고 있지만, 다양성 관리는 이질성(heterogeneity)에 기반하고 있다.

3. 다양성 관리의 집행전략과 집행수단

1) 집행전략

다양성 관리란 다양성을 긍정적 방향으로 활용하려는 조직측의 의도와 노력이며, 그러한 노력은 다문화적 특성을 가진 노동력을 조직문화 속으로 포용할 수 있는 프로그램 혹은 정책으로 구체화되어야 한다(이상호, 2005: 7). Allard(2002)에 따르면, 다양성 관리는 할당제를 통해 사회적 약자나 소수집단을 채용하고, 그런 다음 개별집단의 가치와 문화를 인식하고 그 차이를 이해하며, 마지막으로 조직구성원들이 보다 생산적이고 협조적일 수 있도록 구성원 간의 차이를 관리할 수 있는 전략을 개발하는 등의 단계적 발전을 도모하게 된다. 이와 비슷한 맥락에서,

Kossek & Lobel(1995: 3-4)은 다양성 관리의 전통적인 전략으로 '다양성 확대'(diversity enlargement), '다양성 감수성'(diversity sensitivity), '문화감사'(cultural audits)를 제안하고 있다.

(1) 다양성 확대 전략

다양성 확대(diversity enlargement)는 조직에서 상이한 배경을 가진 개인의 대표성을 확대하는 것이다. 다시 말해, 조직의 구성이 현존하는 전체 사회의 축도(cross-section)이기를 원한다(오석홍, 1993: 324). 이 전략의 목표는 조직의 인구학적 구성을 변화시켜서 조직내에 다양성을 창출하는 것이다. 다양성 확대 전략은 모집이나 신규채용 과정에서 적용되는 것으로 생각하기 쉽지만, 입직이후 승진과 보직관리 등에서도 중요하게 다루어질 필요가 있다. 왜냐하면 수량적 대표성에 치우칠 경우 입직이후의 유리천장(glass ceiling: 승진 등을 가로막는 보이지 않는 수직적 장벽), 유리벽(glass wall: 다양한 업무수행을 저해하는 보이지 않는 수평적 장벽), 끈적거리는 바닥(sticky floors: 이동성이 낮은 직업에 머물러 있는 현상)의 문제, 즉 직급간 혹은 직종간 차별이 심각하게 나타날 수 있기 때문이다.

(2) 다양성 감수성 전략

다양성 감수성(diversity sensitivity)은 문화적 거리감의 존재를 확인하고, 교육훈련을 통해 차이를 수용하고 긍정적인 관계를 형성할 수 있게 하는 것이다. 이를 위해 다음과 같은 방법이 사용될 수 있다(김강식, 2000: 46-8). 첫째, 조직 내에서 다양성에 대한 이해를 높이고 조직의 일상활동에서 다양성 관리가 이루어지게 하기 위하여 다양성 훈련(Diversity Training)이 필요하다(Solomon, 1989). 다양성 훈련을 통하여 말과 태도와 행동 등에 있어서 자신과는 다른 동료와의 차이점을 최소한 본인으로 하여금 인식할 수 있도록 하는 훈련이다. 둘째, 소수집단 출신 구성원이나 이 문제에 관심을 갖는 구성원들이 자율적으로 모여 임시조직(태스크 포스 및 프로젝트 팀)을 구성하여 활동하는 것이다. 이들이 다양성의 촉진자로서 행동할 수 있는 연구 그룹 및 이해 그룹의 형성과 긴밀하게 연계되면 효과적이다. 셋째, 의사소통을 활성화하는 방안으로 멘토링(mentoring) 방법을 도입하는 것 등이다.

(3) 문화감사 전략

문화감사(cultural audits)는 조직의 문화적 특성(가정, 규범, 가치, 인간관계, 리더십 스타일, 의사소통 관행, 채용 관행, 성과평가 관행 등)이 조직의 목적을 지원하는지 혹은 방해하는지를 따져보기 위해서 수행하는 연구 및 검사를 의미한다. 이러한 문화감사를 통해서 사회적 약자나 소수집단의 진출을 가로막는 문화적 특성이 무엇인지를 확인하여 이를 시정하려는 노력을 말한다. 조직 및 경영진단 컨설턴트들은 집단 관찰과 조사연구를 통해 자료를 수집하여, 이를 분석하여 조직이 직면하고 있는 다양성 관리상의 주요한 장애물을 발견하고, 이를 교정하게 된다.

2) 집행수단 및 프로그램

Kellough & Naff(2004)는 미국 연방기관 160개를 대상으로 조사연구를 통해 미국 정부의 다양성 관리 프로그램에 대한 체계적인 분석을 수행하였다. 여기에서 조사된 중요한 다양성 관리 프로그램은 다음 <표 5-3>과 같다.

표 5-3 미국 연방정부기관의 다양성 관련 프로그램	
프로그램 항목	채택 비율(%)
인종과 관련된 다양성 조치(Diversity Initiative)	95.0
국적과 관련된 다양성 조치	90.8
성과 관련된 다양성 조치	89.2
장애와 관련된 다양성 조치	85.8
직원에 대한 다양성 훈련(Diversity Training)	85.0
하나 이상의 비전형적 인구학적 특성과 관련된 다양성 조치	81.7
연령과 관련된 다양성 조치	80.0
다양성 관리와 관련된(다양성위원회, 다양성 훈련 등) 직원 채용	79.2
특정 목적 달성을 목적으로 하는 다양성 훈련	78.2
직원에 대한 다양성 훈련의 효과성 평가제도	74.2
훈련 목적이 직원과 의사소통되는 여부	73.3
종교 관련 다양성 조치	72.5
성적 취향(sexual orientation) 관련 다양성 조치	68.3
다양성이 감독 및 관리의 성과 계획의 구성요소에 포함되는 여부	67.5
다양성이 고위공무원단 구성원의 성과 계획에 포함되는 여부	66.7
다양성 확인 자료(Diversity awareness material)	60.0
다양성 조치 집행 계획	56.7

다양성 조치의 효과성 평가제도	55.0
집행보고서(Accomplishment or status) 발간	54.2
다양성에 대한 고위층의 주도적인 책임 규정	51.7
다양성 정책·규정·행정명령	49.2
인턴십 제도	48.3
다양성 조치가 조직 비전(혹은 비전 진술서)에 포함	46.7
다양성 감사 혹은 다양성 서베이의 실시	46.7
표창과 인센티브 제도	45.8
다양성 위원회(Diversity Council/group charter)	45.8
다양성 뉴스레터 혹은 이와 유사한 의사소통 방안	44.2
다양성 조치를 위한 특정 예산항목의 설정	35.8
공식적인 멘토링 프로그램	34.2
비공식적인 멘토링 프로그램	31.7
초급 이상의 추가적인 다양성 훈련 참여 프로그램	31.7
다양성 조치를 전적으로 전담하는 직원의 배치	26.7
다양성 자원 센터(Diversity resource center)	25.0
다양성이 일반 직원들의 성과 계획의 구성요소에 포함	11.7

출처: Kellough & Naff(2004: 72-73).

또한 미국 연방유리천장위원회(Federal Glass Ceiling Commission, 1995)의 실태
조사에 따르면, 민간부문의 다양성 향상 프로그램으로 다양성 촉진 모집과 신규채
용, 다양성 교육훈련, 멘토링, 다양성 촉진 리더십 훈련과 경력개발, 다양성 촉진
보직순환 및 승계 계획, 성희롱 예방, 그리고 가족친화적 정책 등 여러 가지 다양성
향상 조치(Diversity Initiatives)들이 시행되고 있다.

4. 다양성 관리와 인사관리체계와의 연계

1) 다양성 관리와 인사관리

효과적인 다양성 관리를 위하여 인적자원관리와 다양성 관리의 연계가 반드시
필요하다. 특히 채용관리, 교육훈련 및 경력개발관리, 보직 및 성과관리 등이 중요
하다.

(1) 채용관리

전통적인 채용방법보다는 다양성을 확대하는 방향으로 전환하는 것이 시대적

요청이다. 따라서 조직의 인력선발 과정에서 사람의 이질성에 대한 선입관이나 편견 없이 채용계획 등이 설계되고 집행되어야 한다.

(2) 교육훈련 및 경력개발관리

조직에서 다양성에 대한 지원을 위하여 경력개발계획에는 반드시 모든 구성원이 대상이 되도록 하여야 한다. 특히 승진 후보자 육성을 위한 교육훈련 대상자를 선발할 때는 모든 구성원에게 평등한 기회가 보장되어야 한다. 아울러 교육훈련 및 경력개발과정에서 특별한 조언이나 지원을 받기가 어려운 사회적 약자나 소수집단 출신에 대해서는 적절한 멘토링 프로그램이 필요하다.

(3) 보직 및 성과관리

조직 내에서 일부 구성원은 이른바 유리천장(glass ceiling)과 유리벽(glass wall)을 직면할 수도 있다. 다시 말해 일단 채용되었지만 보직 및 성과평가 과정에서 불리한 대우를 받아 일정 지위 이상 승진이 되지 않거나, 핵심 분야의 근무에서 배제되는 상황에 놓일 수 있다. 따라서 조직은 사회적 약자나 소수집단이 자신의 자격이나 경력에 부합하는 경력을 개발할 수 있도록 공정한 보직 및 성과평가체계를 구축하여 운영해야 한다.

2) 다양성 관리의 효과

다양성 관리는 긍정적인 측면만 있는 것이 아니다. 이질적 집단간의 갈등이나 의사소통의 어려움과 같은 부정적인 측면이 함께 내포되어 있다. 그렇기 때문에 다양성을 조직 내에 포용한다고 모든 것이 해결되는 것이 아니다. 따라서 관리자가 적극적인 의지를 가지고 긍정적인 효과를 제고하면서 동시에 부정적 효과를 최소화하는 노력이 필요하다(Cox, Lobel & McLoad, 1991).

(1) 긍정적인 효과

효과적인 다양성 관리는 조직의 전반적인 생산성 증가와 경쟁력 향상을 가져오게 한다(Bruce, 1997). 다양성 관리 활동이 가져오는 긍정적인 효과는 다음과 같다 (Von Bergen, Soper & Foster, 2002; Kossek & Lobel, 1996; Golembiewski, 1995: 47; Cox, 1993; 김강식, 2000: 44-5).

첫째, 조직 전체적으로 편견 없이 공정한 기준에 의해 인적자원을 확보할 수 있기 때문에 우수인력 확보에 도움이 된다. 특히 세계화된 시장구조에서 전세계를 대상으로 유능한 인재를 널리 확보할 수 있다.

둘째, 고객욕구의 변화에 조직이 적절한 대응을 할 수 있다. 다양한 구성원들을 통해 다양한 생산활동과 서비스로까지 발전하게 되면 경쟁에서 유리한 위치에 설 수 있다. 또한 다양한 출신의 근로자는 다양한 소비자들을 어느 정도 대표할 수 있을 뿐더러 해당 소비자와도 친밀한 관계를 형성할 수 있기 때문에, 마케팅 측면에서도 이점을 누릴 수 있다.

셋째, 구성원이 다양해질 때 다른 문화에 대한 이해가 용이하게 되고, 새로운 여건에 보다 유연하게 반응할 수 있기 때문이다. 다시 말해 다양성 관리에 성공한 조직의 경우 보다 넓은 안목, 상이한 경험 등을 통해 과거의 관행에 얽매이지 않고 보다 창의적이고 문제해결 지향적으로 발전할 수 있다.

넷째, 다양성 관리의 성공은 대외적인 이미지 개선에 효과적이다. 특히 정부의 경우 민간기업을 선도해야 하는 모델 고용주(model employer)란 점에서 다양성 관리 차원의 리더십을 행사할 수 있다. 그 외에도 조직구성원간 의사소통의 증대, 조직내 갈등의 감소, 사기와 충성심의 향상, 팀워크와 협력의 강화, 차별과 관련된 법적 분쟁의 감소 등의 이점이 있다.

(2) 부정적인 효과

다양성 관리를 실제로 적용하는 과정에서 실패하는 경우가 종종 있다. 실패원인은 다음과 같은 것들이 거론되고 있다(Von Bergen, Soper & Foster, 2002; Kossek & Lobel, 1996; 김강식, 2000).

첫째, 차이와 이질성의 가치를 인정하고 이를 활성화하려는 다양성 관리의 성공은 조직 문화의 변화를 어느 정도 긍정적으로 이끌어 낼 수 있느냐에 달려 있다. 실제 현장에서는 뿌리깊은 편견과 차별 구조를 변화시키는 문제이기 때문에 결코 쉬운 일이 아니다. 특히 다양성 관리를 위한 개혁의 초기 단계에서는 구성원들의 저항에 직면하기 쉽다.

둘째, 다양성 관리는 신규채용 · 보직관리 · 교육훈련 · 보수 · 성과평가 등의 전반적인 인사관리체계와 유기적인 연결이 되어야만 기대하는 효과를 거둘 수 있는

데, 대부분의 경우 다양성 관리는 부분적이고 분절적인 형태로 도입되어 실시되기 때문에 전통적인 관리와 혼재되어 어정쩡한 모습이기 쉽다. 실제로 사회적 약자나 소수집단이 조직에 포용되어 자신의 능력을 발휘하기 위해서는 조직 내의 비우호적 환경을 개선해야 할 뿐만 아니라, 이들을 위한 경력개발제도, 멘토링체계 등이 요구된다.

셋째, 다양성 관리와 관련된 프로그램들은 상당한 비용을 발생하기 때문에, 최고 결정자의 이해와 적극적인 지지를 지속적으로 필요로 한다. 그리고 전통적인 관리에 익숙한 관리자들에게 다양성 관리기법에 대한 교육훈련 등이 선행될 필요가 있다.

제3절 우리나라의 균형인사제도

1. 균형인사제도의 의의

우리나라 인사행정에서 대표관료제와 다양성 관리에 대한 논의는 균형인사라는 이름으로 추진되어 왔다. 여기에서 균형인사란 여성, 장애인, 지방·지역인재, 이공계, 저소득층 등 그간 우리 사회에서 상대적으로 소외되었던 소수집단의 공직 진출을 지원하고, 인사관리상의 차별적인 요소를 제거하여 다양성과 형평성, 포용성 등의 사회적 가치실현을 목적으로 하는 정부의 적극적인 인사정책을 말한다(인사혁신처, 2020: 3).

노무현 정부는 대통령비서실에 인사보좌관실을 유사 이래 처음으로 신설한 후, 이를 다시 인사수석비서관실로 개편하면서, 인사관리비서관과 인사제도비서관 외에 균형인사비서관을 신설하였다. 그 후 2005년 「국가공무원법」을 개정하여 제26조, 제26조의4에 균형인사정책의 추진 근거를 마련하였고, 2008년 6월에는 「균형인사지침」을 제정하여 균형인사정책의 구체적인 가이드라인을 마련하였다. 지방자치단체의 경우 2007년 「지방공무원법」 제25조 개정을 통해 균형인사의 정책 추진 근거를 마련하였고, 2008년 균형인사정책을 전반적으로 담은 「지방공무원 균형인사 운영지침」을 제정하였다.

우리나라의 균형인사정책은 크게 양성평등, 장애인, 지방·지역인재, 이공계, 저소득층 등을 주요 대상으로 하며, 정부는 사회의 다양성 증가에 따라 새롭게 대두되는 사회적 소수집단(다문화, 북한이탈주민 등)을 사회통합차원에서 그 대상을 확대해 나가고 있다.

　　인사혁신처는 2017년 말 조직 내 '균형인사과'를 신설하고, 「공무원임용령」을 개정하여 중앙부처 균형인사 기본계획의 수립을 위한 법적 근거(제8조의2)를 마련하였다. 이와 보조를 맞추어 행정안전부도 2018년 3월 「지방공무원 임용령」을 개정하여 지방자치단체의 장이 균형인사계획을 수립·시행할 수 있도록 관련 근거 규정(제3조의4)을 신설했다. 그리고 인사혁신처는 균형인사정책 추진 기반을 구축하기 위하여 2018년 2월 '균형인사협의체 설치 및 운영에 관한 규정'을 제정하고 관련 정부부처와 민간전문가로 구성된 '균형인사협의체'를 발족하여 분기별 회의를 통해 균형인사정책의 기본방향과 제도개선에 관한 사항을 논의하는 등 활발한 활동을 이어오고 있다.

　　또한, 인사혁신처는 2018년 7월 '제1차 균형인사 기본계획(2018~2022년)'을 수립하여 정부 최초로 균형인사정책의 중장기 비전을 제시하였다. 나아가, 2019년 9월에는 '범정부 균형인사 추진계획'을 마련하여 중앙부처뿐만 아니라 지방자치단체, 공공기관으로 균형인사정책이 확산될 수 있는 기반을 마련하였다. 또한, 기존 중앙부처 균형인사 통계를 담은 '균형인사 연차보고서'에서 나아가 공공부문의 균형인사를 한 눈에 볼 수 있도록 중앙부처 외 지방자치단체와 공공기관의 균형인사 통계를 포함하여 '공공부문 균형인사 연차보고서'로 확대·발간하고 있다.

　　그리고 2023년 초부터 인사혁신처의 균형인사과는 통합인사정책과로 명칭이 변경되었다. 이러한 변화로 인해 그동안 사용한 균형인사라는 용어는 '통합인사'라는 용어로 변경되어 사용되고 있다.

2. 분야별 성과

1) 양성평등 분야

공직 내 여성이 차지하는 비율은 지속적으로 증가하고 있다. 2021년 우리나라 전체 공무원(1,156,326명) 중 여성은 562,018명(48.6%)이며, 특히 행정부 내 국가공무원(756,519명) 중 여성은 364,927명(48.2%)를 기록하고 있다(소방공무원의 신분이 2020년에 국가공무원으로 전환되면서, 국가공무원의 여성 비율이 약간 떨어지는 영향을 받았다). 지방공무원(373,026명) 중 여성은 185,695명(49.8%)이며, 그 중 지방자치분야는 48.2% 그리고 교육자치분야는 56.7%로 교육자치분야의 여성 비율이 상대적으로 높았다(인사혁신처, 2022).

표 5-4 연도별 전체 여성공무원 현황(2010~2021)

(단위: 명, %)

구 분	전체 공무원 수	여성 공무원 수	(비율)
2010	987,754	412,800	(41.8)
2011	989,138	413,248	(41.8)
2012	994,291	424,757	(42.7)
2013	1,001,272	429,042	(42.8)
2014	1,016,181	446,417	(43.9)
2015	1,026,201	457,540	(44.6)
2016	1,046,487	473,006	(45.2)
2017	1,060,632	488,387	(46.0)
2018	1,085,849	507,027	(46.7)
2019	1,113,873	526,700	(47.3)
2020	1,134,995	543,151	(47.9)
2021	1,156,326	562,018	(48.6)

※ 행정부(국가·지방), 입법부, 사법부, 헌법기관을 포함한 전체공무원
출처: 인사혁신처(2022: 17).

(1) 양성평등 채용목표제

정부는 공직 내 양성평등 실현을 위하여 김영삼 정부 때인 1995년 말에 공무원 임용시험령을 개정하여 여성공무원 채용목표제를 시행하였다. 그 후, 김대중 정부

때인 2002년 말에 공무원임용시험령을 다시 개정하여 2003년 1월부터 양성평등 채용목표제로 변경·시행하였다. 이 제도는 시험실시단계별로 여성 또는 남성이 선발예정인원의 30% 이상이 될 수 있도록 일정 합격선 내에서 선발예정인원을 초과하여 여성 또는 남성을 합격시키는 제도로 국가직의 경우 「국가공무원법」 제26조, 「공무원임용시험령」 제20조 및 「균형인사지침」에 근거하고, 지방직의 경우 「지방공무원법」 제25조, 「지방공무원 임용령」 제51조의2 및 「지방공무원 균형인사 운영지침」에 근거하여 실시하고 있다.

양성평등 채용목표제는 인사혁신처 주관 5·7·9급 국가공무원 공개경쟁채용시험 및 외교관후보자 선발시험과 행정안전부 주관 7·8·9급 지방공무원 공개경쟁채용시험 중 선발예정인원이 5명 이상인 시험단위에 적용된다(단, 교정·보호직렬 및 성별구분모집직렬 제외). 지난 2003년부터 2021년까지 양성평등 채용목표제를 적용하여 추가 합격한 인원은 국가직의 경우 총 690명 중 여성이 397명, 남성이 293명으로 여성이 상대적으로 많았고, 지방직의 경우 총 3,790명 중 여성이 1,428명, 남성이 2,362명으로 남성이 상대적으로 많았다.

표 5-5   양성평등 채용목표제 적용에 따른 추가합격자 현황(2003~2021)

(단위: 명, %)

구 분		누계	2003~2011	2012	2013	2014	2015	2016	2017	2018	2019	2020	2021
중앙부처	합계	690	179	13	12	41	32	65	68	67	82	25	106
	남	293	18	0	2	16	20	36	34	42	43	8	74
	여	397	161	13	10	25	12	29	34	25	39	17	32
지방자치단체	합계	3,790	1,582	108	123	125	213	217	340	280	227	285	290
	남	2,362	618	78	96	77	173	156	295	213	192	222	242
	여	1,428	964	30	27	48	40	61	45	67	35	63	48

출처: 인사혁신처(2022: 31).

(2) 여성관리자 임용목표제

정부는 여성관리자 임용 확대 계획을 통해 전체 여성공무원 비율에 비해 과소대표된 여성관리직 비율을 높이고, 공직 내 실질적인 양성평등 제고를 위해 노력해왔다. 2018년부터는 실질적인 의사결정권한을 가진 고위공무원 여성 비율을 높이기 위해 '여성 고위공무원 목표제'를 최초로 도입하여 2022년까지 10%로 확대하고, 중앙부처 본부과장급, 지방자치단체 5급 이상 과장급 여성비율도 2022년까지 각각 25%, 21%로 확대하는 계획을 추진하였다.

실제로 관리자급에서의 여성비율은 증가하고 있다. 2021년 기준 중앙부처의 여성 고위공무원 비율은 10.0%, 본부과장급 여성비율은 24.4%이며, 여성 고위공무원 비율은 처음으로 두 자릿수 대에 진입하였다. 지방자치단체 여성관리자의 경우에도 5급 이상이 24.3%를 기록했다(인사혁신처, 2022: 38). 공공기관의 경우 2021년 여성 임원 비율은 22.5%, 여성관리자 비율은 27.8%를 기록했다(인사혁신처, 2022: 39).

표 5-6   관리자급 여성공무원과 공공기관의 여성 관리자 현황(2018~2021)

(단위: %)

구 분		2018	2019	2020	2021
중앙부처	고위공무원	6.7	7.9	8.5	10.0
	본부과장급	17.5	20.8	22.8	24.4
지자체	과장급(5급 이상)	15.6	17.8	20.8	24.3
공공기관	임원	17.9	21.1	22.1	22.5
	관리자	23.8	25.1	26.4	27.8

출처: 인사혁신처(2022: 38-39).

2) 장애인 분야

정부는 1990년 「장애인고용촉진 등에 관한 법률(현 장애인고용촉진 및 직업재활법)」 제정을 통해 장애인의무고용제도를 도입하였으며, 2000년에는 국가와 지방자치단체의 장애인 고용의무를 법제화함으로써 공공부문내 장애인 고용 확대를 위해 노력해왔다. 정부는 모범 고용주로서 상대적으로 취업여건이 열악한 장애인 고용을 촉진하기 위해 1990년 「장애인고용촉진 등에 관한 법률(현 장애인고용촉진 및 직업재활법)」 제정과 함께 장애인 의무고용제도를 도입하였다. 2000년에는 국가와 지방자치단체의 장애인 고용의무를 법제화하였고, 2006년 장애인 의무고용 적용 직종을 대폭 확대하였다.

정부와 공공기관의 장애인 의무고용률은 2017년부터 2018년까지 3.2%이었으나, 2019년부터 현재까지 3.4%이다(한편, 민간의 경우에는 현재 3.1%이다). 2021년 기준으로 실제 장애인 고용률을 보면, 공공기관은 의무고용률보다 높은 고용률(3.78%)을 보이나, 민간은 2.89% 그리고 정부는 전체적으로 2.97%를 기록하여 의무고용률에 미치지 못하고 있다(인사혁신처, 2022: 45). 그런데 정부 내에서 중앙부처와 지방자치단체는 의무고용률보다 높은 고용률을 보이고 있으나, 교육청의 경우에 의무고용률보다 상당히 낮은 편이다.

표 5-7   장애인 고용률 현황(2021, 고용부 통계)

(단위: 명, %)

구 분	민 간	공공기관	정 부				
				중앙 부처	지방 자치단체	교육청	헌법 기관
의무고용률	3.1	3.4	3.4	3.4	3.4	3.4	3.4
고용률	2.89	3.78	2.97	3.68	3.92	1.94	2.93
(인원)	(148,670)	(18,505)	(23,668)	(6,034)	(9,942)	(7,046)	(646)

※ 정부·공공기관 의무고용률: (2017~2018년) 3.2%, (2019년 이후) 3.4%
※ 민간 의무고용률: (2017~2018년) 2.9%, (2019년 이후) 3.1%
출처: 인사혁신처(2022: 45).

(1) 장애인 공무원 구분모집제도

정부의 장애인 공직 진출 지원정책은 1989년 9급 공채시험에 장애인 구분모집제도를 도입하면서 본격화되었으며, 1996년부터는 7급 공채시험으로 확대하여 운

표 5-8   국가·지방직 공채 장애인 구분모집 선발인원(2014~2021)

(단위: 명)

구 분		2014	2015	2016	2017	2018	2019	2020	2021
중앙 부처	합계	223	259	273	275	262	304	255	285
	7급	58	54	67	55	40	41	48	46
	9급	165	205	206	220	222	263	207	239
지방 자치 단체	합계	635	700	670	630	482	474	547	521
	7급	14	13	12	9	23	26	15	14
	8·9급	621	687	658	621	459	448	532	507

출처: 인사혁신처(2022: 49).

영하고 있다(단, 교정, 보호, 검찰직렬 등 제외).

이 제도는 공채시험 전체 선발예정인원의 일정 규모를 장애인만 응시할 수 있도록 구분하여 시험을 실시하는 것으로, 국가직의 경우 「국가공무원법」 제26조, 「공무원임용시험령」 제2조 및 「균형인사지침」, 지방직의 경우 「지방공무원법」 제25조, 「지방공무원 임용령」 제42조, 「지방공무원 균형인사 운영지침」 등에 근거한다.

장애인 수험생은 필기시험과 면접시험에서 장애유형과 정도에 따라 확대 문제지/답안지, 점자 문제지/답안지, 휠체어 전용책상, 음성지원컴퓨터, 대필, 시험 시간 연장 등의 편의지원을 제공받을 수 있다. 정부는 7·9급 국가공무원 공채시험 장애인 구분모집을 통해 매년 법정 의무고용비율(3.4%) 이상을 장애인으로 선발하고 있다. 지방자치단체 역시 지방공무원 신규채용 인원의 3.4% 이상을, 법정 의무고용비율 미달기관은 신규채용 인원의 6.8% 이상을 장애인으로 채용하도록 하고 있다.

(2) 중증장애인 경력경쟁채용시험

정부는 경증장애인이 주로 채용되는 공채시험 장애인 구분모집제도를 보완하고 상대적으로 고용여건이 열악한 중증장애인의 자립 기반 마련 및 공직 진출을 지원하기 위하여 중증장애인만 응시할 수 있는 경력경쟁채용 시험제도를 신설하였다. 국가직의 경우 「국가공무원법」 제26조, 「공무원임용시험령」 제20조의3 및 「균형인사지침」에 근거하여 2008년부터 실시되었으며, 지방직의 경우 「지방공무원법」 제25조, 「지방공무원 임용령」 제51조의3, 「지방공무원 균형인사 운영지침」에 근거하여 2009년부터 실시되었다.

이 제도는 필기시험 없이 1차 서류전형과 2차 면접시험을 통해 중증장애인을 선발하는 제도로 2021년에 중앙부처는 33명 그리고 지방자치단체는 3명을 선발하였다. 지금까지 누적 선발인원은 국가공무원 총356명(2008~2021년)이며, 지방공무원은 총 87명(2009~2021년)이다(인사혁신처, 2022: 52). 정부는 장애인의 공직 임용 기회 확대와 더불어 장애인이 공직에 들어온 이후에도 원활하게 업무를 수행할 수 있도록 다양한 보조공학기기와 근로지원인 서비스를 제공하고 있으며, 관련 지원규모도 지속적으로 확대하고 있다.

3) 과학기술인력 활용 분야

정부는 공직 내 과학기술분야에 대한 전문성과 대표성 확보를 위하여 이공계 공무원 임용확대 계획을 추진해왔다. 그 결과 중앙부처 이공계 고위공무원 임용비율은 2020년 23.5%에서 2021년 24.1%로 0.6%p 증가하였고, 같은 기간 4급 이상 이공계 비율 역시 35.0%에서 35.4%로 0.4%p 증가했다. 정부는 5급 기술직 신규 선발비율 확대 등을 통해 이공계 공무원 비율을 계속 높여나갈 계획이다. 한편, 지방자치단체 5급 이상 이공계 공무원 임용비율은 2020년 47.3%에서 2021년 48.1%로 0.8%p 증가했다(인사혁신처, 2022: 8).

표 5-9   이공계 공무원 비율 현황(2020~2021)

(단위: %)

구 분		2020년	2021년
중앙부처	고위공무원	23.5	24.1
	4급 이상 관리자	35.0	35.4
지방자치단체	5급 이상 관리자	47.3	48.1

출처: 인사혁신처(2022: 8).

4) 기타 다양한 인재 활용 분야

정부는 국가 균형 발전과 우수한 지방인재의 공직 진출 기회 확대를 위하여 2007년부터 5급 국가공무원 공채시험에 지방인재 채용목표제를 도입하였으며, 2015년 이후 7급 국가공무원 공채시험으로 확대하여 운영하고 있다. 이 제도는 5·7급 공채 및 외교관후보자 선발시험 중 선발예정인원이 10명 이상인 시험단위에서, 지방인재(서울특별시를 제외한 지방소재 학교 출신 합격자)가 일정비율(5급·외교관후보자 20%, 7급 30%)에 미달할 경우 선발예정인원 외에 추가로 선발하는 제도로, 「국가균형발전특별법」 제12조와 「지방대학 및 지역균형인재 육성에 관한 법률」 제12조, 「공무원임용시험령」 제20조의2 및 「균형인사지침」에 근거한다.

(1) 지방인재 채용목표제

지방인재 채용목표제는 한시적으로 적용되어 5급 공채시험의 경우 2007년부터 2021년까지 시행(1차: 2007~2011년; 2차: 2012~2016년; 3차: 2017~2021)하였으며, 우수 지방인재의 선발 독려 차원에서 적용기간을 2026년까지 5년간 연장하여 운영하고 있다. 7급 공채시험도 2015년부터 2019년까지 1차 시행하고, 2020년부터 2024년까지 2차로 적용기간을 연장하였다.

표 5-10 **지방인재 선발 현황(5급 공채 및 외교관후보자 선발시험, 2007~2021)**

(단위: 명, %)

구 분	누 계	2007~2013	2014	2015	2016	2017	2018	2019	2020	2021
전체 합격인원*	4,086	1,788	317	353	293	277	296	265	253	244
지방인재 합격인원 (비율)	310 (7.6)	132 (7.4)	31 (9.8)	23 (6.5)	25 (8.5)	20 (7.2)	27 (9.1)	17 (6.4)	22 (8.7)	13 (5.3)
당초합격	200	97	22	6	13	13	15	13	12	9
추가합격	110	35	9	17	12	7	12	4	10	4

* 지방인재 채용목표제 적용대상 시험단위(선발예정인원 10명 이상, 지역구분 모집 제외) 합격인원.
출처: 인사혁신처(2022: 58).

표 5-11 **지방인재 선발 현황(7급 공채, 2015~2021)**

(단위: 명, %)

구 분	누 계	2015	2016	2017	2018	2019	2020	2021
전체 합격인원*	5,359	721	840	752	743	742	744	817
지방인재 합격인원 (비율)	1,222 (22.8)	135 (18.7)	195 (23.2)	166 (22.1)	176 (23.7)	186 (25.1)	164 (22.0)	200 (24.5)
당초합격	1,070	112	171	157	156	174	115	185
추가합격	152	23	24	9	17	12	49	15

* 지방인재 채용목표제 적용대상 시험단위(선발예정인원 10명 이상) 합격인원.
출처: 인사혁신처(2022: 58).

(2) 지역인재 추천채용제

정부는 공직 내 지역대표성 제고와 국가균형발전 등을 위해 노무현 정부 때인 2005년부터 인턴(intern)제 방식의 채용제도인 지역인재 추천채용제를 운영하고 있다. 2005년부터 2009년까지 6급으로 선발해오다 2010년 이후에는 7급으로 선발 중이며, 2012년에는 7급과 함께 고졸출신 등을 위해 9급도 선발하고 있다. 이는 국가공무원법 제26조의4 및 공무원임용령 제22조의3, 그리고 균형인사지침 등에 근거하고 있다. 지역인재 7급의 경우 4년제 대학 졸업(예정)자를 학교추천을 통해 선발하여 1년간 수습근무 후 일반직 7급 국가공무원으로 임용하며, 지역인재 9급은 특성화·마이스터고 등 졸업(예정)자를 학교추천을 통해 선발하여 6개월간 수급근무후 일반직 9급 국가공무원으로 임용하는 제도이다. 2021년에는 지역인재 7급 160명, 9급 316명 등 총 476명이 선발되었으며, 연도별 지역인재 선발인원은 지속적으로 조금씩 증가하는 추세이다(인사혁신처, 2022: 60).

표 5-12 연도별 지역인재 선발인원(2005~2021)

(단위: 명)

구 분	누 계	2005~2013	2014	2015	2016	2017	2018	2019	2020	2021
합계	3,352	773	240	255	269	290	310	350	389	476
7급	1,560	550*	100	105	110	120	130	140	145	160
9급	1,792	223	140	150	159	170	180	210	244	316

* 2005년부터 2009년까지는 6급으로 선발.
출처: 인사혁신처(2022: 60).

(3) 9급 지방직 기술계고 경력경쟁임용

행정안전부는 학력이 아닌 '능력과 실적' 중심의 공정사회 구현을 위해 2012년부터 우수한 고교 출신 인재가 공직에 진입할 수 있는 기회를 제공하기 위하여 9급 지방직 기술계고 경력경쟁임용시험을 실시하고 있다. 응시자격은 특성화고 또는 마이스터고 졸업(예정)자로서 전문교과 또는 평균교과 평균 석차비율이 기준 등급 이내인 사람으로서 학교 소재지가 해당 시·도 또는 응시자 거주자요건을 충족하는 자이다. 임용요건으로는 고등학교에서 농업·공업·수산·보건위생·도시계획 등을 전공한 졸업(예정)자로서 교육감 또는 학교장의 추천을 받아야 한다. 행정안전부는 향후 지방자치단체에서 지속적으로 고졸(예정)자 신규임용 가능 직위를 발굴하도록 독려하고 있다.

표 5-13	9급 지방직 기술계고 경채 연도별 선발인원(2013~2021, 행안부 통계)									

(단위: 명)

	누 계	2013	2014	2015	2016	2017	2018	2019	2020	2021
선발인원	2,469	161	241	294	281	227	239	309	346	371

출처: 인사혁신처(2022: 63).

(4) 지방이전 공공기관 지역인재 신규채용

국토교통부는 국가균형발전 및 지역대학 역량 강화 등을 위하여 『혁신도시 조성 및 발전에 관한 특별법』(약칭: 혁신도시법)에 따른 이전 공공기관 등의 지역인재 의무채용 제도를 2018년 1월부터 시행하여 운영하고 있다. 지역인재의 범위는 이전지역(광역시·도 기준) 소재 대학 또는 고등학교를 졸업한 사람(졸업 예정자 포함)이며, 이전 공공기관 등은 매년 일정비율(1년차 18%에서 5년차 30%까지, 매년 3%p 증가) 이상 지역인재를 의무적으로 채용하여야 한다. 합격자 중 지역인재가 목표비율에 미달하는 경우 지역인재 이외의 응시자에게 불이익이 없도록 모집인원 외로 추가합격하여 목표달성을 하도록 한다.

국토교통부는 법 개정을 통해 2020년부터 공공기관 이전계획 이외에 수도권에서 지방으로 이전한 공공기관 21개소에도 지역인재 채용의무를 부과하여 지역인재의 채용기회를 확대하였다. 또한, 국토교통부는 지역청년들에게 채용의 기회를 확대하기 위하여 지역인재 채용 적용범위를 기존 혁신도시 소재 광역시·도에서 채용권역 광역화를 추진하고 있다. 현재 광역채용을 하는 시·도는 공동혁신도시로 출범한 광주·전남을 비롯하여 대구·경북, 대전·세종·충북·충남, 울산·경남

표 5-14	이전 공공기관 지역인재 신규채용 현황(2018~2021, 국토부 통계)			

(단위: 명, %)

구 분	의무채용 대상 (A)	지역인재 채용 (B)	지역인재 채용율 (A/B)	채용의무비율
2018년	6,076	1,423	23.4	18
2019년	5,886	1,527	25.9	21
2020년	4,129	1,181	28.6	24
2021년	3,357	1,183	35.2	27

출처: 인사혁신처(2022: 64).

등이며, 향후 타 지역의 추가 광역화도 검토할 계획이다.

교육부는 지방대학 학생의 채용 기회 확대를 지원하기 위해 관련부처와 함께 공공기관의 지역인재 채용을 장려하는 정책을 펼치고 있다. 「지방대학 및 지역균형 인재 육성에 관한 법률」 제13조에는 「공공기관의 운영에 관한 법률」에 따른 공공기관이 신규 채용의 일정 비율 이상을 지역인재(비수도권 소재 지방대학의 학생 또는 지방대학 졸업생)로 채용하도록 권고하고 있으며, 동법 시행령에는 연간 신규채용인원의 35% 이상을 채용할 경우 기관을 지원할 수 있도록 근거를 마련해 두고 있다. 또한 기획재정부는 2019년부터 공공기관별로 고졸채용 목표제를 도입하여 2023년까지 공공기관 고졸채용(정규직 전환채용 제외) 비율을 10% 수준으로 유지할 계획이다(인사혁신처, 2022: 64).

(5) 사회통합형 인재 채용

사회통합형 인재 채용을 위한 제도는 세 가지가 있다.

첫째, 저소득층 채용제도이다. 정부는 저소득층에 대한 사회적 기회 불평등을 완화하고 경제적 자립을 지원함으로써 양극화 해소와 사회통합에 기여하고자 2009년부터 9급 공채시험에 저소득층 구분모집제도를 도입하여 운영하고 있다. 국가직의 경우 국가공무원법 제26조, 공무원임용시험령 제2조 및 제20조의4, 군형인사지침 등, 지방직의 경우 지방공무원법 제25조, 지방공무원임용령 제51조의4 및 지방공무원균형인사운영지침 등에 근거하고 있다. 2012년에 저소득층 구분모집 대상자를 기존의 국민기초생활보장법에 따른 수급자 외에 한부모가족지원법에 따른 지원대상자까지 확대하였으며, 2015년에는 저소득층 구분모집 선발비율을 기존 1%에서 2%로 상향 조정하였다. 또한 9급 경력경쟁채용시험의 경우 부처별 연간 신규채용인원의 1% 이상을 저소득층으로 채용하도록 함으로써 저소득층의 공직 진출을 지원하고 있다. 9급 공채시험 저소득층 구분모집 선발예정인원은 국가직과 지방직 모두 지속적으로 증가하는 추세이다. 2021년 최종 선발인원은 국가직은 150명, 지방직은 598명이다(인사혁신처, 2022: 72).

둘째, 북한이탈주민 채용제도이다. 정부는 북한이탈주민의 경제적 자립 지원과 사회통합 등을 위하여 2015년 북한이탈주민의 정부 내 활용계획을 수립하고 북한이탈주민을 공무원 또는 행정보조인으로 채용해왔다. 국가공무원법 제18조 제2항

제13호 및 지방공무원법 제27조 제2항 제13호에 따라 북한이탈주민 경력경쟁채용시험을 통해 채용하거나 북한이탈주민의 보호 및 정착지원에 관한 법률 제18조에 따라 특별임용할 수 있다. 한편, 행정보조인력은 공개채용, 하나센터 추천채용 등을 통해 선발하고 있다. 2021년 기준 26개 중앙부처에 총 82명의 북한이탈주민이 근무하고 있으며(2021년 신규채용인원은 6명), 이 중 공무원은 37명, 행정보조원은 45명이다(인사혁신처, 2022: 73).

셋째, 정부는 글로벌 인재 채용을 통한 공직 전문성 제고 및 국가경쟁력 강화를 위해 외국인을 공무원으로 임용할 수 있도록 2002년 국가공무원법 및 지방공무원법을 개정하였다. 국가공무원법 제26조의3제1항 및 지방공원법 제25조의2제1항에 따라 외국인은 국가안보 및 보안·기밀관련 분야를 제외한 모든 분야에 임용할 수 있다. 또한 복수국적자는 국가공무원법 제26조의3제2항 및 지방공무원법 제25조의2제2항, 공무원임용령 제4조 및 지방공무원임용령 제3조의6에 따라 제한된 분야를 제외하고는 임용할 수 있다. 2021년 기준 외국인 국가공무원은 총 171명이며, 이 중 임기제/전문경력관이 5명, 교수가 166명이다(인사혁신처, 2022: 74).

과제 한국과 미국 정부의 공무원 다양성을 비교해보자.

☐ 미국의 최근 인구구성 비율을 인종별로 알아보고, 연방정부의 공무원 분포상태와 비교해보자. 미국 인사관리처(Office of Personnel Management: OPM)의 홈페이지(www.opm.gov)에서 연방정부의 인적구성을 성별 및 인종별(Executive Branch Employment by Gender and Race/National Origin)로 확인해보자.

☐ 인사혁신처 홈페이지에서 통합인사정책(균형인사제도)에 대해 알아보자.
  • 인사혁신처의 홈페이지(www.mpm.go.kr)에서 새소식 → 간행물에 들어가서 최신 '공공부문 균형인사 연차보고서'를 찾아서 균형인사(통합인사)의 통계자료(여성, 장애인, 지역인재, 이공계, 저소득층 등)를 확인해보자.

☐ 미국의 평등고용기회위원회(Equal Employment Opportunity Commission: EEOC)의 홈페이지(www.eeoc.gov)에 들어가서 EEOC의 기능과 연방정부의 인적구성 자료를 찾아보고 한국사례와 비교하여 보자.

06

인사기관

인 사 행 정 론

제**6**장 | 인사기관

정부활동은 이를 수행하는 행정기관을 필요로 한다. 인사행정도 마찬가지여서 정부의 인사활동을 전문적으로 수행하는 기관이 있기 마련인데 이를 인사행정기관(이하 인사기관)이라 한다. 인사기관은 각 국가의 역사와 맥락에 따라 인사기관의 형태와 지위, 기능 등이 상이하다. 이들 인시기관은 범정부적인 인사행정을 종합적이고 전문적으로 다루는 "중앙인사기관"과 각 부처의 인사 업무를 주관하는 "부처 인사기관", 그리고 지방자치단체의 인사 업무를 주관하는 "지방자치단체 인사기관"으로 구분할 수 있다.

제1절 중앙인사기관

1. 중앙인사기관의 의의

1) 개 념

중앙인사기관은 정부 전체의 인사행정을 총괄하는 범정부적 인사기관을 말한다. 조선시대에 이조(吏曹)는 중앙행정기관인 육조(六曹)의 으뜸으로 천관(天官)이라고도 했다. 문관의 인사 및 인사고과와 작위 및 상훈 등의 업무를 맡았으며, 이조의 장관은 정2품 판서(判書)이었으며, 조선시대 이조의 위치는 육조거리의 의정부(議政府) 바로 옆에 있었다(현재 광화문 앞의 대한민국역사박물관 자리가 바로 이조의 터이다). 당쟁이 성행하던 조선시대에는 이조정랑(吏曹正郎; 정5품)이 정치적 영향력을 행사하기도 하였다.

근현대적 중앙인사기관은 역사적으로 19세기 후반 엽관주의의 폐해를 해소하기 위해 실적주의 인사개혁이 이루어지던 시기에 영국과 미국 등을 중심으로 설치되었다. 이들 중앙인사기관은 ① 엽관주의로 인한 공무원 인사에서의 정치적 영향력을 차단하여 공무원 인사의 공정성과 중립성을 확보하고, ② 인사상의 부처 할거주의를 막아 인사행정의 범정부적 통일성을 유지하며, ③ 인사행정의 전문화를 도모하여 전반적인 인사행정의 능률성과 효과성을 제고할 목적으로 설치되었다(오석홍, 2016: 91).

2) 기 능

중앙인사기관은 공무원 인사가 정치적으로 편향되기 쉬운 엽관주의의 폐해를 막고 실적주의를 확립하기 위한 목적으로 도입되기 시작하였다. 하지만 현재 중앙인사기관은 정부전체의 인사행정을 총괄하기에 여러 가지 다양한 기능을 동시에 수행하는 것이 특징이다(강성철 외, 2018: 101~103). 그러나 나라마다 중앙인사기관의 역할범주는 상이하다. 어떤 국가는 중앙집권적이고, 어떤 국가는 부처별 인사기능이 널리 확장되어 분권적인 나라도 있다.

(1) 집행기능

중앙인사기관은 인사행정에 관한 구체적 사무, 즉 임용·직위분류·인사이동·교육훈련·근무성적평정·보수·연금·사기관리·신분보장 등을 인사 법령에 따라 종합적으로 수행한다. 이러한 집행 기능은 인사관련 행정기관의 고유한 기능이라고 할 수 있다.

(2) 준입법 기능

법률은 국민의 대의기관인 의회(국회)에서 제·개정되며, 이를 보다 구체적으로 규정하는 하위 행정입법(시행령·시행규칙, 각종 고시 등)은 행정부의 각 부처들이 입안하게 된다. 따라서 중앙인사기관은 의회(국회)에서 제정한 법률의 범위 내에서 인사행정 전반에 관한 하위 행정입법을 제·개정하는 기능을 수행하는데, 이를 중앙인사기관의 준입법 기능이라 한다. 인사혁신처장은 인사행정 전반에 관한 시행령·시행규칙, 그리고 각종 고시 등을 입안하고 있다. 다만, 인사혁신처는 국무총리 산하의 차관급 행정부처여서 독자적인 부령이 아니라 총리령을 발할 수 있다.

(3) 준사법기능

중앙인사기관은 공무원의 권익을 보장하기 위한 기능으로 위법·부당한 처분을 받은 공무원의 소청이 있을 때 이를 재결할 수 있는 권한이 있다. 이 같은 기능은 일종의 사법적 판단을 행정기관에서 행하는 것이기 때문에 준사법기능이라 한다. 인사혁신처의 소속기관으로 소청심사위원회가 설치되어 있다. 소청심사제도는 공무원이 징계처분 그 밖에 그 의사에 반하는 불리한 처분이나 부작위에 대하여 이의를 제기하는 경우 이의를 심사하고 결정하는 행정심판제도의 일종이며, 소청심사위원회는 준사법적 합의제 의결기관이다.

(4) 감사기능

중앙인사기관은 각 부처나 지방자치단체의 인사행정을 지도하고 인사 업무의 위법성과 부당성을 조사하며 이와 관련되어 위법과 탈법을 행한 공무원을 징계처리할 수 있다. 국가공무원법 제17조에 의하면, 인사혁신처장은 대통령령으로 정하는 바에 따라 행정기관의 인사행정 운영의 적정 여부를 정기 또는 수시로 감사할 수 있으며, 필요하면 관계 서류를 제출하도록 요구할 수 있다. 그러나 중앙인사기관이 과도한 감사를 하게 되면 각 부처의 인사운영상의 유연성이 상실되고 소극행정의 원인이 될 수 있다.

(5) 보좌기능

이 기능은 중앙인사기관이 갖는 행정수반에 대한 참모적·지원적 성격에서 나온 것이다. 중앙인사기관의 보좌기능은 행정수반이나 내각이 행정의 전반적 관리를 효율적으로 수행할 수 있도록 보고하고 권고하며 지원하는 것을 말한다. 대통령이 임명하는 중앙인사기관장인 인사혁신처장은 행정수반에 대해 인사행정에 대해 보고, 조언, 권고하는 등의 보좌기능을 하게 된다.

2. 중앙인사기관의 조직형태

일반적으로 중앙인사기관은 크게 행정수반으로부터 어느 정도의 독립성을 갖느냐(독립성)와 의사결정방법이 단독적인지 혹은 집단적인지(합의성 여부) 두 가지 기준에 따라 분류된다. 그 중에서 독립-합의형을 위원회형 중앙인사기관이라고 하

그림 6-1　중앙인사기관의 유형

합의성		독립성	
		독립	비독립
	단독(독임)	독립단독형	비독립단독형 (집행부형)
	비단독(합의)	독립합의형 (위원회형)	비독립합의형

고, 비독립-단독형을 집행부형 중앙인사기관이라 한다. 이러한 중앙인사기관의 조직유형은 역사와 맥락을 반영하여 국가마다 상이하며, 같은 국가에서도 인사개혁 과정에서 달라지기도 한다.

(1) 위원회형(commission - type) 중앙인사기관

위원회형 중앙인사기관은 행정수반으로부터 독립성과 함께 집단적인 의사결정을 하기 때문에 '독립합의형'(독립성+합의성) 중앙인사기관이라고도 한다. 이 같은 위원회형 기관형태는 19세기 말엽 엽관주의나 정실주의의 폐해를 방지하고 공무원 인사의 정치적 중립성을 보장하기 위한 목적으로 등장하였다. 이에 따라 위원회형 중앙인사기관은 ① 행정수반으로부터 독립된 지위, ② 초당적 인사로 위원회 구성, ③ 위원 임기의 보장이라는 특징을 갖는다.

위원회형 중앙인사기관의 원형(protype)은 미국인사위원회(US Civil Service Commission)이라고 할 수 있다. 미국의 경우에 율리시스 그랜트(Ulysses Grant) 대통령 때인 1871년에 인사위원회가 신설되었다가 예산지원이 끊겨 1874년까지 존속했다. 그 후 1883년 펜들턴법에 의해 실적제를 추진하기 위한 위원회형 중앙인사기관인 미국인사위원회(US Civil Service Commission)가 설치되어 96년간 존속했다.

리처드 닉슨(Richard Nixon) 대통령이 워터게이트 사건(Watergate Scandal)으로 1974년에 대통령직을 사임한 후, 정부개혁분위기가 고조되었다. 닉슨 대통령 사임 후에 과도기적 집권을 한 제럴드 포드(Gerald Ford) 대통령을 이어서 집권한 지미 카터 대통령 때인 1978년에 정부윤리법(Ethics in Government Act)을 제정하였고, 기존의 펜들턴법 체계를 대폭 바꾸는 공무원제도개혁법(Civil Service Reform Act of

1978)을 통해서 인사위원회가 해체되고, 해당 기능은 집행부형 중앙인사기관인 인사관리처(Office of Personnel Management), 그리고 실적제보호위원회(Merit Systems Protection Board), 연방노사관계위원회(Federal Labor Relations Authority) 등으로 분화되었다.

그리고 일본 인사원(人事院: www.jinji.go.jp)도 위원회 형태이다. 명칭이 인사원이지만, 조직내면을 보면 인사원 총재 1명과 인사관 2명으로 구성된 인사위원회 형태이다. 우리나라의 경우에 김대중 정부 때인 1999년에 5월에 중앙인사위원회(위원장, 상임위원 1명, 비상임위원 3명으로 구성)가 설치되어 노무현 정부까지 존속하였다.

위원회형 중앙인사기관이 가지는 장점으로는 다음과 같다. ① 공무원의 정치적 중립과 신분보장을 확실히 할 수 있어 실적제 발전에 유리하다. ② 합의제 운영에 따라 다수에 의한 신중한 의사결정이 가능하다. ③ 다년간의 임기를 보장하여 인사행정의 계속성을 보장할 수 있다. ④ 합의체이기 때문에 다양한 국민의 요구(대응성과 대표성)를 수용할 수 있는 장점이 있다.

그러나 위원회형 중앙인사기관은 다음과 같은 한계를 지니고 있다. ① 위원회는 여러 위원들 간의 합의과정을 거쳐야 하기 때문에, 의사결정에 시간이 더 소요될 수 있다. ② 위원회는 여러 위원들이 참여하므로 책임이 분산되고 책임소재가 불분명할 수 있다. ③ 위원회 구성원의 전문성 부족과 비상임위원의 비전업 등으로 인한 비효율성이 나타날 수 있다. ④ 위원회형 기관은 공무원의 정치적 중립과 신분보장을 강조하는 소극적 인사행정으로 흐를 가능성이 있다.

(2) 집행부형(executive-type) 중앙인사기관

집행부형 중앙인사기관은 행정수반의 부속기관이며 최종적인 의사결정권을 기관장이 단독으로 행사하기 때문에 '비독립단독형'(비독립성+단독성) 중앙인사기관이라고도 한다. 이에 따라 집행부형 중앙인사기관은 ① 행정수반으로부터 독립되지 않고, ② 의사결정도 기관장 단독에 의해 결정(독임)하는 특성을 갖게 된다. 역사적으로 중앙집권적 전통이 강한 국가의 경우는 집행부형 중앙인사기관을 가지기 쉽다.

미국은 행정수반에게 인사재량권을 폭넓게 인정하는 적극적 인사관리 개혁의 일환으로 인사관리처(Office of Personnel Management: OPM)가 설치되었다. 영국의 경우에는 총리가 현재 인사장관(Minister for the Civil Service)을 겸하고 있으며, 내각처의 내각차관 겸 인사실장(Cabinet Secretary & Head of the Home Civil Service, Cabinet Office)이 인사업무를 관장하고 있다. 일본에는 총무성(www.soumu.go.jp)에 정책통괄관이 있으며 은급(연금)제도를 담당하고 있다. 그리고 내각관방(Cabinet Secretariat: www.cas.go.jp)에 내각인사국(Cabinet Personnel Bureau)이 있으며 국가공무원의 인사관리에 관한 전략적 중추 기능을 담당하고 있다. 우리나라의 경우에 과거의 총무처와 행정자치부의 인사국, 행정안전부의 인사실, 그리고 현재의 인사혁신처가 집행부형 중앙인사기관 유형이라 할 수 있다.

집행부형 기관이 가지는 장점은 다음과 같다. ① 기관장이 단독으로 의사결정의 최종적인 책임을 지기 때문에 책임소재가 명확하다. ② 합의제가 아니고 기관장이 단독으로 최종결정을 하기 때문에 신속한 결정이 가능하다. ③ 위원회형은 결정을 하는 위원회 조직과 실제 집행을 하는 사무국 조직이 병립되는데 반해, 집행부형 기관은 결정과 집행조직의 분리가 없기 때문에 보다 능률적인 업무 수행이 가능하다. ④ 집행부형 기관은 변화에 신축적인 대응이 가능하다. 특히 행정수반의 경우 국정과제 추진과정에서 폭넓은 인사재량권을 활용할 수 있어 효율적인 행정 수행이 가능하다.

그러나 집행부형 기관은 다음과 같은 한계도 지니고 있다. ① 집행부형 기관은 행정수반 산하 행정조직이기 때문에 공무원 인사에서 정치적 중립성이 상대적으로 취약할 여지가 있다. ② 집행부형 기관은 기관장의 독선적·자의적인 의사결정이 이루어질 가능성이 있다. ③ 집행부형 기관의 장은 명확한 임기를 보장 받지 못하기 때문에, 행정수반의 신임과 선거결과 등에 따라 상대적으로 자주 교체될 가능성이 높아, 인사행정의 일관성과 계속성이 부족할 가능성이 있다. ④ 집행부형 기관은 위원회형 기관에 비해 실적주의 보호에 취약하여 공무원 개인의 권익을 보호하는 데 한계를 가질 수 있다.

(3) 혼합형(mixed – type) 중앙인사기관

대부분의 국가에서 중앙인사기관은 단일한 위원회형과 집행부형 조직형태를 가지기보다는 그 국가의 필요에 따라 여러 인사기관을 적절히 혼합해서 조직하는 경우가 많다. 정부의 규모가 커지면서 중앙인사기관의 기능도 다양해지게 되는데, 단일 조직형태로는 이러한 요구를 충실히 보장하기 어렵기 때문이다. 예를 들어 현재 미국의 경우, 범정부적인 인사행정을 기획하고 집행하는 인사관리처(OPM), 실적주의를 보호해 공무원의 정치적 중립과 신분보장에 집중하는 실적제보호위원회(MSPB), 그리고 공무원의 노사협상의 공정성을 확보하기 위한 연방노사관계위원회(FLRA)로 인사기능별로 중앙인사기관을 병립시키고 있다. 일본의 경우도 인사행정의 원칙과 기본 방향을 기획하고 공무원의 신분보장에 초점을 두는 위원회형 기관인 인사원(人事院) 외에 총무성의 정책통괄관(은급담당), 내각관방에 내각인사국 등을 두고 있다.

3. 미국과 일본의 중앙인사기관

1) 미국의 중앙인사기관

미국의 중앙인사기관을 이해하기 위해서는 미국의 인사행정 발전과정에 대한 이해가 필요하다. 미국은 제임스 몬로(James Monroe) 대통령 때인 1820년 공무원임기법(Tenure of Office Act of 1820)을 제정하여 공무원임기를 4년으로 정하였다(그래서 Four Years' Law로 널리 알려짐). 그 후 1829년 제7대 앤드류 잭슨(Andrew Jackson) 대통령이 취임하면서 공무원에 대한 정치적 임용이 확대되어 엽관제(spoil system)가 널리 적용되었다. 이러한 엽관제는 행정의 민주화에는 기여를 하였지만, 공무원의 정파성 및 행정부패 등과 같은 많은 문제점을 낳았다. 이에 대한 대응으로 1883년 실적제를 전면 도입하는 펜들턴법(Pendleton Act, 원법명 Civil Service Reform Act of 1883)이 제정되었다. 이 법에서는 공개경쟁채용시험을 도입하고 공무원의 정치적 중립을 규정하게 되는 데, 이러한 실적제를 수호하기 위한 중앙인사기관으로 위원회형 형태의 미국인사위원회(US Civil Service Commission)가 설치되어 1979년까지 존속하였다. 그런데 오랫동안 중앙인사기관의 지위를 누렸던 인사위원회에 대한 비판이 꾸준히 제기되었다. 이에 따라 행정수반에게 광범위한 인사재량권을 부여하는 1978년의 공무원제도개혁법(Civil Service Reform Act of 1978)의 제정으로 중앙인사기관의 기능이 분화되어 오늘에 이르고 있다.

(1) 인사관리처

인사관리처(Office of Personnel Management: OPM)는 집행부형 형태로 대통령의

지휘와 감독 하에 있으며 연방 공무원의 인사관리 전반에 걸쳐 대통령을 보좌한다. 인사관리처장의 임기는 4년으로 대통령의 신임을 잃지 않는 한 대통령과 운명을 같이 한다. 인사관리처는 우수인력을 확보하고 개발하며 유지하기 위한 전반적인 인사기능(공무원 분류제도, 임용, 급여, 복무, 퇴직, 교육훈련, 평가 등)을 수행하고 있다.

(2) 실적제보호위원회

실적제보호위원회(Merit Systems Protection Board: MSPB)도 카터 행정부의 공무원 제도 개혁법에 의해 설치된 행정부 소속의 독립기관이자 준사법기관이며 위원회형 유형으로, 연방정부의 실적주의 원칙을 지킬 책임을 진다. 구체적으로 실적제보호위원회는 과거 연방인사위원회가 담당했던 업무 중에서 실적주의의 원칙 준수와 징계 등에 대한 이의신청에 대한 심사기능등을 수행하고 있다.

실적제보호위원회는 3인의 위원으로 구성되는데 상원의 동의를 얻어 대통령이 임명한다. 그리고 위원회의 독립성을 확보하기 위해 대통령의 임기보다 긴 7년 임기(연임 불가능)이다. 실적제보호위원회의 주요기능으로 다음과 같다. ① 연방공무원의 파면, 해임 등의 불이익 처분에 대한 소청, ② 재임용 탈락 및 정기 승급에서 제외된 자의 소청 심사, ③ 인사관리처가 제정한 각종 규칙이 실적제의 원칙에 위반될 시에는 무효선언을 할 수 있다.

(3) 연방노사관계위원회

연방노사관계위원회(Federal Labor Relations Authority: FRLA)도 공무원제도개혁법에 의해 설치된 위원회형 인사기관으로, 연방공무원의 노동기본권, 특히 단결권과 단체교섭권을 보호하기 위하여 연방정부 내의 노사관계 정책 및 노사관계 문제를 담당한다. 연방노사관계위원회는 상원의 동의를 얻어 대통령이 임명하는 임기 5년의 3명의 위원으로 주로 노사분쟁 사건을 재결하는 준사법적 기능을 수행하는 위원회와 대통령이 상원의 동의를 받아 노사분쟁을 조사하고 소추하는 임기 5년인 '법무관실'(Office of the General Counsel), 그리고 연방기관과 공무원노조대표 간의 교착상태(impasses)를 조정하는 7명의 위원으로 구성된 '연방공무원교착위원회'(Federal Service Impasses Panel)로 구성되어 있다.

(4) 정부윤리청(Office of Government Ethics: OGE)

리처드 닉슨(Richard Nixon) 대통령이 워터게이트 사건(Watergate Scandal)으로 사임하면서 정부윤리가 중요한 개혁과제로 등장하여 정부윤리법(Ethics in Government Act of 1978)이 제정되었다. 이에 따라 인사관리처(OPM)가 신설될 때 정부윤리업무를 담당하는 조직이 인사관리처(OPM) 조직에 추가되었다. 그 후 1988년 11월에 윤리기능이 인사관리처로부터 분리·독립하여 현재 정부윤리청이 연방정부 내의 윤리업무를 연계하여 관리하고 있다. 1992년에는 행정부 공무원의 윤리행동 기준(Standards of Ethical Conduct)을 수립하였다. 그리고 정부윤리청은 대통령이 지명한 고위직 후보자(Presidential nominees)들에 대한 윤리서약과 상원의 인사청문회(hearing) 과정에 필요한 재산공개업무 등을 지원하고 있다.

2) 일본의 중앙인사기관

일본은 2차 세계대전 이후 1947년 정부조직개편을 통해 미국인사위원회(US Civil Service Commission)를 참고하여 위원회형 중앙인사기관으로 인사원(人事院: National Personnel Authority)을 출범시켰다. 그리고 총무성 인사·은급국(人事·恩給局)이 한동안 활동을 하다가 현재는 은급(연금) 관련 업무는 총무성의 정책통괄관이 관장하고 있다. 또한 2014년 아베 정권기의 행정수반인 총리대신의 인사재량권을 강화하는 조치로 내각관방(Cabinet Secretariat)의 내각인사국에서 고위직 인사 업무를 수행하도록 하였다.

(1) 인사원

인사원(人事院: www.jinji.go.jp)은 내각의 관할 하에 있지만 독립성을 인정받는 준입법과 준사법, 그리고 집행 기능을 갖는 위원회형 중앙인사기관이다. 구체적으로 인사원은 ① 국가공무원의 채용시험, 임면기준을 설정하고, ② 공무원의 급여 등 근무조건 등을 제시하는 기능을 담당하고 있다. 그리고 ③ 국가공무원의 인사상 불이익처분에 대한 불복, 인사상의 불만 및 상담 등을 해결하는 기능을 수행하고, ④ 국내외 인사제도를 조사하고 연구하여 인사개혁 방안을 제시하는 기능을 수행한다. 인사원은 인사관 3인으로 구성되는 위원회형 유형이며, 인사관의 임기는 4년이며 임명시 국회의 동의를 필요로 한다. 그리고 3명의 인사관 중 한명을 총재로 임명한다. 인사원은 사무총국(사무총장) 산하에 직원복지국, 인재국, 급여국, 공평심사국 등 4국과 공무원연수소, 그리고 5개의 관방부서(총무과, 기획법제과, 인사과, 회계과, 국제과)가 있다. 그 외에 8개 지역의 지방사무국과 1개의 (오키나와)지방사무소로 구성되어 있어 지방자치단체와도 협력하고 있다. 또한 인사원에는 국가공무원법과 국가공무원윤리법에 근거하여 국가공무원윤리심사회가 설치되어 있다.

(2) 내각인사국

내각관방(www.cas.go.jp)의 내각인사국(內閣人事局)은 인사관련 제도의 기획 입안, 정책결정, 운용을 종합적으로 담당하는 집행부형 중앙인사기관이다. 내각 인사국은 2014년 총무성의 인사·은급국에서 은급 업무를 제외한 인사와 조직 업무를 행정수반인 내각 총리대신이 직접 관장하는 기관으로 개편되었다. 내각인사국은 ① 내각 총리대신을 보좌하여 통일적인 인사관리 운영방침을 결정하는 인사관리의 종합조정기능을 수행하고, ② 정부의 조직 및 정원관리 업무를 수행한다. 또한 내각 인사국은 심의관 이상의 간부 직원(지정직)에 대한 임명을 위한 인사평가와 적격성 심사, 간부 후보자 명부작성, 임용후보자 선발 등 고위 간부직원에 대한 인사를 전담하게 되었는데 이런 2014년 일본의 중앙인사기관 개편은 행정수반의 인사재량권을 크게 확대하였다. 이 과정에서 당시의 행정수반인 아베 수상에게 인사권이 집중되어 공무원들의 손타쿠(そんたく; 忖度/촌탁, 윗사람 눈치 보며 알아서 하는 것) 현상을 강화하여 공무원 인사의 중립성과 공정성을 훼손하였다는 비판을 받기도 하였다.

(3) 총무성 정책통괄관(은급담당)

일본 총무성(www.soumu.go.jp)의 정책통괄관(政策統括官)은 은급담당(恩給擔當)을 하고 있으며, 이는 공무원연금에 해당하는 업무로 은급제도의 대상자 관리, 청구 심사, 그리고 지급업무를 행하고 있다. 총무성 정책통괄관에는 은급관리관실과 은급상담창구등을 두고 있다.

4. 우리나라 중앙인사기관의 발전과정과 평가

1) 우리나라 중앙인사기관의 발전과정

(1) 고시위원회와 총무처(1948)

우리나라 정부가 수립되던 1948년 당시, 정부조직법(1948.7.17., 법률 제1호)에 의해 중앙인사기관으로 고시위원회와 총무처 인사국이 설치되었다(박동서, 1969: 437). 고시위원회는 대통령 직속기관으로 공무원 고시와 전형의 업무만 담당하던 위원회형 기관이었는데, 대만의 고시원 사례를 참조한 듯하다. 반면 국무총리 소속의 총무처 인사국은 고시위원회 업무 외의 모든 인사행정 업무를 담당했던 집행부형 기관이었다.

(2) 국무원 사무국(1955)

이승만 정부는 대통령 3선을 위해 일명 사사오입 개헌을 1954년에 하게 되는데, 이후 전면적인 정부조직법 개정(1955.2.17.)으로 정부조직의 대대적인 개편과 축소가 있게 된다. 이에 따라 중앙인사기관인 고시위원회와 총무처가 폐지되고, 그 대신 국무원 사무국에서 전정부적 인사행정을 담당하게 되면서 국무원 사무국장 산하의 고시과와 인사과로 축소되었다(박동서 외, 1969: 438). 이러한 과 수준으로의 중앙인사기관 격하는 이승만정부 시기의 공무원 인사의 공정성과 정치적 중립성 훼손에도 영향을 미쳤고 전문적인 인사행정 수행도 어렵게 했다.

(3) 국무원 사무처(1960)와 내각 사무처(1961)

1960년 4·19 혁명 이후 의원내각제를 기본으로 제2공화국이 등장하면서, 국무원 사무국이 국무원 사무처로 승격을 하게 된다. 이에 과단위로 격하되었던 중앙인사기관도 인사국으로 다시 승격하게 된다. 국무원 사무처의 인사국은 기획과, 인사과, 고시과, 연금기금과, 연금급여과 등으로 구성되었다.

1961년 5·16 군사정변 이후 정부는 국무원 사무처를 내각 사무처로 개정하게 되는데, 인사국 외에 행정관리국을 추가로 설치해 공무원 교육훈련과 행정 능률, 인사제도, 심사분석, 조직관리, 행정통계 등 공무원의 능력발전과 성과 평가, 인사제도 발전 등의 업무를 관장하게 했다.

(4) 총무처(1963~1998)

1963년 대통령 직선을 통해 박정희 대통령이 당선되면서 제3공화국이 등장하게 되고 대대적인 정부조직 개편이 있었다. 내각 사무처는 총무처로 개편되었고 총무처 산하의 인사국과 행정관리국이 중앙인사기관 역할을 수행했다. 이렇게 집행부형인 총무처가 중앙인사기관을 수행하는 체제는 1998년 김대중 정부 초까지 유지되어 근 35년간 유지되었다. 그리고 총무처 산하에 소청심사위원회와 인사위원회(처장 자문기구, 1963~1973년)가 처음으로 설치되었다. 소청심사위원회는 공무원의 위법 부당한 처분에 대해 공무원의 소청을 처리하도록 설치되었다.

(5) 행정자치부(1998~1999)

김대중 정부가 1998년 2월말에 들어서면서 대대적인 정부개편이 있었다(정부조직법 개정, 1998.2.28.). 이에 따라 전통적인 정부조직이 통폐합되거나 이름을 바꾸게 되는데, 총무처와 내무부가 통합되어 행정자치부가 발족하게 되었다. 이에 따라 총무처의 인사국과 행정관리국은 행정자치부 인사국(1998년 2월 조직개편에서는 인사복무국과 고시훈련국으로 분리되었으나, 동년 7월 인사복무국과 고시훈련국이 인사국으로 통합되었다)과 행정관리국으로 전환되었다. 그리고 행정자치부 산하에 소청심사위원회를 두었다.

(6) 중앙인사위원회와 행정자치부(1999~2004.6)

김대중 정부가 1999년 5월에 정부조직 개편을 통해 위원회형 기관인 중앙인사위원회를 설치하였다. 당시 행정자치부에 집중되어 있던 인사권한을 인사정책의 결정과 집행으로 분리하여, 대통령 소속의 심의·의결기구로 중앙인사위원회를 설치하였다. 이 시기의 우리나라 중앙인사행정기관은 인사정책과 고위직인사를 담당하는 중앙인사위원회와 인사행정 집행업무를 담당하는 행정자치부 인사국으로 이원화된 시기였다.

당시 중앙인사위원회는 인사행정의 기본 정책을 결정, 행정기관의 인사운영에 대한 감사기능, 3급 이상 공무원의 채용 및 승진에 대한 심사기능을 담당했다. 반면, 행정자치부 인사국은 공무원 시험 및 임용, 교육훈련, 근무성적평정, 후생 등 인사행정 전반의 집행기능을 담당하였다. 하지만, 이러한 인사정책과 집행의 분리로 인해 인사정책이 인사행정의 현실을 충분히 반영하지 못하거나, 거꾸로 인사 현장에서 대통령의 인사개혁 의지가 충분히 반영되지 못하는 문제점이 있었다(강성철 외, 2018: 124).

(7) 중앙인사위원회(2004.6~2008.2)

노무현 정부 초기에 중앙인사기관의 일원화가 중요한 인사개혁 과제로 대두되어 2004년 3월 정부조직법에 규정되어 있는 행정자치부의 '공무원 인사관리 및 후생복지' 기능을 삭제하고, 국가공무원법에 중앙인사기관을 중앙인사위원회로 규정하며 일원화하였다. 이에 2004년 6월 이후 행정자치부의 인사국이 중앙인사위원회로 전면적으로 이관되었다. 이에 따라 중앙인사위원회가 명실상부한 중앙인사기관이 되었다. 다만 행정자치부에 공무원의 복무와 연금, 공무원단체, 상훈, 조직 및 정원관리 등이 여전히 남겨져 있었다.

당시 중앙인사위원회는 위원장 이하 인사위원 6명(상임 1인, 비상임 5인)으로 구성된 위원회형 조직이었고, 사무처장 이하에 사무국에는 정책홍보관리관, 인사정책국, 인력개발국, 성과후생국, 고위공무원지원국, 인사정보국 등으로 구성되었다.

(8) 행정안전부(안전행정부) 인사실(2008.2~2014.11)

이명박 정부는 2008년 중앙행정기관의 개수를 축소하는 정부조직개편을 단행하는데, 중앙인사위원회를 행정자치부와 통합하여 행정안전부를 설치하였다. 이에 따라 독자적인 중앙인사기관이었던 중앙인사위원회는 역사 속으로 사라지고, 행정안전부의 인사실로 축소 통합되었다. 또한 소청심사위원회도 행정안전부 소속으로 이관되었다. 이 시기의 변화는 독립적이고 전문화된 중앙인사기관화의 길을 걸었던 노력이 과거로 퇴보하여, 인사위원회 기능이 행정안전부 속의 인사실 규모로 축소되면서 그간 쌓아 왔던 전문성을 훼손했다는 평가를 받는다. 그 후 박근혜 정부가 2013년 2월 말에 들어서면서 국민의 안전을 강조하기 위해 행정안전부가 안전행정부로 명칭이 변경되었지만, 인사실은 그대로 유지되었다.

(9) 인사혁신처(2014.11~현재)

박근혜 정부는 세월호 침몰 사고(2014년 4월 16일 발생)로 인해 재난관리 관련 조직을 2014년 11월에 개편하게 되는데, 당시 국가재난관리의 주무부처였던 안전행정부를 행정자치부로 환원하게 된다. 그리고 재난관리 관련 조직을 국민안전처로 일원화하고, 안전행정부의 공무원인사와 윤리·복무·연금 기능 및 공무원시험과 채용 등 인력개발과 관련한 업무를 이관받아 독자적인 '집행부형' 중앙인사기관인 인사혁신처를 2014년에 신설하였다. 인사혁신처 출범당시 정원은 총 483명이었고 인재발굴, 취업심사 및 공통부서 인력 등 52명이 신규 증원되었다. 그 후 문재인 정부가 집권하면서 국민안전처의 업무가 대부분 행정안전부로 통합되었으나, 인사혁신처는 그대로 유지되었다.

2) 인사혁신처 소청심사위원회

국가공무원법 제9조는 공정한 소청심사를 위하여 독립성과 합의성이 보장되는 위원회의 형식으로 소청심사기관을 설치할 것을 규정하고 있다. 이에 따라 인사혁신처의 소속기관으로 소청심사위원회(Appeals Commission)가 있다. 소청심사제도는 공무원이 징계처분, 그 밖에 그 의사에 반하는 불리한 처분이나 부작위(不作爲, omission: 어떤 행위를 해야 할 의무가 있는 사람이 이를 이행하지 않은 것)에 대하여 이의를 제기하는 경우 이를 심사·결정하는 특별행정심판제도이다. 이를 통해 위법·부당한 인사상 불이익 처분에 대한 구제라는 사법보완적 기능을 수행함으로써 직접적으로는 공무원의 신분보장을 통하여 직업공무원제도의 확립에 기여하고, 간접적으로는 행정의 자기통제 효과를 도모하는데 그 목적이 있다(소청심사위원회, 2020: 1). 소청심사위원회는 심의나 권고가 아닌 재결 기능을 갖기에 그 결정의 효력은 처분 행정청을 기속한다.

인사혁신처 소청심사위원원회는 위원장 1명을 포함한 5명 이상 7명 이내의 상임위원과 상임위원 수의 1/2 이상인 비상임위원으로 구성하되, 위원장은 정무직으로 임명하도록 하고 있다(국가공무원법 제9조 제3항). 현재 위원장 1명을 포함하여 5명의 상임위원, 7명의 비상임위원으로 구성되어 있으며, 위원회의 사무를 처리하기 위하여 행정과를 두고 있다. 소청심사위원회의 위원은 인사행정에 관한 식견이 풍부한 자 중에서 인사혁신처장의 제청으로 국무총리를 거쳐 대통령이 임명하도록 하고 있다. 다만, 비상임위원은 법관·검사 또는 변호사, 대학에서 행정학·정치학 또는 법률학을 담당한 부교수 이상, 3급 이상 공무원 또는 고위공무원단에 속하는 공무원 중에서 자격이 되는 자 중에서 임명하도록 규정하고 있다(국가공무원법 제10조 제1항). 소청심사위원의 위원장은 정무직(법 제9조 제3항)으로 하고, 상임위원은 고위공무원단에 속하는 임기제공무원으로 임명하도록 하고 있다. 상임위원의 임기는 3년으로 하며, 한 번만 연임할 수 있고, 다른 직무를 겸할 수 없다. 비상임위원의 임기는 2년으로 하되, 연임할 수 있다(인사혁신처와 그 소속기관 직제 제23조 제3항).

3) 우리나라 중앙인사기관에 대한 평가

우리나라의 중앙인사기관의 발전과정을 요약하면, 짧은 위원회형의 중앙인사위원회(1999~2008) 시절을 제외하면 대부분의 기간 동안 집행부형 조직구조를 특징으로 하여 왔다. 그리고 집행부형 조직구조 중에서도 인사기능이 독자적인 영역을 구축한 것이 아니라 총무부나 행정자치부 등과 같이 '종합행정' 부처 속의 부서로 존속했다고 할 수 있다. 이러한 조직형태는 다음과 같은 문제점을 늘 안고 있었다.

첫째, 행정안전부(행정자치부, 총무처)는 총무, 지방자치, 그리고 경찰 및 민방위 관련 업무를 통합하고 있는 종합행정기관의 성격을 갖는다. 그런 점에서 인사행정은 행정안전부(행정자치부, 총무처)가 가지고 있는 많은 기능 중의 하나로 전락하여 중앙인사행정기능의 위상이 약화되었다.

둘째, 우리나라 공무원의 광범위한 순환보직 관행에 따라 종합행정부처 내의 순환보직이 이루어지면서 다양한 경력을 가진 공무원들이 인사업무를 담당하게 되면서 인사업무의 전문성을 약화시켰다.

셋째, 집행부형 조직의 경우 공무원 인사의 독립성과 공정성이 훼손될 가능성이 있다. 과거 인사행정학자들이 위원회형 조직을 강조했던 이유 중의 하나가 우리나라의 대통령제 조직의 권위주의적 성격 때문이었다. 민주화가 신장되면서 이러한 우려는 줄어들었지만 경우에 따라서는 권력자에 의한 자의적인 인사개입의 가능성이 남아있다고 할 수 있다.

그런 점에서 현재 우리나라의 중앙인사기관인 인사혁신처는 인사기능의 독자성과 전문성을 인정하는 기관이란 점에서 진일보한 조직형태라 할 수 있다. 특히 인사혁신처는 미국의 인사관리처(OPM)와 유사한 조직형태이므로 인사업무를 전담하는 전문 행정부처의 위상을 가지면서 기관 자체의 전문성은 물론 기관내의 구성원들의 전문성도 축적할 수 있을 것이라 기대된다. 이것은 인사행정의 전반적인 합리성 제고에 기여할 것으로 기대된다. 하지만 몇 가지 측면에서 여전히 한계가 존재하며, 앞으로 이러한 한계를 극복하기 위한 추가적인 변화가 모색될 필요가 있다.

그림 6-2　인사혁신처의 조직구조

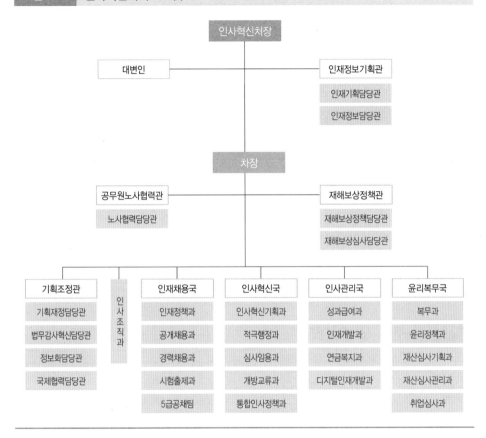

출처: 인사혁신처 홈페이지.

　첫째, 조직개편과정에서 행정안전부에 조직기능(조직 및 정원관리)과 상훈기능 등이 그대로 남았다. 일반국민은 물론 일부 정치인들도 인사혁신처가 공무원 정원을 관리하는 줄로 예상하지만, 현실은 그렇지 못하다. 미국의 인사관리처와 일본의 내각인사국이 제 역할을 다하는 이유는 인사기능과 조직기능을 통합하고 있기 때문이다. 아울러 공무원들의 공적과 사기관리를 위해서는 인사혁신처에서 상훈을 담당하는 것이 타당하다. 따라서 향후 인사혁신처에 조직기능과 상훈까지 통합하여 명실상부한 인사관리 기능 전체를 관장하는 중앙인사기관으로 격상하는 방향이 모색될 필요가 있다.

　둘째, 기관의 위상 문제이다. 현재 인사혁신처는 차관급 처장체계로 되어 있는

데, 2개의 소속기관(소청심사위원회, 국가공무원인재개발원)의 장도 차관급이다. 이는 차관급 처장이 2개의 차관급 소속기관을 두고 있는 상황이라 조직운영에 어려움을 초래한다. 따라서 인사혁신처가 실질적인 중앙인사기관으로서의 역량을 발휘하기 위해서는 처장을 장관급으로 격상하는 것이 필요하다.

셋째, 당장은 아니지만 장기적인 관점에서 보면 인사혁신처 내의 일부조직은 분리 독립할 수도 있을 것으로 예상된다. 미국처럼 인사위원회가 인사관리처(OPM)로 개편되면서, 실적제보호위원회(MSPB)와 연방노사관계위원회(FLRA)가 독립적인 위원회로 설치되었다. 이는 현재의 소청심사위원회와 공무원노사협력관 조직이 장래에 독립된 기관으로 발전할 가능성을 암시한다. 또한 공직윤리의 중요성이 날로 부각되면서 해당 업무량도 지속적으로 늘어나고 있어 언젠가는 미국처럼 윤리기능이 인사관리처로부터 분리되어 공직윤리청(Office of Government Ethics)으로 발전할 개연성도 있다고 할 수 있다.

제2절 | 부처 인사기관

1. 부처 인사기관의 의의

각 부처의 인사행정도 전체 일반 행정과 분리될 수 없는 필수불가결한 기능이라 할 수 있다. 또한 각 부처의 장이 추구하는 목표를 효율적으로 달성할 수 있도록 보좌하는 역할을 하여야 한다. 그런 점에서 부처 인사기관은 각 부처의 장이 수행하는 인사업무를 집행하고 보좌하는 기관을 말한다.

하지만, 범정부적인 인사행정의 기준을 정하는 중앙인사기관과는 구별이 되는 부처별 인사기관의 기능과 역할수행이 요구된다고 할 수 있다. 구체적으로 부처 인사기관이 가지는 기능은 다음과 같다.

첫째, 중앙인사기관에서 정한 인사법규를 소속 부처의 조직목표와 실정에 맞게 해석하여 집행한다. 둘째, 소속 부처장의 참모로서, 기관장이 추구하는 행정목표를 효율적으로 달성할 수 있도록 업무재설계, 채용, 승진, 교육훈련 등을 계획하고 집행한다. 셋째, 소속부처의 기관장과 관리자, 관리자와 하급직원 간의 공무원 인사와 관련된 갈등을 조정한다.

2. 부처 인사기관의 유형과 평가

부처 인사기관의 조직형태는 크게 전문가형과 일반행정가형으로 구분할 수 있다(Stahl, 1983: 220; 강성철 외, 2018: 134-136). 이러한 유형 구분은 인사행정의 분권화의 정도에 따라 이루어지는 것이며 인사행정을 전문영역으로 파악하는 정도와도 연관되어 있다. 인사행정의 집권화 혹은 분권화 정도에 따라 부처 인사기관의 역할이 달라질 수 있고 나라마다 상이하다고 할 수 있다.

1) 전문가형 부처인사기관

전문가형 부처인사기관은 인사행정의 분권화에 적합한 조직형태이다. 이를 통해 각 부처에 보다 많은 인사 재량권을 부여할 수 있고, 인사행정의 전문성과 효율성 증대를 도모할 수 있다. 하지만, 전문가형 부처인사기관의 경우 지나치게 부처의 특성을 강조하다보면 통일성을 강조하는 중앙인사기관과의 업무갈등 등과 같은 문제를 야기할 수 있다.

2) 일반행정가형 부처인사기관

일반행정가형 부처인사기관의 경우 전문성 혹은 특수성보다는 인사행정의 통합성과 전체적인 공정성에 초점이 두어진다. 일반행정가형 부처인사기관은인사행정이 인사전문가의 영역이라기보다는 순환보직을 통해서 누구나 관리 가능한 일반영역으로 인식하는 유형이라고 할 수 있다. 이런 일반행정가형 부처인사기관의 경우 부처의 장으로부터, 그리고 중앙인사기관으로부터 독립적이기 쉽지 않다. 따라서 이러한 구조 하에서는 인사행정의 재량권이 축소되고 부처인사기관이 단순집행조직으로 유명무실해 질 수 있다. 또한 아마추어 인사행정으로 인한 인사행정의 비효율성이 노정될 수 있다.

3) 우리나라의 부처 인사기관에 대한 평가

전통적으로 대부분의 부처에서의 인사기능은 총무담당 부서에서 담당하여 왔다. 총무담당 부서는 인사관리와 더불어, 서무, 경리, 비품관리, 관인관수(관청의 직인관리) 등의 복합 업무를 담당하고 있다. 대부분 조직체계상 장차관의 직속기관인 총무담당 부서의 형태로 기관장의 직접적인 영향력을 받는 조직구조로 유지되었고, 조직 내에서 계층상으로도 요직으로 인식되어 선임 과장이 총무과장으로 임명되는 경우가 많았다. 따라서 조직구성원들도 부처 인사기관의 전문성을 인정하기 보다는 순환보직을 통해 누구나 갈 수 있다고 보는 경우가 많아 우리나라의 부처 인사기관은 일반행정가형 조직형태라고 할 수 있다. 그런데 최근에 와서는 민간기업이건 정부조직이건 총무과라는 명칭은 크게 줄어들었다. 일부 부처에서는 운영지원과 등의 새로운 명칭으로 바꾸었다.

향후 부처 인사기관은 현재와 같은 지나친 일반행정가형 조직구조에서 인사기능을 전문적으로 수행하는 인사전문가형 조직형태를 갖출 필요가 있다. 인사전문가형 인사기관은 중앙인사기관과의 연계를 갖추는데도 유리하며, 날로 급변하는 행정환경에 부응하여 인사행정업무의 전문성을 제고하는데도 기여할 것이다. 다행스럽게 최근 여러 중앙부처에서 인사행정의 전문성을 인정하여 인사전문부서의 설치를 추진한 사례가 속속 등장하고 있다. 2020년 인사혁신수준 진단 결과를 보면, 46개 중앙행정기관 중에서 전문적인 부서인사조직을 가지고 있는 곳으로, 국무조정실(인사과), 기획재정부(인사과), 외교부(인사기획관실), 법무부(혁신행정담당관실), 행정안전부(인사기획관실), 보건복지부(인사과), 인사혁신처(인사조직과), 관세청(인사관리담당관), 방위사업청(조직인사담당관), 경찰청(인사담당관), 해양경찰청(인사담당관), 금융위원회(행정인사과) 등이 있다.

제3절 지방자치단체 인사기관

지방자치단체 인사기관은 지방공무원법상 자치단체상의 인사권 행사를 지원하고 집행하는 하부조직으로 인사담당 부서와 지방자치단체장의 공정한 인사권 행사를 위해 설치된 인사위원회, 그리고 지방공무원의 권익을 보호하기 위한 소청심사위원회 등으로 구성되어 있다(강성철 외, 2018: 137-138).

1. 지방자치단체 인사기관의 의의

지방자치단체는 자치단체장의 인사권 행사를 지원하고 보좌하기 위해 자치단체장의 하부조직으로서의 보조기관 내지 보좌기관인 인사담당 부서를 설치해 운영한다. 하지만 지방자치단체 인사기관의 형태나 규모는 통일되어 있지 않고 지방자치단체별로 상이하게 운영되고 있다.

광역자치단체의 경우는 자치단체장의 인사권 행사를 위한 보조기관으로 단일의 인사과나 혹은 인사관련 부서(인력개발과, 인재육성과, 행정지원과)를 운영하는 경우, 인사담당관, 인재개발정책관 등의 명칭으로 자치단체장의 보좌기관을 설치·운영하는 경우가 있다. 총무과라는 조직 명칭이 점차 사라지는 추세이지만, 극히 일부 광역자치단체의 경우에 총무과 내에 인사팀 내지 인사담당을 두어 운영하는 경우도 있다. 그리고 대부분의 기초자치단체의 인사기관은 총무과 내에 인사팀 내지 인사담당으로 운영되고 있는 형편이다.

2. 지방인사위원회

1) 지방인사위원회의 기능

지방자치단체에서 단체장의 인사재량권은 심대하기 때문에 기관장의 인사전횡을 막고 지방인사행정의 공정성을 확보하기 위해 위원회형 형태로 지방인사위원회가 구성되어 있다. 지방인사위원회의 기능은 다음과 같다(지방공무원법 제8조).

① 공무원 충원계획의 사전심의 및 각종 임용시험의 실시
② 임용권자의 요구에 따른 보직관리 기준 및 승진·전보임용 기준의 사전의결
③ 승진임용의 사전심의
④ 임용권자의 요구에 따른 공무원의 징계 의결 또는 제69조의2에 따른 징계부가금 부과 의결
⑤ 지방자치단체의 장이 지방의회에 제출하는 공무원의 임용·교육훈련·보수 등 인사와 관련된 조례안 및 규칙안의 사전심의
⑥ 임용권자의 인사운영에 대한 개선 권고
⑦ 그 밖에 법령 또는 조례에 따라 인사위원회 관장에 속하는 사항

2) 지방인사위원회의 구성

기본적으로 지방인사위원회의 형태와 운영방식은 지방자치단체의 규모에 따라 상이하게 정해진다. 인구 10만명 이상의 지방자치단체는 임용권자별로 16명 이상 20명 이하의 인사위원회를 구성하며, 인구 10만명 미만의 지방자치단체에는 7명 이상 9명 이하의 인사위원회를 구성한다. 인구 10만명 이상의 자치단체의 인사위원회의 회의는 위원장을 포함하여 8명의 위원으로 지정하고, 인구 10만명 이하의 지방자치단체의 인사위원회 회의는 위원 전원으로 구성된다. 두 경우 모두 외부 위촉위원이 1/2 이상이 되도록 해야 한다(지방공무원법 제7조 제2항 및 제5항, 지방공무원임용령 제9조의2).

지방인사위원회의 위원은 지방자치단체의 장이 지방자치단체의 공무원 중에서 임명하는 임명위원과 지방자치단체의 장이 인사행정에 관한 학식과 경험이 풍부한 외부 인사를 위촉하는 위촉위원으로 구분된다. 외부 위촉위원이 전체 지방인사위원회의 절반 이상이 되어야 한다. 이는 지방인사위원회의 공정성과 독립성을 위한 조치라 할 수 있다. 외부인사를 위촉하는 경우 그 자격과 기준을 법령으로 규정하고 있다. 지방자치법 제7조 제5항은 지방인사위원회의 외부 위원의 자격으로 ① 법관·검사 또는 변호사 자격이 있는 사람, ② 대학에서 조교수 이상으로 재직하거나 초등학교·중학교·고등학교 교장 또는 교감으로 재직하는 사람, ③ 공무원(국가공무원을 포함한다)으로서 20년 이상 근속하고 퇴직한 사람, ④ 비영리민간단체 지원법에 따른 비영리민간단체에서 10년 이상 활동하고 있는 지역단위 조직의 장, ⑤ 상장법인의 임원 또는 공공기관의 운영에 관한 법률 제5조에 따라 지정된 공기업의 지역단위 조직의 장으로 근무하고 있는 사람 중에서 위촉하도록 규정하고 있다(지방공무원법 제7조 제5항). 그리고 결격사유가 있거나, 정당법에 의한 정당의 당원, 지방의회의원은 위원으로 위촉할 수 없도록 하고 있다(지방공무원법 제7조 제6항). 지방위원회 위원 중 외부 위촉위원의 임기는 3년으로 하고, 1회에 한해 연임을 할 수 있도록 하고 있다(지방공무원법 제7조 제7항).

3) 지방인사위원회에 대한 평가

현재 지방공무원법상으로 규정된 기능만으로 본다면 지방인사위원회는 지방자치단체장의 인사권을 상당히 견제하고 통제할 수 있는 것처럼 보인다. 지방인사위원회의 의결 사항들은 임용권자인 지방자치단체장을 기속하고 있으며, 지방인사위원회의 심의사항과 권고사항은 법적으로 지방자치단체장을 기속하지는 않지만, 완전히 무시하기에는 심리적인 부담으로 작용할 개연성이 있다. 하지만 현실적으로 지방인사위원회가 실질적인 권한을 가지기는 쉽지 않으며 지방인사위원회의 형식적 운영은 인사행정학계의 비판의 대상이었다.

첫째, 지방인사위원회의 구성상의 문제로, 지방인사위원회 전체 위원 중 외부위촉위원은 1/2 이상으로 해서 지방인사위원회의 독립성을 확보하려 하지만, 해당 지방의회에서 추천하는 위촉위원을 제외하고는, 모두 지방자치단체장이 위촉하도록 하고 있다. 얼마든지 지방자치단체장의 영향력이 작용할 가능성이 있는 외부위원 위촉이 가능하다. 특히 지방인사위원회의 위원장은 부자치단체장이 맡고 있어서 지방인사위원회의 독립성을 요원하게 하는 것이므로 개선이 필요하다.

둘째, 지방인사위원회의 위원의 자격과 기준에도 문제가 있다. 지방공무원법은 인사위원의 전문성을 위해 자격과 기준 규정을 두고 있으나, 인사행정의 전문성을 고려해 볼 때 일반적인 위원회의 규정과 별반 다를 게 없는 수준이다. 이렇게 되면 전문성이나 경험에서 내부위원에 비해 부족할 수밖에 없는 외부위원들이 제 목소리를 내기에는 여러 가지 한계가 있을 수밖에 없다. 그리고 외부위원의 임기는 3년으로 지방자치단체장의 임기보다 짧아 자치단체장의 임명권으로부터 자유로울 수 없다.

셋째, 운영방식의 문제로, 지방인사위원회의 회의 개최의 고지 기간이 정해져 있지 않아, 인사위원회 회의 사안에 대한 충분한 사전 준비를 통한 심의와 의결이 이루어지지 못하고 있다. 내부직원들이 위원들과 충분한 의사소통을 하지 않고, 소극적으로 제한된 기본정보만 전달할 경우에는 위원회 활동이 위축될 수밖에 없다.

그러므로 지방인사위원회의 구성 및 운영에 대한 개선방향을 제시하면 다음과 같다. 첫째, 현재 지방자치단체장의 인사권을 통제할 수 있는 유일한 제도적 장치라 할 수 있는 지방인사위원회의 독립성 확보가 가장 중요한 과제라 할 수 있다. 현재 부단체장이 지방인사위원회 위원장을 맡고 있는데, 부단체장이 민간위원과 함께 공동위원장으로 함께 운영하거나 아니면 부단체장 대신에 민간위원을 위원장으로 임명하면서 일본처럼 지방의회의 동의를 받는 형식도 대안이 될 수 있을 것이다. 또한 지방의회에 의한 통제 수준을 제고할 필요가 있다. 현재 지방의회에서 추천한 인사를 당연직 외부 위촉위원으로 위촉하도록 되어 있지만, 지방자치단체의 인구 규모에 따라 1명 또는 2명에 불과하다. 따라서 지방의회 추천인사를 대폭 늘릴 필요가 있다. 그리고 내부위원들 속에 공무원노조와 같은 피고용인 대표들을 반드시 포함시켜 그들의 목소리도 반영되게 할 필요가 있다.

둘째, 지방인사위원회의 전문성을 높이기 위해 내부 임명위원들이 인사이동 시기마다 교체되는 것을 지양하고, 외부 임용위원들 중에 인사전문가들을 일정 정도 의무적으로 임용하게 하여 인사행정의 전문성을 확보하고, 임명기간도 현재 3년에서 4년으로 연장하여 지방자치단체장으로부터 독립성도 높일 필요가 있다.

셋째, 지방인사위원회의 형식적인 운영을 막기 위해 충분한 사안검토를 할 수 있도록 회의 개최 일자와 시간을 일정 기한을 정해 사전에 고지하도록 의무화할 필요가 있다. 그리고 지방인사위원회의 운영 공개를 확대하여 인사위원들의 책무성을 높여야 한다.

그리고 광역지방자치단체에는 지방 소청심사위원회를 두고 있다. 지방공무원의 징계 기타 그 의사에 반하는 불이익 처분에 대한 소청을 심사・결정하기 위해 시・도에 임용권자별로 지방 소청심사위원회 및 교육소청심사위원회를 두고 있다(지방공무원법 제14조). 지방 소청심사위원회는 기초지방자치단체가 아닌 광역지방자치단체(특별시・광역시・도 또는 교육감)별로 설치되어 있다. 이는 소청의 전문적 심사와 의결을 위해, 그리고 공정성을 확보하기 위해 기초지방자치단체보다 상위의 광역지방자치단체에 설치해서 운영하기 위함이다. 그리고 지방 소청심사위원회도 제대로 된 역할을 수행하는 기관이 될 수 있도록 조직을 보완하고 기능을 활성화할 필요가 있다.

각국의 중앙인사기관에 대해 알아보자.

❏ 한국의 중앙인사기관과 미국과 일본 등의 인사기관과 비교해보자.
  • 인사혁신처(www.mpm.go.kr)
  • 인사혁신처 소청심사위원회(sochung.mpm.go.kr)

❏ 미국의 중앙인사기관
  • 인사관리처(Office of Personnel Management: OPM; www.opm.gov)
  • 실적제보호위원회(Merit Systems Protection Board; MSPB; www.mspb.gov)
  • 연방노사관계위원회(Federal Labor Relations Authority: FRLA; www.flra.gov)
  • 정부윤리청(Office of Government Ethics: OGE; www.oge.gov)

❏ 일본의 중앙인사기관
  • 인사원(人事院; www.jinji.go.jp)
  • [내각관방] 내각인사국(內閣人事局; www.cas.go.jp)

07

공무원 구분

인 사 행 정 론

제7장 │ 공무원 구분

공무원의 구분에 대한 내용은 정부조직에서 사용하고 있는 다양한 공무원의 종류에 관한 것으로 실제 행정기관에서 활용하고 있는 공무원의 종류를 중심으로 살펴본다. 공직을 분류하는 이론적 의의 및 제도적 근거에 대한 것은 이미 본 책의 제4장에서 다루었으므로, 공무원 구분과 관련된 개념적·이론적 논의는 제4장 계급제 및 직위분류제를 참조하면 된다. 먼저 공무원의 구분 기준은 직무·직위의 성격, 임용주체, 임용형태, 근무시간, 그리고 기타방식에 의한 구분으로 나누어볼 수 있다.

1. 직무·직위의 성격에 의한 구분: 경력직 vs. 특수경력직

공무원은 담당하는 직무와 직위의 성격에 따라 실적, 자격요건, 신분보장, 정치적 성격, 집행 업무 등이 구별된다. 직무 수행시에 자격과 실적을 필요로 하는 직무는 집행적 성격을 갖고, 신분보장이 되며, 임용에 있어 경쟁을 요구하는 경우가 많다. 반면에, 정치적 대응성을 중요시 하는 직무는 정치적 영향에 의해 임용되는 경우가 많으며, 이런 직무는 신분보장이 되지 않는다.

미국의 경쟁직 공무원(competitive service)과 우리나라의 경력직(일반직과 특정직) 공무원은 대부분 공개경쟁과정을 거쳐 실적과 자격에 의해 임용되고 신분보장이 된다. 그러나 미국의 예외직 공무원(excepted service)과 우리나라의 특수경력직(정무직과 별정직) 공무원은 공개경쟁과정을 거치지 않고 정치적으로 임명되며 신분보장이 되지 않는다. 공무원의 종류를 직무와 직위의 성격에 따라 구분할 때 나라마다 사용하는 용어가 상이하다. 우리나라 공무원의 종류를 크게 경력직과 비(非)경력직으로 나눌 수 있는데, 우리나라는 비경력직이라는 용어 대신에 특수경력직이라는 용어를 사용하고 있다.

2. 임용주체에 의한 구분: 국가 vs. 지방공무원

국가체제에 따라 다를 수 있으나, 공무원은 국가공무원 혹은 지방공무원 등으로 구분되기도 한다. 국가공무원인지 지방공무원인지는 일반적으로 임용주체가 국가 혹은 지방자치단체인지의 여부에 따라 나뉜다. 또한 담당사무에 따라 중앙정부의 국가사무를 담당하는 공무원을 국가공무원, 지방자치단체의 자치사무를 담당하는 공무원을 지방공무원이라고 부르기도 한다. 그리고 경비의 부담주체가 국가인지 지방자치단체인지에 따라 국가공무원 혹은 지방공무원으로 구분되기도 한다. 이는 국가사무의 경우 그 경비를 중앙정부가 부담하고 자치사무의 경우에는 원칙적으로 지방자치단체가 그 경비를 부담하기 때문이다.

그러나, 우리나라의 경우 국가사무, 자치사무 외에 중간수준의 단체위임사무가 있어, 단체위임사무를 담당하는 공무원의 경우 국가공무원 혹은 지방공무원으로 단정하기 애매한 점이 있다. 단체위임사무는 국가와 지방자치단체가 공동으로 경비를 부담하는 경우가 있기 때문이다. 또한, 지방자치단체에 근무하는 국가공무원이 항상 국가사무만을 담당하는 것도 아니고, 또한 지방자치단체에 근무하는 지방공무원이 자치사무뿐만 아니라 국가사무도 담당하는 경우가 있으며, 국가공무원이 지방자치단체로부터 보수나 수당을 받거나 그 반대의 경우도 존재한다.

미국은 임용주체에 따라 연방공무원, 주공무원, 지방공무원으로 구분하며, 영국 프랑스 등은 임용주체에 따라 국가공무원과 지방공무원을 구분한다. 우리나라의 경우 임용주체에 따라 국가공무원과 지방공무원으로 구분된다고 보나, 지방공무원법에는 경비 부담의 주체가 지방자치단체인 경우 지방공무원으로 규정하고 있고(지방공무원법 제2조), 국가공무원법에는 국가공무원·지방공무원을 구분하는 기준을 명확히 제시하지 않고 있다.

3. 임용형태에 의한 구분: 정년제 vs. 임기제 공무원

정년까지 신분을 보장받느냐의 여부에 따라 정년제(정년보장) 공무원과 임기제 공무원으로 구분할 수 있다. 경력직 일반 공무원의 대부분은 정년까지 신분을 보장받는다. 그런데 임기제 공무원은 글자그대로 임기(term)가 정해져 있어서 임기에 따라 일정한 기간 동안만 근무하게 된다. 지난 2013년 공무원 직종체계가 일반직 중심으로 재편성됨에 따라 기능직과 계약직이 폐지되고, 그 보완조치로 '임기제 공무원' 제도가 도입되었으므로 임기제는 '과거의 계약직'과 유사한 제도라고 할 수 있다.

우리나라의 경우 일반임기제 공무원, 전문임기제 공무원, 시간선택제 임기제공무원, 한시임기제 공무원으로 나누어진다. 일반임기제 공무원은 직제 등 법령에 규정된 경력직공무원의 정원에 해당하는 직위에 임용되는 임기제공무원이며, 전문임기제 공무원은 특정 분야에 대한 전문적 지식이나 기술 등이 요구되는 업무를 수행하기 위하여 임용되는 임기제공무원이고, 시간선택제 임기제공무원은 통상적인 근무시간보다 짧은 시간(주당 15~35시간 범위)에서 정한 시간을 근무하는 공무원으로 임용되는 시간선택제 일반임기제공무원 또는 시간선택제 전문임기제공무원을 말하며, 한시임기제 공무원은 휴직, 병가 혹은 특별휴가 등으로 공무원 업무를 1년 6개월 이내의 기간 동안 임용되는 공무원이다(공무원임용령 제3조의2).

또한 민간부문은 물론 공공부문에도 '비정규직'이 늘어났다. 비정규직이 늘어난 이유는 노동시장의 경직성 극복, 사회적 난제 대응 등 다양한 관점에서 살펴볼 수 있다. '비정규직'이란 일정한 기간의 노무급부를 목적으로 사용자와 근로자가 한시적으로 근로관계를 맺는 고용형태로 '기간제근로, 단시간근로(파트타임), 파견·용역' 등이 이에 해당되며, 정부기관에도 비정규직이 늘어났다. 국내외 사례를 보면, 기획 및 조정 업무는 공무원들이 소화하되, 다소 단순한 집행적 성격의 업무는 비정규직이 담당하는 사례가 늘어나는 경향을 보이고 있다. 우리나라 중앙정부의 경우에 중앙행정기관 49개 중 대통령비서실을 제외한 48개 기관이 '공무직' 관련 인사관리규정을 제정하여 운영하고 있다. 고용노동부의 공무직 근로자 운영규정에 의하면, "공무직 근로자"란 고용노동부와 그 소속기관에 근무하면서, 상시적·지속적 업무에 종사하며 기간의 정함이 없는 근로계약을 체결한 사람을 말한다.

이와 관련하여 노동계는 비정규직이 노동인권의 사각지대에 놓여 있다고 보고,

정부에 정규직화와 제도적 보호를 요구하고 있다. 이에 따라 정부도 정규직 전환을 추진하였는데, 1단계 대상 중앙행정기관의 정규직 전환 추진 성과는 비정규직(기간제 및 파견·용역) 근로자 총 415,602명 중 상시·지속적인 업무를 수행하는 315,832명의 근로자 중 174,935명을 정규직으로 전환하기로 계획하였으며, 2021년 12월 말 기준 203,199명(116.2%)의 정규직 전환이 결정되어 그 중 197,866명(97.4%)이 정규직으로 전환된 것으로 알려졌다(한국행정연구원, 2022).

4. 근무시간에 의한 구분: 전일제 공무원 vs. 시간선택제 공무원

공무원이 통상의 근무시간만큼 일하는 것과 근무시간을 선택하여 통상의 근무시간보다 짧게 근무할 수 있는 가의 기준에 따라 전일제 공무원과 시간선택제 공무원으로 구분하기도 한다. 일과 가정 양립의 중요성, 특수한 행정업무의 증가, 일자리를 나누고 늘릴 필요성에 따라 통상의 근무시간보다 적게 근무할 필요성이 증대되고 있어, 시간선택제 공무원이 늘어나고 있다. 미국과 영국의 상근(full-time)공무원과 비상근(part-time)공무원, 우리나라의 전일제 공무원과 시간선택제 공무원이 근무시간에 의한 공무원 구분이다.

또한 최근에는 COVID-19의 영향으로 유연근무제가 늘어나 탄력근무제(주 40시간 근무하되, 출퇴근시각·근무시간·근무일을 자율 조정), 재량근무제(근무시간, 근무장소 등에 구애받지 않고 구체적인 업무성과를 토대로 정상 근무한 것으로 간주하는 근무형태), 그리고 원격근무제(특정한 근무장소를 정하지 않고 정보통신망을 이용하여 근무) 등이 활용되고 있어 근무시간과 근무장소에 대한 제약이 줄어들고 있다.

5. 기타방식에 의한 구분: 근무지, 보수표 등

근무지가 국내 혹은 국외인지에 따라 공무원이 구분된다. 우리나라의 외무공무원, 미국 연방정부의 외무공무원, 영국의 국내공무원(Home Civil Service)과 외무공무원(Diplomatic Service) 등이 근무지에 의해 공무원을 구분한 것이다. 보수표 종류에 따라 공무원이 구분되기도 한다. 특히 미국 연방 공무원의 경우를 보면, 경력직 공무원은 일반보수표(General Schedule: GS)의 적용을 받으며, 기술직 공무원은 연방 임금 체계(Federal Wage System: FWS)의 적용을 받고, 정무직 공무원은 정무직 보수표(Executive Schedule: EX)를 적용받으며, 고위공무원단은 고위직 보수표를 적용받고, 보훈처의 특수직 공무원(의사 등)은 보훈처 직원 보수표(Schedules for the Veterans Health Administration)를 적용받으며, 외무직 보수표(Foreign Service Schedule)의 적용을 받는 외무공무원 등으로 구분된다.

제2절 우리나라 공무원의 구분

1. 직종구분의 변경

우리나라 국가공무원은 1948년 대한민국 정부수립 이후 1981년 국가공무원법 개정이전까지 크게 일반직 공무원과 별정직 공무원으로 구분되어 왔다. 1981년 국가공무원법이 개정되면서 우리나라의 가장 기본적인 공무원 분류 방식은 실적주의를 기준으로 직무·직위의 성격에 따라 경력직 공무원과 특수경력직 공무원으로 공무원을 구분하고 있다(국가공무원법 제2조 제1항; 하태권 외, 2000).

지난 2013년 국가공무원법이 개정되기 전까지는 세부적으로 경력직 공무원은 일반직, 특정직, 기능직 공무원으로 구분되었고, 특수경력직 공무원은 정무직, 별정직, 계약직 공무원으로 나뉘어 총 6개의 직종으로 구분되어 왔다. 그러나, 실적주의를 기반으로 공직을 단순·명료하게 분류해야 할 필요성이 요청되었고, 공무원 직종 구분에 따른 장벽을 제거하여 공직사회의 전문성을 제고함으로써 행정환경에 탄력적으로 대응해야 한다는 필요성에 따라, 2013년에 국가공무원법이 개정되었다(이선우·진종순, 2014). 이에 따라 경력직 공무원은 일반직·특정직으로 구분되며, 특수경력직은 정무직·별정직으로 총 4개의 직종으로 구분되었다. 그 과정에서 [그림 7-1]이 보여주는 것처럼 일반직과 기능직이 통합되어 일반직으로 재편되어 기존의 기능직이 폐지되었으며, 별정직과 계약직 중 실적주의가 적용되는 직위는 일반직으로, 그렇지 않은 직위는 별정직으로 재분류되어 계약직도 폐지되었다.

그림 7-1 　직종구분 변경(2013. 12)

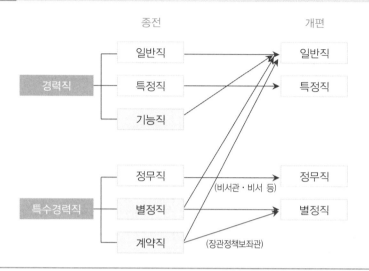

출처: 인사혁신처(2019), 공무원 인사실무.

1) 기능직의 폐지와 전환내용

기존에 기능직에 해당되는 것 중에서 일반직에 유사직렬이 있는 경우에는 직종개편 시행일(2013년 12월)에 일반직 관리운영직군으로 전환되었다. 예를 들어, 기능직 토목직렬은 일반직 관리운영직군 토목운영직렬로 전환되고 기능직은 폐지되었다. 직종개편 시행이후 전직시험을 거쳐 행정·기술직군내 유사직렬로 전직임용이 가능하였으나, 전직을 희망하지 않거나 또는 필기시험 불합격시에는 행정·기술직군이 아닌 관리운영직군에서 퇴직시까지 근무하게 되었다. 기존에 기능직에 해당되는 것 중에서 일반직에 유사직렬이 없는 경우에는 직종개편 시행일에 신설직군(렬)으로 전환되었다. 계급제적 요소와 관련하여, 기존의 기능직 6급 이하는 일반직 상당계급으로 전환되었고, 기능직 5급 이상은 일반직 6급으로 전환되었다.

2) 별정직의 일부 전환내용

비서·비서관 등 정치적 임명직위의 경우 그대로 별정직으로 유지하는 것을 제외하고 일반직 전환 원칙을 적용하였다. 직무의 성격에 따라, 고도의 전문성 또는 오랜 경험이 요구되는 특수한 직무분야에 장기재직이 필요한 직위는 전문경력관으로 지정·전환하였다. 기존 일반직에 유사직렬이 있는 경우에는 일반직 유사직렬로 전환하되 전담직위를 지정하였다. 기존 일반직에 유사직렬이 없고, 계급체계 성격에 부합하며, 현원이 상당 규모인 직무분야인 경우(예: 방송기술, 무대기술 담당), 직렬 신설 등의 방법으로 전환하였다(예: 방송무대직렬). 상임위원 등 임기가 있는 기존 별정직위는 임기제 일반직으로 전환되었다.

3) 계약직의 폐지와 전환내용

종전 계약직은 직무 성격에 따라 다르게 전환되었다. 고도의 전문성, 단기간 임용이 필요한 직위는 임기제 일반직으로 전환되었고, 채용 당시 계약기간의 잔여기간 동안 근무하게 되었다. 장관정책보좌관 등 정치적 임용직위는 별정직으로 전환되었다.

2. 우리나라 공무원의 구분

우리나라는 공무원을 크게 경력직 공무원과 특수경력직 공무원으로 구분한다. 그리고 경력직 공무원은 다시 일반직 공무원과 특정직 공무원으로 구분되고, 특수경력직 공무원은 다시 정무직 공무원과 별정직 공무원으로 구분된다.

표 7-1	공무원의 구분과 예	
공무원 구분		예
경력직 공무원	일반직 공무원	전문관, 수석전문관, 연구관, 연구사, 우정사무관, 우정서기보, 전문경력관 등
	특정직 공무원	대법원장, 대법관, 판사, 검찰총장, 검사, 외무공무원, 경찰, 소방공무원, 교원, 교수, 조교, 장학관, 장학사, 교육연구관, 교육연구사, 군인, 군무원, 국가정보원직원, 경호공무원, 헌법연구관 등
특수경력직 공무원	정무직 공무원	대통령, 국무총리, 국무위원, 처의 장, 각 원·부·처의 차관, 정무차관, 국회의장·국회부의장 및 국회의원의 비서실장·보좌관·비서관 및 비서와 교섭단체의 정책연구위원, 지자체장, 지방의회의원, 교육감, 헌법재판소장, 감사원 감사위원 및 사무총장, 국회사무총장·차장·도서관장·예산정책처장·입법조사처장, 헌법재판소 재판관·사무처장 및 사무차장, 중앙선거관리위원회 상임위원·사무총장 및 차장, 대통령비서실장, 국가안보실장, 대통령경호처장, 국무조정실장, 대통령비서실 수석비서관, 국무총리비

	서실장, 대법원장 비서실장, 국회의장 비서실장, 국가정보원장 및 차장, 방송통신위원회 위원장, 국가인권위원회 위원장, 공정거래위원회 위원장·부위원장 등
별정직 공무원	비서관·비서, 장관정책보좌관, 국회 수석전문위원, 국가정보원 기획조정실장 등

1) 경력직 공무원

실적과 자격에 따라 임용되고 그 신분이 보장되며 비교적 오랫동안 공무원으로 근무할 것이 예정되는 공무원이다. 단, 임기제 공무원처럼 근무기간을 정하여 임용하는 공무원의 경우에는 그 기간 동안을 말한다. 경력직 공무원은 일반직 공무원과 특정직 공무원으로 나뉜다.

(1) 일반직 공무원

기술·연구 또는 행정 일반에 대한 업무를 담당하는 공무원이다. 일반직 공무원은 1급부터 9급까지의 계급으로 구분하며, 직군(職群), 직렬(職列), 직류(職類)별로 분류된다. 일반직 공무원의 직군·직렬·직류구조는 3개 직군(행정, 기술, 관리운영직군), 53개 직렬, 130여개 직류로 나뉜다(세부적인 분류내용은 공무원임용령 별표1 참조). 그리고 고위공무원단에 속하는 공무원은 계급으로 구분되지 않음에 따라, 고위공무원단이 있는 행정부의 경우에는 일반직 공무원의 계급은 3급~9급으로 나뉘며, 종전의 1~2급에 해당하는 고위공무원은 계급구분이 없이 가나등급으로 나눈다(고위공무원단은 제3절에서 설명).

우정직(공무원임용령 별표 2에 따름)의 계급구조는 우정1급에서부터 우정9급으로 나뉜다. 우정직의 직군직렬구조는 우정직군, 우정직렬, 우정직류로 구분된다.

연구·지도직(연구직 및 지도직공무원의 임용 등에 관한 규정 별표1~별표2의 2에 따름) 공무원의 경우, 연구직과 지도직으로 구분된다. 연구직의 계급구조는 연구관과 연구사로 나뉘며, 지도직의 계급구조는 지도관과 지도사로 나뉜다.

전문직(전문직 공무원 인사규정 별표 1)의 계급구조는 수석전문관과 전문관으로 나뉜다. 그러나, 국가공무원법 4조 2항에서 제시되듯이, 대통령령 등으로 정하는 바에 따라, 특수 업무 분야에 종사하는 공무원, 연구·지도·특수기술 직렬의 공무원, 그리고 인사관리의 효율성과 기관성과를 높이기 위하여 일반적인 계급 구분이나 직군 및 직렬의 분류를 달리 적용하는 것이 특히 필요하다고 인정되는 기관에 속한 공무원의 경우, 일반적인 계급구분 및 직군직렬구조를 적용하지 아니할 수 있다.

전문경력관은 일반직 공무원 중 특수 업무 분야에 종사하는 공무원에 해당된다. 전문경력관의 경우, 전문경력관 규정(공무원임용령 3조 등)을 적용받는다. 전문경력관은 계급구분 및 직군·직렬 분류가 적용되지 않으며, 직무 특성·난이도 및 직무에 요구되는 숙련도 등에 따라 독특한 직위군(가군, 나군, 다군)으로 구분된다. 일반직 공무원의 계급구분은 아래 표에서 제시된다.

표 7-2   일반직 공무원의 계급 구분 및 근거

구 분	계 급	근 거
행정·기술·관리운영직군	• 국가공무원: 9계층 (고위공무원단 가나등급과 3~9급) • 지방공무원: 9계급	국가공무원법 제4조 지방공무원법 제4조
전문직공무원	• 수석전문관(일반직 3~4급) • 전문관(일반직 5급)	국가공무원법 제4조
연구·지도·특수기술 직렬	• 연구·지도: 2계급(연구관, 연구사; 지도관, 지도사) • 의무: 5계급(1~5급) • 약무: 7계급(1~7급) • 수의: 7계급(1~7급) • 간호, 보건: 8계급(1~8급)	국가공무원법 제4조 지방공무원법 제4조
기관 성과를 높이기 위한 기관에 속한 공무원	• 우정직: 9계급(우정1급~우정9급) [행정직렬 공무원으로 환산 시 5직급 상당(우정사무관 – 우정서기보)]	국가공무원법 제4조
전문경력(특수업무분야)	• 전문경력관: 3계급(가,나,다군)	국가공무원법 제4조
시간선택제 공무원	• 일반직(임기제 포함), 별정직 공무원은 직위·계급 및 직무분야 등의 제한 없이 시간선택제 근무 신청 가능	국가공무원법 제26조 지방공무원법 제25조
임기제 공무원	• 일반임기제: 9계급(1~9급) • 전문임기제: 5등급(가~마급) • 한시임기제: 5등급(5~9호)	국가공무원법 제2,3조 지방공무원법 제2,3조

출처: 강성철 외(2019); 인사혁신처(2021).

(2) 특정직 공무원

특정직 공무원은 다른 법률에서 특정직 공무원으로 지정하는 공무원으로써, 담당업무가 특수하여 자격·신분보장·복무 등에서 특별법이 우선 적용되는 공무원이다. 법관, 검사, 외무공무원, 경찰공무원, 소방공무원, 교육공무원, 군인, 군무원, 헌법재판소 헌법연구관, 국가정보원의 직원, 경호공무원 등과 같이 특수 분야의 업무를 담당하는 공무원이다. 계급, 임용 등에 관한 사항은 법원조직법, 검찰청법, 외무공무원법, 경찰공무원법, 교육공무원법 등 개별법(국가공무원법의 특례법)으로 규

표 7-3 특정직 공무원의 분류 및 근거

구 분	분 류	근거 법률
법관	• 대법원장 - 대법관 - 판사	법원조직법 제4조, 제5조
검사	• 검찰총장 - 검사	검찰청법 제6조
외무 공무원	• 고위외무공무원(공사급 이상 직위) • 외무공무원 * 외교통상직렬, 외무영사직렬, 외교정보기술직렬로 구분하되 대통령령으로 정하는 참사관급 이상 직위는 직렬 미구분	외무공무원법 제2조
경찰 공무원	• 치안총감 - 치안정감 - 치안감 - 경무관 - 총경 - 경정 - 경감 - 경위 - 경사 - 경장 - 순경(11개 계급)	경찰공무원법 제2조
소방 공무원	• 소방총감 - 소방정감 - 소방감 - 소방준감 - 소방정 - 소방령 - 소방경 - 소방위 - 소방장 - 소방교 - 소방사(11개 계급)	소방공무원법 제2조
교육 공무원	• 교원 - 유치원, 초·중·고등학교: 교장(원장), 교감(원감), 수석교사, 교사 - 대학: 교수, 부교수, 조교수, 조교 • 장학관, 장학사 • 교육연구관, 교육연구사	교육공무원법 제2조, 제6조, 제6조의2, 제7조, 제8조
군인	• 장교: 장성(원수, 대장, 중장, 소장, 준장), 영관(대령, 중령, 소령), 위관(대위, 중위, 소위) • 준사관: 준위 • 부사관: 원사, 상사, 중사, 하사	군인사법 제3조
군무원	• 일반군무원: 1~9급(9개 계급)	군무원인사법 제3조
국가 정보원 직원	• 특정직 직원: 1~9급(9개 계급)	국가정보원직원법 제2조
경호 공무원	• 경호공무원: 1~9급(9개 계급)	대통령 등의 경호에 관한 법률 제6조
헌법 연구관	• 헌법연구관 - 헌법연구관보 * 헌법연구관보는 별정직국가공무원임	헌법재판소법 제19조, 제19조의2

출처: 인사혁신처(2019), 공무원 인사실무.

정되어 있다.

2) 특수경력직 공무원

특수경력직 공무원이란 경력직 공무원 외의 공무원으로 정무직 공무원과 별정직 공무원이 있다. 정무직 공무원과 별정직 공무원은 공통적으로 정치적 대응성에 의해서 관리되는 공무원으로써 공개경쟁이나 객관적 실적보다는 정치적 지도자와의 개인적 관계나 정치적 대응성에 의해서 관리되는 공무원이다. 현 제도상 두드러진 차이점은 정무직 공무원은 차관급 이상의 임용에만 해당되며, 별정직 공무원은 차관급 미만의 임용에만 해당된다.

(1) 정무직 공무원

정무직 공무원은 선거로 취임하거나 임명할 때 국회의 동의가 필요한 공무원이거나, 고도의 정책결정 업무를 담당하거나 이러한 업무를 보조하는 공무원으로서 법률이나 대통령령(대통령비서실 및 국가안보실의 조직에 관한 대통령령만 해당한다)에서 정무직으로 지정하는 공무원이다.

국무총리, 감사원장, 대법원장 및 대법관(13인), 헌법재판소장의 임명은 국회동의가 필요하며, 인사청문은 국회 인사청문특별위원회 소관이다. 헌법재판소 재판관

표 7-4	정무직 공무원의 종류
구 분	예 시
선거로 취임	• 대통령, 국회의원, 지자체장, 지방의회의원, 교육감 등
임명시 국회동의 필요	• 국무총리(헌법 제86조), 감사원장(헌법 제98조), 대법원장 · 대법관(헌법 제104조), 헌법재판소장(헌법 제111조)
고도의 정책결정업무를 담당하거나 이를 보조하는 공무원으로서 법령에서 정무직으로 지정	• 감사원 감사위원 및 사무총장, 국회사무총장 · 차장 · 도서관장 · 예산정책처장 · 입법조사처장, 헌법재판소 재판관 · 사무처장 및 사무차장, 중앙선거관리위원회 상임위원 · 사무총장 및 차장 • 국무위원, 대통령비서실장, 국가안보실장, 대통령경호처장, 국무조정실장, 처의 처장, 각부 차관, 청장, 차관급상당 이상의 보수를 받는 비서관(대통령비서실 수석비서관, 국무총리비서실장, 대법원장 비서실장, 국회의장 비서실장) • 국가정보원장 및 차장, 방송통신위원회 위원장, 국가인권위원회 위원장, 공정거래위원회 위원장 · 부위원장 등

출처: 인사혁신처(2019), 공무원 인사실무.

중 3인 및 중앙선거관리위원회 위원 중 3인은 국회에서 선출되며, 인사청문은 국회 인사청문특별위원회 소관이다. 국회에서 선출하지 않는 헌법재판소 재판관과 중앙 선거관리위원회 위원, 국무위원, 방송통신위원회 위원장, 국가정보원장, 공정거래위 원회 위원장, 금융위원회 위원장, 국가인권위원회 위원장, 국세청장, 검찰총장, 경 찰청장, 합동참모의장, 한국은행총재, 특별감찰관, 한국방송공사 사장 그리고 고위 공직자범죄수사처장의 임명은 국회 소관 상임위원회의 인사청문이 요구된다. 인사 청문회의 대상이 되는 공직후보자를 국회법 제46조의3에 따라 인사청문특별위원회 에서 인사청문회를 실시하는 공직후보자와 국회법 제65조의2에 따라 부처별 소관 상임위원회에서 인사청문회를 실시하는 공직후보자로 구분하면 <표 7-5>와 같다.

표 7-5   인사청문대상 공직후보자

구 분		대상공직후보자
인사청문 특별위원회	국회 동의	대법원장, 헌법재판소장, 국무총리, 감사원장, 대법관
	국회 선출	헌법재판소 재판관(3인), 중앙선거관리위원회 위원(3인)
부처별 소관 상임위원회	대통령 지명	헌법재판소 재판관(3인), 중앙선거관리위원회 위원(3인), 국무위원, 방송통신위원회 위원장. 국가정보원장, 공정거래위원회 위원장, 금융위원회 위원장, 국가인권위원회 위원장, 고위공직자범죄수사처장, 국세청장, 검찰총장. 경찰청장. 합동참모의장, 한국은행 총재, 특별감찰관, 한국방송공사 사장
	대통령(당선인) 지명	국무위원
	대법원장 지명	헌법재판소 재판관(3인), 중앙선거관리위원회 위원(3인)

출처: 인사혁신처(2019), 공무원 인사실무.

(2) 별정직 공무원

별정직 공무원은 비서관·비서 등 보좌업무 등을 수행하거나 특정한 업무 수행 을 위하여 법령에서 별정직으로 지정하는 공무원이다. 별정직 공무원으로는 비서 관·비서, 장관정책보좌관, 국회 수석전문위원, 국가정보원 기획조정실장, 기타 법 령에서 별정직으로 지정하는 공무원이 있다.

별정직 공무원 중에서 별정직 고위공무원은 소속장관 제청에 의해 인사혁신처 장과 협의를 거쳐 국무총리를 경유한 후 대통령이 임용한다. 3~5급 상당의 별정직

공무원의 경우 소속장관이 임용하며, 6급상당 이하의 별정직 공무원은 각 기관의 장이 임용한다. 별정직은 대부분 일반직의 상당계급의 보수를 받는 직위명칭이 부여되고, 일반직 임용절차에 따르거나 이에 준하여 처리되는 경우가 많다. 별정직은 일반직과 달리 구체적인 직권면직 사유가 정해져 있지 않고, 신분보장이 적용되지 않으므로 임용권자가 계속하여 재직하게 하는 것이 심히 부적절하다고 판단하는 경우 객관적이고 합리적인 사유를 명백하게 알림으로써 직권면직을 할 수 있다.

3. 국가공무원과 지방공무원

우리나라의 공무원은 임용주체 그리고 경비부담의 주체에 따라 국가공무원과 지방공무원으로 구분된다. 우리나라는 국가공무원에게 국가공무원법을 적용하고 지방공무원에게 지방공무원법을 적용한다. 그러나, 앞에서 논의했듯이, 국가공무원과 지방공무원의 구분이 임용주체에 의한 것인지 경비부담주체에 의한 것인지는 명확하지 않아 공무원을 구분하려고 할 때 해석의 차이가 발생할 수 있다. 한편으로는, 우리나라는 국가공무원법과 지방공무원법이라는 두 개의 법체계를 가지고 있지만 인사행정의 원리는 국가공무원과 지방공무원에게 거의 동일하게 적용된다는 것이 일반적이다. 그래서 계급체계, 직위분류체계, 임용방법, 교육훈련, 성과평가, 보수 체계와 연금 및 재해보상 등에서 거의 차이가 없다. 국가사무와 자치사무를 엄격하게 구분하여 국가사무는 국가공무원을 자치사무는 지방공무원에게만 부여되

표 7-6   국가공무원과 지방공무원의 비교

구 분	국가공무원		지방공무원	
법적 근거	국가공무원법, 정부조직법 등		지방공무원법, 지방자치법 등	
임용권자	대통령, 국회의장, 대법원장, 중앙선거관리위원장, 헌법재판소장 등		지방자치단체의 장	
보수 재원	국비		지방비	
공무원 구분	경력직 공무원	일반직 국가공무원	경력직 공무원	일반직 국가공무원
		특정직 국가공무원		특정직 국가공무원
	특수경력직 공무원	정무직 국가공무원	특수경력직 공무원	정무직 국가공무원
		별정직 국가공무원		별정직 국가공무원

출처: 강성철 외(2019).

는 것도 아니다. 또한, 동일한 직급의 국가공무원을 지방공무원으로 특별 임용하고 지방공무원을 국가공무원으로 특별 임용할 수 있어 상호교류가 자유롭다.

4. 직군·직렬·직류의 변화

우리나라 국가공무원법(제4조1항)에 따르면, 일반직공무원은 1급부터 9급까지의 계급으로 구분하며, 직군과 직렬별로 분류한다. 다만, 고위공무원단에 속하는 공무원은 그러하지 아니하다.

직군이라 함은 직무의 성질이 유사한 직렬의 군으로서 직위 분류의 대단위가 되고, 직렬은 직무의 종류가 유사하고 그 책임과 곤란성의 정도가 서로 다른 직급의 군으로서 공무원 인사와 정원 관리의 기준이 된다. 직류는 같은 직렬 내에서 담당 분야가 같은 직무의 군으로서 행정의 전문화를 꾀하고 합리적인 공무원 채용 및 보직관리를 위해 도입하였다(국가공무원법 제5조).

일반직 공무원의 직군·직렬·직류 구분은 시대흐름과 여러 정권을 거치며 조금씩 바뀌고 있다. 현재 3개 직군(행정, 기술, 관리운영직군), 53개 직렬, 130여개 직류를 유지하고 있으며(공무원임용령 별표 1), 그 변천 내용은 <표 7-7>과 같다. 박근혜 정부에서 정보보호 직류와 인사조직 직류가 신설되었고, 문재인 정부에서 데이터 직류, 안전관리 직류, 재난관리 직류가 신설되었다. 그리고 전문직 공무원제도가 도입되어 수석전문관, 전문관 2계급 체계로 지정하는 등 공직 내 전문성 향상을 위한 노력을 꾀하고 있다(유상엽·김지성, 2018).

표 7-7 시기별 공무원 직군 및 직렬의 변화

시 기	특 성
이승만·장면 정부 제1·2공화국 (1948~1962)	• 1949. 8. 국가공무원을 일반직, 별정직으로 나누고 일반직은 다시 사무계와 기술계의 5계급체계 확립 • 1961. 4. 공무원 등급을 9계급으로 나누고 1급은 22개의 직종, 2급 이하는 사무계와 기술계의 2개 직계로 다시 사무계는 3개 직부, 기능계는 29개 직위로 분류. 이들 각 직부는 직군, 직렬, 직급으로 세분화 • 1961. 4. 공무원임용령에 직종, 직렬, 직군, 직부, 직계 등의 용어가 등장하면서 직위분류제적 요소가 도입 시작
박정희 정부	• 1963. 4. 직위분류제 조항신설(국가공무원법). 사무계는 5개 직군, 26개 직

제3·4공화국 (1963~1980)	렬, 기술계는 11개 직군, 55개 직렬로 세분화 • 1970. 12. 대폭적 직렬 재조정으로 17개 직군, 72개 직렬이 16개 직군, 47개 직렬로 축소되어, 7개 직렬이 신설된 반면 1개 직군과 32개 직렬이 폐지. 사무계의 12개 직렬이 행정직렬로 통합, 기술계의 7개 직렬이 농림직렬로 통합되어 공직분류체계의 전문화 후퇴 • 1964. 11. 직위분류법이 제정되었으나 실제 직위분류제는 실시되지 못하였고, 1973년에 직위분류법이 폐지됨
전두환·노태우 정부 제5·6공화국 (1981~1993)	• 1981. 9개 급류를 9개 계급으로 개명, 비대한 직렬의 문제를 해결하기 위한 목적으로 직류 개념 신설 • 일반직 공무원은 15개 직군, 56 직렬, 70 직류로 구분
김영삼 정부 (1993~1998)	• 일반직 공무원 10개 직군, 56개 직렬, 91개 직류(연구, 지도직 제외)로 분류한 반면, 행정직군과 공안직군과 달리 물리직군, 환경직군 등은 직렬의 수와 직류의 수가 세분화되지 않음 • 세계화 추세를 반영하여 해외거주자 및 유학생 출신을 국제관계 전문 5급 국가공무원으로 특채하는 등 폐쇄적 체계를 개방체계로 전환 • 건국 이후 최초로 국가공무원 일반직 5급 이상 13,460여개 직위에 대한 직무분석 수행 • 일반직 공무원 10개 직군, 57개 직렬, 91개 직류(연구, 지도직 제외) 개편
김대중 정부 (1998~2003)	• 직군, 직렬, 직류 변화 없음 • 개방형 직위 도입: 1-3급 실·국장 전체 직위의 20%를 공직 내외에 개방
노무현 정부 (2003~2008)	• 직군, 직렬, 직류 변화 없음 • 2006년 고위공무원단 도입: 직무등급제적용
이명박 정부 (2008~2013)	• 일반직 공무원 2개 직군, 31개 직렬 101개 직류로 직군 및 직렬을 축소하고 직류를 확대함 • 고위공무원단을 5단계등급에서 2단계등급으로 통합
박근혜 정부 (2013~2017)	• 관리운영 직군을 신설 3개 직군, 53개 직렬, 136개 직류로 확대 • 정보보호 직류(2014) 및 인사조직 직류(2015) 신설
문재인 정부 (2017~현재)	• 공직사회 전문성 강화위해 전문직공무원제도 도입: 전문직군을 신설하고 33개 직렬 103개 직류를 수석전문관, 전문관 2계급체계로 운영 • 전문직공무원제도 확대: 17년 6개 부처 6개 분야 95명 → 20년 10개 부처 11개 분야 225명; 42개 부처에 전문직위 4,346개(2020.10월) • 데이터 직류, 안전관리 직류, 재난관리 직류 신설(2020)

출처: 김기형·진종순(2018); 유상엽·김지성(2018); 인사혁신처(2021).

5. 우리나라 공무원의 구분별 현황

1) 전체 공무원 정원

행정안전부의 정부조직관리정보시스템에 의하면, 2022년 6월 30일 기준 공무원 정원은 1,168,512명으로, 그 중 행정부 소속 공무원은 1,143,045명, 입법부 소속 공무원은 4,176명, 사법부 소속 공무원은 17,997명, 헌법재판소 소속 공무원은 343명, 중앙선거관리위원회 소속 공무원은 2,961명이다.

표 7-8 전체 공무원 정원(2022년 6월 30일 기준)

구 분			정 원
합계			1,168,512
행정부	소계		1,143,035
	국가		756,509
	지방	소계	386,526
		지방자치	312,791
		교육자치	73,735
입법부			4,176
사법부			17,997
헌법재판소			343
중앙선관위			2,961

출처: 행정안전부 정부조직관리정보시스템(www.org.go.kr).

2) 국가 및 지방 공무원, 직군·직렬·직급별 인원 현황

2019년 12월 31일 기준 국가공무원 직종별 현원은 681,049명으로, 그 중 일반직 공무원은 172,733명이고, 특정직 공무원은 507,726명, 정무직 공무원은 129명, 별정직 공무원은 461명이다. 2019년 12월 31일 기준, 정부 국가공무원 vs. 지방공무원 직종별 현원과 국가공무원 행정·기술·관리운영직군 직렬·직급별 현원 현황은 아래 표와 같다.

표 7–9 행정부 국가 vs. 지방공무원 및 직군·직렬·직급별 현원

구분(Classification)		국가공무원	지방공무원
		전체	전체
합계		681,049	337,004
정무직 계(Political Service)		129	239
일반직 계(General Service)		172,733	281,876
행정·기술·관리운영직군	고위공무원(국가) 지방공무원(1~2급)	1,082	89
	3급	819	398
	4급	6,334	3,030
	5급	15,579	18,284
	6급	32,982	79,946
	7급	43,117	81,926
	8급	23,793	44,344
	9급	14,047	36,630
전문직		183	
연구직		5,611	3,748
지도직		123	4,355
우정직		23,126	
전문경력관		1,002	542
시간선택제		1,596	2,341
일반임기제		2,095	6,243
전문임기제		913	
한시임기제		331	
특정직 계		507,726	54,281
외무		2,007	
경찰		134,415	145
소방		671	53,344
검사		2,130	
교육		368,503	792
별정직 계		461	608

※ 지방에 두는 국가공무원 80명은 국가공무원에 포함시킴.
출처: 인사혁신처(2021).

1. 고위공무원단의 의의 및 특징

고위공무원단(Senior Civil Service: SCS)은 정부정책 및 조직운영의 핵심적 역할을 담당하는 고위공무원을 범정부적 차원에서 통합적이고 효과적으로 관리하기 위해 하나의 그룹으로 만든 인력풀이다. 학자들은 고위공무원단제도의 도입 원인을 다양하게 설명하고 있으나, 정부의 고위급 인력을 기업의 임원급처럼 별도로 관리하며 업무성과를 높이고 원활한 국정운영을 도모하자는 취지가 크게 작용했다고 할 수 있다. 민간기업의 임원급들은 성과와 보수 그리고 신분 등이 밀접하게 연계되어 있으나, 공무원의 경우에 보수와 성과와 신분이 서로 잘 연계되어 있지 않았다. 그런 맥락에서 정부의 성과가 고위공무원의 능력에 의해 크게 영향을 받는다는 인식하에, 정부 관료제의 상층에 위치한 고위공무원들에 대해서는 민간부문처럼 경쟁과 성과 위주의 관리방식을 적극 활용해야 한다는 취지가 고위공무원단제도에 반영된 것이다. 또한 정부가 고위공무원들을 보다 조직적으로 관리함으로써 그들의 정치적 대응성(political responsiveness)을 제고할 수 있을 것이라는 정치적 해석을 하는 학자들도 있다(Durant, 2003).

고위공무원단에 속한 공무원과 그렇지 않는 공무원들 간에는 서로 다른 인사원리가 존재한다. 고위공무원단은 역량개발 및 성과관리적 요소가 강하게 반영되고, 개방임용과 기관 간 이동이 확대되며, 사람에 따른 공직분류 및 계급화는 이루어지지 않는다. 따라서, 고위공무원단은 역량개발과 성과향상을 통해 정부의 경쟁력을 향상시키기 위해 고위직공무원을 특별관리하는 시스템이다. 고위공무원단제도는 국가에 따라 다양한 차이를 보이나 일반적으로 다음과 같은 공통된 특징을 지닌다(강성철 외, 2019).

첫째, 고위공무원단은 범정부적 차원에서 통합관리된다. 개별부처에서 고위공무원단을 만들어 스스로 운영하는 것이 아니고, 중앙인사기관이 통일된 인사기준을 만들어 통일된 제도를 적용한다. 채용이나 교육훈련 등에서 세부적으로는 개별부처가 시행하기도 하지만, 중앙인사기관이 관련 제도와 지침을 만들어 시행한다.

둘째, 고위공무원단은 개방성을 특징으로 한다. 정부내에서 승진을 통해 고위공무원단으로 들어오기도 하며, 공모직위를 통해 조직내에서 경쟁을 통해 고위공무원이 되기도 하며, 정부 밖의 인력들이 개방형으로 고위공무원단으로 채용되기도 한다. 이는 계급제의 폐쇄성과 뚜렷히 구분되는 특징이다.

셋째, 고위공무원단은 이동성을 특징으로 한다. 직위분류제처럼 특정직위에 오래 머물러 전문성을 쌓기보다는, 고위공무원단의 공무원들은 다른 부처나 기관으로 이동이 용이하다. 고위공무원은 넓은 시야와 안목을 갖추는 것이 필수적이고 기관 및 조직간 협력을 유도하는 것이 요구되므로 부처간 이동이 가능하다.

넷째, 고위공무원단은 성과주의를 강조한다. 계급제는 연공서열에 의해 관리되고 직위분류제는 실적(KSA, 자격, 업적 등)에 의해 관리되나, 고위공무원단은 실적 중에서 업적(성과, 결과물 등)을 최우선시 한다. 성과의 수준에 따라 보수 등 인사관리가 차등적으로 적용되므로, 고위공무원단은 개인과 해당집단의 성과 등에 따라 성과급이 지급된다.

다섯째, 고위공무원단제도는 성과주의를 적용할 뿐만 아니라 정치적 대응성을 촉진한다. 정부가 고위공무원에게 정부정책에 대한 이해도와 정무감각을 가질 수 있도록 정책세미나를 개최하기도 하며, 고위공무원을 인사할 경우에는 인사검증과정을 거치기도 한다. 그리고 미국의 경우에는 고위공무원의 약 10%를 정치적으로 임명하기도 한다.

2. 외국의 고위공무원단제도 발달배경

고위공무원단제도는 미국이 1978년 공무원개혁법(Civil Service Reform Act of 1978)에 의해 최초 도입한 이후 영국, 호주, 캐나다, 네덜란드 등 OECD 정부혁신 선도국가들이 도입하였다. 공통적으로, 정부의 성과 및 정책적 대응성을 높여 정부 경쟁력을 높이고 공공서비스를 향상시키고자 여러 선진국가들이 도입·운영하고 있다(강성철 외, 2019).

1) 미국의 고위공무원단제도

지난 1978년 미국 카터 행정부의 공무원개혁법에 의거하여 탄생된 고위공무원단(Senior Executive Service: SES)이 그 시초이다. 미국의 고위공무원단제도는 다음과 같은 발전배경을 가지고 있다. 첫째, 대통령이 임명한 정무직 공무원과 중·하위직 공무원간의 중간에서 고위직 공무원이 연결고리 역할을 할 것이 요구되었으나 전통적 관료제와 신분보장 등으로 인해, 통치권자 및 정무직 공무원의 영향력이 고위직공무원들에게 효과적으로 미치지 못하였다. 이에 따라, 고위공무원들의 신분보장을 약하게 하고 성과가 낮을 경우 퇴출시킬 수 있는 권한이 정무직 공무원에 부여되었다. 둘째, 정부의 운영이 비효율적이고 정부정책도 효과적이지 못하자 국민들의 불만이 커지게 되었고, 정부는 이를 효과적으로 개선할 필요성이 증대되었다. 따라서, 고위공무원의 폭넓은 안목 배양을 제약하는 직위분류제를 수정할 필요성이 증대되어, 기술적 전문성 보다는 폭넓은 시야와 관리역량을 강화하고자 고위공무원단을 도입하였다(권영주·권경득, 2010).

현재 미국 연방정부에는 정무직 5개 등급(Executive Schedule, EX Level 5~1; 부차관보 Level-5, 차관보 Level-4, 차관 Level-3, 부장관 Level-2, 장관 Level-1)이 관료제의 상층부를 구성하며, 그 아래가 고위공무원단(Senior Executive Service: SES)이다. 그리고 고위공무원단은 아니지만 상위직 공무원(Senior Level Position)이 있고, 그 아래에 15개의 등급(General Schedule, GS 1~15)으로 구성된 경력직 공무원이 있다. 미국 SES는 과거의 계급 GS-16~18에 해당하지만 현재는 계급이 없으며, 약 7,000여개의 국장급 정책직위를 의미한다. 공인된 SES근무평정체제를 갖춘 기관소속 고위공무원은 기본 급여 최고급액이 EX Level-2 수준을 넘을 수 없는 선(하한선과 상한선 내)에서 자율적으로 정해지며, 반면에 공인된 SES근무평정체제를 갖추지 않는 기관의 소속 고위공무원은 기본 급여 최고급액이 EX Level-3 수준을 넘을 수 없는 선(하한선과 상한선 내)에서 자율적으로 정해진다.

2) 영국의 고위공무원단제도

영국은 존 메이저(John Major) 수상 때 발행한 백서(The 1994 Continuity and Change White Paper, 1994)에 근거하여 SCS(Senior Civil Service)와 Non-SCS로 구분하는 개혁을 단행하였다. 영국의 SCS가 도입되기 전에는 신공공관리(New Public Management: NPM) 개혁이 영국정부를 범정부적인 차원에서 변화시키고 있었다. SCS도입으로 계장(Deputy Director), 과장(Director), 국장(Director General), 차관보

(Second Permanent Secretary), 그리고 사무차관(Permanent Secretary)까지 SCS에 속하며, 전체 공무원의 약 1%에 해당한다(Institute for Government, 2021). 사무차관(Permanent Secretary; 공식적으로 Permanent Under-Secretary of State로 불리기도 함) 위에는 정치적으로 임명되는 장관(Secretary of State)이 있으며, 장관은 SCS에 포함되지 않는다. SCS에 대하여는 일반직과 전문직의 구분을 없애고, 기술직과 전문직 공무원에게도 고위직에 진입할 수 있도록 개방하였다.

영국은 기존의 폐쇄적이면서 직급중심적인 피라미드형 계급구조에 기인된 고위직 공무원의 전문성 부족 문제를 극복하려는 목적에서 SCS 도입을 통해 고위공직에 대한 문호를 외부 전문가들에게 개방하였다. SCS는 공개경쟁을 통해 상당수 민간출신 전문가를 SCS 직위에 진입시킴으로써 전문성 제고와 개방성 제고라는 목적을 상당히 달성한 것으로 알려졌다(권영주·권경득, 2010). 하지만, 고위공무원단을 도입하려는 궁극적인 목적은 미국처럼 고위공무원의 역량강화를 통한 정부의 효율성 및 성과 제고에 있다고 할 수 있다.

3. 우리나라의 고위공무원단제도

1) 도입취지

고위공무원단제도는 정부의 주요 정책 결정 및 관리에 있어서 핵심적 역할을 담당하는 실·국장급 공무원을 범정부적 차원에서 적재적소에 활용하고 개방과 경쟁을 확대하며 성과책임을 강화함으로써 역량 있는 정부를 구현하고자 도입되었다. 우리나라에서는 직업공무원제의 근간을 유지하되 고위직의 책임성 및 정부성과를 제고시키기 위해 노무현 정부가 2004년부터 인사혁신 과제로 선정·추진하여 2005년 국가공무원법을 개정한 후, 2006년 7월 1일부터 시행하였다.

2) 미국의 고위공무원단제도와 차이

우리나라 고위공무원단제도는 개념적으로는 계급제에 기반을 둔다. 우리나라의 공직분류체계는 기본적으로 계급제에 기반을 두고 있는데, 고위공무원단을 별도로 구축한 것은 고위공무원의 역량을 제고하고 업무성과를 높여 고위공무원을 보다 효율적으로 관리하기 위함이다. 예를 들면, 고위공무원 후보자에 대한 역량평가 (competency assessment)를 의무화하고 있어서, 역량평가를 통과하지 못하면 고위공무원단에 진입할 수 없다. 미국의 경우에는 기본적으로 공직분류체계가 우리나라와 다르게 직위분류제에 기반을 두고 있어서, 미국의 고위공무원단(SES)은 직위분류제의 바탕 위에 계급제적 요소를 접목시킨 구조를 띤다. 우리나라는 기본적으로 계급제에 근간을 두고 있어 고위공무원단에 속해있는 고위공무원은 대다수가 직업공무원인 반면에, 미국의 경우에는 고위공무원단의 10%정도가 정치적으로 임명되어 차이가 있다.

3) 주요내용

고위공무원단은 행정기관 국장급 이상 공무원으로 구성된다. 일반직·별정직·특정직 약 1,500여명이 고위공무원단의 구성원이 된다. 또한, 부지사·부교육감을 포함하여 인사교류 등의 목적으로 지방자치단체에 국가공무원으로 보하는 일부 고위직도 고위공무원단에 포함된다.

고위공무원단은 제도도입 초기의 1~3급의 신분적 계급을 폐지하고(현재는 계급없이 가나등급으로 되어 있음) 직무와 직위에 따라 관리되므로, 신분보다 일 중심으로 인사관리가 적용된다. 이에 따라, 계급에 구애되지 않는 폭 넓은 인사로 적격자를 임용하게 되고, 계급과 연공서열 보다는 업무와 실적에 따라 보수를 지급한다. 즉 직무의 중요도·난이도 및 성과에 따라 보수가 차등 지급하게 된다. 성과목표·평가기준 등을 상급자와 협의하여 성과계약을 체결하고, 목표달성도 등을 평가하는 성과계약제(performance agreement)가 활용되고 있다. 소속장관은 각 부처에 배치된 고위공무원의 인사와 복무를 관리하며, 인사혁신처는 초과현원의 관리와 부처간 이해관계를 조정하는 역할을 수행한다. 더불어, 고위공무원의 성과를 체계적으로 관리하고 능력개발을 강화시키는 역할을 맡고 있다.

우리나라 고위공무원단제도는 고위직의 개방을 확대하고 경쟁을 촉진하고 있다. 그런 맥락에서 민간과 경쟁하는 개방형직위제도와 함께 타 부처 공무원과 경쟁하는 공모직위제도를 각각 도입·운영하고 있다. 즉, 개방형 직위(공직 내외 경쟁) 또는 공모직위(공직 내부 경쟁)를 운영하고 있다. 개방형직위의 경우에 공직 내외 경쟁이므로 공직 내는 물론 공직 밖의 민간전문가가 들어올 수 있다. 공모직위의 경

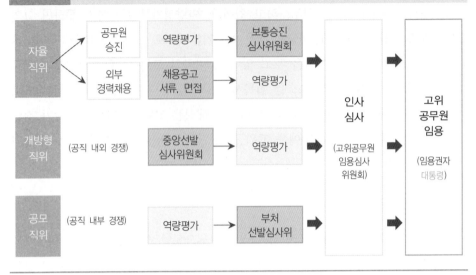

| 그림 7-3 | 고위공무원단 직위별 충원 방식 과정 |

출처: 인사혁신처 홈페이지.

우, 각 부처 장관은 소속에 관계 없이 전체 고위공무원단 중에서 적임자를 인선할 수 있다. 또한, 고위공무원이 되기 위해서는 후보자교육을 마치고 역량평가를 통과해야 한다. 후보자교육은 기관의 과장급을 대상으로 고위공무원단 직위로의 진입전 고위공무원으로서 갖추어야 할 핵심역량에 대해 사례중심의 현장감 높은 교육형태로 운영된다.

4) 교육훈련 및 역량평가

고위공무원단 후보자들은 고위공무원단후보자과정을 이수해야 하며, 고위공무원단 인사규칙에 따라 역량평가(competency assessment)과정을 필수적으로 거쳐야 한다. 이는 고위공무원단으로서의 기본 역량을 갖춘 사람만이 고위공무원단에 진입할수 있도록 하기 위함이다. 그러므로 고위공무원 후보자는 고위공무원단후보자과정(5일 과정)을 국가공무원인재개발원에서 이수한 후에 역량평가를 받아야 한다. 개방형 직위 등의 민간후보자는 의무적으로 후보자과정교육을 이수할 필요는 없으나본인이 원하는 경우에는 인사혁신처 인재정책과에서 실시하는 단기교육 등을 이수할 수 있다.

고위공무원단 제도가 2006년 7월 시행되면서 동시에 역량평가가 실시되고 있다. 역량평가센터에서 정기적으로 역량평가를 실시하고 있으며, 보통 6명의 후보자를 평가할 경우에 9명의 평가위원(assessor: 전·현직공무원단, 관련 학계 대학교수, HR분야 민간전문가들로 Pool을 구성)가 평가하게 된다. 역량평가센터(competency assessment center)에서는 <표 7-10>에 있는 해당 역량(문제인식, 전략적 사고, 성과지향, 변화관리, 고객만족, 조정·통합)을 중심으로 구조화된 모의상황에서 4가지 방법(1:1역할수행; 1:2역할수행; 집단토론; 서류함기법)을 통하여 평가위원이 직접 관찰하여 평가하게 된다. 이처럼 "6개 역량, 4개 실행과제, 9명의 평가자"라는 평가체계를 유지하고 있다. 승진임용의 경우 역량평가 미통과시 횟수제한 없이 재평가가 가능하나(다만, 2회 연속 미통과 시 마지막 평가일 후 6개월 경과 후; 3회 연속 미통과 시 마지막 평가일 후 1년 경과 후 재평가가 가능), 개방형·별정직직위 임용후보자는 소속장관이 요청하는 경우 1회에 한하여 재평가를 받을 수 있다. 대체로 4명 중의 1명(약25%) 정도가 역량평가를 통과하지 못하는 것으로 알려져 있다. 참고로 고위공무원단후보자과정 교육이수 및 고위공무원단후보자의 역량평가에 관한 추가내용은 제10장 교육훈련과 개발 및 제12장 성과평가에서 살펴볼 수 있다.

표 7-10　고위공무원단 역량평가의 역량체계

역량 구분	정 의
문제인식	정보의 파악 및 분석을 통해 문제를 적시에 감지·확인하고, 문제와 관련된 다양한 사안을 분석하여 문제의 핵심을 규명하는 역량
전략적 사고	장기적인 비전과 목표를 설정하고, 이를 실행하기 위한 대안의 우선순위를 명확히 하여 추진방안을 확정하는 역량
성과지향	주어진 업무의 성과를 극대화하기 위한 다양한 방안을 강구하고, 목표달성 과정에서도 효과성과 효율성을 추구하는 역량
변화관리	환경 변화의 방향과 흐름을 이해하고, 개인 및 조직이 변화상황에 적절하게 적응 및 대응하도록 조치하는 역량
고객만족	업무와 관련된 상대방을 고객으로 인식하고, 고객이 원하는 바를 이해하고 그들의 요구를 충족시키려 노력하는 역량
조정·통합	이해당사자들의 이해관계 및 갈등상황을 파악하고, 균형적 시각에서 판단하여 합리적인 해결책을 제시하는 역량

5) 인사심사제도

(1) 인사심사제도의 의의

고위공무원 인사관리가 합리적이고 투명하게 이루어지도록 하기 위해 고위공무원 인사심사제도가 도입되었다(국가공무원법 제28조의6). 고위공무원단 직위로의 채용 및 승진임용에 있어서 공정성과 객관성·적격성 여부를 인사혁신처가 실적주의 원칙에 입각하여 사전에 검증하는 것이다.

정부는 e-사람(전자인사관리시스템; 본 책의 제1장 후반부에서 설명)을 통한 온라인 심사시스템을 활용하고 있다. 정부는 2001년 11월부터 전자인사심사시스템을 구축하여 서류 없는 인사심사를 실시한데 이어, 2004년 12월부터는 e-사람을 통한 온라인인사심사시스템을 도입 운영 중이다. 각 기관별로 e-사람에 축적된 인사자료를 기반으로 인사심사를 실시함으로써 각 기관의 서류 작성에 소요되는 과중한 업무부담을 경감할 뿐 아니라 e-사람 자료의 범정부적 공동활용으로 인사심사의 신뢰도와 효율성을 제고할 수 있게 되었다.

(2) 인사심사제도의 운영
① 위원회 구성 및 운영

인사심사를 운영하기 위해 고위공무원 임용심사위원회를 둔다. 위원장(인사혁신처 처장), 인사혁신처 소속 고위공무원(차장) 1인, 인사혁신처 처장이 위촉하는 민간위원 7인으로 구성된다. 매주 1회 개최하며, 필요시 변경 또는 수시로 위원회가 개최된다. 의사·의결 정족수는 재적위원 과반수의 출석으로 개의하고, 출석위원 과반수의 찬성으로 의결한다. 이와 관련한 업무는 인사혁신처의 심사임용과에서 담당하고 있으며, 고위공무원단제도는 물론 고위공무원의 채용, 승진, 인력이동 업무 등을 맡고 있다.

② 심사대상과 심사기준

첫째, 일반직 고위공무원의 승진 임용 및 채용, 둘째, 별정직 고위공무원의 채용, 셋째, 고위공무원단에 속하는 외무공무원의 채용 및 외무공무원의 고위공무원단 직위로의 최초 보직을 심사하게 된다. 그리고 심사구분은 3가지 요건 (적법성 요건, 적격성 요건, 기타요건)으로 나뉜다. 적법성 요건으로써 임용자격요건 충족여부, 임용결격사유 해당여부, 기타 적법성 여부를 심사하며, 적격성 요건으로써 근무실

심사구분	심사항목	심사기준
적법성 요건	임용자격요건 충족여부	• 직무수행요건 충족여부 • 개별법령에서 정한 자격요건 구비여부 확인
	임용결격사유 해당여부	• 국가공무원법 제33조 및 공직선거법 제266조의 임용결격사유 해당여부, 승진임용제한 사유 여부 등
	기타 적법성 여부	• 정·현원 현황, 결원여부 등
적격성 요건	근무실적	• 최근 3년간 업무추진실적과 직무성과계약제 평가결과, 상벌사항 • 감사원 감사결과, 기타 정책평가결과 등을 통해 정책성패 등 기여도 확인 등
	직무수행능력	• 고위공무원단 후보자교육과정 이수 및 역량평가 결과 • 기획력, 업무추진력, 리더십 등
	전문성	• 임용예정직위 관련분야 전문지식 • 기술, 실무경험 등
	경력	• 임용예정직위 관련분야 근무경력 • 직위 및 직위별 근무기간 등
	기타	• 개혁성·청렴도·성실성 등
기타요건	균형인사	• 부처별·직위별 특성, 직렬, 임용구분별 형평성 등 고려

출처: 인사혁신처 홈페이지.

적, 직무수행능력, 전문성, 경력 등을 심사하고, 기타 균형인사의 필요성 등을 심사한다.

6) 고위공무원단제도 도입에 따른 인사관리 변화

우리나라 고위공무원단제도의 주요 특징은 다음과 같다. 첫째, 계급과 사람중심에서 직무중심으로의 전환이다. 기존에는 계급이 일치하면 다른 직위를 부여받을 수 있었으나, 고위공무원단제도의 도입으로 인해 공석 중의 직위가 요구하는 조건과 역량을 보유해야 임용될 수 있다. 둘째, 고위공무원이 갖추어야 할 역량을 평가한다. 셋째, 개방형직위(공직 내외 경쟁) 혹은 공모직위(공직 내부 경쟁)를 통해 민간인뿐만 아니라 역량이 되면 다른 부처에서도 경쟁을 통해 고위공무원단의 직위를 부여받을 수 있다. 즉, 고위직으로 보직이동 및 승진시 개방과 경쟁을 제고하고 있다. 넷째, 직무성과계약제를 통해 고위공무원의 성과에 따른 책임성을 추구하며, 직무등급과 성과에 따라 보수도 차등화 한다. 다섯째, 과거의 안정적 신분보장을 넘어 보다 엄격한 성과관리가 적용된다. 여전히 직업공무원제를 기반으로 하고 있지만, 성과와 능력에 따른 신분관리가 강화된다. 여섯째, 고위공무원 후보자를 위해 고위공무원후보자과정을 운영하고 있으며, 고위공무원 후보자는 역량평가센터에서 실시하는 역량평가를 통과해야 한다.

표 7-12 고위공무원단제도 도입 전·후 인사관리의 비교

인사제도 영역	제도 도입 전		제도 도입 후 변화	
채용·임용	계급·사람 중심	• 해당 직위에 충원되기 위해서는 공무원의 계급(직급)과 직제에서 규정한 해당직위의 계급(직급)이 일치하면 누구나 그 자리에 보직 가능 • 과장급은 별도 검증없이 국장으로 임용	직무중심	• 해당 직위에 충원되기 위해 서는 그 자리가 요구하는 직무수행요건과 역량요건을 충족하여 적격자라는 판정을 받아야 함 • 과장급은 역량평가 등으로 검정 후 국장으로 임용
보직 이동·승진	비경쟁	• 보직이동과 승진은 해당 부처 내부 공무원 위주로 연공서열과 보직경로에 따라 실시 • 타 부처 공무원이 국장 직위에 보직되기 위해서는 '특별한 조치' 필요	경쟁	• 원칙적으로 공직내 또는 공직 내외의 경쟁을 통해서 충원하므로 고위공무원단 공무원이면 소속부처에 관계없이 동등한 기회 제공
성과 관리·보상	연공서열 위주	• 목표관리제가 있으나 연공서열위주의 형식적 운영 • 담당하고 있는 업무의 중요도·난이도에 관계없이 계급과 근무연수를 기준으로 한 호봉에 따라 보수지급	직무 성과급	• 성과계약에 의한 엄격한 성과관리(성과와 보수의 연계 강화)로 평가결과에 따라 보수, 신분보장 등 인사관리에 반영 • 직무등급에 따른 차등 보수, 성과의 차이에 따라 연봉 차등 확대
신분 관리	안정적·온정적 신분보장	• 성과와 역량이 부족해도 특별한 문제가 없으면 직위유지	엄격한 인사관리	• 직업공무원제를 기반으로 하되 성과와 능력에 따른 신분관리
역량 평가	이미지·감(感)위주	• 고위공무원의 역량 또는 능력에 대한 평가와 관리체계 부재	체계적 역량평가	• 역량평가센터(Assessment Center)를 도입하여 고위공 무원으로서의 능력과 자질을 체계적으로 평가·관리
교육 훈련	교육훈련 부재	• 국장급에 대한 체계적인 교육 훈련 부족	합리적인 능력개발	• 고위직으로서 부족한 역량과 자질을 개별적으로 파악하여 이를 체계적으로 향상시킬 수 있는 맞춤형 교육훈련 실시 및 리더십 개발 추진

출처: 강성철 외(2019); 박천오 외(2020).

❑ 다음 사항을 인사혁신처의 홈페이지 등을 통해 다음의 자료를 찾아보자.

- 행정안전부의 정부조직관리정보시스템(www.org.go.kr)에서 우리나라 전체 공무원과 행정부, 입법부, 사법부의 공무원 정원을 알아보자.
- 위 시스템에서 일반직 공무원과 특정직 공무원(외무, 경찰, 소방, 검사, 교육공무원 등) 정원을 확인해보자.
- 위 시스템에서 정무직과 별정직 공무원의 정원을 확인해보자.

❑ 인사혁신처의 홈페이지(www.mpm.go.kr)에서 고위공무원단제도(SES)를 확인해보자.

- 위 홈페이지에서 공무원인사제도 → 승진·보직관리 → 고위공무원단제도(개방형직위제도 및 역량평가제도) 등을 찾아보자.
- 국가공무원인재개발원(www.nhi.go.kr)의 역량진단시스템(www.nhi.go.kr/cad/index.do)에 들어가서 역량 개념을 알아보고, 5급 공무원 역량, 과장급 역량, 고위공무원 역량을 각각 살펴보고, 역량교육과 역량진단 내용을 알아보자.

❑ 미국의 인사관리처(Office of Personnel Management: OPM)의 홈페이지(www.opm.gov)에서 다음 사항을 찾아보자.

- 미국의 직위분류에 관한 핸드북 자료(Handbook of Occupational Groups & Families)를 찾아보자.
- 미국의 고위공무원단(Senior Executive Service: SES)에 대한 자료를 찾아보고, 한국의 고위공무원단(Senior Civil Service: SCS)과 비교해보자.

인 사 행 정 론

제 **3** 편

인재확보와 임용

08

인력계획, 모집과 선발

인 사 행 정 론

제8장 │ 인력계획, 모집과 선발

제1절 │ 인력계획

1. 인력계획의 의의

1) 인력계획의 개념

인력계획(workforce planning)이란 조직의 비전·목표 달성에 필요한 인력을 부족함 없이 적시에 확보하기 위한 중장기 계획이다. 우리나라 정부는 인력관리계획이라 부르고 있으며, 조직의 목표 달성에 필요한 인력을 적시에 확보하여 활용하기 위한 중장기 계획이라고 정의하고 있다(인사혁신처, 2019). 조직목표를 달성하기 위한 중장기적 계획은 전략적인 접근이 필요하다. 따라서 인력계획은 현재 보유인력의 상태를 분석하고, 향후 필요인력이 어느 정도 되는지 수요를 예측하여, 현재와 미래수요 차이(gap)를 해소하기 위해 중장기적으로 지향하는 목표와 단기적으로 실행할 계획을 주요 내용으로 한다.

조직적 차원에서 인적자원에 대한 중장기적 수요(demand)를 파악하고, 이에 상응하는 공급(supply)방안을 구체적으로 마련하는 것이 전략적인 인력계획에 해당된다(이창길, 2019). Bryson(2010)은 전략적 측면에서의 인력계획을 "필요한 인적자원을 확보하기 위해서 조직체의 전략기획과 긴밀한 연계 하에 조직체의 인력 수요를 예측하여 장기간에 걸쳐 내부 인력을 개발하고 외부 인력원(HR source)을 개척하여 수요 인력을 공급해 나가는 체계적이고 지속적인 계획 과정"이라고 하였다. 따라서, 전통적인 인력계획이 조직의 비전·목표가 수립된 후에 인력계획을 별도로 수립하는 것이라면, 전략적 인력계획은 조직의 목표와 전략수립과정에서부터 인력계획을 동시에 수립하는 것이다(이진규, 2009).

2) 인력계획의 필요성: 조직성과와의 관계

조직의 비전·목표 달성을 위해서 우수인력 확보는 필수적이다. 특히, 급변하는 VUCA(Volatility 변동성, Uncertainty 불확실성, Complexity 복잡성, Ambiguity 모호성의 머리글자를 조합한 신조어) 환경 속에서 조직이 비전과 목표를 달성하기 위해서는 전략적 인력관리가 필수적으로 요구된다. 우수인재를 적시에 안정적으로 확보하는 것은 전략적 인적자원관리(Strategic HRM)의 가장 주요한 요소에 해당된다. 인사자율성의 확대에 따라 단순 결원보충이 아닌 충원, 교육훈련, 보직관리 등이 연계된 장기적이고 체계적인 계획에 의한 인력관리가 필요하다. 그리고 우수인재를 선발·충원하거나 육성하는 데에는 상당한 시간과 과정이 필요하므로 조직이 추구하는 방향에 맞게 중장기계획을 수립하여 추진하는 것이 바람직하다. 인력계획을 통하여 미래에 발생할 경제적 비용을 절감할 수 있고, 계획에 근거하여 효과적인 운영능력을 발휘할 수 있으며, 미래계획에 근거하여 새로운 인사정책을 도입하고, 따라서 창의적인 아이디어를 실현할 수 있다(Walker, 1980). 인력계획이 조직구성원 및 조직성과에 영향을 주는 경로를 정리하면 [그림 8-1]과 같다.

인사 권한이 집행기관들에 부여되는 경우, 각 기관의 특성에 맞는 인력관리체계 구축이 필요하다. 각 기관은 인력에 대한 체계적인 분석·예측에 기초하여 공개경쟁채용, 경력채용 계획 등을 자율적으로 수립하고, 중앙인사기관은 각 집행기관의

그림 8-1 인력계획, 인력의 효과성, 조직성과

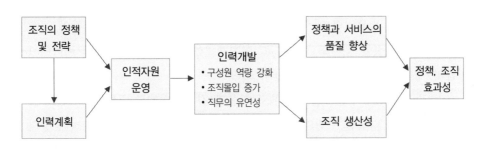

출처: Guest, et al.(2000)의 수정.

계획에 근거하여 공채 선발인원, 시험방식 등을 관리할 필요가 있다.

3) 인력계획의 근거 규정, 구성체계 및 수립기관

우리나라 정부의 인력계획은 공무원임용령(제8조, 34조), 공무원임용시험령(제3조, 제42조), 공무원 임용규칙(제2조)에 근거를 두고 있으며, 노무현 정부 때인 2005년에 실시되었다. 공무원임용령(제8조)에 따르면, 각 기관은 조직목표 달성을 위하여 소속공무원의 채용·승진·배치 및 경력개발 등이 포함된 인력관리계획을 수립하여야 하고, 인사혁신처는 각 기관 인력관리계획을 제출받아 지원·조정·평가할 수 있다.

공무원임용규칙(제2조)에 의하면, 각 기관에서는 인력관리계획(직위별·직종별·연령별·성별 인력규모 및 역량 분석; 최근 조직 및 정원 변동 현황; 채용·승진·전보·퇴직 등 임용 현황 등)을 매년 9월말까지 인사혁신처에 제출하여야 하며, 인사혁신처는 이를 토대로 정부 전체적인 연간충원계획을 수립하여야 한다. 인력계획을 수립하기 위한 정형화된 구성체계가 존재하는 것은 아니지만, 일반적으로 조직의 중장기 비전·목표, 인력현황의 분석, 인력관리계획의 목표, 구체적인 충원방식과 이를 위한 실천계획 등을 반드시 포함하도록 한다.

4) 인력계획의 수립방법과 수립과정

우리나라 인력관리계획은 5년 내의 중장기 계획으로 5년 정도의 시계(時界)를 기본으로 하되, 직무나 직위에 관한 제도, 주요 국책사업과 현황 등에 큰 변화가 예상되는 기관의 경우에는 시계를 5년과 다르게 할 수 있다. 우리나라는 인력관리계획을 5년 내의 중장기적으로 작성하고 있다. 조직의 중장기 비전과 목표, 인력분석과 전략개발 등 필요인력 예측, 인력관리계획의 목표 등은 계획 수립 후에 그 기간 동안 유지하는 것을 전체로 작성하고, 실천계획은 예측가능성 등을 고려하여 1~2년간의 계획으로 작성한다(인사혁신처, 2019).

인력관리계획의 수립모델은 대체로 다음과 같은 4단계로 구별할 수 있으나, 기관 특성에 따라 다양한 수립과정을 개발할 수 있다. 첫째 단계는 전략적 방향의 설정이다. 이는 중장기 비전과 목표와 관련된다. 조직 내·외적의 환경을 분석하여 조직의 강점과 약점 등을 도출한 결과를 토대로, 조직의 비전과 목표를 설정하고 주요 전략과제를 도출할 필요가 있다. 환경분석은 기존 문헌이 존재하는 경우, 각종 논문, 연구보고서, 통계자료 등을 활용하거나, 기존문헌이 없거나 부족한 경우 핵심그룹 인터뷰(Focused Group Interview: FGI)를 실시하거나, 조직구성원 혹은 이해당사자 등을 대상으로 설문조사를 통해서 이루어진다. 스왓분석(Strength, Weakness, Opportunity, Threat: SWOT), 이해관계자분석, 니즈분석(needs analysis)과 같은 분석기법이 활용된다. 조직의 비전과 미션을 설정하기 위해서는 핵심그룹(기능별, 계층별)에 의한 워크숍을 여러 차례 걸쳐 실시하여 조직구성원들이 공유할 수 있도록 하여야 한다.

두 번째 단계는 인력 분석 및 전략개발단계이다. 인력에 대한 분석은 개념적으로 봤을 때, 현재 보유인력 분석인 인력공급 계획과 향후 필요인력 예측인 인력수요 예측에 관한 것이다. 앞 단계에서 도출한 조직의 전략과제 및 주요 기능의 변화에 따라 미래에 필요한 인력과 공급될 인력의 특성을 파악하여 현재 보유한 인력과의 격차를 파악하기 위한 것이다. 먼저, 현재 보유한 인력에 대한 분석은 미래에 필요한 인력과의 격차를 파악하기 위한 것이다. 전자인사관리시스템(e-사람)으로부터 추출한 데이터, 최근 수년간 인사실무자료, 직제, 그리고 현장조사 결과 등을 활용하여, 인력규모, 배치, 구조·구성(직위, 직종, 연령, 성별 등), 최근 수년간의 조직·정원 변동, 채용·승진·전보 등 인사관리, 보유역량 분석(기본역량, 공통역량, 직무역량, 관리자역량 등)과 같이 인력관리에 필요한 정보를 도출한다. 한편, 인력수요 예

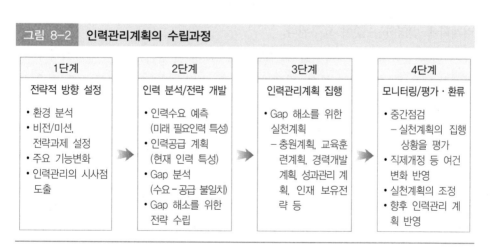

| 그림 8-2 | 인력관리계획의 수립과정 |

1단계	2단계	3단계	4단계
전략적 방향 설정	인력 분석/전략 개발	인력관리계획 집행	모니터링/평가·환류
• 환경 분석 • 비전/미션, 전략과제 설정 • 주요 기능변화 • 인력관리의 시사점 도출	• 인력수요 예측 (미래 필요인력 특성) • 인력공급 계획 (현재 인력 특성) • Gap 분석 (수요-공급 불일치) • Gap 해소를 위한 전략 수립	• Gap 해소를 위한 실천계획 - 충원계획, 교육훈련계획, 경력개발계획, 성과관리 계획, 인재 보유전략 등	• 중간점검 - 실천계획의 집행 상황을 평가 • 직제개정 등 여건 변화 반영 • 실천계획의 조정 • 향후 인력관리 계획 반영

출처: 인사혁신처(2019), 공무원 인사실무.

측과 관련하여, 중장기 업무계획, 연도별 업무계획, 최근 발간된 백서, 간부회의·워크숍 등에서 논의된 내용, 설문조사 및 인터뷰 결과 등을 참고하여 조직의 중장기 목표의 달성을 위하여 필요한 인력의 규모·구성·역량 등을 예측한다. 조직의 비전과 미션, 추진전략 등을 고려하여 인력규모 및 인력구조, 인력역량의 목표 수준 등 5년 이후 바람직한 인력수준 등을 기술한다. 직종, 연령, 성별, 장애인, 이공계 비율 등과 같은 분석단위 이외에도 자격증/학위 소지자, 지역인재, 전문경력자, 핵심인재 등 전문인력 측면을 반영할 수 있는 분석단위를 고려하여, 적정 확보비율 등을 설정 필요할 필요가 있다. 그리고 현재 수준과 미래 수준간 차이를 확인한 후, 그 차이를 해소하기 위한 전략을 수립할 필요가 있다.

세 번째 단계는 5개년 인력관리계획을 1~2년간의 계획으로 구체화하는 단계이다. 앞의 인력분석/전략개발의 내용을 반영하여 1~2년간의 구체적인 충원·육성·활용계획을 수립하는 것이 유용하다. 신규채용(공채, 경채, 시간선택제, 개방형 등), 내부승진, 신규채용 대 내부승진 비율, 인사교류 등의 충원 계획, 자체교육, 외부위탁교육, 상시학습, 멘토링 등과 같은 육성계획, 필수보직기간 준수율 관리 계획 등 전보·재배치, 경력개발, 내부직위공모 등과 같은 배치계획과 더불어, 그밖에 조직개편계획, 아웃소싱계획 등에 관한 계획을 포함할 필요가 있다.

마지막 단계는 모니터링·평가 및 환류이다. 인력관리계획은 많은 변수가 내재된 복잡하고 역동적인 과정으로 주기적인 평가가 필요하다. 환경변화 등 여건을 고려하여 실천계획 등을 수정하고, 평가결과에 대한 시사점을 도출하여 추후 인력관리계획에 반영하는 것이 요구된다.

그리고 중장기 인력계획수립 후 매년 부분적으로 수정하는 것이 일반적이다. 인력계획 내용 중 보유인력 분석, 필요인력 예측, 인력관리계획의 목표 설정 등은 필요한 부분만 보완하고, 실천계획은 1년씩 연동하여 업데이트할 필요가 있다. 다만, 중장기 계획의 변경이나 조직의 대규모 개편 등이 발생하여 부분적 보완을 넘어 다시 분석·예측·설정하는 것이 필요한 경우에는 계획을 재수립하고 계획기간도 재설정할 수 있다(인사혁신처, 2019). 우리나라의 경우 각 기관은 매년 9월말까지 인력관리계획을 보완·재수립하여 인사혁신처에 제출하며, 인사혁신처는 충원분야 조정사항 등을 추가 반영하여 각 기관별 인력관리계획을 12월말까지 최종적으로 확정한다.

1. 모집의 의의

모집(recruitment)은 조직이 필요로 하는 인력을 조직으로 끌어들이는 과정을 의미한다. 즉, 조직이 필요로 하는 인력의 후보자들을 불러 모으는 유도과정이다. 따라서, 지원자들 중에서 가장 적합한 후보자를 선별하는 과정인 선발(selection)과 구분된다(오석홍, 2016; 이창길, 2019). 또한, 공무원의 신분을 부여(설정)하여 근무하게 하는 포괄적인 인사활동(신규채용, 승진임용, 전직, 전보, 겸임, 파견, 강임, 휴직, 직위해제, 정직, 강등, 복직, 면직, 해임, 파면 행위 등)을 의미하는 임용(employment)과도 구별된다. 하지만 모집과 선발은 매우 밀접한 관련이 있고, 또한 임용은 신규채용 등을 포함하는 개념이므로, 모집, 선발, 임용은 개념적으로 구분되지만 서로 밀접한 관련이 있다. 모집은 기본적으로 적극적 모집과 소극적 모집으로 구분할 수 있다. 또한 신규채용(공채)과 경력채용(경력, 학력, 자격증 등에 따라 채용) 등으로 구분할 수 있다.

그림 8-3 **모집의 구분**

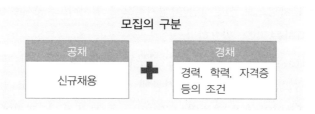

2. 소극적 모집과 적극적 모집

1) 소극적 모집과 적극적 모집의 의의

모집은 소극적 모집(passive recruitment)과 적극적 모집(active recruitment)을 포함한다. 소극적 모집은 조직이 필요로 하는 인력에 대해 채용계획을 공고 한 후에 지원자들을 소극적으로 기다리는 것이며, 적극적 모집은 우수 인력을 모집하기 위해 적극적으로 외부에 알리고 우수한 인력이 지원할 유인을 제공하는 것 등이다.

공공조직에 대한 사회적 선호도가 강하면 유능한 인재들이 스스로 지원할 수 있지만, 최근에는 적극적 모집이 강조되고 있다(Condrey, 2005). 왜냐하면 사회가 복잡하고 다양해짐에 따라, 전문화된 우수 인력이 필요한데, 전문적인 인적자원을 확보하기가 어려워졌기 때문이다. 더욱이, 창의적이고 역량있는 인재들은 공공기관보다는 국내외 대기업이나 국제기구 등을 선호하는 경향이 늘어나고 있다. 또한 공직 내에서도 성과경쟁이 확대됨으로써 기존의 신분보장 및 안정성에 대한 인식이 과거와 다르게 약해지고 있기 때문이다. 따라서, 우수한 인재를 공직으로 유도하기 위한 적극적 모집이 필요하게 되었다.

2) 모집의 방법

과거에는 정부기관의 건물 게시판이나 정부의 영향력이 큰 특정신문에 시험공고를 하여 소극적 모집이라는 비판을 받았다. 따라서 지금은 다양한 매체를 통해서 공무원시험을 안내하고 있다. 단순히 시험공고문을 게시하는 수준을 넘어, 공직의 장점에 관한 정보나 긍정적 이미지를 제공하여 사회적 평판을 제고하는 것이 필요하므로 대학과의 협력프로그램을 통해 공직지원을 유도하는 것도 필요하다. 그리고 인적자원계획을 바탕으로 선발시험을 정기적으로 실시하고, 응시절차, 시험준비 절차 등을 간소화하는 것도 필요하다.

인사혁신처는 연초에 당해연도 국가공무원 공개경쟁채용시험 계획을 공고하고 있으며, 해당 공고문을 대학 등 관계기관에 적극적으로 배포하고 있다. 또한 환경변화에 따라 오프라인 혹은 온라인 공직박람회를 하고 있다. 과거에는 지방도시에서도 오프라인으로 공직박람회를 했으나, 코로나상황에서는 온라인 공직박람회를 개최하였다. 그리고 공채의 경우에는 인사혁신처 사이버국가고시센터(www.gosi.go.kr)에서 경력채용에 대해서는 나라일터(www.gojobs.go.kr)에서 자세한 정보를 제공하고 있다(광역자치단체의 시험안내는 https://local.gosi.go.kr 참조).

참고로 미국의 적극적인 모집사례를 살펴보면 다음과 같다. 미국의 대통령 관리펠로우(Presidential Management Fellows: PMF; www.pmf.gov) 프로그램은 적극적 모집방법에 해당된다. PMF는 우수한 인재를 선발해 연방정부의 고위관리자를 육성하기 위해 1977년 지미 카터(Jimmy Carter) 대통령 때 도입된 제도로서 인사관리처 (Office of Personnel Management)가 관리하고 있다. 지난 1977년부터 2003년까지는 Presidential Management Intern(PMI) Program으로 불렸고, 그 이후에 Presidential Management Fellows(PMF) Program으로 변경되었다. PMF는 석·박사학위 졸업 예정자나 졸업자들을 보수를 받는 2년간의 펠로우십(paid two-year fellowship) 형식으로 모집한다. 후보자들은 응시초기에 이력서와 성적증명서를 온라인으로 제출하여 온라인 서류심사를 받고, 그 후에 단계별 심사과정을 거친다. 서류제출이 완료되어 응시자격 등에 문제가 없으면 온라인에서 행동평가도구(Behavioral Assessment Tool)와 상황평가도구(Situational Assessment Tool)를 통한 온라인 역량평가(online assessment)를 거치게 되며, 이 평가를 통과하면 구조화된 면접(Structured Interview)에 초대된다. 후보자가 갖추어야 할 주요한 역량으로는 세부 사항에 대한 관심(attention to detail), 유연성, 청렴성, 정직성, 대인 관계 기술, 의사소통, 추론, 자기 관리 및 다양성 지원(supporting diversity) 등이다. 교육부로부터 인가를 받은 대학(원)에서 보통 매년 400명 정도를 선발한다. 최종 후보로 결정되어 2년간의 과정을 성공적으로 마치면, 주로 GS-9에서 GS-12사이의 직급에 예외직(excepted service)으로 임용된다.

3. 모집대상의 자격요건

1) 성 별

공공조직의 운영에 있어서 효과성뿐만 아니라 사회적 형평성(social equity) 또한 주요한 공공가치이다. 따라서 정부는 누구에게나 공직 기회를 균등하게 제공할 필요가 있으며 공직 모집과정에서 사회적 불평등을 해소하려고 노력해야 한다. 과거에는 모집단계에서 성별구분모집이 있었지만 지금은 성별구분모집이 사라졌다. 과거에는 직무의 특수성 등을 감안하여 성별구분을 한적이 있었지만, 사회변화와 차별금지원칙 등에 따라 그런 구분이 사라졌다. 그런 맥락에서 남성과 여성과의 실질적인 형평성을 보장하기 위한 다양한 제도들이 도입되고 있다.

2) 연 령

헌법재판소는 2008년에 공무수행의 효율성을 도모하기 위해 일정한 채용 연령 제한은 필요하지만, 6·7급 공무원 시험은 응시연령 상한을 35세까지로 규정하면서 5급 공무원의 채용 연령을 32세까지로 제한한 것은 합리적이지 않다고 위헌결정을 했다. 이에 따라 공무원시험에서 응시상한연령이 폐지되었다. 현재 일반직 채용시험의 경우 7급 이상은 20세 이상, 8급 이하는 18세(교정·보호직렬은 20세) 이상이면 해당 시험에 응시가 가능하지만, 2024년부터 7급 이상도 응시연령이 18세 이상으로 모두 통일된다(단, 교정·보호 직렬은 현행대로 20세 이상으로 유지함).

3) 학력과 경력

지난 1972년까지 학력 제한이 있었으나, 공직을 희망하는 사람에게 학력에 관계없이 균등한 기회를 부여하기 위하여 박정희 정부는 1973년부터 학력제한을 폐지하였다. 또한 노무현 정부는 공무원시험 응시원서에 기입하도록 했던 학력란을 없앴다. 우리나라의 경우에는 5·7·9급 공채에서는 학위(degree)는 물론 경력(experience)도 요구하지 않는다. 한편, 경력경쟁채용시험에서는 시험요건에 따라 학위, 경력, 외국어, 혹은 자격증 등을 요구한다. 그런데 미국 연방정부의 채용포털 사이트(www.usajobs.com)에서는 학위 혹은 관련분야 경력을 요구하고 있다.

4) 국 적

외국인은 일반직공무원 중 전문경력관 및 임기제공무원, 특수경력직(정무직, 별정직)공무원으로 채용될 수 있다. 특정직 공무원(외국인 교원)은 개별 법령에서 정한 바에 따른다. 국가안보 및 보안·기밀에 관계되는 분야를 제외한 다른 분야에 해당되는 직위에 채용될 수 있다. 예를 들면, 해외투자 유치나 통상·산업정책, 교육·국립대학 교수·문화·복지·도시계획 분야 등에 공무원으로 채용될 수 있다. 내국인의 채용 및 임용 등과 차이가 있다. 예를 들어, 외국인이 우리나라 공무원으로 채용되기 위해서는 임용 30일전 국가정보원으로부터 신원조사를 받아야 한다. 관련 근거는 공무원법 제26조의3, 공무원 임용령 제4조, 별정직공무원 인사규정 제3조의2, 공무원임용규칙 제109조 등에 있다.

5) 거주지

거주지와 관련해서는 지방자치제도의 실시와 관련이 있으며, 특정한 지방자치단체에 근무할 지방공무원은 해당 지방자치단체의 주민이어야 한다는 논거이다. 조선시대에는 과거제도를 실시하면서 지역별 인재추천제를 실시하기도 하였다. 지방대학 및 지역균형인재 육성에 관한 법률에 따라 지방자치단체는 신규 임용하는 지방공무원 중 해당 지방자치단체 관할구역의 지역인재가 일정비율 이상 확보될 수 있도록 시행계획을 수립·실시하여야 한다. 현재 우리나라에는 지역별 구분모집 제도가 있다. 9급 공개경쟁채용시험 중 지역별 구분모집의 경우에 시험공고일을 기준으로 연속 3개월 이상 해당지역에 주민등록이 되어 있어야 응시할 수 있다(다만, 서울·인천·경기지역은 주민등록지와 관계없이 누구나 응시할 수 있다). 또한 7급 공개경쟁채용의 경우에 선발예정인원이 10명 이상인 모집단위에서 지방인채채용목표제를 실시하고 있다. 그리고 지역인재 7급과 9급 수습직원(intern) 선발시험은 지역별로 학교의 추천을 받아 선발하고 있다.

5) 가산점 적용

취업지원대상자(독립유공자, 보훈보상대상자, 5·18민주유공자, 특수임무유공자 등의 예우에 관한 법률에 의한 지원대상자)는 과목별 만점의 10% 또는 5%의 가산점을 받을 수 있다. 의사상자 등(의사자의 유족, 의상자 본인 및 가족)은 과목별 만점의 5% 또는 3%의 가산점을 받을 수 있다. 또한 직별별 가산대상 자격증 소지자는 과목별 만점의 3~5%(1개의 자격증만 인정)를 받을 수 있다.

그리고 1969년부터 제대군인 가산점 제도가 있었다. 의무징병(징병제) 혹은 자원입영을 통해 군대를 다녀온 남성과 여성에게 7급 공무원 시험 및 9급 공무원 시험 및 공기업 취업 응시자를 대상으로 만점의 3~5%의 추가점수를 보정해 주는 내용이었다. 그러나 1999년 말에 헌법재판소의 제대군인 지원에 관한 법률의 제8조 제1항 등에 대한 위헌결정으로 군가산점제도는 폐지되었다. 위헌결정요지를 보면 평등권과 공무담임권에 대한 침해 등이 주요 이유이었다. 이에 따라 제대군인이 모집과정에서 가산점을 받는 것은 없어졌다. 그러나 공무원으로 채용되어 호봉산정을 할 때, 군대복무기간에 해당하는 호봉은 인정받을 수 있다.

6) 공무원 임용의 결격사유

국가공무원법 제33조는 공무원으로 임용될 수 없는 여러 가지 결격사유를 제시하고 있다. 우리나라의 경우 면접시험 최종일을 기준으로 국가공무원법 제33조(외무공무원의 경우는 외무공무원법 제9조, 검찰·마약수사직의 경우는 검찰청법 제50조)에서 적시하고 있는 결격사유가 없어야 한다. 그리고 공무원임용시험령 등 관계법령에 의하여 공무원시험 응시자격을 정지당한 자는 시험에 응시할 수 없다. 국가공무원법 제33조에서 규정하고 있는 임용 결격사유는 <표 8-1>과 같다.

표 8-1 공무원 임용의 결격사유
국가공무원법 제33조
• 피성년후견인 또는 피한정후견인
• 파산선고를 받고 복권되지 아니한 자
• 금고 이상의 실형을 선고받고 그 집행이 종료되거나 집행을 받지 아니하기로 확정된 후 5년이 지나지 아니한 자
• 금고 이상의 형을 선고받고 그 집행유예 기간이 끝난 날부터 2년이 지나지 아니한 자
• 금고 이상의 형의 선고유예를 받은 경우에 그 선고유예 기간 중에 있는 자
• 법원의 판결 또는 다른 법률에 따라 자격이 상실되거나 정지된 자
• 공무원으로 재직기간 중 직무와 관련하여 「형법」 제355조 및 제356조에 규정된 죄를 범한 자로서 300만원 이상의 벌금형을 선고받고 그 형이 확정된 후 2년이 지나지 아니한 자
• 「성폭력범죄의 처벌 등에 관한 특례법」 제2조에 규정된 죄를 범한 사람으로서 100만원 이상의 벌금형을 선고받고 그 형이 확정된 후 3년이 지나지 아니한 사람
• 미성년자에 대한 다음 각 목의 어느 하나에 해당하는 죄를 저질러 파면·해임되거나 형 또는 치료감호를 선고받아 그 형 또는 치료감호가 확정된 사람(집행유예를 선고받은 후 그 집행유예기간이 경과한 사람을 포함한다)
• 「성폭력범죄의 처벌 등에 관한 특례법」 제2조에 따른 성폭력범죄
• 「아동·청소년의 성보호에 관한 법률」 제2조 제2호에 따른 아동·청소년대상 성범죄
• 징계로 파면처분을 받은 때부터 5년이 지나지 아니한 자
• 징계로 해임처분을 받은 때부터 3년이 지나지 아니한 자

4. 직위공모제

직위공모제와 직위개방제(개방형임용제)는 모집대상, 선정근거, 임용형식, 보수수준 등에서 차이가 난다. 두 제도 모두 전문성과 변화 필요성에 근거해 도입된 모집방식이나, 직위공모제는 정부내의 직원에게 기회를 주는 것이므로 직무공통성이

표 8-2	직위공모제와 직위개방제의 비교	
기 준	직위공모제	직위개방제(개방형임용제)
범위	정부 내부 또는 부처 내 역량있는 우수 인재의 확보	사회 내 역량 있는 우수 인재의 확보
목적	직무 공통성. 전문성. 변화 필요성	전문성. 민주성. 변화 필요성
모집대상	정부 내부의 재직자(일반적 직위공모제) 혹은 기관 내에 근무하는 재직자	정부 외부의 전문가와 정부 내에 근무하는 재직자
임용형식	직위파견(임용기간)	성과계약제(계약기간)
보수수준	공무원 보수 수준과 동일하며 부분적 추가 수당	공무원 보수수준과 별개로 책정

출처: 이창길(2019)을 수정·보완함.

주요 선정근거가 되고 한편, 직위개방제는 조직 밖의 사회에 개방하는 것이므로 민주성에 바탕을 둔다. 직위공모제로 임용된 사람은 일반적인 공무원 보수원리가 적용되나, 직위개방제로 임용된 사람은 계약기간이 있는 성과계약제가 적용된다.

직위공모제는 조직 내부의 구성원들에게 다른 직위의 모집에 지원하도록 하는 제도이다. 그런데 여기에는 두 가지의 경우가 있는데, 정부 내에 특정부처가 직위공모를 하는 경우, 해당 부처내의 직원들만 응모가 가능한 직위공모방식이 있는 반면에, 특정부처가 직위공모를 하더라도 정부내 모든 부처의 직원들이 응모가 가능한 직위공모방식이 있다. 일반적으로는 후자방식의 직위공모제가 일반적이다. 이는 같은 부처 사람들만 지원하게 함으로써 발생할 수 있는 경쟁의 부작용을 최소화하려는 방식이다(이창길, 2019).

5. 직위개방제

직위개방제(개방형임용제)는 정부 내의 일정한 직위에 정부 내의 직원들뿐만이 아니라 정부 밖의 일반 사람들에게 공개하여 응모할 수 있게 하는 제도이다. 이를 '개방형임용제'라고도 한다. 직위개방제는 일반적이고 포괄적인 외부모집의 한계를 극복하기 위해서 특정 직위만을 외부 공개하여 모집하는 방식이다. 전반적인 외부모집을 하게 되면, 시간과 비용이 많이 들고 많은 직위에 외부전문가가 충원되므로 내부 승진의 기회가 사라질 수 있다는 문제점이 있다.

1) 직위개방제의 목적과 응시요건

직위개방제(개방형직위)는 전문성이 특히 요구되거나 효율적인 정책 수립을 위해 필요한 경우 공직 내·외에서 전문가를 선발하여 운영하는 직위이다. 외부의 우수한 민간 인재를 폭넓게 유치해 공직사회에 새로운 활력을 불어넣고 정부경쟁력을 높이는데 기여할 것으로 예상되어 도입되었다. 직위개방제(개방형직위) 응시요건은 해당 부처가 직위별 특성을 고려해 선정하며, 공고된 응시 요건 중 하나 이상의 요건을 충족하면 응시 가능하며, 응시요건의 예는 다음과 같다.

표 8-3 직위개방제(개방형직위) 응시요건(예시)

구 분	경 력	학 위	자격증
고위공무원단 (예시)	관련분야 10년 이상 경력소지자 등	관련분야 박사학위 소지 후 7년 이상 경력 소지자 등	총 경력 7년 이상인 자로서, 변호사 등 자격증 소지 후 관련분야 4년 이상 등
과장급 (예시)	관련분야 7년 이상 경력 소지자 등	관련분야 박사 학위 소지 후 4년 이상 경력 소지자 등	전산 직렬 기술사 등 자격증 소지 후 관련 분야 경력 4년 이상 등

2) 채용절차와 근무기간 및 공직적응 지원 프로그램

개방형직위 선발시험은 분야별 전문가로 구성된 인사혁신처 소속 중앙선발시험위원회(개방교류과에서 지원)에서 1차 서류시험과 2차 심층면접을 거치며, 그 후에는 역량평가를 거치게 된다. 시험공고 확인 및 원서접수는 나라일터(www.gojobs.go.kr)에서 가능하다. 민간전문가는 최소 3년의 임기가 보장된다. 총 5년 범위에서 연장 가능하며, 총 5년의 근무기간을 초과하더라도 성과에 따라 재연장이 가능하다. 총 임기가 3년에 도달하고 성과가 탁월한 경우 일반직공무원으로 전환할 수 있는 기회가 부여된다.

민간경력자가 직위개방제(개방형임용제)로 선발된 경우, 초반에 새로운 환경으로 인해 공무원 조직에 적응이 어려울 수 있다. 따라서 민간전문가의 공직적응을 위한 지원프로그램을 운영하고 있다. 임용 전과 직후에 온라인 공직입문과정을 밟게 된다. 임용 후 3개월 이내 공직적응 컨설팅과 멘토링을 받게 된다. 그후 임용 후 6개월 전까지 공직적응 심화 워크숍 등에 참여하게 되고, 임용 후 1년 이내에는 신임 국장 혹은 과장 교육을 받게 된다.

제3절 선 발

1. 선발의 의의

선발(Selection)은 모집 후에 조직이 필요한 적격자를 선별하는 과정이다. 따라서 후보자를 널리 불러 모으는 유도과정이라고 할 수 있는 모집과 개념적으로 구별된다. 선발은 크게 전략적 측면과 관리적 측면으로 나누어 고려해야 한다. 전략적 측면에서 인적자원의 선발은 조직의 목표와 전략과 부합해야 한다. 조직의 목표는 대체로 생산성(성과)과 전문성을 지향하지만, 시대흐름에 따라 창의성, 혁신성 혹은 새로운 지향점을 강조하기도 한다. 특히 공공조직의 경우, 정책개발을 담당하는 조직이냐 정책을 집행하는 일선 기관이냐에 따라 조직의 목표가 다르고 따라서 공무원의 선발 기준이 다를 수 있다. 그리고 선발 관리적 측면에서는, 주요한 선발방법인 시험의 타당도, 신뢰도, 객관도, 난이도 등이 잘 반영되어야 한다.

2. 공무원 신규채용제도

공정채용을 위해 시험방법·합격 결정 등 채용에 관한 세부 절차와 방법을 법령에 명시하고 있다. 우리나라 공공부문 공정채용의 체계는 기관, 소관부처, 그리고 관련 법령과 지침 등으로 구성된다. 국가와 지방자치단체가 채용 기관이고 인사혁신처와 행정안전부가 소관부처이다. 관련된 주요 법령은 국가공무원법, 공무원임용령, 공무원임용시험령, 국가공무원 임용시험 및 실무수습 업무처리 지침, 지방공무원법, 지방공무원임용령 등이다.

1) 제도목적, 근거, 및 시험 종류

공개경쟁채용(공채)은 공무원 신규채용시 불특정 다수인을 대상으로 경쟁시험을 실시하여 공무원으로 채용하는 제도로서, 균등한 기회보장과 헌법상의 공무담임권을 보장하고 능력과 자질이 뛰어난 우수한 인력의 공무원 선발을 위해 도입·운용되고 있다. 국가공무원법 제28조와 공무원임용령 제2장 제1절, 공무원임용시험령 제21조~제25조에 근거를 두고 있다. 시험의 종류는 5급 공채, 7급 공채, 9급 공채가 있고, 외교관후보자 선발시험으로써 일반외교, 지역외교, 외교전문 분야의 공채가 있다. 5급 공채는 일반직(행정·기술직)을 대상으로 하며, 7급 및 9급 공채는 행정·기술직이 해당된다.

2) 시험 방법

공개경쟁채용시험은 과거시험에서 역사적 연원을 찾을 수 있다. 중국의 과거제(科擧制)는 수(隨)나라 문제(文帝) 때에 도입되어 당(唐)나라 때 정착되었으며, 과거제는 서양(특히 영국)의 공무원제도 개혁에도 큰 영향을 끼친 것으로 알려져 있다. 신라는 독서삼품과(讀書三品科)라는 이름으로 도입하였으나, 골품제 등으로 인하여 정착되지 못했다. 그 후 고려 광종 때 쌍기의 건의에 의하여 과거제가 도입되어 조선시대 말기까지 실시되다가 갑오경장 때에 폐지되었다. 그러나 공개경쟁채용시험이라 할 수 있는 과거제도의 전통은 오늘날에도 남아 있다고 할 수 있다. 그리고 해방 후 1949년에 공무원시험이 최초로 실시되었으며 주요 연표는 <표 8-4>와 같다.

표 8-4	공무원 채용시험 연표
연도	주요 내용
1949	고등고시령, 보통고시령에 의거하여 공무원 시험 최초 실시
1973	공채시험에서 학력, 경력 제한 폐지
1989	장애인 구분모집 시행
1996	여성채용목표제 도입
2001	행정고등고시 1차시험 문제 공개
2002	행정고등고시 2차시험 문제 공개
2003	여성채용목표제를 양성채용목표제로 개편
2004	외무고등고시에 PSAT 최초 도입
2005	지역인재 6급 추천채용제 도입, 행정고등고시에 PSAT 도입

2007	행정고등고시에 지방인재채용목표제 도입, 7·9급 공채 필기시험 문제 공개
2008	중증장애인 특별채용시험 신설
2009	저소득층 구분모집 시행, 공채시험 응시연령 상한 폐지
2010	지역인재 6급 추천채용제를 지역인재 7급 추천채용제로 변경
2011	행정고등고시를 5급 공채시험으로 명칭 변경, 5급 민간경력자 일괄채용시험 실시
2012	지역인재 9급 추천채용제 도입
2015	7급 공채에 지방인재채용목표제 도입, 7급 민간경력자 일괄채용시험 실시
2016	7·9급 공채에 의사상자 가산점 제도 도입
2021	7급 공채에 PSAT 도입

출처: 인사혁신처 공무원채용역사관(https://www.mpm.go.kr/historyofexam)

현재의 공채 시험은 1차시험, 2차시험, 3차시험 등으로 구성하되 채용 종류에 따라 내용은 상이하다. 첫째, 5급 공채의 경우 1차시험은 공직 적격성 테스트(Public Service Aptitude Test: PSAT)와 헌법과 영어 및 한국사이며, 모두 선택형 필기시험이다. 헌법은 100점 만점(25문항)에서 60점 이상을 득점하지 못하면 불합격 처리된다. 영어는 영어능력검정시험(TOEFL, TOEIC, TEPS, G-TELP, FLEX) 그리고 한국사는 한국사능력검정시험으로 대체되었다(한국사검정시험 인정기간 폐지, 2023년 시행). 2차시험은 논문형 필기시험으로 행정직의 경우에 현재 필수4과목과 선택1과목으로, 기술직의 경우에는 필수 3과목과 선택 1과목으로 시험을 보게 된다(정부는 2025년부터 선택과목이 폐지된다고 발표했다). 3차시험은 면접시험이다. 그리고 외교관후보자 선발시험의 경우에 1차는 선택형 필기시험으로 5급 공채처럼 과목은 PSAT, 헌법, 영어(영어능력검정시험), 한국사(한국사능력검정시험)는 물론 외국어 1과목(독어, 불어, 러시아어, 중국어, 일어, 스페인어 중 1과목)이며 외국어능력검정시험으로 대체되었다. 2차시험은 논문형 필기시험으로 전공평가는 국제정치학, 국제법, 경제학이며, 통합논술은 학제통합논술시험I과 학제통합논술시험II이다.

둘째, 7급 공채의 경우에 1차시험은 5급 공채시험방식처럼 PSAT(언어논리영역, 자료해석영역, 상황판단영역), 영어, 한국사 선택형 필기시험을 보게 되며, 영어는 영어능력검정시험(TOEFL, TOEIC, TEPS, G-TELP, FLEX) 그리고 한국사는 한국사능력검정시험으로 대체되었다. 2차시험은 전문과목 4과목(예: 일반행정직의 경우 헌법, 행정법, 행정학, 경제학)으로 구성되며, 1차와 2차시험 모두 선택형 필기시험이다. 3차시험은 면접시험이다.

셋째, 9급 공채의 경우 5과목을 기반으로 선택형 필기시험을 치게 되며, 직렬(직류)와 상관없이 국어, 영어, 한국사는 공통과목이며, 나머지 2과목은 직렬(직류)에 따라 전공과목 중심으로 시험을 보게 된다. 예를 들어 행정직렬의 일반행정직류의 경우에 행정법총론과 행정학개론 시험을 보게 된다. 필기시험 후에는 면접시험을 보게 된다.

이러한 시험을 관리하기 위한 조직으로 인사혁신처에 인재채용국이 있으며 인재채용국에는 인재정책과, 공개채용과, 경력채용과, 시험출제과, 5급채용팀 등이 있다. 그리고 시험문제 출제를 위해서 필요에 따라 출제위원들이 일정기간 합숙하며 출제할 수 있는 국가고시센터(과천 청사 소재)가 있다.

3) 시험의 타당도, 신뢰도, 객관도, 난이도

시험 등 선발도구가 과연 어느 정도 유효성을 갖느냐의 문제는 중요한 이슈이다. 시험의 유효성은 타당도(validity), 신뢰도(reliability), 객관도(objectivity), 난이도(difficulty) 등으로 살펴볼 수 있으며(강성철 외, 2019; 박천오 외, 2020), 구체적인 내용은 <표 8-5>와 같다.

첫째로, 타당도(validity)는 화살이 과녁을 얼마나 정확히 적중하느냐가 핵심이므로 시험이 측정하고자 하는 것을 얼마나 정확하게 측정하는지에 해당되는 개념이다(강성철 외, 2019). 이는 시험이 능력있는 사람을 선발하는 것이 목적이라면 과연 시험이 능력있는 사람을 선발하도록 출제되었느냐의 문제이다. 따라서, 시험에 합격한 사람들이 불합격한 사람들보다 더 뛰어난 능력을 보여주어야 한다는 가정을 깔고 있다. 타당도는 세부적으로 구성타당도(construct validity), 내용타당도(content validity), 기준타당도(criterion-related validity) 등으로 나뉜다. 첫째, 구성타당도(construct validity)는 구성개념타당도라고도 하며, 이는 시험이 그 기저에 존재하는 이론의 구성개념(construct)을 얼마나 정확하게 측정하는지를 보는 것으로, 측정된 결과가 실제로 측정하고자 했던 구성개념과 얼마나 유사한지를 살핀다. 구성개념(construct)은 보통 추상적인 성질이라 직접 관찰할 수 없으므로 이를 관찰 혹은 측정가능한 지표로 환산해서 측정한다. 예를 들어 우울(depression)이라는 추상적인구성개념을 측정하려면 측정 가능한 지표들(기력저하, 자신감 저하 등)을 측정하게 되며 이를 조작적 정의(operational definition)라고 할 수 있을 것이다. 둘째, 내용타

표 8-5	시험의 유효성	
시험 요건	의 의	
타당도	**구성타당도(construct validity):** • 이론적으로 추정한 구성개념(추상적인 개념)을 실제 현장에서 얼마나 잘 관찰 혹은 측정가능한지에 대한 타당도. 조작적 정의(operational definition)를 활용하면 추상적인 개념을 측정 가능함 • 예) 우울은 기력이나 자신감 저하 등으로 측정가능 　　자긍심은 긍정적이고 낙관적 태도 등으로 측정가능 　　창의력은 도전성, 자발성, 민감성 등으로 측정가능	측정자체에 대한 분석이 아닌, 당초 측정하고자 한 목적에 맞게 측정이 제대로 이루어졌는지를 파악
	내용타당도(content validity): • 시험내용이 직무수행의 여러 국면을 얼마나 잘 반영하는가에 대한 타당도 • 예) 언론기자 채용시험에서 기사작성 문제로 평가 　　국제협력관 채용시험에서 외국어 시험내용(독해와 문법 외에 듣기와 말하기 시험)이 실제업무와 얼마나 잘 부합하는지에 대한 타당도	
	기준타당도(criterion - related validity): • 시험성적이 근무실적이라는 실적기준과 잘 부합하는지를 예측할 수 있는 정도 • 예) 채용 후 일정시간 경과 후에 근무실적을 평가하여 이를 시험성적과 비교하여 상관관계가 높으면 기준타당도가 높음	
신뢰도	**신뢰도(reliability):** • 선발 시험이 측정 도구로서 일관성을 갖는 정도로써, 동일한 사람이 동일한 시험을 시간을 달리하여 여러 번 측정했을 때 동일한 결과가 나타나는 정도 • 예) 필기시험에 비교하여 면접이나 실기시험은 신뢰도가 낮은 경우가 많음	신뢰도가 있다고 해서 반드시 타당성이 확보되는 것은 아니나, 타당도가 확보되기 위해서는 신뢰도가 전제되어야 함
객관도	**객관도(objectivity):** • 시험성적이 채점자 및 시험의 외적 요인에 따라 차이가 없는 정도. 채점자의 주관적 개입을 배제할 수 있는 경우 객관도가 높아짐 • 예) 객관식 시험과 주관식 시험의 구분, 올림픽체조경기 판정사례(다수의 심판위원; 최고/최하 배점 배제)	시험문제와 측정하고자 하는 바와의 관계보다는 시험의 외적 요인에 의해 영향을 받음
난이도	**난이도(difficulty):** • 시험이 얼마나 어렵거나 쉬운지를 의미하는 것으로 난이도 조절에 실패할 경우 차별화가 어렵게 됨 • 예) 시험이 매우 쉬운 경우 대부분 높은 점수를 얻게 되어, 상위 그룹의 차별화가 어려워짐	시험의 변별력을 의미

당도(content validity)는 시험 내용이 직무수행 속의 실제 국면을 얼마나 잘 반영하느냐의 문제이다. 예를 들어 언론사 기자 채용시험에서 시험문제 내용이 언론사 기사작성과 유사한 형태의 시험일 경우에 내용 타당도가 높다고 할 수 있다. 셋째, 기준타당도(criterion-related validity)는 시험성적이 다른 '실적기준'과 얼마나 잘 부합하느냐에 관한 것이다. 이를 테면, 근무성적은 믿을만한 '실적기준'이므로 채용 후 일정기관 경과 뒤의 근무성적을 시험성적과 비교하여 양자의 상관관계가 높으면 기준타당도가 높다고 판단할 수 있을 것이다.

둘째로, 신뢰도(reliability)는 화살이 과녁의 어느 한곳을 얼마나 반복적으로 일관되게 맞히느냐가 핵심이다. 따라서 동일한 측정도구(예: 시험)가 반복적으로 사용될 경우 얼마나 일관성(consistency) 있는 결과를 만들어내는가를 살핀다. 신뢰도를 측정하는 방법은 재시험법(test-retest method), 복수양식법(multiple-form method) 혹은 동질이형법(parallel-form method), 반분법(split-half method)이 있다(이창길, 2019). 재시험법은 신뢰도를 측정하는 가장 쉬운 방법으로 이는 한 개의 시험을 동일한 사람에게 다른 시점에서 다시 치르게 하는 방법이다. 만약 두 시험의 측정 점수가 동일하다면 신뢰도가 매우 높다고 보는 것이다. 그러나, 이 방법은 시간과 비용이 많이 들 수 있고, 반복측정으로 응답자가 학습을 하게 되는 효과가 발생할 수 있다. 복수양식법과 동질이형법은 동일한 사람이 서로 다른 양식이나 형태의 선발시험을 치르는 방법으로 A형과 B형 두 가지 시험 유형을 만들어 동일한 사람이 치르게 하여 그 결과를 비교하는 것이다. 이는 재시험법보다는 신뢰도를 높일 수 있지만, 시간이 흐름에 따른 사람자체의 변화를 여전히 통제할 수 없다는 한계가 있다. 반분법은 시험은 한 번 치르되 시험문항을 짝수와 홀수 등으로 반으로 나누어 성적 간의 상관관계를 살펴보는 방법으로써 상관관계가 높을수록 신뢰도가 높다고 보는 것이다. 시간의 차이를 두고 재시험을 할 필요가 없고 시험 유형을 복수로 만들 필요가 없으나, 측정 항목을 어떻게 구분하느냐에 따라 신뢰도가 달라질 수 있는 단점이 있다.

셋째로, 객관도(objectivity)는 시험도구를 적용할 때 시험과 관련된 모든 상황을 최대한 동일하게 유지하는 것을 의미한다. 예를 들어, 여러 시험장에서 지원자들이 시험을 볼 때 시험장 주변의 소음 등 환경과 시험 도구 등이 시험장마다 동일하다면, 객관도는 높을 것이다. 또한 객관식 시험은 글자그대로 객관도가 높다고 할 수 있는데, 그에 반해 주관식의 경우 채점자에 따라 점수 차이가 발생하여 객관도가 떨어 수 있으므로 이 경우에는 여러 명의 채점자를 활용할 필요가 있다(올림픽체조경기 판정사례 참조).

마지막으로, 난이도(difficulty)는 시험이 얼마나 어렵거나 쉬운지를 의미한다. 난이도가 너무 낮거나 높을 경우 변별력이 떨어지게 되므로 적절한 난이도를 유지하는 것이 요구된다. 난이도는 선발인원을 나머지 불합격자로부터 어떻게 구별해낼 수 있는가와 관련있는 개념이다. 난이도가 지나치게 낮을 경우 상위그룹의 차별화가 어려워지고, 난이도가 높을 경우에는 중위그룹의 차별화가 어렵게 된다.

4) 공채시험 면접시험

공채시험의 마지막 단계는 면접시험이다. 면접시험은 필기시험 당해 직무수행에 필요한 능력 및 적격성을 검정하며, 평정방법은 각 평정요소마다 각각 상(우수), 중(보통), 하(미흡) 등급으로 평정한다. 면접은 작성시간과 대면 면접시간을 모두 포함하여 5급공채의 경우에는 총 260분, 7급의 경우에는 총 150분이며, 대면 면접시간에는 집단토의, 개인발표, 개별면접이 포함된다. 그리고 9급의 경우에는 집단토의는 없고 개인발표와 개별면접이 있으며, 이를 위한 자료작성시간을 포함하여 총 70분이다.

표 8-6　국가공무원 공개경쟁채용시험 면접방식 및 면접시간

구 분		5급	7급	9급
총 면접시간		260분	150분	70분
대면 면접시간	집단토의	90분	50분	–
	개인발표	20분	15분	10분
	개별면접	60분	25분	30분
작성시간	집단토의	30분	10분	–
	개인발표문	60분	30분	10분
	개별면접과제		20분	20분

출처: 인사혁신처 국가고시센터(www.gosi.kr/front/intv/intvPreview.do), 공정채용 가이드북.

5) 가산점 부여제도

국가를 위해 희생한 유공자와 그 유족 및 가족에 대한 당연한 예우차원에서 가산점부여제도가 도입되었다. 가산점부여제도는 의사자 유족, 의상자 본인 및 가족을 예우하도록 규정한 국가공무원법 제36조의2와 공무원임용시험령 제31조에 근거한다. 근거 법률에 의한 취업지원대상자는 각 과목 40% 이상 득점한 자에 한하여, 각 과목별 득점에 각 과목별 만점의 일정비율(10% 또는 5%)에 해당되는 가산점을 부여받는다. 근거법률에 의한 의사상자(직무 외의 행위로서, 남의 생명, 신체, 재산이 위협을 받는 급박한 상황을 구제하다가 사망하거나 다친 사람) 등은 각 과목 40% 이상 특정한 자에 한하여, 각 과목별 만점의 일정비율(5% 또는 3%)을 가산한다. 취업지원대상자와 의사상자 등 가점이 중복될 경우 1개만 인정된다.

또한 행정의 전문성 및 능률성 확보에 기여할 수 있는 국가기술자격증 등 각종 자격증소지자를 우대하기 위해 도입되었다. 국가기술자격법 기타 법령에 의한 자격증 소지자는 가산점을 부여받을 수 있다. 6급 이하(연구사·지도사 포함) 및 기능직 공무원 채용시험에서 직무관련분야의 자격증(행정직의 경우에 변호사, 법무사, 공인회계사, 감정평가사, 변리사, 세무사, 사회복지사 등; 기술직의 경우에 기술사, 기능장, 기사, 산업기사, 기능사 등) 소지자에게는 자격증의 종류에 따라 필기시험의 각 과목별 만점의 3~5%가 가산(단, 공무원채용시험응시에 일정 자격증을 필요로 하는 경우와 해당자격증 소지자를 경력경쟁채용등을 통해 채용하는 경우는 제외: 공무원임용시험령 제18조)된다. 가산대상 자격증이 2개 이상인 경우 본인에게 유리한 것 하나만을 가산하며 각 과목 40퍼센트 이상 득점한 자에게만 가산한다(직렬직류별 가산대상 자격증의 종류는 공무원임용시험령 별표12 참조).

6) 시보임용

시보임용(probation)의 경우 5급 및 연구·지도직규정에 해당하는 연구관과 지도관은 1년이며, 전문경력관 가군에 속하는 공무원의 경우에도 시보임용기간은 1년이다. 6급 이하(연구사·지도사, 전문경력관 나군 및 다군)의 경우 시보임용기간은 6개월이다. 휴직·직위해제·징계에 의한 정직 또는 감봉 처분기간은 시보임용기간에서 제외되나, 승진소요최저연수, 경력평정대상기간에는 시보기간은 산입된다. 임

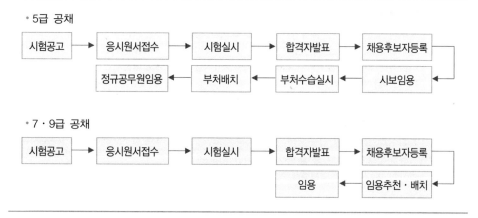

| 그림 8-4 | 5급, 7 · 9급 공채 채용절차 |

• 5급 공채

시험공고 → 응시원서접수 → 시험실시 → 합격자발표 → 채용후보자등록

정규공무원임용 ← 부처배치 ← 부처수습실시 ← 시보임용

• 7 · 9급 공채

시험공고 → 응시원서접수 → 시험실시 → 합격자발표 → 채용후보자등록

임용 ← 임용추천 · 배치

출처: 인사혁신처 홈페이지.

기제공무원으로 임용되는 등의 경우에는 시보임용이 면제된다.

시보기간 중에 공무원으로서 품위를 크게 손상하는 행위, 법에 따른 명령을 위반하는 행위, 근무성적 불량, 또는 교육훈련성적이 불량함 등의 사유 발생시에는 징계위원회의 의결을 거쳐 징계가 가능하며, 공무원의 신분을 보장하는 규정을 담고 있는 국가공무원법 제68조(의사에 반한 신분조치금지) 및 제70조(직권면직)에도 불구하고 면직이 가능하다.

3. 공무원 경력채용제도

1) 제도목적 및 근거와 시험요건 및 시험방법

공개경쟁채용시험에 의하여 충원이 곤란한 분야에 대하여 채용하는 제도로서 관련직위와 관련된 경력(experience), 자격증(공무원임용시험령 별표5 참조), 학위 등이 있는 유경력자 및 우수전문인력을 선발하는 선발방식이다. 다수인을 대상으로 경쟁 채용하는 경력경쟁채용시험과 다수인을 대상으로 하지 아니하는 비다수인대상 채용시험으로 구성된다. 국가공무원법 제28조와 공무원임용령 제16조 내지 제22조, 공무원임용시험령 제26조~제30조에 근거를 두고 있다. 경력경재채용은 다양한 분야의 다양한 조건에 따라 종류가 1호에서 13호로 구분되며 각각 시험방법이

표 8-7   경력경쟁채용등 요건 및 시험방법

	경력경쟁채용등 요건(법 제28조 제2항)	시험방법
1호	• 공무상 질병에 따른 휴직기간 만료로 퇴직한 경력직 공무원 등의 원직급 재임용 • 다른 종류의 공무원이 되기 위해 퇴직한 경력직공무원 의 원직급 재임용	• 서류 + 면접 또는 실기 • 시험면제
2호	임용예정직에 관련된 자격증 소지자	• 서류 + 면접 또는 실기
3호	• 근무실적 또는 연구경력이 3년 이상인 자 • 동일직급 경력자의 경우 2년	• 서류 + 면접 • 필기 + 면접 · 실기 또는 서류
4호	특수학교(공무원의 양성을 목적으로 하거나 전문적인 특수분야의 인재양성을 목적으로 설립된 학교) 졸업자로서 실무수습을 마친 자	• 서류 + 면접 또는 실기
5호	퇴직한 1급공무원 등 임용	• 서류
6호	특수직무분야, 특수환경, 도서벽지근무 등 특수지역 근무 예정자	• 필기 + 면접 · 실기 또는 서류
7호	• 지방직 → 국가직 • 기능직 ↔ 일반직	• 면제가능 • 필기 + 면접 · 실기 또는 서류
8호	외국어능통자 및 국제적 전문지식을 지닌 자	• 필기 + 면접 · 실기 또는 서류
9호	전문계 학교 등 졸업자	• 필기 + 면접 · 실기 또는 서류
10호	과학기술 및 특수전문분야 연구 · 근무경력자로서 박사 또는 석사학위소지자	• 서류 + 면접 또는 실기
11호	• 국비장학생 • 견습직원	• 서류 + 면접 또는 실기 • 시험면제
12호	연고지 및 일정지역 거주자의 한지채용	• 필기 + 면접 · 실기 또는 서류
13호	귀화자 및 북한이탈주민 대상	• 필기 + 면접 · 실기 또는 서류

* 2호, 6호, 8호, 9호, 10호, 12호, 13호는 다수인을 대상으로 경쟁의 방법으로 채용(필기시험부과 가능)

출처: 인사혁신처(2019), 공무원 인사실무.

다르다. 주어진 여건에 따라 공채에서 요구하는 시험이 면제되기도 하고 시험 대신 서류전형이 이루어지기도 하고, 필기시험 대신 실기시험이 부여되기도 한다.

2) 서류전형과 면접시험 및 채용절차

서류전형이 필요한 응시자의 경우, 당해 직무수행에 관련되는 응시자의 자격 · 경력 등이 소정의 기준에 적합한지 여부를 서면으로 심사하며, 적격 또는 부적격

여부를 판단한다. 경력경쟁채용시험의 경우 서류전형의 응시인원이 선발예정인원의 3배수 이상인 경우에는 임용예정직무에 적합한 기준에 따라 선발예정인원의 3배수 이상으로 서류전형 합격자를 결정 가능하다(공무원임용시험령 제29조 제4항에 따라 합격자 결정의 예외 적용).

경력경쟁채용의 면접전형은 불합격기준에 해당하지 아니하는 자 중에서 평정성적이 우수한 자 순으로 합격자를 결정하는 방식과 평정요소마다 점수를 부여하여 합격자를 결정하는 방식으로 구분할 수 있다. 경력경쟁채용의 채용절차는 공개경쟁채용의 채용절차보다는 간단하다. 이는 전방위적인 외부모집·채용이 시간과 비용이 많이 소모되는 이유이다. 경력경쟁채용은 시험실시기관이 인사혁신처장과 사전에 협의한 후 공고를 하고 시험을 실시하여 적격자를 선발하고 임용한다.

4. 공정채용원칙과 배경 블라인드 면접

직급별 실시를 원칙으로 하되, 일부직렬은 직류별로 시험을 실시(시험과목이 동일한 경우 직렬·직류 통합 실시 가능)한다. 근무예정지역·근무예정기관 또는 거주지별/장애인 및 저소득층의 경우 분리실시가 가능하다(공무원임용시험령 제2조).

또한 원칙적으로 배경 블라인드(Background-blind) 면접을 실시하며, 이는 배경에 대한 차별없이 공정한 채용을 통한 적합한 인재를 선발하기 위함이다. 복수의 임용자격을 설정하고 최저 임용자격을 준수하여 응시기회는 확대하되, 외부 전문가를 시험위원으로 위촉하거나, 구조화된 면접을 실시하고 지원자의 배경을 공개하지 않음으로써, 직무능력을 공정하게 평가하여 선발직위에 적합한 인재 선발을 도모하는 것이다.

공개경쟁시험, 경력경쟁시험 등 공무원채용에서 서류전형과 필기시험으로 파악하기 힘든 가치관(공직관), 의사표현능력, 상황대응능력 등을 종합적으로 평가하기 위해 구조화된 면접(structured interview)을 진행한다. 특히, 응시자의 공직가치를 심층적으로 검증하기 위해서는 국가관(헌법가치를 실천하는 공무원), 공직관(국민에 봉사하는 공무원), 윤리관(도덕성을 갖춘 공무원)을 평가할 수 있는 면접문항을 체계적으로 구성한다. 면접시험 평정표에 나타나 있는 평정요소는 아래 표와 같이 5개로 나뉘어져있다.

표 8-8	면접시험 평정요소(평가역량)
구 분	공무원임용시험령 제5조 제3항
평가역량	* 면접시험은 해당 직무 수행에 필요한 능력 및 적격성을 검정하며, 다음 각 호의 모든 평정요소를 각각 상, 중, 하로 평정한다. 1. 공무원으로서의 정신자세 2. 전문지식과 그 응용능력 3. 의사 표현의 정확성과 논리성 4. 예의 · 품행 및 성실성 5. 창의력 · 의지력 및 발전 가능성

공개경쟁채용 면접시험에서는 주로 활용하는 면접방식은 집단토의, 개인발표, 개별면접 세 가지이며, 경력경쟁채용에 주로 사용되는 기법은 개인발표와 개별면접 방식(경험면접+상황면접)이다. 면접과제는 업무수행과정에서 주로 발생하는 갈등상황, 타부서와의 업무 조율, 해결해야 할 주요 정책과제, 정책 운영 과정에서의 개선 필요사항 등으로써, 지원자의 직무이해도와 직무역량을 평가할 수 있는 과제이다. 예를 들어, 집단토의에서는, 공무원으로서 접할 수 있는 윤리적인 딜레마 상황을 유형화하여 제시하고 응시자가 적절한 논거를 들어 토의하거나 대안의 우선순위에 대한 합의 도출과정을 평가할 수 있다(인사혁신처 공정채용 가이드 북, 2019). 개인발표의 경우, 청소년들의 비속어 · 은어 등의 사용으로 인한 잘못된 언어습관이 심각한 수준을 넘어 세대 간 갈등과 청소년 범죄까지 유발 가능한 사회적 이슈에 대해 생각해보게 한 후, 청소년들의 잘못된 언어습관의 근본적인 원인을 분석해보고 청소년들의 언어순화를 위한 개선방안을 수립하여 발표하도록 할 수 있다. 개별면접에서는 '자신이 가진 역량 중에서 입직 후 가장 도움이 될 만한 것은 무엇이고, 왜 그렇게 생각합니까?'라는 직무수행관련 질문이나 '지금까지 가장 수행하기 힘들었던, 그리고 흥미로웠던 업무나 프로젝트는 무엇인가요?'라는 경력 및 전문성 관련 질문 등이 제시될 수 있다.

공정한 면접시험을 진행하기 위해, 면접위원 명단은 대외비로 관리되며, 면접위원 선정 담당자(부서)와 면접시험 시행자(부서)를 분리하여 운영한다. 면접위원에게 면접지원자에 대한 정보를 최소한으로 제공하여 편견이 개입될 소지를 배제한다. 따라서, 직무수행과 관련된 정보는 제공되지만, 직무수행과 관련이 없는 지원자의 출신학교, 출신지역, 가족관계, 혼인여부, 재산규모 등의 자료는 배경 블라인드

(Background-blind)되어 면접위원에게 제공되지 않는다. 그리고 2014년 박근혜 정부가 제정한 채용절차의 공정화에 관한 법률(채용절차법)의 제4조의3은 구인자가 구직자의 직무수행에 필요하지 않은 개인정보(구직자 본인의 용모·키·체중 등의 신체적 조건, 구직자 본인의 출신지역·혼인여부·재산, 구직자 본인의 직계 존비속 및 형제자매의 학력·직업·재산)를 요구하는 것을 금지하고 있다.

5. 균형인사(통합인사) 차원의 선발

균형인사제도의 이론적 근거 및 제도적 기반에 대한 자세한 사항은 본 책의 제2편의 5장 대표관료제와 다양성 관리에서 살펴볼 수 있다. 국가공무원법 제26조(임용의 원칙)에서 공무원의 임용은 시험성적·근무성적, 그 밖의 능력의 실증에 따라 행하지만, 국가기관의 장은 대통령령등으로 정하는 바에 따라 장애인·이공계전공자·저소득층 등에 대한 채용·승진·전보 등 인사관리상의 우대와 실질적인 양성평등을 구현하기 위한 적극적인 정책을 실시할 수 있다고 규정하고 있다. 여기서는 모집과 선발차원에서 우리나라의 균형인사제도를 정리하며, 윤석열 정부는 균형인사라는 표현 대신에 통합인사라는 용어를 사용하고 있다.

1) 균형인사제도의 목적

과거의 성장위주 정책에서 벗어나 공동체 발전에 대한 관심이 증가함에 따라, 정부의 인사운영에 있어서도 효율성 중심의 실적주의 인사원칙에서 더 나아가 공직 구성의 대표성(representation), 다양성(diversity), 사회적 형평성(social equity), 포용성(inclusion) 등을 제고하는 균형인사제도가 필요하게 되었다. 이런 맥락에서 노무현 정부는 2005년 국가공무원법을 개정하여 제26조와 제26의4에 그리고 2007년 지방공무원법의 제25조를 개정하여 균형인사 정책의 추진근거를 마련하였다. 또한 2008년에는 국가공무원과 지방공무원을 위한 균형인사지침을 제정하였다. 균형인사 정책은 양성평등, 장애인, 지방·지역인재, 이공계전공자·저소득층 등을 주요 대상으로 하고 있다. 국제적으로도 공직사회의 대표성 향상과 다양성 관리는 세계적 화두가 된지 이미 오래이다.

2) 양성평등 채용

성비 불균형 해소를 위해 남녀 양쪽에 최소 채용 비율을 설정하는 제도로, 공무원 등의 채용시험에서 성비 불균형을 해소하기 위해 남성이든 여성이든 어느 한쪽이 합격자의 70%를 넘지 않게 하는 것이 양성평등채용목표제이다.현재 이 제도가 적용되는 시험은 5급 공채와 7급·9급 공채시험 및 행정안전부가 실시하는 경력경쟁채용시험(기능직 제외) 중 선발예정인원이 5명 이상인 시험이다(단, 교정 직렬과 보호 직렬은 제외).

여성의 공직 진출이 활발해지면서 2021년 기준 우리나라 전체 공무원의 48.6%가 여성공무원이다(인사혁신처, 2022: 17). 따라서 전체적으로 남녀공무원의 비율이 거의 비슷하게 되어 가는 상태이다. 그런데 문제는 여성관리자의 임용비율이다. 과거에는 여성관리자와 고위직의 비율이 저조한 상황이었는데, 최근에는 조금씩 호전되는 경향을 보이고 있다. 2021년 기준 중앙부처의 여성 고위공무원이 10%에 이르렀고, 본부과장급은 24.4%이며 지방자치단체의 과장급(5급 이상)은 24.3%이다(인사혁신처, 2022).

3) 장애인 채용

장애인이 그 능력에 맞는 직업생활을 통하여 인간다운 생활을 할 수 있도록 장애인의 고용촉진과 직업재활 및 직업안정을 도모함을 목적으로 1990년에 장애인고용촉진 등에 관한 법률(장애인고용법)이 제정되었다. 그 후 2000년에 국가와 지방자치단체의 장애인 고용의무가 법제화되었다. 2021년 기준 법정의무고용률은 정부와 공공기관의 경우 공히 3.4%이며, 실제 고용률은 공공기관이 3.78%이나 정부(행정부, 사법부, 입법부, 헌법기관 등 포함)는 2.97%이다. 좀 더 자세히 살펴보면 중앙부처와 지방자치단체는 각각 3.68%, 3.92%인데, 헌법기관이 2.93% 그리고 교육청이 1.94%로 낮은 편이다(인사혁신처, 2022: 45). 정부는 1989년에 9급 공채시험에 장애인 구분모집제도를 도입하였고, 1996년부터는 7급 공채시험에도 확대 운영하고 있다. 장애인 공직 임용 확대를 위해 선발예정인원의 일정 규모를 장애인만이 응시할 수 있도록 하고 별도로 구분하여 시험을 실시한다. 또한 상대적으로 고용여건이 열악한 중증장애인의 자립기반 마련과 공직 진출을 지원하기 위하여 중증장애인만 응시 가능한 경력경쟁채용시험도 제도를 운영 중이며 일정한 자격(경력, 학위, 자격증)을 갖춘 중증장애인의 경우, 별도의 필기시험 없이 1차 서류전형과 2차 면접시험만으로 최종 선발된다.

4) 지방 · 지역인재 채용

지방인재 및 지역인재 채용목표제가 있다. 첫째, 지방인재채용목표제는 국가 균형 발전과 우수한 지방인재의 공직 진출 기회 확대를 위하여 도입되었다. 지방인재 채용목표제의 경우 2007년부터 5급 국가공무원 공채시험에, 2015년부터는 7급 국가공무원 공채시험으로 확대하여 운영되었다. 이 제도는 5 · 7급 공채 및 외교관후보자 선발시험 중 선발예정인원이 10명 이상인 시험단위에서, 지방인재(서울시를 제외한 지방소재 학교 출신 합격자)가 일정비율(5급 · 외교관 20%, 7급 30%)에 미달할 경우 선발예정인원 외에 추가로 선발하게 된다.

둘째, 지역인재채용목표제(지역인재 수습직원 선발시험)는 공직의 지역 대표성 제고 및 지역 균형 발전을 위해 지방대와 고졸 출신의 공직 진출 확대를 위해 도입되었다. 지역인재채용목표제(지역인재추천채용제)의 경우, 2005년부터 수습직원(intern) 방식의 채용제도인 지역인재추천채용제도가 도입되었다. 2005년에 6급으로 선발해오다 2010년부터는 7급으로 선발하고 있으며, 2012년에는 9급까지 확대하였다. 지역인재 7급의 경우 4년제 대학 졸업(예정)자를 학교추천을 통해 선발하여 1년간 수습근무 후 일반직 7급 국가공무원으로 임용하는데, 2021년 기준 7급에 160명을 선발했다. 지역인재 9급은 특성화고 · 마이스터고 등 졸업(예정)자를 학교추천을 통해 선발하여 6개월간 수습근무 후 일반직 9급 국가공무원으로 임용하는데, 2021년 기준 9급에 316명을 선발했다(인사혁신처, 2022: 60). 그리고 2023년부터 지역인재와 지방인재의 인정범위를 확대하였다(서울소재대학 졸업 또는 중퇴 후 지방대학 편 · 입학자 제외 규정 삭제).

5) 이공계 채용

최근 bio technology(BT), nano technology(NT), environmental technology (ET), artificial intelligence(AI) 등 신기술분야의 기술혁신이 국가경쟁력의 핵심요소로 등장하면서 과학적 접근에 바탕을 둔 정책수요가 크게 증대되고 있다. 이에

따라 경제, 산업, 교육, 예산 등 국가의 주요 정책결정 과정에서 과학·기술적 논리에 바탕을 둔 의사결정이 요구되고 있어 과학기술 전문지식을 지닌 인력의 확보가 요구된다. 따라서, 인사혁신처는 균형인사 기본계획을 통해 5급 국가공무원 신규채용 시 이공계 인력을 40%까지 확대하여 채용하도록 하고, 일반직 고위공무원의 30% 이상을 이공계 공무원으로 임용하도록 권고하고 있다. 이공계공무원이란 기술직군, 행정직군 중 이공계 분야 학위를 소지한 사람, 행정직군 중 이공계 분야 자격증을 소지한 사람을 의미한다(인사혁신처, 2022: 67).

6) 사회통합형 인재 채용

사회통합형 인재 채용에는 세 가지가 있다. 첫째, 정부는 저소득층에 대한 사회적 기회 불평등을 완화하고 경제적 자립을 지원함으로써 양극화 해소와 사회통합에 기여하고자 2009년부터 9급 공채시험에 '저소득층' 구분모집제도를 도입하여 운영하고 있다. 지난 2012년에 저소득층 구분모집 대상자를 기존의 국민기초생활보장법에 따른 수급자 외에 한부모가족지원법에 따른 지원대상자까지 확대하였으며, 2015년에는 저소득층 구분모집 선발비율을 기존 1%에서 2%로 상향 조정하였다. 또한 9급 경력경쟁채용시험의 경우 부처별 연간 신규채용인원의 1% 이상을 저소득층으로 채용하도록 함으로써 저소득층의 공직 진출을 지원하고 있다. 9급 공채시험 저소득층 구분모집 선발예정인원은 국가직과 지방직 모두 지속적으로 증가하는 추세이다. 2021년 최종 선발인원은 국가직은 150명, 지방직은 598명이다(인사혁신처, 2022: 72).

둘째, 정부는 북한이탈주민의 경제적 자립 지원과 사회통합 등을 위하여 2015년 북한이탈주민의 정부 내 활용계획을 수립하고 북한이탈주민을 공무원 또는 행정보조인력으로 채용해왔다. 국가공무원법 제28조제2항제13호 등에 따라 북한이탈주민 경력경쟁채용시험을 통해 채용하거나 북한이탈주민의 보호 및 정착지원에 관한 법률 제18조에 따라 특별임용할 수 있으며, 행정보조인력은 공개채용, 하나센터 추천채용 등을 통해 선발하고 있다. 2021년 기준 26개 중앙부처에 총 82명의 북한이탈주민이 근무하고 있으며, 이 중 공무원은 37명이고 행정보조인력은 45명이다(인사혁친서, 2022: 73).

셋째, 정부는 글로벌 인재 채용을 통한 공직 전문성 제고 및 국가경쟁력 강화를 위해 외국인을 공무원으로 임용할 수 있도록, 2002년 국가공무원법 및 지방공무원법을 개정하여 법적 근거를 마련하였다. 이에 따라 외국인은 국가안보 및 보안·기밀관련 분야를 제외한 모든 분야에 임용될 수 있다. 2021년 기준 외국인 국가공무원은 총 171명이며, 이 중에서 임기제/전문경력관이 5명, 교수(특정직)가 166명이며 이 중 미국인이 제일 많고 그 다음이 중국인이다. 참고로 외국인 지방공무원은 총 34명으로 임기제공무원이다(인사혁신처, 2022: 74).

과제 **공무원시험 포털사이트에 들어가서 관심있는 시험내용을 알아보자.**

☐ 공무원의 공개경쟁채용시험을 안내하는 각종 포털사이트에 들어가서 관심 있는 시험에 대한 내용을 파악해서 시험응시계획을 세워보자.
- 국가공무원 공채시험: www.gosi.go.kr
- 광역지방자치단체 지방공무원 공채시험: https://lcoal.gosi.go.kr
- 국회 공무원: http://gosi.assembly.go.kr
- 법원 공무원: https://exam.scourt.go.kr
- 경찰공무원: http://gosi.police.go.kr
- 소방공무원: https://www.nfa.go.kr/nfa/news/job/nfajob/
- 군무원(국방부): https://recruit.mnd.go.kr:470/recruit.do

☐ 허위로 자격증·경력을 제출하여 시험에 응시한 사례에 대해 알아보자.
1. 공무원시험의 응시요건인 자격증 등을 위조하여 응시자격을 갖춘 후 시험에 합격하여 공무원으로 임용되었다면 그 임용행위는 원인무효인 행정행위로서 임용을 취소하여야 하며, 자격증 위조행위는 임용취소와는 별도로 공소시효기간이 경과되지 않는 한 형사처벌의 대상이 된다.
2. 응시자가 경력이 5년이 되지 아니하였거나 실제의 경력이 5년 이상 되더라도 근무장소와 근무기간을 허위로 기재한 확인원을 그 내용을 알지 못하는 보건소장이나 관할권조차 없는 보건소장에게 제출하여 허위의 확인서를 발급받은 후 이를 응시원서에 첨부하여 필기시험을 면제받고 실기시험에 응시하여 안경사시험에 합격하였다면 그와 같은 행위는 필기시험 면제의 요건을 갖추지 못한 자가 불법적인 방법으로 필기시험을 면제받고 국가시험에 합격한 것으로서 부정한 방법으로 국가시험에 응시하였거나 시험에 관하여 부정행위를 한 경우에 해당함(대법원 판결 1992. 12. 24, 92누6112)
3. 허위의 고등학교 졸업증명서를 제출하는 사위의 방법에 의한 하사관 지원의 하자를 이유로 하사관 임용일로부터 33년이 경과한 후에 행정청이 행한 하사관 및 준사관 임용취소처분이 적법하다고 한 사례(대법원 판결 2002. 2. 5, 2001두5286)

09

공무원 이동과 경력개발

인 사 행 정 론

제**9**장 │ 공무원 이동과 경력개발

    공무원의 임용은 크게 외부임용(채용)과 공무원 임용 이후에 공직 내에서 수직
적 이동(승진 등)과 수평적 이동(전보 등)을 하는 내부 임용, 그리고 공직을 떠나는
것과 관련된 퇴직관리의 세 가지 차원으로 구분된다. 여기에서는 공무원 임용 이후
의 공무원의 이동(mobility)과 경력관리와 관련된 내부임용과 퇴직관리를 중심으로
논의하도록 한다.

그림 9-1 │ **공무원 임용**

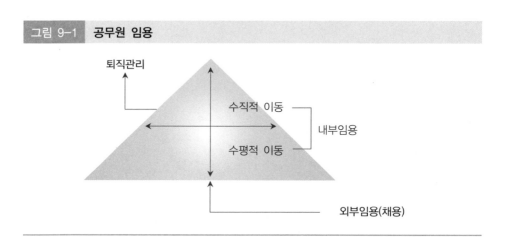

1. 공무원 이동의 의의

공무원 이동(mobility)은 공무원의 내부임용에 해당된다. 공무원의 내부임용은 정부조직 안에서 사람을 움직여 쓰는 활동을 말한다. 내부임용에는 크게 수직적 이동(승진, 강임 등), 수평적 이동(전직, 전보, 파견, 겸임 등), 기타 이동(휴직, 직위해제, 정직, 면직, 해임 및 파면 등)으로 구분할 수 있다.

외부임용인 신규채용에 비해 내부임용인 승진은 ① 임용 비용이 적게 소요되고, ② 선발과오를 줄일 수 있으며, ③ 행정조직의 안정화를 꾀할 수 있다는 장점이 있다. 반면 내부 승진으로만 결원이 채워진다면 조직의 침체와 공무원의 질적 저하를 초래할 수 있다.

2. 수직적 이동

1) 승진

(1) 개념

승진(昇進, promotion)은 기본적으로 하위 직급에서 상위 직급으로 이동하는 것을 말한다(국가공무원법 제40조). 그리고 승진은 일반적으로 직무의 곤란도와 책임의 증대를 의미하며, 보통 보수의 증액을 수반한다. 그런 점에서 동일한 등급 내에서 호봉만 올라가는 승급(昇給)과는 구별할 필요가 있다. 승진은 비물질적 보상의 대표적인 것으로 물질적 보상인 급여를 유연하게 제공할 수 없는 공직 특성상 공무원의 사기 진작과 관련해서 가장 중요한 요소로 널리 알려져 있다.

(2) 종류

승진은 그 성격에 따라, 일반승진과 특별승진, 그리고 근속승진으로 나눌 수 있다. 첫째, '일반승진'은 심사 또는 시험에 의해 주로 이루어지며 근무성적, 교육훈련 이수실적, 경력 등을 고려하여, 임용권자가 승진후보자명부를 작성하여 순위에 의하여 적격자를 승진 임용하는 방법이다. 둘째, '특별승진'은 청백리 포상을 받은 공무원이나 소속 장관에 의하여 특별한 공적이 있다고 인정받거나, 행정 발전에 지대한 공헌이 있다고 인정받은 공무원 및 창안 등급 동상 이상을 받은 공무원 등에 대하여, 승진소요 최저연수의 단축 또는 승진시험 우선 응시 권한을 부여하거나 승진후보자명부의 순위에 관계없이 승진 임용하는 방법을 말한다. 마지막으로, '근속승진'은 승진적체가 심각한 상황에서 일정 기간동안 해당직급에서 재직한 경우 승진을 자동적으로 시켜주는 것이다.

시험 부과 여부에 따라, 승진시험에 의한 승진과 시험에 의하지 않는 승진으로 구분지을 수 있다. 종전에는 5급 공무원 승진은 반드시 승진시험을 거치도록 규정하였으나, 1996년 1월부터 승진시험을 거치도록 하되 필요에 따라 승진심사위원회의 심사를 거쳐 임용(심사승진)할 수 있도록 규정을 완화하였다(국가공무원법 제40조).

승진시험의 경우에도 일반승진시험과 공개경쟁승진시험으로 구분된다(국가공무원법 제41조). '일반승진시험'의 경우, 승진후보자명부의 고순위자 순으로 결원의 2~5배수 인원의 범위 내의 자에 대해 실시하며, 합격 여부는 시험성적 및 승진후보자명부의 평정점수를 합산하여 결정한다. '공개경쟁승진시험'의 경우, 5급 공무원의 승진에 한하여 실시될 수 있다. 공개경쟁승진시험의 경우는 시험성적에 의해 합격자가 결정되고 그 사람이 승진된다.

(3) 승진후보자 명부 작성과 반영 비율

공무원 성과평가 등에 관한 규정(2022년 말에 개정) 제30조에 의하면, 승진후보자 명부를 작성하기 위한 평정점은 제18조에 따른 근무성적평가 점수와 제26조에 따른 경력평정점을 합산한 100점을 만점으로 한다(다만, 제27조에 따른 가점 해당자에 대해서는 5점의 범위에서 그 가점을 추가로 합산한 점수를 승진후보자 명부의 총평정점으로 한다). 그리고 임용권자는 근무성적평가 점수의 반영비율은 '90%', 경력평정점의 반영비율은 '10%'로 하여 승진후보자 명부를 작성하되, 근무성적평가 점수의 반영비율은 95%까지 가산하여 반영할 수 있고, 경력평정점의 반영비율은 5%까지 감산하여 반영할 수 있다. 경력과 연공보다는 실적과 성과 중심의 공무원 성과평가 체계를 강화하기 위하여 임용권자가 승진후보자 명부를 작성하는 경우 "종전에 최대 20%까지 반영할 수 있었던 경력평정점의 비율을 앞으로는 최대 10%까지만 반영"할 수 있도록 하여 경력평정의 반영비율을 축소한 것인데, 공무원성과평가 등에 관한 규정 제30조는 2022년 말에 개정되었다. 이러한 새로운 승진공식(promotion formula)은 우리나라가 실적주의를 구현하고 있다는 하나의 증거라고 할 수 있다.

(4) 문제점과 개선방향

우리나라 승진제도의 문제점과 개선방향을 제시하면 다음과 같다(유민봉·임도빈, 2003: 306-310). 첫째, 우리나라 승진제도와 관련해서 가장 큰 문제점은 승진의 공정성 확보 문제이다. 공무원 설문조사를 해보면 인사의 공정성에 대한 불만이 높은 것으로 나타나고 있다. 다시 말해 많은 공무원들은 승진이 공정한 기준에 의해 이루어지기 보다는 정실에 의해 좌우된다고 믿고 있다. 둘째, 우리나라의 경우 승진적체가 심각해서 이에 대한 해소방안이 필요하다. 이러한 승진적체 문제는 특정직과 소수직렬에서 더욱 심각한 것으로 알려져 있다. 이 때문에 행정직렬로 전직하고자 하는 현상이 일어나기도 한다. 이 같은 공무원의 승진적체 문제를 해결하기 위해 1~2년의 장기교육훈련제도, 계급정년제, 조기퇴직제, 복수직급제도(1995년 도입, 과장과 국장에 4-3급, 3-2급 동시에 임명가능)가 있으나 근본적인 해결책이 되고 있지 못하다.

표 9-1 ┃ 일반직 공무원의 법정 승진소요최저연수와 평균 승진소요연수

	하위직급에서 상위직급으로의 승진 소요연수						
	고위공무원	3←4급	4←5급	5←6급	6←7급	7←8급	8←9급
법정 승진소요최저연수	-	3.0	4.0	3.5	2.0	2.0	1.5
평균 승진소요연수	-	5.3	6.8	10.6	8.5	4.0	2.3

출처: 통계청(2021), KOSIS; 공무원임용령 제31조.

2) 강임과 강등

강임(降任, demotion)이란 승진과 반대로 하위 직급으로 이동하는 것을 말한다. 강임이 이루어지는 경우는 극히 드문데, ① 직제와 정원이 변경되거나, ② 예산의 감소 등으로 폐직이 되었을 경우, 그리고 ③ 본인이 동의할 경우에 가능하다(국가공무원법 제73조의4). 강임은 징계가 아니라는 점에서 강등과 구분되며, 직제 변경 등

으로 자리가 없어질 경우 퇴직을 회피하기 위한 수단으로 활용된다. 따라서 강임된 자는 상위 직급에 결원이 발생하면 우선 승진시키고 승진시험도 면제된다.

한편, 강등(降等)은 중징계의 하나로 한 계급 아래로 이동하는 것을 말하며, 강등 징계를 받게 되면 처분기간(3개월)동안 정직되며 처분기간에는 신분을 보유하지만 직무에 종사하지는 못한다.

3) 승 급

승급(昇給, step increase; within-grade salary increase)은 직급이 상향 이동하는 승진과는 달리, 직급의 상향 없이 보수표의 호봉(step)이 한 단계 올라가는 것을 말한다(국가공무원법 제47조). 특히 미국과 같이 보수등급제 채택국가에서는 승급 자체가 승진이라는 의미를 담고 있기 때문에 의미가 크다. 하지만 우리의 경우, 승급은 첫째, 근무연한이 길어지면서 직무수행 능력이 수반되는 데 따르는 보상의 의미가 강하고, 둘째, 관리적 측면에서 근무의욕을 고취하는 수단으로 사용된다.

3. 수평적 이동

1) 전보와 전직

(1) 개 념

'전보'(轉補, transfer)란 동일한 직렬, 직급 내에서 직위만 바꾸는 것을 말한다(국가공무원법 제5조 6). 일반적으로 공무원의 보직이동이라고 하면 전보를 의미한다. 보통 승진소요연수가 적게는 2~3년에서 많게는 10년 이상씩 걸리는 상황에서, 승진하기까지 보통 몇 번씩의 전보가 이루어지게 된다. '전직'(轉職)은 상이한 직렬의 동일한 직급으로 수평 이동을 말한다(국가공무원법 제5조 5). 직렬을 바꾸는 것이기 때문에 엄격한 제약이 있어 시험을 요한다(공무원임용령 제29조, 전직의 조건).

전보와 전직은 공무원 인사이동에서 가장 흔한 것으로 이를 합쳐 '배치전환'(reassignment and transfer)이라고 부른다. 전직과 전보는 인력의 효율적 활용을 위한 수단으로 사용된다. 구체적으로 전직과 전보는 공무원의 적재적소 배치, 능력발전과 교육훈련, 조직 침체의 방지와 근무 의욕의 자극, 할거주의 타파와 부처간 협력 조성 등의 기능을 수행한다.

(2) 필수보직기간

전보와 전직이 오남용되어 빈번하게 자리가 바뀔 경우 행정의 전문화를 저해하고 공무원의 직무능력을 떨어뜨릴 수 있다. 따라서 전직과 전보에는 일정한 제한규정을 두고 있다. 전직을 위해서 일부 예외를 제외하고는 전직시험을 거쳐야 하며, 공무원임용령 제45조에서는 해당 직위에 임명된 뒤 일정한 기간이 경과해야 다른 직위에 전보할 수 있는 '필수보직기간'을 설정하고 있다. 이 경우 필수보직기간은 3년으로 하되, 실장·국장 밑에 두는 보조기관 또는 이에 상당하는 보좌기관인 직위에 보직된 3급 또는 4급 공무원, 연구관 및 지도관과 고위공무원단 직위에 재직 중인 공무원의 필수보직기간은 2년으로 한다(공무원임용령 제45조 제1항).

2) 전입, 겸임, 파견

(1) 전 입

'전입(轉入)'은 인사 관할을 달리하는 입법부, 행정부, 사법부 사이에 다른 기관 소속 공무원을 이동시켜 받아들이는 것이다. 사법부인 법원 직원이 행정부 소속의 법무부로 소속을 바꾸는 것과 같은 경우를 예로 들 수 있다. 전입을 위해서는 시험을 거쳐야 하나, 임용 자격 요건 및 시험과목이 동일할 경우, 시험의 일부 또는 전부를 면제할 수 있다(국가공무원법 제28조의2).

(2) 겸 임

직위 및 직무 내용이 유사하고 담당 직무 수행에 지장이 없다고 인정되는 경우에 한 사람의 공무원에게 둘 이상의 직위를 부여하는 것이다(국가공무원법 제32조의3). 보통은 조직의 규모가 작은 경우나 교육훈련기관의 교관 요원을 임용하는 경우 등에 이용된다. 겸임기간은 2년 이내로 하되 특히 필요한 경우 2년의 범위 내에서 기간을 연장할 수 있다(공무원임용령 제40조).

(3) 파견근무

국가적 사업의 수행을 위해 공무원의 소속을 바꾸지 않고 일시적으로 다른 기관이나 국가기관 이외의 기관 및 단체에서 근무하게 하는 것이다(국가공무원법 제32조의4). 파견근무는 소속 기관을 바꾸지 않고 보수도 원래의 소속 기관에서 받는 임시적인 배치전환으로 긴급한 인력 수요에 신속히 대응할 수 있는 간편한 내부임용

방법이다.

파견기간은 사유에 따라 다양하다(공무원임용령 제41조 제2항). 즉, 국가적 사업 수행을 위한 파견 등의 경우 파견 기간은 2년 이내로 하되, 필요한 경우에는 총 파견기간이 5년을 초과하지 않는 범위에서 파견기간을 연장할 수 있다. 그리고 공무원교육훈련기간의 교수요원으로 선발되거나 그 밖에 교육훈련 관련 업무 수행을 위한 파견의 경우에는 파견기간을 1년 이내로 하되, 총 파견 기간이 2년을 초과하지 않는 범위에서 파견 기간을 연장할 수 있다(공무원임용령 제41조).

3) 기타 공무원의 이동

(1) 휴직, 직위해제, 복직
① 휴직

일시적인 사정으로 공무원이 직무를 일정기간 떠나 있는 것을 말한다(국가공무원법 제71조). 휴직 중 공무원은 공무원으로서의 신분을 보유하나 직무에 종사하지 못한다. 휴직기간은 반드시 휴직을 명하여야 하는 경우와 공무원 본인이 원하는 경우 등 휴직 사유가 다양하기 때문에 휴직기간도 사유에 따라 다양하다(국가공무원법 제72조). 휴직의 예로는 공무상 질병 또는 부상으로 인한 휴직(3년 이내), 육아휴직(자녀 1명에 3년 이내), 민간근무휴직(3년 이내), 병역복무를 위한 휴직, 국제기구 또는 외국기관 근무로 인한 휴직, 국내외 교육기관 및 연구기관에서 연수 또는 유학으로 인한 휴직 등이 있다.

② 직위해제

공무원에 대하여 직위를 계속 유지시킬 수 없다고 인정되는 사유가 있는 경우에, 공무원으로서 신분은 보존시키되 직위를 부여하지 않는 것이다(국가공무원법 제73조의3). 임용권자는 공무원 가운데, 직무수행 능력이 부족하거나 근무성적이 극히 부진한 자, 파면·해임·강등 또는 정직에 해당하는 징계 의결이 요구 중인 자, 형사 사건으로 기소된 자(약식명령이 청구된 자는 제외), 고위공무원단에 속하는 일반직 공무원으로서 정당한 사유 없이 직위를 부여받지 못한 기간이 총 1년 이상이거나, 또는 근무성적평정에서 최하위 등급의 평정을 총 2년 이상 받은 자, 그리고 조건부 부적격자로서 교육훈련을 이수하지 않거나 연구과제를 수행하지 않는 자, 금품비위, 성범죄 등 대통령령으로 정하는 비위행위로 인하여 감사원 및 검찰·경찰 등 수사기관에서 조사나 수사 중인 자로서 비위의 정도가 중대하고 이로 인하여 정상적인 업무수행을 기대하기 현저히 어려운 자 등에 대해서 직위를 부여하지 아니할 수 있다.

③ 복직

휴직 또는 직위해제 중인 공무원을 직위에 복귀시키는 것이다(국가공무원법 제72조). 휴직 기간이 끝난 공무원은 30일 이내에 복직 신고를 함으로써 당연히 복직되며, 휴직 기간 중 그 사유가 소멸되면 해당 공무원은 30일 이내에 그 사유를 임용권자에게 신고하여야 하고 임용권자는 지체 없이 복직을 명하여야 한다. 그리고 직위해제 중인 공무원은 직위해제 사유가 소멸되면 곧 복직시켜야 한다.

(2) 징 계

국가공무원법 제79조(징계의 종류)에는 공무원의 징계의 종류로 파면, 해임, 강등, 정직, 감봉, 견책으로 구분하고 있다.

먼저, 경징계로는 견책과 감봉이 있다. 견책(譴責)은 전과(前過)에 대하여 훈계하고 회개하게 하는 것이다(국가공무원법 제80조 ⑤). 감봉은 1개월 이상 3개월 이하의 기간동안 보수의 3분의 1을 감한다(국가공무원법 제80조 ④).

다음으로, 중징계로 정직, 강등, 해임, 파면이 있다. 이중에서 파면과 해임은 배제(separation)징계에 해당되면, 나머지는 교정(correction)징계에 해당된다.

① 정직: 직무수행을 일시적으로 정지시키는 중징계처분의 한 종류이다(국가공무원법 제79조, 제80조). 정직 기간은 1개월 이상 3개월 이하이고 정직기간 중에는 보수의 전액을 감하도록 되어 있다.
② 강등: 강등(降等)은 1계급 아래로 직급을 내리고 공무원신분은 보유하나, 3개월간 직무에 종사하지 못하며 그 기간 중 보수의 전액을 감한다. 다만, 제4조제2항에 따라 계급을 구분하지 아니하는 공무원과 임기제공무원에 대해서는 강등을 적용하지 아니한다(국가공무원법 제80조 ①).
③ 파면과 해임: 파면과 해임은 공무원을 강제로 퇴직시키는 배제징계에 해당하는 최고수준의 중징계처분이다. 그러나 이 둘 사이에는 징계수준상의 약

간의 차이가 존재한다. 파면된 사람은 5년 동안 공무원으로 임용될 수 없고, 해임의 경우는 3년 동안 공무원으로 임용될 수 없다. 그리고 퇴직급여의 경우 해임은 불이익이 없으나(금품 및 향응 수수, 공금의 횡령·유용으로 징계에 의하여 해임된 경우는 제외), 파면의 경우 퇴직급여액의 삭감되는 불이익이 따른다.

(3) 직권면직

직권면직은 공무원의 공식적인 징계에 포함되지 않지만, 현실적으로 징계의 성격을 가진다. 임용권자는 ① 직제와 정원의 개폐 또는 예산의 감소 등에 따라 폐직(廢職) 또는 과원(過員)이 되었을 때, ② 휴직 기간이 끝나거나 휴직 사유가 소멸된 후에도 직무에 복귀하지 아니하거나 직무를 감당할 수 없을 때, ③ 직위해제로 대기 명령을 받은 자가 그 기간에 능력 또는 근무성적의 향상을 기대하기 어렵다고 인정된 때, ④ 전직시험에서 세 번 이상 불합격한 자로서 직무수행 능력이 부족하다고 인정된 때, ⑤ 병역판정검사·입영 또는 소집의 명령을 받고 정당한 사유 없이 이를 기피하거나 군복무를 위하여 휴직 중에 있는 자가 군복무 중 군무(軍務)를 이탈하였을 때, ⑥ 해당 직급·직위에서 직무를 수행하는데 필요한 자격증의 효력이 없어지거나 면허가 취소되어 담당 직무를 수행할 수 없게 된 때, ⑦ 고위공무원단에 속하는 공무원이 적격심사 결과 부적격 결정을 받은 때는 직권으로 이에 해당하는 공무원을 면직시킬 수 있다. 다만 임용권자는 이러한 사항에 해당하는 자를 직권면직시킬 때에는 미리 관할 징계위원회의 의견을 들어야 한다. 또한 직위해제 시 "대기 명령을 받은 자가 그 기간에 능력 또는 근무성적의 향상을 기대하기 어렵다"는 사유로 면직시키고자 할 경우에는 관할 징계위원회의 동의를 받아야 한다(국가공무원법 제70조 제2항).

4. 인사교류

우리나라는 국가공무원법이나 지방공무원법에 인사교류(personnel exchange)에 관한 조항을 두고, 정부기관의 인사교류뿐만 아니라, 민간기관과의 인사교류도 행하고 있다. 현재 행해지고 있는 인사교류는 중앙부처 간, 정부와 공공기관 간, 정부와 교육·연구기관 간, 중앙부처와 지방자치단체 간, 지방자치단체 간 인사교류 등으로 구분된다(국가공무원법 제32조의2). 그리고 행정기관과 민간기관과의 인사교류로 민간근무 휴직제가 활용되고 있다.

1) 정부기관의 인사교류

중앙부처 간 인사교류는 부처간 정책협조의 활성화와 범정부적 인재 육성을 강화하기 위한 것으로 실·국장급(고위공무원), 과장급(3~4급), 실무자급(4~9급) 인사교류가 행해지고 있다. 인사교류 대상기관은 부·처·청·위원회 등 중앙행정기관 전체이다. 인사교류 대상 직위는 업무 관련성이 높고 부처 간 협조의 필요성이 큰 직위, 특정 이익집단 등의 시각에서 벗어날 필요가 있는 직위, 기능이나 고객이 중첩되어 교류가 필요한 직위, 교류를 통해 업무 혁신이나 정책개발이 필요한 직위 등이다. 인사교류 신청은 공무원 스스로 나라일터(www.gojobs.go.kr)의 인사교류센터에 로그인하여 신청할 수 있다.

인사교류에는 수시인사교류와 계획인사교류가 있다. 첫째, 수시인사교류는 맞벌이, 육아, 부모봉양 등 공무원의 고충해소를 실시하는 것으로, 대상직급은 행정부 및 지자체 4~9급 일반직 공무원이다. 기관유형은 중앙↔중앙, 중앙↔지방, 지방↔지방 등이며, 선정기준은 동일 직렬·계급의 나라일터 신청자 중 희망부처, 지역 등 조건이 매칭된 자로 한다. 교류형태는 1:1 또는 다자간 상호 맞교환(부처간 전보 뜬느 국가·지방간 경력채용) 등으로 한다. 제한요건은 법령에 의하여 전보가 제한되는 자, 시보임용중인 자 및 필수실무관으로 지정된 자, 나라일터를 통해 교류한지 2년이 경과하지 않은 자 등이다.

둘째, 계획인사교류는 정부 인력의 균형있는 배치 및 효율적 활용, 국가정책수립과 집행의 연계성을 확보하기 위한 것이다. 대상직급은 실·국장급(고위공무원), 과장급(3~4급), 실무자급(4~9급) 및 민간전문가 등이며, 기관유형은 중앙↔중앙, 중앙↔지방, 중앙↔공공(연구)기관 등이다. 선정기준은 업무연관성, 상호 협조 필요성이 큰 직위, 국정과제 및 현안 추진, 기관 간 소통과 협력, 전문성 상호 활용, 조직 활력제고 등 교류를 통해 시너지를 창출할 수 있는 직위 등이다. 교류형태는 상호 파견형식, 필요시 전출입이 가능하며, 교류기간 1년단위(5년 범위 내 연장 가능) 근무 후 원소속으로 복귀하는 것이다. 제한요건은 승진임용 제한기간 중에 있는 자, 전출제한기간이 지나지 않은 자, 일반승진시험 요구 중에 있는 자 등이다.

그리고 중앙부처와 지방자치단체 간 교류, 정부와 공공기관 간 교류, 정부와 대학·연구기관 간 교류 등이 있다. 첫째, 중앙부처와 지방자치단체 간 교류는 국가와 지역의 발전을 효율적으로 추진하고 중앙과 지방간 협력 체계를 강화하여, 중앙정부의 전문지식을 갖춘 인재를 지방에, 지방정부의 유능한 인재를 중앙에 근무하게 함으로써 상호 이해와 협력을 통해 행정 운영의 시너지 효과를 제고하는 데 목적을 두고 있다. 교류 대상기관은 부·처·청·위원회 등 모든 중앙행정기관과 모든 지방자치단체(교육청 포함)를 포함한다. 그리고 중앙부처와 지방자치단체 간 교류 대상 직급은 고위공무원(상당), 3~9급까지이다. 중앙부처와 지방자치단체 간의 인사교류는 파견을 원칙으로 하되, 직무수행상 교류 근무지에서 직위 부여가 필요한 경우(4급 이상)는 전·출입 형식으로 교류하고, 직급과 직렬간 융통성을 높여서 다른 직급, 다른 직렬 간의 교류도 인정하고 있다.

둘째, 정부와 공공기관 간 교류는 공공 분야의 우수한 인재를 상호 활용하고 육성하며, 정책 수립과 집행의 협력 체계를 강화해 공직 경쟁력을 강화하는 기반을 마련하는 데 목적을 두고 있다. 교류 대상 기관은 부·처·청·위원회 전체 등 중앙행정기관 전체와 공공기관의 운영에 관한 법률 적용 기관과 기타 중·소규모 정부산하기관, 공공성을 가진 특수법인, 연구기관, 공공단체 등이다.

셋째, 정부와 대학·연구기관 간 교류는 2010년부터 시행한 것으로 학문적 지식과 정책 현장을 접목한 관학 협력을 통해 국가정책 수립의 전문성을 강화하고 앞선 이론을 행정에 적용해 행정발전에 기여하는 데 목적을 두고 있다. 교류대상 직급은 중앙행정기관 5급 이상과 국공립대학교 조교수 이상 또는 박사학위 소지자, 연구기관은 선임연구원 이상으로 하고 있다.

2) 지방자치단체 간의 인사교류

지방자치단체 간의 인사교류는 인력의 균형 있는 배치와 지방자치단체의 행정발전을 위해 교육담당 중앙부처(교육부)와 지방자치 담당 중앙부처(행정안전부)와 지방자치단체 간의 인사교류, 지방자치단체와 교육·연구기관 및 공공기관 인사교류로 구분된다(지방공무원법 제30조의2, 지방공무원임용령 제27조의5).

특히 지방자치단체 간의 인사교류는 광역자치단체와 기초자치단체 간, 광역자치단체 관할구역 안의 기초자치단체 간, 이웃 지방자치단체 간 인사교류로 구분된다. 지방자치단체 간의 인사교류는 ① 인력의 균형있는 배치와 지방행정의 균형있는 발전을 위해 5급 이상 공무원이나 6급 이하 기술직군 공무원을 교류하는 경우, ② 행정기관 상호간의 협조 체제 증진과 공무원의 종합적 능력 발전을 위해 이웃한 지방자치단체 간에 교류하는 경우, ③ 5급 이하 공무원의 연고지 배치를 위해 필요한 경우 등이다.

3) 민간과의 인사교류

행정기관과 민간기관과의 인사교류 중 민간근무 휴직제는 공직에 민간의 경영기업과 업무수행방법 등을 도입하고, 민·관 간 인사교류를 통한 상호이해를 증진하며 국가적 인재를 양성하는 데 목적을 두고 있다(국가공무원법 제71조 제2항 제1호 및 공무원임용령 제50조, 지방공무원법 제63조 제2항 제1호 및 지방공무원임용령 제38조의6).

민간근무 휴직제는 재직기간이 3년 이상인 일반직 공무원(3~8급) 및 외무공무원(8~3등급)을 대상으로 휴직 기간은 1년 이내로 하되, 총 3년까지 휴직하고 민간기업에서 근무하도록 하는 제도이다.

민간근무 휴직제 활성화에 가장 큰 걸림돌인 민관간 유착을 방지하기 위해 휴직 전후에 휴직 대상 기업 관련 인허가 업무 종사자는 제외하고, 휴직 공무원, 민간기업, 소속 장관 등이 준수해야 할 의무 사항을 부여하고 있다.

민간근무 휴직제와 비슷하게 민간 전문가를 행정기관에 파견 근무하게 하는 민간전문가의 파견근무제도가 있다. 행정기관과 민간기관이 사업을 공동으로 수행하는 경우나 전문성이 특히 요구되는 특수 업무를 효율적으로 수행하기 위해 필요한 경우 민간기관 임직원을 파견받아 근무하게 하는 인사유형으로, 파견기간은 2년이며 1년의 범위에서 연장할 수 있다(국가공무원법 제32조의4 및 공무원임용령 제41조의2, 지방공무원법 제30조의4 및 지방공무원임용령 제27조의4).

1. 공무원 보직관리의 문제

'국가공무원법' 제32조의5 ②에서는 보직관리의 원칙을 규정하고 있는데, 공무원의 전공분야, 훈련, 근무경력, 전문성 및 적성 등을 고려하여 적격한 직위에 임용하도록 되어 있다. 정기적 순환보직의 원칙(구 공무원임용령 제44조 제1항)에 따라 동일직위에서 장기간 근무함으로써 발생할 수 있는 침체를 방지하고, 반면에 빈번한 전보로 인한 능률저하도 방지하기 위하여 정기적인 전보를 실시하고 있다. 따라서 장기복무를 특징으로 하는 직업공무원제를 채택하고 있는 국가에서 순환전보(혹은 순환보직)를 제도화하고 있다.

하지만, 우리나라 공무원의 보직관리에서 나타나는 문제점으로 가장 크게 인식되고 있는 것은 순환보직에 따른 잦은 보직이동으로 전문지식의 축적이 곤란하다는 점이다. 이러한 문제인식 하에 필수보직기간을 대폭 연장하였다. 이에 따라 과장급 미만 공무원의 필수보직기간은 2년에서 3년으로 늘어났고, 과장급은 1년 6개월에서 2년으로, 고위공무원은 1년에서 2년으로 늘어났다. 그밖에 경력경쟁채용 공무원 가운데 특수지역에 근무할 자, 외국어 능통자로 임용된 경우 등에는 5년간 전보할 수 없도록 하고 있다(공무원임용령 제45조).

이는 선진외국의 고위공직자의 평균재임기간이 5년 정도인 것을 비교해 볼 때 여전히 공무원의 전문성과 역량에서 잦은 순환전보(혹은 순환보직)의 문제가 끊임없이 제기된다(남궁 근, 2003). 중앙정부의 경우는 최근 필수보직기간의 대폭적인 확대로 이 문제는 어느 정도 해소되었지만 지방자치단체의 경우는 여전히 잦은 순환전보의 문제가 심각하다.

우리나라의 공무원인사에서 잦은 순환전보의 근본 원인은 'Z' 자형 보직이동 형태가 존재하기 때문이다. 실제로 동일한 직급의 사람이 보임되는 자리라고 하더라도 요직과 한직이 존재하고 이들 간에는 일종의 보이지 않는 서열관계가 있다(조석준, 1992: 390-393). 일반적으로 공무원의 보직이동의 유형을 살펴보면, 하위직급의 보직에서 상위직급의 보직으로 올라가면 초임은 자리의 가치가 하위에 속하는 보직을 맡았다가, 이후 당분간은 같은 직급내에서 자리의 가치가 상위인 것으로 전보하려고 경쟁을 하게 되고, 그 경쟁에서 성공한 사람은 다시 윗직급의 하위 보직으로 승진하게 된다. 요컨대, 공무원의 보직이동은 상위직급으로의 승진을 위한 경쟁인 동시에 동일 직급내의 상위 보직으로의 이동을 위한 경쟁이라 할 수 있다. 조석준(1992: 293)은 이를 일반화하여 'Z'자형 보직이동유형이라 규정하였다.

이런 'Z'자형 보직이동의 결과 고위 직급에 빈자리가 하나 생기게 되면 연쇄적인 직급간 승진과 직급내 승진(혹은 이동)이 일어나 결원을 순차적으로 보충하게 된다. 중앙인사위원회가 재정경제부를 대상으로 시뮬레이션을 한 결과, 2급 1명이 1급으로 승진할 경우 과장 이상만 해도 연쇄적인 승진과 전보를 통해 최대한 자리를 옮길 수 있는 인원이 76명(중앙일보 2002.1.31.: 5)이라는 사실이 'Z'자형 보직이동의 효과를 잘 보여준다. 이 같은 실태는 공무원으로 하여금 현재의 보직은 승진을 향해 나아가는 과정에 잠시 머무르는 곳으로 여기게 한다. 심지어 본인의 적성, 학문적 배경, 소양 등과 잘 조화되어 오랫동안 일하며 성과를 남기고 싶어도 전문가로 알려지면 승진에 불리할까봐 이마저 꺼리게 되는 현상이 발생하게 된다.

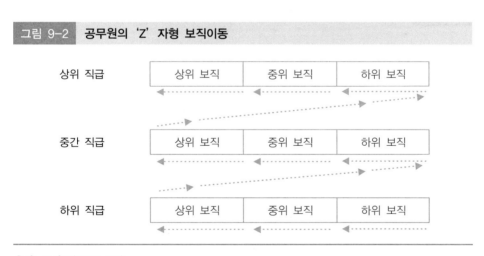

그림 9-2	공무원의 'Z'자형 보직이동

출처: 조석준(1992: 293).

2. 경력개발제도

1) 경력개발제도의 도입

우리나라의 잦은 순환전보로 인한 공무원의 전문성과 역량 약화라는 문제를 해결하기 위해 도입되었던 제도가 경력개발제도이다. 경력개발제도(Career Development Program: CDP)는 조직의 효율성 극대화와 개인의 생애설계 요구를 결합시킨 제도이다. 다시 말해 조직의 욕구와 개인의 욕구가 '전문성'이라는 공통분모에서 접점을 찾아 결합한 것이다. 조직의 측면에서는 전문성을 심화시켜 직무성과를 향상시키고, 개인의 입장에서는 자신의 적성과 관심을 반영하는 전문성을 제고하여 불안정한 고용구조 하에서 시장가치를 제고할 수 있게 된다(이종수, 2002).

경력개발제도를 구성하는 핵심적인 두 가지 구성요소는 공무원 개인이 설정하는 '경력목표'(career goal)와 조직이 설계하는 '경력경로'(career path)이다(이종수, 2002: 154). 다시 말해 경력개발제도는 앞서 설명한 대로 조직의 욕구로서 경력경로

그림 9-3　경력개발제도의 개념적 이해

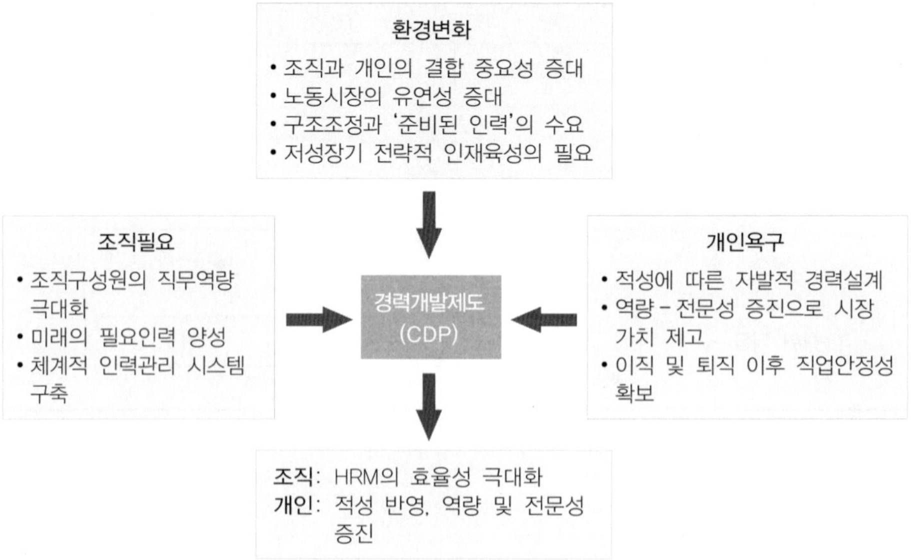

환경변화
- 조직과 개인의 결합 중요성 증대
- 노동시장의 유연성 증대
- 구조조정과 '준비된 인력'의 수요
- 저성장기 전략적 인재육성의 필요

조직필요
- 조직구성원의 직무역량 극대화
- 미래의 필요인력 양성
- 체계적 인력관리 시스템 구축

경력개발제도 (CDP)

개인욕구
- 적성에 따른 자발적 경력설계
- 역량 – 전문성 증진으로 시장가치 제고
- 이직 및 퇴직 이후 직업안정성 확보

조직: HRM의 효율성 극대화
개인: 적성 반영, 역량 및 전문성 증진

출처: 이종수(2002).

와 개인의 욕구로서 경력목표가 접합된 결합물이라 할 수 있다.

여기에서 경력목표는 개인의 적성과 관심, 소질에 입각하여 개인이 설정한 직무와 직업상의 지표라 수 있다. 협의로 규정하자면 구성원이 도달하려고 하는 목표직위인 셈이다(유민봉, 1997: 351). 반면 경력경로는 목표직위에 도달하기까지 옮겨 다녀야 할 직위의 순차적 배열이다. 그렇게 보면 공무원의 직종에 따라 다양한 형태의 보직 및 경력이동의 유형이 제시될 수 있다.

이러한 경력이동은 크게 몇 가지 단계로 구성된다.

우선, 공직생활을 처음 시작하는 신임공무원의 경우 자신이 속한 조직의 현황과 자신의 적성과 흥미를 정확히 파악하지 못할 수 있으므로, 일정 기간 적절한 직무를 찾아볼 수 있도록 "경력탐색" 기간을 가지도록 한다. 이러한 탐색기간이 지난 후부터는 특정 전문분야에서 지속적으로 근무하는 것을 원칙으로 하며, 승진이나 전보 시에는 관련 직무로의 이동만을 허락하게 한다. 이를 통해 관심분야 혹은 관련분야로의 업무 경험을 확장할 수 있게 하는 것이다. 이를 "경력심화" 기간이라 한다.

이 시기를 지나면 자신의 업무 분야에서 상당한 수준의 전문성을 보유하면서도 이를 바탕으로 관리자적 소양을 쌓는 "경력활용" 기간이 있게 된다. 그리고 나서 고위공무원이 되는데 고위공무원의 수는 제한되어 있기 때문에 관련 직무로만의 이동만을 고집할 수 없다. 또한 고위공무원에게는 여러 업무에 대한 넓은 시야와 포용력이 필요하므로 이전에 비해 보다 넓은 업무 분야를 담당할 수 있어야 한다. 따라서 이 시기의 공무원은 CDP 경로와는 별개로 다루어질 필요가 있으며 개별적인 인사관리의 대상이 된다.

그림 9-4   **경력개발제도의 단계와 적용**

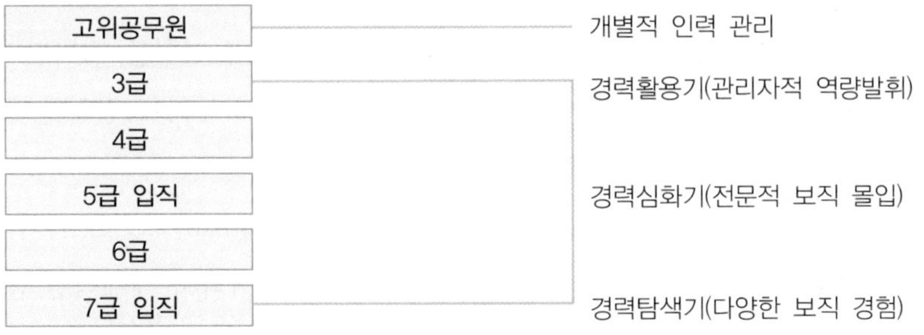

고위공무원	——————————— 개별적 인력 관리
3급	경력활용기(관리자적 역량발휘)
4급	
5급 입직	경력심화기(전문적 보직 몰입)
6급	
7급 입직	경력탐색기(다양한 보직 경험)

표 9-2	보직 및 경력이동의 유형
유형	방 법
T형(▽형)	하위직급에서는 보직 순환이 없이 전문화하고, 상위직급에서 폭넓은 보직 순환을 통해 넓은 시야를 갖게 함. 기술직 공무원에 적절한 유형
⊥형(△형)	하위직급에서의 폭넓은 보직 순환을 통해 많은 직무를 경험하게 하고 상위직급에서 전문화함. 국회위원 보좌관과 같은 참모형 공무원에 적절한 유형.
工형(⊠형)	상·하위직급에서의 어느 정도 보직 순환을 실시하고, 중간직급에서 전문화함. 일반직 공무원에 적절한 유형.
↑형	채용 이래로 전문분야만 종사하고 보직 순환은 없음. 연구직이나 지도직 공무원에 적절한 유형

이 같은 경력경로를 모형화해 보면 일반직 공무원의 경우에는 "경력탐색기"→ "경력심화기"→"경력활용기"→"퇴직관리기"를 가지는 전형적인 「工」 자형 경력 모형을 특징을 가진다. 반면 처음부터 상당한 전문성을 가지고 입직을 하는 기술직 의 경우 경력탐색기가 생략 가능하기 때문에 「T」 자형 경력모형의 특징을 가진다 고 할 수 있다.

제3절 퇴직관리

1. 퇴직관리의 의의

우리나라의 고령화 속도가 빨라지고 있다. 고령화사회(ageing society)는 총인구 중 65세 이상 인구가 차지하는 비율이 7% 이상, 고령사회(aged society)는 총인구 중 65세 이상 인구가 차지하는 비율이 14% 이상, 그리고 초고령사회(post-aged society)는 총인구 중 65세 이상 인구가 차지하는 비율이 20% 이상을 의미한다. 우 리나라는 2000년에 고령화사회에 이르렀고, 2017년에 고령화사회에 진입하였으며, 초고령사회에는 2026년경에 진입할 것으로 전망하고 있다.

그리고 1950년대 중반 출생으로 대표되는 베이비붐 세대(baby boomers)가 본격 적으로 퇴직연령에 도달하면서 대규모 퇴직이 시작되었다. 따라서 체계적인 공무원 퇴직준비 및 관리체계의 정비는 퇴직예정 공무원과 퇴직 공무원의 퇴직준비에 대한 체계적인 지원을 통해 퇴직후 생활의 안정감과 만족도를 높일 뿐만 아니라, 공직경험을 통해 역량을 갖춘 공무원들로 하여금 퇴직후 경력단절이나 역할 상실에서 벗어나 보다 다양한 사회가치를 지속적으로 추구하게 한다는 점에서도 매우 중요하다.

공무원의 퇴직은 크게 임의퇴직과 강제퇴직의 두 가지 범주를 가진다(오석홍, 2013). 임의퇴직은 공무원이 자발적인 의사결정에 의한 것으로 자발적 퇴직·사임·의원면직 등으로 불리며, 임의퇴직은 정년 전에 퇴직을 선택하는 명예퇴직과 조기퇴직으로 나누어 볼 수 있다. 강제퇴직은 공무원의 의사와 상관없이 정부조직이 정한 기준과 의사결정에 따라 이루어지는 비자발적 퇴직으로 당연퇴직(정년, 사망, 임기만료, 결격사유 등으로 인한 퇴직), 징계퇴직, 직권면직 등이 있다.

의원(依願)면직은 원에 의한 자발적 퇴직을 의미한다. 즉, 공무원의 자발적 퇴직 의사를 임용권자가 받아들여 면직행위를 해야 공무원의 신분이 소멸하게 된다. <표 9-3>에 의하면, 지난 2021년도 1월부터 12월까지 퇴직사유로 의원면직이 57.3%로 가장 높았다.

정년퇴직은 일반공무원의 정년퇴직연령은 만 60세이다(참고로 일본정부는 2021년에 공무원의 정년을 2023년부터 2031년까지 현행 60세에서 단계적으로 65세로 연장하였다). 특정직의 경우는 상이한 정년퇴직연령을 가지는 경우가 있다(국공립대학 교원 만 65세 등). 2021년도 기준 정년퇴직이 36.3%로 두 번째로 많은 것으로 나타났다. 향후 우리나라가 초고령사회로 진입할 것이므로 공무원의 정년연장을 본격적으로 논의할 때가 되었다.

표 9-3   2021년도 퇴직 공직자의 퇴직 사유(2021. 1~2021. 12)

| 구 분 | 의원면직 | 직권면직 | 당연퇴직 | | | | | 징계퇴직 | 시보면직 등 | 합 계 | 명예퇴직* |
			정 년	임기만료	사 망	결격사유	기 타				
인원(명)	14,312	24	9,066	897	392	38	31	217	8	24,985	9,491
비율(%)	57.3	0.1	36.3	3.6	1.6	0.2	0.1	0.9	0.03	100	

* 명예퇴직이 의원면직 및 사망과 중복되는 경우가 있어서 별도 표기함.
출처: 인사혁신처(2022: 41), 2022년도 인사혁신통계연보.

명예퇴직은 20년이상 근속한 공무원이 정년 전에 스스로 퇴직하는 경우를 말한다. 예산의 범위 안에서 명예퇴직수당을 지급할 수 있도록 규정되어 있다(국가공무원법 제72조의2). 참고로 징계퇴직과 직권면직은 1%에도 미치지 못했다.

퇴직관리란 "조직 내 인적자원의 퇴직상황을 파악・예측하고 적정한 퇴직 수준을 유지하며 퇴직결정을 전후하여 생기는 문제들을 해결하는 활동"(오석홍, 2000: 255), 혹은 퇴직관리를 "퇴직 결정뿐 아니라 퇴직 전후의 문제를 포함하는 것으로서 조직 내 인력의 퇴직 상황을 파악・예측하여 적정한 퇴직 수준을 유지하며 퇴직 전후의 문제를 해결하는 활동"(염재호 외, 2003: 15)으로 정의할 수 있다. 퇴직관리방안을 구체화하여, 염재호 외(2003)는 '퇴직 전 교육프로그램 개선 및 지원 시스템 운영'과 '퇴직 후의 단순지원 및 재취업 지원' 등으로 구분하고 있으며, 김병섭・양재진(2002)은 '퇴직자의 선정', '퇴직예정자 교육 및 퇴직 관련 서비스', 그리고 '퇴직자 지원' 등으로 구분하고 있다.

2. 우리나라 퇴직관리의 현황

우리나라의 공무원 퇴직관리 제도는 지난 2000년 김대중 대통령의 지시로 당시 행정자치부에서 「퇴직 예정공무원 취업훈련 등 지원 기본계획」을 수립한 것이 그 시초라고 볼 수 있다. 이때부터 공무원을 대상으로 한 퇴직제도와 퇴직준비 교육이 시작되어 2011년부터 안전행정부가 전직 설계(일자리)과정을 기획・운영하였고, 2012년부터는 공무원 성과후생 활성화 지침(안전행정부, 2012. 9. 13.)에 따라 교육이 체계를 갖추게 되었고, 시기에 따라 퇴직(예정)자 맞춤형 교육을 실시하며 기관별 역할 분담과 협력을 강화하였다. 2014년 이후에는 인사혁신처에서 공무원의 퇴직관리를 담당하고 있다.

1) 퇴직 공무원 적합 직종발굴

인사혁신처는 2000년대 초부터 퇴직 공직자 사회참여 활성화를 위해 각 행정기관에 퇴직 공직자 활용 현황 조사 등 퇴직 공직자에게 적합한 직종과 업무를 발굴하도록 권장하고 있다. 이에 중앙행정기관, 지방자치단체, 지방교육청 등에서 퇴직 공직자를 위원회 위원, 정책모니터 요원으로 위촉해 자문・평가 등의 정책컨설턴

트로 활용하거나, 정부업무 지원·보조를 위해 기간제 교원, 배움터 지킴이, 시간 강사, 복지 및 식품위생 현장지원 등 전문성과 경험이 필요한 분야에 총 15,332명을 활용하였다(권경득·이주호, 2015: 48).

2) 전직지원컨설팅

인사혁신처는 퇴직 전·후 공무원에게 1:1 맞춤형 컨설팅을 통해 경력설계, 취업, 사회적기업 등 창업을 지원하여 국가 인적자원의 활용성을 제고하고자 민간전문기관과 파트너십을 구축하여 전직지원컨설팅을 제공하고 있다. 지원대상은 국가직 공무원으로서 퇴직 전·후 2년 이내인 자이며, 운영내용은 재취업(구직전략 수립 및 일자리 발굴·매칭, 면접 지원)과 창업(사회적기업 등 공직 특성에 적합한 창업 아이템 발굴 및 컨설팅)을 지원하고 있다. 운영방법은 민간전문기관을 위탁(전문상담사와 개인별 면담, 사후관리)하여 운영하고 있으며, 2015년 50명을 대상으로 시범 운영된 후에 매년 수백 명을 대상으로 서비스가 제공되고 있다.

3) 퇴직공무원 사회공헌(Knowhow+) 사업

인사혁신처에서는 2017년부터 '퇴직공무원 사회공헌 사업 운영규정'(예규)에 의거하여, 우수한 퇴직공무원의 축적된 전문성과 경륜을 활용하여 대국민 서비스 향상과 국가인적자원의 활용성을 제고하고자 이 사업을 운영하고 있으며, 2022년에는 38개 사업에 퇴직공무원 295명이 활동하였다. 참가대상은 만 50세 이상 퇴직공무원 중 해당업무 경력 및 자격을 갖춘 자 중에서 선발하며, 참가자 공개모집후 선발심사(서류, 면접) 절차를 거쳐 선발한다. 사업분야는 국민안전, 사회통합, 행정혁신, 경제활성화 등이다. 활용기관에서는 사업별로 필요한 근무 경력 및 기간, 자격요건 등 세부요건을 결정할 수 있으며, 선발된 자는 업무수행에 필요한 실비를 활동 실적에 따라 지급받을 수 있다.

4) 퇴직 공무원지원센터

공무원연금공단에서는 2012년도 퇴직 예정 공무원과 퇴직 공무원의 효과적 관리를 위하여 2012년 퇴직 공무원지원센터를 개소하여 교육, 전문상담, 사회참여활동 지원, 일자리 지원 등의 업무를 하고 있다. 현재 서울 등 8개 공무원연금공단에

서 퇴직 공무원지원센터가 설치되어 운영되고 있다(서울, 부산, 대구, 대전, 광주, 전북
(전주), 강원(춘천), 제주). 이 센터에서는 상담(연금및 진로상담, 변화관리 및 심리상담),
교육(사회참여 활동지원 교육, 정보화강좌, 문화 · 생활 강좌, 재능나눔), 사회참여활동지
원(어린이 보행안전지킴이, 소외계층 자녀 지도, 상록자원봉사단 운영 등), 일자리 정보

표 9-4   공무원 퇴직지원 프로그램 현황 분석

구분	제도 및 프로그램 명		주요 내용
퇴직 전	퇴직준비교육	공무원연금공단	• 웰에이징 아카데미: 사회변화 트렌드, 건강관리, 은퇴설계 필요성 등 은퇴준비 기본교육 • 은퇴설계과정: 일(work)을 주제로 자기탐색, 사고 확장, 토론 등을 통한 개인별 계획 수립 • 사회공헌전문과정: 사회공헌활동에 필요한 전문교육(해외협력, 재능나눔, 전문컨설팅 등)
		공무원교육기관 (중앙, 지방)	• 대상은 기관별로 상이
퇴직 직전 · 직후	공로연수 (부처자율)		• 20년 이상 근속, 정년퇴직 6개월*이내인 공무원 대상으로 사회적응능력 배양 * 중앙행정기관이 장이 필요하다고 인정할 경우 정년 퇴직 6개월 초과 1년 인내
	전직지원 컨설팅 (인사혁신처)		• 1:1 맞춤형 컨설팅을 통해 취업, 창업 등 전직을 지원 (2015년 시범 운영(50명) → 2016년 400명 → 2017년 400명)
퇴직 후	노하우플러스사업 (퇴직공무원 사회공헌) (인사혁신처)		• 전문역량과 경력을 갖춘 퇴직 공무원을 국민안전, 행정 멘토링 · 컨설팅, 공직인재양성, 중앙 · 지방협력 등 공직 적합분야에서 활용
	사회참여 활동 지원사업 (공무원 연금공단)	G - 시니어	• www.g-senior.kr • 자원봉사, 교육 등 다양한 퇴직 후 정보 제공 및 커뮤니티 서비스 제공
		상록봉사단	• 상록자원봉사단(퇴직공무원의 자생 · 자율 · 자발적인 지역사회 밀착형 봉사조직) 활동 지원 및 유관기관 협업체계에 의한 자원봉사 등 참여 지원
		연금 아카데미	• 퇴직 공무원의 평생교육을 지원. 퇴직 후 봉사, 소양 교육 등 연계
		퇴직 공무원 지원센터	• 상담, 교육, 사회참여 활동 정보 등 퇴직공무원 대상 맞춤형 서비스 제공(서울, 부산, 대전, 광주, 강원, 대구, 전북, 제주, 경인 등 9개소 운영)

출처: 인사혁신처 홈페이지.

제공과 같은 서비스를 제공하고 있다. 교육과정은 사회적응과 퇴직준비를 위한 퇴직 전 교육과 사회참여활동을 위한 퇴직 후 교육으로 구분하여 실시하고 있다. 특히 공무원연금공단은 퇴직 공직자 활용방식을 크게 공익형, 복지형, 교육형, 일자리 지원형으로 구분하여 교육 및 지원을 제공하고 있다(공무원연금공단, 2015).

5) G-시니어

공무원연금공단은 퇴직 공무원들을 위해 G-시니어(G-Senior) 서비스를 2010년 6월에 구축하였다(www.g-senior.kr). 퇴직 공무원 인력풀 관리와 사회참여지원 시스템으로 퇴직 공무원을 위한 전용 공간이다. 2012년 7월 들어 공공부문 일자리뿐만 아니라 고용노동부가 제공하는 일자리정보시스템(워크넷: www.work.go.kr)과의 연계를 통해 더 많은 서비스를 제공하고 있다.현재 G-시니어가 제공하는 퇴직관리 차원의 서비스 영역은 다음과 같다. 첫째, G-시니어는 퇴직 공무원들의 사회참여 지원을 위하여 보수나 대가 없이 자신의 재능을 활용하여 타인과 공익을 위해 기여하는 재능기부 활동을 지원하며, 금전적 보상은 적으나 자기만족도와 성취감이 큰 사회공헌형 일자리 정보를 제공하고 있다. 둘째, 교육정보 서비스 영역으로 자기개발에 밑거름이 될 수 있는 다양한 교육정보를 제공하고 있으며, 사이버 연수원을 운영하여 창업, 정보화, 자격증 취득 등을 위한 전문기관과의 연계 온라인 교육정보와 교육기회를 제공하고 있다. 셋째, 커뮤니티 기능 서비스로서 시니어클럽 홈페이지를 연동하여 기관별, 취미별 교류 및 소통공간을 제공하는 한편, 상록홍보봉사단, 문예마당, 봉사활동후기 등의 기사나 참여 후기를 통해 기사나 작품을 공유할 수 있도록 참여공간을 제공하고 있다.

3. 외국의 퇴직관리 제도

1) 미국의 퇴직관리

미국은 비교적 근로자에 대한 전직지원 서비스를 일찍 시작하여 기업이 고용조정 대상자에게 전직지원 서비스를 제공하는 것이 일반화되어 있다. 제2차 세계대전 후, 제대 군인의 취업을 지원하기 위해 버나드 할데인(Bernard Haldane)이 제시한 상담서비스를 시작으로 1960년대부터 '전직'(outplacement) 서비스가 시작되었다. 1980년대에 다운사이징이 본격화되었고 전직지원컨설팅협회와 국제전직전문가협회가 발족하는 등 관련 업계가 성장하기 시작했다. 2009년 기업생산성연구소(the Institute of Corporate Productivity)에 따르면 미국기업의 약 80%가 전직 서비스를 제공했다.

미국 인사관리처는 공무원을 대상으로 하는 공무원퇴직시스템(Civil Service Retirement System: CSRS)과 연방피고용자퇴직시스템(the Federal Employees Retirement System, FERS)이라는 두 개의 퇴직시스템을 운영하고 있다. 하지만 인사관리처는 전반적인 매뉴얼과 가이드라인만 제공하는 수준이고 구체적인 전직 및 퇴직 준비지원 프로그램은 개별 부서나 주정부 차원에서 제공된다.

2) 일본의 퇴직관리

일본은 2006년 4월부터 '고령자고용안정법'을 제정하여 2018년부터 순차적으로 정년을 65세로 연장하고, 계속고용제도 도입과 정년제 폐지 중 한 가지 선택을 의무화하였다. 이와 더불어 기존의 종신고용과 고령화 인력에 대한 우대 문화가 결합하여 전직프로그램이 점차 확산되고 있다.

일본 정부는 퇴직자 교육프로그램과 함께 고령자 취업프로그램을 활용함으로써 퇴직교육의 효과를 극대화시키고 있다. 구체적으로 일본 인사원은 국가공무원 생활설계 종합정보 제공시스템을 운영하고 있다. 여기에서는 정년 퇴직 후 생활에 대한 불안을 해소하고 공무에 전념할 수 있도록 생애설계에 필요한 정보를 종합적으로 제공하고 있다. 그리고 인사원에서는 생애설계 세미나를 40대 공무원 대상의 '생애설계 세미나 40'과 50대 공무원 대상의 '생애설계 세미나 50'으로 구분하여 제공하고 있다.

일본의 퇴직관리에서 독특한 제도는 '퇴직후 재임용 제도'라 할 수 있다. 연금지급개시 연령의 단계적 연장(2013년 61세 → 2025년 65세)에 따른 소득공백 해소 및 고령화에 따른 노동력 감소에 대응하기 위해 2001년 일본 국가공무원법 제81조의 4(정년 퇴직자 등의 재임용)를 신설하여 "임용권자는 퇴직자 중에서 종전의 근무 실적을 기반으로 선발하여 일년을 초과하지 않는 범위 내에서 임기를 정하여 상시근무를 필요로 하는 관직에 채용할 수 있다"고 규정하였다(김정인, 2021: 39). 이에 따라 일반직 공무원이 정년 후 1년 이내의 임기를 정하여 다시 채용되며, 계약갱신을 통해 65세까지 근무할 수 있는 제도이다.

4. 우리나라 퇴직관리의 발전방향

앞으로 공무원의 생애주기별 경력개발과 퇴직관리를 체계적으로 연계해야 한다. 지금까지의 공무원 경력개발은 재직 공무원의 역량 강화를 위해 다양한 보직을 경험하는 '경력 탐색기', 전문적 보직에 몰입하는 '경력 심화기', 공직의 경험과 전문성을 바탕으로 관리자적 역량을 발휘하는 '경력 활용기'까지로 한정되어 있었다. 하지만, 앞으로의 공무원 경력개발 체계에는 퇴직전 일정 시기(약 5~10년)부터 퇴직 이후 새로운 경력을 형성하기 위한 '퇴직관리기'가 추가될 필요가 있다(최무현, 2015).

그림 9-5 생애주기별 공무원 경력개발과 퇴직관리의 연계

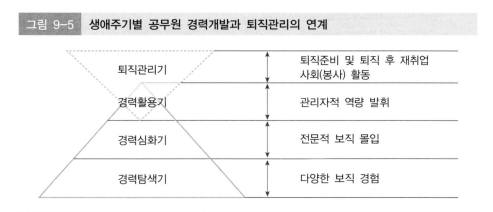

출처: 최무현(2015: 30).

특히 공무원연금의 수급개시연령이 65세로 단계적으로 연장됨에 따라 일본처럼 퇴직이후 연금수급시까지 소득공백 문제를 해결하기 위해 일본의 퇴직후 재임용제도 등을 고려할 필요가 있다. 이는 퇴직공무원의 경험과 경력을 충분히 활용할 수 있는 반면, 현직의 조직 권위체계를 해치지 않는 민원부서 등에서 제한적으로 적용할 필요가 있다.

과제 e-나라지표 및 각종 통계지표에 대해 알아보자.

❑ 인사혁신처 홈페이지(www.mpm.go.kr)의 통계정보에 들어가서 인사통계 자료를 찾아보고, 최신 '인사혁신통계연보'를 다운로드해보자. 그리고 이 자료의 제2장에 있는 국가공무원 임용, 퇴직, 인사교류 현황을 살펴보자.

❑ 나라일터(ww.gojobs.go.kr)에는 인사교류센터가 있다. 공무원인 경우에는 스스로 로그인해서 인사교류를 신청할 수 있다.

❑ e-나라지표란, 국가정책 수립, 점검 및 성과측정 등을 목적으로 중앙행정기관이 선정하고 관리하는 주요 지표인 나라지표를 제공하는 웹기반의 통계정보시스템이다.
- 인사혁신처 홈페이지에 들어가면 공무원 개방형 직위 임용 추이, 중앙－지방간 인사교류, 행정부 국가공무원 신규임용현황, 공무원 보수 추이, 행정부 소속 재산등록의무자 현황 등을 알 수 있다.
- 행정자치부 정부조직관리정보시스템(www.org.go.kr)에 들어가면, 행정부 국가공무원 정원, 지방자치단체 여성공무원, 지방자치단체 공무원 정원, 공무원직장협의회 및 가입자 등을 알 수 있다.
- 그밖에도 정부 및 공공기관 관련 각종 통계지표를 확인할 수 있다.

제 **4** 편

인적자원개발

10

교육훈련과 개발

인 사 행 정 론

제10장 | 교육훈련과 개발

제1절 교육훈련과 개발의 이해

1. 인적자원개발과 교육훈련의 의의

살다보면 '알아야 면장을 하지'라는 경구를 가끔 듣게 되는데, 여기서 면장은 무슨 의미일까? 지방 면사무소의 면장(面長)일까? 아니다. 여기서의 장은 담벼력 장(牆)을 뜻한다. 이 말은 논어(論語) 양화편의 면면장(免面牆)에서 유래된 것으로 면면장(免面牆)은 담장(牆)에서 얼굴(面)을 면(免)한다는 의미로 '담장을 마주 대하고 있는 답답한 상황을 벗어나라'는 뜻이다. 면면장(免面牆)에서 겹치는 '면(免)'자가 빠지면서 '면장(面牆)'이 됐다고 하는데, 전체적인 뜻은 지식을 넓혀 담벼락에 둘러싸인 것과 같은 답답한 상태를 벗어나라는 의미이다. 그리고 아리스토텔레스(Aristotle)는 수월성(excellence)은 교육훈련(training)과 습관화(habituation)에 의해서 얻어지는 예술이라고 오래전에 갈파한 바 있다.

과거나 지금이나 교육훈련은 인적자원개발(human resource development: HRD)의 핵심이다. 인적자원개발은 일반적으로 조직구성원의 지식, 기술, 능력 등의 개발을 돕기 위한 체계를 말하며, 특히 정부분야에서는 지식, 기술, 능력(KSA)뿐만 아니라, 가치와 태도도 중요시 하므로 지식, 기술, 능력, 가치, 태도(knowledge, skills, abilities, value & attitude: KSAVA) 등의 개발을 촉진하기 위한 체계라고 할 수 있다. 인적자원개발은 교육훈련과 리더십개발 및 역량개발 등을 포함하는 포괄적인 개념이므로 본 장의 제목은 그간 사용해온 교육훈련이라는 말과 인적자원의 개발 개념을 중시하여 교육훈련과 개발(training & development)로 정하였다.

공직사회에서는 공무원이 조직목표달성에 기여할 수 있는 지식, 기술, 능력, 가치, 태도(KSAVA) 등의 변화를 촉진하는 계획적 노력에 해당하는 교육훈련과 개발을 중요시하고 있다. 교육훈련이라는 표현은 교육(education)과 훈련(training)을 모두 포함하고 있다. 우리나라 정부는 1961년에 공무원훈련법을 제정하였다가 1973년에 교육이라는 말을 포함하여 공무원교육훈련법으로 확대하여 제정하였다. 그리고 2015년에는 교육훈련을 인재개발(HRD)이라는 말로 바꾸어 공무원교육훈련법을 공무원인재개발법으로 변경하고, 중앙공무원교육원을 국가공무원인재개발원으로 개명하였다.

교육과 훈련은 서로 비슷한 듯하지만, 엄밀히 살펴보면 시제와 기간 등의 차이를 내포하고 있다. 교육은 미래에 잠재적 혹은 보편적으로 요구되는 직무수행능력 향상을 위한 상대적으로 기간이 긴 프로그램을 의미하는 것이라면, 훈련은 현재 담당하고 있는 고유 직무수행에 필요한 것들을 비교적 단기간에 향상시키는 실질적 활동을 의미하고 있다. 하지만 공공분야에서는 양자를 엄격하게 구별하지 않고 복합적인 의미의 교육훈련이라는 말을 상용해왔다. 교육훈련은 기본적으로 직무수행에 필요한 능력(직무요구능력)과 직원개인이 가지고 있는 능력(개인보유능력)간의 차이가 있으면 이를 보충해주는 일련의 과정을 말하며, 입직 후의 직무수행능력은 기존의 개인보유능력에 교육훈련 등을 통한 능력개발을 통해 향상시킬 수 있다는 전제를 깔고 있다.

2. 교육훈련의 목표 및 중요성

1) 교육훈련의 기본 목표

교육훈련의 기본 목표는 공무원의 직무수행능력 향상에 있는데, 이를 좀 더 부연하면 직무가 요구하는 지식학습, 기술향상, 능력개발 그리고 공공가치에 대한 이해와 국민지향적인 봉사적 태도변화 그리고 조직목표에 대한 이해 등에 있다. 따라서 현재의 직무수행능력의 상황을 살펴보고 보충이 필요한 부분을 파악하여 직무수행능력을 높여서 궁극적으로 개인과 부서 그리고 나아가서 조직 전체의 성과를 높이는데 그 목적이 있다.

2) 교육훈련의 중요성

(1) 개인 차원

교육훈련은 행정현장에서 필요로 하는 직무수행능력의 향상을 촉진시켜줄 뿐만 아니라, 미래의 경력개발에 필요한 능력개발 수요(needs)를 충족할 수 있는 기회를 제공한다는 점으로 보아 개인발전 차원에서 매우 유용하다. 교육훈련이 조직뿐만 아니라, 공무원 개인의 욕구(자기만족, 성장/성취욕구, 자기실현욕구 등)를 자극하고 충족시켜 자기발전을 도모하는데 효과적이며, 이를 통해 심리적으로 안정되고 만족스런 공직생활을 할 수 있도록 도와준다.

(2) 조직 차원

교육훈련은 공무원 개개인의 직무수행능력 향상뿐만 아니라 조직이 필요로 하는 핵심 역량(문제인식, 전략적 사고, 성과지향, 혁신/변화관리, 고객만족, 조정·통합 등)을 개발하는 데도 유용하다. 또한 국내외의 새로운 경향 파악과 우수사례 학습 등을 통하여 개인의 발전은 물론 조직수준의 행정발전을 도모할 수 있는 기회를 제공해준다. 따라서 교육훈련은 조직혁신, 성과향상, 조직문화 변화, 행정혁신 등에 매우 중요한 역할을 한다. 아울러 가치교육과 윤리교육 등을 통해 행정서비스 개선과 국민만족도 등을 높이는 데도 기여한다.

(3) 인적자원관리 차원

담당업무의 내용과 직원평가기록(근무성적평정, 성과계약 등)은 교육훈련의 수요를 예측하는데 유용한 자료가 되며, 교육훈련은 임용 후의 현장대응능력 개발과 유지관리의 중요한 수단이 된다. 아울러 교육훈련은 자기발전의 지름길이므로 동기부여차원에서도 유용하다. 그리고 교육훈련 이수기록 등은 공무원의 배치, 경력개발, 승진, 보직관리 등에 필수적인 자료가 된다.

제2절 교육훈련과 학습이론

교육훈련을 통한 학습(learning)에는 대체로 두 방향의 연구 흐름이 있다. 첫째는 행태학습이론이고, 둘째는 인지학습이론이다. 행태학습이론은 학습을 어떤 자극으로부터 얻어지는 행동변화라고 보고 자극과 반응을 중요시한다. 따라서 자극-반응이론이라고도 한다. 인지학습이론은 학습을 환경적 요소와 개인의 기대와의 복합적인 관계로 보고, 내면의 변화를 중요시하므로 내면의 정보처리이론이라고도 한다. 그러므로 인지학습이론은 인간의 인식 내면에서 일어나는 변화과정을 중요시하는 이론이라고 할 수 있다. 그러나 실제적인 학습 과정에는 여러 가지 요인이 복합적으로 작용하기 때문에 행태적인 것과 인지적인 것을 공히 포함한 통합적 이론인 사회학습이론 등으로 설명하기도 한다(김호섭·김판석 외, 2011).

1. 행태학습이론

행태학습이론은 학습을 어떤 자극으로부터 행동을 유도해 내는 과정으로 보고 자극과 반응을 중심으로 행동변화를 설명하므로 자극반응이론(stimulus-response theory) 혹은 조건화이론(conditioning theory)이라고도 한다. 이 이론에는 고전적 조건화(classical conditioning)이론과 작동적 조건화(operant conditioning)이론이 있다. 두 이론 모두 조건화 혹은 조건형성의 개념을 통해 학습과정을 설명하는데, 조건화란 자극과 반응의 연쇄과정을 통해 하나의 행동패턴을 발전시키는 것을 말한다.

1) 고전적 조건화이론

고전적 조건화(classical conditioning)의 대표적인 학자는 러시아의 생리학자이며 노벨상 수상자인 파블로프(Ivan Pavlov)이다. 그래서 이를 파블로프 조건화(Pavlovian conditioning)라고 부르기도 한다. 개를 이용한 그의 실험은 널리 알려진 내용이며 학습 이전, 학습과정, 학습 이후로 나눠서 설명할 수 있다. 첫째, 학습 이전에 침을 분비하게 하는 음식물은 무조건자극이고, 이때 분비되는 타액도 무조건반응이며, 초기의 종소리 자체는 개에게 의미가 없는 중성적 자극이다. 즉, 학습 이전에 음식물에 대한 개의 자연스러운 타액분비는 무조건자극과 무조건반응에 해당하는 자연스런 현상이다. 둘째, 학습과정에 개에게 음식물(무조건자극)과 종소리(조건자극)를 동시에 함께 제공하면 타액분비(무조건반응)가 되고 이를 조건화라 한다. 셋째, 무조건자극인 음식물과 조건자극(conditional stimulus)인 종소리를 동시에 제공하는 학습과정을 여러 차례 거치고 나면, 학습이 된다는 의미이며, 학습 이후에는 종소리만으로도 타액분비를 일으키게 되는데, 이때의 타액분비는 조건화된 조건반응(conditional response)이다.

조건화에 따른 강화(reinforcement)라는 것은 조건자극에 대한 반응을 연합하게 하고 조건자극에 대한 반응의 확률을 증가시키는 것을 말하며, 파블로프의 실험에서 보듯 음식물은 강화수단의 하나이다. 그런데 조건화(조건형성)된 개에게 무조건자극(음식물)을 제시하지 않고, 조건자극(종소리)만을 반복해서 계속 제시하면, 나중에는 조건반응이 없어질 수도 있는데, 이를 소거(extinction)라 한다. 따라서 획득된 조건반응도 조건자극(종소리)이 무조건자극(음식물)에 의해 강화되지 않은 채, 조건자극(종소리)만을 계속하면, 그 조건반응(타액분비)은 약화되어 사라질 수도 있으므로 강화해줄 필요가 있다.

2) 작동적 조건화이론

작동적 조건화이론은 조작적 조건화이론이라고도 한다. 고전적 조건화이론은 단순히 자극에 대한 조건적 반응을 중요시하지만(파블로프의 실험에서 초기의 종소리는 개에게 보상이나 벌이 아니고 그냥 중성적인 것), 작동적 조건화에서는 "보상이나 처벌"과 같은 작동적 요소를 중요시한다. 즉, 보상이나 처벌 등의 요소가 자발적이고 능동적인 행동을 일으켜 의도하는 결과를 표출한다는 것이다. 부모들이 자녀가 바람직한 행동을 했을 때 자녀를 따뜻하게 칭찬하는 행위(강화)는 그 반응이 일어날 확률을 증가시키는 것이며, 이러한 것들을 작동적 조건화라고 할 수 있다.

작동적 조건화(operant conditioning)에는 보상이나 처벌 등을 포함시켜 어떤 특정반응을 작동케 하는데, 이러한 보상이나 처벌 등이 강화 요인에 해당된다. 이러한 작동적 조건화는 조직생활에서 그 예를 찾아볼 수 있다. 공직에서 상사의 업무지시를 받고 신입직원이 성공적으로 업무를 수행하면 해당직원은 상사로부터 좋은 평가를 받을 것이다. 신입직원이 상사로부터 칭찬 등 보상(강화요인)을 받게 되면 만족감을 느끼게 되고, 이는 학습의 목적인 작동적 행동(열심히 일하는 행동)을 촉진할 것이다. 일반적으로 사람들은 어떤 행동이 보상을 받게 될 때 그 행동을 되풀이할 것이고, 또한 어떤 행동이 처벌받게 될 때, 그 행동을 되풀이하지 않을 것이다.

스키너(B. F. Skinner)는 이처럼 작동적 조건화를 이용하여 인간행동의 변화를 의도적으로 유도하는 것을 행동수정(behavior modification)이라고 불렀다. 작동적 (조작적) 조건화이론에서 행동수정을 유도하는 방법에는 긍정적 강화(칭찬, 승진, 보상 부여), 부정적 강화(부정적이고 불편한 것을 제거), 처벌(불편한 질책), 소거(보상 등 긍정적 결과의 제거 혹은 철회) 등이 있다.

2. 인지학습이론

인지심리학자들은 사람의 내면에서 일어나는 정신세계나 내면의 정보처리과정을 중요시하므로 정보처리이론(information processing theory)이라고도 한다. 즉, 행태주의자들은 행태를 자극과 반응의 학습결과로 보기도 하지만 인지론자들은 사람의 기억과 기대 및 정신과정에 의해 행태가 결정된다고 본다. 예를 들면 인지론자들은 사람이 어떤 주제나 행동을 보고 그것에서 유리한 보상이나 결과가 기대된다고 정신적으로 인지할 때, 그와 같은 행동을 유발한다고 보는 시각을 말한다.

인지학습이론(cognitive learning theory)은 학습을 환경적 요소와 기대와의 복합적인 관계로 보고 개인의 기억, 관찰, 통찰력, 기대감 등을 포함하여 개인의 변화를 설명하고 있다. 이 이론은 톨만(E. C. Tolman) 등에 의해 제기되었는데, 그는 조건화이론의 한계를 비판하면서 학습은 환경의 인지적 단서(cognitive environmental cues)와 기대(expectation) 등의 관계에 의해 이루어진다고 주장하였다. 톨만의 실험에 의하면, 실험용 쥐가 복잡한 미로 속에서도 먹이를 얻으려는 강한 기대감 때문에 결국에는 먹이와 연결된 통로를 찾아낸다는 것이다. 단순한 자극-반응의 조건화 개념에서 벗어나, 내면의 인지가 자극과 행동 사이의 중계역할을 한다고 주장하였다. 톨만의 인지적 학습이론은 사회적 학습이론의 발전에도 커다란 영향을 끼쳤다.

3. 사회학습이론

행태적 학습이론과 인지적 학습이론의 요소를 모두 포함하고 있는 복합적 이론이 사회학습이론(social learning theory)이다. 사회학습이론이란 관찰과 직접경험에 의해 학습이 이루어지는 과정으로, 사회적 학습은 먼저 다른 사람의 행동과 그 결과를 주의 깊게 관찰하게 된다. 그 후 관찰자는 기억된 다른 사람의 행동방법을 재생하여 그 결과가 자기에게 유리하면 그 행동을 반복하고, 불쾌하거나 불편하면 그와 다른 행동을 취할 것이다. 이처럼 사회학습이론은 행태적 관점과 인지적 관점을 모두 포함하고 있다. 사회학습이론의 대표적 학자인 반두라(Albert Bandura)는 학습은 주의-기억-재생-강화에 의해 이루어진다는 점을 강조하였다.

사회적 학습과정을 요약하면 다음과 같다. 첫째, 관찰대상에 대한 주의(attention)로서 인간은 중요 특징을 지닌 대상을 관찰하고 그것에 주의를 기울이게 된다. 즉 매력적이거나 흥미로운 대상에 대하여 주의를 집중하게 된다. 둘째, 사람들은 주의집중 대상의 행동을 기억(retention)하게 되며, 관찰대상의 행동을 어느 정도 기억하고 있는가에 따라 관찰대상의 영향력이 결정된다. 셋째, 사람들은 주의깊게 관찰된 새로운 행동을 자신의 실제 행동으로 모방하여 옮겨서 재생(reproduction)하는 경향이 있다. 즉 사람들은 관찰한 행동을 모방하고 그것을 재생하여 실행에 옮기는 경향이 있다. 넷째, 실제로 행동한 후에 그 행동에 대하여 적절한 보상이 주어지면 그 행동을 반복하고자 할 것이며 이를 강화(reinforcement)라고 한다. 학습한 행동에 대하여 적절한 보상이 제공되면 동기유발(motivation)이 될 것이며, 그러면 학습된 행동을 되풀이할 것이다. 사회학습이론을 바탕으로 다양한 교육훈련 기법이 널리 활용되고 있다.

제3절 교육훈련의 종류

공무원의 교육훈련은 다양하게 구분할 수 있으나, 여기서는 교육훈련 대상(직급 혹은 직위별)과 장소(직장 내부 혹은 외부) 등에 따라 분류해보기로 한다.

1. 교육훈련 대상에 의한 분류

1) 신규채용자 교육훈련

신규로 채용된 공무원을 대상으로 실시되는 훈련으로서 이는 입직적응훈련과 실습교육 등을 포함한다. 입직적응훈련은 공직과 정부업무의 기본사항, 실무관련

기초사항 등을 포함하며 신규채용자의 조직적응력과 업무파악능력을 제고하기 위한 것이다.

2) 재직자 교육훈련

재직자도 정기적으로 교육훈련을 받아야 조직목표를 이해하고 성과향상을 도모할 수 있다. 급변하는 무한경쟁시대에서 정부의 경쟁력을 높이기 위해서는 재직자에 대해서도 정기적으로 교육훈련을 제공하는 것이 필요하다. 재직자훈련은 공직사회의 직급 등에 따라 신규실무자과정(중하위직대상), 신규관리자과정(신임 및 승진과정), 신규과장후보자과정, 신규과장과정, 고위공무원단후보자과정, 신임국장과정, 고위정책과정 등이 있다.

실무자과정은 급변하는 행정환경에 능동적으로 대처하고 직무수행 개선을 위한 실무능력 배양과정이라 할 수 있다. 관리자과정은 리더십개발, 성과관리, 부하육성과 인간관계, 정책개발과 집행, 협의조정, 문제해결능력 배양 등을 일반적으로 포함하며, 고위공무원단후보자과정과 신임국장과정 등은 국정방침을 이해하고 정책결정과 변화관리 및 위기관리 능력 등을 배양하기 위한 과정이라 할 수 있다. 그리고 각 정부마다 차이가 있기는 하지만, 정권이 바뀌면 장차관과 실국장 등을 대상으로 대통령의 국정철학과 대통령의제(Presidential agendas) 등을 공유하는 국정세미나 혹은 국정워크숍도 간간이 개최되기도 한다.

2. 교육훈련 장소에 의한 분류

1) 직장 내 교육훈련

직장 내(직무 내) 교육훈련(on-the-job training: OJT)은 교육훈련의 대상자와 장소를 직장 내에 한정시켜 현장중심의 교육을 실시할 수 있는 장점이 있다. 이는 업무현장에서 직장상사가 피교육자들에게 행정현장에서 필요한 이슈들을 중심으로 교육할 수 있어 여러 가지 장점이 있다. 이론보다 현실적인 교육훈련을 할 수 있고, 교육훈련과 행정업무가 연계될 수 있고, 별도의 외부장소로 이동할 필요가 없고, 상대적으로 적은 비용으로 교육훈련을 실시할 수 있는 장점이 있다. 그러나 직장

내부적으로 교육훈련을 실시할 수 있는 전문가가 많지 않을 수 있고, 교육훈련에 임하는 피교육자들의 교육훈련집중도가 떨어질 수 있는 단점이 있다.

2) 직장 외 교육훈련

직장 외(직무 외) 교육훈련(Off-the-job training: Off-JT)은 피교육자가 일정기간 동안 직무를 떠나서 전문적인 교육훈련기관에서 제공하는 교육훈련에 집중하게 하는 교육훈련이다. 이는 외부의 교육훈련전문기관에서 전문적이고 조직적인 교육훈련체제에서 교육훈련을 받을 수 있다. 직무를 떠나 교육훈련에 전념할 수 있고, 교육훈련전문가로부터 전문적인 지식과 기술을 전수받을 수 있고, 다양한 피교육자의 참여를 통해 선의의 경쟁을 통한 교육훈련분위기를 조성할 수 있는 장점이 있다. 그러나 직무를 떠나서 교육훈련을 받아야 하는 점, 교육훈련의 내용이 당장의 직무 내용과는 직접적으로 연계되지 않을 수도 있는 점 그리고 상대적으로 많은 비용이 들 수 있는 점 등이 단점이다.

최근에는 직장 내 혹은 직장 외 교육훈련과는 별도로 기업은 물론 공직사회에서도 자기주도학습(self-directed learning: SDL)이 강조되고 있다. 이는 교육훈련전문가의 주도나 타율적인 교육훈련 프로그램에 의한 것이 아니고, 학습자 스스로 자율적으로 교육훈련 프로그램을 선택하여 자기개발을 도모할 수 있으므로 최근에 자기주도학습이 널리 강조되고 있다. 특히 다양한 온라인 매체를 활용하여 가상공간에서 학습할 수도 있는 기회가 늘어나고 있어 자기주도적인 학습을 하기가 용이해지고 있는 추세이다.

제4절 교육훈련과정의 설계와 실시

1. 교육훈련과정의 설계

교육훈련은 우선 교육훈련 수요조사를 바탕으로 하고 있다. 그 다음에 교육훈련 프로그램을 개발하고, 이에 따라 교육훈련을 실시한 후에 교육훈련 효과성 평가 등의 단계를 거치는 일련의 과정을 교육훈련과정이라고 할 수 있다.

1) 교육훈련 수요조사

교육훈련 수요조사(needs assessment)는 직원이 어떤 훈련을 받아야 하는지를 확인하기 위한 과정에 해당하는 것인데, 이때의 교육훈련 수요란 직무가 요구하는 지식, 기술, 능력, 가치, 태도와 이들 요소에 대해 현재 공무원이 보유하고 있는 실제 능력간의 차이(gap)를 의미한다. 즉, 직책이 요구하는 직무요구능력과 공무원의 개인보유능력간의 갭을 측정하여 이를 교육훈련 수요로 파악하는 것이다. 교육훈련 수요(needs)는 개인차원에서 실질적 수요와 잠재적 수요로 나눠볼 수 있다.

첫째, 실질적 수요는 공무원이 행정현장에서 업무를 수행하는 과정에서 나타나는 역량부족 현상 등이 실질적 수요에 해당된다고 할 수 있으며, 이는 관찰, 면접, (온라인 혹은 오프라인)설문, 근무성적평정, 시험 등에 의해 파악할 수 있을 것이다.

둘째, 잠재적 수요는 직무수행과 관련된 기술의 변화, 전보나 승진 등 이동에 의해 새로운 직무를 수행하는 경우에 주로 발생한다. 아울러 새로운 직급이나 직위를 맡게 되면 이에 대한 교육수요가 발생하게 된다.

셋째, 교육훈련 수요는 개인차원뿐만 아니라, 조직차원에서도 고려할 이슈이므로 정부에 대한 국민신뢰, 공무원의 사기, 각종 사건사고, 기관별 조직성과, 국내외 행정환경 변화와 도전 등을 고려하여 조직차원의 교육훈련 수요도 감안해야 한다.

넷째, 날로 가속화되고 있는 디지털 전환(digital transformation)과 4차산업혁명(4th industrial revolution)의 여파로 신기술(로봇, 인공지능, 드론, 사물인터넷 등)의 도입과 응용이 광범위하게 늘어나고 있으므로 이러한 신기술에 대한 교육수요가 늘어남에 따라 이에 대한 교육수요도 반영해야 한다.

하지만 수요조사에서 나타난 여러 가지 현상을 모두 교육훈련으로 소화할 수는 없을 것이다. 왜냐하면 교육훈련은 비용을 초래하기 때문에 우선순위 등을 검토하고 아울러 예산규모를 감안하여 선택적으로 해야 할 것이다. 또한 업무과중, 적성 불합치 등과 같은 요인에 의한 것이면 교육훈련보다는 배치전환 혹은 조직차원에서 직무재설계 등으로 해결하는 것이 좋을 것이다.

2) 교육훈련계획과 프로그램 개발

교육훈련 수요조사 자료수집과 분석에 의해 판단기초가 마련되면 교육훈련계획

내용을 입안하게 되는데 이는 교육훈련 프로그램의 과정개발(curriculum development)에 해당한다. 따라서 각 프로그램별 강의목표 등을 개인차원 그리고 조직차원에서 설정할 필요가 있다. 개인차원에서는 직무수행능력 변화를 고려할 수 있을 것이고, 조직차원에서는 어떻게 하면 교육훈련의 결과가 조직성과로까지 이어질 수 있게 하는가가 중요할 것이다.

프로그램의 개발과정에서 교육훈련 교과목 설정과 강의내용 구성 등이 중요하다. 이 과정에서 우선적으로 중요한 것은 개인차원의 직무수행능력 혹은 문제해결 능력 향상이다. 그러나 조직차원과 피교육훈련자의 대상과 직급 등을 고려하면 이를 일률적으로 적용하기는 어렵다. 왜냐하면 직급과 직위 등에 따라 교육훈련의 내용이 달라질 수밖에 없기 때문이다. 따라서 공급자 위주로 교육훈련 프로그램을 일방적으로 구성하기 보다는 교육훈련 수요자의 입장을 충분히 감안하여 프로그램을 개발해야 할 것이다.

아울러 교육훈련 대상자의 규모, 교육훈련 장소와 기관, 교육훈련담당인력, 교육훈련 예산 등을 감안하여 교육훈련 체계를 구성해야 할 것이다. 일반적으로 기본교육(공직이해 등에 관한 신규자교육, 직급별 리더십 등에 관한 승진자교육 등), 전문교육(직무관련 직무수행기술과 지식 등), 기타교육(국정철학, 현안시책, 각종 소양교육 등), 자기개발학습(직무의 창의성, 전문성 향상을 위한 학습과 연구 활동) 등을 필요에 따라 체계적으로 구성해야 할 것이다.

2. 교육훈련의 실시와 교육훈련방법

교육 훈련 실시단계에서는 교육훈련 대상자의 규모, 예산, 교육시설, 교육담당인력(교관 등) 등을 고려하여 교육방법을 결정하는 것이 중요한 이슈이며 그 방법의 선택에 따라 교육훈련 효과도 상이하게 나타날 수 있다. 교육훈련방법은 훈련목표와 내용에 적합한 것이어야 하며, 피훈련자의 능력, 경험, 지위 등에 따라 적합한 훈련방법을 선택해야 한다. 아울러 교육훈련방법의 선택시 비용효과 등을 고려해야 할 것이다. 여기서는 일반적으로 이뤄지는 직장 외 교육훈련(Off-JT)과 직장 내 교육훈련(OJT)이라고 할 수 있는 직원개발(employee development) 등을 중심으로 살펴보기로 한다.

1) 직장 외 교육훈련(Off-JT)

교육훈련은 직장을 기준으로 직장 외(직무 외) 교육훈련(off-the-job training: Off-JT)과 직장 내(직무 내) 교육훈련(on-the-job training: OJT)으로 크게 구분할 수 있다. 일반적으로 널리 알려진 교육훈련방법은 업무현장을 떠나 특정한 교육훈련 장소에서 주로 교육훈련이 이뤄지므로 직장 외 교육훈련(Off-JT)에 해당된다.

예를 들어 강의식, 회의식(회의와 토론, 분임연구, 브레인스토밍), 실천적 방법(모의연습, 사례연구, 액션러닝), 경험적 방법(역할수행, 감수성훈련, 서류함기법훈련) 등이 이에 해당된다. 각각의 내용을 간략하게 정리하면 다음 <표 10-1>과 같다.

표 10-1 **직장 외 교육훈련(Off-JT) 방법**

방 식	교육훈련 방법	주요 내용
강의식 교육훈련	강의 (lectures)	다수 인원을 대상으로 동시에 많은 정보를 체계적으로 전달 가능하여 비교적 효율적이지만, 정보의 흐름이 일방적이라는 한계를 가진다.
회의식 교육훈련	회의, 토론 (meeting, discussion)	일정한 장소에 모여서 쌍방 간 정보를 실시간으로 직접 주고받는 과정으로서 진행자가 참여자에게 주제를 부여하여 발표와 토론을 유도한다.
	분임연구 (syndicate)	집단적 과제연구의 한 형태로서 피교육자들을 10여 명 내외의 분임조를 편성하고 분임조마다 연구과제를 가지고 조원들간의 토론을 통해 문제해결방안을 모색하며 연구결과에 대해 보고서를 작성한다. 교관과 피훈련생 전원이 참석한 자리에서 연구결과를 발표, 토론하는 방식이다.
	브레인 스토밍 (brain storming)	아이디어가 폭풍(storm)처럼 쏟아지게, 여러 사람이 다양한 아이디어를 자유롭게 제시토록 하고, 이러한 아이디어들을 취합해 창의적인 아이디어를 찾아내는 방법을 말하는데, 이것이 성공하기 위해서는 자유롭게 아이디어를 내도록 하고, 이때 다른 사람의 아이디어를 서로 비판하지 말고 거리낌없이 많은 아이디어를 자유스럽게 쏟아 내도록 해야 한다.
실천적 교육훈련	모의연습 (simulation)	실제와 비슷한 모델이나 상태를 만들어 모의적으로 파악하는 훈련기법을 말한다. 컴퓨터를 통해 가상의 시스템모형을 사용하기도 하는데, 자동차 운전자의 훈련용 운전석 모형을 활용하거나, 비행 모의상황을 만들어 항공기의 비행 중 상태를 조사하거나, 물탱크 안에서 배의 운항 중 상태를 가정하여 연습하는 것 등이다.
	사례연구 (case study)	실제 조직에서 경험한(성공/실패)사례 혹은 가상의 시나리오 등을 가지고 이에 대해 연구하고 토론하는 과정을 통하여 상황과 맥락에 부합하는 문제해결능력 등을 배양하는 과정이다.

경험적 교육훈련	액션 (러닝) (action learning)	소수의 교육훈련팀을 구성하여 촉진자(facilitator)의 도움을 받아 해당기관의 실제문제(real problems)를 분석하여 해결책을 제시하는 학습자 주도적인 훈련방법으로, 행하면서 배우는(Learning by Doing) 학습원리에 기초한 행동학습이다. 액션러닝의 성공요소는 교육훈련팀의 구성, 촉진자의 역할, 적정과제의 선택, 참가자들의 적극적인 문제의식과 성찰과정, 참가자들의 실행의지와 학습의욕, 기관장의 관심 등이다.
	역할수행 (role playing)	피훈련생에게 특정 역할이 주어지고, 그 역할에 따른 책임과 대처능력을 피훈련생이 연기로써 보여주며 학습한다. 근무상황 속의 자신과 대립되는 특정역할(상관에게는 부하역할, 부하에게는 상관역할, 또는 직원에게는 고객역할을 부여 등)을 이행함으로써 인간관계 개선이나 태도와 심적 변화 등을 유도하고 상대방에 대한 이해를 돕고자 하는 방법이다.
	감수성 훈련 (sensitivity training)	실험적 공간에서 인간내면의 감성에 초점을 두기 때문에 감수성훈련이라 부르며, 실험실에서 훈련집단단위로 교육훈련을 하기 때문에 실험실훈련이라고도 한다. 여기서는 별다른 규칙이나 의제 없이 참가자들이 자유롭게 의사를 교환하도록 하여, 참가자 스스로 자신과 상대방의 가치관과 행동방식 등을 파악하게 한다. 각자 자기 행동에 대한 통찰력을 키우게 되고, 자기 행동이 타인에게 어떠한 영향을 미치는가를 깨우치게 해준다.
	서류함기법 훈련 (In-basket exercise)	서류함은 책상 위에 놓여있는 서류 바구니를 상징하므로 서류함기법이라 불린다. 피훈련생에게 새로운 역할수행과제가 주어지고, 업무수행 중에 발생할 수 있는 여러 상황이나 과제(정책서류, 메모 등)에 대하여 피훈련생이 문제점을 분석하여, 해결방안 등을 제시할 수 있도록 하는 훈련이다. 문제점 분석, 소통, 의사결정, 문제해결능력 그리고 전략적 마인드를 제고하는데 유익하며 역량평가 등에 널리 활용되고 있다.

그리고 지능정보시대를 맞아 인터넷을 매개로 시공간에 대한 제약 없이 비용도 절감할 수 있는 이러닝(e-learning)이 매우 활성화되어 있으며, 이는 학습자 스스로 자유스럽게 반복적으로 학습할 수 있는 장점이 있다. 그리고 최근에는 교육환경의 변화에 따라 온라인 교육과 오프라인 교육을 혼합한 혼합학습(blended learning)도 널리 활용되고 있다. 이러한 혼합학습의 한 형태로서, 플립 러닝(Flipped Learning)은 수업 전에 교수가 제공한 온라인 영상이나 학습자료들을 학생이 사전에 학습하고, 정작 수업 중에는 문제 풀이나 토론 등이 이루어지는 수업방식을 말한다. 이는 '거꾸로 학습 혹은 역전 학습' 등으로 불리기도 한다.

국가공무원인재개발원은 2017년부터 나라배움터(e-learning.nhi.go.kr) 서비스를 제공하고 있으며, 이는 언제 어디서나 학습 가능한 상시학습 기반을 조성하고 전문적인 이러닝 서비스를 제공하고 있다. 현재 100여 개에 가까운 기관들이 공동으로 교육훈련 콘텐츠를 공동 활용하고 있으며, PC와 모바일 등으로 어디서나 자유롭게 학습 가능하다. 국가 및 지방 교육훈련기관 및 민간과 협력하여 All-in-One 플랫폼을 구축하였으며, 중앙·지방 교육훈련기관 모든 이러닝 과정을 검색부터 학습까지 나라배움터 한곳에서 가능하다.

2) 직장 내 교육훈련으로서의 직원개발

직장 내 교육훈련의 전통적 방식 중의 하나로 기술 분야에서는 도제훈련(apprenticeship)을 들 수 있는데, 이는 훈련생으로 출발하여 수년간 장인의 지도를 받아 장인으로 성장 발전하는 과정을 말한다. 직장 내(직무 내) 교육훈련은 실제 근무하는 직장에서 실시하는 교육훈련 방법이므로 현장훈련이라 부르기도 하지만, 최근에는 직원개발의 개념으로 발전되고 있다.

직원개발(employee development)은 직장 내의 업무수행과정에서 주로 이루어지므로 직장 내 교육훈련(OJT)에 해당된다. 앞서 살펴본 다양한 형태의 직장 외 교육훈련(Off-JT)은 당장 필요한 특정 기술 및 역량을 학습하는 단기적 성격의 학습활동인 반면에, 직장 내 교육훈련(OJT)으로서의 직원개발은 조직의 맥락과 개념을 이해하고 판단력과 문제해결능력을 개발하는 비교적 장기적 학습활동이다. 따라서 직원개발이라는 말은 미래지향적인 직원성장에 초점을 맞춘 말이다. 직원개발 방법으로는 직무순환, 실무지도, 실무수습, 특별배치, 주니어 회의, 그리고 멘토제도 등을 들 수 있다.

직무순환(job rotation)은 조직 내의 다양한 직무수행을 통해서 조직 활동을 폭넓게 이해할 수 있는 좋은 방법이다. 직무순환은 개인의 경험 폭을 넓히고 직무권태감을 줄이는데 도움이 된다. 일반행정가를 중시하는 나라에서 흔히 볼 수 있다. 실무지도(coaching)는 경험이 풍부한 선임자나 상사의 업무를 보조하면서 그들로부터 지도를 받는 기법을 말한다. 그 외 실무수습(internship), 특별배치(special assignment), 시보(probation), 주니어 회의(junior board), 멘토제도(mentor system) 등이 활용되고 있으며 자세한 내용은 <표 10-2>와 같다.

표 10-2　직장 내 교육훈련(OJT)으로서의 직원개발 방법

방 법	구체적 내용
직무순환 (job rotation)	직원을 한정된 한 분야에만 근무하게 하지 않고, 여러 분야의 직무를 경험하도록 직무를 순환시키는 방법으로, 이는 전체적인 직무체계를 이해하도록 하여 공무원의 거시적 안목을 넓히고자 하는 일반행정가 원리에 부합되는 방법이다.
실무지도 (coaching)	조직내부의 경력이 많은 선임자나 직장상사가 신규직원이나 후임자를 지도하는 방법이다. 이는 일상적으로 직무를 수행하면서 선임자나 상사가 신규직원이나 후임자를 지도하는 과정을 말한다.
실무수습 (Internship)	실무수습은 제한된 기간 동안 조직에서 제공하는 업무를 경험할 수 있는 인턴제도로서, 임시로 고용되어 조직의 구조, 문화, 업무과정 등에 대한 이해를 돕고 업무실습을 통해 현업을 경험할 수 있는 일종의 직위보조기법(assistant technique to positions)이며, 기관의 사정에 따라 채용과 연계하여 활용되기도 한다.
특별배치 (special assignment)	직원을 일정기간동안 위원회 조직이나 다른 기관 혹은 특정한 임무 등에 배치하거나 특정 과제를 부여하여 일상적인 업무 외의 일들을 일시적으로 경험(transitory experience)하게 하는 임무부여 방법을 말하며, 한시적 배치나 파견근무 등도 이에 해당한다.
시보 (probation)	시험에 합격한 신입자에게 초기에 일정기간 부여하는 제도로서, 시보기간은 일종의 보호관찰 기간이라고 할 수 있으며, 관리자는 시보기간 동안에 신입자가 조직에 얼마나 잘 적응하는지, 업무처리 상황을 숙지하여 업무처리를 잘 하는지 등을 평가하게 된다. 현재 공직에서는 5급 공무원 신규채용자는 1년, 6급 이하 공무원은 6개월로 시보기간을 규정하고, 그 기간의 근무성적·교육훈련 성적과 공무원으로서의 자질을 고려하여 정규 공무원으로 임용한다.
주니어 회의 (junior board)	기업에서 청년중역회의로 불리는 주니어 회의(junior board)는 젊은 직원을 대상으로 원활한 소통을 통해 혁신적인 아이디어를 발굴하여 정책에 반영하기 위해 마련한 제도다. 인사혁신처를 비롯해 일부 정부기관에서도 이를 활용하여 젊은 공무원들의 혁신적인 아이디어를 수렴하여 혁신에 활용하기도 한다. 이는 정책결정 기능은 없고, 혁신적인 아이디어를 발굴하여 제안하는 형식이 일반적인데, 내부의사소통 촉진과 젊은 공무원들의 능력개발에 유익하다.
멘토제도 (mentor system)	멘토(mentor)는 믿고 따르거나 배우고 싶은 지도자나 조언자를 말하며, 조직내부에서 배우고 따를만한 선임자나 상사를 멘토로 선정하여, 피교육생인 멘티(mentee)를 조직 차원에서뿐만 아니라 개인적인 차원에서 지도하며 후원하는 일종의 후견인 제도를 말한다. 이는 비업무영역(대인관계 등)도 포함하며, 감성이나 신뢰 등 정서적인 측면도 중시하고 있다.

3. 교육훈련방법의 효과성

교육훈련을 실시하면서 직장 외 교육훈련(Off-JT)과 직장 내 교육훈련(OJT) 등

다양한 방법을 활용할 수 있을 것이다. 그런데 70 : 20 : 10 법칙을 주장하는 학자들이 있는데, 이 법칙은 효과적인 학습은 경험과 실천 중심의 학습이 70%, 조직구성원 간 의사소통과 공유를 통한 사회 학습이 20%, 전통적 형식학습이 10%의 비율로 이루어진다고 주장한다. 70 : 20 : 10 법칙은 CCL(Center for Creative Leadership: www.ccl.org)의 연구자들에 의해 소개된 바 있다(Harding, 2022). 첫째, 70%는 일터에서 조직구성원이 현업을 수행하며 이루어지는 경험적이고 실천적인 경험학습(experiential learning)을 의미하며, 이는 경험학습이론(Experiential Learning Theory)에 의해 설명된다. 일상적인 직무경험의 과정을 통해서 현재의 문제에 대해 분석하고, 효과적인 대안을 수립하고, 최적의 대안을 선택하고 실행하는 과정을 반복해 가면서 기존의 한계점을 돌파해간다는 방식으로, 예를 들어 GE는 핵심인재 양성 프로그램의 하나로 액션러닝(action learning)을 도입하여 임원들과 차세대 리더 양성을 위해 널리 활용해왔다. 둘째, 20%는 상사 및 동료와의 소통협업과 사회적 네트워크 확장을 통한 사회학습(social learning)을 의미한다. 학습의 20%는 학습공동체, 코칭, 멘토링, 성과 피드백 등의 상호작용을 통해 이루어진다고 보는 것으로 사람은 다른 사람을 관찰하면서 학습한다고 주장하는 반두라(Albert Bandura)의 사회학습이론(Social Learning Theory)으로 설명되며, 코치와 멘토는 리더들에게 역할 모델이 될 수 있다. 셋째, 10%는 전통적으로 제공하는 집합식 혹은 강의식 공식학습(formal learning)을 의미하며, 공식적 교육훈련은 체계적이고 구조화된 교육내용을 통해 리더들에게 업무에 요구되는 지식과 기술을 제공하며, 전통적으로 가장 많이 사용하는 방법이다. 종합적으로 재정리하면, 리더들은 필요한 지식이나 기술, 노하우 등의 70%는 직무경험을 통해 습득하고, 20%는 코치나 멘토와 같은 다른 사람들과의 상호작용을 통해 습득하며, 10%만이 공식학습을 통해 습득한다고 할 수 있다. 그러므로 학습은 공식적 교육훈련만이 중요한 것이 아니라, 오히려 학습이 업무의 한 부분이 되어야 한다는 의미이다. 즉 학습과 도전적인 직무를 연계하여 활용하고, 공식적인 교육을 하긴 하되, 거기에 너무 의존하지 말아야 한다는 의미이다. 직무수행 자체가 최고의 학습과정이고, 거기서 동료들과 소통하고 협력하며 창의적인 혁신이 일어나야 한다.

1. 교육훈련 평가의 의의

교육훈련에 대한 평가는 일반적으로 두 가지가 있는데, 하나는 교육훈련에 참가한 참가자의 반응(reaction)평가로써 이 평가의 대상에는 교관, 강의방식, 시설, 교육훈련 프로그램 내용에 대한 만족도 평가 등이 포함될 것이며, 반응평가에 자주 활용되는 자료수집방법으로는 설문조사가 가장 널리 활용되고 있다.

그리고 다른 하나는 교육훈련의 결과에 대한 사후 평가로써 교육훈련의 목적달성 여부를 평가하는 것을 포함한다. 교육훈련의 사후평가는 협의의 결과평가로서 교육훈련의 "효과성 평가" 등을 의미한다. 교육훈련 평가의 결과는 향후의 교육훈련 수요조사 및 교육훈련 프로그램 구성과 집행 등에 다시 반영되어 교육훈련 전반에 걸쳐 부족하거나 잘못된 점을 시정하고 개선하는데 그 목적이 있다.

그런데 교육훈련 평가를 제대로 하려면 각 단계별로 평가하는 것이 필요하다. 예를 들어 1단계에 반응(reaction) 평가, 2단계에 학습정도(learning) 평가, 3단계에 행태변화(behavior) 평가, 그리고 마지막 4단계에 교육결과(results) 평가 등 단계별로 평가하는 것이 제일 합리적이라고 할 수 있다(Kirkpatrick & Kirkpatrick, 2006).

표 10-3   Kirkpatrick의 4단계 평가 모형

구 분	1단계 반응 평가	2단계 학습정도 평가	3단계 행태변화 평가	4단계 교육결과 평가
평가 시기	교육 중, 직후	교육 전·중·직후	교육 종료 3~6개월 후	교육 종료 6~12개월 후
평가 목적	만족도 평가 프로그램 개선	학습목표달성도 측정 효과성 판단	현업적용정도, 학습전이도, 근무조건 판단	조직성과 기여도 교육투자가치 확보
평가 대상	학습자, 강사, 진행자, 교육프로그램	학습자의 지식, 기술, 태도 습득 정도	근무조건, 적용된 지식, 기술, 태도	조직성과 중 교육이 기여한 부분
평가 방법	설문지, 면접, 관찰	설문지, 필기시험 사례, 역할연기	설문지, 관찰, 인터뷰	설문지, 인터뷰, 투자자본수익률

<표 10-3>에서 보여주는 것처럼, 제1단계의 반응 평가는 주로 참여자의 만족도 평가(피훈련자가 해당 교육훈련을 어떻게 생각하는가)에, 2단계의 학습정도 평가는 학습목표달성도 평가(무엇을 배웠는가)에, 3단계의 행태변화 평가는 현업적용 및 학습전이도 평가(해당 교육훈련을 통해서 직무수행상 어떤 행태변화를 가져왔는가)에, 그리고 4단계의 교육결과 평가는 조직성과 기여도 및 교육투자가치 평가(해당 교육훈련을 통해 성과향상과 비용절감 등에 어떠한 결과를 가져왔는가) 등에 초점이 맞추어져 있다.

2. 교육훈련 평가를 위한 준비와 설계

　　교육훈련의 효과성을 평가하기 위해서는 우선 평가기준을 결정하는 것이 중요하다. 교육훈련의 목표를 중심으로 측정기준을 설계해야 하는데, 직원의 성과나 생산성, 고객응대에 대한 태도점수, 사건사고 발생횟수 등을 고려할 수 있을 것이다. 평가기준이 결정되면 그것을 바탕으로 평가자료의 수집이 공정하게 이루어져야 할 것이다. 그리고 수집된 자료를 중심으로 평가를 진행하고, 그 결과에 따라 교육훈련개선을 위한 대응책을 마련할 수 있을 것이다.

3. 교육훈련 효과성 평가방법

1) 교육훈련 전후비교법

　　교육훈련 전과 후에 평가요소의 변화가 어느 정도 발생했는가를 비교하여 교육효과성을 판단하는 전후테스트비교법(pre-test & post-test method)이다. 즉, 교육훈련 실시 이전의 상태와 이후의 상태를 비교하여 측정한다. 비교결과에서 만약 교육훈련 후의 평가치가 높게 나오면, 교육훈련의 효과가 있는 것으로 평가할 수 있다. 이 방법은 측정이 용이하나, 전후비교의 객관적 기준을 설정하기가 쉽지 않다. 또한 교육실시 이후의 변화에 교육훈련과 무관한 다른 외부요소가 개입될 여지가 있다.

2) 훈련조와 통제조의 전후비교방법

훈련조는 교육훈련을 받은 집단이고, 통제조는 교육훈련을 받지 않은 집단으로 분리하여 상호비교하는 방법으로 이는 정합통제법(matched control method)으로 불리기도 한다. 교육훈련 이외의 요소는 거의 통제하여 교육받은 집단과 교육을 받지 않은 두 집단간의 변화차이를 비교하는 것이다.

3) 평균비교법

동일한 교육훈련을 반복하는 경우에 매번 교육훈련 평가를 한다고 가정할 때, 여러 해 동안의 누적 평균치와 특정 단일 시점의 평가결과를 서로 비교하는 방법이다. 특정 시점의 평가결과가 여러 해동안의 누적평균치와 현저한 차이가 발생하면, 왜 그런 결과가 초래되었는지에 대한 분석을 할 수 있는 근거가 될 것이다.

4) 비실험적 방법

출근상태나 이직률, 사고율 등 행태자료 등을 활용한 행태평가법이 있고, 훈련 내용 습득 여부를 시험평가법(test method)으로 평가할 수도 있고, 교육 참가자의 반응평가나 고객을 통한 만족도 평가 등을 할 수 있을 것이다.

제6절 우리나라 공무원 교육훈련

1. 공무원 교육훈련의 법적근거

먼저 국가공무원법 제50조를 보면, 모든 공무원과 시보 공무원이 될 사람은 국민 전체에 대한 봉사자로서 갖추어야 할 공직가치를 확립하고, 담당 직무를 효과적으로 수행할 수 있는 미래지향적 역량과 전문성을 배양하기 위하여 법령으로 정하는 바에 따라 교육훈련을 받고 자기개발 학습을 하여야 하며, 각 기관의 장과 관리직위에 있는 공무원은 지속적인 인재개발을 통하여 소속 직원의 공직가치를 확립하고 미래지향적 역량과 전문성을 향상시킬 책임을 지며, 교육훈련 실적은 인사관리에 반영하여야 한다고 규정되어 있다.

그리고 국가공무원법과는 별도로 공무원훈련법이 1961년 11월에 제정되었는데, 이는 국가발전과정에서 공무원의 능력발전에 크게 기여한 부분이며, 다른 나라의 교육훈련제도 발전과정과 비교할 때 우수사례라고 할 수 있다. 그 후 공무원훈련법은 1973년에 교육이라는 말을 넣어 공무원교육훈련법으로 확대 제정되었다. 그리고 2015년에 교육훈련을 인재개발로 바꾸어 공무원인재개발법으로 개정되었다. 우리나라 공무원인재개발법 제1조를 보면, 이 법은 국가공무원을 국민 전체에 대한 봉사자로서 공직가치가 확립되고 직무수행의 전문성과 미래지향적 역량을 갖춘 인재로 개발하는 것을 목적으로 한다고 되어 있다.

2. 교육훈련 담당기관

교육훈련 담당기관은 교육훈련을 담당하는 주체 혹은 장소에 따라 공무원교육훈련기관을 중심으로 이뤄지는 공무원교육훈련기관의 교육훈련, 각 기관별로 실시하는 직장훈련, 그리고 국내외 기관에 위탁하여 실시하는 위탁교육훈련 등으로 구분된다.

첫째, 공무원교육훈련기관중심의 교육훈련은 글자그대로 공무원인재개발원이 주체가 되어 교육훈련을 실시하는 경우인데, 우리나라 공무원교육훈련기관은 국가공무원인재개발원(National HRD Institute: NHI)과 지방자치인재개발원(Local Government Officials Development Institute: LOGODI) 및 각 중앙행정기관(또는 광역자치단체) 소속 공무원인재개발원 등이 있으며, 이들은 기본교육(신규채용/후보자, 승진임용/예정자, 또는 직급에 따라 필요한 능력과 자질 교육), 전문교육(담당직무분야에 필요한 전문지식과 기술 교육) 및 자기개발·기타교육 과정 등을 운영하고 있다.

둘째, 직장훈련은 각 기관별로 실시하는 것으로 해당 행정기관의 장은 공무원인재개발에 관한 기본정책 및 일반지침에 따라 소속 공무원의 공직가치를 확립하고 미래지향적 역량과 전문성을 향상시키기 위하여 직장훈련계획을 작성하고 이에 따라 훈련을 실시하여야 한다(공무원인재개발법 14조).

셋째, 위탁교육훈련은 국내외 기관에 위탁하여 실시하는 것으로 중앙행정기관의 장은 인사혁신처장과 협의를 거쳐 소속 공무원을 국내외 기관에 위탁하여 일정

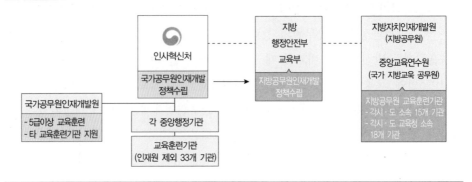

그림 10-1 공무원 교육훈련 실시 체계

출처: 인재개발정보센터 홈페이지.

기간 교육훈련을 받게 할 수 있다(공무원인재개발법 13조).

[그림 10-1]에서 보여주는 것처럼, 공무원교육훈련기관으로는 인사혁신처 소속의 국가공무원인재개발원과 행정안전부 소속의 지방자치인재개발원 그리고 각 중앙행정기관 소속의 교육훈련기관(법무연수원, 감사교육원, 경찰교육원, 경찰수사연수원, 중앙경찰학교, 중앙소방학교, 국토교통인재개발원, 국세공무원교육원, 국립외교원, 관세국경관리연수원, 중앙교육연수원, 농식품공무원교육원, 우정공무원교육원, 산림교육원, 통계교육원, 국립환경인력개발원 등), 각 광역자치단체의 지방공무원인재개발원 그리고 각 시도교육청 소속의 지방교육연수원 등 많은 교육훈련기관이 있다.

1) 국가공무원인재개발원

국가공무원인재개발원(National HRD Institute: NHI)은 정부수립 다음해인 1949년 3월에 해외원조를 통해 국립공무원훈련원(National Officials Training Institute: NOTI)으로 출범하였다가, 1961년 10월에 중앙공무원교육원설치법의 제정으로 국립공무원훈련원이 중앙공무원교육원(Central Officials Training Institute: COTI)으로 확대 개편되었다. 그리고 2015년에 공무원교육훈련법이 공무원인재개발법으로 개정되면서, 2016년 1월에 중앙공무원교육원이 국가공무원인재개발원으로 개명되었다. 그 후 정부기관 지방이전계획에 따라 경기도 과천시에서 충청북도 진천군의 충북혁신도시로 2016년 9월에 이전하였다(www.nhi.go.kr).

2) 지방자치인재개발원

지방자치인재개발원(Local Government Officials Development Institute: LOGODI)은 1965년 9월에 지방행정연수원으로 출범하였는데, 1994년 4월 중앙민방위학교로 흡수되었다가, 1999년 1월에 국가전문행정연수원으로 확대 개편되었고, 2005년 1월 자치인력개발원으로, 2006년 1월에 다시 지방혁신인력개발원으로 개편되었다가, 2008년 2월에 설립초기의 명칭인 지방행정연수원으로 명칭이 환원되었다. 그후 정부기관 지방이전계획에 따라 2013년 8월에 경기도 수원시에서 전라북도 완주군으로 이전하였다. 그리고 2017년 7월에 지방행정연수원에서 지방자치인재개발원으로 명칭이 변경되었으나 영문명칭은 그대로이다(www.logodi.go.kr).

3. 교육훈련의 종류

현행 공무원교육훈련은 장소와 훈련분야에 따라서 교육훈련기관 교육훈련(기본교육, 전문교육, 기타교육), 직장교육훈련(소속공무원 전문교육훈련, 주무부처주관 전문교육훈련 등), 위탁교육훈련(국내위탁, 국외위탁교육훈련) 등으로 나눈다. 그리고 교육훈련의 내용에 따라서 <표 10-4>와 같으며, 기본교육훈련·전문교육훈련·기타교육훈련 및 자기개발 학습으로 구분한다.

기본교육훈련은 신규채용후보자 또는 신규채용자, 승진임용예정자(승진시험 합격자 및 승진심사 통과자를 말한다) 또는 승진된 사람이 공무원으로서 필요한 공직가치를 확립하고 역량을 제고할 수 있도록 하기 위한 교육훈련으로 한다. 전문교육훈련은 담당하고 있거나 담당할 직무분야에 필요한 전문성을 강화할 수 있도록 하기 위한 교육훈련으로 한다. 기타교육훈련은 기본과 전문교육훈련에 속하지 아니하는 교육훈련으로서 소속기관의 장의 명에 따른 교육훈련으로 한다. 그리고 자기개발 학습은 공무원이 직무를 창의적으로 수행하고 공직의 전문성과 미래지향적 역량을 갖추기 위하여 스스로 하는 학습·연구활동을 말한다.

표 10-4	교육훈련 내용에 따른 교육훈련의 종류	
구 분	개 념	실시방법과 실시기관
기본교육	신규채용자후보 또는 신규채용자, 승진임용예정자 또는 승진된 자에 대해 공무원으로서 필요한 공직가치를 확립하고 역량을 제고하도록 하는 교육훈련	공무원인재개발원 교육훈련
전문교육	담당하고 있거나 담당할 직무에 필요한 전문성을 강화하도록 하는 교육훈련	직장교육 공무원인재개발원 교육훈련 국내외 위탁교육
기타교육	기본과 전문교육훈련에 속하지 않은 교육훈련으로서 소속기관장의 명에 따른 교육	직장교육 공무원인재개발원 교육훈련 민간교육기관 교육
자기개발학습	직무를 창의적으로 수행하고 공직의 전문성과 미래지향적 역량을 갖추기 위해 공무원 스스로 하는 학습과 연구활동	개인학습 공무원인재개발원 교육훈련 민간교육기관 교육

출처: 인사혁신처(2019: 359).

4. 상시학습체제의 운영

1) 상시학습제도의 의의

상시학습(learning at all times)제도는 공직을 학습조직(leaning organization)으로 만들어보자는 취지에서 채택된 제도이며, 궁극적으로 업무-학습-삶의 연계를 도모하는 학습전략이라고 할 수 있다. 특히 자율적 학습문화를 조성하여 전문성 신장을 체계적으로 할 수 있는 자기주도적 학습(self-directed learning)제도로서 학습이 직무수행 과정에서 일상적으로 이루어지도록 하는 학습체제이다. 학습이 일의 새 형태가 되고, 직무와 학습이 통합되며, 일하는 장소가 곧 학습 장소로 바뀌게 된다. 상시학습이 조직의 생산성을 향상시키는 핵심요소이고 경쟁력의 원천이라고 본다.

2) 상시학습제도의 성격과 내용

상시학습제도는 인적자원개발을 도모하면서 동시에 공무원의 평생학습을 보장하기 위하여 강구된 제도이다. 정부는 2006년에 상시학습제도 도입을 위해 공무원교육훈련법시행령을 개정하고, 국가공무원에 대한 상시학습제도를 2007년 1월부터 시행하였다. 이에 따라 1963년부터 실시된 교육훈련 "평정제도"는 폐지되고, 2007년 1월부터 상시학습제도로 전환되었다.

상시학습제도의 주요 내용으로 첫째, 교육훈련 이수시간을 확대·의무화하였다. 4급 이하 공무원의 승진에 필요한 연간 교육훈련 기준시간을 100시간 이상으로 확대하고, 교육훈련의 인정범위도 확대하였다. 이에 따라 공무원인재개발법 시행령 (7조)에 "공무원 스스로 하는 직무 관련 학습·연구 활동"도 교육훈련의 범주에 포함되게 되었다. 둘째, 부처의 자율성을 강화하여 연간 교육훈련 이수기준, 교육훈련 인정범위·인정시간 및 세부 운영 사항 등을 부처가 자율적으로 결정하도록 하였다. 셋째, 부서장에게 소속직원의 교육훈련 성과책임제를 부여하고 공무원의 자기 계발계획을 수립하도록 하였고, 각 부처의 적극적인 교육훈련을 담보하기 위하여 과장급 부서장의 성과목표에 소속 공무원의 교육훈련 기준시간의 달성도 등에 관한 성과책임을 부여하였다.

3) 상시학습을 통한 교육훈련 인정내용

과거의 교육훈련 평정제도에서 인정되던 것(직무전문교육, 외국어교육, 정보화교육, 대학원 등 위탁교육, 개인별 학위취득, 제안 및 연구, 경진대회 입상, 직무관련 전문서적 저술, 연구모임·학회참여, 직무관련, 세미나 및 학술대회 등 참여 등)을 인정함은 물론 추가적으로 인정하는 범위가 크게 늘어났다. 예를 들면 직무관련 독서, 논문게재, 워크숍 참여, 정책현장 방문, 교육훈련기관 등에서의 강의, 각종 T/F와 혁신활동, 기관 내 멘토·코치활동, 직무관련 자격증 취득 등이다.

5. 역량기반 교육훈련 확대

세계적으로 역량평가(competency assessment)가 확대되고 있는 추세에 있으며 역량기반 교육훈련(competency-based training: CBT)과 역량기반 교육과정(competency-based curriculum: CBC)이 점차적으로 확대되고 있다. 역량(competency)은 조직의 목표 달성과 연계하여 뛰어난 직무수행을 보이는 고성과자(high performers)의 차별화된 행동특성과 태도를 의미하는데, 이는 기존의 KSA(knowledge, skills, and abilities)가 '개인 측면'의 보유 자질에 초점을 맞춘 것이라면, 역량은 '조직 측면'에서 조직이 필요로 하는 높은 성과 창출을 위한 자질을 말한다.

현재 정부에서 활용하고 있는 역량체계(competency framework)는 정부의 고위공무원단과 과장급 공무원들에게 요구되는 역할을 바탕으로 도출되었다. 고위공무원단은 전략적 사고, 문제인식, 성과지향, 변화관리, 고객만족, 조정통합, 그리고 과장급은 정책기획, 성과관리, 조직관리, 의사소통, 이해관계조정, 동기부여 등이며, 이러한 역량들은 각각 사고, 업무, 관계 역량군의 3가지로 범주화할 수 있다.

고위공무원단후보자가 고위공무원단에 진입하기 위해서는 역량평가과정을 필수적으로 거쳐야 한다(고위공무원단 인사규칙). 왜냐하면 국내외의 행정환경변화에 따른 관리자의 역할과 중요성이 확대되고 있기 때문이다. 조직구성원의 학습이 개인의 역량 향상 및 조직의 성과 제고로 이어지는 과정에서 관리자의 역할이 매우 중요하기 때문에 여러 차원의 관리역량이 필요하다. 역량기반 인적자원관리에 대해서는 다음의 11장에서 별도로 자세하게 다루고 있다.

6. 교육훈련의 문제점과 발전방향

1) 교육훈련의 문제점

첫째, 교육훈련사업의 예산 부족을 들 수 있다. 세계적인 경기침체와 국가재정 부담 증가 등으로 인해 교육훈련 예산확보에 어려움이 가중되고 있다. 예산부족으로 인해 교육여건의 부실과 양질의 강사 확보의 어려움이 있으며, 프로그램 개발 등에 대한 신규투자나 주변 국가들과의 해외협력 활동 등이 제대로 이뤄지지 못하고 있다.

둘째, 정부는 전 부처 국가공무원을 대상으로 다음년도 각 교육과정별 교육훈련 계획 수립을 위한 수요조사를 실시한다고 하고 있으나, 교육훈련 수요조사가 제대로 이뤄지지 못하고 있는 것이 현실이다. 기존 교육훈련 프로그램을 거의 답습하여 교육훈련 대상자를 선정하고 있다. 교육훈련 과정이 공무원 개인의 역량과 수요에 기초한 수요자 중심적인 것이 아니라, 관행과 행정편의 혹은 공급자중심으로 관리되고 있다.

셋째, 다수의 정부교육훈련기관이 상호 유기적인 관련성을 가지지 못한 채, 분리 관리되고 있으며, 각급 교육원의 프로그램 편성이 업무특성에 기초한 전문성과 특수성을 결여하고 있다. 교육훈련 방법에서도 강의에 의한 정보전달 방식이 지배적이며, 전임교관보다 외래강사 등에 크게 의존하고 있고 외래강사에 대한 대우(강사료 등)도 부족하다. 특히 과천에 있던 국가공무원인재개발원과 수원에 있던 지방자치인재개발원이 지방으로 이전함에 따라 우수강사들을 섭외하기가 어려운 상황이다.

넷째, 피교육자 선정 시 자발적인 교육훈련의 참여동기가 결여되고 있고, 교육이 승진을 위한 수단이라는 인식이 팽배하여 교육훈련의 본래 목적인 능력발전의 기회제공이라는 측면을 간과하고 있고, 실질적인 교육훈련수요에 입각한 교과과정 편성이 이뤄지지 않아 피교육자가 교육훈련에 대한 호기심과 적극성을 보이지 않고 있다.

다섯째, 교육훈련 결과가 활성화되고 그 평가결과가 바로 피드백 되어 교육훈련 프로그램 개선에 활용되어야 함에도 불구하고, 설문지에 의한 교육훈련생 반응평가에 주로 의지한 채 교육훈련의 실질적인 전이효과 등을 고려한 효과성 평가가 제대로 이뤄지지 못하고 있다.

여섯째, 한국적 맥락과 특수성 등을 고려한 보다 창의적인 교육훈련 프로그램이 필요하나, 현실적인 교육훈련 수요에만 급급하여 교육훈련의 전략적 측면을 간과하고 있다. 아울러 교육훈련을 정부혁신의 수단과 촉진기제로 활용할 수 있으나, 현재의 여러 교육훈련 담당기관은 이러한 전략적 역할을 수행하는 것에 소극적이다.

2) 교육훈련의 발전방향

(1) 교육훈련사업에 대한 투자 및 프로그램 개선

정책결정자와 예산책임자는 물론 정치인들의 공무원교육훈련의 필요성과 중요성에 대한 인식이 개선되어야 한다. 교육훈련이 공무원의 지식 인프라를 구축하고 국가경쟁력 및 창의력을 향상시키는데 가장 필수적인 요소임을 깨닫고 교육훈련을 비용(cost)개념보다는 투자(investment)개념으로 인식을 전환하여 교육훈련에 대한 투자를 늘려 인적자본(human capital)의 부가가치를 극대화해야 한다. 정책성공 및 정책실패 사례 연구, 교육훈련 매뉴얼의 지속적 보완, 새로운 프로그램 개발과 신기법 활용, 주변국들과의 교육훈련 협력사업 등을 하려면 신규 투자가 필요하다.

또한 현재의 교육훈련 프로그램 중에서 개선이 필요한 것들을 조사하여 새롭게 재편할 필요가 있다. 특히 신규채용자에 대한 교육훈련은 말할 것도 없고, 재직 중인 공무원들에게 디지털 전환(digital transformation)과 4차산업혁명(4th industrial revolution)의 여파로 공공분야에도 신기술을 대거 도입 응용하고 있으므로 이 분야의 지식과 기술을 이해할 수 있도록 정보화(informatization)를 넘어서 지능화(intelligentification) 차원의 재교육과 디지털 역량교육 강화가 필요하다.

그리고 고위공무원에 대한 재직자교육훈련은 매우 부족한 실정이다. 기업의 경우를 보면 관리자훈련과 별도의 임원 및 경영자과정이 따로 있고 이 부분에 많은 투자를 하는게 사실이지만, 정부는 고위공무원(기업의 임원급해당)에 대한 리더십개발에 대한 투자는 부족한 실정이다. 고위공무원단후보자과정을 거쳐 고위공무원단으로 진입하면 일부 소수에게만 적용되는 고위정책과정을 제외하고는 교육훈련프로그램이 없는 셈이다. 아울러 기존의 고위정책과정에 대해서도 종합적인 평가를 실시하여 고위공무원단 소속의 고급인력들에 대한 보다 전략적인 교육훈련 대책이 필요하다. 예를 들면 고위공무원들을 위한 정책세미나를 고위공무원단의 대표들과 협의하거나 공공연구기관들과 상호협력하여 주요 주제를 중심으로 정례적으로 세미나 등을 개최하는 것도 하나의 대안이 될 수 있을 것이다.

(2) 교육훈련 수요조사 및 교육훈련 효과성 평가 개선

타당성 있는 교육훈련 수요조사(needs assessment)를 토대로 교육훈련의 수요와 공급을 잘 부합시켜 교육훈련의 실질적 효용을 높여야 한다. 또한 수요조사의 중요 정보원이 되는 성과평가제도의 합리화가 선행되어야 하고, 이를 위해서는 객관적인 직무분석이나 역량평가 등이 확대되어야 할 것이다.

또한 교육과정 수료에 즈음하여 피교육생들에게 설문식으로 진행하는 반응평가에만 의존하지 말고, 교육훈련을 마치고 일정시간이 경과한 후, 피교육자를 대상으로 보다 과학적인 교육훈련 평가를 실시하여 그 결과를 교육훈련계획과 운영 등에 실제로 반영할 필요가 있다. Kirkpatrick & Kirkpatrick(2006)의 평가모델 등을 참고하여 각 교육훈련기관마다 연도별 교육훈련 평가계획을 세워 반응 평가(참여자의 만족도 평가), 학습정도 평가(학습목표달성도 평가), 행태변화 평가(현업적용 및 학습전이도 평가), 그리고 교육결과 평가(조직성과기여도 및 교육투자가치 평가) 등을 단계별로 제대로 수행해볼 필요가 있다.

(3) 피교육자 선정 개선 및 교육훈련 동기부여

부하직원의 능력 향상과 자기발전 기회제공 측면에서 다양한 교육프로그램을 개발하여 자발적인 교육 훈련 참여 동기를 강화시킬 필요가 있다. 또한 교육 훈련에 대한 선택의 범위를 넓히고 교육훈련에 저항적인 기존 관료제의 관행과 경직성을 탈피하여 자기개발을 적극적으로 촉진하는 새로운 조직문화 구축 및 학습조직 구축이 필요하다. 즉, 공무원 개개인이 자신의 능력발전을 위해 자발적 노력을 가질 수 있도록 존중하고 지원해야 할 것이다. 공무원들이 연구모임을 만들어 운영하고 있으나, 지원조직의 숫자와 지원액의 규모가 적다. 따라서 지원규모를 좀 더 확대하여 활발한 학습모임을 통해 현실적 수요에 따른 학습과 역량개발을 공무원들 스스로 도모할 수 있도록 연구모임 지원을 확대할 필요가 있다.

(4) 교육훈련방식의 다변화 및 역량기반교육 심화

각급 교육기관 간 훈련수요조사와 프로그램 개발, 그리고 평가와 관련한 정보를 공유하면서 각 교육훈련기관의 전문성을 향상시켜야 할 것이다. 기존의 강의 방식 외에도 액션러닝(action learning), 서류함기법훈련(in-basket exercise), 역할수행(role playing) 등 경험적이고 전문적인 교육방식의 활용으로 교육방식의 다변화를 꾀할 필요가 있다. 실질적인 행동중심의 액션러닝, 온·오프라인을 혼합한 혼합학습(blended learning), 온라인으로 선행학습 이후 오프라인으로 교수와 토론식 강의를 진행하는 플립학습(flipped learning) 등 새로운 기법들을 보다 적극적으로 도입하여 교육효과를 제고해나가야 할 것이다. 특히 고위공무원은 물론 초급관리자에 이르기까지 역량평가가 확대되면서 역량기반교육에 대한 수요가 급증하고 있으므로 이러한 새 수요를 최대한 반영해 나가야 할 것이다.

(5) 교육훈련에 대한 저항 극복

공무원 집단의 교육훈련에 대한 저항이 때때로 발생하곤 한다. 예를 들면 국회의 예·결산 과정에서 국회의원들이 공무원 교육훈련의 효과성에 의문을 제기하며 예산을 감축할 수도 있다. 또한 관리자가 업무공백이나 인력손실 등의 이유로 부하직원이 교육훈련에 참여하는 것을 꺼리게 되는 경우도 있고, 때로는 교육훈련 중에 있는 직원을 불러들이기도 한다. 아울러 피훈련자도 교육훈련 기간이 길어질 경우에 직속 상사와의 관계단절 및 직장복귀 시의 적응문제 등을 고려하여 교육훈련 참여에 소극적일 수 있다.

사실 일선공무원이 교육훈련을 받고 싶어도 기관내부 상사의 눈치를 살피게 되면, 적기에 교육훈련을 받기가 어려울 수 있다. 따라서 이러한 폐단을 최소화하기 위해 국가공무원법의 제50조 3항에 "각 기관의 장과 관리직위에 있는 공무원은 일상업무 및 교육훈련 등을 통하여 계속적으로 소속 직원의 능력을 발전시킬 책임을 진다"고 규정하여 부하직원의 교육훈련을 적극적으로 지원하도록 하고 있으므로 각 기관의 장과 관리직위의 공무원은 부하직원의 능력개발에 공동책임의식을 가져야 할 것이다.

(6) 교육훈련기관의 경쟁력 제고와 교육훈련시장의 경쟁 확대

인사혁신처의 국가공무원인재개발원과 행정안전부의 지방자치인재개발원 외에 각 중앙행정기관 소속의 30여개 교육훈련기관, 각 광역자치단체별 인재개발원, 그리고 각 시도교육청 소속의 지방교육연수원 등 50여개에 이르는 교육훈련기관이 있는데, 이 모든 기관들이 과연 대내외 경쟁력을 가지고 있는지 따져볼 필요가 있다. 폐쇄적이고 정형화된 훈련에서 탈피하여 신지식과 신기술 변화에 탄력적으로 적응할 수 있도록 정기적으로 평가하고 혁신해야 할 것이다. 거의 독과점적인 공무원교육훈련기관의 문제점을 개선하기 위하여 정부소속 교육훈련기관이 민간분야의 교육 및 연수기관 등과 활발하게 경쟁할 수 있도록 해야 할 것이다.

(7) 교육훈련기관 평가 및 교육훈련혁신의 활성화

교육훈련기관에 대한 기관 및 기관장평가를 정기적으로 실시하여 교육훈련기관 스스로 변화와 혁신을 상시적으로 도모할 수 있도록 해야 할 것이다. 국내외 교육훈련 공인 인증(accreditation)기관으로부터 평가를 받도록 하는 것도 하나의 쇄신책이 될 수 있을 것이다. 일반행정기관뿐만 아니라, 다수의 정부의 교육훈련기관도 한국을 넘어 세계일류(world-class)가 되겠다는 목표를 세워 보다 적극적으로 혁신해나가야 할 것이다. 중국의 대표적 공무원교육훈련기관인 국가행정학원(China Academy of Governance)은 '국제일류행정학원'이라는 목표를 기관홈페이지에서 선언한지 오래이다. 우리나라의 중앙공무원교육원을 비롯한 많은 공무원교육훈련기관들도 국내외 혁신사례 등을 참고하여 한국을 넘어 아시아와 세계의 교육훈련 선도기관으로 자리매김하겠다는 각오와 자세로 지속적으로 쇄신해나가야 할 것이다 (김판석, 2007).

(8) 외국공무원 교육훈련과 동아시아 교육훈련분야 국제협력 강화

국가공무원인재개발원과 지방자치인재개발원은 그간 개발도상국 등의 외국공무원의 역량개발을 위하여 한국국제협력단(Korea International Cooperation Agency: KOICA) 등과 협력하여 외국공무원 교육훈련 프로그램을 운영해왔다. 특히 아프리카, 아시아(동남아, 중앙아시아 등), 중남미 개발도상국의 공공분야 발전을 위하여 단기교육훈련 프로그램을 운영하면서 국제사회에 기여해왔다. 이러한 국제사회 기여를 통해서 한국행정의 발전상을 알리며 양자 혹은 다자간의 우호적인 관계를 도모해 왔다. 앞으로 교육훈련 대상 국가를 전략적으로 선택하여 프로그램의 내실도 기하면서 교육훈련분야의 국제협력을 활성화할 필요가 있다.

그리고 호주와 뉴질랜드는 두 나라의 정부와 두 나라의 대학들이 상호 협력하여 "호주-뉴질랜드 정부학교"(Australia and New Zealand School of Government: ANZSOG: www.anzsog.edu.au)를 2002년도에 설립하여 교육훈련 프로그램을 상호 공유하며 양국간의 협력관계를 증진해나가고 있다. 동아시아의 한중일 3국도 호주와 뉴질랜드 사례를 참고하여 미래지향적으로 가칭 "한중일 공무원연수원"(ChiJaKo School of Government: ChiJaKo-SOG)을 공동으로 설립하여 운영하는 방안 등을 중장기적으로 강구해볼 필요가 있다. 이러한 노력은 동아시아 국가들의 갈등을 줄이고 중장기적으로 아시아지역의 협력과 통합을 촉진하는데 유익할 것이며, 먼 장래에 아시아연합(Asian Union)을 도모하는 데에도 기여할 수 있을 것이다.

❏ 국가공무원인재개발원과 지방자치인재개발원 등의 홈페이지를 방문하여 우리나라의 국가공무원과 지방공무원의 교육훈련 현황(교육훈련계획, 교육훈련과정과 종류, 사이버교육, 교육훈련체제 등)을 알아보자.

- 국가공무원인재개발원(NHI: www.nhi.go.kr: 충청북도 진천군에 위치)의 나라배움터(e-learning.nhi.go.kr)에서 이러닝(e-learning) 상황을 알아보자.
- 지방자치인재개발원(LOGODI: www.logodi.go.kr: 전라북도 완주군에 위치)의 교육훈련 프로그램을 찾아보자.
- 각 부처(중앙행정기관)와 각 광역자치단체별 인재개발원의 교육훈련 프로그램을 파악해보자.
- 공무원교육훈련에 대한 전반적인 제도 소개는 인재개발정보센터(www.training.go.kr)에 들어가 알아보자.

❏ 인사혁신처의 인재개발플랫폼(www.learning.go.kr)을 방문하여 내용을 파악해보자. 영상, 논문, 연구 보고서를 망라한 풍부한 학습자료와 개인 맞춤형 큐레이션, 소셜러닝, 학습관리 기능 등을 갖춘 인재개발플랫폼이다.

- 인재개발플랫폼(www.learning.go.kr)에 들어가 회원에 가입하거나 둘러보자.
- 인재개발플랫폼(www.learning.go.kr)에 들어가 지식 크리에이터가 되어보자.
- 인재개발플랫폼(www.learning.go.kr)에 들어가 온라인 학습에 참여해보자.

인 사 행 정 론

11

역량기반 인적자원관리

인 사 행 정 론

제11장 | 역량기반 인적자원관리

제1절 역량기반 인적자원관리의 의의

1. 등장 배경

1) 직무기반 vs. 역량기반 인적자원관리

제프리 페퍼(Jeffrey Pfeffer, 1994)는 조직 구조와 과정의 효율적인 설계보다도 실제로 그것을 운영하고 사용하는 사람들의 능력 혹은 역량이 더 중요하다고 역설하였다. 이같은 조직구성원의 역량에 대한 강조는 민간부문은 물론 정부부문에서도 해당된다. 1990년대 이후 미국과 유럽의 선진기업들은 기존의 직무중심의 인사관리에 존재하는 경직성 문제를 해결하기 위해 역량 개념을 기초로 인사관리체계를 구축하기 시작하였다(김현주, 2002). 국내에서도 1997년 IMF 경제위기 이후 능력 및 성과주의 인사관리 방안으로 대기업을 중심으로 역량 개념이 인사에 적용되기 시작하여, 현재 보편화된 인사관리의 흐름으로 형성하게 되는데 이를 역량기반 인적자원관리(Competency-based Human Resource Management)라 한다.

전통적으로 합리적인 인사관리의 기초로 직무분석(job analysis)이 강조되어 왔었다. 다시 말해, 직원이 현재 무엇을 하는가(혹은 해야 하는가)를 알려주는 직무기술(job description)과 이 직무를 수행하기 위해 필요한 자격사항을 규정해 주는 직무명세서(job specification)가 직무분석의 주요한 산출물로 자리매김하였고, 이들을 토대로 모집, 선발, 교육훈련, 성과관리, 보수, 평가 등의 인사관리의 기능이 수행되었다.

그러나 이같은 직무중심의 인사관리는 몇 가지 문제점을 안고 있다(Dubois &

Rothwell, 2004; Leonard, 2000). 첫째, 직무중심의 인사관리는 직원이 현재 수행될 것으로 예상하는 활동만을 명확히 하는 것일 뿐이며, 조직의 성공에 필요로 하는 산출물이나 결과를 명확하게 기술하지 못한다. 둘째, 전통적인 직무분석의 산출물인 직무기술서와 직무명세서는 오늘날의 역동적인 환경에서 쉽게 구식이 되어, 조직변화에 보조를 맞추기 어려울 뿐 아니라, 오히려 신속한 변화에 걸림돌로 작용한다. 셋째, 현재 직무기술서는 엄격한 법적인 요구사항(requirement)과 직원에 대한 조직의 정형화된 기대를 반영해야 하기 때문에, 오늘날 요구되는 유연성(flexibility)을 반영하는데 부족하다고 할 수 있다.

이에 따라 Joinson(2001: 12)은 전통적인 기술기반의(skill-based) 직무기술서로부터, 기술(technology)과 고객들의 변화요구에 쉽게 부응할 수 있도록 보다 광범위한 능력(abilities)에 초점을 두는 직무 역할(job role)로 이동할 것을 제안하고 있다. 이를 역량기반 인적자원관리(Competency-based HRM)라 할 수 있는데, Dubois & Rothwell(2004: 10)은 "사람에 의해 수행되는 작업(work)보다, 작업을 하는 사람에 관심을 집중하는 새로운 인적자원관리"로 정의하고 있다. 신종국(2001: 64)은 역량기반 인사관리를 "조직목표·전략 달성에 관련된 성과를 산출하는 데 필요한 핵심적인 인적 특성·행태를 구체적, 경험적으로 밝혀내어, 이를 인사 활동의 제반 분야에 활용하는 것"이라고 정의한다.

2) 우리나라 정부의 역량기반 인적자원관리

우리나라 정부에서 역량기반 인적자원관리를 도입하고자 했던 시도는 중앙인사위원회의 2001년 정부표준 역량사전 구축사업에서 찾을 수 있다. 당시 우리나라 정부의 표준역량 사전은 3개 역량군과 18개의 역량 항목으로 구성되어 있고, 각 역량항목은 5단계의 수준에 따른 행태기준평정척도(Behaviourally Anchored Rating Scale, BARS) 방식의 행태기술문(behavior description)을 가지고 있었다. 이러한 표준역량사전은 일종의 공무원 역량모델링으로 이를 바탕으로 제 인사과정이 연계되었다면 진작 역량기반 인적자원관리가 구축되었겠지만, 그 이후에 인사 실무에서 그다지 활용되지 않고 폐기되었다.

그런 점에서 노무현 정부에서 2006년 7월부터 실시된 고위공무원단 진입 예정자를 대상으로 한 고위공무원 역량평가가 최초의 역량기반 인적자원관리의 적용

그림 11-1　고위공무원 역량모델

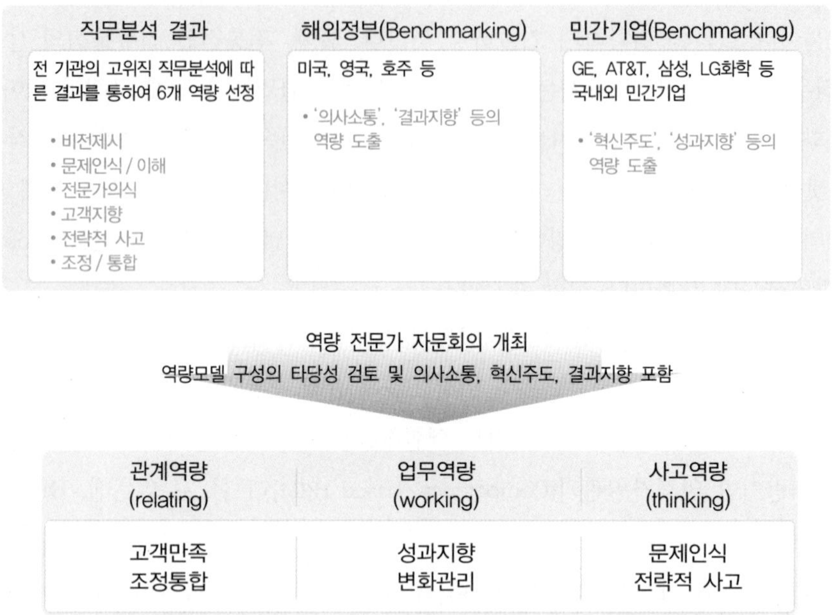

직무분석 결과	해외정부(Benchmarking)	민간기업(Benchmarking)
전 기관의 고위직 직무분석에 따른 결과를 통하여 6개 역량 선정 • 비전제시 • 문제인식 / 이해 • 전문가의식 • 고객지향 • 전략적 사고 • 조정 / 통합	미국, 영국, 호주 등 • '의사소통', '결과지향' 등의 역량 도출	GE, AT&T, 삼성, LG화학 등 국내외 민간기업 • '혁신주도', '성과지향' 등의 역량 도출

역량 전문가 자문회의 개최
역량모델 구성의 타당성 검토 및 의사소통, 혁신주도, 결과지향 포함

관계역량 (relating)	업무역량 (working)	사고역량 (thinking)
고객만족 조정통합	성과지향 변화관리	문제인식 전략적 사고

출처: 국가공무원인재개발원 홈페이지.

사례로 평가된다(강성철 외, 2018: 601). 그렇게 보는 이유는 역량기반 인적자원관리가 제대로 틀을 갖추기 위해서는 우선적으로 역량모델링이 이루어져야 하는데, 고위공무원 역량평가는 직무분석의 결과, 해외정부 및 민간기업의 사례 등 여러 연구를 종합하여 4개 역량군, 9개 세부역량으로 구성된 고위공무원 역량모델을 구축하였다. 그리고 이를 정리하여 성과지향, 변화관리, 문제인식, 전략적 사고, 고객만족, 조정통합의 6가지 평가 역량은 각각 업무(working), 사고(thinking), 관계(relating) 역량군으로 범주화하였다.

　그리고 1:1 역할수행(1:1 role play), 1:2 역할수행(1:2 role play), 서류함기법(in-basket exercise), 집단토론(group discussion) 등 다양한 역량평가 기법을 동원하는 역량진단센터(competency assessment center) 방식을 적용하여 고위공무원 역량모델에 부합하는 적격자를 평가하고 있다.

　그밖에도 2006년 중앙인사위원회에서 3개 행정부처(과학기술부, 공정거래위원회,

그림 11-2   역량평가센터의 역량평가방법

1:1 역할수행
(1:1 role play)

평가자

1:2 역할수행
(1:2 role play)

평가자

피평가자

서류함기법
(in-basket exercise)

평가자

집단토론
(group discussion)

평가자

출처: 인사혁신처 홈페이지.

기상청)를 대상으로 한 역량기반 교육과정(competency-based curriculum: CBC) 체계의 시범 구축사업이 있었고, 현재는 여러 행정부처와 교육청, 그리고 공공기관에서 승진과정의 역량평가와 역량기반 면접 등으로 역량기반 인적자원관리가 적용 폭을 넓혀가고 있는 중이다.

2. 역량의 개념

사전적으로 역량(competency)은 "적절하거나 뛰어난 자격을 갖춘 상태나 질"로 정의되는데, 조직구성원의 역량을 측정하는데 무엇을 측정하고 평가해야 하는지를 명확하게 제시해 주지는 못한다(Lucia & Lepsinger, 2001: 24). 경영학이나 행정학에서 사용되는 역량의 용어는 데이비드 맥클랜드(David McClelland, 1973)의 미국무성 해외 초급공보요원 선발에 관한 실증 연구에서 처음으로 사용되었다. 맥클랜드는 전통적인 학업적성 검사나 성취도 검사가 업무성과나 인생의 성공여부를 예측하지 못하는 문제점을 지적하고, 직무성과를 예측할 수 있는 변수로써 역량 요인을 규명하는 방법론을 제시하였다. 그 주된 내용은 ① 직장에서 성공을 거둔 사람과 그렇지 못한 집단을 선정·비교하여 성공요인을 규명하고, ② 미래를 예측하기 위해서는 피조사자가 실제상황에서 생각하고 행동하는 것 또는 과거의 유사한 상황에서 행동하였던 것을 파악하는 것이 효과적이라는 것이다. 이를 통해 그는 '행동사건면접'(Behavioral Event Interview: BEI) 기법을 개발하였다. BEI 기법은 주요한 업무상황에서 당사자들이 실제로 행동한 내용을 자세하게 기술하도록 하여 그 내용을 분석하는 방법을 말한다. 이같은 논의를 바탕으로 맥클랜드는 역량을 "우수한 성과를 내는 사람들, 즉 고성과자(high performer)가 보통의 성과를 내는 사람들과 다르게 보여주는 행태나 특성"이라 파악하였다.

이와 비슷한 맥락에서 Spencer & Spencer(1993)는 역량을 "특정한 상황이나 직무에서 효과적이고 우수한 성과의 원인이 되는 개인의 내적 특성으로서, 다양한 상황에서도 비교적 장시간 지속되는 행태 및 사고방식을 의미한다"고 정의하고 있다. 공신력있는 기관이라고 할 수 있는 IBSTPI(International Board of Standards for Training and Performance Instruction, 2005)는 역량(competency)을 "사람들이 직무활동과 기능을 효율적으로 수행할 수 있도록 하는 지식(knowledge), 기술(skill), 태도(attitude)"로 정의하였다. 미국 교육부 산하의 NCES(National Center for Education Statistics, 2002)는 역량을 "특정한 과업을 수행하기 위해 요구되는 기술, 능력, 지식들의 통합체"라고 하였다.

역량의 개념을 보다 명확하게 이해하기 위해 역량의 특징을 정리하면 다음과 같다. 첫째, 역량은 개인이 수행하는 직무에 직접적으로 영향을 미치며 결과적으로

표 11-1 역량 개념 관련 주요 연구

연구자	역량의 구성차원	역량정보의 추출방법	연구내용
McClelland (1973)	사고와 행동(광범위한 심리적·행동적 특성)	BEI(행동사건면접) 방식	역량의 개념 정의와 측정 방법론의 제시
Boyatzis (1982)	차원: 동기 및 특질, 자아상과 사회적 역할, 기술	BEI 조사결과에 대한 재분석	관리자 역량 모델구성(6개 군집, 21유형의 역량 추출)
Spencer & Spencer (1993)	차원(빙산모델): 동기, 특질, 자기개념, 지식, 기능	BEI, 전문가패널, 설문조사, 전문가 시스템, 과업·기능 분석, 직접 관찰 등의 다양한 방법	역량 개념의 체계화, 전형적 역량사전, 역량모델링 방법 및 인적자원관리에의 적용방법 제시
Mirabile (1997)	차원: 지식, 기능, 능력, 기타 특성	직접 관찰, 과업·기능 분석, 중요사건기법, 인터뷰, 기능적 직무분석, 직무사전·체크리스트법, 업무분석 설문지법 등	역량관련 개념, 역량정보수집 및 모델링 방법 등 종합 리뷰

출처: 김현주(2003: 123).

그 성과를 결정하게 된다. 둘째, 역량은 직무성과와 직접적으로 관련되어 있을 뿐만 아니라 측정 가능해야 한다. 셋째, 역량은 교육, 훈련, 경험을 통해 개발될 수 있다. 넷째, 역량은 어떤 개인이 담당하는 직무의 종류에 따라 그 요소가 달라진다.

이러한 논의를 종합하여, 역량을 "조직의 목적을 달성하고 성과를 향상시키는 것으로, 조직의 성과기준에 대비하여 측정될 수 있으며, 교육훈련과 개발을 통하여 개선될 수 있는 지식(knowledge), 기술(skill), 태도(attitude)의 집합체"라고 정의할 수 있으며, 이는 대체로 성과가 높거나 우수한 직원들의 직무수행능력이나 행동특성이라고 할 수 있다.

제2절 **역량모델링**

1. 역량모델의 의의

역량기반의 HRM이 되기 위해서 필요한 것은 우선 그 조직의 상황에 적절한 역량모델을 구축하는 것이다(Lucia & Lepsinger, 2001). 역량모델은 직무별, 계층별(관리자, 리더 등), 기능별, 조직차원의 공통 역량 등 여러 가지 형태로 구성될 수 있다(신종국, 2001: 64). 조직은 전반적인 생산성 향상을 통한 조직의 목적을 달성하기 위해 뛰어난 성과를 산출하는 개인의 역량이 무엇인지를 명확히 하는 역량모델을 개발하고 이를 기준으로 선발(Selection), 교육훈련(Education & Training), 개발(Development), 평가(Assessment), 보직관리(Staffing), 보수(Payment) 등 인사관리전반을 관리할 수 있다.

루시아와 렙싱어(Lucia & Lepsinger, 2001: 41-50)에 의하면, 역량모델은 채용시스템에 있어서 모든 면접자들이 동일한 능력과 특성 기준을 가지고 지원자를 선발하도록 도와준다. 또한, 교육훈련과 개발, 평가시스템에서는 성공적 업무수행에 필요한 행동과 기술의 목록을 제공해 준다. 승진계획에 있어서는 모든 의사결정자들이 동일한 역량들을 활용하여 후보자들을 평가하도록 도와줄 뿐만 아니라, 이 역량들이 승진 직위에도 중요하고 적절하다는 것을 보장해 준다. 또한, 역량모델은 성과기대치를 명확히 함으로써 개인에게 업무에서 관심을 두어야 할 방향을 제시해

표 11-2	인사관리과정에서 역량모델의 역할
인사관리 구성요소	장 점
선발	• 업무의 필요요소에 대해 완전히 이해하게 해준다 • 업무에서 성공할 사람을 채용할 가능성을 높인다 • 성과기대에 부응하지 못하는 사람들에 대한 시간과 금전적 투자를 줄인다 • 보다 체계적인 인터뷰 프로세스를 실시하게 한다 • 교육할 수 있는 역량들과 좀더 개발하기 어려운 역량들을 구분하는데 도움을 준다
교육훈련과 개발	• 업무의 효과성에 가장 크게 영향을 미치는 기술, 지식, 특성에 초점을 맞추게 한다 • 조직의 가치와 전략에 교육훈련과 개발기회를 일치시킨다 • 교육훈련에 소요되는 시간과 자금을 가장 효과적으로 사용하게 한다 • 지속적인 코칭과 피드백을 위한 틀을 제공한다
평가	• 무엇을 관찰하고 측정하는지에 대해 상호 이해하게 한다 • 성과평가에 있어 평가내용을 역량에 초점을 맞추고 대화를 촉진시킨다 • 업무에 있어서 개인의 행동과 행동의 결과에 관한 정보를 얻는데 도움을 준다
승진과 승계	• 해당 직무나 역할수행에 필요한 지식과 기술, 특성을 명확히 한다 • 승계후보자가 어느 정도 준비되어 있는지에 관한 평가 방법을 제공해 준다 • 부족하거나 미비한 역량을 개발하기 위한 교육 훈련과 개발계획에 초점을 맞춘다 • 조직에서 높은 잠재력을 보유한 조직구성원의 수를 조사할 수 있게 해준다

출처: Lucia & Lepsinger(2001: 42).

준다. 그런 점에서 역량모델은 모든 인사과정에 활용되는데, 이렇게 그 조직에 고유한 역량모델을 기반으로 선발, 교육훈련과 개발, 평가(보수), 승진과 승계가 이루어지게 되면 이를 역량기반 인적자원관리(Competency Based HRM)라 한다. 다음 <표 11-2>는 역량모델이 각 인사관리과정에 어떻게 활용되는지를 잘 보여준다.

2. 역량모델의 세 가지 차원

역량모델은 직무별, 계층별, 기능별, 조직차원에서 구성될 수 있는데, 일반적으로 공통/핵심역량(common or core competency), 직무/전문역량(job or professional competency), 관리/리더십역량(managerial or leadership competency)으로 구분된다(김현주, 2002: 18). 첫째, 공통역량은 해당 조직의 모든 직원이 공통적으로 갖추어야 할 역량으로 조직의 기본적인 존재가치, 미션, 전략 등에 의해 도출된다. 둘째, 직무역량은 구성원 각자가 업무를 효과적으로 수행하기 위해 갖추어야 될 직무관련 역량으로부터 도출된다. 이 같은 역량모델이 구축되면 역량별 행동 기준표에서 산

표 11-3	인적자원관리에서 적용되는 일반적 역량의 유형			
역량 구분	계층별 역량	적용취지	적용범위	도출근거
리더 역량	관리/계층/리더십역량 (managerial or leadership competency)	조직구성원들의 역량이 조직 차원에서 원활히 소통하고 변화하도록 하는 역량	관리자	부서 내 업무의 효과적 수행요건 및 부서간 협조의 관건
직무 역량	직무/전문역량 (job or professional competency)	구성원 각자가 업무를 효과·효율적으로 수행하기 위한 역량 설정	업무별 담당자	개인단위 업무의 내역 및 성과요인
공통 역량	공통/핵심역량 (common or core competency)	모든 직원이 공통적으로 갖추어야 할 역량	전체 직원	조직의 미션, 가치, 전략

출처: 김현주(2003: 128)를 참고하여 재정리.

정된 요구수준과 현재의 역량수행 수준을 비교하여 차이를 파악하는 역량진단(혹은 역량 Gap 분석)을 할 수 있다. 셋째, 관리역량은 조직의 효과적인 운영과 협력관계 구축을 위해 해당직급에서 수행해야 역량으로부터 도출된다. 관리역량은 계층역량 혹은 리더십 역량이라고도 하는데 조직구성원들의 역량이 조직 차원에서 원활히 소통하고 변화하도록 하는 관리역량을 의미한다.

그림 11-3	세 가지 차원의 역량모델

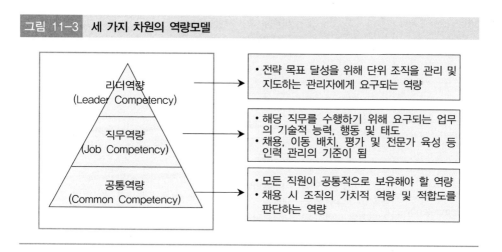

이상과 같은 역량모델은 개인차원에서 조직전체 차원까지 다양하게 설정할 수 있지만 일반적으로는 대표직무 혹은 직무군으로 분류하여 설정하게 된다. 다시 말해서 모든 직무의 역량을 모두 일시에 분석하는 것은 현실적으로 무리이다. 따라서 대표직무를 선택하여 분석하는 것이 효율적이다. 여기에서 대표직무 혹은 직무군이란 유사한 구성원 특성을 요구하거나, 유사한 과업을 내포하는 둘 이상의 직무의 집단을 말한다.

3. 역량모델링 구축방법

이러한 역량모델들은 조직 내외부 자료의 분석, 워크숍, 인터뷰, 설문조사 등의 다양한 조사방법을 통해 자료를 수집하여 분석된다는 점에서 체계적인 프로세스 설계를 요구한다. 그리고 역량모델링 방식도 역량기반 인사관리체계가 구축되는 조직 내외의 특성을 반영하여 가장 현실성 높은 것으로 선택되어야 한다(<표 11-4> 참조).

표 11-4 역량 추출을 위한 자료수집 방법

측정도구	적합한 상황	진행 방법	장 점	단 점
행동사건면접 (Behavior Event Interview)	심층적인 역량정보를 추출할 경우, 훈련된 심리측정 전문가에게 적합	우수 집단과 열위 집단을 대상으로 사례를 간략히 설명하도록 한 후 주제통각검사(Thematic Appreciation Test)로 특성 요소 추출	심층적 정보 파악, 행위 알고리즘 파악, 편견 방지	시간과 비용 과다, 면접자 자질에 따라 차이 발생, 과업에 대한 정보 부족
전문가 패널법 (Expert Panels)	어느 정도 자세한 역량정보를 추출할 경우, 훈련된 직무전문가 필요	직무별 우수집단이나 관련 외부전문가로 패널을 구성하여 직무별 역량요소를 추출	방대한 역량 정보를 짧은 시간에 추출	참여자의 자질에 따른 편차 발생, 일반적 통념/선입관 개입 가능
역량 설문법 (Competency Survey)	초기 개발된 역량목록이 있는 경우, 전문가와 현업이 공동 수행	직무유형별로 이미 개발된 역량에 대한 내용타당성을 확인 위한 설문 실시	통계분석을 위한 자료를 신속하고 저렴하게 입수가능, 다수 구성원 합의 도출에 유리	누락된 역량의 보완 곤란, 세부정보 수집 곤란, 일반적 응답자의 대표성 의문

중요사건기법 (Critical Incident Method)	직무의 주요성과요 소 파악, 성과 평 가기준 구성, 상사 가 부하에 대해 추 출할 때 유리	돌발, 위기상황 발생 시 대처방식에 대해 조사	비일상적인 과업 및 행위요소를 동 시에 추출하기에 용이	시간과 비용 과 다, 원자료의 해 석을 통해 의미 를 부여하기 어 려움(주관개입)
업무분석설문지법 (Position Analysis Questionnaire)	일반적 직무 요소 의 추출, 직무분석 전문가, 수행자, 관 리자 모두 필요	일반적 직무요소에 대한 전문가, 수행 자, 관리자가 평가항 목별로 공동 평가	광범위한 직무분야 에 대한 간략한 비 교 자료 수집에 유 리	직무에 대한 상 세하고 고유한 특 성정보 파악 곤란
기능적 직무분석 (Functional Job Analysis)	수행과업, 기능, 행 동 등에 대한 상세 한 목록 작성시, 직무분석가 필요	직무별로 일정 기간 동안 수행자의 행위 관찰, 기록, 질의응 답을 통해 판단	광범위한 직무유형 과 내역을 종합적 으로 도출하는데 유 리	직무분석자의 자 질에 따라 차이 발생
과업-방법분석법 (Work Methods Analysis)	안전, 건강, 보상요 소의 파악, 산업공 학 전문가 필요	관찰, 시간기록, 행위기록을 통해 과 업요소를 추출	과학적 과업 성과 기준을 수립하는 데에 유리	생산직에 적합, 관 리직에는 부적합, 개인자질 파악 곤 란
직무목록법 (Job Inventories and checklists)	기존 직무 목록을 활용하고자 할 경 우, 현업 수행 가 능	미리 규명된 직무수 행의 요소를 목록형 태로 개발하여 배포, 중요도, 빈도, 난이 도 등을 확인	광범위한 직무 분 야에 대한 비교자 료의 신속, 저렴한 수집 가능	Job Inventory의 사전개발이 필요 하여 시간/비용이 많이 들 수 있음
직접관찰법 (Direct Observation)	다른 방법의 보조 적 수단, 직무분석 전문가 필요	과업을 수행하는 사 람들을 직접 관찰함 으로써 추출	단순/반복적 작업 에 대한 상세한 조 사 가능	지식 중심의 과 업을 조사하기에 는 부적합
면접법 (Interview)	다른 방법의 보조 적 수단, 직무분석 전문가 필요	과업 관련 사항의 질의와 응답, 기록	직무별 심층자료 수집에 유리	시간소요 과다

출처: Spencer & Spencer, 1993; Mirabile, 1997; 김현주, 2003 참조하여 재작성.

그리고 역량 개발의 주된 산출물은 직급계층별(또는 직무계층별) 및 전문분야별
(직무별) 역량정의서 등이다(<표 11-5> 참조). 역량모델을 통해서 조직구성원에게
필요로 하는 공통역량, 직무역량, 리더십역량을 도출하고 역량별로 개념정의, 행동
지표, 행동예시 등이 구체적으로 제시되어야 한다.

표 11-5	역량 모델의 주요 산출물	
산출물	성 격	목 적
직무개요 (Job Profile)	직무의 미션, 주요 직무 기능, 주요성과 지표, 핵심 지식, 기술을 함축적으로 제시	각 직무의 특성을 일목요연하게 정리함으로써 직무의 전체적인 틀을 이해할 수 있음
역량 모델 및 정의	• 역량군 발굴(개별 역량과 관련 역량의 분류 축 제시) • 역량 정의(각 역량에 대한 정의)	• 역량의 일목요연한 정리 및 조직 내 공통 언어 발굴 사용
역량 진단 Tool	• 역량을 평가(측정)할 때 판단의 기준이 됨 • 전형적 행태(Typical Behavior), 행동 사례 (Behavior Example)	• 역량 측정의 Scale 제공 • 역량 개발 시 Coaching의 기준을 제시
행동 지표 및 행동 사례	각 역량의 직무 수행상의 행동 지표별 성공적 행동 사례(Successful Behavior Incident)를 제시	각 직무에서의 높은 성과자의 역량 모델을 제시함으로써 평균 성과자의 자기 개발에 준거로 활용
역량 개발 계획	역량 평가에 의한 개인별 역량 Gap에 대하여 역량 육성 계획을 수립	역량 평가를 통하여 부족한 역량에 대하여 조직 구성원은 개인별 구체적인 역량 개발 Needs를 파악하여 성과와 연동되는 교육훈련 실시

출처: 이홍민·김종인(2003).

4. 우리나라 정부의 표준역량사전

중앙인사위원회가 2001년 김대중 정부에서 정부표준 역량사전 구축사업을 발주하여 정부부문의 역량기반의 인적자원관리를 적극적으로 도입하고자 시도하였다. 정부표준 역량사전이란 우리나라 공무원으로서 갖춰야 할 제반 역량을 외국정부나 국내기업의 역량모델 구축사업 사례 등을 참고하여 연구용역수행기관과 중앙인사위원회 및 시범적용부처 관계자와 심도 있는 논의를 통해 최종적으로 작성한 각 역량별 개념 정의와 수준별 행동특성을 정의한 역량의 집합체를 의미한다(조소연, 2002: 66). 구체적으로 역량군과 역량항목을 살펴보면 다음과 같다(삼일회계법인·Hewitt Associates 2001).

표 11-6	우리나라 정부 표준역량 사전
역량군	역량항목
기초행동역량군(7개)	조직헌신도
	전문가의식(Professionalism)
	공무원 윤리의식
	고객/수혜자지향(Customer-oriented)
	자기 통제력(Self-control)
	경영 마인드
	적응력(Adaptability)
직무수행 역량군(4개)	정보 수집/관리
	문제 인식/이해
	전략적 사고
	정책집행관리
관리 및 관계 형성 역량군(8개)	목표/방향 제시
	지도/육성
	자원/조직 관리
	정치적 기지(Political Wit)
	의사소통(Communication)
	조정/통합력
	협상력
	협조성(Teamwork)

제3절 역량기반 인적자원관리의 적용: 역량기반 교육과정

역량모델은 모든 인사과정에 활용되게 되는데, 그 조직에 고유한 역량모델을 기반으로 하여 선발, 보직관리, 교육훈련, 평가, 보수 등에서 활용되는 것을 역량기반 인적자원관리(Competency-based HRM)라 한다. 여기에서는 역량기반 교육과정 (Competency-based Curriculum: CBC)을 통해 어떻게 역량기반 인적자원관리가 실제로 적용되는지 살펴보고자 한다.

1. 역량기반 교육과정의 추진 배경

공무원 개개인의 능력향상은 정부부문의 경쟁력 강화에 직결되어 있으며, 효율적인 정부의 교육훈련체계의 구축은 그 만큼 중요한 과제라 할 수 있다. 특히 우리나라는 직위분류제보다는 계급제적 직업공무원제도를 기반으로 하고 있기 때문에, 공무원은 당장의 능력이나 전문성보다는 앞으로의 잠재적 '가능성을 보고 임용되며 장기복무가 예정된다. 따라서 입직 이후에는 신규채용자 교육이 체계적으로 이루어질 필요가 있고, 주기적인 교육훈련을 통해 끊임없이 새로운 지식과 능력을 재충전할 필요가 있다.

또한, 근래 지식기반 및 지능정보사회로의 변화는 정부로 하여금 새롭게 발생하는 시민들의 다양한 이해갈등의 조정, 급변하는 글로벌 경제화와 국제관계에 대한 전략적 대응, 지식기반 및 지능정보사회에 새롭게 나타나는 다양한 행정수요 충족과 기술발전 등을 요구하고 있다. 이에 따라 전통적인 공무원 교육훈련은 유효성을 다하였고, 이제는 배우고 창조하는 정부를 구현하는데 공무원 교육훈련의 초점이 옮겨가고 있다. 공무원 교육훈련은 top-down의 공급자 주도 교육훈련(education and training)에서 나아가 수요자인 공무원의 자발성과 협업을 강조하는 자기주도 학습(self-directed learning)까지를 포괄하게 되었다.

하지만, 공무원 교육훈련은 이러한 시대적 요구에 부응하지 못하고 있는데, 이는 공무원 교육훈련에 대한 진단과 분석이 부족했다는 문제에 기인한다. 부족한 역량을 보충하여 직무능력을 향상시키는 것을 교육훈련의 궁극적인 목적이라 한다면, "어떤 역량이 얼마만큼 부족한지"에 대한 진단과 분석이 선행될 필요가 있다. 그렇게 해야 그 부족한 부분(gap)을 보충하는 교육과정을 이수하여 역량을 향상시킬 수 있기 때문이다. 그런데 공무원 교육훈련은 이러한 진단 및 분석이 생략되거나 부족했기 때문에 교육니즈에 부합할 수가 없었다(오성호, 1997; 함성득 외, 2000: 18).

부족한 역량과 그 부족한 수준을 파악하고 이를 보충하는 교과 및 교육과정을 체계적으로 연결시키는 것이 맞춤형 교육과정이라고 할 수 있다. 그런 측면에서 역량기반의 교육과정에 관심을 가질 필요가 있다. 역량기반의 교육과정(Competency-based Curriculum: CBC)은 조직이나 부서의 역량모델링을 통해 고성과(high performance)를 산출하는데 필요한 역량과 그 역량의 부족분(gap)을 파악하고, 이를 보충하는 교육과정을 의미한다.

2. 역량기반 교육과정의 의의

1) 역량기반 교육과정의 개념

역량기반 교육과정(CBC)은 체계적인 교육훈련 수요조사에 기초를 두지 않음으로 파생되는 공급자 중심의 교육훈련, 교육훈련과 조직성과 연결 부족, 타 인사과정과의 체계적인 연계성 부족 등의 한계를 극복하는 데 적실한 방안이다. 역량기반 교육과정은 조직 및 개인차원의 체계적인 교육수요진단(역량진단)을 기초로 조직구성원들에게 필요한 역량이 무엇이며, 얼마나 필요한지를 파악하여 맞춤형 교육훈련을 실시하여 직무성과를 실질적으로 향상시키고자 한다.

이러한 맥락에서 권용수(2006: 134)는 역량기반 교육과정을 조직이 필요로 하는 역량요소를 설계하고 이를 근거로 조직구성원의 개인별 역량을 체계적으로 진단하여 피드백한 후 부족역량을 보완하는 다양한 교육과정을 확립함으로써 교육훈련의 효과성을 제고하는데 주된 목적으로 하는 것으로, 이를 통해 조직이 필요로 하는 핵심인재의 육성을 도모하는 동시에 개인의 성장욕구를 적극적으로 충족시키는 교육과정이라고 정의하고 있다.

2) 역량기반 교육과정의 유용성

역량기반 교육과정(CBC)이 갖는 유용성은 다음과 같다(이홍민 · 김종인, 2003; 권용수, 2006; Dubois & Rothwell, 2004; Chyung, Stepich & Cox, 2006).

첫째, 역량기반 교육과정은 조직의 비전이나 전략과 연계된 역량모델 구축을 통해 단기적이고 유행을 좇는 교육이 아니라 조직성과 및 개인 업무의 효과성에 가장 크게 영향을 미치는 지식, 기술, 태도에 초점을 맞춘 단기와 중장기 교육훈련과 개발을 체계적으로 진행할 수 있게 해준다. 이러한 이유로 역량기반 교육은 성과기반 교육으로 불리기도 한다(Naquin & Holton, 2003).

둘째, 전통적인 직무중심의 교육훈련체계는 피교육자에게 직무명세서에 열거된 행태나 자격을 학습할 것을 강요하였을 뿐, 교육훈련의 설계과정에 참여를 허용하지 않았다. 하지만 역량기반 교육과정은 역량모델을 통해 피교육자 자신의 능력을 정확히 진단하고, 고성과자와의 격차(gap)를 줄이는 방안을 구체적으로 파악하여, 자신의 개발을 위해 주도적으로 학습하게 한다. 그런 점에서 전통적인 교육훈련이 교육자 지향 또는 관리자 지향이었다면, 역량기반 교육과정은 학습자 지향(learner-oriented) 또는 성과자 지향(performer-oriented)이라 할 수 있다(Cooper, 2000).

셋째, 역량기반 교육과정은 조직의 발전과 개인의 성장을 지원하는 코칭과 피드백을 위한 정보와 지침을 제공해 준다. 역량 모델은 고성과를 이룰 수 있는 능력을 개발하는 데 활용할 수 있으며, 경력관리의 차원에서 누구에게 어떤 역량이 언제 필요한지를 결정하는 데 지침을 제공해 준다. 또한 상사의 입장에서 부하에게 어떤 직무를 어떤 방식으로 개발해야 하는가를 코칭하기 위한 유용한 정보를 제공한다.

넷째, 역량기반의 교육과정은 교육훈련의 효과를 용이하게 평가하도록 도와준다. 특히 각 역량의 행위지표들은 교육 훈련의 내용을 명확하게 해주고, 교육 훈련 이후에 교육 훈련 효과에 대한 평가에서 측정 지표로 활용될 수 있다.

3. 역량기반 교육과정의 구축과정과 평가

1) 직무중심 교육과정과 역량기반 교육과정

종래의 직무중심의 교수체계설계(Instructional Systems Design: ISD)와 '교육과정 개발'이라고 할 수 있는 DACUM(Developing A CUrriculuM: 교육과정개발)은 개인의 직무 수행에 필요한 지식과 기술 개발에 목적을 두고, 교육이 필요한 과제를 설정하여 요구되는 기술에 부합하는 과정을 개발함으로써 단기적인 안목의 접근을 한다고 말할 수 있다.

한편, 역량기반 교육과정(CBC)은 조직 차원의 성과 증대를 목적으로 최고 수준의 수행성과를 달성하기 위한 모든 형태의 학습 지원책을 개발하는 장기적이고 포괄적인 접근을 시도한다. 즉 역량기반 교육과정의 가장 기본적인 관점은 특정 업무를 수행할 때 그 기능을 수행함으로써 달성해야 되는 성과나 산출물 혹은 그 기대되는 결과로부터 시작하는 점이다. 기대되는 결과가 식별되면 그 결과를 수행하기 위해 필요한 역량이 추출되며, 그 필요 역량을 구성하는 지식-기술-가치 등이 규명된다. 이에 따라 요구되는 지식-기술-가치 등을 교육시키고 지원해 줄 다양한 형태의 학습지원책으로 구성되는 역량기반 교육과정이 개발된다.

2) 역량기반 교육과정의 구축과정

역량기반 교육과정의 구축과정은 기본적으로 드부와(Dubois)의 1993년 연구에서 제시하고 있는 역량기반 성과향상 모델을 바탕으로 하고 있다. 드부와는 역량기반 교육과정의 구축과정을 전통적인 직무중심의 ISD(Instructional Systems Design: 교수체계설계)와 비교하면서 제시하고 있다. 드부와는 ISD 모델의 5가지 활동인 분석, 설계, 개발, 실행, 평가의 단계와 유사하지만, 체제적 접근, 역량 모델링, 다양한 형태의 학습 지원책을 강조하는 5단계의 수행체계를 제시하고 있다.

첫째, '시작단계(Front-End) 분석'을 통해 조직환경이나 외부환경을 고려한 사업계획 및 전략적 목표를 분석한다. 니즈분석이나 직무분석 등은 현재 문제점의 분석과 해결의 관점을 직무수행 그 자체에 맞추고 있는 반면, '시작단계 분석'은 현재 문제 뿐만 아니라 조직이 달성하고자 하는 목적 수행과 그 결과에 초점을 두는 것을 특징으로 한다.

둘째, '시작단계 분석'을 통해 수집된 자료를 기초로 업무 수행에 필요한 모든 요소(지식, 기술, 내적 특성, 태도, 가치관 등)를 고성과자들로부터 추출해 내고 그 업무 관련 이해당사자나 고객, 관리자, 전문가들로 구성된 집단으로부터 검증작업을 거쳐 필요 역량모델을 개발한다. 이같은 과정을 통해 개발된 필요 역량모델은 조직 내외부의 환경, 미래 영향, 업무의 역할, 업무 수행의 목표나 수준, 업무 수행의 행동 지침 등을 포괄적으로 고려하는 것을 전제로 한다.

셋째, 필요 역량모델을 통해 추출된 자료를 기초로 가장 효과적이고 효율적인 방법으로 조직 구성원에 필요한 역량을 개발하는데 요구되는 교육과정, 세미나, 워크숍, OJT, 시뮬레이션, e-learning 등 다양한 형태의 학습지원책을 총망라한 교육과정을 개발한다.

넷째, 위에서 확인된 다양한 형태의 학습 지원책들을 구체적으로 설계하고 개발한다. 마지막으로, 조직구성원의 업무 수행의 지속적 발전을 꾀하기 위하여 조직이 추구하고자 했던 생산비용 절감, 이윤증대, 고객서비스 개선 등과 같은 산출물을 충실히 수행하고 변화를 가져왔는지를 평가한다.

이홍민·김종인(2003)은 Dubois 모델을 수정하여 요구분석 → 성과모델 개발 → 차이분석 → Curriculum 설계 → 교육과정 개발 계획 수립의 5단계의 개발과정을 제시하고 있다(<표 11-7>).

표 11-7 역량기반 교육과정(Competency-based Curriculum)의 개발과정

단계	단계명	내 용
1	요구 분석	• 행정상의 요구 파악 • 중점 육성 대상 선정 • 예상 장애 요인과 해결해야 할 현안 과제 검토
2	성과 모델 개발	• 대상 계층의 고성과자를 바탕으로 직무 분석과 핵심역량 모델 개발 (직무와 핵심역량 Matrix) • 개발된 모델의 타당도를 높이기 위한 검증 활동
3	차이 분석	• 우수 성과자와 평균 성과자의 차이 분석 • 선진 조직에 대한 벤치마킹 대상의 수준 차이 파악 • 차이 분석 방법: 패널 토의, 인터뷰, 포커스 그룹, 설문, 관찰
4	교육과정 (Curriculum) 설계	• 차이 분석 결과로 도출된 직무들과 핵심역량을 교육 과정 단위로 분류 • 각 과정별 관련 직무와 핵심역량을 모아 교과목 단위로 분류(역량의 행동 지표를 참고하여 목표를 직무 환경과 학습자의 수행에 초점) • 개발해야 할 교육 과정을 필수 과정과 선택 과정으로 분류하고 한 직급에 속한 직무 부문 간의 공통으로 포함된 과제를 필수 과정으로 편성
5	교육과정개발 계획 수립	• 과정 개발의 우선순위, 개발 일정, 교육 대상자, 선수 학습 정도, 교육 기간, 교육 방법 결정(우선 순위: 중요도가 높고 현재 수준이 낮은 역량이 우선선위로 결정) • 교육방법: 집합 교육, Cyber교육, 자기주도형 교육(Self-directed Leaning)

출처: 이홍민·김종인(2003: 119).

3) 역량기반 교육과정 구축과정 평가

역량기반 HRM의 개념을 교육훈련 분야에 도입한 것이 역량기반 교육과정(CBC)이다. 그간 교육수요를 제대로 반영하지 못하였던 공급자 위주의 공무원 교육훈련을 수요자 중심의 맞춤형으로 변화시킬 필요가 있다. 그런데 도입상의 몇 가지 유의점을 제시하면 다음과 같다.

첫째, 역량기반 교육과정은 역량기반 HRM의 하위개념으로써 다른 인사제도와의 상호연계성을 감안한 통합적 인사관리체계의 관점에서 이해되어야 한다. 역량기반 HRM은 조직 전체적인 역량모델링과 역량진단을 통해 기초자료를 수집하고 이를 채용, 보직관리, 경력개발, 성과관리, 보상, 교육훈련 등 다양한 인사과정에 적용하는 것을 말한다. 그러나 2006년 중앙인사위원회 시기 역량기반 교육과정 시범 구축과정에서, 이러한 통합적인 관점이 없이 역량기반 제반 제도들이 분절적으로 도입된 것을 발견할 수 있었다. 통일된 역량모델링과 역량진단이 선행되고 나서 구체적인 과제가 정합성 있게 추진되어야 함에도 불구하고, 세부과제가 개별적으로 추진되다 보니 각각 상이한 역량모델링과 역량진단을 실시하는 아이러니컬한 상황을 빚어낸 적이 있었다.

둘째, 역량기반 교육과정 체계는 한번 구축되었더라도, 운영과정에서 끊임없이 보완하고 관리되어야 한다. 특히 조직차원의 역량수요에 대응하여 교육과정을 적극적으로 개발해야 하는 과제를 안고 있다. 이를 위해 개별 행정부처별로 기존의 교육훈련프로그램의 구성에서 벗어나 역량에 근거한 교육과정, 교과목, 교육기법을 도입하기 위한 조직차원의 지원과 교육훈련 기획역량의 제고가 요구되며, 이를 담당할 전문적인 인력과 전담조직이 필요하게 된다(이영민·김종인, 2003; 권용수, 2006).

셋째, 역량기반 교육과정을 구축하는 것은 상당한 시간과 비용이 드는 것으로 관리자의 의지와 지원이 절대적이다(Chyung, Stepich & Cox, 2006). 그리고 해당 조직과 역량모델에 대한 깊이 있는 이해를 가진 전문가가 충분한 연구를 통해 구축되어야 한다. 이영민·김종인(2003)은 국내 역량기반 교육과정이 성공적이지 못한 주된 이유 중 하나가 전문가들이 부족한 상태에서 충분한 연구도 없이 모델링 구축작업이 단기간에 이루어졌기 때문이라고 주장한다.

앞으로 각 행정부처에서 역량기반 교육과정의 도입을 위해 인사혁신처와 행정안전부(지방공무원 담당부서) 등은 공통적인 역량진단(측정) 도구를 개발하여 각 부처에 제공할 필요가 있다. 그러면 각 부처에서는 이러한 표준역량 측정도구에다 부처 고유의 직무역량을 반영하여 자신에게 적절한 역량진단(측정) 도구를 개발하고, 피교육자는 이렇게 개발된 진단도구를 통해 자신의 역량수준을 명확히 파악하고 이를 바탕으로 교육훈련에 임할 필요가 있다.

□ 우리나라에서 실시하고 있는 역량진단(competency assessment)과 역량진단센터(competency assessment center) 제도를 좀 더 자세히 알아보자.

- 국가공무원인재개발원(NHI) 역량진단시스템(www.nhi.go.kr/cad/index.do) 방문
- 역량(competency)이란 무엇인가?
- 역량진단(competency assessment)이란 어떤 것이며, 어떤 방법으로 역량을 평가하는가?
- 고위공무원의 역량은 무엇인가?
- 과장급 공무원의 역량은 무엇인가?
- 5급 공무원의 역량은 무엇인가?
- 공무원 직급별 역량교육체계와 교육과정을 알아보자.

인 사 행 정 론

12

성과평가

인 사 행 정 론

제 12 장 | 성과평가

제1절 성과평가의 이해

1. 성과평가의 의의

성과평가에 해당하는 영어 표현은 performance evaluation 혹은 performance appraisal 등으로 불리며, 이는 일반적으로 직원의 업무 성과와 조직 기여도 등을 정기적으로 평가하는 것을 말하며, 조직은 성과평가를 통해 조직의 발전에 기여한 직원을 확인하고, 성과가 높은 직원에게 보상을 하기도 한다. 이러한 성과평가에 대해 나라별·조직별로 다양한 맥락에 따라 조금씩 다르게 칭하기도 한다.

현재 우리나라 정부는 국가공무원법 제51조에서 각 기관의 장은 정기 또는 수시로 소속 공무원의 근무성적을 객관적이고 엄정하게 평가하여 인사관리에 반영하여야 한다고 규정하고 있다. 그리고 '공무원 성과평가 등에 관한 규정'(대통령령)을 별도로 두고 있으며, 이 규정은 각급 기관의 성과향상과 공무원의 능력발전을 위하여 공무원의 근무성적평가 등을 규정하고 있으며, 인사혁신처는 '공무원 성과평가 등에 관한 지침'(예규)을 두고 있다. 이에 따라 관련 성과평가 규정과 지침 등의 명칭을 감안하고, "국제적으로 통용되는 일반 명칭" 등을 고려하여 본 장의 명칭을 성과평가(performance evaluation)로 정하였다.

경국대전(經國大典)에 의하면 조선시대에 관원의 근무 성적을 조사해 등급을 매기던 제도로 등제(等第)라는 제도가 있었다. 이는 관원의 업무성과에 대하여 상·중·하의 등급을 매기는 것으로, 등제의 결과에 따라 포상이나 파직과 같은 포폄(褒貶: 평가등급이 높은 것을 '포', 평가등급이 낮은 것을 '폄'이라 함)이 이루어졌다. 민간기업에서는 인사고과(人事考課)라는 말이 사용되어 왔으나, 최근 경영학계에서도 성과평가라는 용어가 확산되는 편이다. 일반적으로 성과평가는 공무원 개개인의 근무실적, 직무수행능력, 직무수행태도 등을 조직차원에서 체계적으로 평가하는 인사제도 중의 하나라고 정의할 수 있다. 우리나라 정부는 개별 공무원의 성과평가를 두가지로 분류하고 있다. 관리자(4급 이상)에게 적용되는 성과계약 등 평가와 중하위직(5급 이하)에 적용되는 근무성적평가를 포함하는 개념으로 사용하고 있다(공무원성과평가 등에 관한 규정 4조).

2. 성과평가의 성격과 목적

성과평가는 직원과 직무와의 관계를 평가하는 성격을 가지고 있으며, 다양한 목적으로 활용될 수 있다. 따라서 공무원의 근무실적과 직무수행능력 등을 평가함으로써 개인의 성과는 물론 조직의 성과를 도모하는 취지에서 오래전부터 발전해온 제도라고 할 수 있다. 성과평가의 목적은 조직전체의 성과와 효과성 향상 도구로서의 조직적 차원과 공무원 개인의 능력발휘 도구로서의 개인적 차원 등으로 나누어 살펴볼 수 있다.

1) 조직 차원

첫째, 성과평가는 인사관리목적으로 널리 활용된다. 성과평가 결과에 따라 개인별 업무성과를 확인할 수 있으며 이를 통해 성과가 높은 사람과 그렇지 못한 사람을 구분할 수 있으며, 이는 승진과 성과급 등을 부여하는 기준으로 활용할 수 있다. 또한 승진과 보직 관리 등 내부임용 결정에 중요한 정보를 제공함은 물론 인력계획, 교육훈련계획, 경력개발계획 등을 수립하는데 유용한 정보를 제공해준다.

둘째, 성과평가는 인재개발의 목적으로도 활용된다. 성과평가 결과분석을 통해 개인의 교육훈련 혹은 역량개발의 필요성과 개발대상 영역 등을 확인할 수 있으며, 이를 통해 자기개발을 위한 노력을 촉진할 수 있다. 아울러 개인역량별 강약부분을 확인하여 행동수정 등을 유도할 수 있다.

셋째, 성과평가는 조직발전 목적으로 활용된다. 직무수행의 효율성을 저해하는 요소들(지식, 기술, 역량, 정보, 소통 등)을 파악하여 조직 재설계를 하는데 참조할 수

표 12-1	성과평가의 목적과 결과 활용	
성과평가의 목적		결과 활용
조직 차원	인사관리	성과측정, 성과보상, 승진, 배치, 보직, 시험타당성 측정, 징계 등
	인력개발	교육훈련, 행동수정, 조직차원의 인력개발계획 수립 등
	조직발전	직무수행 효율성 저해요인 파악, 직무개선, 직무설계 등
개인 차원	능력발전	능력발휘, 업무성취도 확인, 능력과 역량의 강약점 인식제고 등
	경력발전	적성과 능력 파악, 경력개발, 보직배치와 보직경로 파악 등
	인간관계	공직상하간 의사소통, 상호기대감 이해, 상담지도, 신뢰제고 등

있다. 또한 조직목표 달성을 위한 정보와 조직목표 달성도 평가를 위한 기초자료를 제공해주며, 이를 통해 실적 중시의 공직풍토를 진작할 수 있으며, 조직발전을 위한 전략 등을 개발할 수 있다.

넷째, 성과평가 결과와 선발시험 성적을 비교하여 선발시험 성적이 우수한 사람이 근무성적도 우수하게 나타나는지를 파악하여 각종 공무원채용시험의 타당성과 유용성 등을 검증하는 데에도 유용하게 사용할 수 있다.

2) 개인 차원

첫째, 성과평가는 실적과 성과주의에 기반을 둔 객관적인 평가를 통해 업무성취도 등을 확인할 수 있다. 그리고 평가결과를 지나치게 상벌목적에 활용하는 것은 바람직하지 않고, 공무원들의 능력발전을 촉진하고 취약점을 개선할 수 있도록 도와주는 수단으로 활용할 필요가 있다. 또한 평가결과를 개인에게 알려줌으로써 자신의 능력과 역량 발전 등을 도모할 수 있다.

둘째, 성과평가는 경력을 개발하는데 유용하다. 성과평가의 결과를 통해 교육훈련 수요 및 개인의 적성과 능력 등이 어느 정도 파악되므로, 적절한 교육훈련 기회를 제공하고 적재적소의 인사배치를 가능케 하여 개인의 보직경로와 경력개발 등을 지원할 수 있다.

셋째, 성과평가 과정에서 상관과 부하간의 원활한 의사소통을 통해 서로가 기대하는 부분을 이해할 수 있을 것이며, 또한 상담과 지도 등을 통해 상호간 이해를 돕고 신뢰와 협력을 도모하는 방향으로 인간관계를 개선할 수 있을 것이다.

성과평가는 조직구성원들의 성과를 반영하는 것이기 때문에 매우 민감하고 중요한 사항이다. 따라서 이 제도에 대한 타당성(validity), 신뢰성(reliability), 변별력(differentiation or distinction), 수용성(acceptability), 실용성(practicality, applicability) 등이 담보되지 않으면 안 된다. 이러한 요소들이 담보되지 않은 채 성과평가가 실시되면 그 결과에 대해 불신과 비판을 받을 수 있다.

1. 평가의 타당성

타당성(validity)은 기본적으로 측정하려고 하는 바를 제대로 측정할 수 있어야 한다(목표 적중이 핵심)는 의미이다. 따라서 성과평가 항목과 평가방법 등이 측정하고자 하는 목적과 내용을 정확하게 반영해야 하며, 평가항목과 평가대상 직원의 직무 요소 간에 밀접한 연관성이 있어야 한다. 만약 조직목표 달성과 직접적인 관련성이 없는 평가요소로 구성되면 해당 평가의 타당성은 의심받을 수밖에 없다. 다시 말하면 근무성적이 우수한 사람이 실제로 우수하게 평가될 수 있어야 한다.

2. 평가의 신뢰성

신뢰성(reliability)은 기본적으로 측정도구의 일관성(consistency)을 의미하는 것으로 어떤 평가를 반복적으로 실행했을 때, 동일수준의 결과가 나오는가에 대한 평가기준이다(목표 적중보다 일관성이 핵심). 복수의 평가자가 평가하더라도 동일수준의 평가결과가 나오느냐가 신뢰성의 핵심이다. 성과를 측정하기 위한 항목들 간 내적 일관성이 유지되어야 하고 평가자의 주관적이고 자의적인 요소가 평가에 개입하는 것을 방지하여야 한다. 이를 위해서는 평가방법을 표준화하거나 평가내용을 이해하기 쉽고 명료하게 하여 혼란이 없도록 해야 하며, 평가오류를 최소화하기 위한 공정한 평가를 위한 사전안내교육 등도 필요하다.

3. 평가의 변별력

성과평가제도는 성과가 높은 사람과 그렇지 못한 사람을 구분할 수 있는 변별력(differentiation) 혹은 차별성(distinction: 식별성)을 가져야 한다. 평가대상들이 거의 비슷한 평가결과를 받게 되면 누가 성과가 높은지 차별화하기 어렵다. 따라서 평가대상간의 차별성을 통해 누가 더 높은 성과를 보여주었는지를 구별할 수 있어야 한다. 또한 평가대상자 개인의 구체적인 평가요소 간에도 우수한 부분과 그렇지 못한 부분을 구별할 수 있으면 해당 개인의 능력발전에도 유용한 정보를 제공하게 될 것이다.

4. 평가의 수용성

평가대상자들이 평가제도의 목적에 공감하고 평가항목과 평가방법 등에 대해 반발하지 않고 받아들이는 수용성(acceptability)을 가져야 한다. 따라서 평가제도에 대한 충분한 설명과 안내 등을 통해 평가대상자들이 공감할 수 있어야 한다. 직원들은 평가를 통해 불공정한 불이익을 받지 않을까 염려할 수 있으므로 평가의 목적, 평가항목, 그리고 평가방법 등에 오해가 없도록 해야 한다. 따라서 피평가자가 평가계획 수립과정 등에 참여할 수 있는 기회를 제공하고, 평가자와 피평가자 사이의 의사소통을 원활히 하면서 이의신청 기회를 마련하는 등 합리적인 평가체제이어야 한다.

5. 평가의 실용성

평가자나 피평가자 모두가 평가과정과 평가방법을 이해하고 실용적으로 실시할 수 있어야 하므로 평가의 실용성(practicality)도 중요하다. 제도운영과정에서 시간과 비용이 적게 들고 효용가치가 높아야 한다. 아무리 좋은 제도라 하더라도 평가준비와 평가실시과정에 시간과 비용이 많이 소요되거나, 혹은 평가방법이 복잡하거나 난해하면 제도를 운용하기 어려우므로 실시하기 용이하고 경제적인 것이 좋다. 따라서 평가제도가 복잡하지 않고, 비용부담이 적도록 절차적 복잡성을 줄이며 적용성(applicability)을 높여야 한다. 따라서 실용성의 문제는 이상적인 방안을 찾느냐, 아니면 적정한 상쇄(tradeoff)를 통해 실현가능한 현실적 방안을 강구하느냐의 질문이기도 하다.

제3절 성과평가의 방법과 선택

성과평가의 방법에는 평가도구에 따른 것과 평가책임에 따른 분류 등으로 나누어볼 수 있으며 각 방법은 장단점을 가지고 있다. 따라서 여러 방법 중에서 성과평가 방법의 타당성과 신뢰성을 갖춰야 될 뿐만 아니라 평가방법의 수용성과 구체적 실용성을 염두에 두고 평가방법을 선택해야 한다. 따라서 성과평가 방법을 선택할 때는 조직 실정에 맞고, 평가의 구체적 목표와 조직 내의 여건에 적합해야 한다. 아울러 공무원 인사관리체제의 성격, 성과평가에 대한 조직 구성원의 인지도와 이해도 그리고 운영비용과 평가의 용이성 등이 고려되어야 한다. 또한 평가목적을 고려하여 평가방법을 선택해야 한다. 승진이나 보상, 상벌 결정, 개인능력의 발전을 위한 환류 등에 있어 기준제공을 위해 개인 간 상대적 비교 등, 여러 가지 목적의 차이에 따라 이에 적합한 평가방법을 선택해야 한다. 전통적 방법을 택하면 실용성은 높을 수 있지만, 타당성과 신뢰성이 떨어질 수 있다. 매우 정교한 현대적 평가방법을 선택하면 평가의 타당성을 높일 수는 있어도, 현장에서의 실용성은 떨어질 수 있으므로 현실적인 선택을 할 수밖에 없는 것이다.

1. 평가도구에 따른 분류

평가도구에 따른 분류에는 전통적 측정방법(도표식 평가척도법, 서열법, 강제배분법, 행태 체크리스트법, 강제선택법, 사실기록법 등)과 현대적 측정방법(목표관리제, 중요사건기록법, 행태기준 평가척도법, 행태관찰 척도법, 역량평가센터 평가법 등)으로 나누어볼 수 있다.

1) 성과평가의 전통적 측정방법

첫째, 도표식 평가척도법(graphic rating scale; 일명 평가척도법 혹은 도식척도법)이 있는데, 이는 도표로 된 평가서를 작성하여 근무성적 등을 평가하는 방법으로 정부와 기업 등에서 가장 많이 사용되고 있다. 평가서에는 다수의 평가요소(기획력, 의사전달력, 추진력, 팀워크 등)를 중심으로 각 요소마다 평가등급을 의미하는 척도(1-2-3-4-5)로 구성되어 있다. 평가자는 각 평가요소별 관찰결과를 해당 등급척도에 표시하고 표시된 점수를 합산하여 피평가자에 대한 종합평점을 산출해낼 수 있어, 계량화 및 평가표 작성과 사용이 용이하다. 그러나 평가요소와 등급의 추상성이 높아 평가자의 편견이 개입될 소지가 있다.

둘째, 개별 서열법(ranking method)은 피평가자들을 상대적으로 비교하여 우열순위(서열)를 결정하는 방법이다. 서열법에는 피평가자의 전체근무상황을 포괄적으로 비교하는 종합적 서열법과, 평가요소를 선정하고 각 요소별로 비교하여 통합하는 분석적 서열법 등이 있다. 평가자가 비공식적으로 혹은 개인적으로 종종 사용하는 방법 중의 하나이며, 평가자가 피평가자들의 서열을 마음속으로 정해놓고, 나중에 점수를 꿰어 맞추는 역산제(逆算制)로 비화(飛火)될 수 있는 문제 소지가 있다.

표 12-2   성과평가의 전통적 측정방법

평가 방법	주요 내용
도표식 평가척도법	도표로 된 평가서를 준비하여 근무성적 등을 평가하는 방법으로 정부와 기업 등에서 가장 많이 사용되고 있다. 근무실적과 직무수행능력에 대한 항목과 이를 등급별로 판단하기 쉽도록 척도를 명료하게 도표로 작성하여 평가자가 쉽게 체크할 수 있도록 하는 방법이다.
서열법	직원의 능력과 업적에 대하여 상대적 순위를 매기는 방법이다. 가장 우수한 사람과 가장 못한 사람을 뽑고, 또 남은 사람 가운데 가장 우수한 사람과 그렇지 못한 사람을 차례대로 뽑아 서열을 매기는 교대서열법과 임의로 2명씩 짝을 지어 비교하며 되풀이하며 서열을 결정하는 쌍대비교법(paired comparison: 짝비교법) 등이 있다.
강제배분법	정규분포곡선을 기본으로 평가자가 피평가자의 등급을 어느 한쪽에 치우치지 않고, 골고루 평가하도록 최저나 최고등급을 강제로 할당하는 방법이다. 예컨대 최하(10%)·하(20%)·중(40%)·상(20%)·최상(10%) 등으로 강제할당하여 평가하는 방법이다.

행태 체크리스트법	행태 체크리스트법(일명 대조표법)은 평가에 필요한 '표준행동'을 기술한 문장(업무 처리가 신속하다, 업무처리가 정확하다, 협조적이다 등)을 평가목록에 기재해두고, 평가자가 피평가자의 능력과 근무상태 등에 관하여 표준행동목록을 보고 피평가자의 해당사항을 체크하며 평가하는 방법이다.
강제선택법	체크리스트법은 피평가자에게 해당하는 여러 가지 행동목록에서 해당 사항 다수를 동시에 체크할 수 있지만, 강제선택법에서는 평가대상 항목을 짝(혹은 조)을 짓고, 주어진 짝(혹은 조)의 항목 중 하나만을 강제로 선택하게 하는 방법이다.
사실기록법	사실기록법은 일의 양이나 근태기록 등 객관적 사실에 기초하여 평가하는 것으로 산출기록법, 주기적 검사법, 근태기록법 그리고 가감점수법 등이 있다.
중요사건기록법	평가자가 피평가자의 직무수행과 관련된 평가요소의 중요사건(피평가자의 직무수행과정 중의 특정행위 사례; 성공과 실패 사례; 바람직한 행동과 바람직하지 않은 행동사례 등)을 직접 기록하거나, 아니면 미리 중요 사건 리스트를 준비하여 열거해놓고 그 중에서 해당사항을 표시하게 하는 평가방법(일명, 특정사실기록법)에 해당한다.
서술법	서술법은 피평가자에 대하여 정해진 형식이나 기준에 따라 서술하도록 하는 안내된 서술법과, 제한된 형식없이 평가자 재량에 따라 자유스럽게 기술하는 자유서술법이 있다.
면접법	면접법은 평가자가 피평가자를 직접 대면하여 실적과 업무수행능력 등에 대한 의견을 상호 교환하며 평가하는 것을 말한다.

셋째, 강제배분법(forced distribution method; 일명 강제할당법)은 여러 사람을 평가한 후에 그들 간의 평가점수분포가 한쪽으로 집중화(중심화)되거나 관대화되는 현상 등을 막기 위해 평가점수의 분포비율을 정규분포 곡선(normal curve)에 따라 최저나 최고등급 등의 비율을 어느 정도 강제적으로 할당하는 것이다. 공직사회에서 관대한 평가 등을 예방하기 위해서 최저와 최고 등급에 일정비율을 할당하고 있으며, 우리나라 정부도 이를 부분적으로 적용하고 있다.

넷째, 행태 체크리스트법(behavioral checklist appraisals; 일명 대조표법)은 평가에 필요한 '표준행동'을 기술한 문장(업무처리가 신속하다, 업무처리가 정확하다, 협조적이다 등)을 평가목록에 기재해두고, 평가자가 피평가자의 능력과 근무상태 등에 관하여 표준행동목록을 보고 피평가자에 해당사항을 체크하며 평가하는 방법이며 항목에 따라 가중치를 부여할 수도 있다. 나열된 항목들이 행태중심으로 이루어져 개인의 능력개발을 위한 중요한 정보를 피드백 시켜줄 수 있는 장점이 있으나, 대형조직의 표준행동 목록을 개발하기가 쉽지 않고, 또한 개발한 항목을 업무성격이 다른 다수의 직원들에게 적용하기가 어려운 단점이 있다.

다섯째, 강제선택법(forced-choice appraisals)이 있는데, 이는 체크리스트법과 유사하면서도 체크리스트의 오류를 줄이기 위해 고안된 방법이다. 체크리스트법은 피평가자에 해당하는 여러 가지 행동목록에서 해당 사항 다수를 동시에 체크할 수 있지만, 강제선택법에서는 평가대상 항목을 짝(혹은 조)을 짓고, 주어진 짝(혹은 조)의 항목 중 하나만을 강제로 선택하게 하는 방법이다. 예를 들어 토론평가를 예로 들면, 다음 2개 항목 중(1-자신 있게 토론한다; 2-재미있게 토론한다)에서 하나만을 선택해야 한다. 행동평가를 보다 정확하게 할 수 있는 장점이 있으나, 대형조직의 평가항목을 개발하기가 쉽지 않고, 평가자의 활용과 용이성이 낮은 단점이 있다.

여섯째, 사실기록법은 일의 양이나 근태기록 등 객관적 사실에 기초하여 평가하는 것으로 산출기록법(평가기간의 작업 실적 기록), 주기적 검사법(검사가 실시되는 특정시기의 기록에 중점), 근태기록법(지각, 조퇴, 결근 등 근무기록) 그리고 가감점수법(직무수행상의 긍정적 혹은 부정적 요인을 감안하여 점수 부여) 등이 있다.

일곱째, 중요사건기록법(critical incident appraisals)은 평가자가 피평가자의 직무수행과 관련된 중요사건(피평가자의 직무수행과정 중의 특정행위 사례; 성공과 실패 사례; 바람직한 행동과 바람직하지 않은 행동사례 등)을 관찰하고 직접 기록하거나, 아니면 미리 중요사건 리스트를 준비하여 열거해놓고 그 중에서 해당사항을 표시하는 평가방법(일명, 특정사실기록법)에 해당하며, 이는 직원의 행태중심으로 평가하여, 피평가자의 태도와 직무수행 개선 등 개인발전이나 행태변화를 도모하는 목적에 좋은 방법이나, 평균적인 행동보다는 이례적인 행동(아주 좋거나 아주 나쁜 행동 등)에 초점을 맞출 수 있는 단점이 있다.

여덟째, 서술법(description)은 피평가자의 실적, 능력, 행태 등에 대하여 정해진 형식이나 기준에 따라 서술하도록 하는 안내된 서술법(guided description)과, 제한된 형식 없이 평가자 재량에 따라 자유스럽게 기술하는 자유서술법(free-form essay; open-ended description)이 있는데, 자유서술법은 주관적이라는 단점이 있다. 자유서술법은 자기평가의 방법으로 주로 활용되며, 이러한 자기평가의 방법은 상관의 평가를 보완하는 보충적 방법으로 활용되기도 한다.

마지막으로, 면접법(interview method)을 통해 평가자가 피평가자를 직접 대면하여 실적과 업무수행능력 등에 대한 의견을 교환하며 평가하는 방법이다. 서술법과 면접법은 다른 평가법을 보완하는 차원에서 부분적으로 활용되곤 한다.

2) 행태와 역량중심의 현대적 측정방법

대규모조직에서는 아직도 전통적인 성과평가방법이 널리 활용되고 있지만, 전문기관 혹은 중소규모 조직을 중심으로 목표중심, 행태기반 혹은 역량기반의 측정방법이 활용되고 있다. 첫째, 목표관리제(management by objectives: MBO) 평가법은 목표관리 방법을 성과평가에 활용한 것으로, 목표관리에 입각한 성과평가의 중요 요소로는 목표의 명확한 설정과 참여 그리고 환류이다. 목표관리란 관리자와 부하직원간의 소통과 참여를 통해 조직의 목표를 명확히 설정하고, 목표달성도를 측정하여 평가하고 환류시키면서 새 목표를 설정해가는 연속적인 과정에 해당한다. 목표관리제가 성공하기 위해서는 측정 가능한 구체적 목표를 관리자와 소통하며 설정하여야 하는데, 행정에서는 구체적이고 가시적인 목표설정이 쉽지 않아 이를 정당화하기 위한 문서작성 부담이 늘어나는 단점이 있다. 우리나라에서는 2004년에 직무성과계약제를 도입하기 전에 4급 이상을 대상으로 이 방법을 적용한 바 있는데, 당시 이에 대한 공무원들의 가장 큰 불만은 문서작성 부담이 크게 늘어난다는

표 12-3 행태와 역량중심의 현대적 측정방법

평가 방법	주요 내용
목표관리제	목표관리제(MBO) 평가법은 목표관리 방법을 활용한 것으로, 목표관리에 입각한 성과평가의 중요 요소로는 목표의 명확한 설정과 참여 그리고 환류이다. 목표관리란 관리자와 부하직원간의 소통과 참여를 통해 조직의 목표를 명확히 설정하고, 목표달성도를 측정하여 평가하고 환류시키면서 새 목표를 설정해가는 연속적인 과정에 해당한다.
행태기준 평가척도법	행태기준 평가척도법(BARS)은 피평가자 평가요소의 '구체적 행태'에 집중하여 평가항목과 관련된 일련의 행태(매우 이상적인 행태로부터 매우 바람직하지 않은 행태에 이르기까지의 행태유형)를 일목요연하게 몇 개의 등급으로 나누어 도표 형태로 제시하고, 피평가자의 해당 '행태유형과 등급'을 가장 잘 나타내는 것 하나를 체크하는 행태중심 평가법이다.
행태관찰 척도법	행태기준 평가척도법(BARS)처럼 도표식 평가척도법과 중요사건기록법을 혼용한 방법이지만, 행태기준 평가척도법보다 중요사건기록법을 더 많이 반영한 평가방법으로, 이는 등급별로 구분하기보다는, 특정 행태가 관찰되는 '행태유형에 따라 그 빈도수'를 중심으로 평가하는 것이다.
역량평가센터 평가법	여러 명의 숙달된 평가자가 피평가자를 장시간 동안 밀접하게 관찰하며 평가하는 방법으로 역할연기(평가대상자는 관리자 역할을 맡고, 평가자는 기자 역할하며 인터뷰 등), 집단토론(공동관심사 합의 조정), 서류함기법(현안과제에 대한 분석과 해결방안제시) 등을 통하여 관리자로서의 잠재능력 등을 평가하는 방법이다.

것과 단기적이고 부분적인 목표설정에 치중한다는 점이었다. 논리적으로는 설득력이 있으나, 행정현장에서 실제로 활용하기에는 적잖은 어려움이 있는 방법이다.

둘째, 행태과학에 기초를 둔 방법으로는 행태기준 평가척도법과 행태관찰 척도법 등이 있는데, 우선 행태기준 평가척도법(behaviorally anchored rating scales: BARS)은 피평가자 평가요소의 '구체적 행태'에 집중하여 평가항목과 관련된 일련의 행태(매우 이상적인 행태로부터 매우 바람직하지 않은 행태에 이르기까지의 행태유형)를 일목요연하게 몇 개의 등급으로 나누어 도표형태로 제시하고, 피평가자의 해당 '행태유형과 등급'을 잘 나타내는 것 하나를 체크하는 행태중심 평가법이다. 전통적인 평가방법은 개인특성에 초점을 맞춘 것인데, 예를 들어 창의성과 같은 평가요소는 추상적인 개념이어서 개인의 인상에 근거하여 평가하는 경우가 많은데, 이 경우에 평가오류(관대화, 현혹효과, 고정관념 등)를 범하기 쉽다. 그러나 행태과학에 근거한 행태기준 평가척도법이나 행태관찰 척도법은 추상적인 개인특성보다 '구체적 행태'를 중심으로 평가하기 때문에 보다 발전된 평가방법이라고 할 수 있다. 하지만 평가표를 개발하는데 시간과 비용부담이 크며, 큰 조직에서 직무가 서로 다른 경우에 평가척도를 별도로 각각 만들어야 하는 등의 단점이 있다.

셋째, 행태관찰 척도법(behavioral observation scales: BOS)은 행태기준 평가척도법(BARS)처럼 도표식 평가척도법과 중요사건기록법을 혼용한 방법이지만, 행태기준 평가척도법보다 중요사건기록법을 더 많이 반영한 평가방법이다. 행태기준 평가척도법은 평가요소의 '행태유형에 따라 등급별'로 평가하지만, 행태관찰 척도법은 등급별로 구분하기보다는, 특정 행태가 '관찰되는 행태유형'에 따라 그 빈도수를 중심으로 평가하는 것이어서 평가의 타당도가 높다. 그러나 평가자가 피평가자의 구체적 행태를 관찰하는데 따른 비용부담이 크고, 바람직한 행태와 부정적인 행태를 구분하여 평가표를 개발하는 것도 쉽지 않다. 또한 대형조직의 복잡한 직무의 경우에 직무행태를 상호비교하기가 현실적으로 어렵다.

넷째, 역량평가센터 평가법(competency assessment center appraisals)을 들 수 있다. 역량이란 조직의 목표 달성과 연계하여 뛰어난 직무수행을 보이는 고성과자의 차별화된 행동특성과 태도를 의미한다. 역량평가센터 평가법은 여러 명의 숙달된 평가자(assessor)가 피평가자를 장시간 밀접하게 관찰하며 평가하는 방법으로 1:1 역할연구(현안 문제에 대응하기 위한 기자와의 인터뷰, 업무대책 발표, 부하직원 코칭 등),

1:2 역할연기(정책의 찬반 대립, 부처간 이해관계 등을 조정하며 해결하는 상황), 집단토론(사업 선정, 예산 감축 등 쟁점사항을 합의 혹은 조정하는 상황), 서류함기법(in-basket exercise: 주어진 현안과제를 분석하여 보고서를 작성한 후에 해결방안 등에 대해 질의응답하는 형식) 등을 통하여 관리자로서의 잠재능력 등을 평가하는 방법이다. 이는 근무성적이나 성과에 관한 직접적인 평가라기보다는, 승진후보자를 평가하기 위한 차원에서 널리 활용되고 있다. 역량평가센터 평가법은 복잡한 역량 측정이 가능하고, 피평가자의 평가공정성 인식을 제고할 수 있는 등의 장점이 있지만, 방법이 복잡하고 비용이 많이 드는 단점이 있다. 대기업의 임원선발은 물론 우리나라 정부와 구미 등지에서 고위공무원단 등의 후보자를 선발하기 위하여 이 방법을 활용하고 있다(자세한 내용은 11장 참조; 혹은 국가공무인재개발원 역량진단센터: www.nhi.go.kr/cad/index.do 참조).

2. 평가책임에 따른 분류

1) 감독자 평가와 부하평가법

감독자 평가는 피평가자의 상관인 감독자가 하향적으로 평가하는 것으로 전통적으로 사용되는 수직적 평가방법에 해당한다. 부하평가법은 반대로 부하들이 상관을 상향적으로 평가하는 역평가에 해당하며, 이는 상관에 대한 일종의 리더십 평가라 할 수 있으며, 조직내부의 민주적 분위기를 조성하는데 유용하다.

2) 자기평가법과 동료평가법

자기평가법은 피평가자 스스로 자신을 평가하는 것을 말하며, 이는 자기점검의 기회를 제공하고, 성과평가에 대한 이해와 수용성을 높일 수 있다. 또한 상관이 간과할 수 있는 사항을 상술함으로써 상하 간 소통과 이해증진에 도움이 되며, 상관평가를 보조하는 차원에서 활용되기도 한다. 동료평가법(peer rating)은 피평가자와 대등한 위치에 있는 동료들이 평가함으로써 상관단독평가에서 발생할 수 있는 편견이나 오류 등을 보완할 수 있는 방법이 될 수 있다.

3) 다면평가제

다면평가제는 상관은 물론, 본인, 부하, 동료 및 고객(조직내외의 이해당사자) 등 다양한 사람을 평가자로 활용하여 평가하는 집단적 평가방법에 해당하며, 360도 평가(360-degree feedback)라고 부르기도 한다. 이 제도의 장점은 다양한 사람이 참여하므로 비교적 폭넓은 평가가 가능하여 평가결과에 대한 수용성을 높일 수 있고, 피평가자의 직무수행을 관찰할 수 있는 여러 사람들이 참여하여 평가에 대한 관심도를 높일 수 있다는 것이다. 그러나 다면평가를 잘못 활용하면 일종의 인기투표로 변질될 여지가 있으며, 업무목표의 성취보다 대인관계 유지 등에 급급한 행태 성향을 조장할 수 있는 점 등을 유의할 필요가 있다. 우리나라 정부의 다면평가 활용에 대해서는 이 장의 뒷부분에서 추가적으로 살펴보기로 한다.

제4절 성과평가의 운영과 오류

1. 성과평가의 운영

성과평가의 과정은 먼저 성과평가의 목표에 따라 평가계획(평가자, 평가대상자 확정, 평가요소 선정, 평가방법과 평가시기 결정 등)을 수립하는 것에서부터 시작된다. 그후 성과평가를 실시한 후에, 성과평가 결과의 분석과 조정이 필요하다. 그런 다음 성과평가 결과를 피드백하거나 공개하는 절차를 거친다. 그리고 평가목적 등에 따라 승진후보자의 명부 등을 작성하여 인사관리에 활용한다.

1) 성과평가의 목표

성과평가의 목표가 초기에는 피평가자의 직무수행 등을 통제하려는 소극적인 차원에서 출발하였다. 그러다 성과평가 결과를 상벌과 보상차원을 넘어 승진, 배치전환, 능력개발 등에 필요한 인사관리의 기준으로 확대하여 활용하기 시작했다. 최근에는 보다 적극적인 차원에서 활용하여 피평가자의 동기유발, 직무몰입, 역량 및 리더십 개발, 바람직한 행태개발 유도 등 광범위한 방향으로 확대 발전해가고 있다.

2) 평가자

평가자는 평가의 주체로서 평가결과에 직접적인 영향을 미치는 상위감독자와 차상위 감독자가 평가자가 되는 것이 일반적이다. 그러나 평가의 목적이 보상과 상벌의 목적에만 국한되지 않고, 개인의 능력발전 등과 관련되는 경우에는 상관 외에도 동료, 부하, 고객(시민, 관련부처 공직자 등 이해당사자) 등이 평가자가 될 수 있다. 성과평가에서 주관적 요소의 개입을 최소화하기 위해서는 사전에 평가자를 대상으로 평가안내교육을 실시하여 평가의 오류를 최대한 줄이는 것이 필요하다.

3) 피평가자

성과평가제도가 초기에는 중하위직 직원의 평가도구로 주로 사용되었으나, 지금은 고위공무원단까지 평가대상이 확대되었고, 최근에는 기관장의 성과평가에 이르기까지 전방위적으로 확대해야 한다는 주장도 나오고 있다. 현재 우리나라의 경우에 중간계급을 중심으로 양분하여 운영하고 있는데, 5급 이하 공무원에게 적용되는 근무성적평가와 4급 이상 공무원에 대한 성과계약등 평가가 있다.

4) 평가요소

평가요소는 실적과 관련된 것과 사람과 관련된 것 등으로 나눌 수 있다. 실적 중심의 평가요소는 과업중심의 객관적 평가가 가능한 것이어야 한다. 또한 평가가 실적평가와 상벌결정에만 그치지 않고, 개인의 능력발전도구로 사용되기도 하므로 잠재적 직무수행능력과 행태도 평가요소가 될 수 있다. 현재 우리나라는 평가요소를 근무실적과 직무수행능력 등으로 하되, 소속장관이 필요하다고 인정하는 경우에는 직무수행태도를 평가항목에 추가할 수 있다. 과거에는 태도도 포함되었으나, 주관적 요소의 개입여지 때문에 현재는 포함하지 않는 추세이다.

5) 평가시기

평가시기는 피평가자의 근무실적 등을 종합하여 판단하고 근무성적평가서를 작성하는 시기를 의미하며, 평가횟수에 의해 영향을 받는다. 대개 정기평가는 1년에 1~2회로 하는 게 일반적이다. 평가횟수가 잦을수록 평가상 오류를 줄일 수 있는 장점이 있으나, 과잉평가로 업무수행의 안정성을 해치고 직원사기를 저하시킬 수도 있다.

6) 평가결과의 조정

평가결과를 최종적으로 확정하기 전에 조정절차를 두어 평가상 오류나 문제점 등을 시정하는 것이 필요하다. 평가의 공정성을 확보하기 위해 평가오류를 제거하고 불균형 편차 등을 조정할 필요가 있다. 그러나 조정을 통해 평가상의 오류와 불균형을 시정할 수 있어야 하지만 남용되어서는 안 된다. 따라서 명백한 사실누락, 평가자 간의 현격한 편차, 피평가집단 간 불균형 등이 있을 시에 조정을 허용함으로써 제한적으로 운용되어야 하고, 조정자의 전횡을 막기 위해 조정의 범위와 기준을 명확히 하는 것이 필요하다.

7) 평가결과의 공개

평가결과의 공개여부에는 찬반 논란이 있지만, 찬성론이 많은 편이다. 평가자의 평가결과를 피평가자에게 공개함으로써 피평가자 자신이 평가결과를 숙지하여 자기발전을 꾀할 수 있으며, 성과평가 결과 공개는 인사행정의 투명성 원칙에 부합한다. 평가자와 피평가자간의 상담이나 면접 등의 진지한 의사소통의 기회를 제공하여 인간관계 개선에 도움이 된다. 그러나 평가결과 공개 시에 평가자와 피평가자 간에 잠재적 갈등관계가 야기될 수 있고, 이를 피하기 위해 관대화 혹은 집중화(중심화) 경향이 나타날 수 있다. 우리나라에서는 성과평가 결과를 피평가자에게 공개하고 있으며, 이의가 있는 경우에 이의신청을 할 수 있다.

8) 평가과정에의 참여 제도화

성과평가 과정의 참여는 소극적인 의미의 참여와 적극적인 의미로 나눌 수 있다. 소극적인 의미의 참여는 평가결과에 대한 피평가자의 이의제기를 허용하는 것을 의미한다. 적극적인 의미의 참여는 근무성정평가 계획입안 단계부터 평가자와 피평가자 간의 소통과 대화의 기회를 제공하는 것을 의미한다. 성과평가의 수용성과 정당성 등을 제고하기 위해서는 소극적인 차원을 넘어 성과평가의 평가자와 피평가자 간의 참여적이고 협동적인 과정이 되도록 하는 것이 바람직하다.

2. 성과평가의 오류

성과평가 과정에서 발생할 수 있는 오류(error)를 최소화해야 한다. 성과평가 과정의 오류는 대체로 성과평가 방법과 평가자의 특성이나 평가상황 등에 기인하므로 성과평가 방법의 개선과 평가자에 대한 사전교육을 통하여 오류발생 가능성을 최소화할 필요가 있다. 성과평가 과정에서 발생하는 오류는 다음과 같은 것들이 있다.

1) 후광효과와 경적효과

후광효과(halo effect; 연쇄효과, 현혹효과)는 피평가자의 특성 요소에 대한 평가자의 긍정적 판단이 연쇄적으로 다른 요소의 성과평가에 긍정적인 영향을 주는 현상을 말한다. 예를 들어 피평가자의 모습이나 인상이 상당히 좋아서 그 사람의 리더십이나 창의성 등 성격이 다른 평가요소의 측정에도 긍정적인 영향을 미쳐 좋은 점수를 부여하게 되는 현상을 말한다.

그리고 후광효과와 반대되는 개념으로, 한 요소에 대한 평가자의 부정적인 판단이 다른 평가요소의 평가에 부정적인 영향을 주는 현상을 경적효과(horn effect; 역광효과)라고 한다.

2) 집중화 경향

집중화 경향(central tendency; 중심화 경향)은 평가자가 피평가자들에게 중간이나 평균치(보통) 정도의 점수를 주는 심리적 경향을 말한다. 즉 평가자가 아주 높거나 아주 낮은 점수를 주는 것을 회피하는 경향성을 말하며, 이러한 집중화 경향은 피평가자를 잘 모르거나 집단적 유대 때문에 부하직원들의 평가에 심리적 부담을 느끼는 평가자가, 일종의 정치적 면피수단으로 피평가자들에게 중간정도의 점수를 줄 때 나타나는 현상이다. 집중화 경향의 오류를 피하기 위해서는 강제배분법이나 상대평가 등을 적용할 수 있다.

그림 12-1　엄격화, 집중화, 관대화 경향

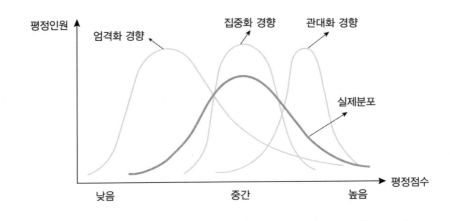

3) 관대화 경향과 엄격화 경향

관대화 경향(tendency of leniency)이란 성과평가 결과의 분포가 우수한 쪽에 집중되는 경향을 말한다. 반대로 성과평가 결과의 점수 분포가 낮은 쪽에 집중되는 경향을 엄격화 경향(tendency of strictness or severity; 가혹화 경향)이라 한다. 이러한 관대화 경향 및 엄격화 경향의 폐단을 막기 위해 집중화 경향에서와 마찬가지로 강제배분법이나 상대평가 등을 활용하기도 한다. 또한 관대화 경향 지수를 활용하여 부처별 관대화 경향을 파악하며 관리할 수도 있을 것이다.

4) 시간적 오류

시간적 오류(recency error)란 초기 실적이나 혹은 최근의 실적 등을 중심으로 평가함으로써 발생하는 오류이다. 성과평가는 대개 연 1~2회 근무성적 등을 평가하도록 되어 있지만, 전체 평가기간의 근무성적 등을 종합하여 평가하지 못하고, 초기 혹은 최근의 근무성적 등에 대한 인상이나 특징을 가지고, 근무성적 등을 평가할 때 나타나는 현상이다. 시간적 오류는 초기의 실적에 크게 영향 받는 '초기 효과'(primacy effect; 최초 효과)와 막바지 최근의 실적에 크게 영향을 '최근 효과'(recency effect; 근접효과)로 나눌 수 있다.

5) 논리적 오류

평가요소간에 논리적인 상관관계(logical relationship)가 있는 경우에 발생할 수 있는 오류로, 어느 한 요소에 높게 평가된 것이 있으면 이 요소와 논리적으로 관련이 있는 다른 평가요소도 실제와 다르게 높게 평가받게 되는 경향을 말한다. 예를 들어 피평가자의 업무량이 많으면 업무숙련도가 높을 것으로 평가하는 경향 등을 말한다. 왜냐하면 업무량과 업무숙련도는 서로 상관관계가 높기 때문이다. 논리적 오류(logical error)는 개인의 특성과 상관없이 평가요소간의 논리적 상관관계에 의해서 발생하는 오류이다. 후광효과와 비슷한 것으로 오해할 수 있으나, 후광효과는 개인의 특성에 따른 오류이므로 논리적 오류와는 다른 것이다.

6) 선입견에 의한 오류

선입견(personal bias or prejudice)에 의한 오류는 성과평가의 요소와 관계가 없는 인구 통계적 배경(나이, 성별, 출신학교, 출신지, 종교, 인종, 교육수준, 가문, 연고 등 배경요소)에 대해 평가자가 갖고 있는 선입견(고정관념이나 편견)이 성과평가에 오류를 가져오게 하는 경향을 의미하며, 상동적 오류(stereotyping error; 유형화 오류)라고 부르기도 한다. 근무 연한이 긴 선임자에 대하여 후한 평가를 하는 경우에 발생하는 '근속 연한 오류'(length of service error)도 일종의 선입견에 의한 오류라고 할 수 있다.

7) 규칙적 오류와 무작위 오류(총체적 오류)

오류발생 형태에 따른 것으로서, 규칙적 오류(systematic or constant error; 체계적 오류; 일관적 오류)란 평가자가 다른 평가자들보다 일정하게 후한 점수 또는 일정하게 나쁜 점수를 일관되게 혹은 체계적으로 부여함으로써 나타나는 경향을 말한다. 이에 반해 무작위 오류(random error)란 평가자의 성과평가 기준이 일정하지 않아서 관대화 및 엄격화 경향 등이 비체계적으로 나타나는 경향(비체계적 불규칙적 오류, 변동 오류 등)을 말하며, 모든 게 뒤죽박죽이면 총체적 오류(total error)라고도 한다. 이러한 문제는 평가자 스스로 자신의 평가습성이나 스타일을 파악하여 개선하는 것이 효과적이다.

8) 대비 오류

평가자가 피평가자를 평가하면서 평가자 자신이나 다른 피평가자들과 대비하여 평가할 때 발생하는 오류를 대비 오류(contrast error; 대조 오류)라 한다. 평가시점 전후로 어떤 사람이 평가를 받느냐에 따라 오류가 발생할 수 있다. 평가자 자신이 잘 아는 전문분야에서는 기준을 높여 엄격하게 평가할 가능성이 있으며, 평가자가 잘 모르는 분야에서는 기준을 낮추어 후하게 평가하는 등의 자기중심적 경향을 말한다. 또한 실적이 낮은 사람 다음에 평가받는 보통사람이 실제보다 고평가될 수 있으며, 실적이 높은 사람 다음에 평가받는 보통사람이 실제보다 저평가될 수 있는 경향도 대비 오류라 할 수 있다.

9) 균형 오류

균형 오류(balance error)는 평가자가 개별적인 피평가자별 역량이나 실적을 따지기보다는 전체적으로 피평가자 상호간 또는 피평가자 집단간 균형을 유지하려고 하는 경향을 말한다. 예를 들어 많은 인원을 평가할 경우에, 전체적으로 관대화나 엄격화의 오류를 피하기 위하여, 처음에는 관대하게 평가하다가 나중에는 균형을 맞추기 위하여 점점 엄격하게 평가하는 경향을 말한다. 또한 집단별로 평가할 경우에, 집단간에 실적차이 등이 엄연히 존재함에도 불구하고, 이를 무시하고 집단간의 평가점수 차이를 최소화하려는 경향 등을 말한다.

10) 복제 오류

평가자가 피평가자를 평가하면서 자신과 비슷한 성향(모습, 스타일, 행태, 성격, 견해, 취미, 성격 등)을 가진 피평가자에게 호의적인 평가를 하게 되는 오류를 복제 오류(clone error; 유사 오류)라 한다.

제5절 우리나라의 성과평가제도

우리나라의 국가공무원법 제51조에 각 기관의 장은 정기 또는 수시로 소속 공

그림 12-2 공무원 성과평가 체계

성과계약등 평가
(고위공무원 및
4급 이상 공무원)

근무성적평가
(5급 이하 공무원)

출처: 공무원 성과평가 등에 관한 규정; 공무원 성과평가 등에 관한 지침.

무원의 근무성적 등을 객관적이고 엄정하게 평정하여 인사관리에 반영하여야 한다고 규정하고 있다. 이에 따라 '공무원 성과평가 등에 관한 규정'과 '공무원 성과평가 등에 관한 지침' 등이 제정되어 있다. 우리나라의 현행 근무성적평정제도는 [그림 12-2]처럼 고위공무원 및 4급 이상 공무원은 '성과계약등 평가'에 의하고, 5급 이하 공무원은 '근무성적평가'를 실시하는 이원화된 제도를 운영하고 있다.

1. 성과평가

1) 성과계약등 평가

성과계약등 평가는 서기관(4급) 이상의 공무원(고위공무원단 포함)과 연구관·지도관을 대상으로 개인실적, 부서실적, 직무수행능력 등을 평가하고, 평가결과를 성과급, 승진 등에 반영하는 인사관리시스템을 말한다. 이 제도의 실시목적은 조직목표와 개인목표를 유기적으로 연계하고 결과중심의 평가지표를 설정함으로써, 개인 또는 부서에 대한 성과평가를 통해 조직의 성과 향상을 도모하며, 연초에 체결된 성과계약 내용을 바탕으로 상·하급자간에 주기적인 성과면담과 피드백, 코칭을 실시하여 개인의 능력발전을 도모하는데 있다.

성과계약(performance agreement)이란 평가대상자와 평가자 간에 이루어지는 성과목표(근무성적평정 대상 기간의 종료시점을 기준으로 공무원 개개인의 업무가 도달되어야 하는 바람직한 상태), 평가지표(성과목표의 달성 여부를 측정하기 위한 기준) 및 평가 결과의 활용 등에 대한 합의를 말한다(공무원 성과평가 등에 관한 규정 제3조).

정부업무평가기본법(제5조와 제6조)은 통합적 성과관리를 위하여 각 중앙행정기관의 장이 '성과관리전략계획'을 수립하도록 의무화하였다(법 제5조 및 제6조). [그림 12-3] 처럼 정부업무평가기본법에 따라 각 부처는 성과관리전략계획에 기초하여 당해연도의 성과목표 달성을 위한 연도별 '성과관리시행계획'을 수립하도록 되어 있고, 해당공무원은 성과관리시행계획상의 '성과목표' 또는 '관리과제' 중 본인의 업무와 관련 있는 항목은 개인의 성과목표로 설정해야 한다. 또한 성과관리시행계획상의 '성과목표' 및 '관리과제' 외에 조직의 목표달성을 위해 추진할 필요가 있는 과제를 개인의 성과목표로 설정하되, 5개 이내 핵심목표를 설정해야 한다. 성과목표는 연계성(조직과 개인목표간, 상위자와 하위자의 목표간 연계성 확보), 결과지향성(업무의 최종적인 효과를 파악할 수 있어야 함), 그리고 구체성(일반적이거나 추상적이어서는 안 되며, 누구나 쉽게 파악할 수 있을 정도로 구체적이어야 함)을 가져야 한다.

성과계약서는 <표 12-4>와 같이 각 부처 평가항목의 특성에 맞게 변경가능하나, 공무원인사기록·통계 및 인사사무 처리 규정(제8조)에 따라 성과관리카드를

그림 12-3 성과관리 시행계획의 구조와 성과목표

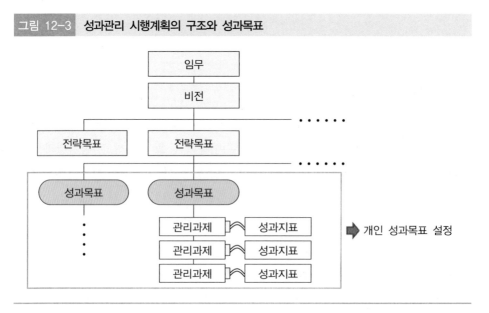

출처: 공무원 성과평가 등에 관한 지침.

표 12-4   성과계약서(예시)

□ 평가대상기간: ○○○○년도

	소속	직위	성명	서명
평가대상자				
평가자				

기관의 임무와 목표를 달성하기 위해 甲과 乙은 상호 합의에 의해 다음과 같이 성과계약을 체결한다.

　　　　　　작성일 :　　　.　　.　　.　　　　　　　(승계시 사유도 추가 기재)

□ 개인 성과목표

연번	성과목표	평가지표		실행계획
		평가지표명 (측정방법 포함)	목표점	

출처: 공무원 성과평가 등에 관한 지침, 별지 제1호서식.

통한 성과정보관리가 가능하도록 주요업무의 성과와 평가자 등이 반드시 나타나도록 설계하여야 한다.

소속 장관은 성과계약등 평가의 평가항목을 개인의 성과목표 달성도, 부서 단위의 운영 평가 결과, 그 밖에 직무수행과 관련된 자질이나 능력 등에 대한 평가 결과 중에서 하나 또는 그 이상으로 정할 수 있다. 즉, 평가항목 구성은 개인실적, 부서실적, 직무수행능력 평가 결과 중에서 하나 또는 그 이상으로 정할 수 있다(공무원 성과평가 등에 관한 지침 참조).

첫째, 개인의 업무 실적에 대한 성과목표 달성도 평가결과(개인실적 평가)는 조직의 전략목표와 평가지표를 바탕으로 개인의 성과목표와 지표를 도출하여 평가자와 평가대상 공무원간에 성과계약을 체결하고, 평가지표 측정결과에 따른 목표달성도를 기준으로 평가한다.

둘째, 부서 또는 조직단위의 각종 부서운영 평가결과(부서실적 평가)는 조직(본부 - 지원부서·사업부서, 소속기관) 및 부서단위(과·팀, 관·국·실 등)의 성과를 측정·관리하기 위한 각종 평가(정책만족도, 민원만족도, 전화친절도, 지식관리, 규제개혁 등 부서단위 각종 평가결과)를 말한다.

셋째, 직무수행과 관련된 자질 또는 능력 등에 대한 평가결과(직무수행능력 평가)는 직무수행과 관련된 자질 또는 능력 평가(직무수행능력평가)로서 개인 및 부서업무 실적에 대한 평가 외에 직무수행과 관련된 자질과 능력에 대한 평가(역량평가, 청렴도평가 등)를 말한다.

성과계약등 평가는 평가 대상 기간 중 평가 대상 공무원의 소관 업무에 대한 성과계약의 성과목표 달성도 등을 고려하여 평가하고, 평가등급의 수는 3개 이상으로 하여야 하며, 평가 시기는 12월 31일을 기준으로 연 1회 실시한다. 성과계약의 성과목표 달성도 등은 평가 대상 기간에 평가 대상 공무원이 달성한 성과목표의 추진 결과 등을 평가항목의 특성에 맞게 설정한 평가기준에 따라 평가하여야 하며, 성과목표의 중요도, 난이도 및 평가 대상 공무원의 자질·태도 등에 관한 사항 등을 고려하여 평가해야 한다.

그리고 고위공무원단에 속하는 공무원에 대한 성과계약등 평가의 평가등급별 인원 분포 비율은 소속 장관이 정한다. 이 경우 최상위 등급(매우 우수)은 평가 대상 공무원 수의 상위 20% 이하의 비율로, 하위 2개 등급(미흡 및 매우 미흡)의 인원은 평가 대상 공무원 수의 하위 10% 이상의 비율로 분포하도록 하여 강제배분(forced distribution)을 하여 집중화와 관대화 경향 등을 예방하고 있다(공무원 성과평가 등에 관한 규정 제10조 제5항).

2) 근무성적평가

근무성적평가는 사무관(5급) 이하 공무원, 우정직 공무원, 연구직·지도직 공무원에 대하여 근무실적과 직무수행능력(소속장관 재량에 따라 직무수행태도 등을 추가 가능)을 평가하여 그 결과를 인사관리에 반영하는 개인에 대한 종합적 평가제도이다. 정기평정은 연 2회 실시하도록 하고 있지만, 소속장관이 필요하다고 판단 시 정기평정을 연 1회 실시할 수 있으며, 수시평정은 정기평정 후 조정사유가 발생할 경우에 실시된다.

소속 장관은 평가 대상 기간의 해당 기관의 임무 등을 기초로 하여 평가 대상 공무원이 평가자 및 확인자와 협의하여 성과목표 등을 선정하도록 하고, 평가자는 평가 대상 공무원의 근무실적(성과목표에 따른 성과산출실적 또는 과제해결 정도)과 직무수행능력(기획력, 의사전달력, 협상력, 추진력, 신속성, 팀워크, 성실성, 고객수혜자지향 등) 등을 고려하여 평가 단위별로 평가 대상 공무원의 근무성적을 평가하되, 평가 대상 공무원의 성과 목표 달성 정도 등을 고려하여 평가하여야 한다. 근무성적평가의 평가항목은 <표 12-5>와 같이 근무실적과 직무수행능력을 기본항목으로 하며, 평가항목의 총점은 100점으로 한다.

또한 상대평가법을 적용하여, 평가등급의 수는 3개 이상으로 하며, 최상위 등급의 인원은 평가 단위별 인원수의 상위 20%의 비율로, 최하위 등급의 인원은 하위 10%의 비율로 분포하도록 강제배분(forced distribution)하면서 집중화와 관대화 경

표 12-5　근무성적 평가항목과 평가요소(예시)

□ 근무실적 평가(50점)

연 번	성과목표 (단위과제)	업무 비중(%)	주요 실적	평가결과(예시) 성과산출실적 (과제해결정도)	소계 점수
1				① ② ③ ④ ⑤	
2					
3					
4					
추가업무					
추가업무					
총 점					

□ 직무수행능력 평가(50점)

연번	평가 요소	요소별 배점	정 의	평가등급	소계 점수
1	기획력	9점	• 창의적 시각으로 문제를 예측하고 실행가능한 계획을 작성; 효과적 설명이 가능하도록 일목요연하게 계획	① ② ③ ④ ⑤	
2	의사 전달력	6점	• 표현이 간결하면서도 논점이 빠지지 않도록 문서 작성; 논리적이고 설득력 있는 말로 설명	① ② ③ ④ ⑤	
3	협상력	6점	• 상대의도를 적절히 파악하여 자신의 입장을 설득; 서로 상반되는 이해관계에 대하여 효과적으로 조정	① ② ③ ④ ⑤	
4	추진력	5점	• 맡은 업무에 책임감을 가지고 목적한 바를 완수; 열정을 가지고 환경적인 불리함을 극복	① ② ③ ④ ⑤	
5	신속성	5점	• 계획된 일정에 따라 지연됨이 없이 일을 처리; 주어진 과제에 대한 집중하여 예상되는 소요시간 보다 빨리 일을 처리	① ② ③ ④ ⑤	
6	팀워크	8점	• 타인을 존중하며 팀원들과 협조적인 분위기 조성; 타인의 적절한 요구와 건설적인 비판을 수용	① ② ③ ④ ⑤	
7	성실성	5점	• 무단조퇴·무단결근 등 조직운영에 장애가 되는 행위를 하지 않고, 맡은 업무 및 조직의 발전에 헌신	① ② ③ ④ ⑤	
8	고객· 수혜자 지향	6점	• 업무와 관련하여 국민이나 내부수혜자(타 공무원)가 원하는 바를 이해하며, 그들의 요구를 충족하도록 배려	① ② ③ ④ ⑤	
총 점					

출처: 공무원 성과평가 등에 관한 지침, 별지 제4호 서식.

향 등을 줄이고 있다. 다만, 소속 장관이 필요하다고 인정하는 경우에는 최상위 또는 최하위 등급의 분포비율을 달리 정할 수 있다(공무원 성과평가 등에 관한 규정 제16조 제3항). 그리고 업무상 비위 등 소속 장관이 정하는 요건에 해당하는 공무원에게 최하위등급을 부여할 수 있다.

3) 성과면담과 근무성적평정 결과 공개

(1) 성과면담과 수행과정 점검

평가자는 근무성적평정이 공정하고 타당하게 실시될 수 있도록 하기 위하여 근무성적평정 대상 공무원과 성과면담을 실시하여야 한다. 또한 평가자는 근무성적평정 대상 공무원의 소관 업무 추진상황 및 환경변화에 대한 대응 여부 등을 확인하기 위하여 평가 대상 기간 중에 근무성적평정 대상 공무원의 성과목표 수행과정 등을 점검하여야 한다.

(2) 성과평가 결과의 공개 및 이의신청

성과평가가 완료되면 피평가자에게 해당 근무성적평정 결과를 알려 주어야 한다. 피평가자는 평가자의 평정 결과에 이의가 있는 경우에는 확인자에게 이의를 신청할 수 있다. 이의신청을 받은 평가 단위 확인자, 확인자 또는 평가자는 신청한 내용이 타당하다고 판단하는 경우에는 해당 공무원에 대한 평가 결과를 조정할 수 있으며, 이의신청을 받아들이지 아니하는 경우에는 그 사유를 해당 공무원에게 설명하여야 한다.

2. 경력평정

1) 경력평정의 의의

경력이란 한 개인의 직업이나 직무경험(job experience)을 뜻하며, 개인의 직업생활과 그 과정을 가리키는 포괄적인 용어이다. 경력은 한 개인의 특정 전문영역이나 직종을 의미하는 동시에 재직한 근무연한을 의미한다. 우리나라 공직사회에서 경력평정이란 승진 임용 등 인사관리의 자료로 활용하기 위해 공무원 개개인의 직무수행과 종사기간 등의 경력을 평가하여 그 기록을 작성하는 일을 경력평정이라 한다.

2) 경력평정제도의 운영

(1) 평정 대상과 평정 시기

공직사회에서 승진소요최저연수에 도달한 5급 이하 공무원(연구직·지도직 공무원 포함, 우정직군의 경우 우정2급 이하)에 대해서 그 경력을 평정하여 승진임용에 반영하여야 하므로 승진임용과정에 경력평정은 중요한 부분을 차지한다.

일반직 공무원의 승진소요 최저연수는 4급은 3년 이상, 5급은 4년 이상, 6급은 3년 6개월 이상, 7·8급은 2년 이상, 9급은 1년 6개월 이상이다(공무원임용령 제31조). 이 같은 계급별 최저연수 이상의 공무원에 대하여 소정의 환산율을 적용, 산정한 환산 경력기간에 정부가 정하는 평정점을 곱하는 방법으로 경력평정을 하게 된다.

정기평정은 6월말과 12월말을 기준으로 실시하며, 정기평정 기준일부터 경력평정 대상 공무원의 승진소요최저연수 이상의 범위에서 소속 장관이 정하는 기간 중 실제로 직무에 종사한 기간을 대상으로 하여 실시한다. 수시평정은 전입 등 승진후보자명부의 조정사유가 발생한 경우 등에 정기평정 기준일 현재를 기준으로 실시한다.

(2) 경력평정의 확인자

경력평정의 확인자는 각급 기관의 인사담당관이 된다. 다만, 소속 장관은 특히 필요한 경우에는 확인자를 달리 지정할 수 있다.

(3) 경력의 구분과 환산율

경력의 종류는 공무원 경력과 기타 경력으로 구분하며, <표 12-6>과 같이 공무원 경력은 갑-을-병-정 경력 등으로 구분하고, 기타 경력은 박사학위 소지 경력, 자격증 소지 경력, 정부투자기관 및 민간기업 등 근무경력으로 구분한다. 경력별 환산율은 갑(10할), 을(8할), 병(6할), 정(3할)이며, 박사학위소지와 자격증소지 경력은 8~10할, 그리고 정부투자기관과 민간기업 등의 민간기업근무경력은 6할로 환산한다. 여기서 갑경력이란 대체로 같은 직렬의 같은 계급 이상의 경력을, 을경력은 같은 직군의 같은 계급 이상의 경력을, 병경력은 직군이 다른 같은 계급 이상의

표 12-6　경력별 환산율(5급 이하 공무원)

구 분	공무원 경력				기타 경력		
	갑경력	을경력	병경력	정경력	박사경력	자격증 소지경력	민간경력
환산율	10할	8할	6할	3할	8~10할	8~10할	6할

출처: 공무원 성과평가 등에 관한 지침(별표1과 2).

경력, 또는 같은 직군의 바로 아래 계급의 경력을, 정경력은 직군이 다른 바로 아래 계급의 경력을 말한다.

(4) 경력평정점 산출방법

경력평정점의 총점은 30점을 만점으로 한다. 직종이 다른 공무원 경력 상호간 또는 공무원 경력과 민간 경력 상호간의 상당계급 및 경력환산율, 경력기간의 계산 등 경력평정점의 산출 방법 등에 관하여는 인사혁신처장이 정하는 바에 따른다. 경력평정 대상 기간은 소속장관이 정한 경력평정 가능기간 중 경력평정 제외기간을 공제한 실제로 직무에 종사한 기간을 말하며, 경력평정 제외기간은 휴직, 직위해제, 정직기간 등 직무에 종사하지 아니한 기간을 말한다.

3. 가점평정

1) 가점평정의 의의

우리나라의 공무원 근무성적평정에서 자격증 소지, 특수지 근무경력 등을 점수로 계산해 '5점의 범위 내'에서 가점하는 것을 말한다. 승진 임용의 기준이 되는 5급 이하 공무원·연구사·지도사 및 기능직 공무원의 승진 후보자명부 작성 때 당해 공무원이 직무와 관련되는 자격증을 취득·소지하고 있거나, 근무환경이 열악한 지역(도서·벽지 등)과 특수한 지역에 근무한 경력에 대해 일정 점수를 가산해주고 있다.

2) 가점평정제도의 운영

소속 장관은 승진후보자 명부를 작성할 때, (1) 직무 관련 자격증(국가가 공인한 직무관련 민간자격증 등)의 소지; (2) 특정 직위(자체감사담당, 고충처리, 행정기관간 인사교류, 전문직위, 격무부서 등) 근무 경력, (3) 특수지역(도서벽지 및 접적지역을 가나다라 등급으로 구분)에서의 근무경력, (4) 근무성적평가 대상 기간 중의 업무혁신 등 공적사항, (5) 그 밖에 직무의 특성(원격근무자 등) 및 공헌도 등을 고려하여 해당 공무원에게 '5점의 범위 내'에서 자율적으로 가점부여 항목과 기준을 정하여 운영할 수 있다(공무원 성과평가 등에 관한 규정 제27조).

표 12-7	가점평정 기준표(예시)		
구 분	가점항목	가점범위	부여기준
우수성과	국민접점분야 우수성과자, 국정 과제·업무혁신 우수자 등	1점내	평정대상기간: 0.25점(당해계급에서 4회 이상 받아야 만점 부여)
전문성	직무관련 자격증	1점내	당해계급: 0.7점, 하위계급: 0.3점(당해계급 우선 고려)
직무특성	특정 직위 근무(자체감사, 고충처리, 전문직위, 교류 등)	1점내	근무기간: 월 0.03점(당해직위 1년 이상 근무시 가점부여)
	특수지 근무	1점내	가·나급: 월 0.04점, 다급: 월 0.03점, 라급: 월 0.02점
기타	소속장관이 별도로 정하는 항목	1점내	협업 활성화 기여자 등에 대하여 가점 부여 가능

출처: 공무원 성과평가 등에 관한 지침.

<표 12-7>과 같이 소속장관은 가점기준을 기관의 실정에 맞게 자율적으로 정하여 운영하되, 특별한 경우를 제외하고는 특정 가점종류에 대해 반영비율이 지나치게 편중되지 않도록 해야 한다. 가점부여 항목이나 기준을 정하거나 변경할 경우에는 미리 소속공무원들에게 내용을 공개하고 의견을 수렴하여야 한다. 가점평정은 경력평정과 마찬가지로 정기 혹은 수시로 실시한다.

4. 다면평가

1) 다면평가제도의 의의

상급자중심의 전통적인 평가와는 달리 다면평가제도(360 degree feedback)는 상사는 물론 하급자, 동료, 민원인 등 대내외 고객 등으로부터의 전방위 평가에 해당된다. 다면평가는 상하좌우의 평가자가 업무 성과 및 그 외 사항(노력, 행동, 태도, 협업, 의사소통 등)의 다양한 평가요소를 활용하여 평가하고 성과평가의 정확성을 증대하고 피평가자의 성장을 유도하는 장점이 있다. 그러나 잘못 설계하면 인기투표가 될 수 있다는 비판도 있다. 그래서 다면평가의 평가자 집단은 다면평가 대상 공무원의 실적·능력 등을 잘 아는 업무 관련자(동일부서 근무자, 타부서 업무연관자 등을 의미)로 구성하되, 소속 공무원의 인적 구성을 고려하여 공정하게 대표되도록 구성하도록 하고 있다.

2) 우리나라 정부에서의 활용 연혁

우리나라에서는 다면평가가 1990년대 초반에 민간분야에 먼저 소개되고, 공공기관에서는 문민대통령이 등장하며 민주화가 현실화되기 시작한 1990년대 중반 이후에 주목을 받기 시작한 제도이다(김판석 외, 2000). 정부에서는 1998년에 공무원 임용령을 개정하면서 제35조의4(승진임용시의 동료·하급자·민원인등의 평가 반영)를 신설한 것이 첫 시작이었다(인사혁신처, 2019). 그후 2005년도에 공무원 성과평가 등에 관한 규정을 개정하면서 활용범위를 능력개발과 인사관리로 확대했으나, 2010년에 행정안전부 성과평가지침을 개정하면서 역량개발과 교육훈련에 활용하고, 승진·전보·성과급 등 참고자료로 활용하도록 제한하며 활용범위를 축소하였다. 그러나 2010년대 중반이후 다면평가를 재도입하는 현상이 나타났으며, 2019년에는 공무원 성과평가 등에 관한 지침(인사혁신처 예규)을 개정하면서 역량개발과 교육훈련뿐만 아니라, 승진·전보·성과급에도 활용할 수 있도록 개정하였다. 중앙행정기관의 약 절반에 해당하는 기관에서 다면평가를 운영하고 있다(인사혁신처, 2019).

3) 다면평가제도의 운영

소속 장관은 소속 공무원에 대한 능력개발 및 인사관리 등을 위하여 해당 공무원의 상급 또는 상위 공무원, 동료, 하급 또는 하위 공무원 및 민원인 등에 의한 다면평가를 실시할 수 있고, 소속 장관은 다면평가의 방법 및 절차 등에 관한 구체적인 사항을 직무의 특성 등을 고려하여 설계·운영하여야 한다(공무원 성과평가 등에 관한 규정 제28조).

인사혁신처는 '공무원 성과평가 등에 관한 지침'을 2019년에 개정하면서 다면평가 결과를 역량개발과 교육훈련뿐만 아니라, 승진, 전보, 성과급 지급 등에도 활용 가능하도록 하였다(인사혁신처, 2019). 소속장관은 부득이한 사유가 있는 경우를 제외하고는 평가대상 공무원 본인에게 다면평가 결과를 공개하도록 노력하여야 한다(인사혁신처, 2021). 인사혁신처는 다면평가의 활용을 위하여 설계에서 활용까지 자세한 사항을 담은 '공무원 다면평가 운영 매뉴얼'을 2019년에 제작하여 배포한 바 있다.

5. 성과평가 결과의 활용: 승진후보자명부에 반영

우리나라의 공무원 성과평가 등에 관한 규정(제22조)에 소속 장관은 성과계약등 평가 및 근무성적평가의 결과를 평가대상 공무원에 대한 승진임용·교육훈련·보직관리·특별승급 및 성과상여금 지급 등 각종 인사관리에 반영하여야 한다고 규정하고 있다. 여기서는 이 중에서 가장 핵심적인 승진후보자명부 작성에 대해서 약술하기로 한다.

1) 승진후보자명부

승진에 앞서서 승진후보자명부를 작성하게 되는데, 이 때 승진후보자들을 얼마나 실적제에 기초하여 작성하느냐가 합리적인 인사행정을 가름할 수 있는 척도가될 것이다. 승진후보자명부는 승진후보자의 서열을 일정한 기준에 따라 기록한 명부를 말한다. 승진후보자명부는 근무성적평정점, 경력평정점, 가점평정점 등의 비율에 따라 각 평정점을 합산해 작성하고 있다.

2) 승진후보자명부 작성에서의 점수 반영 비율

임용권자는 1월 31일과 7월 31일을 기준으로 승진임용에 필요한 요건을 갖춘 5급 이하 공무원, 연구사 및 지도사에 대하여 승진임용예정 직급별로 승진후보자명부를 작성하여야 한다(공무원 성과평가 등에 관한 규정 제29조). 그리고 2022년 말에 개정한 '공무원 성과평가 등에 관한 규정' 제30조에 의하면, 임용권자는 근무성적평가 점수의 반영비율은 90퍼센트, 경력평정점의 반영비율은 10퍼센트로 하여 승진후보자 명부를 작성하되, 근무성적평가 점수의 반영비율은 95퍼센트까지 가산하여 반영할 수 있고, 경력평정점의 반영비율은 5퍼센트까지 감산하여 반영할 수 있다. 다시 말해서, 2022년 말까지는 임용권자는 근무성적평가 점수의 반영비율은 80%, 경력평정점의 반영비율은 20%로 하여 승진후보자명부를 작성하였는데, 2022년 말 규정개정으로 근무성적평가 점수의 반영비율이 더 높아 졌다. 따라서 승진후보자명부 작성에서 가장 중요한 요소는 바로 근무성적평가의 결과라고 할 수 있으며, 이는 승진후보자명부를 작성하는 과정에서 실적제가 작동하고 있다는 분명한 증거(clear evidence of meritocracy)를 보여주는 것이라고 볼 수 있다.

표 12-8	승진후보자명부 작성 요소 및 배점 비율
작성 요소	배점 비율
근무성적	90~95%
경력	5~10%
가점	5점 범위 내

출처: 공무원 성과평가 등에 관한 규정 제30조(2022년 12월말 개정).

열문화가 강했던 과거에는 경력평정 점수의 비율이 근무성적평가 점수보다 더 많이 반영되었던 적이 있었으나, 이제는 그러한 상황이 크게 역전되었음을 확인할 수 있다.

6. 공무원 성과평가제도의 문제점과 발전방향

1) 성과평가제도의 문제점

(1) 평가자의 온정주의

근무성적의 평가자는 평가대상 공무원의 업무수행 과정 및 성과를 관찰할 수 있는 상급 및 상위 감독자 중에서, 확인자는 평가자의 상급 또는 상위 감독자 중에서 각각 소속장관이 지정하는 자를 말한다. 그런데 이들이 얼마나 객관적으로 평가하느냐가 근무성적평정의 성패에 매우 중요하다. 평가자들이 다소 추상적이고 모호한 평정요소에 관한 평정에서 평정오류를 범할 가능성이 높고 평정의 효용성을 살리지 못할 수 있다. 객관적인 평가를 꺼리거나 엄격한 평가를 하는 것을 싫어하는 온정적 행정주의 문화와 관대화 경향이 지배하면 근무성적평정의 내실 있는 운용을 제약한다. 따라서 2008년에 고위공무원단 성과평가에 도입한 관대화 경향 지수 (leniency tendency index: 관대화 경향 지수＝평균^2－분산) 활용을 다른 하위직급까지 확대하여 적용할 필요가 있다.

(2) 평정요소의 문제

평정요소 선정에 있어 선정 이유와 목표가 직무수행실적이나 조직효과성과의 관련성이 규명되지 않은 채 직무분석이 아닌 전문가 판단이나 직관에 의해 결정되면, 평정점수에 주관적 판단과 편견이 개입될 수 있다. 또한 근무성적평정 적용의 범위가 넓어 평정요소 선정이 일반적이고 추상적일 수밖에 없다. 아울러 각 직급과 부서 특성에 맞는 구체적이고 적실성 있는 평정요소 선정 노력이 부족하다. 각 부처가 근무실적 및 직무수행능력에 대한 세부 평가요소를 자율적으로 선정하는 노력이 필요하다. 이런 부분들이 제도적으로는 정립되어 있지만, 각 부처에서 적극적으로 활용되고 있지 않고 있으므로 각 부처 스스로 조직상황에 최적화된 평가요소를 활용할 필요가 있다.

(3) 평가목표의 모호성과 제한성

기본적으로 근무성적평정은 다양한 목적으로 활용될 수 있다. 공무원 성과평가 등에 관한 규정(제22조)에 소속 장관은 성과계약등 평가 및 근무성적평가의 결과를 평가대상 공무원에 대한 승진임용·교육훈련·보직관리·특별승급 및 성과상여금 지급 등 각종 인사관리에 반영하여야 한다며 포괄적으로 규정하고 있다. 그런데 성과평가의 결과의 활용이 활성화되기 위해서는 현재의 포괄적인 규정을 좀 더 현실적으로 보완할 필요가 있다. 왜냐하면 조직차원의 인사관리, 인력개발 및 조직발전에 관한 목적이 있을 수 있고, 그리고 개인차원의 능력발전, 경력발전 등에 관한 목적이 있을 수 있기 때문이다.

(4) 평가의 타당도와 신뢰도 문제

평정모형과 평정과정에 내재될 수 있는 여러 가지 형태의 오류(연쇄효과, 집중화 경향, 관대화 경향 등), 평정상 오류와 착오, 평정자 훈련 및 인식 부족, 형식적으로 치우칠 가능성 있는 확인자의 평정책임, 일반화된 평정요소, 그리고 역산제적 운영 등 연공서열과 정실에 의한 인사운용 관행 등은 평정의 타당도성과 신뢰성 그리고 수용성 등을 크게 저해한다. 특히 '역산제(逆算制)'는 평가자의 자의적인 판단이나 피평정자의 연공서열 등에 따라 평정을 한 다음, 사후에 형식적 혹은 절차적으로 평정요소별로 인위적인 점수를 배정하며 합리화하는 관행을 말하는데, 이러한 관행은 사라져야 한다.

(5) 성과계약등 평가의 문제

관리자(4급 이상 공직자)를 목표관리제에 의해 한동안 평정하다가 목표관리제를 대신하여 2004년에 직무성과계약제를 도입하여 '성과계약등 평가'를 실시하고 있다. 그러나 성과계약등 평가제도가 우리나라의 행정문화와 충돌하는 경우가 있다. 또한 정부부문에서 성과계약등 평가가 추구하는 측정 가능한 목표설정이 용이하지 않은 경우가 많다. 아울러 행정사무분장이 직무중심으로 이루어져야 하나, 오랜 계급제적 전통에 의해 사람중심으로 운영되어 성과계약등 평가제도를 운영하는데 한계가 있다. 고위공무원단의 경우에 각 부처별로 성과평가에 대한 관대화 경향 지수를 측정하고 있으나, 대부분의 부처가 해당기준을 충족하는 것으로 알려져 있다. 이러한 현상은 관대화 경향 지수의 기준이 약하다는 점을 간접적으로 반증하고 있으므로 해당 기준을 조정할 필요가 있다.

2) 성과평가제도의 발전방향

(1) 성과평가에 대한 인식전환

성과평가제도가 인적자원의 효율적 관리와 인사행정의 합리적 도구로 활용되기 위해서는 근본적인 인식전환이 필요하다. 연공서열중시의 인사관행을 능력과 실적중심으로, 통제지향적 평가를 인재개발 지향적인 방향으로 전환할 필요가 있다. 특히 연고주의와 정실주의 등이 개입되지 않고, 실적제에 입각하여 공정하고 투명한 평가가 되도록 지속적으로 제도를 개선하고 운영을 현실화해야 한다.

(2) 성과계약등 평가의 개선방안

성과계약등 평가제도가 성공하려면 각 기관목표와 최종산출물 간에 연계성을 제고해야 한다. 기관 미션과 전략적 목표가 시대흐름을 반영하지 못한 채 애매모호한 경우가 많다. 더욱이 우리나라의 장관 임기가 평균적으로 2년 내외인 것을 감안할 때, 중장기 전략 방향 및 전략목표 설정간에 일관성을 지니기가 어려운 상황이다. 이런 상황에서 실국장들이 발전전략을 세우고 그에 따른 발전목표를 설정하기가 어려운 것이 현실이다.

따라서 첫째, 연말에 다음해 업무계획을 세울 때, 기관목표와 전략목표를 담은 전략계획을 주의 깊게 세워야 하며, 그에 따라 성과목표와 측정 가능한 성과지표를 설정해야 한다. 조직의 고유 임무 등을 간과한 채, 달성 용이한 목표를 중심으로 계약하거나, 달성도 채우기 중심의 형식적 성과 계약을 지양하여야 한다. 장관이나 기관장이 제도취지대로 성과계약적인 절차를 챙기고 점검하지 않으면 관료제의 타성대로 내부행정적으로 그냥 넘어가버릴 수 있다. 따라서 장관이나 기관장은 이러한 문제점을 간파하며 해결할 수 있는 관리역량과 실천의지를 발휘해야 한다.

둘째, 성과계약등 평가제도가 잘 발전해갈 수 있도록 지속적으로 다듬고 개선해가야 한다. 과거에 도입했던 목표관리제의 제도 자체는 좋았지만, 서류작성 부담 등의 문제점 때문에 실효성이 높지 않아 지속되지 못했다. 따라서 중앙인사기관은 성과계약등 평가제도의 발전을 위해 국내외의 우수사례를 계속 벤치마킹하고 지속적으로 연구하여, 부처별 기관별 현장 지원을 확대하고, '공무원 성과평가 등에 관한 규정'과 '공무원 성과평가 등에 관한 지침'을 개정하는 등 제도개선노력을 계속해야 할 것이다.

(3) 성과평가제도의 개선

첫째, 실적제(merit system 혹은 meritocracy)를 공고히 하겠다는 정부의 인사방침이 인사관리와 조직발전의 핵심원리가 되도록 실적제적인 행정제도와 행정관행을 지속적으로 착근시켜나가는 것이 제일 중요하다. 이와 같은 가장 기본적인 원칙이 인사행정전반에 그리고 조직관리 전반에 널리 적용되고 수용되어야 한다.

둘째, 성과평가의 목표를 구체적으로 규정하여 성과평가가 형식주의로 흘러가는 것을 막고, 상벌위주의 소극적이고 통제적인 목적에서 벗어나, 개인의 능력발전과 조직발전 나아가 장기적인 인재육성에 부합하는 적극적 목적을 구현하는 방향으로 발전시켜나가야 한다.

셋째, 평정자에 대해서 정례적으로 교육훈련을 반복적으로 실시하여 평정의 타당성과 신뢰성을 제고해야 한다. 평정자를 대상으로 평정방법을 올바르게 이해시키는 안내교육은 평정자의 선택사항이 아니라 필수화되어야 한다. 나아가 평정결과를 활용하여 피평정자에게 직무수행 동기를 부여할 수 있는 방법 및 성공적 직무수행을 유도하고 조직전체의 목표달성과 연계시킬 수 있는 지원방법이 요구된다.

넷째, 성과평가가 갖는 목적과 부합되게 평가방법이 설계되고 운영되도록 지속적으로 개선해나가는 노력이 필요하다. 평정요소와 평정척도 등을 점검하고 의견을 수렴하여 직무수행실적(산출과 수행결과 등) 측정, 직무수행능력 개발을 위한 역량교육 강화, 그리고 개개인에 대한 동기부여 및 행태변화 유도를 위한 교육훈련 등 지속적인 개선노력이 함께 뒤따라야 할 것이다.

다섯째, 다면평가제와 기타 보완적 방법들도 개선하여 순기능을 살려 보완적인 평정방법으로서의 가치를 담보할 수 있도록 제도개선과 운영개선 등의 노력이 필요하다. 아울러 계서적이고 권위적인 조직문화를 보다 민주적으로 개선하면서 일반행정을 비롯한 인사행정의 혁신을 지속적으로 추진할 필요가 있다.

과제 인사혁신처의 공무원 성과평가제도를 알아보자.

❏ 공무원 성과평가제도의 법적 근거를 확인해보자.
- 국가공무원법 제40조의2(승진방법) 및 제 51조(근무성적의 평정)
- 공무원 성과평가 등에 관한 규정(대통령령)
- 공무원 성과평가 등에 관한 지침(인사혁신처 예규)

❏ 성과계약 등 평가는 어떻게 이루어지고 있는지 알아보자.
- 평가대상: 4급(상당) 이상 공무원과 고위공무원 등
- 평가기준: 성과계약을 체결하여 소관 업무에 대한 성과목표 달성도 등을 평가

❏ 근무성적평가는 어떻게 이루어지고 있는지 알아보자.
- 평가대상: 5급 이하 일반직 공무원(연구직, 지도직 포함)
- 평가기준: 근무실적과 직무수행능력을 평가하되, 직무수행태도 등을 추가 가능

❏ 승진후보자 명부는 어떤 자료를 바탕으로 어떻게 작성되는지 알아보자.
- 국가공무원 제40조: 승진은 근무성적평정과 경력평정 등 능력 실증에 따른다.
- 공무원 성과평가 등에 관한 규정 제30조 제2항: 임용권자는 근무성적평가 점수의 반영비율은 90퍼센트, 경력평정점의 반영비율은 10퍼센트로 하여 승진후보자 명부를 작성하되, 근무성적평가 점수의 반영비율은 95퍼센트까지 가산하여 반영할 수 있고, 경력평정점의 반영비율은 5퍼센트까지 감산하여 반영할 수 있다(근무성적평가 점수가 90% 이상 반영되므로 실적제가 적용되고 있다는 증거; 2022년 12월말 개정).

인 사 행 정 론

제 5 편

보 상

13

보수관리

인 사 행 정 론

제13장 보수관리

제1절 보상과 보수

1. 보상의 의의와 보상체계

민간과 공공 분야를 막론하고 직원들의 최대 관심사 중의 하나는 보상(com-pensation)이다. 개인과 조직은 상호교환관계에 있으며 개인이 조직을 위해 봉사하면 조직은 그에 상응하는 보상을 하는 게 세상 이치이며, 이때 조직이 조직구성원에게 제공하는 유・무형의 여러 가지 급부를 포괄적으로 보상(compensation)이라고한다. 다시 말해서 보상은 조직이 구성원에게 제공하는 여러 형태의 가치(유형의직・간접적인 금전과 물질적 보상은 물론 간접적인 보상인 후생복지 그리고 무형의 다양한비금전적인 가치 등)를 포함하므로 보상은 보수관련 용어 중에서 매우 포괄적인 개념이라고 하겠다. 따라서 보상은 금전적인 보상과 비금전적인 보상 등을 모두 포함하는 개념이다. 금전적 보상에는 직접보상(봉급과 수당, 성과급 혹은 상여금 등의 인센티브)과 간접보상(보험, 연금, 생활지원비, 휴가, 복지시설 이용 지원 등)이 있다. 그리고비금전적 보상은 직무자체(도전과 만족감을 주는 직무, 안정감, 성취감, 승진기회 부여등)와 직무환경(쾌적한 근무환경, 근무조건, 근무시간 등)을 말하며, 최근에 쾌적한 시설(amenities)이 늘어나는 것은 시대 흐름의 반영이다. 따라서 행정기관에서는 직접적인 보상인 보수 등을 관리함은 물론, 그 외의 간접보상과 비금전적인 보상 등을고려하여 관리하여야 한다.

보상은 보수보다 더 광범위한 이슈들을 포함한다고 할 수 있다. 이처럼 많은 이슈들을 한정된 장에서 모두 다루는 것이 제한된 지면으로 인해 적절하지 않다고

표 13-1	보상체계	
보상 구분		**보상 내용**
금전적 보상	직접보상	보수(기본급, 각종 수당), 성과급, 상여금 등
	간접보상	보험(의료, 고용, 재해 등), 연금, 생활 지원(주거비, 교육비, 대부지원 등), 휴가, 복지관련시설 이용지원 등
비금전적 보상	직무자체	도전과 만족감 및 책임감을 주는 직무, 안정감, 성취감, 승진기회 부여 등
	직무환경	쾌적한 시설, 근무환경, 근무조건, 근무시간 등

판단하여, 본 장에서는 직접적인 보상의 핵심이라 할 수 있는 보수를 다룬다. 그리고 14장에서 간접적인 보상인 공무원복지(benefits)와 연금(pension)을 중심으로 살펴보기로 한다.

2. 보수의 정의와 관련 용어

정부기관은 보수나 급여라는 용어를 사용하며, 민간기업 등에서는 임금이라는 용어를 일반적으로 사용하고 있다. 근로기준법(2조)에서 임금이란 사용자가 근로의 대가로 근로자에게 임금, 봉급, 그 밖에 어떠한 명칭으로든지 지급하는 일체의 금품을 말한다고 정의하고 있다. 금전적인 보상 중에서 직접보상에 해당하는 것을 일반적으로 보수(pay)라고 한다. 그러나 보수와 관련하여 여러 용어가 사용되고 있다. 앞서 설명한대로 compensation은 매우 포괄적인 보상 개념이며, pay는 명확한 근로의 대가로 주어지는 금전적 가치를 말하며, salary는 일정 기간단위(주, 월, 년 등)의 근로에 대한 주기적 대가(periodic payment: 주급, 월급, 연봉 등)를 의미하며, 그리고 wage는 근로자의 최저임금(minimum wage) 등과 같이 정해진 시간단위(시간, 일간, 주간 등) 임금 혹은 과업단위별 보상을 의미하지만, 때때로 구분없이 혼용하기도 한다.

3. 보수의 중요성과 특성

기본적으로 보상의 목적은 능력있는 우수 인재들을 유입하여 근무의욕 등을 자극하여 직무성과를 높이는 데 있다. 그런데 이 경우에 조직구성원은 높은 보수를 받기를 희망하지만, 반대로 조직입장에서는 인건비를 줄이기를 희망하므로 서로 입장이 다르다. 조직입장에서는 적은 비용으로 우수한 인력을 많이 확보하여 생산성이 향상되기를 원하면서 경제 상황과 지불 능력 등을 고려하여 인건비와 노무비용 등을 줄이기를 희망하지만, 피고용자는 생계와 삶의 질 유지 등에 문제가 없도록 노동의 적정대가 혹은 고임금을 기대한다.

일반적으로 보수는 근로자의 사기와 동기부여에 많은 영향을 끼치며 다음과 같은 특성을 가진다. 경제적 차원에서 보수는 근로자가 생계를 유지하는 데 필수적인 수입의 원천이며 이는 근로자 개인은 물론 부양가족에 대한 것까지를 포함한다. 사회적 차원에서 보수는 근로자의 사회적 신분을 상징적으로 나타내는 사회적 기준이 되기도 한다. 그리고 심리적으로 보수는 근로자의 생활 안정의 토대가 되며, 적정 혹은 높은 임금은 근로자에게 안정감을 주지만, 저임금은 근로자의 안정감을 저해하는 요인이 된다. 또한 노사관계 차원에서 보면 노사분규의 가장 큰 원인 중의 하나가 보상문제와 관련된 것이므로 보수관리는 인사행정에서 매우 중요한 영역이라 할 수 있다.

그런데 공무원 보수는 민간기업 근로자의 임금과는 달리 다음과 같은 몇 가지 특성을 가지고 있다. 첫째, 공무원 보수의 특성은 경직성이다. 민간기업은 경제상황과 영업이익 등에 따라 비교적 신축적으로 임금을 결정할 수 있지만, 공무원 보수는 국민 세금을 기본 재원으로 하고 있어서 정치적으로, 법적으로, 그리고 재정적으로 많은 제약을 받는다. 특히 보수인상은 국민경제와 물가 등에 커다란 영향을 끼치기 때문에 경직적으로 관리되어 왔다. "줄줄이 사탕효과"는 사탕봉지가 줄줄이 연결되어 있는 줄줄이 사탕 모양을 보수 인상의 파급효과에 빗댄 것으로, 공무원 보수가 오르면 생활물가(대중교통, 대중위생관리 비용 등)가 연이어 상승하게 되는 상황을 의미한다.

둘째, 공무원 보수의 특성으로 비(非)시장성과 노동기본권의 제약을 들 수 있다. 민간기업의 임금은 시장경쟁구도에서 임금체제가 발전하여왔지만, 공무원의 노동 가치는 시장경쟁과 시장가치만으로 결정할 수 없는 것이고, 직무의 종류도 다양하고 복잡해서 특정기준으로 보수를 결정하기가 어려운 구조이다. 시장경제 원칙이나 경쟁 원리를 공공 분야에 여과 없이 적용하는 데는 한계가 있다. 아울러 정부의 업무는 민간 분야처럼 이윤극대화에 있는 것이 아니라, 공익을 우선해야 하는 제약이 있다. 그리고 공무원의 보수는 때때로 국가정책이나 정치적인 고려의 대상이 되어 왔다. 국가공무원법(66조)은 사실상 노무에 종사하는 공무원을 제외하고는 공무원은 노동운동이나 공무 외의 일을 위한 집단행위를 할 수 없도록 규정하고 있다. 그러나 최근에 공무원노동조합의 활동이 점차 활성화되어가고 있으므로 공무원노동조합의 활동은 직간접적으로 보수와 복지혜택에도 적잖은 영향을 끼친다고 할 수 있다.

그런데 공무원 보수를 너무 윤리적으로 접근하거나 지나친 비용개념으로 보는 것은 문제가 있다. 소극적으로 주어진 인력을 관리하는 데에만 치중하면, 인력의 대내외 경쟁력을 향상시키는데 한계가 있기 때문이다. 지금은 기업과 정부 모두 경쟁력 확보와 인재경쟁(war for talent)에서 살아남는 길을 찾아야 한다. 따라서 정부의 세계경쟁력(global competitiveness) 제고와 성과관리(performance management)차원에서 보면 우수한 인력자원을 확보하기 위한 전략적 보수관리가 필요하다고 하겠다. 따라서 보수를 우수한 인적자원 확보와 동기부여, 그리고 투자의 개념으로 보는 시각이 필요한 때이다. 아울러 싱가포르처럼 공무원 부패해소차원에서도 공무원의 보수수준에 대한 인식을 개선할 필요가 있다.

제2절 보수관리

1. 보수관리의 기본원칙

보수관리의 기본원칙은 다음과 같다. 첫째, 공무원의 보수는 부업을 하지 않아도 어느 정도의 생활이 보장될 수 있는 적정한 수준의 보수를 지급해야 한다. 특히 공무원은 일반 기업의 근로자와는 달리 비교적 높은 수준의 윤리수준을 요구받고 있고, 공무 외에 영리를 목적으로 하는 업무에 종사하지 못하며 소속 기관장의 허가 없이 다른 직무를 겸할 수 없다. 즉, 경제활동에서 민간근로자와 달리 일정부분 윤리적 제약을 받는 것이 사실이다. 따라서 두 개 이상의 일자리를 갖지 않고, 한 가지 공직에 전념해도 생계유지가 가능한 수준의 보수를 지급해야 한다. 근로의 질과 양 등에 상응하는 합리적인 보수제도의 도입과 활용을 통해 생산성과 성과향상에 기여할 수 있어야 한다. 일부 국가에서는 공무원 보수 수준이 너무 낮아 낮에는 정부에서 일하지만, 비공식적으로 밤에는 다른 일을 하거나 야간부업(moonlighting)을 음성적으로 하는 경우를 보게 되는데 이러한 현상은 행정발전에 매우 해롭다.

둘째, 대외적 형평성(external equity)을 유지해야 한다. 기업의 경우에 한 기업의 보수수준이 동종기업의 수준과 비교하여 적정한 수준이어야 한다. 정부의 경우에 민간분야의 임금과 비교하여 평균적으로 비슷하여야 한다. 공무원의 보수가 평균적으로 민간분야보다 낮으면 우수한 인재들의 공직유입을 어렵게 할 뿐만 아니라, 재직자의 근무의욕과 사기를 저하시킨다. 따라서 우수한 인재 유입과 재직자의 근무의욕 제고 등을 위해서 대외적 형평성을 유지해야 한다. 이에 따라 공무원보수규정 (3조)에서 인사혁신처장은 보수를 합리적으로 책정하기 위하여 민간의 임금, 표준 생계비 및 물가의 변동 등에 대한 조사를 하도록 하고 있다.

셋째, 보수는 대내적 형평성(internal equity)을 가져야 한다. 이는 조직내부의 공평한 보수구조를 의미하며, 조직 내의 서로 다른 여러 직무 사이에 나타나는 보수 차이가 공정한가를 말하는 것이다. 즉 조직 및 개인차원에서 '동일 직무에 대한 동일 보수의 원칙'을 적용하여 동일 직무에 대해서는 동일 보수를 지급해야 하지만, 상대적으로 어렵고 책임이 막중한 일과 그러하지 않은 일을 동일시해서는 안 되므로 직급과 직무 내용 등에 따라 공정한 보수격차가 필요하다는 의미이다. 이는 조직전체차원은 물론 구성원 개인적인 차원에서도 고려되어야 할 원칙이다.

넷째, 보수는 노사간 상생의 원칙을 지켜야 한다. 정부는 공무원의 이해와 협력이 필요하고 공무원과 노동조합은 정부의 지불능력과 경제여건 등을 감안하여 서로 소통하면서 상생하는 길을 모색해야 한다. 이는 민간분야도 마찬가지이다.

2. 보수관리의 기본체계

보수관리는 인사행정의 중요한 부분으로 기본적으로 보수제도와 보수지급 등을 효율적으로 관리하는 것이 필요하다. 그런데 공무원의 보수관리는 행정발전 나아가 국가경영적인 차원에서도 중요하므로, 보다 전략적으로 대응할 필요가 있다. 보수를 인건비 차원에서만 볼 것이 아니라, 바람직한 보수제도를 통해 유능한 인재를 유입하고, 재직하고 있는 인적자원을 지속적으로 개발하여 그들의 국제경쟁력과 성

그림 13-1 　보수관리의 구성요소와 체계

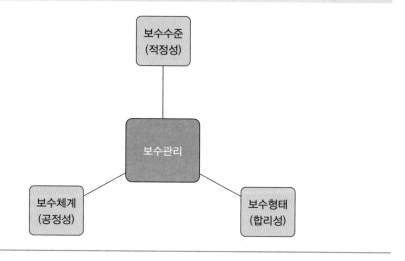

과를 제고하기 위해서는 동기부여를 통한 보다 전략적인 보수관리가 필요하다. 따라서 보수관리의 여러 구성요소를 바람직한 방향으로 발전시켜나가는 것이 중요한 과제이다. 보수관리에서 중요한 원칙은 보수의 공정성, 적정성 그리고 합리성이며, 이를 실현하기 위한 구성내용은 보수체계(공정성), 보수수준(적정성) 그리고 보수형태(합리성)이다. 이를 그림으로 표시하면 [그림 13-1]과 같다.

첫째, 보수수준의 여러 결정요인들(지불능력, 사회적 균형, 생계비 등)을 고려하여 평균보수액을 적정하게 관리하는 것이 필요하다. 둘째, 기본급과 각종 수당 등과 관련된 보수체계(연공급, 직무급, 직능급, 성과급 등)를 공정하게 설정하여 노동대가와 생활보장차원에서 공무원들이 만족하며 동기 부여가 되도록 해야 한다. 셋째, 보수형태(고정급제 혹은 변동급제 등의 지급방법)를 합리적으로 설계하여 일정한 정액중심으로 하건 변동적 능률중심으로 하건 합리성이 보장되도록 해야 한다. 이러한 구성요소는 상호보완적인 것이므로 공무원들이 보수에 만족하며 신바람나게 일할 수 있도록 관리해야 한다.

1. 보수수준의 의미와 보수수준 결정요인

　　보수수준은 일반적으로 해당 조직의 근로자 1인당 지불된 평균보수액을 말하며, 해당 조직단위의 보수총액을 근로자수로 나누면 1인당 평균수준이 계산되는데, 이와 같은 1인당 평균보수액을 평균보수수준이라고 한다. 평균보수수준을 비교하는 것은 계산이 비교적 간편하기 때문이다. 일반적으로 보수수준을 결정하는 데에 영향을 주는 요인들로는 인건비 지불 능력(ability to pay), 사회적 균형(민간부문의 임금수준), 사회경제적 고려요인(노사관계, 경제사정, 물가, 보수수준에 대한 여론 등), 생계비(cost of living), 그리고 인사정책(인력규모, 인건비, 정부정책 등)에 의해 영향을 받는다고 요약해 볼 수 있다. 즉 보수수준의 허용 범위는 정부의 인건비 지불능력(상한선)과 표준생계비(하한선) 사이라고 할 수 있다. 이를 간단히 나타내면 [그림 13-2]와 같다.

　　첫째, 공무원 보수는 정부의 인건비 지불 능력 범위 내에서 상한선이 결정된다. 그런데 여기서 지불능력이란 기업이나 정부가 최대한 지불할 수 있는 액수를 의미

그림 13-2　공무원 보수수준의 결정요인

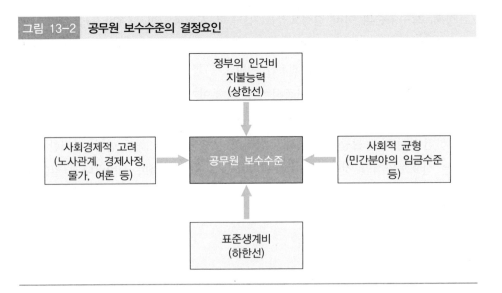

한다기보다, 국가경영상 얼마를 지불하는 것이 정상이며 그 수준이 허용가능한가의 문제로 보는 것이 타당하다. 재정여건이 든든하지 않으면 공무원들이 보수인상을 요구해도 정부의 지불능력이 되지 않아 높은 보수를 지급할 수 없다.

둘째, 공무원의 보수는 민간분야의 임금수준 등 사회적 균형을 고려해야 한다. 정부는 공무원보수규정(3조: 보수자료 조사)에 따라 인사혁신처장은 보수를 합리적으로 책정하기 위하여 민간의 임금, 표준생계비 및 물가의 변동 등에 대한 조사를 한다. 그리고 국가공무원법(46조)에 민간부문의 임금수준과 적절한 균형을 유지하도록 하고 있다. 공무원 보수의 민간임금접근율은 지난 2004년에 95.9%까지 접근하였으나, 그 후 비율이 조금씩 떨어져서 2021년에는 87.6%(Fisher방식에 의해 산출되므로 Fisher지수라고 부르기도 함)를 기록하여 다소 간극이 생겼다(인사혁신처 통계정보 참조; e-나라지표, 공무원보수추이). 따라서 앞으로 공무원 보수의 민간임금과의 접근율을 높일 필요가 있다.

셋째, 공무원의 보수는 공무원노동조합의 단체교섭 등에 영향을 받는다. 공무원의 노동조합 설립 및 운영 등에 관한 법률(8조)에 의해 정부교섭대표와 공무원노동조합 대표간에 단체교섭을 통해 단체협약을 할 수 있다. 과거에는 이런 부분의 제도가 미비하였으나, 지난 2005년에 공무원의 노동조합 설립 및 운영 등에 관한 법률이 제정되어 공무원노동조합이 비교적 활발하게 활동하고 있다. 또한 공무원의 보수는 경제사정, 물가, 공무원 보수에 대한 국민여론 그리고 사회경제적 요인 등에 영향을 받는다. 예를 들어, 외환위기(1997년 IMF구제금융사태) 직후인 1998년과 1999년에는 공무원의 보수가 일부 삭감되었다. 그리고 2009년과 2010년에는 세계적 경제불황 등으로 공무원의 보수가 인상되지 못하고 동결된 바 있다. 또한 2020년 초부터 코로나바이러스 확산으로 공직사회가 국민들과 고통을 분담하는 취지로 연가보상비를 반납하면서 '공무원 전체의 기준소득월액 평균액'(재해보상 금액 산정 등을 위해 대부분의 수당을 포함한 세전 소득)이 2020년 539만원에서 2021년 535만원으로 2011년 첫 발표 이후 처음으로 감소했다.

넷째, 공무원 보수의 하한선은 표준생계비 수준에 영향을 받는다. 생계비는 생활에 필요한 비용으로, 생활수준의 중요한 지표로서 보수산정의 기초자료로 사용된다. 국가공무원법(46조)에 공무원의 보수는 일반의 표준생계비(standard cost of living), 물가수준, 그 밖의 사정을 고려하여 정하도록 하고 있다. 표준생계비는 일정한 생활조건, 즉 거주지역, 연령, 가족구성 등에 대응하는 표준적인 소비유형을 가정하여 표준적 생활을 영위하는 데 필요한 물질 또는 서비스의 가격을 산술적으로 가산한 표준생활비를 의미한다. 표준생계비(표준생활비)는 최저생계비(minimum cost of living: 국민이 생활을 유지하기 위해 필요한 최소한도의 비용을 말하며, 최저생계비는 기초생활보장 수급자 선정 등의 기준으로 활용됨)보다는 높지만, 그렇다고 여유로운 문화생활을 즐길 정도의 생계비수준은 아니다. 표준세대의 가계조사에 의한 실태생계비와 이론생계비가 있다. 노동조합 등에서 임금교섭을 위해 주로 사용하는 것이 표준생계비이다.

그리고 공무원의 보수는 정부의 자원배분 우선순위와 인사정책 그리고 국정지도자들의 정책의지 등에 의해 영향을 받는다. 예를 들어 김대중 정부가 신설한 중앙인사위원회가 출범할 당시에 공무원 보수를 민간분야의 평균임금수준과 근접시키겠다는 인사정책을 견지하면서 공무원 보수를 연차적으로 인상한 바 있다. 현실적으로 공무원의 보수는 공무원의 총인원 규모 그리고 그에 따른 정부의 인건비 규모, 전년도 보수수준과 인상률 그리고 민간부문의 임금인상률 등을 고려하여 조정해오고 있다.

2. 보수수준 결정전략과 절차

보수수준을 결정하는 데는 여러 가지 전략이 있을 수 있다. 비교대상과 높은 보수수준(선도전략; leading strategy)으로 할 것인지, 동일하거나 비슷한 수준(동행전략; matching or companion strategy)으로 할 것인지, 아니면 낮은 수준(추종전략; following strategy)으로 할 것인지 다양한 보수수준전략을 고려해볼 수 있을 것이다. 어떠한 보수수준전략을 구사하느냐에 따라 인재유인, 기존 직원의 유지와 사기관리, 그리고 생산성과 성과 등에 미치는 영향이 달라 질 수 있을 것이다.

공무원 보수에서 우리나라 정부의 경우에는 오랫동안 추종전략을 구사해오다, 최근에 와서야 동행전략차원에서 민간부문임금과 접근율을 높이고자 노력하고 있다. 그런데 외국의 경우 싱가포르는 선도전략을 구사해왔다. 일례로 연봉자체만을 비교해볼 때, 싱가포르 수상의 연봉은 정부수반(head of government) 중에서 세계에서 가장 높은 것으로 알려져 있다. 낮은 공무원 보수는 공무원들의 근무의욕과 사기를 저하시키고 공무원이라는 직업에 대한 자긍심을 잃게 만들며, 궁극적으로는 유능한 인재를 유지·확보하는 데 장애가 된다. 따라서 보수의 그레샴 법칙(Gresham's law)에 따른 부정적 효과를 방지하여야 한다. 보수의 그레샴 법칙이란 악화가 양화를 몰아낸다(Bad money drives out good money)는 말을 보수수준에 적용한 것으로 잘못된 보수를 악화, 그리고 유능한 인재를 양화에 비유하면, 낮은 보수나 보수의 불공정성으로 인하여 유능한 인재가 이직하거나 떠나는 경우를 의미한다.

행정현장의 공무원 보수결정의 절차를 좀 더 부연하면, 인사혁신처장이 보수 인상 등 처우개선안을 만든 후에 공무원보수위원회(공무원보수위원회는 노조 대표, 정부 대표, 전문가 등으로 구성)의 심의와 조정을 거치게 된다. 이때 기획재정부장관 등과 관련 부처 협의를 거치게 된다. 인사혁신처의 처우개선안이 정리되면 차관회의를 거쳐 국무회의에서 심의·의결하게 되는데, 이 과정에서 당정협의는 물론 총리실과 청와대 등 관련 기관과도 정치·행정적차원에서 의견 조율을 하게 된다. 정부안이 확정되면 국회에 제출되고, 국회의 심의·의결을 거쳐 인건비 예산이 확정되면, '공무원 보수규정' 혹은 '공무원 수당 등에 관한 규정' 등을 개정하여 시행한다.

제4절 보수체계의 관리

보수체계는 보수의 구조(보수액의 구성내용과 결정기준 등)를 의미하는 것으로 한 개인이 받는 보수를 포괄적으로 해석하여 전체의 구성내용이 어떻게 되어 있는가를 이해하는데 사용되는 개념으로서 개별 보수수준의 격차를 형성하는 중요한 결정기준이다. 넓은 의미의 보수체계는 기준내보수(근로조건 및 근로시간내의 노동대가), 기준외보수(근로조건 및 근로시간을 초과하여 제공하는 노동의 대가), 상여금(일정한 성과나 공로 등의 대가) 등을 포함하지만, 좁은 의미의 보수체계는 기준내보수를 주로 의미한다. 여기에서는 좁은 의미의 보수체계(기본급과 수당 등)를 중심으로 살펴보고자 한다.

1. 보수체계의 결정기준과 원칙

기본급은 보수의 가장 기본이 되는 급여로서 봉급(base pay)으로 불리는 고정급이다. 기본급은 직무의 가치, 사람의 가치, 직무성과, 직무수행능력 등과 같은 보수결정기준에 따라 여러 형태로 분류할 수 있다. 보수체계의 결정기준으로는 필요기준, 연공기준, 직무기준, 능력기준, 그리고 실적기준 등을 들 수 있다.

첫째, 필요기준은 보수 수령자의 필요생활비를 반영하는 것으로 가족수당, 자녀학자금보조 등 늘어나는 생활비를 고려한 보수체계를 말한다. 둘째, 연공기준은 보수 수령자의 연령과 근속년수 등에 따라 평가하는 것을 말한다. 셋째, 직무기준은 담당하는 직무의 내용이나 가치(난이도, 책임감 등)에 따라 결정되는 것으로 직무의 내용에 따른 적격자를 배치하고 그에 상응하는 급여를 지급하는 것을 말한다. 넷째, 능력기준은 보유하고 있는 자격이나 직무수행능력에 따라 보수를 결정하는 것을 의미한다. 다섯째, 실적기준은 능력을 적극적으로 발휘하여 나타나는 성과로서의 실적 혹은 근무성적이나 조직에 대한 기여도 등을 바탕으로 보수를 결정하는 것을 말한다. 이를 정리하면 <표 13-2>와 같다.

표 13-2   보수체계의 유형별 결정기준과 원칙

보수 유형	보수결정기준 (고려 요소)		결정원칙 (기본 사고)
생활급 체계	필요기준	생계비(가족생활비), 물가	생활보장의 원칙
연공급 체계	연공기준	근무기간(근속)	
직무급 체계	직무기준	직무의 내용·가치(곤란성, 책임감)	노동대가의 원칙
직능급 체계	능력기준	직무수행능력(경력, 자격증, 전문역량)	
성과급 체계	실적기준	성과평가로 나타난 실적(성과)	

보수체계를 결정하는 원칙 내지 기본사고는 다음과 같다. 첫째, 필요한 생계비를 보장하는 것을 전제로 한 생활(생계)보장의 원칙을 들 수 있는데, 생활보장의 원칙을 존중할 경우 필요한 생계비와 연공 등을 기준으로 보수 결정이 이루어질 것이며 이를 중시하면 생활급 혹은 연공급이 될 것이며, 이는 다소 동양적 정서를 반영하는 것이라 할 수 있다. 둘째, 노동의 성격과 결과 등에 따른 정당한 대가를 중시

하는 노동대가의 원칙을 중시할 경우에는 직무기준, 능력기준, 그리고 성과기준 등에 따라 보수 결정이 이루어질 것이며, 이는 다소 서양적 정서를 반영하는 것이라 할 수 있다. 노동대가의 원칙을 따르면 노동의 성격과 가치(곤란성과 책임도별 업무)에 따른 직무급, 노동력(업무 습득도, 지식과 기술 습득도 및 직무수행능력)에 따른 직능급, 그리고 노동의 성과평가 혹은 실적(근무성적)에 따른 성과급 등으로 분류할 수 있을 것이다.

2. 기본급체계의 유형

보수체계의 핵심인 기본급은 다음과 같은 여러 유형이 있으며, 기본급이 하나의 특정유형에 의해서만 결정되기보다는, 다양한 보수결정기준(고려 요소)에 따라 여러 속성의 기본급을 형성할 수 있다. 기본급을 결정할 때, 아래와 같은 유형을 고려하여 보수체계를 형성하게 된다.

1) 생활급

생활급은 생계비(cost of living)를 기준으로 하는 보수로서 공무원과 부양가족의 생계유지를 위한 보수형태를 의미한다. 생계유지를 위한 생활비의 규모를 어느 수준에 맞출 것인지에 따라서 여러 수준의 생활급을 상정해볼 수 있다. 생활비 지출은 결혼생활과 가족부양 등으로 인한 생계비 증가, 부양가족의 생활비와 자녀학비 수요, 근무지역 주거비용, 물가 등과 연결되어 있어서 생활급은 이러한 요소를 고려한 보수라고 할 수 있다.

우리나라의 경우에 호봉 승급제도가 생활급과 연공급의 내용을 일부 반영하고 있다고 볼 수 있다. 왜냐하면 근무 연한에 따라 호봉승급을 하면서 봉급이 인상되기 때문에 거기에 공무원의 생계비 증가에 대한 조정(cost of living adjustments: COLA)이 일부 내포되어 있다고 할 수 있다. 생활급은 공무원으로서 기본적인 생활을 할 수 있도록 지원해주는 것이며, 이를 통해 직무전념을 촉진시켜주고 부패 가능성을 줄여준다. 그러나 생활급은 직무의 성격이나 가치, 직무수행능력 그리고 실적 등과 관계없이 속인적인 차원에서 결정되므로 조직의 목표와 성과 달성에 대한 직접적인 상관관계는 적다고 할 수 있다.

2) 연공급

연공급은 속인적 요소에 해당하는 학력(education)과 근속연한(seniority)과 같은 다소 전통적인 가치기준과 직원가치에 의한 보수형태로 속인급(person-based pay) 혹은 근속급이라고도 한다. 근무기간에 따라 보수수준을 결정하는 체계이므로 재직기간에 따라 기준급이 높아지며, 부분적으로 생활급적 성격을 내포하고 있다. 연공급은 매년 혹은 일정기간마다의 정기승급에 의해 운영된다고 볼 수 있다. 우리나라의 경우에 호봉승급제는 연공급의 의미를 반영하고 있다고 볼 수 있다. 왜냐하면 근무연한을 호봉승급기준으로 하여 봉급이 인상되므로 근무 연한이 길어지면서 그 근속 연장(seniority increase)에 대한 보상의 의미가 내포되어 있다. 최근에 호봉제에 대한 비판이 증가하고 있다.

연공급의 보수곡선(pay curve) 유형에는 여러 가지가 있다. 직선형(정액승급형), 오목곡선형(체증승급형, 근속 연수가 많으면 인상폭이 점차 빠르게 커짐), 볼록곡선형(체감승급형, 언덕형; 근속 연수가 많을수록 인상액이 점차 감소하는 것으로 육체적 능력이 요구되는 현장위주의 직무 등에서 활용; 일정시점 이후에 임금피크 유지), 혼합포물선형(S자형 승급, 오목곡선형과 볼록곡선형의 혼합) 등 네 가지 유형이 있다.

대기업이나 서구의 정부에서는 고위직으로 갈수록 보수상승폭이 크기 때문에 글자그대로 J자형(오목곡선강화모형: 상위등급으로 갈수록 더 증가됨)이라 할 수 있다. 일반적으로 대형조직에서 보수액을 등급에 따라 그래프 용지에 선을 그으면, 상위직에 이를수록 급경사선이 되고 하위직 일수록 완만하므로 이를 J자 곡선(J curve)으로 부른다. 이는 고위직이 해당조직의 성과에 주는 영향력이 하위직보다 크기 때문에 그 영향력을 우대하고자 하는 논리에 기인하고 있다. 그러나 우리나라 정부의 경우에는 고위직과 하위직의 보수차이가 있기는 하지만, 그 상승폭이 서구처럼 그렇게 크지 않다.

3) 직무급

직무급(job-based pay)은 직무(job)가 지니는 객관적 직무가치(책임도, 중요도, 난이도 등)를 평가하여 보수를 결정하는 방식으로 직위분류제에 기초하고 있는 서구에서 많이 채택하고 있는 제도로서, 직무의 곤란도, 책임감, 중요성 등의 직무 가치를 상대적으로 분석·평가하여 그 결과(직무값)에 따라 보수를 결정하는 직무별 임금이므로, 이를 위해서는 직무분석, 직무평가, 직위분류제 활용이 필요하다. 직무급은 근속기간, 학력, 연령 등에 상관없이 '동일 직무에 대한 동일 보수(equal pay for equal work)'원칙에 따라 보수를 지급할 수 있다는 것이 가장 큰 장점이다. 그러나 직무에 의한 채용 및 배치가 이루어지지 않는 경우에 불만을 야기할 수 있고 배치전환에도 제약이 따른다.

우리나라는 고위공무원단 등에 속하는 연봉제 공무원에 대하여 '직무급'을 지급하고 있고, '직무수당'을 기본급에 포함하는 조치를 취하여 이를 부분적으로 수용하고 있지만, 아직은 부족한 상태이다. 근속 연수에 따라 임금이 상승하는 호봉제는 과거에 노동자의 장기근속을 유도하는 역할을 했지만, 저성장 고령화 시대를 맞아 호봉제는 인건비 부담을 가중시킨다는 지적을 받으면서 직무급을 도입하자는 목소리가 늘어나고 있다. 직무급제도가 정착되기 위해서는 직무의 난이도와 책임감 등을 기준으로 직무의 전문화가 이루어져야 하고 직무중심의 채용과 평가제도 등이 확립되어야 한다.

4) 직능급

직능급은 직능등급(지식, 능력, 역량 등의 숙련도나 직능자격)을 기준으로 한 것으로 직원이 직무를 수행하는 데 요구되는 능력을 기준으로 한 것이므로 직능분류 및 직능자격제도의 활용 등이 필요하다. 직무수행능력을 평가하고 이에 따라 보수가 결정되므로 능력급이라고도 한다. 이때의 능력이란 의미는 직무수행능력(현재 능력과 잠재 능력 포함)에 초점을 둔 것으로 직무수행능력(직능 자격) 혹은 역량(최근에는 역량의 중요성이 크게 부각)의 등급 등을 기초로 여러 형태의 직능급이 있을 수 있다.

직능급의 형태는 기본급 전액을 직능급으로 하느냐(순수형 직능급), 그것의 일부를 직능급으로 하느냐(병존형 직능급) 또는 직급마다 임금률을 정하여 직능등급별로 하느냐에 따라 여러 종류로 대별될 수 있다. 연공급은 사람에 대한 보수이고, 직무급은 일에 대한 보수라면, 직능급은 사람과 일을 혼합한 것이다. 다시 말해서 직능급은 연공급의 단점을 개선하기 위한 대안적 형태로서 연공급의 속인적 요소(사람에 대한 임금)와 직무급의 속직적 요소(일에 대한 임금)를 결합한 혼합 형태로서 '직무를 전제로 한 사람의 숙련도에 대한 보수 형태'라고 할 수 있다.

5) 성과급

성과급은 개인이 달성한 성과라는 결과가치를 기초로 하므로 성과평가(성과계약 등 평가와 근무실적평가)의 결과를 기준으로 기본급을 결정하는 보수체계로서 실적급 혹은 업적급이라고도 한다. 성과급은 개인차원에서 연간단위로 성과평가 결과를 기초로 하여 기본급에 반영하는 보수체계로서 성과급을 기본급에 적용하려면 성과평가(성과계약등 평가와 근무성적평가 등)가 제대로 작동되어야 그 신뢰성을 확보할 수 있다. 그리고 성과의 범위를 어떻게 할 것인가에 따라 개인성과급제, 부서(집단)성과급제 및 조직(조직단위)성과급제가 있다.

성과급은 동기부여이론에서 보면 상당히 논리적인 보수형태이다. 다른 사람보다 더 열심히 업무에 몰입하여 높은 실적을 거두게 되면 성과급을 받을 수 있다는 것은 상당히 자극적인 동기요인이 된다. 국가간의 경쟁이 날로 치열해지는 상황에서 실적제를 채택하는 많은 국가에서 성과급을 활용하는 사례를 흔하게 볼 수 있다. 그런데 민간기업과는 달리 행정분야에서는 개인별 성과를 정확하게 평가하기가 어려운 방법론적인 한계가 있어 때때로 불신을 사기도 하며 노동조합으로부터 비판을 받기도 한다.

6) 유형별 장단점 비교

기본급은 여러 가지 기준을 복합적으로 배합한 형태라고 할 수 있다. 국가공무원법 제46조에서 공무원의 보수는 '직무의 곤란성과 책임의 정도'에 맞도록 계급별·직위별 또는 직무등급별로 정하고, 일반의 표준 생계비, 물가 수준, 그 밖의 사정을 고려하여 정하되, 민간 부문의 임금 수준과 적절한 균형을 유지하도록 노력하여야 한다고 되어 있다. 기본적으로 직무의 곤란성과 책임의 정도를 기본으로 하고, 표준 생계비, 물가 등 여러 사정을 고려하도록 하고 있으므로 다양한 기준이 복합적으로 적용되는 종합 결정급 제도를 활용하고 있다. 즉 어느 하나의 기준에만 의존하는 것이 아니라, 생활비·연령·근무연한·능력·직무·실적 등의 여러 가지 요소를 종합적으로 고려하여 결정하는 보수체계이다. 그런 맥락에서 기본급 보수체계의 생활급, 연공급, 직무급, 직능급, 성과급의 장단점을 개괄적으로 비교하여 정리하면 <표 13-3>과 같다.

표 13-3 기본급체계의 유형별 장단점

구 분	장 점	단 점
생활급	생계유지를 통한 생활안정	우수 인재 유치에 불리
	생활안정으로 직무전념 가능	성과향상과 목표달성에 기여 미흡
	조직에 대한 귀속감 부여	무사안일문화 초래
	가족부양비, 자녀교육비 부담 반영	보수의 공정성 논란 야기
연공급	연공존중으로 조직질서 확립 용이	초임자와 젊은층에게 상대적으로 불리
	고용안정과 노동력의 정착	우수한 전문인력 유치에 불리
	연공서열적인 전통적 문화와 융화	동일직무에 대한 동일보수 적용 곤란
	순환보직형 인사관리 융통성	능력과 보수의 불일치 현상 초래
	조직에 대한 충성심 강화	근무년수에 따른 인건비 부담 증가
직무급	동일직무에 대한 동일보수 적용용이	직무분석, 직무평가, 직위분류제 적용필요
	직무중시로 보수에 대한 불만 해소	배치전환적 유연한 인사관리 적용 곤란
	인건비 효율과 보수의 공정성 달성	적용절차와 운영방법이 상대적으로 복잡
	전문가 확보용이, 적재적소 실현	직무 변경시 신분보장 적용 곤란
	직무중심 능력주의 조직문화 형성	연공서열중심의 조직풍토에서 반발 초래
직능급	직능자격과 능력본위 보수관리 가능	자칫 형식적인 자격기준설정 초래 가능성
	능력과 역량개발 동기부여	자격시험 준비로 직무수행 지장 초래
	교육훈련 수요 파악 용이	직능에 대한 공정한 평가방법의 한계
	능력과 역량신장에 따른 보수 증액	직무능력과 역량평가에 대한 부담 증가
	성장발전과 자아실현 욕구를 촉진	직능분류제도, 직능자격제도 구축 필요
성과급	성과가 높은 우수인재 유치에 유리	조직내부에서 직원간 경쟁 분위기 초래
	실적과 능률 향상에 동기부여	계량평가 확대로 계량적 산출에 집착 초래
	성과에 따른 보수의 공정성 실현	공정하고 객관적 실적평가방법의 어려움
	조직의 성과 향상 및 목표달성 기여	성과급의 누적으로 인건비 부담 증가

우리나라 일반직의 경우를 예로 들면 생활급의 구성 요소는 가계보전수당(가족수당, 자녀학비보조수당, 육아휴직수당, 군인의 주택수당 등)과 실비변상 중의 정액급식비와 명절휴가비 등을 들 수 있으며, 생활급은 보수를 결정할 때 융통성이 많은 장점이 있으나, 기준이 불명확하여 자의적 결정이라는 비판을 받아 왔다. 그리고 연공급에 해당하는 구성 요소로 기본급, 기말수당, 정근수당, 장기근속수당, 대우공무원수당 등을 포함한다. 또한 직무급의 구성 요소로는 관리업무수당과 직급보조비 등을 들 수 있수 있다. 그리고 성과급은 성과연봉과 성과상여금 등을 들 수 있다.

3. 기본급과 부가급

우리나라 정부의 공무원 보수는 기본급(base pay)과 부가급(수당 등)으로 구성되어 있다. 기본급은 봉급으로도 불리며, 부가급은 각종 수당(allowance)과 실비변상 등을 포함한다. 최근에 일부 공무원의 기본급을 개선하였다. 경찰·소방 공무원의 기본급을 공안업무에 종사하는 공무원 수준으로 단계적으로 인상하였다(경정·소방령 이하는 2023년에 인상하고, 총경·소방정 이상은 2024년에 인상). 또한 실무직 공무원의 처우를 개선하기 위해 최저임금수준의 9급 초임(1호봉) 기본급을 최저임금 인상률 수준으로 추가 인상하였다. 그리고 동일했던 계급별 보수인상률을 5급 이상과 6급 이하로 분리하여, 6급 이하는 5급 이상 인상률에 추가인상률을 반영하여 적용하기로 하였다.

[그림 13-3]과 같이 수당에는 상여수당(정근수당, 대우공무원수당 등), 가계보전수당(가족수당, 자녀학비보조수당 등), 특수지근무수당(도서, 벽지, 접적지 등), 특수근무수당(위험근무수당, 특수업무수당 등) 그리고 초과근무수당 등이 있다. 그리고 실비변상 등은 정액급식비, 직급보조비, 명절휴가비, 그리고 연가보상비 등을 포함한다.

그림 13-3 **우리나라 정부의 공무원 보수체계**

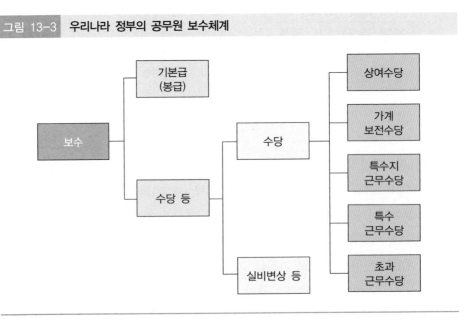

출처: 인사혁신처 홈페이지(보수체계).

우리나라에서는 기본급보다 수당이 오랫동안 증가되어 왔다. 최근에는 가축병과 코로나바이러스 사태 등으로 방역·보건·수의부문의 인력들이 감염병 등에 노출되는 위험이 뒤따르면서 이 분야의 공무원들에 대한 위험수당 지급요건을 추가하였다. 그 외에도 부정어업 단속과 어로지도 등으로 위험을 감수하고 있는 해양경찰청소속 공무원, 소방자동차의 운전원과 소방작업에 종사하는 공무원 등에게 위험수당을 지급하고 있다.

전체적으로 수당(allowance)의 종류가 많고 보수총액에서 수당이 차지하는 비중이 높은 관계로 점진적으로 수당을 기본급에 통합해가고 있는 상황이다. 공무원연금에서도 공무원 보수를 기본으로 하고 있기 때문에 기본급과 수당 등의 보수체계가 연금의 수급구조에 직접적인 영향을 미치기 때문에 수당을 기본급에 통합하는 것이 필요하다. 그럼에도 불구하고 공무원 보수의 기본급과 수당 등을 합한 총액에서 수당이 차지하는 비율이 여전히 상당한 편(직급과 경력에 따라 약간의 차이가 있지만 대략 3할 정도)이다. 사실 공무원보수의 수당액수나 비율 등에 대한 정확한 정보를 공개적으로 찾아보기 어렵다. 공무원의 기본급(봉급)은 '공무원 보수규정' 별표에서 공개되고 있지만, 수당에 대한 자세한 정보는 공개되지 않고 있으므로 보수의 투명성 확보차원에서 앞으로 각종 수당정보와 구체적인 직군·직급·호봉별 '실수령액' 등을 공개할 필요가 있다.

4. 호봉획정과 승급

공무원의 봉급월액은 여러 직종별로 봉급표(일반직, 교정직, 연구직, 지도직, 경찰, 교원, 군인, 우정직군, 헌법연구관 등)가 분리되어 있다. 공무원 봉급표는 한축에 보수등급(계급)과 다른 한축에 호봉으로 나누어져 있다. 호봉(pay step)은 계급에 따른 보수의 폭을 여러 단계로 나눈 것을 말한다. 공무원을 신규 채용하는 경우에는 공무원 초임 호봉표에 의하여 당해인의 초임 호봉을 획정하게 되고, 경력직을 채용할 때에는 경력 등을 바탕으로 호봉 획정을 하게 된다. 호봉 획정 및 승급은 공무원보수규정(제7조, 제8조) 등 법령의 규정에 의한 임용권자 또는 임용 제청권자가 이를 시행한다. 사병군필자의 경우에 병역법에 따른 군 의무복무기간만 있는 경우 군 의무복무기간을 임용되는 계급의 근무연수로 보아 그 연수에 1을 더하여(즉, 복무연수

+1) 초임호봉을 획정한다(공무원 보수 등의 업무지침).

그리고 승급(pay increase within grade)이란 동일한 직급 내에서 호봉이 상승하는 것으로 이에 따라 봉급도 상승한다. 공무원보수규정 제4조의 정의에 의하면 승급이란 일정한 재직 기간의 경과 기타 법령의 규정에 의하여 현재의 호봉보다 높은 호봉을 부여하는 것을 말한다. 승급은 근속 연수에 따라 또는 직무 수행성과에 따라 보수를 증액시켜 주는 것이며, 등급이나 직책의 변동을 전제로 하는 것이 아니다.

우리나라는 근무 연한을 승급기준로 하고 있으며, 인사상의 특전형식으로 부분적으로 특별승급도 활용되고 있다. 현재 활용하고 있는 승급에는 정기적인 보통 승급과 부정기적인 특별 승급 두 가지 종류가 있다. 공무원 일반을 대상으로 정기적으로 행하는 승급을 정기 승급이라 하며, 일반적으로 공무원의 호봉 간의 승급에 필요한 승급 기간은 1년이다. 그리고 제안(suggestion)제도 등을 통한 제안의 채택·시행에 따른 '인사상의 특전'으로 특별승급의 기회를 가질 수도 있다.

제5절 보수형태의 관리

보수형태는 보수의 계산 및 지불방법에 관한 것으로 보수를 공무원에게 지급하는 방식을 말한다. 보수형태에는 고정급(시간급), 변동급(성과급, 고정급과 변동급을 절충한 추가할증급), 이익분배제와 같은 특수보수제 등이 있다. 고정급과 변동급을 개괄적으로 설명하면 다음과 같다.

1. 고정급

고정급제는 일의 양과 질에는 상관없이 근로시간단위를 기준으로 해서 정해진 보수를 산정하여 지불하는 방식이며, 시간급 혹은 정액급으로 부르기도 한다. 따라서 고정급에는 일급, 주급, 월급, 연봉제 등이 있으며, 우리나라에서는 월급제가 일반적인 보수 형태이고, 부분적으로 고위직을 중심으로 연봉제를 활용하고 있다.

우리나라가 활용하고 있는 호봉제에는 계급별 호봉제, 2계급 호봉제(2단계 단일

호봉제)를 적용하는 연구직과 지도직 그리고 교원과 법관 및 검사를 대상으로 하는 단일호봉제 등이 있다. 일반적인 계급별 호봉제는 계급이 있는 직종의 공무원에 해당되며, 이는 호봉승급액이 계급별, 호봉별로 상이하다. 단일호봉제는 계급 개념이 없는 교원(유치원, 초등학교, 중학교, 고등학교)과 일반 법관 및 검사 등에게 적용된다. 그리고 2계급 호봉제는 두 계급만 있는 연구직(2계급: 연구관, 연구사)과 지도직(2계급: 지도관, 지도사)에 해당된다.

한편 미국 등에서는 연봉제가 일반적인데, 기간별 보수 지급은 월 단위보다는 2주단위 보수지급(biweekly paycheck)을 하는 경우가 일반적이다. 우리 정부의 연봉제에는 세 가지 종류(고정급적 연봉제, 직무성과급적 연봉제, 성과급적 연봉제)가 있는데, 고정급적 연봉제의 적용대상은 정무직 공무원이며, 정해진 연봉 이외에 보수관련 법령 등에 의하여 가족수당, 자녀학비보조수당, 직급보조비, 정액급식비 등을 별도로 지급한다.

2. 변동급

변동급은 일반적으로 노동의 생산성과 성과에 따라 보수를 지불하고 노동능률을 향상시키려는 보수형태이다. 근무실적이나 업무성과 등을 평가하여 그 결과에 따라 차등화하여 지급하는 성과급형태를 말하며, 성과급은 개인성과급, 부서(그룹)성과급, 조직(기관단위)성과급 등으로 구분할 수 있다. 이처럼 변동급은 글자 그대로 변동 가능한 것(variable pay)으로서 개인과 집단(팀 혹은 부서) 및 기관단위 등이 수행한 작업성과나 능률 등에 대한 평가를 실시하여 보수를 차등하여 지급하는 형태로서 업무성과를 높이려는 데 그 주된 목적이 있으므로, 이를 업적급이나 능률급이라 부르기도 한다. 우리나라의 경우에 공무원의 성과보수제도로는 성과연봉과 성과상여금을 들 수 있다.

1) 우리나라 성과급제도의 발전 연혁

우리나라 공무원 성과급제도 역사는 김영삼 정부 때인 1995년 '특별상여수당'이라는 명칭으로 처음 도입되어 행정부 소속 4급 이하 공무원을 대상으로 1998년까지 운영하였다. 특별상여수당제도는 근무실적이 우수한 10%의 공무원을 실적에 따라 3개 등급으로 구분하여 월봉급액의 50~100%를 지급한 제도로서 공무원의 업무성과에 대한 평가를 바탕으로 보상을 제공했다는 점에서 의미가 있다. 그러나 지급대상 공무원의 범위가 10%에 불과하고 지급규모도 크지 않고 초기시행과정에서 나눠먹기 관행도 나타나 불신과 불만이 많았다. 그런데 IMF위기를 맞아 공공부문 개혁이 확산되면서 이 제도는 변경되었다. 공직사회의 세계경쟁력을 높이고 성과를 제고하기 위해서 공직사회의 인사제도와 급여체계를 연공중심에서 성과와 능력중심으로 개편하게 되었다.

김대중 정부 초기인 1999년부터 성과급제도는 국장급 이상의 연봉제에 성과급을 연계한 '성과연봉제'와 과장급 이하에 적용한 '성과상여금제도'로 변경되었다. 그후 변화를 거쳐 성과연봉제는 현재 1~5급 관리직 및 고위공무원에게 적용되는 성과급제도이며, 성과상여금제도는 일반직 6급(상당) 이하 등의 공무원에게 적용되는 성과급제도를 의미한다. 제도도입 초기에는 혼란과 불신이 있었지만, 20년 이상의 성과급지급 경험을 거친 지금으로서는 중앙행정기관에서 이 제도가 자리를 잡아가는 것으로 보인다. 그러나 일부 지방이나 일부 직종에서는 간간이 문제나 논란이 발생하고 있는 것으로 보도되고 있어서, 이 제도가 공직에 완전히 뿌리를 내렸다고 보기는 어려운 상태이다.

2) 우리나라 성과연봉

연봉이란 매년 1월 1일부터 12월 31일까지 1년간 지급되는 기본연봉과 성과연봉을 합산한 금액을 말하며, 기본연봉은 개인의 경력, 누적성과와 계급 또는 직무의 곤란성 및 책임의 정도를 반영하여 지급되는 기본급여의 연간 금액이고, 성과연봉은 전년도 업무실적의 평가 결과를 반영하여 지급되는 급여의 연간 금액을 말한다. 앞서 언급한 바와 같이 연봉제에는 세 가지 종류(고정급적 연봉제, 직무성과급적 연봉제, 성과급적 연봉제)가 있는데, 정무직 공무원은 고정급적 연봉제의 적용대상이다. 따라서 성과연봉제는 직무성과급적 연봉제와 성과급적 연봉제이다. 첫째, 직무성과급적 연봉제는 고위공무원단에 속하는 공무원(대통령경호처 직원 중 별정직공무원은 제외)에 적용되며, 성과연봉은 전년도 업무실적에 대한 평가결과에 따라 평가등급별로 차등하여 지급한다. 둘째, 성과급적 연봉제는 성과급적 연봉제는 일반직·별정직·특정직 1~5급(상당)공무원과 임기제공무원에게 적용되며, 성과연봉은 전년도 업무성과의 평가결과에 따라 평가등급별로 차등하여 지급한다.

먼저 고위공무원에 대해서는 전년도의 업무실적 평가 결과에 따라 성과연봉을 지급하되, 이 경우 전년도의 업무실적 평가는 '공무원 성과평가 등에 관한 규정'에 따른 성과계약등 평가의 결과에 따른다. 고위공무원의 성과연봉은 '고위공무원단 인사규정'(제20조의2)에 따라 성과계약등 평가의 결과에 따르며, 개인의 성과목표달성도 등 객관적 지표에 따라 매우 우수·우수·보통·미흡 및 매우 미흡 중 하나의 등급으로 한다.

표 13-4   공무원 연봉제 종류와 적용대상

구 분	적용 대상 공무원	비 고
고정급적 연봉제	정무직 공무원	직위별로 고정액 지급
직무성과급적 연봉제	고위공무원단 소속 공무원	경력, 직무값, 성과 등에 따라 연봉 설정
성과급적 연봉제	고위공무원단에 속하지 않는 1~5급 (상당) 공무원, 외무 5등급 이상, 경찰 (치안정감~경정), 소방(소방정감~소방령) 공무원, 임기제공무원, 국립대학 교원(국립대학의 장은 제외)	경력 등에 따라 최초 연봉을 설정하고, 성과에 따라 연봉 조정

출처: 공무원보수규정 별표31.

고위공무원단 소속의 고위공무원에게는 공무원 보수규정(제70조)에 따라 성과계약등 평가의 결과 고위공무원단 인사규정 제20조 제2항에 따른 매우 우수 등급에 해당하는 인원에 대해서는 성과연봉 기준액의 18%, 우수 등급에 해당하는 인원에 대해서는 성과연봉 기준액의 12%, 보통 등급에 해당하는 인원에 대해서는 성과연봉 기준액의 8%에 해당하는 금액을 지급하고, 미흡 및 매우 미흡 등급에 해당하는 인원에 대해서는 성과연봉 또는 성과상여금을 지급하지 아니한다(공무원 보수규정 별표41). 그리고 최우수등급은 20% 이하로 그리고 최하위등급은 10% 이상을 하도록 하고 있으며, 그 사이는 부처 자율로 하고 있다.

또한 3급~5급 공무원은 공무원 보수규정(제39조)에 따라 성과연봉은 대상인원의 20%에 대해서는 성과연봉 기준액의 8%, 대상인원의 30%에 대해서는 성과연봉 기준액의 6%, 대상인원의 40%에 대해서는 성과연봉 기준액의 4%에 해당하는 금액

표 13-5	성과연봉의 평가등급간 지급률과 인원비율			
구 분	고위공무원단			
등급	S등급	A등급	B등급	C등급
지급률 (지급기준액기준)	18%	12%	8%	0%
인원비율	20% 이하	자율		10% 이상
구분	3급~5급			
등급	S등급	A등급	B등급	C등급
지급률 (지급기준액기준)	8%	6%	4%	0%
인원비율	20%	30%	40%	10%

* 지급액은 지급기준액 × 등급별 지급률(지급기준액은 기준 '연봉액'이며, 직급별 지급 기준액은 매해 재조정).
출처: 고위공무원단 인사규정 제20조의2; 공무원 보수규정 제70조; 공무원 보수규정 제39조2항.

을 지급하고, 그 밖의 인원에 대해서는 지급하지 아니한다(공무원 보수규정 별표34의2).

3) 우리나라 성과상여금

공무원 중에서 근무성적, 업무실적 등이 우수한 사람에게는 예산의 범위에서 성과상여금을 지급한다(공무원수당 등에 관한 규정 제7조의2). 성과상여금 지급대상은 일반직 6급 이하 공무원(별정직 6급상당 이하, 외무공무원 4등급 이하, 경감 이하, 소방경 이하 등)이며, 성과상여금의 평가 및 지급 횟수는 연 1회 이상으로 한다.

성과상여금의 지급방법은 소속장관이 기관특성 등을 고려하여 개인별로 차등, 부서별로 차등, 개인별 차등 지급방법과 부서별 차등 지급방법을 병용, 부서별로 차등하여 지급한 후 부서내에서 다시 개인별로 차등하여 지급하는 방법등을 자율적으로 선택할 수 있도록 하고 있다. 개인별 차등지급시 지급기준은 <표 13-6>과 같다.

일반직 6급(상당) 이하 공무원에게 적용되는 성과상여금제도는 현재 근무실적이 우수한 공무원에 대하여 지급하고 있으며, 최고등급인 S등급(평가결과 상위 20% 이내에 해당되는 사람)의 경우에 지급기준호봉 봉급액의 172.5%를, A등급(평가결과 상위 20% 초과 60% 이내에 해당하는 사람)의 경우에는 125%를, B등급(평가결과 상위 60% 초과 90% 이내에 해당하는 사람)인 경우에는 85%의 성과상여금을 지급하고 있으

표 13-6 성과상여금의 평가등급에 따른 지급률과 인원비율

지급등급	S등급	A등급	B등급	C등급
지급률(%) (지급기준액기준)	172.5%	125%	85%	0%
인원비율(%)	상위 20%	40% (20% 초과 ~ 60% 이내)	30% (60% 초과 ~ 90% 이내)	하위 10%

* 지급액은 지급기준액 × 등급별 지급률(지급기준액은 기준호봉 '봉급액'이며, 직급별 지급 기준액은 매해 재조정); 등급수 3개 이상, 인원비율 및 지급률 부처 조정 가능.
출처: 공무원 수당 등에 관한 규정 제7조의2 및 별표2의4.

며, C등급(그 밖의 10%)을 받게 되면 아무런 혜택이 없다(공무원수당 등에 관한 규정 별표2의4).

그리고 소속장관은 지급인원을 10%p 범위에서 각각 조정할 수 있으며, 직무 및 업무의 특성상 특히 필요한 경우에는 인사혁신처장이 정하는 기준에 따라 지급등급 및 지급액을 다르게 정할 수 있다(공무원수당 등에 관한 규정 별표2의4). 성과상여금의 지급등급과 등급별 지급률은 <표 13-6>과 같으나, 지급등급별 인원비율은 15%p 범위에서 지급률은 20%p 범위에서 부처 자율적으로 조정가능하며, 이 때 지급등급 간 지급률 간격은 20%p 이상이어야 한다. 단, C등급의 인원비율은 0이 되어서는 아니 되고 C등급의 지급률은 조정할 수 없다. 그리고 업무실적 등이 우수한 상위 2% 이내의 공무원에게 최상위등급 지급액의 50%를 가산하여 특별성과가산금을 지급할 수 있다(공무원 수당 등에 관한 규정 제7조의2).

제6절 공무원 보수의 문제점과 개선방향

우리나라 공무원 보수체계의 특징은 다음과 같다. 첫째, 과거에 다양한 수당을 신설함으로써 기본급보다는 수당 조정에 치중하게 되어 기본급 중심의 보수체계라기보다 수당 중심의 보수체계가 되었다. 기본급 인상보다는 각종 수당을 신설 혹은 조절함으로써 기본급 본래의 의미와 기능이 훼손되고, 기본급이 왜곡되고 부가급인 수당이 비대화되었다. 이에 따라 보수를 평가할 때 기본급이 가지고 있는 보수의

대표성이 약화되었다. 근년에 들어와서 수당을 기본급에 통합해가는 노력을 하고 있으나 수당의 비중이 여전히 무시 못 할 수준이다. 둘째, 직무의 전문성 등을 고려하지 않은 보수체계로 말미암아 우수 인재를 유치하는 데 어려움이 있다. 셋째, 공무원 보수가 직종별로 약간의 차이는 있으나 직급과 호봉 등에 따라 큰 차이없이 지급되고 있어서 성과와 능률을 향상하는 데 효과가 적다. 넷째, 중앙인사기관이 여러 차례 조직개편으로 바뀌다 보니 조직불안정 현상이 초래되어 보수정책 등과 관련하여 개혁적인 인사정책을 구현하는데 부정적인 영향을 끼쳤다.

전반적으로 공무원의 보수제도 개선에 대한 요구가 높다. 공무원 보수제도에 대한 문제점이 많은데, 그 이유로는 첫째, 경제 발전과 통신기술의 진전 및 폭넓은 국제 교류는 국민의 경제적 욕구를 자극하여 보수인상 기대심리를 높였다. 둘째, 공직에 대한 선호현상이 조금 둔화되면서 보상 규모가 직업 선택의 중요한 요인이 되어 가고 있다. 셋째, 공직도 하나의 직업이라는 인식이 확산되면서 직무가치에 대한 정당한 보상을 요구하는 것은 당연하다는 인식이 늘어나고 있다. 넷째, 대기업 임원은 비교적 높은 보수를 받지만, 유사한 학력과 경력을 가진 고위공직자의 보수는 상대적으로 낮아서 경제적 박탈감을 가진다. 다섯째, 공무원은 영리사업을 할 수 없고 부동산 투기 등에 연루되어서는 안 된다는 공직윤리적 제한이 있어서 재테크 등에 한계가 있으므로 보수가 제일 중요한 소득원천이다. 여섯째, 연금재정 등의 악화로 퇴직 후의 생활보장에 불안감을 가지면서 재직 중에 어떻게 하든지 재산을 축적하여야 한다는 초조감이 늘어나, 보수에 관심을 가질 수밖에 없는 상황이다.

사실 그간 공무원 보수 인상에는 제약이 많았다. 공무원 수의 증가와 이에 따른 재정적 부담, 국방비와 사회복지비용의 증가, 공무원 보수 인상이 경제와 물가 등에 미치는 영향, 사회 전반에 만연한 평등의식과 전통적인 청빈문화 기대감, 공무원 보수인상에 대한 문화적 저항 등으로 인해 공무원 보수인상이 제약을 받아왔다. 또한 보수관리 차원에서도 문제가 많았다. 국가공무원법(45조)에 명시되어 있는 보수결정원칙에 따라 직무급적인 기준(직무의 곤란성 및 책임의 정도에 부응) 등을 중시하여야 하나, 실제로는 연공급적인 기준을 적용하여 왔다. 또한 일반직 공무원과는 다른 직종의 공무원들의 보수표를 작성할 때, 그 부분의 특수성을 고려하기보다는 비교 대상인 일반직 공무원 등이 무슨 급에 해당하는가를 비교하여 원용함으로써 현실과 거리가 있는 보수체계가 되어 왔다. 아울러 근속 연한에 따른 연공급 위주의 보수체계이므로 개인의 능력과 실적 차이에 따른 보수 지급 차등화가 어려우며, 우수 인재 확보 등에 장애 요인으로 작용하고 있다. 아울러 조직 내의 계급질서와 인화를 존중하는 행정문화의 영향을 받은 면도 있다.

따라서 공무원 보수관리를 혁신할 필요가 있다. 첫째, 동일 직무에 대한 동일 임금 지급이라는 원칙을 실현하기 위한 대책이 필요하므로 먼저 공공기관부터 직무급을 활용하면서, 이를 점진적으로 공공분야에 확산할 필요가 있다. 둘째, 공무원의 보수는 일반의 표준생계비 이상의 수준을 고려하도록 하고 있으나, 실제로는 이를 충분히 고려하지 못하고 있으므로, 이제는 공무원 보수의 일반적 수준을 현실화하고 대외적 형평성을 제고하여야 한다. 셋째, 앞으로도 수당을 기본급에 지속적으로 통합하여 기본급 중심의 보수체계를 확립해야 하며, 기본급 외의 수당 등에 대한 보수정보를 정기적으로 투명하게 공개해야 한다. 넷째, 역사문화적으로 고위직의 경우에 청빈사상을 고려하여 하후상박(下厚上薄)이라는 논리를 주장하였지만, 이 논거는 더 이상 시대흐름에 부합하지 않는다. 이제는 하후상후(下厚上厚)가 더 현실적이다. 하위직뿐만 아니라, 고위직과 정무직의 보수를 현실화하면서 대신에 업무추진비 등을 보다 투명하게 관리해야 할 것이다. 다섯째, 보수곡선을 고려하면 연륜과 경력이 쌓여가면 일반적으로 보수곡선의 기울기가 상승하는데, 향후에 정년연장을 고려하면 제이 곡선(J curve)을 수용하기는 어려울 것이다. 정년연장을 논의할 경우에 보수재정의 부담을 고려하여 정년연장형 임금피크제(salary peak)를 고려할 수 있는데, 이는 정년을 연장하는 조건으로 정년 이전 특정 시점부터 임금수준을 인상하지 않는 형태이다. 여섯째, 공무원보수위원회(공무원보수민관심의위원회가 공무원보수위원회로 2019년에 개편; 위원회는 위원장 1명을 포함한 15명 이내의 위원으로 구성하며, 고위공무원단에 속하는 공무원 5명, 공무원노동조합에서 추천하는 사람 5명, 노동·임금정책 전문가 5명 이내로 구성)의 운영을 좀 더 활성화할 필요가 있다(공무원보수위원회 규정 제3조). 마지막으로, 보수제도와 더불어 후생복지제도도 선진국수준으로 좀 더 발전시켜 나가야 할 것이다.

공무원 보수를 알아보자.

❑ 다음 사항을 인사혁신처의 홈페이지(www.mpm.go.kr) 등을 통해 찾아보자.

• 공무원의 보수체계(인사혁신처 홈페이지: 성과·보수제도 → 보수체계)를 알아보자.

• 수당의 종류와 실비변상 등의 종류(인사혁신처 홈페이지: 성과·보수제도→보수체계)를 알아보자.

• 공무원 보수 추이(인사혁신처 홈페이지→통계정보→e-나라자료)를 알아보자. (https://www.index.go.kr/unity/potal/main/EachDtlPageDetail.do?idx_cd=1021)

❑ '공무원 보수규정'의 별표3에서 올해의 "일반직 공무원 봉급표"를 찾아보고 계급별 봉급액수를 비교해보자.

❑ 미국 인사관리처(Office of Personnel Management: OPM)의 홈페이지(www. opm. gov)에서 연방공무원 연봉 보수표(General Schedule Salary Table)를 찾아보고 GS-1 혹은 GS-2의 초임을 찾아서 우리나라의 9급과 비교해보자.

❑ 우리나라 '공무원보수규정' 제35조의 적용을 받는 연봉제 적용대상 공무원의 연봉 자료(공무원보수규정 별표32)를 검색해보고, 대통령, 국무총리, 부총리, 감사원장, 장관(급), 처장(급), 차관(급) 등의 연봉이 어느 수준인지 알아보자.

인 사 행 정 론

14

공무원복지와 연금

인 사 행 정 론

제**14**장 공무원복지와 연금

제1절 공무원복지의 의의와 제도발전

1. 공무원복지의 의의

그간 우리나라의 행정학이나 인사행정론에서는 후생복지(employee benefits and services)에 관한 부분을 심도있게 다루지 못하였으므로 이 부분을 연금과 함께 보다 구체적으로 살펴보기로 한다.

서양에서는 직원혜택(employee benefits) 혹은 부가혜택(fringe benefits)이나 직원서비스(employee service) 등 다양한 표현을 사용한다. 민간기업에서는 복리후생, 복지후생, 기업복지 등으로 부르기도 한다. 기본적으로 보상(compensation)은 기본급(base pay), 수당(allowances), 각종 인센티브(incentives) 그리고 후생복지(employee benefits) 등으로 구성되며, 기본급과 수당 등은 직접적인 보상이며, 반면에 후생복지는 간접적인 보상이라고 할 수 있다.

간접적인 보상으로서의 후생복지는 근로자의 생활을 안정되게 하고, 직장생활과 삶의 질을 향상시키는 데 목적을 두고 보수 외에 부가적으로 제공하는 것을 말한다. 과거에는 전통적 의미에서 근로자의 직장생활 안정 등을 위해 근로조건에 부가급여차원에서 다루었지만, 최근에는 정당한 근로의 대가로 주어지는 것으로 그성격이 확대되면서 후생복지 제도가 확장되어가고 있다고 할 수 있다. 부가급부 제도는 보수와 함께 직원 보상 패키지의 한 부분을 형성하고 있으며, 혜택의 예로는 보험(의료, 생명, 장애 등), 연금, 휴가, 복지시설 이용 등이 있다.

공무원연금법 제7장에서 다루고 있지만 공무원의 후생복지에 관한 별도의 법은 없고, 대통령령인 '공무원 후생복지에 관한 규정'을 2005년도에 제정하여 운용하고 있다.

그런데 후생복지 혹은 복리후생이라는 말은 비슷한 용어의 반복(tautology)이라고 할 수 있어서 용어를 정리할 필요가 있다. 사실 후생(厚生)이라는 말은 우리나라에서 흔히 사용하는 어휘가 아니고, 이는 주로 이웃나라에서 널리 사용하는 용어이다. 그런데 복지라는 용어도 사회복지차원에서 널리 사용되고 있어 일반적인 사회복지와 구별하는 것이 필요하다. 아울러 군인의 경우에 군인복지기본법과 군인복지기금법이 제정되어 있는 등 군인복지라는 말을 널리 사용하고 있는 점을 참고하여, 이 장에서는 복지라는 단어 앞에 공무원을 넣어 '공무원복지'로 부르기로 한다.

2. 공무원복지의 목적

공무원복지가 중요해지는 이유에는 여러 가지가 있겠지만, 그중에서 주목할 것은 최근의 인구사회학적 변화와 공무원의 성비변화 등을 들 수 있다. 우리나라 공무원의 여성 비율이 점차 증가하고 있으며, 맞벌이 가정의 비율도 점점 증가하고 있으므로 일·가정 양립정책이 필요하다. 이에 따라 육아휴직 사용자가 지속적으로 증가하는 추세를 보이고 있다(한국행정연구원, 2017).

일반적으로 공무원복지의 목적은 여러 차원에서 살펴볼 수 있다. 공무원복지는 기본적으로 근로자의 장기 안정성 유지와 생계지원 등에 도움을 주지만, 다른 차원에서도 유익하다. 경제적 차원에서 근로자의 신체적·정신적 안락을 도모하여 성과창출 능력을 향상시키는 데 유용하며, 또한 건강을 향상시켜 조직활동에 몰입할 수 있도록 해주며, 사기저하로 인한 근태의 문제점(결근이나 이직 등)을 줄이는 목적이 있다. 또한 사회적 차원에서 공무원복지는 국가의 사회복지제도를 부분적으로 보완하는 역할도 하며, 문화체육오락시설 등의 활용을 통해 몸과 마음의 건강관리와 안정된 직장생활 등을 도모하는 등의 여러 가지 목적이 있다.

민간기업에는 법정복리후생(government-mandated benefits)과 법정외복리후생(voluntary benefits) 제도가 있다. 법정복리후생은 국가가 기업체에 대해 기업복지시설의 설치·운영을 의무화하는 사회정책적인 차원에서 법률로 강제하는 제도로서, 이는 질병·재해·실업·노령의 위협으로부터 종업원과 그 가족의 일상생활을 보호하기 위해 실시하는 4대보험(국민건강보험, 산업재해보상보험, 고용보험, 국민연금) 등을 말한다. 미국의 경우에는 보편적 의료 혜택, 육아 지원, 연금, 가족 휴가를 위한 유급 휴가 등이 법정복리후생에 포함된다(Mathis & Jackson, 2006).

법정외복리후생은 기업이 임의로 종업원을 위해 복리후생을 실시하는 제도를 의미하며, 기업의 규모와 특성 등을 고려해 실시하므로 그 종류가 다양한데, 급식과 생활관계서비스, 건강·보건위생서비스, 교육·문화·취미활동서비스, 공제금융서비스, 생활스포츠와 레저활동지원서비스, 상담제도, 기숙사 등 주거지원 등이 포함된다.

3. 공무원복지제도의 발전과 주요 내용

국가공무원법(제52조)에 공무원의 근무능률을 높이기 위하여 공무원의 보건·휴양·안전·후생, 그 밖에 필요한 사항에 대한 기준을 설정하여야 하며, 각 기관의 장은 이를 실시하여야 한다고 규정해 놓았지만, 이에 관한 규정을 제대로 갖추지 못하였다. 그러다가 노무현 정부는 2005년도에 공무원의 다양한 복지수요를 효과적으로 충족시키고 정부의 생산성을 높이기 위하여 "공무원 후생복지에 관한 규정"을 제정하게 되었는데, 이 규정의 주요 내용은 다음과 같다.

첫째, 맞춤형 복지제도의 도입에 관한 것으로, 과거의 공무원복지 제도는 획일적으로 서비스가 제공되기 때문에 개별 공무원이 원하는 수요를 충족하기 어려운 문제점이 있어서, 개별 공무원이 자신의 선호와 필요에 따라 적합한 복지혜택을 스스로 선택할 수 있도록 하는 맞춤형 복지제도를 도입하게 되었다.

둘째, 맞춤형 복지제도의 항목에 관한 것으로, 맞춤형 복지제도의 항목은 생명보험·상해보상보험 등 의무적으로 선택하여야 하는 기본항목과 건강관리·자기계발·여가활용 등 자율적으로 선택할 수 있는 자율항목으로 구분하고 있다.

셋째, 복지점수의 부여 및 관리에 관한 것으로, 맞춤형 복지제도의 설계·운영에 사용되는 단위인 복지점수는 연도별로 부여하여 당해 연도 내에 사용하도록 하고 있다.

넷째, 맞춤형 복지제도의 운영 등 공무원의 공무원복지를 높이는 데 필요한 사항을 심의하기 위하여 중앙인사기관에 공무원후생복지심의위원회를 두도록 하고,

각 운영기관에는 후생복지운영위원회를 두도록 하고 있다.

다섯째, 공무원복지실태의 조사 등에 관한 것으로 중앙인사기관으로 하여금 공무원복지를 높이기 위한 정책의 수립에 활용하기 위하여 각 운영기관의 공무원복지 수준 및 실태 등을 조사하도록 하고, 민간 및 정부투자기관의 공무원복지수준 및 실태 등에 대한 자료를 수집할 수 있도록 하고 있다.

지난 2013년에 공무원 후생복지에 관한 규정의 일부를 개정하였는데, 주요 내용으로는 "공무원 상담센터"의 설치 및 운영에 관한 것으로 중앙인사기관은 공무원과 행정기관에 근무하는 사람의 신체적·정신적 건강 등을 증진시키기 위하여 공무원 상담센터를 설치·운영할 수 있도록 하였다(동 규정 제17조). 이는 미국의 사례 등을 참고한 것으로 미국 연방정부의 직원지원 프로그램(Employee Assistance Program: EAP)은 직원의 업무 수행, 건강, 정신 및 정서적 안녕에 영향을 미치는 개인 문제나 업무와 관련된 문제(직업 스트레스, 정신적 고통, 사고 등 생활 사건, 건강 관리, 재정적 압박, 가족 문제, 직장 관계 문제 등)를 해결하는 직원 혜택 프로그램이다. 현재 서울, 세종, 과천, 인천, 춘천, 대전, 대구, 광주 등 8곳에 '공무원마음건강센터'를 운영하고 있다(2019년에 공무원상담센터를 공무원마음건강센터로 개명). 센터에서는 상담(우울·불안·분노, 직무 스트레스, 성격, 가족관계, 대인관계, 직장 내 갈등, 코칭, 경력개발, 리더십 등), 진단 및 심리검사(기질 및 성격, 정신건강, 스트레스, 경력, 적성 및 진로, 인지, 정서 등), 단체 프로그램(부서 유대감 증진 프로그램, 가족프로그램, 미술·놀이·공예·운동·명상 등 체험 프로그램, 민원담당자 대상 특별프로그램, 고위험임무 수행자 대상 외상 후 스트레스 장애 예방 프로그램, 충격사건 발생 부서 대상 긴급위기지원시스템 등)을 운영하고 있다. 참고로 "일반노동자"를 위해서는 고용노동부가 근로복지공단의 근로복지넷(www.workdream.net)과 연계하여 근로자지원프로그램(EAP)을 운영하고 있다.

그리고 공무원의 사기증진과 창의적인 공직문화 조성을 위하여 중앙인사기관장이 공무원 예술대전을 개최할 수 있는 근거를 마련하고, 공무원은 예술대전을 통하여 문학, 미술 및 음악 등의 분야에 작품을 제출하거나 실기를 경연할 수 있도록 하였다(동 규정 제19조).

또한 2015년에 국가공무원법을 개정하면서 중앙인사기관장은 장애인공무원의 원활한 직무수행을 위하여 근로지원인(장애인공무원의 직무수행을 지원하는 사람을 말한다)의 배정 또는 보조공학기기·장비의 지급 등 필요한 지원을 할 수 있도록 하였다. 이에 따라 2015년에 공무원 후생복지에 관한 규정을 개정하였다. 주요 내용은 첫째, 근로지원인의 배정 및 보조공학기기·장비의 지급 기준을 마련하였다(제21조의2 신설). 장애인고용촉진 및 직업재활법에 따른 중증장애인인 공무원은 근로지원인을 배정받을 수 있도록 하고, 같은 법에 따른 장애인인 공무원은 보조공학기기·장비를 지급받을 수 있도록 하였다. 둘째, 전문기관 지정 및 운영 등에 관한 기준을 마련하였다(제21조의3 신설). 장애인공무원 지원에 관한 사무를 수행하는 전문기관은 장애인고용촉진 및 직업재활법에 따른 한국장애인고용공단과 그 밖에 공공기관의 운영에 관한 법률에 따른 공공기관으로서 장애인 관련 업무를 수행하는 기관 중에서 인사혁신처장이 지정하도록 하였다.

그리고 2019년에 공무원 후생복지에 관한 규정을 다시 개정하였다(제17조의2). 공무원의 행정행위에 대한 각종 법률적 송사가 늘어나면서 이에 대한 공무원의 업무 스트레스가 증가되는 상황을 고려하여 공무원이 적극적이고 활기차게 근무할 수 있는 여건을 조성하고 국민에 대한 행정서비스의 질을 제고하기 위하여 운영기관의 장으로 하여금 소속공무원이 직무수행으로 인하여 부담하게 되는 민·형사상 소송비용 등을 지원하기 위한 보험계약을 체결할 수 있도록 하고, 그 보험계약 체결 등에 관한 업무를 공무원연금공단에 대행하게 할 수 있도록 하였다.

4. 공무원복지사업의 추진체계

우리나라의 공무원복지사업은 <표 14-1>처럼 인사혁신처와 각 중앙행정기관과 지방자치단체가 소속 공무원에 대하여 실시하는 정부차원의 공무원복지사업(국

표 14-1 공무원복지사업의 추진체계

공무원복지사업 주체	사업내용
인사혁신처	맞춤형 복지제도, 동호회 활동지원, 공무원 예술대전 운영, 공무원 상담센터 운영, 공무원 복지시설 운영, 전직지원 프로그램 운영 등
중앙행정기관 지방자치단체	맞춤형 복지 점수 제공, 건강검진 지원(제휴할인, 검진비 지원), 생일 등 경조사 지원, 여행·숙박·숙소 지원, 동호회, 외국어 등 교육지원 등
공무원연금공단	대부사업, 주택사업, 복지시설 운영사업, 은퇴지원사업 등

가공무원법 제52조와 공무원 후생복지에 관한 규정에 근거)이 있다. 그리고 공무원연금 공단에서 추진하는 공무원복지사업(공무원연금법 제16조에 근거) 등으로 구성되어 있다(한국행정연구원, 2017).

첫째, 인사혁신처의 공무원복지사업은 맞춤형 복지제도가 가장 큰 비중을 차지하는데 이는 다음 절에서 자세히 살펴보기로 한다. 그 외에 동호회 활동지원(스포츠, 레저, 문화, 봉사 등을 중심으로 동호인대회를 통해 친선도모 및 공직생산성 증가), 공무원예술대전(문예대전, 미술대전, 음악대전) 운영, 공무원마음건강센터 운영, 공무원복지시설 운영(청사별 의무실 운영, 청사별 건강지원센터 운영, 피트니스센터/청사별 체력단련실 운영, 어린이집/보육원 운영), 전직지원 프로그램 운영(퇴직준비 교육, 전직지원 컨설팅), 사회공헌사업 등이다.

둘째, 각 중앙행정기관과 지방자치단체는 매년 소속 공무원들에게 맞춤형 복지점수를 제공하고 있다. 그 외에 건강검진 지원(제휴할인, 검진비 지원), 생일 등 경조사 지원, 여행·숙박·숙소 지원, 동호회, 외국어 등 교육지원 등을 하고 있다.

셋째, 공무원연금공단의 공무원복지사업으로는 대부사업(공무원 학자금 대여, 공무원 연금대출), 주택사업(임대주택사업, 분양주택사업), 복지시설 운영사업(가족호텔, 온천시설, 물놀이, 연수시설, 놀이공원, 골프장 등), 은퇴지원사업(재직공무원의 은퇴설계 교육과 전직지원, 퇴직공무원의 사회공헌활동 지원과 상록자원봉사단 운영 등)이다.

5. 맞춤형 복지

1) 선택적 복지제도로서의 맞춤형 복지

공무원복지사업 중에서 가장 큰 비중을 차지하는 것이 맞춤형 복지이므로 이 부분에 대해서 자세히 살펴보기로 한다. 맞춤형 복지제도(customized benefit plan)는 선택적 복지제도(flexible benefit plan)의 하나이다. 일반적으로 공무원복지제도에는 두 가지가 있다. 첫째, 표준형 복지제도(standard benefit package plan)는 개인의 선호와 무관하게 조직전체적으로 일률적으로 정해진 복지체계를 의미하므로 근로자의 선택권이 제한받았다. 둘째, 표준형 복지제도에 대한 대안으로 등장한 것이 선택적 복지제도(flexible benefit plan)인데, 이는 여러 가지 복지항목들 가운데 근로자가 자신의 형편에 맞추어 원하는 항목을 글자 그대로 유연하게 선택할 수 있는 공무원복지제도이다. 다양하게 차려진 음식을 선택적으로 골라 먹는 식당명칭(cafeteria)을 따서 카페테리아식 공무원복지계획(cafeteria-style benefit plan)이라고도 한다. 기본적으로 공무원복지항목에 대한 선택권을 근로자에게 주는 것으로 미국 등에서 시작되었다.

우리나라 정부의 경우에는 지난 2003년에 일부 지방자치단체에서 시범 실시를 하였으며, 2004년부터 일부 중앙정부기관(당시의 중앙인사위원회, 기획예산처, 경찰청 등)에서 시범 운영하여 긍정적인 성과를 거두고, 2005년부터 선택적 복지제도가 전 부처로 확대되고 지방자치단체는 2006년부터 확대되었다. 선택적 복지제도의 하나인 우리나라 정부의 맞춤형 복지제도는 공무원 개개인에게 주어진 예산의 범위 내에서 사전에 설계되어 제공되는 복지 혜택 중에서 공무원이 본인의 선호와 필요에 따라 자신에게 적합한 복지 혜택을 선택하여 사용하도록 하는 제도이다.

2) 맞춤형 복지제도의 관리운영

맞춤형 복지제도에 대한 제도개발 등은 중앙인사기관(인사혁신처)이 담당하고 실질적인 운영기관은 해당 부처(기관)이며, 공무원연금공단은 맞춤형 복지제도의 통합시스템과 맞춤형 복지포털(www.gwp.or.kr) 등을 운영하고 있다. 공무원의 다양한 복지수요를 충족하기 위해 공무원 각 개인에게 주어진 복지점수(포인트) 범위내에서 자신에게 적합한 복지혜택을 선택하도록 하는 제도이다. 맞춤형 복지제도는 국가공무원은 인사혁신처에서, 지방공무원은 행정안전부에서 관장하고 있다.

맞춤형 복지제도는 정부에서 조직의 목적과 개인의 복지욕구를 조화시킬 수 있는 효과적인 대안으로 개발되어 시행하는 것이므로 각 부처로 하여금 여러 복지정책을 맞춤형 복지제도를 중심으로 통합 운영함으로써 복지정책의 일관성을 유지하고 복지혜택의 형평성을 증진시키도록 하려는 것이다. 운영기관장은 소속 공무원에 대한 공무원복지 관련 예산을 가능한 한 맞춤형 복지예산에 포함시켜 관련 복지 사업과 맞춤형 복지제도의 혜택이 이중으로 소속 공무원에게 제공되지 않도록 하여야 한다.

공무원복지제도를 발전시키기 위하여 중앙인사기관장은 공무원복지를 높이기 위한 정책의 수립에 활용하기 위하여 각 기관의 맞춤형 복지제도 운영현황, 공무원의 복지만족도 등 공무원복지수준 및 실태 등에 관한 사항을 정기적으로 조사할 수 있다. 또한 중앙인사기관장(인사혁신처장)은 공무원복지를 높이기 위한 정책의 수립에 활용하기 위하여 민간 및 정부투자기관의 공무원복지 수준 및 실태 등에 대한 자료를 수집하여 관련제도와 정책개발을 할 수 있도록 하고 있다(공무원 후생복지에 관한 규정의 보칙).

3) 맞춤형 복지의 주요 항목

공무원복지에 관한 규정에 의하면 맞춤형 복지제도란 사전에 설계되어 제공되는 복지혜택 중에서 공무원이 본인의 선호와 필요에 따라 개별적으로 부여된 복지점수를 사용하여 자신에게 적합한 복지혜택을 선택하는 제도를 말한다. 이에 따라 맞춤형 복지의 항목은 기본항목(공무원이 의무적으로 선택하도록 설계·운영되는 항목)과 자율항목(공무원이 자율적으로 선택할 수 있도록 운영기관별로 설계·운영되는 항목)으로 구성하고, 기본항목은 필수기본항목과 선택기본항목으로 구분한다.

첫째, 필수기본항목은 공무원과 그 가족의 복지 및 생활안정을 보장하기 위하여 정부에서 그 필요성을 판단하여 전체 공무원이 의무적으로 선택하도록 하는 항목으로 생명보험, 상해보험 등으로 구성한다. 공무원 단체보험은 2003년에 도입하였으며, 공무원연금공단이 단체보험 통합계약을 위탁받아 수행하는 이유는 기관별로 단체보험을 개별 가입할 경우 행정력 낭비, 조달수수료 부담, 보험료 절감에 한계가 있고, 손해율이 높은 기관은 단체보험 가입이 어려운 점 등을 감안하여 2011년도부터 공단에서 단체보험 통합계약을 실시하고 있다. 공무원 단체보험은 맞춤형 복지항목의 기본항목에 해당되며, 기본항목은 필수기본항목과 선택기본항목으로 구분된다. 필수기본항목은 정부차원에서 필요성을 판단하여 설정하고, 전체 구성원이 의무적으로 가입하는 항목으로 생명/상해보험으로 공무원 본인의 질병 및 재해사망으로 인한 사망보험금, 질병과 재해로 인한 후유장해시 장해지급률에 따른 보장이며, 가입제한과 지급제한이 없는 단체보험이다(기존병력 존재자나 현재 질병 보유자도 가입 가능함). 그리고 선택기본항목은 각 소속기관의 장이 정책적 필요에 따라 설정하고, 각 구성원은 의무적으로 가입하는 항목으로 본인의 의료비보장보험으로 질병 또는 재해로 병원에 입·통원하여 치료를 받고 의료비가 발생한 경우에 보장받는 보험이다.

표 14-2 맞춤형 복지제도의 주요 항목

구 분		내 용	구 성
기본항목	필수기본항목	• 공무원조직의 안정성을 위하여 전체 공무원이 의무적으로 선택하여야 하는 항목	본인 생명보험/상해보험
	선택기본항목	• 운영기관의 장이 정책적 필요에 따라 설정하고 구성원이 의무적으로 선택하여야 하는 항목	본인 및 가족 의료비 보장보험, 건강검진 등
자율 항목		• 운영기관의 장이 필요에 따라 설정하고 각 구성원이 자유롭게 선택할 수 있는 항목	건강관리, 자기계발, 여가활용, 가정친화 등

출처: 공무원연금공단 맞춤형복지포털.

둘째, 선택기본항목은 운영기관의 장이 조직운영의 목적이나 기타 정책적 필요에 따라 설정하는 항목으로 구성한다. 선택기본항목에 대해서는 당해 기관 소속공무원이 의무적으로 선택하게 하거나 일정요건에 해당하는 경우 자동적으로 선택한 것으로 처리할 수 있다. 선택기본항목 구성시 구성원의 복지 선호도와 조직의 목표달성, 생산성 향상 등에 직·간접적으로 기여할 수 있는 항목을 중심으로 구성한다. 운영기관의 장은 가급적 다양한 선택안을 제시하여 복지 수혜자의 선택권을 보장해 주어야 한다.

셋째, 자율항목은 공무원의 능력발전 및 삶의 질 향상에 기여할 수 있도록 운영기관별로 설계하여 제공하는 것으로 공무원이 자율적으로 선택 가능한 항목으로 구성한다. 자율항목은 직·간접적으로 조직의 업무성과에 기여할 수 있는 건강관리, 자기계발, 여가활용, 가정친화 등에 관한 항목으로 구성하며, 필요에 따라 운영기관의 장이 다양한 항목을 구성할 수 있다. 자율항목 구성시 공무원으로서 품위를 손상시키지 않는 건전한 복지항목으로 구성, 복지제도 운영의 목적과 개인의 복지욕구간의 균형과 조화, 복지제도 운영의 효과성과 복지혜택의 형평성 확보, 건전한 사회적 통념과 제도의 취지에 반하여 자율항목으로 설계할 수 없는 항목은 제외하여 구성하여야 한다(보석, 복권, 경마장, 마권, 유흥비 등 사행성이 있거나 불건전한 항목, 상품권, 증권 등 현금과 유사한 유가증권 구매 등은 자율항목으로 설계할 수 없다).

분야 (적용 대상)	자율항목의 내용 예시
건강관리 (본인과 가족)	병의원 외래진료, 약 구입, 안경 구입, 운동시설 이용 등 공무원 본인과 가족의 건강진단, 질병예방, 건강증진 등을 위한 복지항목으로 구성
자기계발 (본인)	학원수강, 도서구입, 세미나 연수비 등 공무원 본인의 능력발전을 위한 복지항목으로 구성
여가활용 (본인과 가족)	여행 시 숙박시설 이용, 레저시설 이용, 영화 · 연극관람 등 공무원 본인과 가족의 건전한 여가활용을 위한 복지항목으로 구성
가정친화 (본인과 가족)	보육시설 · 노인복지시설 이용, 기념일 꽃 배달, 결혼식, 장례식 등 일과 삶을 조화롭게 병행할 수 있도록 공무원 본인과 가족을 지원하는 복지항목으로 구성

표 14-3   자율항목 구성

출처: 공무원연금공단 맞춤형복지포털.

4) 복지점수 부여와 관리

복지점수는 맞춤형 복지제도를 설계 · 운영함에 있어 필요한 예산의 배정이나 복지 혜택의 구매 및 정산에 사용되는 계산 단위이며, 복지점수 1점은 1,000원에 상당하며, 당해 연도금액을 모두 사용하지 못한 경우, 다음 해로 이월되지 않고 그대로 소멸되며 금전으로 청구하지 못한다. 복지점수의 구성은 기본복지점수(운영기관별로 소속공무원 등에게 일률적으로 부여되는 점수)와 변동복지점수(일정한 기준에 따라 소속공무원 개인별로 차등 부여되는 점수)로 구성되어 있다. 복지점수는 크게 기본점수, 근속점수, 가족점수로 나누어 부여되지만 부처별로 조직의 성과향상에 효과적인 방향으로 복지점수 부여 기준을 다르게 정할 수 있다.

기본복지점수는 중앙인사기관(인사혁신처)이 정하는 맞춤형 복지의 필수기본항목을 충분히 충당할 수 있는 수준으로 부여하여야 한다. 변동복지점수는 공무원의 근무연수, 부양가족상황, 소속공무원의 업무성과, 징계여부 등을 고려하여 운영기관의 장이 정하는 바에 따라 부여한다. 개인별 복지점수는 공무원에게 일률적으로 부여되는 기본복지점수와 운영기관별로 근속복지점수, 가족복지점수로 구성하여 배정한다. 그리고 운영기관의 장은 총액인건비제 운영지침에 따른 예산절감액, 업무성과포상금, 복지카드 수수료 등 맞춤형 복지제도의 운영수익 범위 내에서 소속공무원에게 추가복지점수(출산축하 복지점수, 건강검진 지원점수 등) 배정이 가능하며, 맞춤형 복지 시스템에서는 '조정점수'로 표현되고 있다.

표 14-4 복지점수의 부여

구 분		부여방식	부여기준별 점수
기본 점수		운영기관별로 소속공무원에게 일률적으로 부여	전직원에게 400점 일률 배정
변동복지점수	근속점수	근속기간에 따라 차등적으로 부여	근무연수 1년당 10점 최고 30년까지 300점한도
	가족점수	가족상황에 따라 차등적으로 부여	• 배우자 포함 4인 배정(자녀는 인원수에 관계없이 모두 배정) • 배우자 100점, 직계존·비속 1인당 50점 (단, 직계비속 중 둘째 자녀는 100점, 셋째 자녀부터는 1인당 200점 배정) • 첫째자녀 출산축하점수 1,000점 • 태아·산모 검진비 200점, 총2회
	추가복지점수	추가 재배정	예산절감액, 업무성과포상금, 복지카드 수수료 등 제도의 운영수익에 따라 추가 배정 가능

출처: 공무원연금공단 맞춤형복지포털.

기본복지점수는 맞춤형 복지제도의 적용대상자에게 매년 일률적으로 400점을 배정하며, 근속점수는 매년 1월 1일을 기준으로 산정되는 근무연수에 1년당 10점을 배정, 최고 30년까지 300점을 배정가능하다. 그리고 가족복지점수는 배우자를 포함하여 4인 이내의 부양가족에 한정하되 자녀의 경우에는 부양가족의 수가 4인을 초과하더라도 모두 지급한다. 배정점수체계는 배우자(100점), 직계 존·비속 등(각 50점)에 따라 차등배정하며, 다만, 직계비속 중 둘째 자녀는 100점, 셋째 자녀부터는 1인당 200점을 배정한다. 부부공무원의 경우, 가족점수 중 자녀점수를 배정받고 있는 1인의 공무원에게만 출산축하 복지점수를 배정한다(1점은 1,000원 해당).

그리고 운영기관의 장은 중앙부처 총액인건비제 운영지침에 따른 예산절감액, 소속공무원의 업무성과 포상금 또는 복지카드 수수료 등 맞춤형 복지제도의 운영수익 범위 내에서 소속공무원에게 추가배정점수를 배정할 수 있다.

운영기관의 장은 맞춤형 복지점수의 배정과 청구, 지급업무의 전자적 처리를 위하여 맞춤형 복지카드를 사용할 수 있다. 중앙인사기관(인사혁신처)은 복지점수의 관리·정산 등 맞춤형 복지제도의 시행에 따른 업무를 효율적으로 처리하기 위하여 전산관리시스템을 개발·운영한다. 보험업무, 통계관리, 복지만족도 관리 등 부처별 맞춤형 복지 운영현황과 관련한 자료의 취합 및 처리업무는 원칙적으로 맞춤형 복지 통합관리시스템을 통하여 관리한다.

6. 공무원 휴가제도

민간분야의 후생복지에는 본인은 물론 가족관련 후생복지(family oriented benefits)도 중요한 부분이며, 휴식관련 후생복지(time-off benefits)도 중요하게 다루어지고 있다. 따라서 휴가제도를 간단하게 살펴보기로 한다. 휴가제도는 인사혁신처에서 복무제도의 하나로 다루고 있지만, 공무원들의 관심이 많은 공무원복지의 한 부분이라고 할 수 있다. 휴가는 행정기관의 장이 일정한 사유가 있는 공무원의 신청 등에 의하여 일정 기간 출근의 의무를 면제하여 주는 것으로서, 연가·병가·공가·특별휴가 등을 총칭한다(국가공무원 복무규정 제14조 내지 제24조의3 및 국가공무원 복무·징계 관련 예규).

첫째, 연가(annual leave)는 정신적·신체적 휴식을 취함으로써 근무능률을 유지하고 개인 생활의 편의를 위하여 사용하는 휴가를 말하며, 미사용시 연가보상비 지급으로 갈음한다(최대 20일 한도). 연가는 재직기간에 따라 연가일수가 정해져 있는데, <표 14-5>에 표시된 것처럼 재직기간이 1개월 이상 1년 미만일 경우에 연가일수는 11일이며, 재직기간이 6년 이상이면 연가일수가 21일이다.

둘째, 병가(sick leave)는 질병 또는 부상으로 직무를 수행할 수 없는 경우 또는 감염병에 걸려 다른 공무원의 건강에 영향을 미칠 우려가 있을 때 주어지며, 일반병가는 연 60일 이내 그리고 공무상병가는 연 180일 이내이다.

셋째, 공가는 공무원이 일반국민의 자격으로 국가기관의 업무수행에 협조하거나 법령상 의무의 이행이 필요한 경우에 부여받는 휴가이다(예를 들어 병역판정검사·소집·검열점호 등, 동원 또는 훈련, 국회, 법원, 검찰 또는 그 밖의 국가기관에 소환, 승진시험·전직시험 등에 응시할 때 해당).

넷째, 특별휴가는 사회통념 및 관례상 특별한 사유가 있는 경우에 부여받는 휴가로서, 경조사휴가(결혼, 배우자 출산, 사망, 입양시 부여), 출산휴가(parental leave: 임신하거나 출산한 공무원은 출산 전·후를 통하여 90일의 출산휴가를 승인하며, 출산 후의 휴가기간이 45일 이상이 되게 함), 유·사산 휴가(임신 중 유산 또는 사산한 경우로서 공무원이 신청하는 때에는 기준에 따라 유산·사산휴가를 부여받을 수 있음) 등이다.

표 14-5	재직기간별 연가일수
재직기간	연가일수
1개월 이상 1년 미만	11일
1년 이상 2년 미만	12일
2년 이상 3년 미만	14일
3년 이상 4년 미만	15일
4년 이상 5년 미만	17일
5년 이상 6년 미만	20일
6년 이상	21일

출처: 국가공무원 복무규정(제15조).

그리고 행정기관의 장은 소속공무원에게 연가 일수가 없거나 재직기간별 연가 일수를 초과하는 휴가 사유가 발생한 경우에는 재직기간 구분 중 그 다음 재직기간 의 연가 일수를 미리 사용하게 할 수 있다(국가공무원 복무규정 제16조). 공무원은 사 용하지 아니하고 남은 연가 일수를 그 해의 마지막 날을 기준으로 이월·저축하여 사용할 수 있다.

제2절 공무원복지의 문제점과 개선 방향

1. 공무원복지의 문제점과 개선방향

공무원복지제도가 과거보다 발전한 것은 사실이지만, 그렇다고 문제점이 없는 것은 아니다. 지난 2018년에 재해보상 제도의 발전을 위하여 공무원 재해보상에 관 한 분야를 공무원연금법에서 분리하여 공무원재해보상법을 제정함에 따라 관련 조 문을 정비하는 한편, 공무원연금법에 별도의 장(제7장: 공무원 후생복지 등)을 신설하 여 공무원복지에 대한 부분을 보강하였다.

이전 2017년까지는 공무원연금법에 공무원복지 시책 추진의 근거조항이 없었 다. 그래서 2018년에 공무원연금법을 개정하면서 '인사혁신처장은 공무원의 삶의 질 향상 및 사기 진작을 위하여 공무원복지에 관한 필요한 시책을 수립·시행할 수 있다'는 제83조를 신설하였다. 아울러 공무원연금법 시행령도 2018년에 개정하면서 인사혁신처장은 공무원복지 정책의 기본목표 및 추진방향, 공무원복지 관련 제도의 연구에 관한 사항 등을 포함한 기본계획(5년단위)을 수립·시행하여야 하며, 해당 기본계획에 따라 연도별 시행계획(1년단위)을 수립·시행하여야 한다는 제85조를 신설하였다. 이에 따라 '제1차 공무원 후생복지 기본계획'(2019~2023)이 2019년에 비로소 처음으로 수립되었다. 따라서 앞으로 이러한 5년주기의 공무원복지 기본계획과 1년단위의 시행계획을 수립하여 제대로 시행하여야 할 것이다.

또한 공무원복지가 별도의 법체계를 갖추지 못하고 공무원연금법의 일부로 있는 것은 후진적인 상태라고 할 수 있다. 따라서 공무원복지를 통한 삶의 질과 사기를 제고하여 정부의 성과와 경쟁력을 강화하기 위해서는 공무원복지에 관한 법적 근거를 보강할 필요가 있다. 즉, 공무원연금법에서 공무원복지에 관한 부분을 분리하여 가칭 '공무원복지법'을 제정할 필요가 있다. 그리고 공무원복지사업에서 발생하는 운영수익금 등의 일부를 공무원복지기금으로 적립할 수 있도록 가칭 '공무원복지기금법'을 제정하는 것도 고려할 필요가 있다. 참고로 군인의 경우에는 군인연금법 외에 군인복지기금법(1995년 제정)과 군인복지기본법(2007년 제정)이 있다.

현재는 연금복지과에서 공무원복지업무를 담당하고 있는데, 공무원복지를 담당할 전담조직(가칭 '공무원복지정책과')을 연금업무와 분리하여 신설할 필요가 있다. 현재는 계수준의 소수인력이 공무원복지업무를 담당할 뿐이고, 그 마저도 예술대전(문예대전, 미술대전, 음악대전), 동호인대회(스포츠, 레저, 문화, 봉사 등) 지원 등 개별사업위주의 부분적 복지제공에 머물러 있는 상황이며, 맞춤형 복지 등에 관한 대부분의 집행업무는 공무원연금공단에 위임한 상태이다. 따라서 체계적인 공무원복지 정책을 개발하는 데는 한계가 있으므로 과수준의 조직을 신설할 필요가 있다. 참고로 군인의 경우에는 국방부에 국장급의 보건복지관을 두고 있고 아래에 (군인)복지정책과를 두고 있다.

2. 맞춤형 복지의 문제점과 개선방향

맞춤형 복지제도 자체도 개선의 여지가 많다. 첫째, 맞춤형 복지 등을 포함한 공무원복지사업을 보다 체계화할 필요가 있다. 공무원 후생복지에 관한 기본계획(5

년 단위)과 시행계획(1년 단위)을 수립하면서 정기적으로 맞춤형 복지 등의 공무원 복지에 관한 조사와 연구를 활성화해야 할 것이며, 공무원복지정책 담당조직의 조사·연구 등 추진기반을 보강해야 한다. 둘째, 현재의 맞춤형 복지는 공무원에게 단순히 추가소득을 형성시켜주는 이전적 효과(transfer effect)를 내는 데 그치고 있다는 지적을 받고 있다. 따라서 행정능률과 성과를 제고하는 효과를 낼 수 있도록 공무원복지가 정부의 성과향상 정책과 전략적으로 연계되어야 한다. 다시 말해서 행정발전전략과 공무원복지대책이 서로 연계되어야 한다. 셋째, 개별 공무원의 형편에 부합하는 선택가능한 자율 항목을 늘리고 공무원의 안전유지에 관한 사항도 포함할 필요가 있다. 특히 심리재해 예방과 심리상담 서비스의 제공범위를 확대할 필요가 있다. 또한 신세대가 요구하고 있는 일과 가정의 양립 환경을 개선하기 위해 육아지원, 자녀보육과 교육지원 등을 확대할 필요가 있으므로 공무원들의 참여와 선호도를 고려하는 관리방안이 필요하다. 넷째, 국가공무원과 지방공무원 간의 맞춤형 복지 점수 차이가 크다. 물론 지방자치차원에서 지방별로 약간의 차이가 나는 것은 문제가 아니지만, 현재 평균적으로 지방공무원의 맞춤형 복지 점수가 국가공무원보다 많은 편이라 불균형현상이 발생하고 있으므로 형평성을 제고할 필요가 있다. 다섯째, 공무원복지가 보상의 일부분이므로 이에 대한 내용을 일반 국민들도 알 권리가 있으므로, 이러한 내용을 잘 알 수 있도록 공무원복지제도(복지항목의 구성, 복지점수의 부여내용 등)를 보다 투명하게 관리해야 할 것이다.

제3절 연금제도의 발전과 이해

1. 연금제도의 역사적 전개

연금의 역사적 발전과정에서 자주 거론되는 것이 19세기 말 독일과 덴마크 등에 도입된 연금모델이다. 독일은 1889년 산업노동자를 위한 노령보험 프로그램을 도입했는데, 이것은 퇴직자에게 근로활동 당시의 소득과 연계해서 일정 수준의 수입을 보장해 주기 위한 노령연금제도였다. 비스마르크(프러시아/프로이센 수상)가 도입한 독일의 노령연금은 산업노동자 계층의 삶의 조건을 개선하고 고조되는 노동운동을 완화시킴으로써 전제군주체제에 대한 위협을 제거하려는 정치적 목적을 가지고 사회보험을 추진하였다. 그러나 덴마크는 1891년 빈곤층을 대상으로 자산조사에 의한 연금프로그램을 도입하였고, 이러한 덴마크의 연금모델은 도입목적이 독일과 달랐다. 덴마크의 연금제도는 독일과 같은 정치적인 의도 없이 기존의 복지체계를 개선하여 빈곤상태를 완화하는 것을 목적으로 도입되어, 연금운영방식도 서로 달랐다. 서부유럽 등은 독일제도를, 북부유럽 등은 덴마크제도를 참고하였고, 많은 국가들이 이러한 연금모델을 참고하여 각 나라 상황에 부합되게 발전시켜왔지만, 공적연금제도는 대체로 상호수렴현상을 보이며 역사적으로 발전해왔다고 할 수 있다(최재식, 2016).

2. 퇴직연금에 대한 학설

연금급여에는 단기 급여와 장기 급여 등 여러 가지가 있지만, 그 중에서 가장 중요한 부분을 차지하는 것이 퇴직연금인데, 이 퇴직연금의 성격에 대해 다양한 학설이 있다.

첫째, 공로보상설로서 이는 장기간 근무한 직원의 공로에 대해 고용주가 감사의 표시로 지급하는 일종의 은전(은급)을 말하며, 사용자의 입장에서 해석한 시각으로 볼 수 있다. 독일과 스웨덴 등 비기여제를 하고 있는 나라들의 입장이라고 볼 수 있다.

둘째, 위자료설로 이는 조직사정으로 인한 직원의 퇴직이나 직업상의 재해 등에 대해 사용자가 위자료의 의미로 직원에게 배상하는 것이라고 보는 시각으로 이는 일반적인 퇴직자보다 조직사정이나 재해 등으로 인한 퇴직자의 입장이나 노동조합 등의 인식이 반영된 견해라고 할 수 있다.

셋째, 보수후불설(거치보수설)로서 이는 재직 중에 직원이 제공한 노동의 실질가치 이하로 보수가 지급되었다고 보고 퇴직 후에 미불임금 내지는 이윤의 일부를 후불(deferred wage)하는 것이라고 보는 것으로 노동조합측이 주장하는 견해이다. 우리나라처럼 공무원 보수의 일부가 재직 중 기여금 형식으로 적립되어 받게 되는 연금은 후불의 의미가 있다고 할 수 있다.

넷째, 사회보장설(노후생활보장설)로서, 이는 직원이 받는 정기적 보수 그 자체로는 당면한 생활유지에 급급한 나머지, 노후생계 대비책을 스스로 마련하기가 어려운 것이 현실이므로, 사용자가 직원의 퇴직 후의 노후생활을 보장해줄 의무가 있다는 설로서 사회복지정책적 견해라고 할 수 있다.

연금에 대한 이론적 성격과 학설 등은 논자의 입장에 따라 다를 수 있어, 특정 학설이 모든 내용을 전적으로 설명하고 있다고 보기는 어려우므로 위에서 설명한 학설들은 상호보완적이라고 할 수 있다. 사용자는 공로보상설의 입장에서 인식할 수 있고, 직원이나 노동조합의 입장에서는 보수후불설이나 위자료설의 입장에서 주장할 수 있다. 그리고 공무원의 퇴직연금은 우리나라처럼 공무원의 재직 시 보수의 일부를 기여금 형식으로 정부가 적립하여 관리하다가 퇴직 후에 당해인에게 지급하는 부분이 있으므로 직원이나 노동조합은 보수후불설을 주장할 수 있으나, 연금의 소요 재원 확보 방법에 나라마다 차이가 많다. 사용자와 직원이 공동으로 부담하는 경우가 많고, 독일과 영국 및 스웨덴처럼 정부 단독으로 비용을 부담하는 경우도 있다.

3. 공무원연금의 기능과 성격

공직을 선택하는 동기 중의 하나로 노후생활 보장기능을 하는 공무원연금을 지적하는 경우를 종종 볼 수 있다. 다시 말해서 공무원연금은 우수인재를 확보하고 직업공무원제도를 정착시키는데 유용하므로, 인사정책적인 차원에서 보면 공무원연금은 유능인재 유입과 재직공무원에 대한 사기진작 기능을 가지고 있다. 공무원은 민간근로자보다 상대적으로 높은 윤리기준에 따라 행동할 것이 요구되고, 또한 공무원은 영리행위 금지 및 겸직금지 의무 등이 있어 민간근로자와는 달리 소득활동에 일정부분 제한을 받으므로 공무원들은 "공무원연금의 특수성"을 강조한다. 즉, 공무원연금은 사회보험적 측면에서 단순히 보험수리적 구조로만 파악하는 것은 무리이며, 국가의 역할과 공직의 성격 그리고 직업공무원제의 발전 등을 고려할 필요가 있다.

공적연금은 제도가입자들의 사회적 위험(노령과 사망 등)에 대비하는 장기소득보장 프로그램으로서 소득상실의 위험으로부터 기본적 생활을 보장하기 위한 사회적 요청에 따라 만들어지게 된 것이다. 공무원연금을 포함한 공적연금의 성격은 일종의 사회보험(현재 공적연금, 건강보험, 산재보험, 고용보험 및 노인 장기요양보험의 5대 사회보험이 운영되고 있음)으로 사회 연대성의 원리와 민간보험 원리를 상호접목한 것인데, 사회 연대성은 경제적·사회적 약자에 대한 보호를 실현하는 것이고, 민간보험은 일상생활에서 발생하는 위험을 분산시키는 원리에 근거하고 있다. 따라서 공무원연금을 포함한 공적연금은 국가가 사회복지정책을 수행하기 위하여 보험원리 등을 도입하여 만든 사회경제제도라고 할 수 있다. 공무원연금은 공무원 및 유족을 위한 종합사회보장제도로서, 퇴직 후의 노후소득보장 성격의 퇴직급여, 근로보상적인 성격의 퇴직수당(일종의 퇴직금에 해당), 근로재해에 대한 재해보상적 성격의 장해급여, 그리고 부조급여적 성격의 재해부조금(사망조위금 포함) 등 여러 요소를 함께 내포하고 있다.

4. 공적연금제도의 발전

우리나라의 공적연금(public pension)으로는 공무원연금(도입초기에는 군인포함)이 1960년에 도입된 이래, 1963년에 군인연금(공무원연금법에서 분리제정), 1975년에 사학연금(사립학교 교직원 대상)이 도입되었고, 1982년에 별정우체국직원연금제도가 도입되었다. 그리고 일반국민을 대상으로 하는 국민연금(노령인구의 생계보장을 위한 일반사회보장제도)은 1988년에 도입되었다. 공적연금과 구분되는 개념으로서 사적연금(private pension)이 있는데 두 제도 간에는 여러 가지 차이가 있다. 그러나 공적

표 14-6	공적연금과 사적연금의 성격과 차이	
구 분	공적연금	사적(민영)연금
적용방식	강제적	자율적
적용근거	법률에 의해 결정	계약에 의해 결정
운영주체	국가 또는 공익법인	민영기관
기본원리	세대간 부양 원칙	자기책임 원칙
지급기간	종신 연금	유기 또는 종신 선택 (납입액 기준 지급)
대상제도	국민연금, 공무원연금 군인연금, 사립학교교직원연금 등	개인연금, 연금보험 등

연금과 사적연금은 서로 대조가 되는 개념이 아니라, 상호 보완관계에 있다고 할 수 있다.

　우리나라는 1949년에 국가공무원법이 공포됨으로써 공무원연금이 제도화될 수 있는 근거가 마련되었다. 당시 국가공무원법 제27조에 공무원으로서 상당한 연한 동안 성실히 근무하여 퇴직하였거나 공무로 인한 부상 또는 질병으로 퇴직 또는 사망하였을 때에는 법률이 정하는 바에 의하여 연금을 지급한다고 규정하였다. 하지만 연금제도는 1950년 한국전쟁 등 국내사정의 혼란과 국고재정의 궁핍 등으로 실천에 옮겨지지 못했다. 그 후 우여곡절 끝에 1959년 말에 공무원연금법안이 국회를 통과하여 1960년 1월 1일자로 공무원연금법이 공포 · 시행되었다.

　그리고 일반국민들을 대상으로 하는 국민연금제도가 정착되면서 공무원연금과의 형평성문제가 제기되었다. 지난 1973년 말에 '국민복지연금법'이 제정된 이래 그 시행일을 미루어 왔으나, 평균수명이 연장되고 가족구조가 핵가족화됨에 따라 국민의 노후대책을 마련하고 사업장에서의 각종 사고로 인하여 소득능력을 잃은 자 등에 대한 생활보장을 위하여 1986년에 '국민복지연금법'을 '국민연금법'으로 전부개정하고, 그 시행시기를 1988년 1월 1일부터 시행하기로 하고 국민연금사업을 수행하게 하기 위하여 국민연금관리공단을 설립하여 운영하도록 하였다. 공적연금으로서의 국민연금은 노령인구의 생계보장을 위한 일반사회보장제도로서 1988년 근로자 10인 이상 사업장을 대상으로 도입된 이래 단계적으로 가입대상을 넓혀

표 14-7	우리나라의 4대 공적연금 제도			
구 분	공무원연금	군인연금	사립학교교직원연금	국민연금
근거법률 (시행년도)	공무원연금법 (1960)	군인연금법 (1963)	사립학교 교직원 연금법 (1975)	국민연금법 (1988)
가입대상	국가공무원 및 지방공무원 등	장기복무 부사관 및 장교	사립학교 교원 및 사무직원	국내거주 18-59세 국민
보험료율	본인 9% 국가/지자체 9%	본인 7% 국가 7%	본인 9% 국가와 법인 9%	가입자 4.5% 사용자 4.5%
주무부처	인사혁신처	국방부	교육부	보건복지부
집행기관	공무원연금공단	국방부 (국군재정관리단)	사립학교교직원 연금공단	국민연금공단

1999년 4월에 일반 국민이 국민연금에 가입할 수 있도록 하였다.

그 외 노년층을 대상으로 한 '기초연금' 제도가 있는데, 기초연금은 국민연금과 달리 본인의 기여도와는 관계없이 만 65세 이상의 한국 국적의 국내 거주 노인 인구 중 소득인정액이 선정기준액 이하(소득 하위 70%)인 사람들을 대상으로 국가에서 마련한 재원으로 지급하는 연금급여이다. 기초연금은 2008년 1월부터 시행해 온 기초노령연금제도를 대폭 개정해 2014년 7월부터 시행되었다. 공무원연금, 사립학교교직원연금, 군인연금, 별정우체국연금 수급권자 및 그 배우자는 원칙적으로 기초연금 수급대상에서 제외된다.

제4절 우리나라 공무원 연금제도

1. 공무원연금법과 적용대상

우리나라 정부가 수립된 다음해인 1949년에 국가공무원법을 제정하면서 제27조에 공무원 연금 지급에 관한 근거 조항이 들어갔고, 1960년에 별도의 공무원연금법이 공포되었다. 그 후 여러 차례의 개정을 거쳐 오늘에 이르고 있다. 이 법은 공무원의 퇴직 또는 사망과 공무로 인한 부상·질병·장애에 대하여 적절한 급여를 지급함으로써, 공무원 및 그 유족의 생활안정과 복리 향상에 이바지함을 목적으로 하고 있다. 따라서 공무원연금은 퇴직연금을 포함한 퇴직급여는 물론이고, 유족급여, 재해보상급여(장해급여, 유족급여 등), 퇴직수당, 재해보상급여, 부조급여 등을 포함하고 있다.

공무원연급법의 적용대상이 되는 공무원은 상시 공무에 종사하는 자를 말하며, 국가공무원법과 지방공무원법상의 공무원, 그 밖의 법률에 따른 공무원(공중보건의사, 보건진료원, 공익법무관, 징병전담의사, 사법연수원생)을 포함하며, 또한 대통령령으로 정하는 국가나 지방자치단체의 일부 직원(청원경찰, 청원산림보호직원, 위원회에서 정액급여를 받는 상임위원과 전임직원 등)도 포함된다.

군인은 군인연금법의 적용을 받으므로 이 법의 적용대상에서 제외되며, 선거에 의하여 취임하는 공무원도 제외한다(공무원연금법 제3조). 국회의원, 지방자치단체장, 지방의회의원 등은 국민연금법의 적용대상이다(단, 대한민국헌정회육성법의 적용을 받는 2012년 5월 이전에 1년 이상 국회의원으로 재직한 만 65세 이상의 수급자격이 있는 전직 국회회원은 매달 연금성격의 지원금을 받음; 대통령은 전직대통령 예우에 관한 법률에 의해 대통령 보수연액의 95%에 상당하는 연금 지원을 받음).

2. 공무원연금의 관리와 집행체계

공무원연금에 대한 정책과 제도개발 등은 중앙인사기관(인사혁신처)이 관장하지만, 집행업무는 공무원연금공단에서 담당하고 있다. 공무원연금공단(www.geps.or.kr)은 연금업무(기여금과 부담금 등 제비용 징수, 퇴직급여와 재해보상급여 등의 지급), 기금운용업무(금융기관 예입, 유가증권 투자, 공무원용 주택건설과 임대, 공무원에 대한 융자, 공무원복지시설 운용 등) 및 국가위탁업무(학자금 대여, 맞춤형 복지업무 등) 등을 수행한다.

3. 공무원연금의 비용부담과 연금재정운용체계

연금의 비용부담 방법에는 근로자와 사용자가 공동으로 부담하는 기여제와 사용자가 비용전액을 부담하는 비기여제(non-contributory system)가 있다. 기여제는 연금급여에 소요되는 비용을 사용자(정부)와 연금수혜자(공무원)가 공동으로 부담하는 비용부담방식(한국, 일본 등)이고, 비기여제는 연금수혜자에게는 비용부담을 시키지 않고 사용자인 정부가 소요비용 전액을 부담하는 비용부담방식(독일, 영국, 스웨덴 등)이다.

일반적으로 공적연금제도는 확정급여형제도(defined benefit plans)이며, 이 방식은 연금급여의 수준이 사전에 결정되어 있고, 정해진 연금급여 지출을 충당하기 위해 보험료를 조정해 나가는 방식이다. 이러한 확정급여형 연금제도의 연금지출을 충당하기 위한 연금재정 운용방식으로 (기금)적립방식(funded system)과 (예산)부과방식(pay-as-you-go system)이 있다.

(기금)적립방식(기금제)은 장래에 소요될 급여비용의 부담액을 제도가입기간 동안의 평준화된 보험료로 적립시키도록 계획된 재정방식(한국, 일본, 미국 등)이다. 개

별 공무원들이 정기적으로 기여금을 적립하여 기금으로 관리하는 것이다. (기금)적립방식의 경우에는 기금고갈 가능성, 관리운영상의 어려움 및 기금투자위험 등의 한계점이 있다. 우리나라는 기본적으로 (기금)적립방식을 채택하고 있다.

한편, (예산)부과방식(비기금제 혹은 현금지출제)은 기금적립금을 보유하지 않으며, 각 시점의 퇴직자에 대한 퇴직급여 소요분을 충당할 수 있는 만큼의 보험료를 정부가 매년 세출예산으로 편성하여 부과하는 방식(독일, 영국, 스웨덴 등)이다. 정부의 연금비용 부담이 크며 후세대의 부담이 가중된다. 우리나라도 2001년부터 (예산)부과방식을 보완적으로 도입하여 국가나 지방자치단체의 정부보전금(연금수입과 연금지출과의 차액)으로 연금적자를 충당하고 있다.

4. 공무원연금 비용부담 비율과 정부보전금

퇴직급여 및 유족급여는 공무원 본인이 납부하는 '기여금'과 국가 및 지자체가 부담하는 연금 '부담금'을 재원으로 하며, 매년도 기여금과 연금 부담금으로 당해연도 급여비용을 충당할 수 없을 경우에는 그 부족분을 정부가 추가로 부담한다. 공무원 본인이 매월 기준소득월액(매월 받는 보수 중에서 비과세소득을 제외한 과세대상소득 금액)의 일정비율을 불입하는 기여금(employee contribution: 기준소득월액의 9.0%; 매달 공무원이 부담하는 금액)과 국가 또는 지방자치단체에서 보수예산의 일정비율을 부담하는 부담금(employer contribution: 보수월액의 9.0%; 국가나 지방자치단체가 부담하는 금액)으로 재원을 조달한다.

기여금은 공무원연금법의 적용을 받는 모든 공무원을 대상으로 매월 보수 지급

표 14-8 공무원 연금의 재정방식

비용 부담	급여 지급
기여금(공무원): 기준소득월액의 9% 부담금(국가/지방자치단체): 보수월액의 9%	퇴직급여(퇴직연금 등) 유족급여(유족연금 등)
정부보전금(국가/지방자치단체)	급여 부족분
재해보상부담금(국가/지방자치단체)	재해보상/부조급여
퇴직수당부담금(국가/지방자치단체)	퇴직수당

출처: 공무원연금공단 홈페이지.

시에 연금취급기관에서 원천징수하며, 부담금은 국가 및 지방자치단체가 부담한다.

공무원들이 부담하는 기여금과 국가 및 지방자치단체에서 부담하는 연금 부담금으로 당해 연도의 연금급여비용을 충당할 수 없는 경우에는 그 부족한 금액을 국가 및 지방자치단체에서 추가로 보전하며, 이를 연금수지 부족액에 대한 정부보전금이라 한다. 재해보상과 퇴직수당에 대해서도 국가나 지방자치단체가 부담한다.

5. 공무원연금의 급여체계

공무원연금급여는 크게 장기급여와 단기급여로 나누어진다. 장기급여는 퇴직급여(퇴직연금, 퇴직연금일시금, 퇴직연금공제일시금, 퇴직일시금), 유족급여(유족연금, 유족연금부가금, 유족연금특별부가금, 유족연금일시금, 유족일시금), 재해보상급여(장해급여, 장해보상금, 순직유족연금, 순직유족보상금, 위험직무순직유족연금, 위험직무순직유족보상금), 퇴직수당 등이 있다. 단기급여는 재해보상급여(요양급여공무상요양비, 재해부조금)와 부조급여(사망조위금) 등이 있다.

연금급여 중에서 가장 중요한 비중을 차지하는 것이 퇴직급여라 할 수 있다. 정부기관에서 10년 이상 재직하고 연금지급조건이 되어 퇴직한 때 또는 퇴직 후 연금지급 조건에 도달한 때에는 사망 시까지 매월 연금을 받을 수 있다(매월연금액: 평균기준소득월액×재직연수×연금지급률에 의해 결정). 공무원으로 재직한 연수가 10년 미만일 경우에 퇴직연금을 받지 못할 시에는 퇴직일시금을 받게 된다.

인구노령화에 따른 재정부담 증가 등을 이유로 연금지급 개시연령이 우리나라를 비롯한 여러 나라에서 상향조정되고 있는 추세이다. 이에 따라 2009년 개혁 때는 2010년 이후의 신규임용자의 연금지급 개시연령은 65세에 도달한 때부터로 했고, 2015년 개혁 때는 1996년 이후 임용자부터 퇴직시점에 따라 경과조치를 적용하여 단계적으로 적용해가기로 했다(2016~2021년: 60세; 2022~2023년: 61세; 2024~2026년: 62세; 2027~2029년: 63세; 2030~2032년: 64세; 2033년 이후: 65세).

표 14-9 공무원연금 급여 종류와 급여지급 요건

구 분			급여의 종류	급여지급 요건
장기 급여	퇴직급여		퇴직연금	공무원이 10년 이상 재직하고 퇴직한 때
			퇴직연금일시금	10년 이상 재직후 퇴직한 공무원이 퇴직연금에 갈음하여 일시금으로 지급받고자 할 때
			퇴직연금공제일시금	10년 이상 재직후 퇴직한 공무원이 10년을 초과하는 재직기간중 일부기간을 일시금으로 지급받고자 할 때
			퇴직일시금	공무원이 10년 미만 재직하고 퇴직한 때
	유족급여		유족연금	10년 이상 재직한 공무원이 재직 중 사망한 때 퇴직연금 또는 조기퇴직연금 수급자가 사망한 때 장해연금 수급자가 사망한 때
			유족연금부가금	10년 이상 재직한 공무원이 재직중 사망하여 유족연금을 청구한 때
			유족연금특별부가금	퇴직연금수급권자가 퇴직후 3년 이내에 사망한 때
			유족연금일시금	10년 이상 재직한 공무원이 재직중 사망하여 유족연금에 갈음하여 일시금으로 지급받고자 할 때
			유족일시금	10년 미만 재직한 공무원이 사망한 때
	재해 보상 급여	장해 급여	장해연금	공무상 질병·부상으로 인하여 장애상태로 되어 퇴직한 경우
			장해보상금	장해연금에 갈음하여 일시금으로 지급받고자 할 때
		유족 급여	순직유족연금	공무상 질병·부상으로 사망시
			순직유족보상금	
			위험직무순직유족연금	위험직무 수행 중 사망시
			위험직무순직유족보상금	
	퇴직수당		퇴직수당	공무원이 1년 이상 재직하고 퇴직 또는 사망한 때
단기 급여	재해보상급여		요양급여공무상요양비	공무상 질병·부상으로 인하여 요양기관에서 요양을 할 때 또는 공무상 질병 부상 치유 후 재발한 때(재요양)
			재해부조금	공무원의 주택이 수재·화재 기타 재해로 인하여 재해를 입은 때(공무원, 공무원의 배우자 또는 공무원이 상시 거주하는 직계존비속 소유의 주택)
	부조급여		사망조위금	공무원의 배우자, 부모(배우자의 부모 포함), 자녀가 사망한 때 공무원이 사망한 때

* 2016년에 연금법을 개정하면서 기존의 '순직' 및 '공무상 사망'을 각각 '위험직무순직' 및 '순직'으로 변경.
출처: 공무원연금공단 홈페이지.

6. 공무원연금 개혁

공무원연금법은 1960년에 제정된 이래 30여회 이상 개정되었는데, 1990년대 초반까지는 급여 확대를 위주로, 1990년대 중반 이후부터는 연금재정 안정화를 위해 기여율과 부담율 인상 및 급여 축소가 이루어지는 방향으로 개정되었으며, 2000년에는 IMF구조조정 이후 대량퇴직으로 기금고갈이 개혁배경이 되었으며, 2009년에는 정부의 보전금 증가와 국민연금 개혁 등이 연금개혁을 촉발시켰다. 그리고 지난 2015년의 공무원연금 개혁은 보전금 증가와 국민연금과의 형평성 논란에서 비롯되었다. 그래서 국회에서 공무원연금개혁 특별위원회를 구성하여 공무원연금을 개혁하고자 했다. 이를 위해 국회는 '공무원연금개혁을 위한 국민대타협기구 구성 및 운영에 관한 규칙'을 의결하여 추진하였다. 국회의 공무원연금개혁특별위원회는 2015년 초부터 활동하여 2015년 5월에 공무원연금개혁안이 국회본회의를 통과함으로써 확정되었다(Kim & Chun, 2019).

지난 2015년 공무원연금개혁은 이해당사자가 참여한 가운데 상호 양보와 고통분담을 통해 국민적 합의를 이끌어낸 사회적 대타협의 결과라고 할 수 있다. 공무원연금 개혁과 같은 갈등 과제의 경우 개혁안의 재정적 지속가능성 외에 사회적 지속가능성 측면도 그에 못지않게 중요한데, 2015년 개혁은 재정절감 효과를 거둔 것에 더하여, 이해당사자를 참여시켜 합의를 이끌어냄으로써 일방적 결정·강행에 따른 사회적 갈등을 최소화하였다. 이 개혁안의 특징은 재정건전성을 제고하는 내용을 담은 내용이므로 기본적으로 고부담 저급여(더 내고 덜 받는) 개혁이라 할 수 있다(Kim & Chun, 2019).

또한 국민연금과의 형평성을 부분적으로 도모하였다. 공무원이 민간 근로자에 비해 기여율이 2배(공무원 9% 대비 근로자 4.5%) 부담하는데 비해서, 공무원연금의 수익비(연금총액÷보험료 총액)가 종전 2.08배에서 1.48배 수준으로 낮아졌는데, 이는 유사 소득수준 국민연금 가입자 수준으로 국민연금과의 형평성을 개선한 것이다. 그리고 연금지급 개시연령과 유족연금 지급률을 국민연금 수준으로 조정하고, 현행 60세인 연금지급개시 연령을 단계적으로 연장하여 2033년 이후에는 65세부터 연금을 수령할 수 있도록 함으로써 국민연금의 지급개시연령과 유사하도록 조정하였다. 국민연금 상당부분인 지급률 1.0% 해당부분에 소득재분배 요소를 도입하여 국민연금과 구조적 형평성을 부분적으로 도모하였다.

표 14-10   2015년 공무원연금 개혁의 주요 내용

2015년 이전 제도	2015년 개혁 내용
공무원 기여금 비율 (7%)	기준소득월액의 9%(단계적 인상) *(2016년) 8% → (2017년) 8.25% → (2018년) 8.5% → (2019년) 8.75% → (2020년) 9.0%
연금 지급률 (1.9%)	재직기간 1년당 1.7%(단계적 인하) *(2016년) 1.878% → (2020년) 1.79% → (2025년) 1.74% → (2035 년) 1.7%
연금지급 개시 연령 (2009년 이전은 60세; 2010년 이후는 65세)	1996년 이후 임용자부터 퇴직시점에 따라 단계적 연장 *(2016~2021년) 60세 → (2022~2023년) 61세 → (2024~2026 년) 62세 → (2027~2029년) 63세 → (2030~2032년) 64세 → (2033 년 이후) → 65세
연금수급 재직요건 (20년)	10년 이상 재직
기준소득월액 평균액 상한 (1.8배)	전체공무원 기준소득월액 평균액의 1.6배로 하향 조정
기여금 납부기간 (33년)	재직기간에 따라 최대 36년(단계적 연장)
유족연금 (2009년 이전임용 70%; 2020년 이후임용 60%)	퇴직연금의 60%
공무원의 연금수익비 (2.08배)	연금수익비를 1.48배로 하향 조정
최저생계비이하 연금압류금지 (없음)	연금액 중 월 150만원 압류 금지 (민사집행법상 압류가 금지되는 최소한의 생계비)
소득재분배 요소 (없음)	연금지급률 1.7% 중 1%에 소득재분배 요소 도입
이혼시 분할연금 제도 도입 (없음)	혼인기간이 5년 이상인 경우에 이혼하면 혼인기간에 해당하는 연금액 의 절반을 배우자에게 지급(법원결정 우선)
연금액 인상률 (물가인상률)	5년간 한시 동결(2016~2020)

출처: 인사혁신처 공무원연금 개혁 보도자료(2015).

지난 2015년의 연금개혁에 따른 현재의 공무원연금의 주요 내용을 살펴보면 다음과 같다. 첫째, 기여율은 공무원들이 내야 하는 보험료를 좌우하는 요소로 당시의 기준소득월액(공무원의 기본급, 성과급, 각종수당 등이 포함된 총소득에서 비과세소득을 제외한 금액의 연간지급합계액을 12개월로 나눈 것)의 7%를 적용하였는데, 2015년 개혁안은 5년에 걸쳐(2016년 8%, 2017년 8.25%, 2018년 8.5%, 2019년 8.75%, 2020년 9.0%로 조정) 단계적으로 기여율을 인상하였다.

둘째, 공무원이 받는 연금액의 비율 즉 연금 지급률은 1.9%에서 1.7%로 향후 20년에 걸쳐(당시 1.9%의 지급률을 2020년 1.79%, 2025년 1.74%, 2035년 1.7%로 단계적으로 하향 조정) 단계적으로 인하하였다. 공무원이 받는 연금액은 '기준소득월액×재직기간×지급률'로 결정되는데, 지급률이 낮아지면 연금액이 줄어든다. 따라서 '더 내고 덜 받는 개혁'이 된 셈이다.

셋째, 기존 제도 하에서는 2010년 이전 임용자의 경우 60세 이상에게, 2010년 이후 임용자의 경우에는 65세 이상에게 연금을 지급하도록 했으나, 2015년 개혁으로 연금지급 개시연령을 단계적으로 연장해 2033년부터는 65세에 연금을 지급하기로 했다(국민연금 역시 2033년부터 65세부터 지급하고 있다). 이에 따라 현행 국가공무원법 제74조, 지방공무원법 제66조에 규정된 공무원의 정년 60세에 대한 검토가 필요하다. 현행 법률을 유지할 경우 공무원정년과 연금수급시점 사이에 최소 1년에서 최대 5년의 격차가 발생한다. 현재 공무원정년은 60세인데, 공무원연금 지급개시 연령이 늘어나면 이에 따른 소득공백에 대한 해소 방안이 필요하다. 일부 서방국가들은 연금재정 악화를 막기 위해 연금수령개시 나이를 65세에서 67~68세로 늘이는 국가도 있으므로 우리나라도 공무원의 정년을 연장할 필요가 있다.

넷째, 연금수급요건이 기존의 20년에서 10년으로 단축되었다. 정부와 민간분야 간의 인력이동이 크게 늘어나고 있으므로 연금수령조건(20년 근무조건)을 완화한 것이다. 그러나 이는 정부의 연금재정 부담요인으로 작용하게 된다.

다섯째, 연금급여 산정에 적용되는 기준소득월액의 상한선을 전체공무원 평균소득(2015년은 467만원)의 1.8배에서 1.6배로 낮춰 고액 연금이 불가능하게 했다.

여섯째, 기여금 납부기간이 33년에서 36년으로 단계적으로 3년간 연장되었다. 연금은 가입기간이 늘어나면 그만큼 연금액을 더 많이 받게 되는 구조로서 이는 공무원노동조합의 주장(더 내더라도 연금액을 줄이지 말라는 요구)을 반영한 것인데, 예전에는 실제 36년을 근무해도 33년 이후부터는 기여금을 내지 않고 33년까지만 계산하는 방식이었다.

일곱째, 유족 연금액의 경우 기존에는 2010년 이전 임용자의 경우 70%를, 2010년 이후 임용자는 전체의 60%를 받도록 하였으나, 새 개혁안은 임용시기와 상관없이 공무원 유족이 60%를 받도록 통일했다(유족연금 지급률 60%는 국민연금과 같은 수준이다).

여덟째, 공무원의 연금수익비(공무원이 부담한 기여금 대비 연금수령액의 비율)를 현재 2.08배(수익비가 2.08배라는 의미는 공무원이 자신이 낸 기여금의 2배 정도를 받게 된다는 의미)에서 1.48배로 낮췄는데 이는 국민연금의 수익비가 1.5배이기 때문에 국민연금과 형평성을 맞추기 위한 것이다.

아홉째, 그간 없던 요소들이 일부 추가되었다. 연금이 압류되어 최저생계비조차 보장되지 못하는 상황을 방지하기 위하여 연금액 중 월 150만원은 압류하지 못하도록 제한하는 내용을 신설하였다. 또한 소득재분배 기능을 도입함으로써, 하위직은 상대적으로 금액을 더 받고, 고위직은 상대적으로 덜 받는 구조가 만들어졌다 (즉 직급 간에 연금 격차를 줄이기 위해 연금 지급률 1.7% 가운데 1.0%에 해당하는 부분에 소득재분배 요소를 도입하였다). 그리고 혼인기간이 5년 이상인 경우에 이혼을 하게 되면 혼인기간에 해당하는 연금액의 절반을 배우자에게 지급할 수 있도록 하였다.

마지막으로, 2015년에 연금개혁을 하면서 연금수급자도 고통을 분담하는 차원에서 매년 물가인상율만큼 인상하던 연금액을 5년간(2016~2020) 인상없이 한시적으로 동결하였다.

7. 공무원연금 개혁의 정책문제

공무원연금 개혁의 정책문제 혹은 이슈는 다음 세 가지로 요약할 수 있다. 첫째, 재정안정성(financial stability)으로 날로 늘어나는 연금보전금에 대한 국가재정 부담을 어떻게 안정시킬 것인가에 대한 문제이다. 공무원연금제도가 지속가능한 제도가 되기 위해서는 연금재정의 안정성 확보가 무엇보다 중요하다. 현재 정부보전에 의해 무한책임이 법적으로 규정되어 있어 당장 큰 문제는 없지만, 정부보전 규모가 계속 늘어나면 미래정부에 부담이 되지 않을 수 없다. 공무원연금회계는 1993

년부터 적자가 발생하여 여러 차례의 연금개혁을 실시하게 되었다. 특히 2015년의 공무원연금 개혁으로 정부의 보전금(연금지출에서 연금수입을 뺀 금액으로 연금재정적자를 정부가 보전하는 금액) 규모가 줄어들었지만, 장기적으로는 여전히 증가할 것이다. 연금재정이 지속적으로 악화되는 주된 원인은 부양율(연금수급자수/현직공무원수)이 장기적으로 크게 상승하기 때문이다(최재식, 2016). 공무원연금제도가 도입된 지 반세기가 지나면서 연금수급자가 크게 늘어나는 제도적 성숙기에 접어들어 연금지출은 크게 늘어난 반면에, 비용을 부담하는 재직자 수는 상대적으로 크게 늘어나지 아니하여 연금지출 부담증가의 주요 요인으로 작용하고 있다.

둘째, 형평성(equity) 문제로 국민연금에 비해서 공무원연금의 급여가 다소 많다고 보는 국민들의 비판을 어떻게 해결할 것인가의 문제이다. 공무원이 국민연금 가입자보다 상대적으로 연금급여를 많이 받으면서 공무원연금수지 부족액을 국민들이 낸 세금으로 보전하는 것에 일반국민들은 비판적이다. 그래서 2015년에 공무원연금의 지급개시 연령과 유족연금 비율을 국민연금처럼 조정했고, 공무원이 납부한 기여총액과 연금급여간 비율인 연금수익비(연금총액 대비 재직기간 납부총액)를 국민연금수준으로 하향조정했다. 하지만 공무원은 국민연금 가입자(4.5% 부담)보다 두 배 정도 많이 기여하고 있다는 점을 지적한다. 또한 공무원이라는 신분 때문에 영리활동에 제한을 받는다는 점을 들어 공무원연금과 국민연금을 단순비교하는 것은 무리라고 주장한다. 따라서 공무원연금은 국민연금과 같은 사회보장연금의 성격뿐만 아니라 직업공무원제도를 받치는 인사정책적 수단으로서의 성격도 갖고 있다. 따라서 두 제도를 단순비교하는 것은 무리가 따르므로 각각의 제도목적에 합당하게 연금급여의 수준을 설정해야 할 것이다(한국개발연구원, 2014).

셋째, 연금급여의 적정성(adequacy)도 중요한 이슈 중의 하나로 퇴직공무원의 노후소득을 얼마나 적정한 수준까지 보장할 것인가에 대한 것이다. 최근 공무원연금 개혁의 기본적 기조는 '더 내고 덜 받는 형태'라고 할 수 있는데, 이것은 장기적으로 연금의 적정성을 훼손할 수 있다. 이는 연금제도가 노후소득보장 차원에서 적절한 역할을 수행하는가에 대한 문제이다. 공무원연금법의 목적은 공무원 퇴직 후의 생활안정을 도모하도록 하고 있으므로 공무원은 노후의 실질적인 소득보장이 되기를 바라고 있다. 연금의 적정선은 국가별 사정을 감안해야 하겠지만, 적어도 국제노동기구(ILO)의 최저기준(평균소득의 40%선)은 넘어서야 할 것이다(한국개발연구원, 2014). 연금개혁이 필요하지만, 그렇다고 하향평준화와 같은 "연금 깎기"에 치중하여 자칫 노후소득보장기능을 상실해서는 안 될 것이다. 공무원은 덜 내고 덜 받는 '저부담 저복지'보다는, 더 내고 더 받는 '중부담 중복지'를 원하고 있다고 하겠다.

8. 향후의 공무원연금 개혁전략

공무원연금제도의 개혁전략으로 모수개혁(parametric reform)과 구조개혁(structural reform)을 들 수 있다. 구조개혁(국민연금과 연계통합, 저축계정 등 보충연금제 도입 등)은 기존 연금제도의 틀을 구조적으로 바꾸는 것이고, 모수개혁은 기존의 틀을 유지하면서 모수(모수는 모집단의 특성을 의미하며, 이는 연금제도의 특성을 나타내는 기여금 비율과 연금급여의 연금지급조건과 지급률 등을 의미), 즉 연금내부의 수급부담구조를 개선하는 것을 의미한다(최재식, 2016). 실제로 1995년에 기여율 3.6%를 4.88%로, 2000년에는 기여율 4.9%를 5.5%로, 그리고 2009년에는 5.5%를 7%로, 2015년에는 7%를 9%로 인상하였다.

그런데 2015년 연금개혁백서에 의하면, 2015년 당시에 정부는 초기에 공무원연금과 국민연금을 통합하는 방식인 구조개혁을 추진하고자 했다고 한다. 공무원연금과 국민연금의 형평성을 맞추면서 이를 연계하는 구조개혁 방안을 모색하였으나 이해당사자들의 반대에 부딪혀 구조개혁을 하지 못하고, 기여율과 지급률을 조정하는 모수개혁에 그쳤다. 즉 공무원연금과 국민연금을 분리·운영하면서 공무원연금의 수치를 조정하는 모수개혁 수준에서 이루어진 것이다.

향후의 공무원연금 개혁방향과 관련해서는 모수개혁보다는 구조개혁을 해야 한다는 의견이 지배적이다(최재식, 2016; 이각희, 2018). 공무원연금이 독립된 단층구조를 형성하는 체계와 국민연금의 토대 위에서 다층구조를 형성하는 체계로 구분할 수 있는데, 구미의 여러 나라들과 일본 등이 단층구조에서 다층구조로 전환했다.

공무원도 일반 국민처럼 국민연금의 구조에 포함시켜 국민연금을 전체적으로 바탕에 깔고, 그 위에 공무원의 특수성을 반영한 공무원연금과 개인연금보험이나 개인연금저축계정 등을 포함하는 다층구조를 검토해볼 수 있을 것이다. 즉 [그림 14-1]의 다층구조에서 1층에 국민연금을 기본으로 하고, 그 바탕 위에 2층과 3층을 어떻게 재설계하느냐가 관건이므로 다층구조방안 등에 관해서 심도있는 연구가

그림 14-1 연금 다층구조

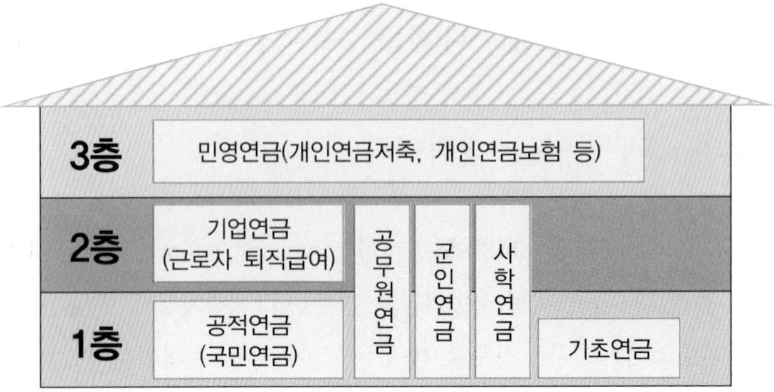

3층	민영연금(개인연금저축, 개인연금보험 등)				
2층	기업연금 (근로자 퇴직급여)	공무원연금	군인연금	사학연금	
1층	공적연금 (국민연금)				기초연금

필요하다. 따라서 구조개혁을 통해 저축계정이나 개인연금 등과 같은 새로운 제도의 추가도입 등을 검토하면서 공무원연금뿐만 아니라 전체 공적연금체계의 근원적인 구조개혁을 추진할 때가 되었다.

9. 연금기금 운용전략과 기금사업 개편

연금기금의 역할 재정립에 따른 기금운용전략을 수정할 필요가 있다. 지금까지 공무원연금공단은 연금기금이 장래를 위한 책임준비금의 역할에 비중을 두고 수익성을 최우선시하는 정책을 유지하여 왔다. 즉, 고수익의 창출을 통해 연금재정 안정화에 기여하겠다는 목표를 견지해왔지만, 그것은 연간 급여지출액 증가추세 및 기금 규모를 고려해 볼 때 달성하기 쉽지 않은 목표라고 할 수 있다. 현재 기금운용수익률은 연도별 차이가 있지만, 보전금 수준에도 못 미치며 보전금은 점차 증가추세에 있다. 따라서 연금기금의 기금운용 방법과 전략을 수정할 필요가 있다.

또한 연금기금에 의한 복지사업을 줄일 필요가 있다. 연금기금의 실물투자는 이미 오래전에 그 운용목적을 수익성과 복지성에서 수익성 위주로 수정했지만, 여전히 복지사업으로서의 성격을 갖고 있다. 공무원연금법(기금의 관리·운용)과 동법 시행령(기금증식사업과 공무원공무원복지사업)에서 대부사업, 주택사업 및 복지시설사업 등을 하도록 규정한 법적근거와 현실적 필요성 때문에 여전히 수익성과 복지성이라는 두 목적을 추가하다 보니 정책적 혼선이 발생하고 있다. 그러나 연금기금이 연금지급준비금이라는 본래 목적을 고려한다면, 연금기금에 의한 복지사업은 줄이거나 폐지할 필요가 있다(한국개발연구원, 2014). 수익성이 있더라도 실물부문에 투자된 자금은 장기간 사장되어 유동성 확보 목적에 부합하지 않기 때문에, 기금운용 방법으로는 부적합하다. 따라서 기존의 연금기금사업 중 꼭 필요한 공무원복지사업은 공무원복지기금법을 제정하여 공무원복지기금이라는 별도의 재원을 확보해서 운영하는 것이 바람직하다. 아울러 공무원연금공단은 지속적인 경영혁신을 통해 연금집행업무는 물론 연금기금운용과 국가위탁업무 등을 보다 효율적으로 수행해야 할 것이다.

과제 맞춤형 복지와 연금액 등을 알아보자.

□ 현재 공무원으로 15년간 근무한 공무원의 경우에 배우자와 자녀 3명이 있고, 부모(2명)를 모시고 있는 경우의 맞춤형 복지점수를 계산해보자.
- 복지점수: 기본복지점수(공무원 개개인에게 기본적으로 일률적으로 400점 부여) + 변동복지점수(근속점수는 연수에 따라 10점씩 부여; 가족점수는 배우자 100점, 부모 각각 50점, 첫째자녀 50점, 둘째자녀 100점, 셋째자녀 200점 등)
- 계산내역:
기본점수: 400점
근속점수: 15년×10점=150점
가족점수: 배우자(100점)+자녀3(50+100+200)+부모(50+50)=550점
- 복지점수 총계: 1100점

□ 공무원으로 30년 재직하고 퇴직한 사람(가정: 전기간 평균기준소득월액이 500만원)의 경우에 월 연금액은 대략 얼마나 될까?
- 월 연금액은 전(全)기간 평균소득, 재직기간, 연금지급률을 각각 곱해 결정되므로 재직평균소득 500만원에 30년과 연금지급률(1.7%)을 곱하면 월 연금액은 대략 255만원이 된다.

□ 국회는 2022년 7월에 여야 국회의원 13명이 참여하는 '연금개혁특별위원회'를 구성하여 운영하여 왔는데, 그 활동 상황을 알아보자.

15

보건안전과 재해보상

인 사 행 정 론

제15장 보건안전과 재해보상

제1절 보건안전과 재해보상

1. 보건안전의 의의와 산업재해 관련 법률

보건안전(Occupational Health and Safety)은 근로자 동기부여의 기본적인 요소이다. 아브라함 매슬로우(Abraham Maslow)의 동기부여이론은 낮은 차원으로써 안전에 대한 욕구가 해결되지 않으면, 사회적 욕구, 존경 욕구, 자아실현 욕구와 같은 상위차원의 욕구가 발현되지 않는다고 한다. 기존의 연구들 또한 작업환경은 근로자의 동기부여 뿐만 아니라 직무 스트레스, 더 나아가 조직 성과에도 영향을 미친다고 한다(이상주·이린나·원철식, 2016; 최은희·정혜선, 2019; Peters & O'Connor, 1980; Spector & Jex, 1991). 일반적으로 급속한 경제성장은 산업현장에서 근로자의 부상 또는 사망이라는 결과와 열악한 작업환경으로 인해 근로자의 건강을 해치는 문제를 일으킨다. 이에 산업재해의 예방을 위해 제도보완 및 사업주의 행위에 대한 규제의 필요성이 등장하였다(Viscusi, 1983: 79-80). 그런데 우리나라 산재 사망률(number of deaths from industrial accidents)은 비교적 높은 편이다. 지난 2010년에 1,931명에서 2016년에는 1,777명으로 낮아지다가 2017년(1,957명)부터 조금씩 증가하여 2020년에는 2,062명인 것으로 나타났다(www.statista.com), OECD 보고서 에 의하면, 2021년 우리나라 산업재해 사망자는 10만 명당 4.3명이고, OECD 평균은 2.9이라 고용노동부는 2026년까지 OECD평균수준으로 향상시키겠다고 발표했다(Lee, 2022).

공무원 또한 보건 및 안전위험에 상당히 노출되어 있다. 많은 공무원들이 재난·재해 현장에 투입되어 인명구조·진화·수해방지, 구난활동을 하고 있다. 또한 2020년부터 전세계적으로 확산된 코로나바이러스감염증(coronavirus disease 2019: COVID-19)에 감염된 환자 치료 또는 확산 방지 활동 등을 하면서 위험을 감수하고 있다. 특히 공무원 중에서 경찰·소방 공무원의 질병과 사망률이 비교적 높은데, 그 이유는 근무형태 및 근무특성 때문으로 알려져 있다. 경찰관은 주·야간, 비번 등으로 야간·근무교대 형태가 일반적이고, 소방공무원의 경우에도 화재 진압 중 유해화학물질 흡입, 야간 교대근무, 화재 참상으로 인한 정신적인 외상(trauma) 등이 복합적으로 작용해 질병과 사망이 비교적 많은 편이다.

우리나라 헌법의 제34조 6항은 국가는 재해를 예방하고 그 위험으로부터 국민을 보호하기 위하여 노력하여야 한다고 명시하고 있다. 이에 따라 1953년에 제정한 근로기준법(Labor Standards Act) 제6장에서 안전과 보건에 관한 조항을 처음으로 비교적 상세하고 규정하였으며, 1997년에는 기존의 근로기준법을 폐지하고 새로운 근로기준법을 제정하였다. 현재의 근로기준법 제6장(안전과 보건)은 근로자의 안전과 보건에 관하여는 산업안전보건법에서 정하는 바에 따른다고 명시하고 있다.

산업재해보상과 관련하여, 1963년에 산업재해보상보험법(Industrial Accident Compensation Insurance Act)이 제정되었는데, 이 법은 산업재해보상보험 사업을 시행하여 근로자의 업무상의 재해를 신속하고 공정하게 보상하며, 재해근로자의 재활 및 사회 복귀를 촉진하기 위하여 이에 필요한 보험시설을 설치·운영하고, 재해 예방과 그 밖에 근로자의 복지 증진을 위한 사업을 시행하여 근로자 보호에 이바지하는 것을 목적으로 한다. 현재의 산업재해보상보험법에 의하면, 근로복지공단에 산업재해보상보험심사위원회(1심)를 두며(104조), 근로복지공단은 보험에 관한 기록의 관리·유지, 보험료 기타 징수금의 징수, 보험급여의 결정 및 지급, 보험시설의 설치·운영, 근로자의 복지증진 사업 등을 수행한다. 보험급여는 업무상의 사유에 의한 것을 전제로 하여 요양급여, 휴업급여, 장해급여, 간병급여, 유족급여, 상병보상연금, 장의비, 직업재활급여로 한다. 그리고 보험급여에 관한 결정에 대하여 불복이 있는 자는 근로복지공단에 심사청구를 할 수 있고, 심사청구에 대한 결정에 불복이 있는 자는 재심기관인 고용노동부의 산업재해보상보험재심사위원회(재심)에 재심사 청구를 할 수 있다(107조).

그리고 본격적인 산업안전보건에 대한 '예방대책'은 1981년에 산업안전보건법

(Occupational Safety and Health Act)이 제정되면서 본격적으로 추진되었는데, 이 법은 산업 안전 및 보건에 관한 기준을 확립하고 그 책임의 소재를 명확하게 하여 산업재해를 예방하고 쾌적한 작업환경을 조성함으로써 노무를 제공하는 사람의 안전 및 보건을 유지·증진함을 목적으로 한다. 특히 산업안전보건법에서 규정하고 있는 주요 내용 중 사용자와 관련이 있는 내용을 보면, 사용자 등의 의무, 산업재해 공표제도, 산업재해 발생기록 및 보고, 안전보건관리체제, 안전보건관리규정, 안전보건교육, 유해위험 방지 조치, 도급 시 산업재해 예방, 근로자 보건관리 등을 규정하고 있다.

그 외에 정부는 1987년에 한국산업안전보건공단법을 제정하여 한국산업안전보건공단(Korea Occupational Safety and Health Agency: KOSHA)을 통해 산업재해 예방기술의 연구·개발과 보급, 산업안전보건 기술지도 및 교육, 안전·보건진단 등 산업재해 예방에 관한 사업을 효율적으로 수행하게 하고 있다.

또한 2021년에 중대재해 처벌 등에 관한 법률(약칭: 중대재해처벌법; Serious Accidents Punishment Act)이 제정되었으며, 이 법은 사업 또는 사업장, 공중이용시설 및 공중교통수단을 운영하거나 인체에 해로운 원료나 제조물을 취급하면서 안전·보건 조치의무를 위반하여 인명피해를 발생하게 한 사업주, 경영책임자, 공무원 및 법인의 처벌 등을 규정함으로써 중대재해를 예방하고 시민과 종사자의 생명과 신체를 보호함을 목적으로 한다.

경영학분야에서는 인사노무는 물론 보건안전과 재해보상 등에 대한 연구가 많았지만, 행정학분야에서는 보건안전과 재해보상 등에 대한 연구가 상대적으로 적었고 인사행정 교과서도 깊이 다루지 못하였다. 인사행정교과서에 이 주제를 별도의 장으로 다룬 것은 이 책이 처음이며, 앞으로는 이 부분에 대한 논의가 확대될 것으로 보인다. 보건안전과 재해보상문제는 공무원 개개인의 안녕은 물론 정부기관의 장기적인 경쟁력에 커다란 영향을 끼친다. 따라서 보건안전과 재해보상의 중요성에 대한 문제를 고려할 필요가 있다.

첫째, 정부는 공무원의 보건안전과 재해에 대하여 법적 책무를 가진다. 정부가 안전사고와 직업성 질병으로부터 공무원을 보호할 책임이 있으므로 이 문제를 소홀히 다루어서는 아니 된다. 둘째, 공무원의 보건안전과 재해보상은 사회적·인도적 책임의 영역이므로 정부가 모델고용주(model employer)로서 모범을 보여야 하며, 이는 정부의 위상과 이미지에 커다란 영향을 끼치므로 정부의 역할을 다하여야 한다. 셋째, 각종 안전사고와 직업성 질병은 정부의 비용을 증가시킨다. 공무원의 부상과 질병 및 사망 등으로 인한 각종 비용은 정부의 비용부담을 증가시키는 요인이 된다. 마지막으로 공무원이 각종 재해에 노출되면 공무원들이 불안해할 수 있고, 이는 정부와 공무원노동조합과의 관계마저도 악화시킬 수 있다. 따라서 안전사고와 재해의 원인을 파악하여 사고를 적극적으로 예방할 필요가 있고, 공무원에게 재해가 발생하면 적절한 조치와 보상을 할 필요가 있다.

최근에 Jung & Lee(2015)에서 호손 연구에 대한 행정학적 함의를 찾는 연구가 있었다. 미국 연방공무원들의 인식조사를 바탕으로 연구한 Jung & Lee는 근무환경과 근무조건 등에 대한 공무원들의 만족도를 통해 호손 실험을 재해석하고자 했다. 그들에 따르면 휴식시간과 근무시간, 근무량 등에 의해 대표되는 근무조건에 대한 만족도가 업무 성과에 긍정적인 영향을 줄 것이며 근무조건 및 자원의 양으로 대표되는 근무환경에 대한 만족도 역시 업무 성과에 긍정적인 영향을 줄 것이라고 주장한다. 통계분석에 따른 결과는 Jung & Lee 연구의 모든 가설을 그대로 검증하지는 못했으나 그동안 다루어지지 않았던 작업환경에 대한 관심을 이끌어 냈다는데 의의가 있다(유상엽, 2016). 작업환경은 공공기관 종사자들의 정신건강, 직무만족도, 나아가 조직의 성과에도 유의미한 영향을 미치는 것으로 나타났다(김재형·김호현·김근세, 2020; Fernandez & Moldogaziev, 2011).

2. 공무원의 보건안전과 재해보상 관련 법률

공무원의 보건 및 안전문제와 직접적인 관련이 있는 법률은 경찰공무원 보건안전 및 복지 기본법, 소방공무원 보건안전 및 복지 기본법, 공무원연금법, 공무원재해보상법 등이 있다.

경찰공무원 보건안전 및 복지 기본법은 2012년에 제정되었는데, 이 법은 경찰공무원에 대한 보건안전 및 복지 정책의 수립·시행 등에 필요한 사항을 규정함으로써 경찰공무원의 근무여건 개선과 삶의 질 향상을 도모하는 한편, 경찰공무원의 위상과 사기를 높이고 치안업무에 전념할 수 있도록 함을 목적으로 한다. 우리나라는 안전한 치안 수준을 유지하고 있는 것으로 평가받고 있으나, 대다수의 경찰관은 열악한 근무환경 속에서 일하고 있어 범인피습, 교통사고, 안전사고 등을 당할 수 있다(박동균·박주상, 2012). 특히, 작업환경 및 보건안전과 관련하여, 협소한 업무공간, 차량과 시설 및 장비 부족, 공상에 의한 휴직기간, 경찰관의 PTSD(post-traumatic stress disorder; 외상 후 스트레스 장애) 문제, 보호장구의 낙후 등이 문제로 지적된다.

소방공무원 보건안전 및 복지 기본법도 2012년에 제정되었는데, 이 법은 소방공무원에 대한 보건안전 및 복지 정책의 수립·시행 등에 필요한 사항을 규정함으로써 소방공무원의 근무여건 개선과 삶의 질 향상을 도모하는 한편, 소방공무원이 긍지와 자부심을 갖고 소방업무에 전념할 수 있도록 하여 소방서비스의 질 향상에 이바지함을 목적으로 한다. 소방공무원의 경우, 재난대응 공무원으로서 위험성, 긴급성, 활동 환경 위험성, 체력소모 등이 요구되는 업무의 특성이 있어 타 직렬의 공무원에 비해 심리적·신체적 스트레스 상황에 놓여 우울증과 PTSD, 수면장애 등을 겪을 가능성이 크다. 지난 2014~2018년 사이 연평균 3.6명의 위험직무순직자가 발생하였고, 동기간 연평균 495.8명의 공상자가 있었으며, 2009~2018년 연평균 8.4명의 자살자가 발생하였다(권설아 외, 2019).

공무원재해보상법이 2018년에 제정되기 전까지는 공무원연금법에 명시된 재해보상제도를 중심으로 재해보상이 이루어졌다. 공무수행 중 발생한 재해보상에 대한 별도의 법령이 필요하다는 문제제기와 함께, 소방·경찰·우정직 등 현장공무원의 위험직무순직 심사과정에서 지속적인 개선요구가 제기되어 왔다. 이에 따라 재해보상 기준의 합리화와 보상의 현실화 등을 반영하기 위하여 공무원연금법에서 재해보상제도를 분리하여 문재인 정부에서 2018년 공무원재해보상법을 제정하였으며, 이는 인간존중과 인간의 존엄성을 중시하는 시대흐름을 반영한 것이라고 할 수 있다. 공무원재해보상법의 제정으로 개편된 재해보상제도의 주요 내용은 <표 15-1>과 같다.

공무원재해보상법(Public Officials Accident Compensation Act: POACA)은 공무원의 공무로 인한 부상·질병·장해·사망에 대하여 적합한 보상을 하고, 공무상 재해를 입은 공무원의 재활 및 직무복귀를 지원하며, 재해예방을 위한 사업을 시행함으로써 공무원이 직무에 전념할 수 있는 여건을 조성하고, 공무원 및 그 유족의 복지 향상에 이바지함을 목적으로 하며, 국가 또는 지방자치단체가 비용을 전액 부담한다.

표 15-1 **공무원 재해보상제도 주요 개편 내용**

구 분	과 거	현 재
법체계	공무원연금법에 통합 운영	공무원재해보상법 제정 (2018년)
심사체계 개편	1심: 공무원연금급여심의회(공무원연금공단), 위험직무순직보상심사위원회(인사처)	1심: 공무원재해보상심의회(인사처)
	재심: 공무원연금급여재심위원회 (인사처)	재심: 공무원재해보상연금위원회 (국무총리 소속)
재해보상 수준 현실화	재직기간 20년을 기준으로 유족연금 지급비율 차등 적용	재직기간에 따른 차등 지급 폐지 및 유족 가산금제 도입
순직유족 보상금 지급기준 변경	해당 공무원의 본인 기준소득월액	공무원 전체 기준소득월액 평균액
위험직무순직 공무원 요건 재정비 및 확대	직종별·기능별로 혼재, 제한적 열거 (13종)	직종별·기능별 요건 재정비
	요건에 해당하지 않는 유형의 위험직무로 인한 사망에 대한 적정보상 곤란	요건 확대 및 추가 신설
재활 및 직무복귀 지원 강화	공무상 요양비, 장해급여 지급 등 금전적 보상 중심	재해예방사업 근거 마련, 재활운동비, 심리상담비 지급
순직과 위험직무 순직의 지급률 조정	연금: 재직기간에 따라 차등 지급(본인 기준소득월액 기준 적용)	연금: 지급률 인상 및 재직기간 차등 폐지 및 유족가산(본인 기준소득월액 기준 적용)
	보상금: 순직은 본인 기준소득월액 기준; 위험직무순직은 공무원 전체 기준소득월액 기준 적용)	보상금: 지급률 인상(순직과 위험직무순직 공히 공무원 전체 기준소득월액 평균액 기준 적용)

공무원재해보상법 46조는 국가 및 지방자치단체는 소속 공무원이 안심하고 직무에 전념함으로써 국민 전체의 봉사자로서 역할을 성실히 수행할 수 있는 여건을 조성하기 위하여 공무상 재해의 예방을 위한 근무환경 개선의 시책을 수립·추진할 수 있다. 또한, 인사혁신처장은 재해예방 관련 시책을 종합적·체계적으로 지원하기 위하여 재해예방을 위한 시설·장비의 안전 점검 및 컨설팅과 재해예방을 위한 건강진단 및 상담을 실시할 수 있다고 규정하고 있다.

1. 공무원 재해보상제도의 개요와 적용대상

공무원 재해보상제도는 공무원이 공무로 인한 부상·질병·장해 또는 공무원 본인과 그 가족의 사망 등에 대하여 적합한 보상을 하고, 공무상 재해를 입은 공무원의 재활 및 직무복귀를 지원하며, 재해예방을 위해 건강·안전 및 근무환경 개선 등의 사업을 시행함으로써 공무원이 직무에 전념할 수 있는 여건을 조성하고, 공무원 및 그 유족의 생활안정과 복지 향상에 이바지하는 든든한 사회 안전망이다(인사혁신처, 2019).

공무원재해보상법이 2018년에 제정되면서 그 이전과 달리 재해관리 및 재해보상를 인사혁신처가 담당하게 되었고, COVID-19 감염에 노출된 간호조무사를 비롯하여 공무원법상의 공무원이 아닌 계약직 등도 위험수당을 포함한 재해보상을 받게 되는 등, 보상 대상, 조건 및 절차가 한층 개선되었다. 또한 공무원재해보상법 시행령을 통해 공상공무원 지원을 위한 인사제도, 국가보훈처 소관 국가유공자 제도 및 국립묘지 안장제도 등도 보완되었다.

1) 공무원 재해보상제도의 발전배경

대한민국 정부가 수립된 다음해인 1949년에 국가공무원법이 제정·공포됨으로써 재해보상이 제도화될 수 있는 근거가 마련되었다. 국가공무원법 제27조에서 "공무원으로서 상당한 년한 성실히 근무하여 퇴직하였거나 공무로 인한 부상 또는 질병으로 퇴직 또는 사망하였을 때에는 법률의 정하는 바에 의하여 연금을 지급한다"라고 명시되었듯이, 공무원 재해보상이 제도화될 수 있는 근거가 마련되었다. 그러나, 한국전쟁 등 국내의 복잡한 사정 등으로 인해 관련 법률을 제정하지 못하였다(인사혁신처, 2019).

지난 1960년에 제정된 「공무원연금법」에 유족부조금, 유족일시금 및 장해연금 등 5종의 장기급여를 포함함으로써 한정된 보험사고에 대하여 급여지급을 실시하였고, 기타 보험사고 중 소수의 보험사고에 대하여는 개별 공무원인사 관계법령에 산발적인 규정을 두어 시행하였다. 그 후 1962년에 공무원연금법을 개정하면서 기존 5종의 장기급여 이외 요양비, 분만비, 상병수당, 분만수당, 장제비 등 5종의 단기급여를 신설하면서, 공무원에 대한 사회보장제도로서의 성격을 반영하였다. 그후, 1983년에 공무원연금법 전문 개정을 통해 공무원연금제도와 재해보상제도 체제로 정착되었다.

그간 공무원연금법에 공무원연금제도와 재해보상제도가 공존하였으나, 공무원연금법에서 공무원 재해보상제도를 2018년에 분리하여 별도의 공무원재해보상법이 제정되었다. 이어서 공무원재해보상법 시행령과 시행규칙 등이 제정되었다. 공무원재해보상법으로 공무원은 물론이거니와, 공무원법상의 공무원이 아닌 비상근 및 계약직 공무원도 재해보상을 받을 수 있게 되었다. 예를 들어 청원경찰, 청원산림보호직원 등이 재해보상대상에 포함되었다. 또한 보상되는 조건이 완화되었으며, 보상되는 폭도 확대되었다.

2) 공무원 재해보상의 적용 대상

공무원 재해보상의 적용대상은 국가공무원법과 지방공무원법은 물론, 그 밖의 법률에 따른 공무원, 그리고 기타 국가 또는 지방자치단체에 근무하는 직원 중 공무원연금법 시행령 제2조에 따른 정규공무원 외의 직원(청원경찰 및 청원산림보호직원), 위원회 등의 상임위원과 전임직원(한시적 또는 법령에 의하지 아니한 위원회 제외), 기타 직원으로서 인사혁신처장이 인정하는 사람 등이다. 다시 말해서, 공무원재해보상법에 따르면, 국가공무원법, 지방공무원법, 그 밖의 법률에 따른 공무원('정규공무원')이 적용대상이 되는 반면에, 군인과 선거에 의하여 취임하는 공무원은 적용대상에서 제외된다.

또한, 정규공무원 외의 직원으로써, 기타 국가 또는 지방자치단체에 근무하는 직원 중 대통령령(공무원연금법 시행령 제2조)으로 정하는 사람도 적용된다. 청원경찰법에 따라 국가 또는 지방자치단체에 근무하는 청원경찰, 청원산림보호직원 배치에 관한 법률에 따라 국가 또는 지방자치단체에 근무하는 청원산림보호직원, 그리고 국가 또는 지방자치단체의 위원회 등의 상임위원과 전임(full-time)직원으로서 매월 정액의 보수 또는 이에 준하는 급여를 받는 사람이 적용된다. 국립 예술단원 등도 그 밖에 국가기관이나 지자체에 근무하는 직원에 해당된다. 다만, 한시적인 자문위원회와 법령에 근거하지 아니하는 위원회 등의 상임위원과 전임 직원은 제외한다.

국가 또는 지자체가 직접 고용한 '공무원 외 무기계약근로자 및 비정규직' 등도 공무수행 중 사망 시("공무수행사망자") 예외적으로 재해보상 적용대상이 된다(법 제3조제1항제2호). '공무수행사망자'는 사망당시 4가지 요건을 모두 충족하는 자로서 재해보상심의회 심의를 거쳐 인사혁신처장이 인정하는 사람을 의미한다(국가 또는 지자체의 사무를 수행할 것; 국가 또는 지자체가 업무상 관리·감독 권한을 직·간접적으로 가지고 있을 것; 국가 또는 지자체가 법령 또는 계약 등에 따라 보수 또는 수당 등을 직접 지급하거나 대통령령으로 정하는 바에 따라 간접적으로 지급하고 있을 것; 산업재해보상보험법 또는 그 밖의 법령에 따른 재해보상 적용자 등). 예를 들어, 도로보수원, 환경미화원(무기계약직) 등은 공무원은 아니나 공무상 사망에 한하여 공무원재해보상의 신청대상 및 국가 유공자 신청대상이 될 수 있으며, 이들은 사망 외에 부상, 질병, 장해 등의 재해를 입은 경우에는 근로복지공단에 산업재해보상을 신청할 수 있다.

2. 공무상 재해인정 범위와 요건

공무원이 공무수행과 관련하여 부상을 당하거나 질병에 걸리는 경우와 그 부상 또는 질병으로 장해를 입거나 사망한 경우에는 공무상 재해로 본다(법 제4조 및 동법 시행령 제5조2항 별표2). 한편, 공무와 재해 사이에 상당한 인과관계가 없는 경우에는 공무상 재해로 보지 아니한다. 공무상 재해인정 범위는 공무상 부상, 공무상 질병, 장해, 순직, 위험직무순직으로 나눠서 살펴볼 수 있으며, 그 내용은 다음과 같다.

표 15-2　공무상 재해 인정범위

재해 종류	인정범위
공무상 부상	- 공무수행 또는 그에 따른 행위를 하던 중 발생한 사고 - 통상적인 경로와 방법으로 출퇴근하던 중 발생한 사고 - 그 밖에 공무수행과 관련하여 발생한 사고
공무상 질병	- 공무수행 과정에서 물리적·화학적·생물학적 요인에 의하여 발생한 질병 - 공무수행과정에서 신체적·정신적 부담을 주는 업무가 원인이 되어 발생한 질병 - 공무상 부상이 원인이 되어 발생한 질병 - 그 밖에 공무수행과 관련하여 발생한 질병

장해	– 공무상 부상 또는 질병으로 인하여 장해상태로 되어 퇴직한 경우
	– 퇴직 후 재직 중의 공무상 부상 또는 질병으로 인하여 장해상태로 된 경우
순직	– 재직 중 공무로 사망
	– 재직 중 부상 또는 질병으로 사망
	– 퇴직 후 재직 중의 부상 또는 질병으로 사망
위험직무 순직	– 생명과 신체에 대한 고도의 위험을 무릅쓰고 직무를 수행하다가 재해를 입고 그 재해가 직접적인 원인이 되어 사망

출처: 인사혁신처 홈페이지.

그리고 위험직무순직 공무원의 요건(법 제3조제1항제4호, 법 제5조)은 다음의 3가지 요건을 모두 충족하여야 한다: ① 생명과 신체에 대한 고도의 위험을 무릅쓰고, ② (경찰, 소방, 대통령경호처, 국가정보원, 교도관, 산림항공기조종사와 동승근무자, 어업감독공무원, 사법경찰, 기타 위험직무종사 공무원) 등의 직무를 수행하다가 재해를 입고, 그리고 ③ 그 재해가 직접적인 원인이 되어 사망한 공무원이어야 한다. 공무원 재해보상법이 제정되면서 직종별·기능별 요건이 재정비되면서 일부 요건이 확대되었고, 어업감독 공무원의 불법조업 지도단속과 사법경찰관리의 범죄수사와 단속 및 피의자 체포 등이 추가로 신설되었다.

표 15-3   위험직무순직 공무원 대상과 위험직무 요건

위험직무순직 공무원 구분	위험직무 요건
경찰공무원	– 범인 또는 피의자의 체포 – 경비, 주요인사 경호, 대간첩·대테러 작전 수행 – 교통단속, 교통위해의 방지 – 긴급신고 처리를 위한 현장 출동 – 범죄예방·인명구조·재산보호 등을 위한 순찰활동 – 해양오염확산 방지
소방공무원	– 화재진압, 인명구조·구급작업 또는 이를 위한 지원활동 – 위험제거를 위한 생활안전활동
대통령경호처 직원	– 「대통령 등의 경호에 관한 법률」에 따른 경호 업무
국가정보원 직원	– 「국가정보원법」 제3조 제1항 제3호·제4호에 따른 직무 – 간첩 체포 및 방첩 활동 – 분쟁지역 등에서 대테러·국제범죄조직 등 보안정보 수집
교도관	– 「형의 집행 및 수용자의 처우에 관한 법률」에 따른 계호업무

산림항공기조종사, 동승근무자	– 산불예방・진화작업 – 산림병해충 예찰・방제, 인명구조, 구난행위
어업감독 공무원	– 어업지도선 및 단속정에 승선하여 불법어법 지도・단속
사법경찰관리	– 범죄의 수사・단속 또는 범인이나 피의자 체포 등
(우측의 위험직무 종사)공무원	– 재난재해현장에서 인명구조・진화・수해방지 또는 구난행위 – 감염병 환자 치료 또는 감염병 확산방지(예: COVID-19 치료 간호사) – 「산림보호법」에 따른 산불 진화 – 국외에서 자국민의 보호 또는 사고 수습 – 사고대비물질・유해화학물질 취급 – 위험직무요건과 관련한 보복성 범죄, 실기・실습훈련 등 – 그 밖에 공무원재해보상심의회가 위험직무요건에 준한다고 인정하는 위험한 직무 수행

출처: 인사혁신처 홈페이지.

3. 공무원 재해보상 급여의 종류와 절차

1) 공무원 재해보상 급여의 종류

공무원재해에 대한 보상금은 크게 재해보상급여와 부조급여로 나뉜다. 재해보상급여는 공무원이 공무수행과 관련하여 부상・질병・장해・사망하였을 때 사용자인 국가 또는 지방자치단체가 보상적인 차원에서 지급하는 급여이다. 부조급여는 공무원 또는 그 가족의 사망하였거나, 재난으로 인한 주택피해 발생시, 국가 또는 지방자치단체가 부조적 차원에서 지급하는 급여이다(공무원연금공단; 인사혁신처).

재해보상급여에는 요양급여, 재활급여, 간병급여, 장해급여, 재해유족급여가 있으며, 재활급여에는 재활운동비와 심리상담비가 있고, 장해급여에는 장해연금과 장해일시금(장해보조금)이 있다. 그리고, 재해유족급여에는 장해유족연금, 순직유족급여(순직유족연금, 순직유족보상금), 위험직무순직유족급여(위험직무순직유족연금, 위험직무순직유족보상금)가 있다. 부조급여에는 재난부조금과 사망조위금이 있다. 신청절차는 공무원연금공단(www.geps.or.kr)의 종합재해보상포털에 안내되어 있다.

(1) 요양급여

요양급여는 공무원이 공무수행과 관련하여 발생한 부상이나 질병으로 요양(medical care)을 하는 때에 그에 소요되는 비용을 지급하는 급여이다. 공무상 부상・질병을 당한 공무원이 요양기관에서 요양을 하고자 할 때에는 공무상요양승인

신청 및 승인을 받아야 한다. 공무상요양승인신청서에 구비서류를 첨부하여 소속기관(연금취급기관)에 청구하고, 소속기관은 조사서 등을 작성하여 공무원연금공단으로 이송한 다음, 공단은 사실관계 확인·조사 후 인사혁신처로 이송하며, 인사혁신처는 '공무원재해보상심의회'의 심의를 거쳐 공무상요양승인 여부를 결정하여 청구인 및 공단에 통보한다. 요양급여비용과 함께 간병비(간호비) 또한 지급된다. 공무원은 공무원연금공단의 종합재해보상포털을 통하여 전자청구가 가능해졌다. 급여청구는 급여사유발생일(요양신청승인결정)로부터 3년 이내에 청구하여야 하며, 3년이 경과될 경우에는 시효로 인하여 청구권이 소멸된다.

(2) 재활급여(재활운동비, 심리상담비)

재활급여에는 재활운동비와 심리상담비가 있다. 재활운동비란 공무상 요양 중이거나 요양 종료 후 3개월 이내인 자로서 공무원 재해보상법 시행령 제38조 제1항에 의거해 다음과 같은 장해가 남을 것으로 예상되는 공무원이 재활운동을 한 경우 비용을 지급하는 급여이다. 심리상담비란 공무상 요양 중인 공무원이 공무상 재해로 인한 심리적 치료를 위하여 심리상담을 한 경우 공무원 재해보상법 시행령 제39조에 의거하여 비용을 지급하는 급여이다. 공무상 요양 중인 공무원이 심리상담을 받으려는 경우에는 미리 공무원연금공단에 심리상담 승인을 받아야 한다. 재활급여를 받을 권리는 급여의 사유가 발생한 날부터 3년간이다.

(3) 간병급여

간병급여는 공무상 요양을 마친 사람 중 치유 후 의학적으로 상시 또는 수시로 간병(nursing)이 필요하여 실제로 간병을 받은 때 지급하는 제도이나, 장해등급 제1급 혹은 제2급 해당자 중 실제 간병이 필요한 자를 대상으로 한정되며, 간병급여는 상시간병급여와 수시간병급여로 나뉜다. 상시간병급여는 신경계통의 기능, 정신기능 또는 흉복부 장기의 기능에 장해등급 제1급에 해당하는 장해가 남아 일상생활에 필요한 동작을 하기 위하여 항상 다른 사람의 간병이 필요한 사람, 혹은 두 눈, 두 팔 또는 두 다리 중 어느 하나의 부위에 장해등급 제1급에 해당하는 장해가 남고, 다른 부위에 제7급 이상에 해당하는 장해가 남아 일상생활에 필요한 동작을 하기 위하여 항상 다른 사람의 간병이 필요한 사람에게 지급된다. 수시간병급여는 신경계통의 기능, 정신기능 또는 흉복부 장기의 기능에 장해등급 제2급에 해당하는 장해가 남아 일상생활에 필요한 동작을 하기 위하여 수시로 다른 사람의 간병이 필요한 사람 혹은 장해등급 제1급에 해당하는 장해가 남아 일상생활에 필요한 동작을 하기 위하여 수시로 다른 사람의 간병이 필요한 사람에게 지급된다.

우리나라는 요양급여에 있어 선(先)지원제도를 운용 중이다. 선지원제란 화재(산불)진압, 인명구조, 교통단속, 우편배달 등 본연의 직무수행 중 중한 부상을 입은 공무원에 대하여 공단이 현장방문하여 공무상요양승인신청을 대행하고, 치료비를 먼저 부담함으로써 공무원이 안심하고 치료에 전념할 수 있도록 지원하는 서비스이다.

(4) 장해급여

장해급여는 장해연금과 장해일시금(보상금)이 있다. 장해연금은 공무상 질병 부상으로 인하여 장해(disability)상태로 되어 퇴직한 때 또는 퇴직 후 그 질병 또는 부상으로 장해상태로 된 때 연금형식으로 지급하는 것을 말하며, 장해 일시금은 장해연금에 갈음하여 일시금(60개월＝5년분 일시지급)으로 지급받고자 할 때 지급하는 하는 제도이다. 장해연금과 장해일시금 중 본인이 선택하여야 하며, 퇴직급여와 병급가능하다. 장해급여의 청구권 소멸시효는 퇴직 후 장해확정시에는 장해확정일로부터 5년이며 장해확정 후 퇴직시에는 퇴직일로부터 5년이다.

장해상태는 공무상 질병 또는 부상으로 인한 증상이 안정된 후 6개월이 경과되고, 그 증상이 자연적 경과로 최종상태에 이르게 된 경우를 의미한다. 장해등급은 1~14등급으로 나눠져 있다. 장해등급 판정은 장해급여 청구시 제출한 공무원재해보상 장해진단서를 기준으로 한다.

(5) 재해유족급여

재해유족급여에는 장해유족연금, 순직유족급여(순직유족연금, 순직유족보상금), 위험직무순직유족급여(위험직무순직유족연금, 위험직무순직유족보상금)가 있으며, 공무원재해보상법상 유족은 공무원 또는 공무원이었던 자의 사망 당시 그에 의하여 부양되고 있던 자이다.

장해유족연금은 장해연금수급권자가 사망시 유족이 있는 경우 장해연금의 60%를 유족에게 지급하게 되며 유족이 없는 경우 장해연금 수급권 상실로 장해연금이 종결되는 제도이다. 청구권의 시효는 공무원이었던 사람의 사망일부터 5년이다.

순직유족급여란 공무원이 공무상 부상 또는 질병으로 인하여 재직 중에 사망하거나 퇴직 후 그 질병 또는 부상으로 사망한 때 지급하는 급여이다. 순직유족급여 수급권자는 순직유족연금 혹은 순직유족보상금 지급방식을 선택할 수 있다. 순직유족연금을 선택시 공무원의 사망 당시(퇴직 후 사망한 경우에는 퇴직 당시) 기준소득월액의 38%에 해당하는 금액＋유족 1인당 5% 가산(최대 20%)에 해당되는 금액을 지급받게 되며, 순직유족보상금은 공무원 전체의 기준소득월액 평균액(퇴직 후 사망한 경우에는 퇴직 당시)의 24배를 받게 된다. 청구권의 시효는 공무원이었던 사람의 사망일부터 5년이다.

위험직무순직유족급여(위험직무순직유족연금, 위험직무순직유족보상금)란 공무원이 고도의 위험을 무릅쓰고 직무수행 중 재해를 입고 그 재해가 직접적인 원인이 되어 사망한 때 지급하는 급여이다. 위험직무로 인정되는 사례는 다음과 같다. 갓길에서 교통단속 중 가해차량의 충격으로 사망, 현행범 체포 중 피의자의 상해행위로 사망, 산불 진화작업 후 잔불확인 중 현장에서 추락사, 화재진압 활동 중 건물이 붕괴되면서 매몰사 등이다. 위험순직유족급여 수급권자는 위험순직유족연금 혹은 위험순직유족보상금 중에서 선택할 수 있다. 위험순직유족연금을 선택시 공무원의 사망 당시(퇴직 후 사망한 경우에는 퇴직 당시) 기준소득월액의 43%에 해당하는 금액＋유족 1인당 5% 가산(최대 20%)에 해당되는 금액을 지급받게 된다. 위험순직유족보상금을 선택시 공무원 전체의 기준소득월액 평균액(퇴직 후 사망한 경우에는 퇴직 당시)의 45배를 받게 된다. 청구권의 시효는 공무원이었던 사람의 사망일부터 5년이다.

기준소득월액은 연간과세소득을 12개월 평균으로 산정한 금액으로 재해보상급여의 산정기준이 된다. 인사혁신처의 '공무원 전체의 기준소득월액 평균액 고시'에 의하면, 2022년도 공무원 전체의 기준소득월액 평균액은 5,390,000원이다.

(6) 부조급여(재난부조금, 사망조위금)

부조급여에는 재난부조금과 사망조위금이 있다. 재난부조금이란 공무원이 수재나 화재, 그 밖의 재난으로 재산에 손해를 입었을 때 재난 정도에 따라 국가나 지방자치단체가 부조적 차원에서 지급하는 급여이다. 재난의 범위는 화재, 홍수, 호우, 폭설, 폭풍, 해일과 이에 준하는 자연적 또는 인위적인 현상에 해당되며, 재산범위는 공무원 또는 그 배우자 소유의 주택(공동주택의 지분 포함)과 공무원 또는 그 배우자의 직계존비속 소유의 주택(공무원 상주 거주 조건)에 한정된다. 부조금 지급 액은 재해정도에 따라 다르다. 주택이 완전 소실·유실 또는 파괴된 경우 공무원 전체 기준소득월액 평균액의 3.9배, 주택이 1/2 이상이 소실·유실 또는 파괴된 경 우 공무원 전체 기준소득월액 평균액의 2.6배, 주택이 1/3 이상이 소실·유실 또는 파괴된 경우 공무원 전체 기준소득월액 평균액의 1.3배를 지급받는다. 재난발생일 로부터 3년 이내에 청구하지 아니하면 그 권리는 소멸된다.

사망조위금이란 공무원이 사망하거나 공무원의 배우자나 부모(배우자의 부모 포 함) 또는 자녀가 사망한 경우 국가나 지방자치단체가 부조적 차원에서 지급하는 급 여이다. 따라서, 계부모, 계조부모 사망, 손자녀 등 사망, 조부모, 외조부모 이상의 직계존속 사망시에는 해당되지 않는다. 지급액은 공무원 사망시 공무원 본인 기준 소득월액의 2배를 지급받게 되며, 공무원의 배우자, 부모(배우자의 부모 포함), 자녀 사망시에는 공무원 전체 기준소득월액 평균액의 0.65배를 지급받는다. 급여사유 발 생일(사망일)로부터 3년 이내에 청구하지 않니하면 그 권리는 소멸된다. 공무원 재 해보상 급여의 종류 및 급여별 지급요건과 해당 보상수준의 요약은 <표 15-4>와 같다. 급여별 청구 절차는 공무원연금공단에서 제시하고 있다.

표 15-4   공무원 재해보상 급여의 종류, 지급요건, 보상수준 요약

급여의 종류			지급요건	보상수준
부상 질병		요양급여	공무상 부상 또는 질병으로 요양 이 필요한 때	실제 요양기간 3년 범위 안에서 요양에 소요되는 비용(1년 이하의 기간 단위로 요양기간 연장 가능)
	재활 급여	재활 운동비	공무상 요양 중이거나 마친 후 3개월 이내인 공무원이 재활운 동이 필요하다고 인정된 때	인사혁신처장 고시(월 10만원) 범 위 내 3개월간 실비 지급
		심리 상담비	공무상 요양 중인 공무원이 공무 상 재해로 인한 심리적 상담이 필요한 때	인사혁신처장 고시(1회 10만원, 최대 10회) 범위 내 3개월간 실비 지급
장해		간병급여	공무상 요양을 마치고 치유 후 의학적으로 상시 또는 수시로 간 병이 필요한 때	「산업재해보상보험법 시행령」 제 59조 제3항·제4항 준용 -가족·기타간병인 * 상시 간병급여: 41,170원/일 * 수시 간병급여: 27,450원/일

사망	장해급여	장해연금	공무상 질병·부상으로 장해상태가 되어 퇴직하거나 퇴직 후 그 부상 또는 질병으로 장해상태가 된 때	장해등급에 따라 기준소득월액의 52%~9.75%(1급~14급)
		장해일시금	공무상 장해연금에 갈음하여 일시금으로 받을 때	5년분의 장해연금에 상당하는 금액
	재해유족급여	장해유족연금	장해연금을 받을 권리가 있는 사람이 사망한 때	장해연금액의 60%
		순직유족연금	공무상 부상 또는 질병으로 재직 중 사망하거나 퇴직 후 그 부상 또는 질병으로 사망한 때	기준소득월액의 38% +유족가산 5~20%(1인 5%씩 최대 20%)
		순직유족보상금		공무원 전체기준소득월액 평균액의 24배
		위험직무순직유족연금	생명과 신체에 대한 고도의 위험을 무릅쓰고 직무 수행 중 재해를 입고 그 재해가 직접적인 원인이 되어 사망한 때	기준소득월액의 43% +유족가산 5~20%(1인 5%씩 최대 20%)
		위험직무순직유족보상금		공무원 전체기준소득월액 평균액의 45배; *대간첩작전 수행 중 사망 시 60배
부조급여		재난부조금	수재(水災)나 화재, 그 밖의 재난으로 재산(주택)에 손해를 입었을 경우	주택 피해정도에 따라 공무원 전체 기준소득월액 평균액의 1.3배~3.9배
		사망조위금	- 공무원의 배우자, 부모(배우자의 부모 포함), 또는 자녀가 사망한 때 - 공무원이 사망한 때	(가족 사망) 공무원 전체의 기준소득월액평균액의 65% (공무원 사망) 기준소득월액의 2배

참고: 2022년도 공무원 전체의 기준소득월액 평균액은 5,390,000원이다.
출처: 인사혁신처(2019), 한 눈에 보는 공무원 재해보상.

2) 재해보상 업무절차

공무상요양승인신청서에 진단서 등 구비서류를 첨부하여 소속기관(연금취급기관)에 신청하면 되며, 공무원 본인이 공무원연금공단에 직접 청구도 가능하다. 그 후 연금공단은 사실관계 확인·조사 후 인사혁신처로 이송하며, 인사혁신처는 공무원재해보상심의회의 심의를 거쳐 공무상요양승인 여부를 결정 하여 공단과 청구인에게 통보한다.

재해보상업무의 핵심은 요양급여, 장해급여, 순직·위험직무순직유족급여 등에

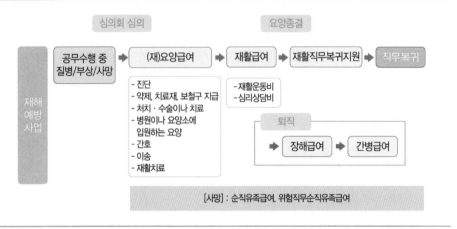

| 그림 15-1 | 재해보상 업무절차 |

심의회 심의 　　　　　　　　　요양종결

공무수행 중 질병/부상/사망 → (재)요양급여 → 재활급여 → 재활직무복귀지원 → 직무복귀

재해 예방 사업

- 진단
- 약제, 치료재, 보철구 지급
- 처치·수술이나 치료
- 병원이나 요양소에
  입원하는 요양
- 간호
- 이송
- 재활치료

- 재활운동비
- 심리상담비

퇴직
→ 장해급여 → 간병급여

[사망] : 순직유족급여, 위험직무순직유족급여

출처: 인사혁신처 홈페이지.

대해서 급여를 결정하는 것이다(인사혁신처, 2019). 공무수행 중 재해시에는 요양(진단, 약제, 치료제, 수술, 병원이나 요양소 입원, 간호, 이송, 재활치료 등)을 지원하며, 공무원의 재활(재활운동비, 심리상담비 지급) 및 직무복귀도 지원한다. 또한 공무원의 퇴직시에는 장해급여, 간병급여 등으로 생활안정 등을 지원한다. 그리고 공무원이 순직한 경우에는 유족을 지원한다.

　　다양한 재해보상 절차를 요약하면, 재해보상을 요구하는 공무원의 소속기관(연금취급기관)이나 청구인이 공무원연금공단에 신청서를 접수하면 공무원연금공단은 서류보완, 현장조사 및 전문조사, 의학자문 등을 실시하며, 인사혁신처에서 공무원재해보상심의회 심의를 거쳐 급여결정을 하고, 급여결정에 따라 급여산정 후 급여의 지급이 이루어진다. 만약 청구인이 공무원재해보상심의회(1심)의 결정에 불복하면, 공무원재해보상연금위원회(재심)에 재심을 청구할 수 있고, 재심 결정에도 불복하면, 행정소송을 제기할 수 있다. 주요 단계별 업무내용의 요약은 다음과 같다.

표 15-5　재해보상업무의 주요 단계별 내용

주요 단계	내용	비 고
서류접수 및 보완	- 급여청구(심의회), 재심(위원회) 신청시 공단에 서류접수 - 서류접수 후 현장조사·전문조사 실시 - 의학자문을 통한 사실관계 확인조사결과 작성	공무원연금공단
공무원재해보상 심의회(1심)	- 사실관계 조사결과 확인 후 안건 작성 - 공무원재해보상심의회 심의를 거쳐 급여결정	인사혁신처
공무원재해보상 연금위원회(재심)	- 요양급여, 유족급여, 장해급여, 요양기간 연장 등의 급여결 정에 대한 이의제기 심의	공무원재해보상 연금위원회
급여지급	- 공무원재해보상심의회(1심) 급여결정에 따른 급여 산정· 지급 - 공무원재해보상연금위원회(재심) 심사결정에 따른 급여 산 정·지급 - 행정소송 판결에 따른 급여 산정·지급	공무원연금공단
행정소송	- 재해보상 급여처분에 불복시 행정소송 제기 가능	인사혁신처 공무원연금공단

출처: 인사혁신처(2019), 한 눈에 보는 공무원 재해보상.

4. 인사혁신처의 재해보상 담당조직

공무원재해보상법의 제정에 따라서 인사혁신처에 재해보상정책관을 2018년에 신설하면서 2개 과(재해보상정책담당관과 재해보상심사담당관)를 두고 있다. 재해보상 정책담당관과 재해보상심사담당관은 다음과 같은 업무를 담당한다. 재해보상정책 담당관실은 공무원 재해보상 관련 법령의 제·개정, 공무원 재해보상과 관련된 정책의 수립·조정, 공무상 재해를 입은 공무원의 재활 및 간병에 관한 정책의 수립· 조정, 공무상 재해를 입은 공무원의 직무복귀 지원 정책 수립·총괄, 공무원 재해 예방 정책의 수립·총괄, 공무원재해보상연금위원회의 사무처리, 공무원 재해보상 급여 결정 등에 대한 심사 청구 제도의 운영, 공무원 재해보상과 관련된 국내외 제도의 분석에 관한 사항, 공무원 위험직무순직보상제도의 연구 및 개선, 공무수행사 망 제도의 연구 및 개선, 공무원 부조급여 정책의 수립·총괄 등을 담당한다.

재해보상심사담당관은 공무원 요양급여 청구에 대한 심사 및 결정, 공무원 장해 급여 청구에 대한 심사 및 결정, 공무원 재해유족급여 청구에 대한 심사 및 결정, 공무수행사망자 순직 인정 청구에 대한 심사 및 결정, 공무원재해보상심의회의 운영, 공무원 재해보상 급여의 결정에 대한 행정심판 및 소송에 관한 사항, 공무상 재해 인정기준의 수립·관리, 공무원 재해와 관련된 통계 분석 및 유지·관리, 공무원 재해보상 업무를 위탁받은 기관의 지도 감독 및 관리 등을 담당한다.

5. 공무원재해보상 심사체계

공무원재해보상법 제6조와 제7조에 따라 인사혁신처에는 1심 심사체계로 공무원재해보상심의회를 둔다. 위원장은 위원 중 인사처장이 임명 또는 위촉하며 위원의 인력풀은 위원장 1명을 포함 100명 이내이다. 위원회 회의는 11명 이상 15명 이하로 구성된다. 위원회 위원은 기획재정부, 행정안전부 등 소속 4급 이상 공무원, 공무원연금공단 소속 임직원, 판사, 검사 또는 변호사, 의료법 제2조에 따른 의료인, 재해보상·연금·복지 등 분야에 학식과 경험이 풍부한 사람 등이 자격이 된다. 주요 기능은 요양급여, 추가상병, 장해급여, (위험직무)순직유족급여 결정에 관한 사항 심의, 공무수행사망자의 인정에 관한 사항 심의, 재해보상제도 관련 사항의 심의, 재요양 해당 여부 심의, 손해배상청구권 행사 여부 등의 심의이다. 공무원재해보상심의회는 보통 주 2회 개최(월요일 전자심의, 수요일 출석심의)로 운영된다.

그리고 공무원재해보상법 제52조와 제53조에 따라 국무총리 소속으로 재심기관 성격의 공무원재해보상연금위원회를 둔다. 위원회 위원 중 인사혁신처장의 제청에 따라 대통령이 임명 또는 위촉한다. 위원의 인력풀은 위원장 1명을 포함 50명 이내이다. 위원회 회의는 11명 이상 15명 이하로 구성된다. 위원회 위원은 기획재정부,

표 15-6 공무원재해보상심의회 주요 심의사항

공무원 재해보상제도에 관한 사항	공무수행사망자 인정에 관한 사항
급여(요양급여, 장해급여, 순직유족급여, 위험직무순직유족급여) 결정에 관한 사항	제3자에 대한 손해배상청구권에 관한 사항
	재요양에 관한 사항
추가적 부상이나 질병 또는 합병증 해당 여부	고의 또는 중과실 등에 의한 급여제한사유 해당 여부
유족(손)자녀의 장해상태(1급~7급)에의 해당 여부	요양종결 여부
장해등급 결정 및 개정	청구 및 직권에 의한 장해등급 재판정 등

출처: 인사혁신처 홈페이지.

행정안전부 등 소속 고위공무원, 판사, 검사 또는 변호사, 의료법 제2조에 따른 의료인, 재해보상·연금·복지 등 분야에 학식과 경험이 풍부한 사람 등이 자격이 된다. 주요 기능은 인사혁신처장의 재해보상급여 결정에 대한 이의 심사 및 결정과 연금급여, 기여금 징수 등 공단 결정에 대한 재심기능 및 제도 개선 의견제출 및 권고에 대한 사항 등이며, 행정심판기능을 가진 행정위원회이다. 공무원재해보상연금위원회는 거의 매월 단위로 개최된다. 직종별 심사안건을 보면 경찰과 소방공무원의 심사건수가 가장 많으며, 재해보상 급여유형별로는 요양급여에 대한 심사건수가 가장 많은 편이다. 재해보상제도에 대한 좀 더 자세한 정보는 '재해보상제도 게시판'(https://www.mpm.go.kr/mpm/info/compens/compensBoard/)에서 찾아볼 수 있다.

공무원과 유족들은 공무상 재해를 인정받기 위해 많은 시간과 비용을 들이며, 청구한 건이 인용되지 못하면, 행정소송을 할 수도 있는데, 행정소송이 길어지면 생계의 어려움까지 겹쳐 소송을 포기하는 경우도 있다. 실제 소방공무원과 유가족이 신청한 순직·공상 승인신청 건 중에서 상당수는 승인받지 못했다. 이에 따라 '공상추정제'가 국회에서 제안되었는데, 이것은 유해하거나 위험한 환경에서 공무를 수행하는 공무원인 소방관, 경찰관, 그리고 우정직·환경직 공무원 등에 대해 공무 수행과정에서 상당기간 유해·위험요인에 노출되어 질병에 걸리는 경우와 그 질병으로 장애를 입거나 사망한 경우에는 공무상 재해로 추정하자는 취지이다. '공상추정제'는 혈관육종암을 진단받고 공상을 인정받기 위한 소송과 치료를 병행하다가 2014년 순직한 한 소방관의 사건을 계기로 본격적으로 논의되기 시작했다. 그 결과 2022년 6월에 공무원재해보상법을 개정하면서, 공무원재해보상법 제6조의 2항(공무상 부상이 공무상 사고로 인하여 발생한 것이 명백한 경우에는 심의회의 심의에서 제외한다)이 신설되어 '공상추정제'의 법적 근거가 마련되었다. 이에 따라 공무상 부상이 공무상 사고로 인하여 발생한 것이 명백한 경우에는 공무원재해보상심의회의 심의에서 제외되어 공무원과 유족의 공무상 재해 입증 부담이 완화되었다.

6. 공상공무원 전문재활치료

공상공무원 전문재활치료서비스는 공상공무원이 산재보험 재활 및 화상인증병원에서 전문적인 치료를 받을 수 있도록 하여 체계적인 재활치료 및 안정적 직무복귀를 지원하는 제도이다. 집중재활치료 서비스, 직장복귀지원 프로그램, 화상인증병원 연계 서비스로 나뉜다(공무원연금공단; 인사혁신처).

집중재활치료 서비스에 의해 재활치료를 받아야 하는 주요 대상은 뇌혈관질환 발병일(수술일)부터 6개월 이내 요양환자, 근골격계(척추·슬관절·결관절·고관절·완관절·수부) 질환 발병일(수술일)부터 3개월 이내 요양환자 등이며, 위 해당기간을 도과하였으나 적극적 재활치료의 효과가 기대된다는 의학적 소견이 있는 자를 포함하며, 근로복지공단 소속 병원과 재활인증 병원(전국 150여개 이상)에서 재활치료를 받게 되며, 하루 1시간의 치료 프로그램으로 주 5일, 12주 동안 입원 또는 외래를 통해 집중적으로 진행된다.

직장복귀지원 프로그램은 급성기 치료가 마무리되어 직장에 복귀하려는 공상공무원을 대상으로 한다. 작업능력평가 프로그램과 작업능력강화 프로그램이 있으며, 근로복지공단 병원에서 직장복귀지원 프로그램을 제공한다. 작업능력평가 프로그램에서는 급성기 치료 후 직무 복귀 희망자를 대상으로 직무 복귀 전에 '현재 상병 상태, 예전의 일을 다시 할 수 있을지 등'에 대한 객관적 평가를 한다. 작업능력강화 프로그램에서는 작업능력평가 결과, 직무수행이 어렵다는 의학적 소견이 있는 자를 대상으로 직무수행에 필요한 '신체기능향상, 모의작업훈련, 안전교육'을 제공한다.

화상인증병원 연계 서비스는 산재보험 화상인증병원과 연계하여 전문적인 화상 치료와 재활서비스를 제공하는 프로그램이다. 화상인증병원 시범수가를 적용하여 비용 심사 및 정산(병원↔공단 간 직접 정산)을 하게 된다. 화상인증병원의 시범수 내용에 화상환자 지원을 위한 관리료, 피부보호·통증 완화 목적의 피부보호제 수가 신설 및 화상으로 인한 수부 운동평가 및 치료를 위한 재활프로그램 수가 신설이 포함되었다.

7. 공무원마음건강센터

공무원마음건강센터의 본래 명칭은 공무원정신건강센터이었으나, 정신문제와 관련한 우리사회의 부정적 이미지 때문에 공무원마음건강센터로 변경되었다. 우울·불안·분노, 직무 스트레스, 성격, 가족관계, 대인관계, 직장 내 갈등, 코칭, 경력개발, 리더십 등의 상담을 위해 공무원마음건강센터를 운영한다(공무원연금공단; 인사혁신처). 전체 공무원 및 그 가족(순직공무원 유가족 포함)을 대상으로 무료로 운영한다. 단체프로그램은 일반프로그램과 맞춤형프로그램이 있다. 일반프로그램으로써 부서 유대감 증진 프로그램, 가족프로그램, 미술·놀이·공예·운동·명상 등 각종 체험 프로그램, 특강 등이 제공되며, 맞춤형프로그램으로써 「민원담당자 대상 특별관리프로그램」, 「고위험 임무 수행자 대상 외상 후 스트레스 장애 예방 프로그램」, 충격사건 발생 부서 대상 「긴급위기지원시스템」 등이 제공된다. 전국에 8곳 (세종센터, 서울센터, 과천센터, 인천센터, 춘천센터, 대전센터, 대구센터, 광주센터; https://www.mpm.go.kr/mpm/info/compens/compens06)에서 공무원마음건강센터를 운영하고 있다.

8. 공상공무원 지원 인사제도

1) 공상공무원 희망보직제와 필수보직기간의 예외제도

희망보직제도는 공상공무원의 본인 의사를 반영하여 신체적·정신적 건강상태에 적합한 업무를 부여하는 제도(공무원 재해보상법 시행령 제58조)이다. 따라서, 공상공무원이 신체적·정신적 고충으로 직무변경을 희망할 경우 본인 의사를 반영하여 직무를 부여할 수 있으며, 건강상태를 이유로 인사상 불리한 처우를 하면 아니된다(인사혁신처, 2019). 인사권자(소속기관장 등)는 공상공무원의 희망을 반드시 반영해야 하는 것은 아니며 기관의 인사운영상황 등을 고려하여 달리 부여할 수 있다.

필수보직기간은 한 직위에서 근무해야 하는 최소기간을 의미하며 직종 등에 따라 1~3년으로 부여되어 있다(인사혁신처, 2019). 그러나, 공상공무원이 공무상 재해로 인한 신체적·정신적 고충으로 직무변경을 희망 시 필수보직기간 이내라도 보직 변경을 허용할 수 있다. 따라서, 공무상 재해로 인해 현 직위에서 근무하기 곤란한 상태라고 판단될 경우 해당 공무원(공무상 요양중인 공무원, 공무상 요양을 마친 공무원으로서 요양을 마친 후 1년 이내인 공무원)을 다른 직위로 전보할 수 있다. 다만, 공상공무원이라고 하여 반드시 전보를 하여야 하는 것은 아니며, 전보여부는 임용권자가 해당 공무원의 신체적·정신적 상태, 조직 내 인력상황 등을 종합적으로 고려하여 결정하게 된다.

2) 공무상 병가제도

질병 또는 부상으로 직무를 수행할 수 없거나, 감염병에 걸려 그 공무원의 출근이 다른 공무원의 건강에 영향을 미칠 우려가 있을 때 등의 사유 존재시 연간 60일의 범위 안에서 일반병가를 승인할 수 있다(인사혁신처, 2019). 일반병가 산정방법은 1월 1일부터 12월말까지 1년 단위로 계산하며, 전년도 병가 사용일수에 관계없이 연도가 바뀌면 새로 시작한다. 한편, 공무상 질병 또는 부상으로 직무를 수행할 수 없을 때 연간 180일의 범위 안에서 공무상 병가를 승인할 수 있다. 단, 공무상 병가의 경우 병가사유 동일시 연도가 바뀐다고 하여 새롭게 시작되지 않는다. 또한, 공무상 병가는 공무상 요양승인 결정기간 범위 내에서만 가능하다. 그러나 조건에 부합된다면, 공무상 병가 사용 후 일반병가의 사용 혹은 일반병가 사용 후 공무상 병가의 사용이 가능하다.

3) 공무상 질병휴직제도

공무상 재해를 입고 신체·정신상의 장애로 장기요양이 필요할 때 일정기간 이내의 질병휴직을 사용할 수 있는 제도이다. 진단서에 나타난 요양기간 및 요양에 실제 필요한 기간 등을 고려하여 3년 이내의 범위에서 공무상 질병휴직을 부여할 수 있다. 공무상 질병휴직은 공무상 요양승인을 받은 질병 또는 부상에 한하여 인정되며, 요양승인과 동일한 사유로 질병 또는 부상이 계속될 경우 공무상 요양기간 경과 후에도 공무상 질병휴직이 가능하다. 단, 공무상 질병휴직 발령을 위해 공무상 병가를 반드시 사용해야만 하는 것은 아니다. 공무상 병가는 공무상 요양승인 결정기간 범위 내에서만 가능하나, 공무상 질병휴직은 요양승인기간을 넘어서도 가능하다는 차이점이 있다.

일반 질병휴직과 달리 공무상 질병휴직은 승진소요최저연수, 승급, 승진소요연수에 전부 산입된다. 또한, 공무상 질병휴직 기간 보수 전액이 지급되며, 명절휴가비, 정액급식비 등 관련 수당도 전액 지급된다. 공무상 병가, 결원이 보충되지 않는 공무상 질병휴직 공무원이 있는 경우 해당 공무원의 업무를 대행하는 공무원을 지

표 15-7	질병휴직(일반)과 공무상 질병휴직 비교	
구 분	질병휴직(일반)	공무상 질병휴직
운영	• 최초 1년이내, 1년 범위에서 연장	• 3년이내
재직경력 인정	• 승진소요최저연수 미포함 • 승급제한 • 승진소요연수 미포함	• 승진소요최저연수 포함 • 승급포함 • 승진소요연수 포함
보수지급	• 휴직기간 1년 이하: 70% 지급 • 휴직기간 1년 초과 2년 이하: 50% 지급	• 전액지급
수당	• 정근수당, 가족수당 및 가산금 등 공통수당은 보수와 같은 비율 지급 • 특수업무수당, 명절휴가비, 정액급식비 등 기타수당 미 지급	• 전액지급

출처: 인사혁신처(2019), 한 눈에 보는 공무원 재해보상.

정하여야 한다. 업무대행공무원은 실제로 업무를 대행하는 1인을 지정하는 것을 원칙으로 하며, 업무특성상 다수인을 지정할 필요가 있는 경우 별도의 인원 지정이 가능하다.

4) 장애인공무원 보조공학기기 지원제도

공무수행 중 입은 부상·질병이 원인이 되어 장해가 남게 된 경우 장애인 근무지원기기를 지원받을 수 있다(인사혁신처, 2019). 장해를 입은 경우 보건복지부에 장애인 등록 후 장애인 고용공단에 서비스를 신청, 보조공학기기 서비스를 제공받게 된다. 장애인 여부에 따라 보조공학기기 지급여부가 결정되며, 공무상 재해 인정여부와는 무관하다. 즉, 공무상 재해로 장애인이 된 경우뿐만 아니라, 공무상재해와 상관없이 장애인 판정이 된 경우 보조공학기기를 제공받을 수 있다. 확대독서기, 특수마우스, 소리증폭장치, 팔지지대 등이 지원된다.

9. 공상공무원 관련 보훈제도

1) 국립묘지 안장제도

국립묘지 안장제도는 국가·사회를 위해 희생하거나 공헌한 분들을 국립묘지에 안장하여 마지막 예우를 다하고자 하는 제도이다(인사혁신처, 2019). 국립현충원(서울, 대전), 국립호국원(영천, 임실, 이천, 산청, 괴산), 민주묘지(4·19, 3·15, 5·18), 국립신암선열공원, 국립제주호국원, 국립연천현충원(2025년 예정)이 있다. 국립묘지 안장대상을 규정하는 국립묘지법 제5조 제1항 제1호 타목은 "위험한 직무수행 중 사망 또는 부상하였다고 인정하여 안장대상심의위원회가 안장 대상자로 결정한 사람일 것"을 요건으로 하고 있는데, 이때의 위험한 직무란 「공무원 수당 등에 관한 규정」 별표9 및 「지방공무원 수당 등에 관한 규정」에 따라 '위험근무수당'이 지급되는 직무를 의미하며, 공무원재해보상법상 위험직무순직과는 무관하다.

2) 국가유공자 · 보훈보상대상자 제도

국가를 위하여 희생하거나 공헌한 국가유공자 등을 합당하게 예우하고 지원하는 제도로서 국가유공자 제도와 보훈보상대상자 제도로 구분된다(인사혁신처, 2019). 국가유공자란 국가의 수호·안전보장 또는 국민의 생명·재산보호와 직접적인 관련이 있는 직무수행이나 교육훈련 중에 사망하거나 상이(질병포함)를 입은 사람을 의미한다. 보훈보상자는 국가의 수호·안전보장 또는 국민의 생명·재산보호와 직접적인 관련이 없는 직무수행이나 교육훈련 중에 사망하거나 상이를 입은 사람을 의미한다. 국가유공자 등 심사에 대한 불복제도가 있다. 심사절차시, 법 적용 착오, 중요한 증거자료 미검토, 새로운 증거 발견 등의 이유로 이의신청이 가능하며, 또한 국민권익위원회에 행정심판 청구가 가능하다. 국가유공자 인정절차와 국립묘지 안장절차는 별개의 법률과 요건에 따라 심사하게 되며 국가유공자 인정여부가 국립묘지 안장의 선결문제는 아니다.

제3절 공무원 재해보상제도의 한계점 및 발전방향

산업재해보상보험법(약칭 산재보험법; Industrial Accident Compensation Insurance Act)이 1963년도 제정되어 각종 산업재해에 대한 보상제도는 꾸준하게 발전해왔다. 그런데 공무원의 경우에는 2018년까지 공무원연금법에서 통합운영되면서 재해보상제도가 발전하는데 제약이 있었다. 예를 들어 공무원의 순직과 위험직무순직 공무원에 대한 재해보상 수준은 산재보상의 53~75% 수준에 머물렀고 인정요건도 제한적이었으며, 내부의 재해보상 심사체계의 전문성도 부족하였다. 그런 맥락에서 공무원재해보상법(POACA)이 2018년에 제정되고 여러 맥락에서 보건안전 및 재해보상관련 제도가 개선된 것은 바람직하다고 할 수 있다. 그럼에도 불구하고 현재의 공무원 재해보상제도는 여전히 미진한 점과 한계점을 가지고 있다. 따라서 공무원 재해보상제도에 대한 한계점을 살펴보고 보다 선진적인 발전방안을 모색할 필요가 있다.

1) 안전관리와 재해예방

공무원재해보상법은 주로 재해가 발생한 경우 사후보상제도에 초점을 두고 있다. 사후보상을 철저히 하는 것은 재해로 인한 공무원들의 비용경감을 제공한다는 점에서 바람직하나, 사전에 그러한 재해가 발생하지 않도록 하는 것이 공무원뿐만 아니라 국가 및 지방자치단체에게도 유익한 일이다. 그러한 재해가 발생하지 않으면 공무원들은 신체적·정신적 피해가 없을 것이고, 또한 국가 및 지방자치단체 또한 재해보상에 투입되는 재원을 소모할 필요가 없을 것이기 때문이다. 더불어, 신체적·정신적 피해가 없다면, 해당 공무원의 인력이 고스란히 국가와 지방자치단체를 위해 사용될 것이며, 재해보상과 관련한 행정력의 소모도 줄어들 것이다. 이런 측면에서 제도적으로 사전에 재해를 예방할 수 있는 접근법이 더욱 강구되어야 할 것이다. 정신적·육체적 피로와 스트레스는 잠재적 재해에 대처할 능력을 감퇴시킨다. 근무지에서의 정신적·육체적 피로는 인간의 반응 속도를 늦추며, 이는 본인에게 닥칠 재해에 대해 즉각적인 대응을 약하게 만든다. 이러한 정신적·육체적 피로는 사무실 구조, 사무실 분위기, 근무복장, 장비의 여건 등 다양한 근무환경에서 올 수 있다. 그러므로 인사혁신처의 재해보상 담당조직은 재해보상은 물론 앞으로 재해예방에 관한 정책까지도 수립하여 추진할 필요가 있다. 예를 들어, 경찰과 소방공무원 그리고 우정직 공무원 등의 재해보상 급여 신청이 많은데, 이들의 부상과 직업성 질병의 원인을 파악하여 예방대책을 강구할 필요가 있다.

민간영역에서는 「산업재해보상보험법」뿐만이 아니라, 「산업안전보건법」, 「한국산업안전보건공단법」이 있으며, 이 법률들은 산업재해를 예방하기 위한 다양한 제도를 구축하고 관련 사업들을 추진하고 있다. 따라서, 향후에 공무원안전보건법을 제정하여 행정분야의 안전보건에 관한 기준을 확립하고 그 책임의 소재를 명확하게 하여 재해를 사전에 예방하며 공무원의 안전보건을 증진할 필요가 있다. 또한 이러한 업무를 집행할 수 있도록 공무원안전보건공단법을 제정하여, 행정분야의 재해예방기술의 연구·개발과 보급, 안전보건 기술지도 및 교육, 안전·보건진단 등 재해 예방에 관한 사업을 효율적으로 수행할 필요가 있다.

2) 재원 관리

공무원의 재해보상을 위해 국가와 지방자치단체가 재원을 부담하기 때문에, 이는 정부예산운용에 부담이 될 수 있다. 2020년 보건·복지·노동예산은 약 180조로써 정부총예산 약 515조의 34% 정도 되며, 우리나라 정부의 부채는 증가하는 추세를 보이고 있다. 즉 우리나라 정부의 재정압박은 점차 커지고 있는 상황에서 재해보상과 같은 재원지출의 요인들이 증가되는 경우 정부의 재정측면에서는 부담이 될 수밖에 없다. 따라서, 공무원 재해보상이라는 바람직한 취지를 계속 살리기 위해서는 적절한 재원관리가 수반되어야 할 것이다. 이를 위해서는 공무원들로 하여금 재해보상수준 선택의 다양화를 위해서 정부에 보험료를 납부하도록 할 수도 있고, 이 수납된 보험료를 취급기관에서 적절히 운용하는 것도 대안이 될 수도 있다.

또한 산업재해보상보험법 제95조처럼 '재해보상보험 및 예방기금'을 설치하여 조성할 필요가 있다. 현재, 고용노동부장관은 보험사업, 산업재해 예방 사업에 필요한 재원을 확보하고, 보험급여에 충당하기 위하여 '산업재해보상보험 및 예방기금'을 조성하여 보험급여의 지급 및 반환금의 반환,차입금 및 이자의 상환, 재해근로자의 복지 증진, 그 밖에 보험사업 및 기금의 관리와 운용에 활용하고 있다.

3) 법규정의 보완과 공무상 재해 인정기준 개정

정책집행의 근거가 되는 법규정이 모호하면 해당 규정과 관련된 다양한 이슈들이 발생할 수 있다. 공무상 재해 인정기준에 관해서는 공무원재해보상법 제4조와 동법 시행령 제5조 제2항 별표2 등에서 제시하고 있다. 그런데 공무상 재해를 판정함에 있어서 심사위원들간의 의견일치를 보기가 어려운 경우가 종종 있다. 예를 들어 공무수행 중 부상을 당했을 때, 사고 유형별 사고(출·퇴근 중 사고, 휴게시간 중 사고, 행사 중 사고 등)를 좀 더 보완할 필요가 있다. 왜냐하면 출·퇴근 중에 발생한 재해에 대해 통상적인 경로와 방법으로 출·퇴근을 하였는지를 정확하게 따지기는 쉽지 않기 때문이다.

또한 공무상 질병의 경우에 업무상 부담 요인이 명확하다면 공무상 질병으로 인정하여야 할 것이나, 공무와 질병 사이의 관련성 평가는 보통 평균인이 아니라, 해당 공무원의 건강과 신체조건을 기준으로 판단해야 하기 때문에 동일한 잣대로 판정하기는 쉽지 않다. 해당 질병이 업무상 요인으로 발생한 것인지, 노화에 따른 자연스런 퇴행성의 결과인지를 판정하기가 애매할 때가 있고, 전문가들의 의견도 엇갈릴 경우가 종종 있다. 따라서 모호한 법규정을 보완하고 사고유형별, 공무상 재해 인정 및 심의기준에 대한 심도있는 연구와 논의 등을 통해 보다 명확한 기준을 마련할 필요가 있다. 아울러 재해보상 판례(https://www.mpm.go.kr/mpm/info/compens/compens09/)도 축적되고 있으므로 이를 데이터베이스화하여 공무원 재해 인정 및 심의기준 등에 활용할 필요가 있다.

4) 신속한 보상을 위한 절차 간소화 · 디지털화

정부의 행정절차는 번문욕례(번거롭고 까다로운 규칙과 과정; red tape)로 알려져 있다. 이러한 절차적 복잡성은 시간과 비용의 낭비를 초래하고 결국 행정의 비효율성을 낳는다. 정부가 공무원 재해보상에 따른 공상 승인 및 절차를 개선하였지만, 청구인의 입장에서는 여전히 정부의 절차가 복잡하고 결정이 오래 걸린다는 견해가 있다(권설아 외, 2019). 해당 제도가 보다 효과적으로 운용되기 위해서는 재해보상절차를 앞으로도 더 간소화(simplification) 또는 디지털화(digitalization)할 필요가 있다. 정부는 디지털정부를 구현하고 있으므로, 재해보상분야에도 인공지능과 디지털 신기술을 보다 더 적극적으로 활용할 필요가 있다. 재해보상 신청 절차는 물론이거니와, 공무상 재해 인정기준(공무상 부상에서 사고유형별 세부기준; 공무상 질병에서 질병 유형별 세부기준; 기타 급여제한 등)과 재해보상 판례 등도 모두 디지털화하고 상호연계하여, 공무상 재해 인정과 심의과정에서 다양한 사례들이 전자적인 교차점검(electronic cross-check)이 될 수 있도록 디지털 재해보상시스템(digital accident compensation system: DACS)을 구축하여 선진형 재해보상제도를 운용하며, 수요자 중심의 신속한 서비스를 제공할 필요가 있다.

5) 재해보상 오남용 방지 시스템 구축

재해보상제도를 오남용하는 행위를 방지할 수 있는 모니터링 제도(monitoring system)가 구축되어야 할 것이다. 재해보상급여 신청과 심사과정에서 법과 제도적 허점을 이용하여 자기 책임을 간과하거나 이기주의적 목적으로 제도를 악용하는 도덕적 해이(moral hazard)가 발생할 수 있다. 민간영역에서 발생한 사례에서 보듯이, 도덕적 해이로 인해 업무상 재해가 아님에도 불구하고 업무상 재해라고 주장하여 급여를 수급한 사례들이 있을 수 있다. 공무수행 및 그에 수반되는 통상적인 활동과정에서 발생한 부상이나 질병에 대해서는 가능하면 긍정적으로 검토할 필요가 있지만, 그렇지 못할 경우에는 신중하게 심사할 필요가 있다. 재해보상급여를 받을 수 있는 자가 고의, 중과실 등으로 부상·질병·장해·사망 또는 재난을 발생하게 된 경우에는 해당 급여의 전부 또는 일부를 지급하지 않는 것이 타당하다. 그런데, 공무원의 재해보상 재원은 국민의 세금으로 충당된다는 점에서, 재해보상제도의 오남용으로 인해 국민의 세금이 오남용되는 경우를 예방하기 위해서는 적절한 재해보상 모니터링제도가 구축되어야 할 것이다.

6) 재해보상 수준의 현실화 및 선택의 다양화

공무원재해보상법과 시행령, 시행규칙에 따라서 정해진 보상액을 받을 수 있으나, 부상이나 질병의 경중정도에 따라 그 이상의 보상액이 추가적으로 필요할 수가 있기 때문에 재해보상 수준을 현실화할 필요가 있다. 이러한 경우를 대비해서 공무원들이 추가로 보험료를 납부할 수 있게 하면 재해보상수준이 다양화될 수 있을 것이다. 공무원들이 재해보상 보험료를 국가 혹은 지방자치단체에 추가로 납부하는 제도를 도입하거나 민간영역에서 운용하는 보험제도를 함께 활용할 수 있는 근거를 마련하는 것도 향후에 검토할 필요가 있다. 또한 공무원이 사고를 당하여 재해보상 급여를 신청하였으나 인정받지 못하면 치료비를 자비부담할 수밖에 없고, 그 경우 자칫 주변 가족들에게까지 어려움을 전가 혹은 가중시킬 수 있다. 따라서 재해보상 수준의 현실화와 선택의 다양화가 필요하다(권설아 외, 2019; 김지원·이제복, 2020; 박종승, 2019).

인사혁신처와 공무원연금공단의 홈페이지 등을 통해 재해보상제도를 알아보자.

☐ 인사혁신처의 홈페이지(www.mpm.go.kr)에 들어가서 '재해보상제도'에 대해 알아보자.

1. 인사혁신처 홈페이지에서 공무원인사제도 → 재해보상제도를 찾아보자.
2. 인사혁신처의 조직도를 보고 재해보상정책관의 기능에 대해서 알아보자.
3. 공무원 재해보상 업무 절차와 공무원 재해보상 급여 종류를 알아보자.
4. 공무원재해보상심의회와 공무원재해보상연금위원회는 어떤 일을 하는 조직인지 알아보자.
5. 재해보상제도 게시판에 들어가서 재해보상과 관련된 각종 이슈를 알아보자.
6. 재해보상 판례를 찾아보고, 사안별 결정사항을 정리해보자.

☐ 공무원연금공단의 홈페이지(www.geps.or.kr)에 들어가서 공무원연금공단의 사업→재해보상 업무에 대해 알아보자.

1. 재해보상 개요와 공무상 요양 승인 절차와 구비서류에 대해 알아보자.
2. 재활급여(재활운동비, 심리상담비)의 신청절차와 구비서류에 대해 알아보자.
3. 장해급여와 간병급여에 대해 알아보자.
4. 공무수행사망자 순직청구에 대해 알아보자.
5. 순직유족 급여와 위험직무 순직유족 급여에 대해 알아보자.
6. 재난부조금과 사망조위금에 대해 알아보자.
7. 공무원마음건강센터에 대해서 알아보자.
8. 공무원연금공단의 자료실에서 '알아두면 도움되는 공무원재해보상제도'를 읽어보자.

인 사 행 정 론

제 **6** 편

규범과 공무원 관계

16

공무원노동조합과 노사관계

제 16 장 | 공무원노동조합과 노사관계

1. 노동조합의 의의와 기능

지난 1963년에 제정된 노동조합법과 노동쟁의조정법을 통합하여 1997년에 제정한 '노동조합 및 노동관계조정법'(약칭 노동조합법)의 목적은 헌법에 따른 근로자의 단결권·단체교섭권 및 단체행동권을 보장하여 근로조건의 유지·개선과 근로자의 경제적·사회적 지위의 향상을 도모하고, 노동관계를 공정하게 조정하여 노동쟁의를 예방·해결함으로써 산업평화의 유지와 국민경제의 발전에 이바지함을 목적으로 한다고 규정되어 있다(제1조). 그리고 노동조합(labor union 혹은 trade union)의 정의는 근로자가 주체가 되어 자주적으로 단결하여 근로조건의 유지·개선 기타 근로자의 경제적·사회적 지위의 향상을 도모함을 목적으로 조직하는 단체 또는 그 연합단체를 말한다(제2조). 여기서 "근로자"라 함은 직업의 종류를 불문하고 임금·급료 기타 이에 따르는 수입 때문에 생활하는 자를 말하며, "사용자"라 함은 사업주, 사업의 경영담당자 또는 그 사업의 근로자에 관한 사항에 대하여 사업주를 위하여 행동하는 자를 말한다.

노동조합 발전 초기에는 조합원의 경제적 지위 향상을 위한 활동에 치중하였지만, 산업민주주의의 발전 등으로 인하여 노동조합의 참여 범위와 기능이 늘어나고 있다. 일반적으로 노동조합의 기능은 시대에 따라 차이가 있지만, 대체로 경제적 기능, 공제적 기능 그리고 정치적 기능 등을 가지고 있다고 할 수 있다.

첫째, 경제적 기능은 노동조합의 가장 기본적이고 중추적인 기능으로서 조합원의 경제적 이익과 권리를 유지하고 개선하는 것을 의미하며, 핵심적인 내용으로 노동조합의 단체교섭을 들 수 있다. 노동조합은 사용자와 단체교섭을 통하여 조합원의 보상과 근로조건 등을 유지·개선하면서 그들의 경제적 이익 등을 도모한다.

둘째, 노동조합의 공제적 기능은 조합원의 상호부조적 성격을 의미하며, 조합기금 등을 설치하여 상호공제하는 기능이다. 정부의 사회보험과 사회보장제도의 발전으로 상호부조 문제가 해소되고 있지만, 금융, 주택, 소비물자 구매, 문화생활 등 조합원을 위한 후생복지적 차원에서 공제적 기능을 부분적으로 수행하고 있다.

셋째, 노동조합의 정치적 기능은 국가나 사회단체를 상대로 근로자의 권익을 보호하고 신장하려는 활동을 의미한다. 그 외 노동조합은 조합원에 대한 교육홍보와 사회봉사 그리고 조합원의 관심 사항에 대한 기타 조사연구 기능 등도 갖고 있다고 할 수 있다.

2. 노동조합의 형태

노동조합의 형태는 조합원의 가입범위와 가입자격 등에 따라 직업별 노동조합, 산업별 노동조합, 기업별 노동조합, 일반노동조합 등으로 나눌 수 있다. 첫째, '직업별 노동조합'은 동일직업 혹은 동일직종을 중심으로 조직된 것으로 공업시대의 초기부터 발전한 형태이며 직종별 노동조합이라고도 하며, 인쇄공, 선반공, 제화공조합 등과 같이 주로 숙련노동자를 중심으로 기득권을 보호하는 방향으로 발전하여 왔다. 둘째, '산업별 노동조합'은 직종이나 단위기업 그리고 숙련 여부 등과 관계없이 동일산업에 종사하는 근로자를 중심으로 조직된 것을 말하며, 현대 노동조합의 대표적인 형태로서 산업단위가 커지고 경영자단체도 강해짐에 따라 나타나게 된 것이며 주로 산업별 노동조합은 사용자단체를 상대로 교섭을 하며, 우리나라의 경우에는 전국철도노동조합, 전국우정노동조합, 전국전력노동조합, 전국금융산업노동조합 등이 이에 해당한다. 셋째, '기업별 노동조합'은 직종과 숙련 정도 등과 관계없이 동일기업에 종사하는 근로자를 중심으로 조직된 것으로 조합원이 동일기업에 근무하므로 그 범위가 분명하고 조직 활동이 상대적으로 쉽다. 넷째 '일반노동조합'은 직종이나 산업 등과 관계없이 흩어져 있는 노동자를 광범위하게 조직화한 노동조합으로 우리나라의 대규모 연합노동조합이 이에 해당한다.

공무원노동조합은 공무원이 주체가 되어 자주적으로 단결하여 근로조건의 유지와 개선은 물론 공무원의 경제적·사회적 지위 향상 등을 도모하는 것을 목적으로 조직한 단체를 말하며, 이는 기본적으로 공무원의 노동기본권을 보장하기 위한 것이다. 그러나 나라별 정치경제와 행정환경의 차이 그리고 공무원의 근로자성에 대한 제도발전 초기의 인식 차이 등으로 인해 공무원노동조합의 설립과 활동은 나라별 사정에 따라 차이가 있다.

역사적으로 노동조합은 18세기에 1차 산업혁명(1st industrial revolution)을 선도한 영국에서 출현하여 직업별 노동조합의 형태로 출발하였다. 그런데 그 연원은 중세유럽의 상공업자들의 동업조합인 길드(guild: 상호부조적인 동업자조합)에서 찾을 수 있다. 그 후 독일 등에서도 미숙련노동자를 중심으로 조직한 산업별 노동조합이 등장했고, 제2차 세계대전 이후에는 기업별 노동조합 등이 조직되었다. 이러한 사회변화의 영향으로 인하여 세계 각지에서 공무원노동조합이 태동하기 시작하였다.

1. 주요국의 공무원노동조합

독일은 1918년 자본가 대표와 노동자 대표가 협정을 체결하여 노동조합을 공식적으로 인정하고, 독일의 기본법 제9조에서 모든 국민에게 단결의 자유를 보장하였으며, 조직형태와 가입대상에 제한 없이 공무원에게 포괄적으로 단결권과 단체교섭권을 보장하고 있다.

영국에서는 제2차 세계대전 직후 노동당 정부의 정책으로 공무원 노사관계도 일반 노동관계법 적용을 받게 되었으며, 조직형태에 대한 법적 제약은 없으며 직업별로 조직되고 있다.

프랑스도 제2차 세계대전 직후 프랑스 제4공화국 헌법 및 공무원법을 통하여 일반 공무원에게도 일반 근로자와 같이 단결권과 단체행동권이 보장되어 일반기업체 근로자와 같이 일반 노동관계법 적용을 받고 있고, 노동조합 조직형태에 대한 법적 제약이 없으며, 경찰 등도 단결권과 단체교섭권이 보장된다.

일본은 1945년 미 군정하에서 노동관계법을 제정했고, 경찰을 제외한 공무원의 노동3권을 허용하며 일부에 대해서만 단체행동권을 제한하였으나, 공무원노동조합(직원단체라고 호칭)의 대규모 파업으로 1948년 국가공무원법을 개정하여 공무원들의 단체행동권을 제한하였다.

미국에서는 근로자의 단결권을 보장하는 헌법상 명문 규정은 없지만, 연방헌법이 명시하고 있는 결사의 자유에 따라 모든 근로자에게 단결의 자유가 인정된다고 보고 있다. 그래서 전국노사관계위원회(National Labor Relations Board: NLRB)가 1935년 미국 노동관계법에 따라 설치되었고, 이는 민간분야의 단체교섭 및 불공정노동 관행과 관련한 업무를 담당하는 연방정부의 독립기관이다.

그리고 지난 1962년 존 F. 케네디 대통령의 행정명령(제10988호)에 따라 연방공무원의 단결권 및 단체교섭권 등이 인정되었고, 지미 카터 대통령 때인 1978년에 공무원제도개혁법(Civil Service Reform Act)에 따라 연방노사관계위원회(Federal Labor Relations Authority: FLRA)가 설치되었다. 미국의 연방노사관계위원회는 연방정부와 공무원의 노사관계를 다루는 독립기관으로, 대통령이 상원의 동의를 거쳐 임명하는 5년 임기의 3명의 위원(위원장과 2위원)으로 구성된 준사법적인 기관이다. 이 기관은 민간분야의 노사관계를 다루는 전국노사관계위원회(NLRB)와는 다른 독립기관이다.

2. 우리나라의 공무원노동조합

우리나라 공무원의 노동기본권은 법률상 '사실상 노무'에 종사하는 현업공무원만 보장해왔다. 전국철도노동조합(철도노조)이 1945년에 창립되어 철도공무원의 권익을 위해 활동해왔으나, 2005년에 철도청(국가기관)이 한국철도공사(공기업)로 전환되어 현재는 공무원노동조합에 속하지 않는다. 그리고 전국우정노동조합은 1958년에 집배원 등 우정공무원을 중심으로 대한체신노동조합이라는 이름으로 결성되어 1959년에 전국체신노동조합(체신노조)으로 개칭하고, 2011년에 다시 전국우정노동조합(우정노조)으로 개명하였다.

공무원의 노동기본권에 관한 사항은 헌법 33조 2항, 노동조합 및 노동관계조정법 5조, 국가공무원법(66조)과 지방공무원법(58조) 등에 명시되어 있다. 헌법 33조 2항에서 '공무원인 근로자는 법률이 정하는 자에 한하여 단결권·단체교섭권·단

그림 16-1 공무원노동조합의 법적 체계

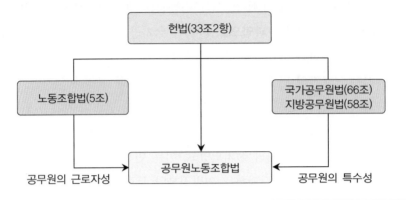

체행동권을 가진다.'라고 규정하고 있어서 '공무원의 근로자성'을 헌법에서 인정하고 있다. 그리고 노동조합 및 노동관계조정법 5조 단서에서 '공무원과 교원에 대해서는 따로 법률로 정한다'고 규정하였으나, 따로 법률을 정하는 데 여러 해가 소요되었다.

공무원노동조합법 3조에서 공무원노동조합의 조직, 가입 및 노동조합과 관련된 정당한 활동에 대하여는 「국가공무원법」 제66조 제1항 본문 및 「지방공무원법」 제58조 제1항 본문(공무원은 노동운동이나 그 밖에 공무 외의 일을 위한 집단 행위를 하여서는 아니 된다고 규정하고 있다. 다만, 사실상 노무에 종사하는 공무원은 예외로 한다)을 적용하지 아니한다고 규정하여 일반공무원도 공무원노동조합을 조직, 가입 그리고 관련활동을 할 수 있도록 했다. 이처럼 우리나라의 일반 공무원은 노동3권(단결권,

표 16-1 노동조합과 공무원노동조합 관련 법률

제정 년도	법률	당시 정부
1963	노동조합법 제정	박정희
1963	노동쟁의조정법 제정	박정희
1997	노동조합 및 노동관계조정법(노동조합법과 노동쟁의조정법 통합) 제정	김영삼
1998	공무원직장협의회의 설립·운영에 관한 법률(공무원직장협의회법) 제정 (1998.2.24.)	정권교체기
1999	교원의 노동조합 설립 및 운영 등에 관한 법률(교원노동조합법) 제정	김대중
2005	공무원의 노동조합 설립 및 운영 등에 관한 법률(공무원노동조합법) 제정	노무현

단체교섭권, 단체행동권) 중에서 단결권과 단체교섭권은 가지고 있지만, 현업공무원을 제외한 일반 공무원에게 단체행동권은 인정되지 않는다. 또한 공무원노동조합과 조합원은 정치활동을 할 수 없다(공무원노조법 4조).

정권교체기인 1998년 2월 24일에 '공무원직장협의회의 설립·운영에 관한 법률'(공무원직장협의회법)이 제정되면서, 공무원노동조합에 대한 논의가 가속화되는 계기가 되었다(직장협의회는 온전한 형태의 노조가 아니고, 노사협의체적인 성격을 갖고 있음). 한편, 교원의 경우 일반 공무원과 별개로 '교원의 노동조합 설립 및 운영 등에 관한 법률'이 1999년에 제정되어, 1989년부터 법외활동을 해오던 전국교직원노동조합(전교조)이 합법화되어 국·공·사립학교 교원들이 노동조합 활동을 할 수 있게 되었다. 이처럼 교직원노동조합법이 합법화되면서 일반 공무원들의 노동조합 설립에 대한 기대가 높아지게 되었다. 그 후 우여곡절을 거쳐 노무현 정부에서 2005년도에 '공무원의 노동조합 설립 및 운영 등에 관한 법률'(공무원노동조합법)이 제정됨으로써 많은 공무원을 대상으로 한 공무원노동조합이 비로소 정착되게 되었다.

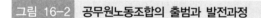

그림 16-2 공무원노동조합의 출범과 발전과정

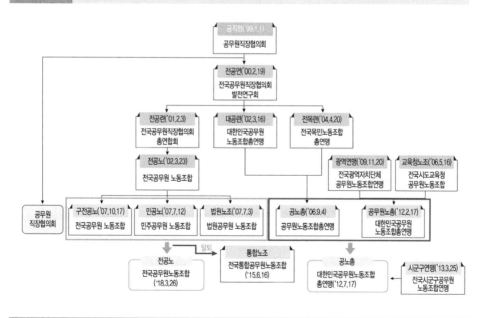

출처: 김판석·연원정(2019).

지난 우리나라 공무원노동조합은 1998년에 '공무원직장협의회의 설립 · 운영에 관한 법률'(공무원직장협의회법) 제정, 1999년의 '교원의 노동조합 설립 및 운영 등에 관한 법률'(교원노동조합법) 제정, 그리고 2005년의 '공무원의 노동조합 설립 및 운영 등에 관한 법률'(공무원노동조합법)이 제정되면서 활성화되었다고 할 수 있다. [그림 16-2]에서 나타나 있는 것처럼 여러 노동조합이 설립 · 분화 · 통합되는 과정을 거쳐, 현재는 어느 정도 안정된 상태를 보인다.

현재 지방자치단체(광역시 · 도 및 시 · 군 · 구) 단위의 노조원 숫자가 가장 많고, 그 다음이 교육청 단위이며, 그 외에 행정부, 헌법기관, 전국단위, 연합체 등의 노동조합이 있는데, 단위별 노동조합 숫자를 모두 합치면 약 150여 개의 공무원노동조합이 있으며, 6급 이하 공무원의 노조가입률은 높은 편(약 80%대)이다. 지난 2021년까지 공무원의 노동조합 가입범위는 6급 이하로 제한하였다. 그런데 2021년 초에 공무원노동조합법이 개정되면서 직급에 따른 가입제한 조항이 삭제되어 공무원노동조합원의 숫자는 다소 늘어날 수 있다.

다시 말해서, 2021년 초에 국회가 공무원노동조합법을 개정하면서 직급에 따른 가입범위 제한을 해제하였다. 국제노동기구(ILO)의 핵심협약인 '결사의 자유 및 단결권 보호에 관한 협약'의 비준을 추진하면서 해당 협약에 부합하는 내용으로 법률을 개정하여, 공무원 노동조합의 가입 기준 중 공무원의 직급 제한을 폐지하고, 퇴직공무원, 소방공무원 및 교육공무원의 공무원 노동조합 가입을 허용하는 등 공무원의 단결권 보장의 범위를 확대하였다.

이에 따라 공무원노동조합의 가입범위는 일반직 공무원, 특정직공무원 중 외무영사 직렬 · 외교정보기술 직렬 외무공무원, 소방공무원 및 교육공무원(교원은 교원노조법 적용), 별정직 공무원 등이며, 직급에 따른 가입제한 조항은 없어졌다. 다시 말해서 이제는 군인을 제외하고는 공무원의 공무원직장협의회(공무원직장협의법의 제3조가 2022년에 개정되면서 경찰도 공무원직장협의회 가입이 가능) 및 공무원노동조합 가입이 직급제한 없이 가능하며, 해직자도 가입할 수 있게 되었다.

그런데 공무원의 노동조합 가입범위에 직급에 따른 가입제한 조항이 삭제되었지만, 다음의 경우에 해당되면 노동조합 가입이 금지된다: (1) 업무의 주된 내용이 다른 공무원에 대하여 지휘 · 감독권을 행사하거나 다른 공무원의 업무를 총괄하는 업무에 종사하는 공무원; (2) 업무의 주된 내용이 인사 · 보수 또는 노동관계의 조

표 16-2	공무원노동조합 가입범위(공무원노동조합법 제6조)
가입 구분	대상자
가입 가능	1. 일반직공무원 2. 특정직공무원 중 외무영사직렬·외교정보기술직렬 외무공무원, 소방공무원 및 교육공무원(다만, 교원은 제외; 교원노조법 적용) 3. 별정직공무원 4. 제1~제3호까지의 어느 하나에 해당하는 공무원이었던 사람으로서 노동조합 규약으로 정하는 사람
가입 불가능	1. 업무의 주된 내용이 다른 공무원에 대하여 지휘·감독권을 행사하거나 다른 공무원의 업무를 총괄하는 업무에 종사하는 공무원 2. 업무의 주된 내용이 인사·보수 또는 노동관계의 조정·감독 등 노동조합의 조합원 지위를 가지고 수행하기에 적절하지 아니한 업무에 종사하는 공무원 3. 교정·수사 등 공공의 안녕과 국가안전보장에 관한 업무에 종사하는 공무원

출처: 공무원노동조합법 제6조.

정·감독 등 노동조합의 조합원 지위를 가지고 수행하기에 적절하지 아니한 업무에 종사하는 공무원; 그리고 (3) 교정·수사 등 공공의 안녕과 국가안전 보장에 관한 업무에 종사하는 공무원 등이다.

그리고 노동조합의 업무에만 전업으로 종사하는 전임자(專任者)를 인정하되, 그 기간 중 휴직명령을 하여야 하며, 국가나 지방자치단체는 공무원이 노동조합의 전임자임을 이유로 신분상 불이익한 처분을 해서는 안 된다(공무원노동조합법 7조). 이것의 의미는 공무원노동조합의 대표가 되면 업무에서 휴직하여 노동조합의 업무에 전념할 수 있도록 한 것이다. 공무원노동조합의 대표자는 노동조합에 관한 사항 또는 공무원의 보수·복지와 그 밖의 근무조건 등에 대해 정부측 교섭대표와 교섭하고 단체협약을 체결할 권한을 가진다. 공무원노동조합법(8조)에 따라 공무원노동조합의 단체교섭권이 인정된다. 그러나 공무원노동조합법(11조)에서 노동조합과 그 조합원은 파업(strike: 노동거부), 태업(soldiering, slowdown: 작업능률저하) 또는 그 밖에 업무의 정상적인 운영을 방해하는 일체의 행위를 하여서는 아니 된다고 규정하여 쟁의행위(단체행동권)를 제한하고 있다.

노동조합과 관련한 업무는 현재 정부 내에서 3분화되어 있다. 첫째, 공무원노동조합과의 단체교섭과 단체협약 체결 등(공무원노동조합과의 단체교섭과 관련된 분쟁의 관리, 국가기관과 지방자치단체의 단체교섭에 대한 지원·연구, 단체교섭과 관련된 업무의

표 16-3 우리나라 공무원의 노동기본권

공무원 구분	근거법률	단결권	단체교섭권	단체행동권
일반공무원	공무원노동조합법	인정	인정	불인정
단순노무공무원	노동조합법	인정	인정	인정

교육, 공무원 노사협력사업에 관한 사항 등)은 인사혁신처가 관장하고 있다. 둘째, 공공과 민간 등에 걸친 전반적인 노동정책과 노동조합법령과 관련한 업무는 고용노동부가 관장하고 있다. 셋째, 공무원단체 관련 정책 수립과 시행 등(공무원단체 제도 및 운영에 대한 조사, 공무원단체 현황 파악, 공무원단체에 대한 협력 및 지원, 공무원단체 협약에 대한 분석 및 시정 협의, 공무원직장협의회 제도의 운영 및 개선, 공무원단체 유관기관과의 협조체계 구축 등)과 공무원단체 관련 갈등의 조정 및 공무원단체의 불법행위, 불법·부당 관행에 관한 실태파악 및 시정조치의 요구에 관한 업무는 행정안전부가 관장하고 있다.

3. 국제노동기구의 핵심협약과 비준

지난 1919년 설립된 국제노동기구(ILO)의 핵심협약(fundamental convention)은 노동권의 기본 원칙을 구체화한 다국가 간 약속으로 190개 ILO 협약 중 4개 분야의 8개 협약을 가리킨다: (1) 결사 자유(87호, 98호); (2) 강제노동 금지(29호, 105호); (3) 아동노동 금지(138호, 182호); 그리고 (4) 균등대우 보장(100호, 111호) 등이 핵심협약 조항이다. 핵심협약은 모든 회원국이 비준하고 이행해야 하는 협약을 의미한다.

그런데 우리나라는 1991년에 국제노동기구의 회원으로 가입했지만, 8개의 핵심협약 중 4개는 비준하였지만, 나머지 4개의 핵심협약 제29호, 제87호, 제98호, 제105호 등을 2020년까지 비준하지 않았다가, 2021년에 3가지(제29호, 제87호, 제98호)를 비준했다(2022년부터 발효되어 국내법적 효력을 가진다). 우리나라는 ILO 가입 30년만에 핵심협약 8개 중 7개를 비준 완료했다. 그러나 나머지 1개(제105호)는 국가보안법 등과 상충할 소지가 있어 여전히 비준하지 못했다. 일본은 ILO 핵심협약 6개를 비준하였고, 미국은 2개만 비준한 상태이지만, ILO 187개 회원국 중 146개

표 16-4   ILO 핵심협약 우리나라 비준 현황

비 준	협약 부문	협약번호	협약 내용	비준년도
비준	차별 금지	제100호	동일가치 근로에 대한 남녀 근로자 동등 보수에 관한 협약	1997
		제111호	고용 및 직업상 차별 대우에 관한 협약	1998
	아동노동 금지	제138호	취업의 최저 연령에 관한 협약	1999
		제182호	가혹한 형태의 아동노동 철폐에 관한 협약	2001
	결사의 자유	제87호	결사의 자유 및 단결권 보호에 관한 협약	2021
		제98호	단결권 및 단체교섭권 원칙의 적용에 관한 협약	2021
	강제노동 금지	제29호	강제 또는 의무노동에 관한 협약	2021
미 비준	강제노동 금지	제105호	정치적 견해 표명과 파업 참가 등에 대한 강제노동 철폐에 관한 협약	–

국은 핵심협약 8개를 모두 비준하였다(이영재, 2021).

제29호 강제 또는 의무노동에 관한 협약은 비자발적으로 제공한 모든 형태의 강제노동을 금지하는 내용의 협약이며, 제87호 결사의 자유 및 단결권 보호에 관한 협약은 노사의 자발적인 단체 설립 및 가입, 자유로운 대표자 선출 등 '결사의 자유'에 관한 기본 원칙을 규정하고 있는데, 그간 가입이 제한된 5급 이상과 해직자의 노조가입 등이 가능해진다. 또한 제98호 단결권 및 단체교섭권 원칙의 적용에 관한 협약은 노동자의 단결권 행사에 대한 보호와 자율적 단체교섭 장려를 위한 조치 등을 보장하는 내용을 담고 있다. 제87호와 제98호 비준에 따른 노동조합법, 교원노동조합법, 공무원노동조합법 개정안이 모두 국회를 통과해 군인을 제외한 공무원의 노조 설립과 가입이 가능해지고, 실업자와 해고자도 노조에 가입하는 길을 열었다. 그리고 2022년에 공무원직장협의법의 제3조도 개정되어 경찰공무원도 공무원직장협의회에 가입할 수 있게 되었다.

국회가 3개 핵심협약을 2021년 초에 비준하면서, 핵심협약 중 미비준 한 것은 105호 하나뿐이다. 핵심협약 105호를 비준하지 않은 국가는 한국, 일본, 중국을 포함한 12개국이다. ILO 핵심협약 105호는 '정치적 견해 표명'이나 '파업 참가' 등에 대한 처벌로 강제노동을 부과하는 것을 금지하고 있는데, 한국은 국가보안법 등에서 정치적 견해 표명에 대해 징역형을 규정하고 있어 이 부분은 아직 해결되지 못한 상태이다(고희진, 2021; 오동희, 2021; 이영재, 2021).

1. 단체교섭의 의의

산업민주주의(industrial democracy)의 진전으로 갈등적 노사관계가 점차 개선되면서 노사협력문화가 발전하게 되었다. 민간부문의 노사협력제도에는 두 가지의 큰 흐름이 있는데 하나는 영미식 단체교섭과 독일식 경영 참가제 등이다. 영미식 단체교섭은 노사간의 교섭을 시장경쟁원리를 기반으로 하는 것이며, 독일식 경영 참가제는 공동체 원리를 기반으로 한 공동의사결정체제를 의미하는 것으로 자본참가(종업원지주제 등), 의사결정 참가(노사협의제 등), 작업장참가(품질관리분임조 등), 이익참가(이윤분배제도 등) 등을 말한다. 국제노동기구(ILO)는 노동조합의 경영참가를 직접참가, 그리고 단체교섭에 의한 것을 간접참가로 보고 있으므로 단체교섭도 넓은 의미에서 간접적인 경영참가의 한 형태로 볼 수 있다. 정부부문의 경우에는 단체교섭이 주된 이슈이므로 단체교섭을 중심으로 살펴보기로 한다.

단체교섭(collective bargaining)은 노동조합을 통하여 보수와 복지 및 근로조건 등에 관하여 사용자와 교섭 또는 협상하는 것을 말하며, 이러한 단체교섭을 할 수 있는 권리를 단체교섭권이라고 한다. 단체교섭의 목적은 노사간의 이해와 협력을 통하여 합의사항을 도출하고 이를 단체협약(collective agreement)으로 만들어 노사관계의 안정을 도모하는 데 있다. 우리나라의 공무원노동조합법의 제8조에 의하면 공무원노동조합의 대표자는 그 노동조합에 관한 사항 또는 조합원의 보수와 복지, 그 밖의 근무조건에 관하여 정부교섭대표와 교섭하고 단체협약을 체결할 권한을 가진다고 되어 있다.

2. 단체교섭의 유형과 주체 및 교섭사항

단체교섭(collective bargaining)의 유형에는 전국규모의 연합조직 중심으로 할 수 있는 통일적 교섭, 기관 단위의 개별교섭, 그리고 여러 개의 단위노조가 집단으로 하는 집단교섭 등이 있다. 정부기관의 경우에 전국단위와 기관 단위로 양분해볼 수 있다. 전국단위의 정부교섭은 전국단위의 연합노동조합 대표와 정부교섭대표(인사혁신처장) 간에 이뤄지는 단체교섭을 말하며, 연금과 보수 등 국가 및 지방공무원의 근로조건 중 공통적용사항이 교섭사항이 된다(정부교섭은 기관단위교섭이 아니라 단위노조와 연합단체 등이 참여하는 공동교섭이므로 엄밀히 말해서 '정부공동교섭'이나, 편의상 정부교섭이라고 한다).

정부교섭은 2006년 공무원노동조합법이 시행된 이후에 2007년에 처음 타결된 적이 있고, 이후 교착(impasse) 상태에 빠졌다. 그 후 문재인 정부가 들어서면서 2017년 중 정부교섭 예비교섭을 재개하여 2018년 말에 실무교섭이 사실상 마무리된 후, 2019년 1월에 두 번째의 정부교섭이 정부교섭대표(인사혁신처장)와 노조대표(대한민국공무원노동조합총연맹 위원장) 간에 타결된 바 있다(김판석·연원정, 2019).

기관 단위의 단체교섭은 행정부교섭과 국회, 법원, 헌법기관(헌법재판소, 중앙선거관리위원회), 광역자치단체(시·도), 기초자치단체(시·군·구), 시군구교육청 교섭 등으로 나누어 볼 수 있다. 행정부교섭의 경우에는 행정부 단위노동조합과 행정부 교섭대표(인사혁신처장) 간에 국가공무원 근로조건을 교섭하는 것을 말한다. 그리고 시·도, 시·군·구, 교육청 교섭에서는 각 시도, 시군구, 교육청의 단위노조와 시도지사, 시장·군수, 구청장, 교육감 등과 기관소속 공무원의 근로조건을 교섭할 수 있다(공무원노동조합법 8조).

공무원노동조합법 시행 이후에 행정부교섭이 시작된 적은 있지만, 행정부교섭이 2017년 이전에는 타결된 적이 없었다. 그러던 중 2017년 중에 행정부교섭을 재개하여 2017년 12월에 타결되어, 행정부교섭이 정부대표(인사혁처장)와 노조대표(국가공무원노조 위원장) 간에 공무원노조법 시행이후 11년만에 처음으로 타결되었다(김판석·연원정, 2019).

노동조합 측 당사자는 개별근로자가 아니라 노동조합 자체를 말하며, 사용자측 당사자는 근로자들을 채용한 계약상의 당사자를 의미한다. 따라서 정부기관의 단체교섭 주체는 공무원노동조합의 대표자와 권한을 가진 정부교섭대표(인사혁신처장) 혹은 자치단체장 등을 의미한다. 정부교섭대표는 법령 등에 따라 스스로 관리하거나 결정할 수 있는 권한을 가진 사항에 대하여 노동조합이 교섭을 요구할 때에는 정당한 사유가 없으면 이에 응하여야 하며, 효율적인 교섭을 위하여 필요한 경우 다른 정부교섭대표와 공동으로 교섭하거나, 다른 정부교섭대표에게 교섭 및 단체협

표 16-5   단체교섭의 유형과 주체

표 16-5   단체교섭의 유형과 주체

구 분	교섭대표	참여노조
전체(국가 및 지방) 공무원	인사혁신처장 (정부교섭)	전국단위 공무원노조
행정부(국가) 공무원	인사혁신처장 (행정부교섭)	국가공무원노조(국공노)
국회	국회사무총장	국회노조
법원	법원행정처장	법원노조
헌법재판소	헌법재판소사무처장	헌법재판소노조
중앙선거관리위원회	중앙선거관리위원회사무총장	선관위노조
각 시·도	광역시장, 도지사	시·도 노조
각 시·군·구	시·군·구 장	시·군·구 노조
각 시·도 교육청	시·도 교육감	시·도 교육청 노조

출처: 김판석·연원정(2019).

약 체결 권한을 위임할 수 있다. 또한 정부교섭대표는 효율적인 교섭을 위하여 필요한 경우 정부교섭대표가 아닌, 관계 기관의 장이 교섭에 참여하게 할 수 있고, 다른 기관의 장이 관리하거나 결정할 권한을 가진 사항에 대하여는 해당 기관의 장에게 교섭 및 단체협약 체결 권한을 위임할 수 있다.

교섭사항(교섭 범위)은 노동조합에 관한 사항, 조합원의 보수와 복지, 그 밖의 근무조건에 관한 것이다. 법령 등에 따라 국가나 지방자치단체가 그 권한으로 행하는 정책결정에 관한 사항, 임용권의 행사 등 그 기관의 관리와 운영에 관한 사항으로서 근무조건과 직접 관련되지 아니하는 사항은 교섭의 대상이 될 수 없다(공무원노동조합법 8조 1항). 또한 <표 16-6>에 정리된 것처럼, 공무원노동조합법시행령에 여러 가지 비교섭사항을 적시하고 있다(시행령 제4조). 하지만 정부측 교섭대표는 단

표 16-6   교섭 사항과 비교섭 사항(공무원노조법과 시행령)

대상 구분	내 용	근 거
교섭사항 (단체교섭 대상)	1. 노동조합에 관한 사항 2. 조합원의 보수 3. 조합원의 복지 4. 그 밖의 근무조건에 관한 사항	공무원노동조합법 제8조 제1항

비교섭사항 (단체교섭 대상 제외)	1. 정책의 기획 또는 계획의 입안 등 정책결정에 관한 사항 2. 공무원의 채용·승진 및 전보 등 임용권의 행사에 관한 사항 3. 기관의 조직 및 정원에 관한 사항 4. 예산·기금의 편성 및 집행에 관한 사항 5. 행정기관이 당사자인 쟁송(불복신청을 포함한다)에 관한 사항 6. 기관의 관리·운영에 관한 그 밖의 사항	공무원노동조합법 제8조 제1항 단서 공무원노동조합법 시행령 제4조

체협약으로서 효력을 가지지 않는 내용에 대해서도 그 내용이 이행될 수 있게 성실히 노력해야 한다.

3. 단체교섭의 절차

노동조합은 단체교섭을 위하여 사전절차가 필요하다. 노동조합의 대표자와 조합원으로 교섭위원을 구성하여야 하며, 노동조합의 대표자는 정부교섭대표와 교섭하려는 경우에는 교섭하려는 사항에 대하여 권한을 가진 정부교섭대표에게 서면으로 교섭을 요구하여야 한다. 그리고 정부교섭대표는 노동조합으로부터 교섭을 요구받았을 때는 교섭을 요구받은 사실을 공고하여 관련된 노동조합이 교섭에 참여할 수 있도록 하여야 하며, 정부교섭대표는 교섭을 요구하는 노동조합이 둘 이상이면 해당 노동조합에 교섭창구를 단일화하도록 요청할 수 있다. 이 경우 교섭창구가 단일화된 때에는 교섭에 응하여야 하며(공무원노동조합법 제9조 제4항), 구체적인 단체교섭 절차는 <표 16-7>과 같다.

효과적인 단체교섭을 위해서는 사전에 충분한 교섭준비가 필요한데 교섭준비는 교섭항목 선정, 교섭조건 점검, 교섭대표자 선정, 그리고 교섭전략 수립 등을 의미한다. 아울러 교섭요구서 제출, 교섭요구사실 공고, 교섭참여노조 공고, 교섭창구 단일화 절차 등을 거치게 된다. 이처럼 단체교섭을 위한 사전절차가 마무리되면 예비교섭을 시작으로 교섭절차가 시작된다. 예비교섭은 쌍방 간의 입장 설명, 교섭일정과 교섭장소 협의, 교섭안건의 우선순위 조정과 교섭규칙 확인 등을 말한다. 예비교섭을 통해 노사간에 입장이 어느 정도 파악되면 노조측의 교섭요구안과 정부

표 16-7	정부의 단체교섭 절차	
사전절차	교섭요구서 제출	단체협약 만료일 3월 전부터 노조의 교섭요구서 제출
	교섭요구사실 공고	정부는 교섭요구사실을 공고하고, 교섭참여희망 노조에게 신청할 것을 안내
	교섭참여노조 공고	정부는 교섭참여 노조 현황 공고 및 교섭위원을 선임·통보해 줄 것을 안내
	교섭창구 단일화	교섭노동조합들은 교섭위원을 선임. 노조 대표자가 서명·날인한 서면을 정부에 제출
교섭절차	예비교섭	교섭의제, 교섭구조, 교섭진행방식 등 교섭운영 제반사항 사전조율
	본교섭(상견례)	노조측과 정부측의 본교섭위원 상견례 및 노조측 제안설명과 정부측 입장 표명
	분과교섭	교섭의제별 분과 구성 협의
	실무교섭	분과교섭 합의사항 추인 및 미합의 의제 협의 및 잠정합의안 마련, 미합의 의제 최종 합의 추진
	본교섭(단체협약 조인식)	단체협약 체결
사후절차	단체협약의 집행과 평가	단체협약 내용을 구체적으로 실천, 단체협약 집행결과 평가 및 향후 교섭과제 준비

출처: 김판석·연원정(2019).

측의 대안 제시 등을 통하여 본교섭을 하게 된다. 본교섭은 노사양측의 상견례를 시작으로 분과교섭과 실무교섭을 거치게 되며, 교섭 중에 노조측의 애초 교섭요구안과 정부측의 대안 제시가 수차례 수정 제시되는 경우가 많다. 본교섭에서 상당한 수준의 진전이 있게 되면 마무리교섭 혹은 일괄타결 등을 통해 교섭을 종결하여 단체협약을 하게 된다. 따라서 교섭절차는 예비교섭 → 본교섭(상견례) → 분과교섭 → 실무교섭 → 본교섭(조인식) 순으로 진행되는 것이 일반적이다. 그러나 단체교섭이 실패하게 되면 분쟁(노동쟁의)이나 교착상태에 빠지게 될 수 있다.

4. 단체교섭의 방법

단체교섭이 성공하려면 교섭대표들이 쟁점이슈를 조정하는 과정에서의 교섭방법을 개선하는 것이 필요하다. 단체교섭은 이슈에 대한 줄다리기 과정이기도 하며, 심리적 긴장관계가 지속되는 과정이므로 노사양측 모두 교섭기간동안 심리·정서적 안정을 유지하는 것이 필요하다. 효과적인 단체교섭을 위해서는 통합적 교섭기법 개발이 필요하다. Fisher와 Ury는 원칙에 입각한 협상(principled negotiation)의 이점을 제시하면서 다음 네 가지를 강조하였다(Roger and Fisher, 1981; Kearney, 2014, 김판석·연원정, 2019).

첫째, 문제(쟁점)에서 사람을 분리하라. 과거의 어두운 역사나 경험에 얽매이지 말고, 기분 상하게 하는 대인관계 요인을 피하고, 상호 역지사지의 처지에서 생각하고, 인식한 것을 토론하되 상호비난하지 말고, 감정을 절제하며 상대의 체면을 존중하고, 잘 듣는 자세가 필요하다. 둘째, 위치가 아니라 이익에 집중하라. 특히 기본적인 인간 욕구와 관련된 공통된 여러 관심사를 찾아라. 셋째, 상호 이득을 위한 선택사항(options)을 개발하라. 공동의 이익을 발전시키고 서로 다른 관심사를 창의적으로 조화시키는 폭넓은 해법을 찾기 위해 브레인스토밍하라. 넷째, 객관적인 기준을 사용하여 주장하라. 자신의 입장을 뒷받침하는 공정하고 객관적인 기준과 절차를 활용하면서 현명하고, 오래 가고, 상호 만족할만한 합의를 끌어내라(Fisher & Ury, 1981; 김판석·연원정, 2019).

[그림 16-3]처럼 단체교섭에서 정부대표와 노조대표간의 요구(희망사항)는 서로 다를 수 있다. 노조대표는 근로조건 등에서 최대한 많은 것을 정부측에 요구할 것이고, 정부대표는 재정여건이나 여러 가지 현실적인 제약을 이유로 최소한의 수

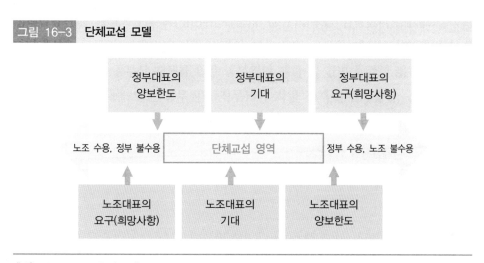

그림 16-3 단체교섭 모델

출처: Ebert & Griffin(2016).

준에서 교섭을 추진하고자 할 것이므로 양측의 요구(희망사항)는 서로 다른 방향에 놓여있다고 할 수 있다. 다시 말해서 노조대표의 요구(희망사항)는 정부대표가 수용하기가 어려운 부분일 수 있고, 반대로 정부대표의 요구(희망사항)는 노조대표가 수용하기가 쉽지 않은 부분일 수 있기 때문에 정부대표와 노조대표의 양보한도도 서로 다른 방향에 놓여있다고 할 수 있다. 따라서 단체교섭 영역은 이러한 양극단의 중간영역에 해당하는 부분이 기대해볼 만한 단체교섭 영역(collective bargaining zone)이라고 할 수 있다. 따라서 협상초기에는 이러한 협상모델에 기초하여 각자가 처한 입장에서 요구(희망사항)하는 것에 대해서 상호소통하는 일이 교섭의 출발점이라 할 수 있다.

그리고 단체교섭이 성공하기 위해서는 몇 가지 행동준칙이 있다. 제일 중요한 것은 무엇보다 상대측의 주장에 대해서 "잘 듣는 사람이 되어야 한다"(Be a good listener)라는 점이다(Richardson, 1977; Kearney, 2014). 서두르지 말고 상호소통하면서, 공정하다는 평판을 유지하면서도 융통성을 가져야 하며, 상대방 주장을 들으면서 그 배경과 이유를 이해하려고 노력하고 상대방의 체면을 지켜주는 것이 중요하다. 특히 교섭과정에서 언행에 주의하며 감정을 잘 통제하는 것 등이 중요하다. 교섭과정에서 노사양측이 각각의 입장에 따른 이슈별 논쟁은 피할 수 없다. 그러나 이슈에 따른 입장차이가 크다고 해서 상대에 대한 존중과 인간관계를 훼손하는 일은 없어야 한다. 즉, 서로의 역할이 다른 점을 이해(acknowledge difference in roles)하고 상대방에 대한 부정적인 인식을 버리고 정중하게 대하는 것이 필요하다. 아울러 모든 것을 한꺼번에 해소하기는 어렵다는 현실적 제약을 인식하고, 벽돌을 쌓아가는 것과 같은 자세로 임할 필요가 있다. 이를 정리하면 <표 16-8>과 같다(Kearney, 2014; 김판석 · 연원정, 2019).

표 16-8   단체교섭의 행동준칙

- 훌륭한 청취자가 되어라
- 교섭을 서두르지 말고, 의구심이 생기면 만나서 회의하라
- 공정하면서도 견실하다는 평판을 얻어라
- 교섭항목마다 분명한 목표를 세우고 그 배경을 이해하라
- 확인된 목표를 뒷받침하는 근거자료를 잘 준비하라
- 입장표명을 할 때 항상 융통성을 가져라

- 상대방의 말과 행동에만 관심을 두지 말고, 왜 그러는지 그 이유를 파악하라
- 상대방의 체면을 지켜주는 것이 중요하다는 점을 명심하라
- 상대방 주장의 진짜 의도는 물론 목표와 우선순위가 무엇인지 파악하라
- 자신의 감정을 통제하는 방법을 익혀라
- 교섭을 진행할 때, 한 과정이 다른 과정과 상호 맞물려 있음을 명심하라
- 목표별 움직임을 각각 측정하라
- 협상종목의 어휘에 주의를 기울이고, 문장과 어휘는 종종 고충 원인이 됨을 경계하라
- 단체교섭과정은 기본적으로 종합적인 절차의 한 부분임을 기억하라
- 교섭에서 모든 것을 다 가질 수는 없음을 기억하라
- 참여자들의 성격을 이해하는 법을 배우면, 그것이 협상 중에 보상이 될 것임을 기억하라
- 현재 협상의 영향이 미래의 협상에 끼치는 영향을 고려하라

출처: Kearney(2014), 김판석 · 연원정(2019).

5. 단체협약

단체협약(collective agreement)은 노동조합과 정부교섭대표 간의 단체교섭을 통하여 당사자 간의 합의가 이뤄지면 이를 약정하는 것을 말하며, 노동조합 측과 정부교섭대표 간에 노동조합에 관한 사항 또는 조합원의 보수와 복지, 그 밖의 근무조건에 관하여 합의가 이뤄지면 노동조합과 정부교섭대표가 서면으로 협약을 체결해야 한다. 노동조합법에 따르면 노동조합과 사용자 또는 사용자단체만이 단체협약의 당사자가 될 수 있으며, 개인 근로자인 조합원은 단체협약의 당사자가 될 수 없다. 단체협약은 반드시 서면으로 작성하여 당사자 양측이 서명날인 하여야 하며, 서면에 의하지 않은 단체협약은 효력이 없다. 단체협약이 체결된 뒤에는 단체협약의 집행이 뒤따르게 되고, 그리고 단체협약 집행결과 평가 및 향후 교섭과제 준비를 하게 된다.

제4절 노동쟁의와 조정 신청 및 부당노동행위의 구제

1. 노동쟁의

공무원노동조합과 정부교섭대표는 조합원의 근로조건 등을 가지고 단체교섭을

벌여 상호합의에 이르면 단체협약을 체결하게 된다. 그러나 단체교섭이 노사협상에 의해 타결되지 못하면 양측은 분쟁상태에 들어가며, 이러한 노사간의 분쟁상태를 노동쟁의(labor dispute)라고 한다. 즉 노동쟁의는 노조대표와 정부대표 간에 근로조건의 결정에 관한 주장의 불일치로 인하여 발생한 분쟁상태를 말한다.

노동쟁의가 발생하면 민간기업 등의 경우에는 실력행사를 할 수 있는 쟁의행위(파업·태업·직장폐쇄 기타 노동관계 당사자가 그 주장을 관철할 목적으로 행하는 행위와 이에 대항하는 행위로서 업무의 정상적인 운영을 저해하는 행위)가 인정되지만(노동조합법 제5장), 공무원과 공무원노동조합의 경우에는 노동쟁의행위가 인정되지 않는다. 즉 공무원노동조합의 경우에 쟁의행위가 금지되어 있다. 공무원노조법(11조)은 노동조합과 그 조합원은 파업(strike), 태업(slowdown, soldiering) 또는 그 밖에 업무의 정상적인 운영을 방해하는 일체의 행위(boycott, picketing)를 하여서는 아니 된다고 명시하고 있다.

단체교섭 중에 협상하는 양측이 합의에 도달하지 못하면 협상교착(bargaining impasse)에 빠질 수 있다. 교착(impasse)이라는 말은 교섭의 진전이 어려운 상황을 의미하므로 협상교착은 노조대표와 정부대표가 단체교섭 과정에서 추가 협상이 어렵다고 판단할 때 발생하게 된다. 단체협약을 맺지 못한채 교착상태가 길어지면 장기적으로 양측 모두에게 이롭지 않다. 그러나 협상교착은 때때로 문제 해결을 도모할 수 있는 새로운 통찰력을 제공하기도 한다.

노사간의 입장 차이로 노동쟁의가 발생하면, 노사양측의 당사자에 의하여 자율적으로 해결하는 것이 제일 바람직하지만, 노사간의 이해관계는 상충적인 경우가 많아 당사자들의 자체적인 노력만으로는 해결하기 어려운 경우가 발생하는데 이때 조정제도가 필요한 것이다.

2. 조정 신청

단체교섭이 결렬된 경우에는 당사자 어느 한쪽 또는 양쪽은 노동위원회법(제2조)에 따라 중앙노동위원회에 조정을 신청할 수 있다(공무원노동조합법 제12조). 조정은 노사양측에 의해 전문적이며 중립적인 제3자가 개입되어 협상을 중재하도록 도움을 주는 과정을 말한다. 단체교섭이 결렬된 경우 이를 조정·중재하기 위하여 중앙노동위원회(National Labor Relations Commission; 근로자위원, 사용자위원, 공익위원 3자로 구성된 합의제 행정관청; www.nlrc.go.kr)에 공무원노동관계조정위원회를 두고 있다.

중앙노동위원회는 당사자 어느 한쪽 또는 양쪽이 조정(mediation)을 신청하면 바로 조정을 시작하여야 하며, 이 경우 당사자 양쪽은 조정에 성실하게 임하여야 한다. 조정의 가장 첫 번째 절차는 중립적인 제3자(중앙노동위원회)에 의한 사실파악(fact-finding)으로서, 청문회를 실시하거나, 논란이 되는 문제를 조사하여 구속력이 없는 권고안을 만드는 쟁의해결 절차이다. 이런 과정을 거쳐 중앙노동위원회는 조정안을 작성하여 관계 당사자에게 제안(recommend)하고, 수락을 권고하는 동시에 그 조정안에 이유를 붙여 공표할 수 있다. 이 경우 필요하면 신문 또는 방송에 보도 등 협조를 요청할 수 있다. 조정은 조정 신청을 받은 날부터 30일 이내에 마쳐야 하지만, 당사자들이 합의한 경우에는 30일 이내의 범위에서 조정기간을 연장할 수 있다.

노사 양측이 단체협약 등을 둘러싸고 합의된 조정안을 도출해내지 못하면 중앙노동위원회가 직권으로 중재안을 제시하는 것을 중재재정(arbitration)이라고 한다. 관계 당사자는 중앙노동위원회의 중재재정이 위법하거나 월권에 의한 것이라고 인정하는 경우에는 중재재정서를 송달받은 날부터 15일 이내에 중앙노동위원회 위원장을 피고로 하여 행정소송을 제기할 수 있다. 이 기간 이내에 행정소송을 제기하지 아니하면 그 중재재정은 확정되며, 중재재정이 확정되면 관계 당사자는 이에 따라야 한다(공무원노동조합법 16조). 즉 중재재정(arbitration)은 조정(mediation)과 달리, 중재 결정이 내려지면 중재의 내용은 관계당사자를 구속(拘束; impose)한다.

3. 부당노동행위의 구제

공무원노동조합의 정당한 활동을 방해하거나, 공무원노동조합 활동을 이유로 불이익을 주거나, 정당한 이유 없는 교섭을 거부하는 등의 부당노동행위(unfair labor practice)에 대해서 노동위원회에 구제신청을 할 수 있다. 일반적으로 부당노동행위는 사용자가 노동조합과 근로자의 정당한 권리를 침해하거나, 반대로 노동조합이 사용자의 정당한 기업활동을 침해할 때 나타나는 일체의 행위를 말한다. 사용자의 부당노동행위로 인하여 그 권리를 침해당한 근로자 또는 노동조합은 노동위원회에 그 구제를 신청할 수 있다(노동조합법 82조).

공무원노동조합법에는 이 부분에 관한 내용이 자세하게 기술되어 있지 않지만, 노동조합법(81조)에 부당노동행위를 자세하게 기술하고 있다: (1) 근로자가 노동조합에 가입 또는 가입하려고 하였거나 노동조합을 조직하려고 하였거나 기타 노동조합의 업무를 위한 정당한 행위를 한 것을 이유로 그 근로자를 해고하거나 그 근로자에게 불이익을 주는 행위; (2) 근로자가 어느 노동조합에 가입하지 아니할 것 또는 탈퇴할 것을 고용조건으로 하거나 특정한 노동조합의 조합원이 될 것을 고용조건으로 하는 행위; (3) 노동조합의 대표자 또는 노동조합으로부터 위임을 받은 자와의 단체협약체결 기타의 단체교섭을 정당한 이유없이 거부하거나 해태하는 행위; (4) 근로자가 노동조합을 조직 또는 운영하는 것을 지배하거나 이에 개입하는 행위와 노동조합의 전임자에게 급여를 지원하거나 노동조합의 운영비를 원조하는 행위; 그리고 (5) 근로자가 정당한 단체행위에 참가한 것을 이유로 하거나 또는 노동위원회에 대하여 사용자가 이 조의 규정에 위반한 것을 신고하거나 그에 관한 증언을 하거나 기타 행정관청에 증거를 제출한 것을 이유로 그 근로자를 해고하거나 그 근로자에게 불이익을 주는 행위 등이다.

제5절 공무원 노사관계의 발전

1. 공무원 노사관계의 의의

근로자는 법적으로 사용자와 대등하나, 경제적으로는 대등하지 못한 약자라고 보기 때문에 근로자들이 조직력을 배경으로 사용자와 단체교섭 등을 할 수 있도록 많은 국가가 노동조합을 인정하고 있다. 노동조합과 사용자측과의 관계와 관련하여 민간부문에서 '노사관계관리'라는 표현을 일반적으로 사용하는데, 노사관계는 근로자와 사용자가 단체교섭 등을 통하여 단체협약을 체결하는 등 노동자와 사용자 간의 조직적인 관계를 의미한다. 그런데 최근에는 노사관계에 정부가 개입하는 사례가 늘어나면서, 노사관계는 노동자와 사용자 간의 관계만이 아니라, 노동자-사용자-정부(노-사-정) 간의 3자 관계로 그 범위가 확대되었고, 여기에 국민까지 포함하면 4자 관계가 된다. 아울러 노사관계(labor-management relations)의 외연도 확장되어 최근에는 산업사회의 여러 관계를 의미하는 산업관계(industrial relations)라는 용어를 사용하기도 한다. 우리나라에서는 공무원의 신분적 특수성과 정부와 공무원노동조합간의 상호협력의 필요성 등을 고려하여 공무원 노사협력을 강조하고 있다. 미국 등의 인사행정 교과서에는 노사관계(labor-management relations) 혹은 단체교섭(collective bargaining) 등의 이름으로 별도의 장으로 다루고 있고, 경영학 등에서는 노사관계의 중요성을 감안하여 노사관계론을 별도의 독립된 교과과목으로 다루기도 한다.

2. 공무원 노사관계의 발전

노사관계는 다음과 같은 이중적 성격을 가지고 있다. 첫째, 기업이건 정부이건 노사관계는 협력적 관계와 대립적 관계를 동시에 내포하는 이중성(양면성 혹은 이원성)을 가지고 있다. 둘째, 노사관계는 근로자와 사용자(employee-employer) 간의 종속관계(개별고용계약 등) 차원의 개별적 관계 그리고 노동조합과 사용자(union-employer) 간의 대등한 집단적 관계(단체협상 등)라는 이중성을 갖고 있다. 셋째, 노사관계는 재화생산과 서비스제공이라는 경제관계뿐만 아니라 공동체의 토대 위에서 이루어지는 사회관계라는 이중성도 함께 가지고 있다. 이러한 이중성들은 노사관계를 관리하기가 쉽지 않음을 역설적으로 말해준다.

지난 18세기 중엽 영국에서 시작된 1차 산업혁명(first industrial revolution)은 유럽은 물론 미국과 러시아 등으로 확대되었으며, 20세기 후반에 이르러서는 전 세계의 여러 대륙으로 확산되었다. 개괄적으로 산업혁명은 농업 중심사회에서 상공업사회로 이행하는 산업화 혹은 공업화 과정이었다. 그런데 1차 산업혁명은 단순히 경제 구조상에서만 커다란 변화를 가져온 것이 아니라, 정치적·사회적 구조에도 많은 영향을 끼쳤다. 정치적 변화로 전통적 귀족·지주 지배의 정치체제 변화가 시작되었고, 다양한 사회변화도 초래하였다. 특히 규모가 큰 생산공장의 출현에 따른 열악한 노동환경과 작업조건 그리고 공장노동자의 낮은 처우 문제 등이 심화되면서 노동자의 조직화를 촉진하면서 노동자의 권익을 대변하기 위한 노동조합 결성이 확산되었다.

노사관계는 시대의 변화에 따라 다양한 양상을 보이고 있다. 첫째, 18세기는 '전제적 노사관계'였다고 할 수 있다. 왜냐하면, 1차 산업혁명 여파로 소규모 경공업 등이 발전하면서 근로자는 열악한 작업조건에서 장시간 일을 해야 했고, 사용자는 근로자를 쉽게 해고할 수 있는 전제적·권위주의적 시기였다. 둘째, 지배와 예속적인 노사관계로 인해서 근로자의 사기와 생산성이 떨어지면서, 19세기에 가부장적이고 '온정적인 노사관계'가 등장하게 되었는데, 사용자는 근로자에게 은혜를 베풀고, 근로자는 사용자의 은혜에 보답하는 의미의 온정적인 노사관계가 한동안 지속되었다. 셋째, 20세기에 들어와서 기업 규모가 커지고 과학적 관리론이 등장하고, 동시에 노조의 규모와 영향력이 늘어나면서 다소 '대립적인 노사관계'가 형성되기 시작했다. 넷째, 21세기에 들어오면서 산업민주주의(산업현장의 노사문제 등을 민주적으로 해결하기 위한 조건과 제도 정비 등을 주장하는 입장)가 발전하면서 근로자의 지위가 향상되고 노동관계법의 발전과 전문경영인체제가 정착되어 가면서 '민주적 노사관계'가 점차 확산되기 시작하였다. 그러나 민주적 노사관계로 정착하기까지에는 결코 순탄하지 않은 갈등적 노사관계를 겪으면서 발전해왔다고 할 수 있다.

3. 공무원 노사관계의 문제점과 발전방향

우리나라의 인사행정 분야에서 그간 공무원 노사관계는 발전하지 못한 분야 중의 하나였다. 우리나라 인사행정이 전체적으로 괄목할만한 수준으로 발전하였지만, 공무원 노사관계는 정치·경제적 이유 등으로 인해서 발전속도가 더디었다. 앞으로 공무원 노사관계를 서양의 선진국 수준으로 계속 발전시키려면 단체교섭 등이 교착없이 이루어져야 한다. 따라서 노사 양측은 어느 일방만의 입장을 고집하기보다는 늘 국민을 생각하며 국민이 종국적 사용자라는 인식을 공유하며 상호협력해야 할 것이다(김판석·연원정, 2019). 이를 위한 공무원 노사관계의 문제점과 발전방향을 제시하면 다음과 같다.

첫째, 단체교섭의 범위가 제한적이고 단체교섭 당사자도 많고 복잡하게 관련되어 있다. 노동조합의 대표자는 그 노동조합에 관한 사항 또는 조합원의 보수·복지, 그 밖의 근무조건에 관하여 교섭하고 단체협약을 체결할 권한을 가진다. 그러나 법령 등에 따라 국가나 지방자치단체가 그 권한으로 행하는 정책결정에 관한 사항, 임용권의 행사 등 그 기관의 관리·운영에 관한 사항으로서 근무조건과 직접 관련되지 아니하는 사항은 교섭의 대상이 될 수 없다고 제한하고 있는데, 이러한 광범위한 비교섭 사항의 범위를 축소할 필요가 있으며, 그 밖의 근무조건 등을 보다 구체적으로 명시할 필요가 있다. 아울러 정부차원에서 인사혁신처는 물론 고용노동부(노동조합법), 기획재정부(재정), 행정안전부(직장협의회와 노조징계 등), 교육부(교원노조) 등 여러 부처가 관련되어 있고, 또한 전국단위의 노동조합도 복수체제여서 단체교섭을 추진하기가 매우 복잡한 구조이므로, 단체교섭을 성공시키기 위해서는 정부대표와 노조대표의 리더십과 협상력 발휘가 필수적이다.

둘째, 공무원노동조합의 단체교섭과 단체협약이 가능하게 되어 있지만, 현실적으로 활성화되지 못하고 있다. 일부 기관 단위별로 단체교섭과 단체협약이 이뤄지기도 하지만, 정부교섭과 행정부교섭 실적은 많지 않은 편이다. 정부교섭은 국가·지방공무원의 공통된 근무조건 등에 대해서 직전 단체협약의 유효기간이 도래하는 시기에 맞추어 특정 공무원노조가 정부에 교섭을 요구함에 따라 시작이 된다. 정부교섭은 2007년 말에 처음으로 타결된 이후에 교착상태에 빠졌었다가, 2017년 말에 행정부교섭이 타결되면서 정부교섭도 재개하게 되었다. 그리고 2018년 7월에 본교섭(상견례)이 시작되어 2018년 12월에 실무교섭이 마무리되고, 2019년 1월에 타결되었다(김판석·연원정, 2019). 그리고 행정부교섭은 2006년 1월 공무원노조법이 제정된 이래 2017년 12월 이전까지는 단 한 차례도 협약이 체결되지 못할 만큼 많은 우여곡절을 겪었다. 지난 2006년부터 행정부교섭이 시작되었지만, 장기간 교착상태에 빠져들게 되었다. 그 후 2017년에 교섭이 다시 본격화되어 2017년 말에 첫 번째 결실을 보았다. 이처럼 성공적인 정부교섭과 행정부교섭 사례가 많지 않은 상황이다. 따라서 앞으로 성공적인 단체협약 사례가 늘어나야 할 것이다. 앞으로 합리적인 방향에서 단체교섭과 단체협약이 활성화되려면 노동조합 측도 합리적인 방향에서 개선요구를 해야 할 것이고, 정부측도 공무원을 헌법이 명시한 대로 근로자로 인식하고 그들의 보수와 복지 그리고 근로조건 등에 대하여 더욱 유연하게 대처할 필요가 있다. 상호이해하는 차원에서 더욱 협력적이고 상생적인 방향으로 공무원 노사관계를 발전시켜나갈 필요가 있다.

셋째, 공무원 노사관계가 발전하는 데는 공무원 노사관계와 관련된 법적 체계,

전담조직과 전문인력 배치 그리고 정교한 제도설계와 공정한 제도집행 등이 기본적으로 필요하다. 현재 고용노동부의 노사협력정책관실은 노사협력정책, 노사관계법, 노사관계지원 업무를 담당하고 있으며, 민간노조 외에 공무원노조, 교원노조 및 학교회계직 노조 등과 관련된 공무원노동조합 지원·지도업무를 맡고 있다. 그리고 인사혁신처의 공무원노사협력관실은 공무원노조와 단체교섭 및 단체협약 체결, 단체교섭과 관련된 분쟁 관리, 단체교섭에 대한 지원·연구, 공무원 노사협력사업, 단체교섭과 관련된 교육 등의 업무를 맡고 있다. 그리고 행정안전부의 지방자치분권실의 공무원단체과는 공무원직장협의회와 공무원단체의 위법 활동 등에 대한 상황관리 등을 다루고 있다. 따라서 노동조합과 관련해서는 고용노동부는 노조의 법적 제도적 장치를 발전시켜가야 하고, 인사혁신처는 공무원노조와 실질적인 노사협력업무를 맡고 있으므로 보다 적극적으로 공무원노조와 단체교섭에 임하면서 협력적인 관계를 구축하여야 할 것이다. 공무원노동조합법을 제정했을 당시에는 정부가 공무원 노사협력과 관련된 별도의 홈페이지를 운영하며 공무원노동조합의 현황과 제도소개에 적극성을 보였으나, 그 후에 정부조직개편 등으로 그러한 사례가 지속하지 못하였다. 앞으로 공무원노동조합과 노사관계 등에 대한 제도소개와 자료공시 등을 적극적으로 소통하며 관리하는 것이 필요하다.

마지막으로 공무원노동조합과 노사관계에 관한 연구가 더 늘어나야 한다. 공무원노동조합의 단체교섭이나 공무원 노사관계에 대한 노동법학자들의 연구가 일부 있으나, 행정학분야의 단체교섭 연구는 상대적으로 적은 편이다(백종섭, 2013; 김판석·연원정, 2019). 따라서 공무원노동조합과 공무원 노사관계를 발전시키려면 이 분야의 참고자료는 물론 노사협력의 성공과 실패에 대한 사례연구가 좀 더 축적되어야 할 것이다.

주요 공무원노동조합의 활동을 파악해보자.

☐ 전국규모의 공무원노동조합을 찾아보고 이들 조직의 홈페이지를 방문하여 그 조직과 활동내용 등을 파악하여 토론해보자.
  • 전국공무원노동조합(전공노; www.kgeu.org)
  • 대한민국공무원노동조합총연맹(공노총; www.gnch.or.kr)
  • 전국통합공무원노동조합(통합노조; www.kugeu.org)
  • 전국교직원노동조합(전교조; www.eduhope.net)

☐ 인사혁신처의 홈페이지(www.mpm.go.kr)에서 공무원노사협력관 조직을 찾아보고, 해당조직의 구조와 기능들을 살펴보자.

☐ 성공적으로 이루어진 행정부교섭과 정부교섭 사례를 각각 찾아보고, 단체교섭(collective bargaining) 과정, 단체협약(collective agreement) 내용 등을 알아보자.

17

공무원의 권리와 의무

제 17 장 | 공무원의 권리와 의무

제1절 권리와 의무의 의의

1. 권리와 의무의 개념

인사행정의 다양한 목표들을 달성하기 위해서는 무엇보다도 공무원의 권리가 보장되고 책임의 확보와 함께 의무가 잘 지켜져야 한다. 권리는 일정한 이익을 주장하고 누릴 수 있는 힘이다. 반면에 공무원에게는 개인적으로 누릴 수 있는 권리가 있는 동시에 조직이 요구하는 일을 실행하여야 하는 책임과 의무가 동시에 부과된다. 일반적으로 권리가 향상되면 의무는 줄어드는 경향이 있어 권리와 의무는 불가피하게 그 범위가 상충되는 면도 있다(이창길, 2019).

복무는 공무원이 공직생활을 함에 있어서 지녀야 할 자세와 지켜야 할 행동을 말하며, 복무관계는 정부와 공무원 간 복무에 관한 법률상의 관계를 의미한다. 그리고 의무관계는 공무원이 국가에 대하여 지는 의무(국가 및 지방공무원법)를 말하며, 의무·금지사항 위반 시 징계 사유가 된다. 그리고 근무 관계는 공무원의 근무조건에 관한 사항(공무원 복무규정)을 의미한다.

일반적으로 공무원도 국민의 한 사람이므로 보통 국민(ordinary people)이 갖는 권리와 책임을 동일하게 갖는다. 그러나 공무원은 공익을 위하여 근무하여야 한다는 점에서, 공익(public interest)을 존중하며 이해충돌(conflict of interest)을 피하는 등의 직무상의 통제가 따른다. 공무원은 일반 국민과 다른 특별권력관계에 속하는지, 아니면 일반국민과 같은 존재인지에 따라 공무원의 권리와 의무제한 범위가 달라진다.

먼저 직무적 차원(공익추구이론)에서 보면, 공무원은 공익을 추구해야 하는 직무상의 특성을 가지고 있으므로 일부 기본적인 권리를 제한하며 의무를 부과할 수 있으며,이를 통해 사익추구 가능성을 배제하려는 것이다. 대한민국헌법 제37조 2항을 보면, 국민의 모든 자유와 권리는 국가안전보장·질서유지 또는 공공복리를 위하여 필요한 경우에 한하여 법률로써 제한할 수 있다고 규정하고 있다. 물론 직무상의 특별한 이유없이 공무원의 권리를 제한하는 것은 정당하지 않으나, 공무원의 직무 특성 중에 공익차원의 공공성이 강하면 권리를 제한할 수 있다(이창길, 2019).

그리고 신분적 차원(특별권력관계이론)에서 보면, 공무원은 사회적으로 특별한 권력관계에 놓인 사람이기 때문에 공무원들에게 포괄적인 권리제한이나 의무부과가 가능하다고 본다(정하중, 2020). 대한민국헌법 제7조 제1항에서 공무원은 국민전체에 대한 봉사자이며, 국민에 대하여 책임을 진다라고 규정하고 있고, 제2항에서는 공무원의 신분이 보장된다고 규정하고 있는데, 이는 공무원이 일반 국민과 달리 특별한 지위와 책임을 갖는다는 것을 의미한다. 따라서 공무원의 신분을 유지하는 한, 권리제한과 의무부과는 이루어질 수 있다(이창길, 2019). 그러나 최근에는 공무원의 특별권력관계가 약화되고 특권이나 명예가 축소되는 경향을 보이고 있어 시대에 따라 조금씩 변화하고 있다고 할 수 있다.

2. 공무원의 권리와 의무의 내용

공무원의 권리와 관련해서는, 공무원에게 권리를 주는 것과 뺏는 것으로 나눌 수 있다. 다시 말해서, 공무원에게 권리를 주는 것은 권리보장이라 하며 공무원에게 권리를 뺏는 것을 권리제한이라고 할 수 있다. 공무원의 권리보장은 공무원에게 특별한 권리를 제공해주는 것과 공무원에게 제한된 일반인의 권리가 공무원에게 회복되는 경우로 구분될 수 있다. 공무원에게 권리를 뺏는 것, 즉 권리제한은 일반인이 가질 수 있는 권리를 공무원들로부터 뺏는 것이다.

공무원의 의무와 관련해서도 공무원에게 의무를 주는 것과 뺏는 것으로 나눌 수 있다. 다른 말로, 공무원에게 의무를 주는 것은 의무부과라 하며 공무원에게 의무를 뺏는 것을 의무해제라고 할 수 있다. 공무원에게 특별한 권리를 제공하듯이, 공무원들에게는 특별한 의무가 부과된다. 공무원들에게 의무부과는 공무원이기 때문에 특별히 해야 하는 것을 하게 하는 것과 해서는 아니 되는 것을 하지 못하게 하는 경우로 구분될 수가 있다. 의무해제는 공무원이기 때문에 부여된 의무가 해제되는 경우와 해서는 아니 되는 것을 할 수 있게 하는 경우로 구분될 수 있다(이창길, 2019). 여러 나라의 국가공무원법을 비교해보면, 개발도상국의 국가공무원법에는 무엇을 하지 말라(Don't)는 규정이 하라(Do)는 규정보다도 상대적으로 많은 편이다. 특히 사회주의 국가에서의 국가공무원법에는 하지 말라는 규정이 자유민주주의 국가의 국가공무원법보다 많은 편이다.

공무원의 권리와 의무는 네 가지 속성(권리보장, 권리제한, 의무부과, 의무해제)으로 구분해 볼 수 있다(이창길, 2019). 내용적으로 보면 권리보장이 의무해제 그리고 권리제한이 의무부과와 유사해 보인다는 점에서, 서로 동전의 양면과 같다. 그러나 엄밀히 살펴보면 서로 구분된다. 예를 들어, 비밀누설이 권리는 아니어서 비밀누설의 금지가 권리제한이 아니라, 해야 하는 것을 하게 하는 의무부과(비밀엄수 의무)인 것이다.

공무원의 권리보장과 관련하여, 신분보장은 공무원이기 때문에 특별히 부여된 권리이다. 우리나라 헌법 제7조 2항은 공무원의 신분은 법률이 정하는 바에 의하여 보장된다고 규정하고 있다. 이는 직업공무원제를 확립하여 공무원으로서 자긍심을

표 17-1　공무원의 권리와 의무 구분

구 분	권 리		의 무	
긍정적 조치 (주는 것)	권리 보장	• 할 수 있는 것을 하게 하는 것(신분보장, 휴가, 보수 등 기본권) • 일반 근로자의 권리이나 공무원의 경우에만 제한되었다가 제한이 풀린 것(노동단결권, 단체협상권 등)	의무 부과	• 해야 하는 것을 하게 하는 것(성실의무, 복종의무, 비밀엄수의무, 청렴의무, 품위유지의무, 정치적 중립의무 등) • 해서는 아니 되는 것을 하지 못하게 하는 것(직장이탈 금지, 영리업무 금지, 겸직 금지 등)
부정적 조치 (뺏는 것)	권리 제한	• 일반인이 할 수 있는 것을 못하게 하는 것(정치의 자유 제한, 표현의 자유 제한, 사생활 제한, 취업 제한 등)	의무 해제	• 해야 하는 것을 하지 않아도 되는 것(퇴직공무원 취업제한 해제, 의무복무기간 경과/해제) • 해서는 아니 되는 것을 할 수 있게 하는 것(민간 휴직 허용, 민간 휴직 후 복직 하용 등)

출처: 이창길(2019) 수정.

심어주고 안정적으로 오랫동안 공직에 몸담아 국가 및 국민의 봉사자로서 일하도록 하기 위한 것이다.

한편, 민간근로자에게는 당연한 권리로써 보장되나 공무원에게는 제한되었던 노동권이 공무원노동조합법의 제정으로 공무원들에게도 보장되고 있다. 대한민국 헌법 제33조 2항에서 공무원인 근로자는 법률이 정하는 자에 한하여 단결권·단체교섭권·단체행동권을 가진다고 규정하고 있으므로, 공무원의 근로자성을 헌법에서 인정하고 있다. 그러나, 공무원노동조합법을 제정하는 데 오랜 시간이 소요되었으며, 일부 현업공무원을 제외한 일반 공무원은 단체행동권이 인정되지 않는다.

공무원의 권리제한과 관련하여, 공무원들은 표현의 자유, 취업(영리업무와 겸직), 정치운동 등의 제한이 요구된다. 일반근로자에게는 표현의 자유, 취업의 자유, 정치의 자유, 사생활의 자유 등은 기본권리이다. 그러나 공무원이라는 신분 때문에, 이러한 일반적 권리가 제한되기도 한다. 공무원은 공식석상에서 정치에 대한 개인적인 의사 표현이 금지된다. 또한 공무원은 집회 결사의 자유가 제한된다. 따라서 현업공무원을 제외한 일반 공무원은 단체행동을 할 수 없다.

공무원의 의무부과와 관련하여, 공무원이기 때문에 즉 국민 전체에 대한 봉사자이기에 해야 할 특별한 의무들이 있다. 예를 들어, 공무원들은 일반근로자와는 다르게 품위유지와 청렴의 의무 등이 강조된다. 즉, 공무원으로써 보여줘야 할 일을 해야 하는 것이다. 그 외에 친절공정, 복종, 성실, 종교중립 의무 등이 있다. 또한 공무원들은 해서는 아니 되는 것을 하지 못하게 하는 의무가 있는데, 이는 직장이탈 금지, 집단행위 금지 등이다. 이러한 측면에서 공무원의 의무부과는 공무원의 권리제한과 구별될 수 있다.

공무원의 의무해제와 관련하여, 의무복무기간 경과 후 복직 허용, 민간 휴직 허용 등 해야 하는 것을 하지 않아도 되는 것 또는 해서는 아니 되는 것을 할 수 있게 해주는 것이 있다. 이것은 성실한 의무이행에 대한 일종의 보상적 인센티브와 같은 성격이다. 의무복무기간 중에 있는 국외훈련이수 공무원이 진행 중인 연구의 완수나 학위취득을 위하여 일정기간 동안 휴직이 가능하다. 이는 복무를 해야 함에도 복무를 하지 않는 것을 허용해 주는 것이다. 공무원이 병역의무를 필하기 위하여 단기부사관으로 지원입대한 자가 본인의 의사에 반하여 의무복무기간을 초과하여 복무하고 제대한 경우에도 복직처리가 가능하다. 특히, 공무원이 국제기구 또는 외국기관, 국내·외 대학·연구기관, 특정 민간기업 등에 임시로 채용될 때, 즉 원칙상으로는 해서는 아니 되는 일이지만 민간휴직이 가능토록 하여 추후 공무원으로 복직이 가능하도록 하고 있다.

제2절 우리나라 공무원의 권리 보장 제도

1. 신분보장

1) 신분보장의 의의

우리나라 공직체계는 직업공무원제를 근간으로 하고 있다(제3장 참조). 따라서 공무원의 신분보장(job security)을 중요시하여 특별한 사유를 제외하고는 공무원 스스로의 의사에 반하는 신분조치를 금지하고 있다. 신분보장을 하는 이유는 여러 가지가 있다. 무엇보다도 공무원을 정치적 압력으로부터 보호하여 국가 및 국민 전체의 봉사자로서 신념을 가지고 본연의 책무를 수행하도록 하기 위함이다. 그리고, 신분보장을 통하여 행정의 일관성이 확보된다. 정권이 바뀔 때마다 정책을 집행하는 공무원들이 바뀌게 되면 행정의 연속성은 끊어지게 되고 정책의 집행은 지연되며, 새로운 공무원들은 새로운 환경에 적응해야 하는 비용이 발생하여 공직 전체적으로 능률성이 저해된다. 더불어, 신분보장은 공무원들의 사기를 높여주어 동기부여를 조성한다. 안정적 직장이라는 심리적 안정감을 갖게 하여 본인의 업무에 몰입하게 한다. 이러한 심리적 상태는 직무성과를 향상시키고, 나아가 행정서비스의 질을 제고시킬 수 있다.

2) 신분보장제도

대한민국헌법 제7조 2항은 공무원의 신분은 법률에 따라 보장된다고 명시하고 있다. 즉, 헌법은 우리나라 공무원의 신분이 기본적으로 보장됨을 천명하고 있는 것이고 개별법에 그 신분보장 내역을 구체화시켰다. 국가공무원법 제68조와 지방공무원법 제60조에 따르면, 공무원은 형의 선고, 징계처분 또는 국가공무원법·지방공무원법에서 정하는 사유에 따르지 아니하고는 본인의 의사에 반하여 휴직·강임 또는 면직을 당하지 않는다.

또한 징계 사유에 해당하지 않는 한 징계 처분을 받지 않는다. 그리고 인사상의 부당한 불이익 처분에 대해서는 불복 신청을 하여 구제받을 수 있다. 그러나 직무 등급이 가장 높은 등급의 직위에 임용된 고위공무원단에 속하는 공무원(종전의 1급 상당)은 준정무직에 해당하므로 신분보장이 적용되지 않는다. 공무원의 신분보장을 비롯한 권리보장을 위한 제도가 다양하게 마련되어 있다.

2. 적극행정 징계면제 제도

1) 제도의 목적

행정의 원칙과 기본사항을 규정하여 행정의 민주성과 적법성을 확보하고 적정성과 효율성을 향상시킴으로써 국민의 권익 보호에 이바지함을 목적으로 행정기본법이 2021년 3월에 제정되었다. 본 법의 제4조 2항에 따르면, 국가와 지방자치단체는 소속 공무원이 공공의 이익을 위하여 적극적으로 직무를 수행할 수 있도록 제반 여건을 조성하고, 이와 관련된 시책 및 조치를 추진하여야 한다고 명시하며 행정의 적극적 추진(적극행정)을 강조하고 있다. 이에 따라 인사혁신처의 인사혁신국 속에 적극행정과(Proactive Administration Division)가 공식적으로 과 조직의 하나로 설치되었다. 적극행정과는 적극행정에 관한 법령의 제정·개정, 적극행정 활성화를 위한 제도의 연구·개선 등에 관련 업무를 담당하고 있다.

그리고 2019년에 제정된 적극행정운영규정의 16조에 의하면, 공무원이 적극행정을 추진한 결과에 대해 그의 행위에 고의 또는 중대한 과실이 없는 경우에는 징계 요구 또는 문책 요구 등 책임을 묻지 않으며, 공무원이 사전컨설팅 의견대로 업무를 처리한 경우에도 면책 요건을 충족한 것으로 추정하는 등 징계요구 면책을 받을 수 있다. 따라서, 적극정행(proactive administration)의 경우에 징계로부터 면책(immunity)이 되므로 공무원 신분이 보장된다.

2) 적극행정 징계면제의 유형

(1) 요건을 충족한 경우 징계면제

다음의 요건을 모두 충족하는 경우 적극행정에 의한 징계면제 사유가 된다. 먼저 공공의 이익 증진을 위한 행위로서 담당한 업무 및 해당 업무를 처리한 방법 등이 국민 편익 증진, 국민 불편 해소, 경제 활성화, 행정효율 향상 등 공공의 이익을 증진하기 위한 행위여야 한다(감사원법 제34조의 3). 그리고 업무의 처리가 적극적이어야 하며, 고의 또는 중과실이 없어야 한다(적극행정운영규정 제16조 1항). 징계 등 혐의자와 비위 관련 직무 사이에 사적인 이해관계가 없고, 대상 업무를 처리하면서 중대한 절차상의 하자가 없어야 한다.

(2) 사전컨설팅을 거친 경우 징계면제

사전컨설팅을 거친 경우에도 징계가 면제된다(적극행정운영규정 제16조 2항). 적극행정을 추진하는 과정에서 불명확한 법령 등 의사결정에 어려움을 야기하는 요인이 있어 감사원이나 자체감사기구에 의견을 구하는 경우 그 의견에 따라 업무를 처리한 경우에는 징계가 면제된다. 단, 사적인 이해관계가 있거나, 사전컨설팅에 필요한 정보를 충분히 제공하지 않는 경우에는 징계의 면제 대상이 아니다.

(3) 적극행정 지원위원회를 거친 경우 징계면제

적극행정 지원위원회를 거친 경우에도 징계가 면제된다(적극행정운영규정 제16조 3항). 인가·허가·등록·신고 등과 관련한 규제나 불명확한 법령 등으로 인해 업무를 적극적으로 추진하기 곤란한 경우, 각 기관별로 설치된 적극행정 지원위원회에 직접 해당 업무의 처리 방향 등에 관한 의견의 제시를 요청할 수 있으며, 그 의견대로 업무를 처리한 경우에는 징계가 면제된다. 이 역시, 사적인 이해관계가 있거나, 위원회가 의견을 제시하기 위해 판단에 필요한 정보를 충분히 제공하지 않는 경우에는 징계의 면제 대상이 아니다.

(4) 고도의 정책사항에 대한 실무직 담당자의 징계면제

고도의 정책사항에 대한 실무직 담당자의 징계가 면제될 수 있다. 여기서 고도의 정책사항이란 국정과제 등 주요 정책결정으로 확정된 사항, 다수 부처 연관과제로 정책 조정을 거쳐 결정된 사항 등을 의미한다. 고도의 정책사항을 추진하는 과정에서 발생한 결과에 대해서 실무직 담당자의 고의나 중대한 과실이 없는 경우에는 징계가 면제된다.

3) 신청 및 처리 절차

징계대상자는 징계위원회에 제출하는 의견서 서식을 통해 징계면제 사유를 기재하여 소명할 수 있다. 징계위원회는 징계대상자의 소명내용이 징계면제 사유에 해당하는지 여부를 반드시 심의하고, 의결서에 반영하여 해당 공무원에 통보해야 한다.

3. 소청 및 고충심사 제도

1) 소청심사제도

(1) 제도의 목적 및 근거

소청심사제도(appeals system)는 공무원이 징계처분 그 밖에 그 의사에 반하는 불리한 처분이나 부작위에 대하여 이의를 제기하는 경우 이의를 심사하고 결정하는 권리구제제도로서 행정심판제도의 일종이다(국가공무원법 제9조, 제16조, 제76조). 국가공무원법상 소청심사의 대상에는 징계처분, 기타 의사에 반하는 불리한 처분, 부작위 등이 있고, 구체적으로 어떠한 것이 포함되는지 여부는 사안의 성격과 내용에 따라 결정될 수 있다. 소청심사제도는 공무원의 신분보장 및 권익을 보장하는 기능을 하므로 직업공무원제 확립에 기여한다. 미국의 실적제보호위원회(Merit Systems Protection Board)가 유사한 조직이라 할 수 있다.

(2) 공무원 대상 및 소청심사기관

소청심사제도의 대상은 모든 공무원에 적용되지 않고 경력직(일반직, 특정직)공무원에 한정된다. 특정직공무원 중 검사 등 일부는 소청심사를 청구할 수 없다. 그리고 특수경력직(정무직, 별정직) 공무원은 원칙적으로 소청심사대상에 해당되지 않으며, 이들은 일반행정심판을 제기하거나 행정소송을 제기하여야 한다. 교원(교원소청심사위원회), 군인 및 군무원을 제외하고는 소청심사위원회의 기능을 인사혁신처의 소청심사위원회(https://sochung.mpm.go.kr)가 담당한다.

표 17-2 공무원 구분별 소청심사기관

구 분					소청심사기관
행정부	국가공무원	경력직	특정직	일반직	인사혁신처 소청심사위원회
				외무공무원	인사혁신처 소청심사위원회
				경찰공무원	인사혁신처 소청심사위원회 ※ 단, 의무경찰대의 경사, 경장, 순경은 당해 의무경찰대가 소속된 기관에 설치된 경찰공무원징계위원회
				소방공무원	인사혁신처 소청심사위원회
				검사	소청제도 없음
				교원	교원소청심사위원회
				군인 (장교 및 준사관)	• 국방부 중앙군인사소청 심사위원회 (징계처분 외) • 항고심사위원회(징계처분)
				군인 (부사관)	• 각 군 본부의 군인사소청 심사위원회 (징계처분 외) • 항고심사위원회(징계처분)
				군무원	• 국방부 군무원인사소청심사위원회(징계처분 외) • 항고심사위원회(징계처분)
				국가정보원	인사혁신처 소청심사위원회
				대통령경호실 경호공무원	인사혁신처 소청심사위원회
		특수경력직			원칙적으로 소청대상에 포함되지 않음 (정무직·별정직)
	지방공무원	경력직	일반직		• 각 시·도 지방소청심사위원회 • 교육소청심사위원회(지방교육청 소속 공무원)
			특정직	소방직	지방공무원 소청심사위원회
		특수경력직			원칙적으로 소청대상에 포함되지 않음
입법부					국회사무처 소청심사위원회
사법부					법원행정처 소청심사위원회
헌재소					헌법재판소사무처 소청심사위원회
중선위					중앙선거관리위원회사무처 소청심사위원회

출처: 소청심사위원회(2021) 홈페이지.

(3) 제도의 내용과 결정의 효력

소청심사위원회는 위원장 포함 5~7인 이내 상임위원과 상임위원 수의 2분의 1 이상인 비상임위원으로 구성된다. 징계처분(파면, 해임, 강등, 정직, 감봉, 견책, 징계부가금 포함), 기타 의사에 반하는 불리한 처분(강임, 휴직, 직위해제, 면직, 전보, 기각계고, 불문경고 등), 그리고 부작위(不作爲; 복직청구와 같이 당사자의 신청에 대하여 행정청이 상당한 기간 내 일정한 처분을 하여야 할 법률적 의무가 있음에도 처분을 하지 않은 경우)에 대하여 소청을 할 수 있다.

소청심사위원회의 심사결정의 종류로는 취소, 변경, 무효확인, 기각(청구인의 요청을 받아드리지 않는 것), 각하(소청제기가 부적법하거나 형식요건상 결격사유가 있는 경우), 인용(認容: 청구인의 요청을 받아들이는 것) 결정 등이다. 심사는 재적위원 3분의 2이상의 출석과 출석위원 과반수에 의 합의에 의하여 결정된다. 소청심사위원회의 심사결정은 기속력이 있으므로, 처분행정청은 소청심사위원회의 심사결정에 따라야 한다. 해당 공무원이 심사위원회의 소청결정에 불복할 경우 결정서 수령일부터 90일 이내 관할 행정법원에 행정소송을 제기할 수 있다.

2) 고충심사제도

(1) 제도의 목적 및 근거

고충심사제도(grievance system)는 공무원이 근무조건, 인사관리, 기타 신상 문제에 대하여 불만이 있는 경우에 책임있는 인사권자에게 고충심사를 청구하여 심사 및 인사 상담을 거쳐 고충에 대한 적절한 해결책을 강구하여 주는 제도로서, 심사 기관이 제 3자적 입장에서 고충 사안이 원만히 해결되도록 주선하고 권고하는 조정자적 역할을 수행하는 제도이다(국가공무원법 제76조). 고충심사제도는 공무원의 근무 여건에 애로사항으로 작용하는 여러 문제점들을 살피고, 이를 해소함으로써 공무원의 권익을 보다 확실하게 보장하여 사기를 진작시키고 직무의 능률을 향상시키고자 하는데 목적이 있다.

(2) 고충심사의 요구대상

소청은 공무원이 받은 신분상 불이익처분이 주요 대상인 반면, 고충은 개인에 대한 신분보다는 근무조건·처우·인사상 직면하게 되는 일상의 신상문제를 그 대상으로 한다. 고충심사가 가능한 사유는 근무조건(봉급·수당 등 보수, 근무시간·휴식·휴가, 업무량, 작업도구, 시설안전, 보건위생 등 근무환경, 출산·육아·자녀교육, 질병치료, 주거·교통 및 식사편의 제공 등 후생복지에 관한 사항), 인사관리(승진·전직·전보 등 임용, 근무성적평정·경력평정·교육훈련·복무 등 인사운영, 상훈·제안 등 업적성취에 관한 사항), 상·하급자나 동료, 그밖에 업무 관련자 등의 부적절한 행위(성폭력범죄, 성희롱 등 부적절한 언행이나 신체적 접촉, 위법·부당한 지시나 요구, 신체적·정신적 고통을 주거나 근무환경을 악화시키는 직장 내 괴롭힘, 성별·종교별·연령별 등에 의한 차별대우), 기타 문제(개인의 정신적·심리적·신체적 장애로 인하여 발생되는 직무수행과 관련된 고충) 등이다. 다만 다른 법령의 규정에 의하여 구제가 가능(소청심사의 대상이 되는 사항, 감사원의 판정 또는 처분에 대한 재심의 또는 심사청구에 속하는 사항, 공무원 연금급여 심사에 속하는 사항)한 사항과 법률 개정과 같은 국회의 협력이 필요하거나 전체 공무원의 보수인상 요구 등과 같이 당해 행정기관만으로는 시정조치가 불가능한 사항 등은 고충심사대상에서 제외된다.

(3) 고충심사기관

고충심사제도의 대상은 모든 공무원에 적용되지 않고 경력직(일반직, 특정직)공무원과 특수경력직 공무원 중 별정직 공무원에 한정된다. 따라서 정무직 공무원은 원칙적으로 고충심사대상에 포함되지 않는다. 고충을 심사하기 위하여 중앙고충심사위원회(Appeals Commission)를 인사혁신처에 설치하고, 임용권자 및 임용제청권자 단위로 보통고충심사위원회를 설치한다.

표 17-3 공무원 구분별 고충심사기관

구 분	공무원 (근거법)	심사기관	심사대상
국가직	일반·외무 등 (국가공무원법)	중앙고충심사위 (인사처 소청심사위)	• 5급(연구관, 지도관, 경정, 소방령) 이상 • 보통고충심사위 등 결정 재심
		보통고충심사위 (임용(제청)권자 단위)	• 6급(연구사, 지도사) 이하
	경찰 (경찰공무원법)	경찰공무원 고충심사위	• 경감 이하 • 재심은 인사처 중앙고충심사위
	소방 (소방공무원법)	소방공무원 고충심사위	• 소방경 이하 국가소방공무원 • 재심은 인사처 중앙고충심사위

	교육 (교육공무원법)	교육공무원 중앙고충심 사위 (교육부 교원소청심사위)	• 교장 · 장학관 · 교육연구관, 부교수 이상 등 • 보통고충심사위 결정 재심
	※ 지방직 포함	교육공무원 보통고충심 사위 (임용(제청)권자 단위)	• 조교수 이하 대학교원, 교육공무원 • 교원, 장학사, 교육연구관 등
지방직	일반 · 소방 등 (지방공무원법 등)	시 · 도 인사위*	• 소속 공무원, 소방령 이상 • 소방경 이하 지방소방공무원 재심
		소방공무원 고충심사위	• 소방경 이하 지방소방공무원
	* 시 · 도인사위: 민간위원 1/2 이상으로 구성 및 결정(지방공무원법 제7조, 제10조)		

출처: 인사혁신처(2019), 공무원 인사실무.

(4) 고충심사제도의 내용

고충심사위원회는 설치기관별 위원장 포함 7~15명으로 구성하되 2분의 1 이상이 민간위원으로 구성된다. 위원장은 기관별 인사 또는 감사 담당 과장이 맡으며 회의 개최는 5~7명(민간위원 1/3 이상)으로 이루어진다. 고충심사제도는 당사자의 진술권을 보장하고 있다. 따라서 당사자는 고충심사시 출석 혹은 서면으로 진술할 수 있다. 당사자의 심사청구기간에는 제한이 없다. 심사위원회는 청구서를 접수한 날로부터 30일 이내 심사결정을 해야 한다. 고충심사위원회는 재적위원 과반수의 합의에 의하여 결정한다.

(5) 결정의 효력 및 불복

고충심사위원회의 심사결정의 종류로는 각하, 불인용, 인용 등이 있다. 소청심사위원회 심사의 결과를 당해 행정청은 반드시 따라야 하나, 고충심사의 결과는 당해 행정청을 기속하지 않고 시정조치를 권고할 수 있을 뿐이다. 따라서 고충심사위원회의 심사결정은 기속력이 없으므로, 당해 행정청은 고충심사위원회의 심사결정에 따라야 할 의무는 없다. 일반직 고위공무원 및 5급 이상 공무원 또는 경정 이상의 경찰공무원, 소방령 이상의 소방공무원 등 상위직 공무원의 경우 고충심사위원회의 결정에 불복하더라도 고충 재심의 기회가 없다. 그러나, 6급 이하 공무원의 경우 고충결정에 불복하는 때에는 결정서를 통보받은 날로부터 30일 이내에 관할 중앙고충심사위원회(교원의 경우 교육공무원 중앙고충심사위원회)에 재심을 청구할 수 있다.

(6) 고충상담

공무원의 고충은 해당 기관 내부에서 임용권자 단위로 상담하는 것이 원칙이나, 소청심사위원회 온라인 고충청구 사이트, 인사혁신처 인사신문고 등을 통해 상담할 수 있다. 기관장은 소속 공무원의 직급별 인원 등을 고려하여, 고충 상담 전담부서를 지정해야 할 책무가 있다. 더불어, 고충상담 창구(온라인 또는 오프라인)를 운영해야 하며, 처리대장 비치 및 부처별 실정에 맞는 세부운영기준을 마련해야 한다. 고충 상담원은 상담결과 필요하다고 인정되면, 신청인에게 고충심사 청구를 권유할 수 있다.

4. 복무제도의 변화: 유연근무제

1) 유연근무제의 도입과 의의

공무원의 복무제도 중에서 최근에 많은 변화를 가져온 부분이 유연근무제이므로 유연근무제(Flexible Work Arrangements)를 간략하게 소개한다. 정부의 유연근무제는 2010년이 출발점이었다고 할 수 있다. 지난 2010년도 행정안전부 연두 업무보고가 2009년 12월에 있었고, 거기에 유연근무제가 포함되어 '유연근무제 활성화 기본계획'이 2010년 2월에 발표되었기 때문이다(행정안전부, 2013). 중앙인사위원회의 기능이 흡수통합된 당시의 행정안전부 인사실은 인사실장을 단장으로 유연근무제 활성화 태스크포스(중앙정부기관 및 서울시의 일부 구청의 인사 혹은 총무 관련 관계부서 과장급 공무원으로 구성)와 자문위원회(민, 관, 학계 관계전문가로 구성)를 구성하여 유연근무제의 활성화를 위한 기본계획을 수립하여 2010년 2월에 발표하였다(행정안전부, 2010; 김판석·박미영, 2022). 유연근무제는 공무원의 권리로 인정하여 획일화된 공무원의 근무형태를 다양화함으로써 공무원의 복무 부담을 덜어주기 위해 도입되었다. 공직의 생산성을 향상시키고 공무원의 삶의 질을 높이기 위해 개인·업무·기관별 특성에 맞는 유연한 근무형태를 공무원이 선택하여 활용할 수 있는 제도이다.

2) 법적 근거와 기본운영방침

탄력근무제(시차출근제)가 2005년에 도입되었고, 재택근무제 역시 2005년에 일부 기관(특허청과 일부 지방자치단체 등)에 도입된 것으로 알려져 있으나, 초기 제도의 불충분성과 인식 부족 등으로 인하여 활성화되지 못하였다(행정안전부, 2010). 당시 국가공무원복무규정(제9조 제1항)에 공직의 근무시간은 엄격하게 정해져 있었다. 그런데 2011년 7월에 국가공무원복무규정 제10조를 개정하면서 온라인 원격근무와 유연근무제와 관련된 근무시간 변경 내용을 보다 구체적으로 명시함으로써 유연근무제를 실시할 수 있는 근거가 마련되었다. 그리고 전자정부법 제32조에서 온라인 원격근무와 전자적 업무수행 등을 규정하고, 영상회의와 원격교육 훈련 사항 등을 2014년에 보충하였으며, 행정기관 등의 장은 행정업무를 수행할 때 정보통신망을 이용한 온라인 영상회의 방식을 활용할 수 있고, 필요하면 소속 직원으로 하여금 특정한 근무장소를 정하지 아니하고 정보통신망을 이용한 온라인 원격근무를 할 수 있도록 하였다(전자정부법 제32조 제3항; 김판석 · 박미영, 2022). 이에 따라 각급 행정기관장은 유연근무 이용자가 근무성적평정, 전보, 승진, 보수 등 인사상 불이익처분을 받지 않도록 관리하여야 한다. 공무원이 유연근무를 신청한 경우 소속 행정기관의 장은 공무수행에 특별한 지장이 없으면 이를 승인하여야 하며, 유연근무 이용자에 대한 인사상 불이익처분은 금지된다. 각 기관별 부서의 기능 및 개인별 업무성격 등을 종합적으로 고려하여 기관의 특성에 맞는 범위 내에서 자율적으로 실시할 수 있다. 유연근무제를 공무원의 권리로 인정하여 적극 실시할 것이 권장된다. 단, 유연근무로 인해 대민 행정서비스가 소홀해질 경우 유연근무를 실시하지 않을 수 있고, 유연근무실시 후 대민 행정서비스를 소홀히 하지 않도록 조치를 취해야 한다(김판석 · 박미영, 2022).

3) 유연근무제 유형

인사혁신처의 '국가공무원 복무 · 징계 관련 예규'의 제4장에서 제시하는 현행 유연근무제는 크게 세 가지 유형으로 나눌 수 있다(<표 17-4> 참조). 첫째, 탄력근무제로 이는 주 40시간 근무하되, 출퇴근시각 · 근무시간 · 근무일을 자율 조정 가능한 것으로 여기에는 시차출퇴근형, 근무시간 선택형, 집약근무형이 있다. 둘째,

표 17-4 유연근무제 유형

유형		활용 방법
탄력 근무제		주 40시간 근무하되, 출퇴근시각·근무시간·근무일을 자율 조정
	시차 출퇴근형	▶ 기본개념: 1일 8시간 근무체제, 출퇴근시간 자율 조정 ▶ 실시기간: 1일 이상 ▶ 출근유형: 07:00~10:00까지 30분 단위로 하되 필요시 탄력적 운영
	근무 시간 선택형	▶ 기본개념: 일 8시간에 구애받지 않음(일4~12시간 근무), 주 5일 근무 준수 ▶ 실시기간: 1주 이상으로 하되 당일 신청 시 2일 이상 ▶ 근무가능시간대는 06:00~24:00로 하되 1일 최대 근무시간은 12시간
	집약 근무형	▶ 기본개념: 1일 4~12시간 근무, 주 3.5~4일 근무 조정 가능 ▶ 실시기간: 1주일 이상 ▶ 근무가능시간대는 06:00~24:00로 하되 1일 최대 근무시간은 12시간 ▶ 출퇴근을 전제로 지급되는 수당은 출근하는 일수만큼만 지급
재량 근무제		근무시간, 근무장소 등에 구애받지 않고 구체적인 업무성과를 토대로 근무한 것으로 간주하는 근무형태 ▶ 기본개념: 출퇴근 의무없이 프로젝트 수행으로 주40시간 인정 ▶ 실시기간: 기관과 개인이 합의 ▶ 고도의 전문적 지식과 기술이 필요해 업무수행 방법이나 시간 배분을 담당자의 재량에 맡길 필요가 있는 분야
원격 근무제		특정한 근무장소를 정하지 않고 정보통신망을 이용하여 근무
	재택 근무형	▶ 기본개념: 사무실이 아닌 자택에서 근무 ▶ 실시기간: 1일 이상 ▶ 출근유형: 08:00~10:00내 조정, 1일 근무시간은 8시간으로 변동 불가 ▶ 초과근무: 사전에 부서장의 긴급 초과 근무명령을 받은 경우에만 인정
	스마트 워크 근무형	▶ 기본개념: 자택 인근 스마트워크센터 등 별도 사무실에서 근무 ▶ 실시기간: 1일 이상 ▶ 출근유형: 08:00~10:00내 조정가능, 1일 근무시간은 8시간으로 변동 불가 (초과근무는 사전에 부서장 승인 시에만 인정)

출처: 인사혁신처 홈페이지.

재량근무제인데 이는 근무시간, 근무장소 등에 구애받지 않고 출퇴근 의무없이 프로젝트 수행 등으로 주40시간 인정이 가능하다. 기관과 개인이 합의하여 신청할 수 있으며, 고도의 전문적 지식과 기술이 필요해 업무수행 방법이나 시간 배분을 담당자의 재량에 맡길 필요가 있는 분야에 활용될 수 있다. 셋째, 원격근무제는 특정한 근무장소를 정하지 않고 정보통신망을 이용하여 근무하는 것을 의미하며, 재택근무형과 스마트워크 근무형이 있다(김판석·박미영, 2022).

인사혁신처(2021)에 의하면, 지난 2020년 초에 코로나19가 확산되자 인사혁신처는 사태의 심각성을 고려하여 '국가공무원 재택근무 매뉴얼' 등을 마련하였다(인사혁신처, 2021). 지난 2017년에는 원격근무자가 1,847명(0.6%), 2018년에는 1,630명(0.5%), 2019년에는 1,755명(0.6%)이었다. 그런데 코로나19가 확산된 2020년에는 69,015명(18.6%), 2021년에는 46,343명(12.2%)으로 많이 늘어났다. 코로나 확산 이듬해인 2021년에 다소 감소한 것은 사회적 거리두기의 완화에 따라 참여기관이 일부 줄었기 때문이다(인사혁신처, 2022; 김판석·박미영, 2022).

한편, 미국 연방정부의 경우에는 오바마 대통령 때인 2009년에 원격근무촉진법안이 의회에 제출되어 2010년 말에 해당 법안을 제정하였다. 원격근무촉진법(Tele-work Enhancement Act: TEA)에 의하면, 원격근무(telework)는 직원이 자택 등 거주지 혹은 지리적으로 편리한 기타 작업장에서 공식적으로 부여된 업무를 수행하는 근무형태를 의미한다. 미국 인사관리처(Office of Personnel Management: OPM)는 스마트워크에 관한 지침을 수립하고 성과관리 및 교육, 우수사례 발굴, 실태보고, 포털 운영 등을 수행하고 있다. TEA에 따라서 각 연방기관은 원격근무 관리자(Telework Managing Officer: TMO)를 지정하여 운영하고 있으며, 수도 워싱턴 인근에 14개의 스마트워크센터를 운영하고 있다(OPM, 2021). 미국 연방정부의 원격근무(telework) 통계를 보면, 코로나19가 확산되기 전인 2019년에 전체 연방정부 공무원의 22%가 원격근무를 하였고, 코로나19가 확산된 2020년에는 45%로 늘어나 코로나19 이후 원격근무자가 2배 이상 증가한 것을 알 수 있다(OPM, 2021: 11). 우리나라는 원격근무에 관한 법률적 뒷받침이 부족하므로 미국처럼 TEA와 유사한 별도의 법률을 제정할 필요가 있다(김판석·박미영, 2022).

1. 공무원의 충성

1) 포괄적 의미에서 충성의무

공무원은 국민에 대한 충성의무를 갖는다. 대한민국헌법 제7조 1항에서 '공무원은 국민전체에 대한 봉사자이며, 국민에 대하여 책임을 진다'라고 공무원의 충성의무를 강조한다. 이는 민주국가에서 국가와 헌법에 대한 충성의무를 의미하는 것이다. 공무원의 충성의무는 직업공무원제의 본질적 특성에 해당된다. 직업공무원제를 근간으로 하고 있는 전세계 여러 민주주의 국가들이 공무원의 충성의무를 명시적으로 헌법 또는 법률에 규정하고 있으며, 법에 규정하지 않는 경우에도 관습법 등에 의해 당연한 것으로 전제하고 있다(한수웅, 2012).

헌법에 나타난 포괄적 의미에서의 우리나라 공무원의 충성의무는 국가공무원법에 다양한 의무로 구체화되어 명시되었다. 공무원의 충성의무에 해당되는 것으로 충성의무(국가와 헌법에 대한 충성의무), 복종의 의무, 친절·공정의 의무, 비밀엄수의 의무, 직무이탈금지의 의무, 품위유지의 의무 등이 있다. 여러 구체적인 공무원의 의무 중에서 공무원의 충성의무와 가장 밀접한 관련있는 것은 국가와 헌법에 대한 충성의무이다. 이 충성의무는 특정인 혹은 특정정당에 대한 충성의무가 아니라, 국가와 국민에 대한 의무이자 자유민주적 기본질서에 대한 충성의무이다. 공무원은 국민의 공복이므로 특정정당인, 특정정당의 정책이 공무원을 구속할 수는 없다.

2) 공무원 적격여부 판단 기준으로써 충성

공무원의 충성의무는 기본적인 공직적격성의 판단기준이 된다(한수웅, 2012). 공무원으로써 국가와 헌법을 보호하고 긍정하며 적극적으로 지지하며 구체적으로는 어느 정도로 청렴하며 품위를 유지하고 성실한지 등이 공직자로서의 중요한 적격성 판단기준이 된다. 공무원의 충성의무는 공무원 의무 규정에 부합하는 형식적 자세 이상의 적극적 실현의무를 요구한다. 따라서, 국가와 헌법질서를 구두로만이 아니라 직무활동에 있어서 실천해야 한다는 것이다. 나아가, 국가와 헌법질서를 파괴하거나 공격하려는 자를 막고 그러한 세력으로부터 명백하게 거리를 둘 것을 요구한다. 이러한 요구가 사회의 변화를 요구하는 발언 등을 금지하는 것은 아니다. 국가와 헌법질서를 동의하고 긍정하는 바탕 위에서 국가와 사회의 개혁을 시도하는 것은 충성의무에 반하지 않는다.

현대국가는 효율적인 행정과 정책과정을 위해서 뿐만 아니라 국가위기에 업무를 충실히 수행하는 공무원집단에 의존한다. 2020년 이후 COVID-19사태로 전국가적 위기 속에서, 국민보호와 국가수호를 위해 감염병 퇴치활동에 전념하고 있는 간호사를 포함한 충실한 공무원들의 활동에서 공무원의 헌신과 충성을 엿볼 수 있다. 공무원의 충성의무는 근무시간 혹은 직업공무원에 국한된 것이 아니라 직무의 내외를 불문하고 모든 종류의 공무원에게 요구되는 의무이다. 정부는 국가와 자유민주주의 기본질서를 배척하는 자를 공직임용에서 배제한다. 이에 따라 공직에 입직할 때는 신원조사를 받게 된다. 신원조사제도는 일종의 충성조사라고 할 수 있으며, 이는 보안업무규정(제36조)에 규정되어 있다.

2. 공무원의 정치적 중립성

1) 정치적 중립성 의의

공무원의 정치적 중립성(political neutrality)은 공무원의 충성의무와 매우 밀접한 관련이 있다. 공무원이 충성의무(국가와 헌법에 대한 충성의무)를 갖는다는 것은 공무원이 국가와 국민전체에 대한 봉사자라는 의미이며, 특정 정치단체 및 정당인을 위해서 봉사해야 하는 것이 아니다(김해동, 1988). 따라서, 공무원의 충성의무는 중요한 것이며, 정치적 중립성과 상호보완관계에 있다.

공무원의 정치적 중립의 개념에 대해서 학자들 마다 다양하게 정의하고 있다. 패트릭 오버림(Patrick Overeem, 2005: 313)은 공무원의 정치적 중립을 "공무원들이 직무수행을 위해 전문역량을 발휘함에 있어서, 정치적 논쟁과정에서 어느 한 쪽에 치우치지 않는 것"이라고 정의하였으며, 케네스 커나간(Kenneth Kernaghan, 1985: 640)은 "공무원들이 정치적으로 공평한 방식으로 공무를 수행할 수 있는 능력을 해칠 수 있는 활동에 관여하지 않도록 요구되는 교리(doctrine)"로 정의하였다. 즉 오버림은 공무원이 전문역량을 발휘하기 위해 정치적 중립이 필요함을 강조하였고, 커나간은 공무원들이 공정한 업무수행을 위해 정치적 중립이 요구됨을 강조한 것이다.

한편, 최동훈(2012)은 정치적 중립의 개념을 4가지의 하위 측면으로 설명하였다. 첫째, 공무원이 자율성과 전문성을 가지고 업무를 수행하는 것, 둘째, 정부의 정책실현을 충실하게 집행하는 것, 셋째, 정당정치와 관련된 활동에 개입하지 않는 것, 그리고 넷째, 자신의 업무를 공정하게 수행하는 것이 정치적 중립성 개념을 형성한다고 보았다. 다시 말해서 정치적 중립성이란 일반 공무원이 공무를 수행할 때, 특정 정파에 유리하게 파당적으로 하지 않고, 불편부당하고(impartial), 공정하게(fair) 업무를 수행하며, 이를 위해 정치는 공무원에게 부당한 압력을 행사하지 않는 것이다(김순양, 2021). 따라서, 공무원은 당파적 이해관계를 떠나, 객관적인 자신의 전문성에 입각해서 행정을 독립적으로 다루어야 하고, 자신의 정치적 입장과 상관없이 행정에 객관적인 자세로 임해야 한다.

공무원이 정치적 중립성을 언제 훼손하게 되는지에 대해서 윤견수·한승주(2012)는 공무원들에 대한 심층인터뷰를 통해 몇 가지 유형을 밝혀냈다. '선거개입과 동원', '고위공무원의 재량권행사', '노조의 집단활동', '매체에 정치적 의견표명', '인맥의 동원 및 활용', '불합리한 명령 복종' 등 여섯 가지 경험으로 범주화하였다. 따라서, 공무원의 정치적 중립성을 수호하기 위해서는, 공무원은 집권자의 정치적 편익을 위한 직무상 위법·부당한 명령에 대해서는 무조건 복종하지 말고 자율성과 전문성을 갖고 공정하게 임해야 한다(이건·서원석, 2020).

2) 미국의 정치적 중립에 대한 법률

해치법(Hatch Act)은 미국 공무원의 정치 활동을 제한하는 법으로 프랭클린 루브벨트(Franklin Roosevelt) 대통령 때인 1939년에 처음 제정되었다. 법의 본래 이름은 '유해한 정치활동 방지법'(An Act to Prevent Pernicious Political Activities)이나, 그 당시 법안을 추진한 칼 해치(Carl Hatch) 뉴멕시코주 상원의원의 이름을 따서 해치법으로 불러지고 있다. 제1차 해치법은 연방정부의 공무원에 대해 정치활동을 제한하는 내용을 담고 있다. 1938년 의회 선거에서 일부 민주당 후보들이 뉴딜정책에 따라 비숙련 노동자들을 정부에 취업시켜주겠다며 유권자를 매수해 지지 선언을 유도한 사건이 큰 정치적 파문을 가져왔고, 그것이 법 제정의 계기가 됐다(Jones, 1969).

해치법은 한국과 일본 및 여러 나라에 많은 영향을 미쳤다. 미국의 해치법은 1940년, 1993년, 2012년 등 여러 차례에 걸쳐 수정을 겪었는데, 세월이 흘러가면서 법 제정 초기보다는 공무원의 정치적 중립의무가 조금씩 완화되는 경향을 보이고 있다. 특히 1993년과 2012년 법 개정 내용을 보면, 직무상 관련된 경우를 제외한 가벼운 정치적 의사표명 등은 허용하는 방향으로 발전하고 있다. 예를 들어 1993년에 개정된 해치법의 내용을 보면, ① 선거인으로 등록하고 투표하는 행위, ② 정치적 문제와 후보자에 대한 개인 견해를 특정 소수인 또는 불특정 다수에게 표명하는 행위, ③ 정치적 표찰, 스티커, 뱃지, 단추를 제시하거나 부착하는 행위, ④ 정당 기타 정치 조직의 멤버가 되고 법령위반이 아닌 한 그 활동에 참여하는 행위, ⑤ 정치적 집회, 대회, 자금모집 기타 정치적 집회에 참석하는 행위, ⑥ 정치적 청원에 개인적으로 서명하는 것, ⑦ 정당 또는 정치적 조직에 대하여 기부하는 것, ⑧ 헌법개정, 레퍼랜덤(referendum), 조례의 지지 기타 유사문제와 관련하여 정당과 명확한 결부가 없는 정치적 활동을 하는 것, 그리고 ⑨ 기타 공무원으로서 능률, 청렴 또는 소속기관의 중립성, 능률성을 실질적으로 해하지 않은 한도에서 공적 관심사에 참여하는 행위는 인정하는 방향으로 개정되었고, 2012년에는 해치법을 위반하였을 때의 처벌을 유연하게 완화하였다. 물론, 공무원이 다른 공무원에게 강제적으로 정치활동을 하도록 유도하거나, 그들의 정치적 목적을 이루기 위하여 그들의 공직 권한을 사용하는 것 등은 여전히 금지하고 있다.

표 17-5 미국의 해치법과 정치적 중립의무 변화

해치법 변화	내 용
제1차 해치법 (1939)	- 미국 공무원의 선거 중립 의무를 강제 - 공직과 정치를 분리하는 근거가 됨
제2차 해치법 (1940)	- 연방정부 예산으로 공무를 수행하는 각 주 및 지방공무원의 정치활동까지 제한 - 선거 과정에서 특정인을 지지·비방하거나 선거 결과에 영향을 주는 것을 금지 - 다만 대통령과 부통령은 해치법의 적용을 받지 않음(Azzaro, 2014)
개정 해치법 (1993)	- 연방공무원도 사적인 영역에서 정치활동에 참여할 수 있도록 허용(공무원의 개인적인 이유로써 정치적 의사표현은 원칙적으로 허용) - 선거에 개입할 목적, 선거결과에 영향을 미칠 목적으로 자신의 권한이나 영향력을 행사하는 것 등의 직무상 관련된 경우를 제외하고 공무원의 정치적 활동을 원칙적으로 보장

	– 다음과 같이 의견을 표명할 권리 인정:
	① 선거인으로 등록하고 투표하는 행위
	② 정치적 문제와 후보자에 대한 개인 견해를 특정 소수인 또는 불특정 다수에게 표명하는 행위
	③ 정치적 표찰, 스티커, 뱃지, 단추를 제시하거나 부착하는 행위
	④ 정당 기타 정치 조직의 멤버가 되고 법령위반이 아닌 한 그 활동에 참여하는 행위
	⑤ 정치적 집회, 대회, 자금모집 기타 정치적 집회에 참석하는 행위
	⑥ 정치적 청원에 개인적으로 서명하는 것
	⑦ 정당 또는 정치적 조직에 대하여 기부하는 것
	⑧ 헌법개정, 레퍼랜덤(referendum), 조례의 지지 기타 유사문제와 관련하여 정당과 명확한 결부가 없는 정치적 활동을 하는 것
	⑨ 기타 공무원으로서 능률, 청렴 또는 소속기관의 중립성, 능률성을 실질적으로 해하지 않은 한도에서 공적 관심사에 참여하는 행위
	   – 연방정부로부터 재정지원을 받는 업무에 종사하는 주 공무원 및 지방공무원의 경우, 지방선거에서 정당의 이름을 걸고 공직에 입후보 할 수는 없음
	   – 해치법을 위반한 공무원에게는 실적제보호위원회(MSPB)가 무보수의 30일간의 정직처분을 하거나 해임처분을 할 수 있음

해치법 현대화법 (Hatch Act Modernization Act)(2012)	– 주와 지방정부 공무원들이 연방정부로부터 온전히 급여를 지급받는 직책에 있지 않는 한 지방선거에서 당파적 공직에 입후보할 수 있도록 허용 – 연방공무원이 해치법을 위반하였을 때의 처벌을 더욱 유연하게 함(해치법 위반의 정도에 따라서, 해임, 강등, 정직, 견책 1,000달러를 초과하지 않는 범위에서의 민사금전벌(civil penalty) 등 징계의 종류를 넓히고 다양화) – 그러나 여전히, 공무원들이 다른 공무원에게 강제적으로 정치활동을 하도록 유도하거나, 그들의 정치적 목적을 이루기 위하여 그들의 공직 권한을 사용하는 것은 금지

3) 정치적 중립의 필요성

공무원이 정치적으로 중립해야 하는 이유에 대한 몇 가지 논거들이 있다(강성철외, 2019; 박천오 외, 2020). 이 논거들은 공무원이 정치적으로 중립을 유지할 때 조직 및 국가·사회에 긍정적인 효과들을 가져온다고 강조한다.

(1) 공익 실현

공무원은 국가 및 국민을 위해서 봉사하는 존재이기 때문에 불편부당의 입장에서 어느 특정 이익을 추구하지 않아야 한다. 따라서, 공익을 구현하기 위해서는 정치적 중립이 필수적이라는 것이다.

(2) 부패 방지

공무원이 정치활동을 하는 경우 정실 인사나 엽관적 인사행위에 포획될 수 있다. 정당에 대한 충성이 외부로 표출됨으로써 공평무사한 인사가 아닌 정치직 인사의 대상이 될 수 있다. 이것은 청탁·뇌물, 이권교환과 같은 공직 부패의 요인이다. 이러한 부정과 비리가 조직내부에 알려지고 확대되는 경우 공직의 기강은 약해진다.

(3) 계속성·안정성·전문성 확보

공무원이 정치적 중립을 유지할 때 국가정책을 충실히 집행할 수 있다. 특히, 공무원들이 정치적 중립을 유지하지 않고, 여러 정당과 정파의 정책을 추구하고자 하면, 국가정책은 안정적이고 계속적으로 집행되기 어렵고 여러 장벽에 부딪힐 것이다. 더불어, 본인의 전문적 식견과 특정정당의 정책기조·내용이 서로 다를 경우, 행정의 전문성이 발휘되기 위해서는 정치적 중립이 강하게 요구된다.

(4) 경제성·능률성 확보

공무원이 정치적으로 중립을 유지하면, 신분보장을 통해 직무수행의 능률성이 증진될 수 있다. 정치적 중립은 정실 및 엽관인사를 막음으로써 직업공무원제하에서 신분보장을 확보할 수 있고 따라서 공무원으로 하여금 안정감을 준다. 더불어, 정실 및 엽관적 인사관리를 위해 필요한 에너지가 정치적 중립으로 인해 낭비되지 않음으로써 행정의 경제성·능률성을 도모할 수 있게 된다.

(5) 정치체제의 균형 발전

공무원의 정치적 중립은 공무원들이 하나의 안정적이고 중립적인 세력으로써 권력의 균형을 유지시키는데 필요하다. 정치권력의 세력균형은 민주적 기본질서를 확립하는데 요구되기 때문이다. 공무원들이 선거활동에 개입하여 특정 정당을 지지하는 경우, 국민들의 선거를 통해 대표성를 확보하는 민주주의 질서에 위협이 될 수 있다.

4) 정치적 중립의 한계

공무원의 정치적 중립이 필요한 근거와는 별개로 너무 엄격하게 공무원의 정치적 중립을 요구하는 것은 공무원도 보통사람(ordinary people)이라는 관점에서 보면 정치적 기본권을 제약한다는 비판이 제기되고 있다. 특히, 공무원의 정치적 중립은 정치행정이원론에 입각한 것이며, 현대 행정이 정치행정일원론을 주된 기조로 한다는 점에서 보면 정치적 현실과 괴리가 있다는 비판을 받고 있다.

(1) 대응성 부족

너무 엄격한 정치적 중립은 공무원들의 이념적 무관심(ideological indifference)을 가져올 수 있다. 공무원에게 정치적 중립을 지키라는 것은 투표하지 말라거나 개인적인 정치 성향을 갖지 말라는 것이 아니라, 특정 정당, 특정 정치인을 선전/비방하지 말라는 뜻이다. 그리고 정치적 무관심(political apathy)은 민주주의 국가에서 정치의 주체라 할 수 있는 국민들이 정치와 정치적 문제, 현상 등에 대해 무관심해지는 것을 의미한다. 따라서, 이러한 무관심상태가 심해지면, 정부관료제가 국민의 요구에 민감하게 대응하지 못하게 되어 수동적인 집단으로 변할 수 있다.

(2) 참여의 부족

정치적 중립성은 공무원들의 정책형성에 참여할 기회를 감소시킨다는 것이다. 즉, 공무원의 정치적 중립성이 참여적 관료제(participatory bureaucracy)의 발전을 저해한다는 것이다. 최근 들어, 정책형성 과정에 전문적이고 과학적인 지식이 많이 필요함에 따라 전문성을 갖춘 관리자급 이상의 공무원들의 지식이 정책형성에 기여할 여지가 높아졌다. 따라서, 이러한 변화 속에서 지나치게 엄격한 정치적 중립을 요구하면 공무원들의 정책 참여를 제한시킬 수 있다.

(3) 참정권의 제한과 정당정치 발전 저해

참정권은 헌법적 권리로서, 국민이면 누구나 가질 수 있는 기본권이다. 따라서, 공무원에게 기본권을 지나치게 제한하는 것은 불공평하고 민주주의 원리에 위반될 수 있다. 또한 대의민주주의 발전을 위해서는 정당정치가 활성화되어야 하고, 특히 정당인의 자질이 향상되어야 한다. 그러나, 정당이 난립하고 당원의 수와 자질이 부족하면 민주주의 발전에 지장을 초래한다. 따라서, 행정과 정책문제를 잘 이해하는 공무원이 정당활동에 어느 정도 참여해야 할 필요성이 제기되고 있다.

(4) 정치적 중립의 개념, 규범성, 실현가능성의 한계와 발전방향

공무원의 정치적 중립은 행정행위의 신뢰성 확보, 능률성 제고, 형평성 유지 등 다양한 측면에서 긴요하지만, 현실에서는 공무원의 정치적 중립이 쉬운 일이 아니고, 실제로 공무원이 어느 정도 정치적 중립을 유지하는지는 회의적이며, 권력의 집중화가 심한 한국의 정치·행정 현실에서 공무원의 정치적 중립이 가능한지에 대해서 다음의 여러 차원에서 회의적이라는 주장이 제고되고 있다(김순양, 2021). 첫째, 정치적 중립이라는 개념 자체가 모호하고 추상적이고 다의적(多義的)이며, 때로 매우 광의로 해석할 수 있다. 둘째, 공무원의 정치적 행위가 구체적이고 가시적인 방식으로만 행해지는 것이 아니라, 합법적인 틀 내에서 불가시적이고 은밀하게 행해지는 경우가 많다. 셋째, 행정국가에서 정치행위, 정책행위, 행정행위 자체를 엄격하게 구분하기 어려우며, 공무원 특히, 관리직은 일상적으로 정책행위를 수행하고 정무적 판단을 하고 있다. 넷째, 공무원은 정치적 중립을 지키고 싶어도 직위나 조직 특성 등으로 인해 정치적 압력으로부터 벗어나기가 어려운 경우가 많다. 다섯째, 정부부처의 책임자인 장차관은 정무직공무원으로서 대통령을 포함한 집권세력의 정치적 판단에 의해 임명된다. 여섯째, 공무원도 보통 사람(ordinary people)이기 때문에 정치적 중립을 유지하기가 어렵다. 그래서, 공무원의 정치적 중립을 논의하는데서 그동안 모호하고, 획일적, 경직적, 일방향적, 비현실적이었던 정치적 중립의 개념을 보다 다양하고, 유연하고, 쌍방향적이고, 현실적합성이 높은 방향에서 논의를 심화시킬 필요가 있다(김순양, 2021).

3. 공무원의 의무

공무원의 의무는 국가공무원법에 구체적으로 명시되어 있다. 첫째, 공무원으로 취임할 때에 선서하여야 한다(국가공무원법 제55조). 공무원은 취임할 때에 소속기관장 앞에서 "대한민국 공무원으로서 헌법과 법률을 준수하며, 국가를 수호하며, 국민에 대한 봉사자의 임무를 성실히 수행할 것을 선서"하여야 한다(국가공무원복무규정 제2조 별표1). 다만, 부득이한 사유가 있는 경우에는 임명장을 수여받은 후에 선서할 수 있다. 취임식을 개최하는 정무직 공무원의 경우에는 공직에 처음 임용되었는지 여부와 관계없이 취임식에서 선서해야 하며, 취임식을 개최하지 않는 경우 별도의 선서식을 개최하여 선서를 반드시 해야 한다.

둘째, 모든 공무원은 법령을 준수하며 성실히 직무를 수행하여야 한다(법 제56

조). 즉, 이 성실의무는 공무원들에게 적극행정을 요구하는 근거가 된다. 성실의무는 공무원에게 부과된 가장 기본적인 중대한 의무이다. 공공의 이익을 도모하고 그 불이익을 방지하기 위하여 전 인격과 양심을 바쳐 성실히 직무를 수행해야 한다. 초과근무수당·출장비 부당 수령, 관용차량 사적 사용 등은 공금횡령에 해당하므로 삼가야 하며, 상사는 담당 직원이 조사·보고한 내용에 관해 확인해야 하며, 확인 등을 하지 않은 경우에 감독 소홀에 해당할 수 있다. 적극행정(proactive administration)의 반대 의미로 소극행정(passive administration)은 공무원이 부작위 또는 직무태만 등 소극적 업무행태로 국민의 권익을 침해하거나 국가재정상 손실을 발생하게 하는 행위를 뜻한다. 부작위는 상당한 기간 내에 이행해야 할 직무상 의무가 있는데도 이를 이행하지 아니하는 것을 의미한다. 직무태만은 통상적으로 요구되는 정도의 노력이나 주의의무를 기울이지 않고, 업무를 부실·부당하게 처리하는 것을 의미한다. 이러한 소극행정은 공무원의 성실의무를 위배한 것이다.

셋째, 공무원은 직무를 수행할 때 소속 상관의 직무상 명령에 복종하여야 한다(법 57조). 정당한 권한을 가진 상관의 직무에 관한 적법한 명령에 복종해야 한다. 허위공문서를 작성하라는 상관의 명령은 위법이므로 복종 의무가 없지만, 적법한 상관의 명령은 직무상 명령에 해당하므로 복종해야 한다. 따라서, 공무원의 어떤 행위가 소속 상관의 직무상 명령에 위반된 것인지 여부를 판단하기 위해서는 직무의 종류, 명령이 발하여진 동기, 상황, 추구하는 공익의 내용, 당해 직무의 성질, 담당 공무원의 재량 또는 판단여지의 존부 등을 종합적으로 고려하여 판단해야 한다.

넷째, 공무원은 국민 전체의 봉사자로서 친절하고 공정하게 직무를 수행하여야 한다(법 59조). 대민관계에 있어 인권을 존중하고 친절·공정하게 직무를 수행해야 한다. 예를 들어 민원인이 제기한 상담에 대하여 답변을 아니 하거나 하대행위(반말하는 등)를 해서 민원이 야기되지 않도록 해야 한다.

다섯째, 공무원은 종교에 따른 차별 없이 직무를 수행하여야 한다(법 제59조2). 헌법의 정종분리원칙에 따라 공무원은 종교차별없이 중립적으로 직무를 수행하여야 하며, 이에 어긋나는 직무상 명령을 한 경우에는 따르지 아니할 수 있다. 이는 헌법이 보장하는 종교의 자유와 평등권 침해를 예방하고, 정치와 종교의 바람직한 역할구분 및 관계를 재정립하여 국가발전과 국민화합에 기여하고자 함이며, 이명박 정부 때 새롭게 추가된 것이다.

여섯째, 공무원은 재직 중은 물론 퇴직 후에도 직무상 알게 된 비밀을 지켜야 한다(법 제60조). 직무상 알게 된 비밀을 재직 중은 물론 퇴직 후에도 지킬 의무가 있다. 직무상 비밀은 자신의 직무에 관한 비밀뿐만 아니라, 직무를 수행하면서 알게 된 비밀까지도 포함하며, 비밀엄수의무 위반은 징계 사유도 되지만, 사안에 따라 형사처벌도 받을 수 있다.

일곱째, 공무원은 직무와 관련하여 직접적이든 간접적이든 사례·증여 또는 향응을 주거나 받을 수 없다(법 제61조). 즉 공무원은 청렴의 의무가 있으므로 직무와 관련하여 증여 또는 향응 수수는 금지되어 있다. 부정부패는 물론 직무관련자와 금전거래(빌려주는 행위 포함)도 있어서는 아니 된다. 더불어, 직무상의 관계여하를 불문하고 소속 상관에 사례·증여 또는 향응을 제공하거나 소속공무원으로부터 사례·증여 또는 향응을 받아서는 아니 된다.

여덟째, 공무원은 직무의 내외를 불문하고 그 품위가 손상되는 행위를 하여서는 아니 된다(법 제63조). 국민으로부터 널리 공무를 수탁하여 국민 전체를 위해 근무

표 17-6 공무원의 8대 의무

구 분	사 항	구체적 내용
8대 의무	선서(55조)	공무원은 취임할 때에 소속기관장 앞에서 선서하여야 한다.
	성실(56조)	모든 공무원은 법령을 준수하며 성실히 직무를 수행하여야 한다.
	복종(57조)	공무원은 직무를 수행할 때 소속 상관의 직무상 명령에 복종하여야 한다.
	친절·공정(59조)	공무원은 국민 전체의 봉사자로서 친절하고 공정하게 직무를 수행하여야 한다.
	종교 중립(59조2)	공무원은 종교에 따른 차별 없이 직무를 수행하여야 한다. 공무원은 소속 상관이 이에 위배되는 직무상 명령을 한 경우에는 이에 따르지 아니할 수 있다.
	비밀엄수(60조)	공무원은 재직 중은 물론 퇴직 후에도 직무상 알게 된 비밀을 엄수하여야 한다.
	청렴(61조)	공무원은 직무와 관련하여 직접적이든 간접적이든 사례·증여 또는 향응을 주거나 받을 수 없다. 공무원은 직무상의 관계가 있든 없든 그 소속 상관에게 증여하거나 소속 공무원으로부터 증여를 받아서는 아니 된다.
	품위유지(63조)	공무원은 직무의 내외를 불문하고 그 품위가 손상되는 행위를 하여서는 아니 된다.

하는 공무원의 지위를 고려할 때, 공무원의 품위손상행위는 본인은 물론 공직사회에 대한 신뢰를 실추시킬 우려가 있으므로 지방공무원법 제55조는 국가공무원법 제63조와 함께 공무원에게 직무와 관련된 부분은 물론 사적인 부분에 있어서도 건실한 생활을 할 것을 요구하는 '품위유지의무'를 규정하고 있고, 여기에서 품위라 함은 주권자인 국민의 수임자로서의 직책을 맡아 수행해 나가기에 손색이 없는 인품을 말한다(대법원 '98.2.27, 선고, 97누18172, 판결). 즉, 공무원은 직무 내외를 불문하고, 품위 유지의 의무를 지므로 정부조직의 규범과 사회적 통념에 따른 품위를 손상하는 행위를 해서는 아니 된다. 음주운전은 물론 성 문제와 관련된 각종 비위행위 등을 해서는 아니 되며, 최근에 이 부분에 대한 징계가 강화되었다.

4. 공무원의 금지 의무

우리나라 공무원은 해서는 아니 되는 것을 하지 말아야 할 의무가 있다 대표적으로 공무원의 4대 금지 의무(직장이탈 금지, 영리업무 및 겸직업무 금지, 정치운동 금지, 집단행위 금지)가 있다.

표 17-7 공무원의 4대 금지 의무

4대 금지 의무	직장이탈 금지(58조)	공무원은 소속 상관의 허가 또는 정당한 사유가 없으면 직장을 이탈하지 못한다.
	영리업무 및 겸직 금지(64조)	공무원은 공무 외에 영리를 목적으로 하는 업무에 종사하지 못하며 소속기관장의 허가 없이 다른 직무를 겸할 수 없다.
	정치운동 금지(65조)	공무원은 정당이나 그 밖의 정치단체 결성에 관여하거나 이에 가입할 수 없다. 공무원은 선거에서 특정 정당 또는 특정인을 지지 또는 반대하기 위한 행위(투표하거나 하지 아니하도록 권유 운동을 하는 것, 서명운동을 기도·주재하거나 권유하는 것, 문서나 도서를 공공시설 등에 게시하거나 게시하게 하는 것, 기부금을 모집 또는 모집하게 하거나, 공공자금을 이용 또는 이용하게 하는 것, 타인에게 정당이나 그 밖의 정치단체에 가입하게 하거나 가입하지 아니하도록 권유 운동을 하는 것, 정치적 행위에 대한 보상 또는 보복으로서 이익 또는 불이익을 약속하는 것)을 하여서는 아니 된다.
	집단행위 금지(66조)	공무원은 노동운동이나 그 밖에 공무 외의 일을 위한 집단행위를 하여서는 아니 된다. 다만, 사실상 노무에 종사하는 공무원은 예외로 한다.

*참고: 그 외에 외국 정부의 영예와 증여의 제한(62조) 등이 있다.

1) 직장이탈금지 의무

(1) 의 의

공무원은 소속 상관의 허가 또는 정당한 사유가 없으면 직장을 이탈하지 못한다(법 58조). 이는 조직 내의 복무질서를 유지하고 근무시간 내에 주어진 직무를 충실하게 수행하도록 하기 위함이다. 수사기관이 공무원을 구속하려면 그 소속기관의 장에게 미리 통보하여야 한다. 다만, 현행범은 그러하지 아니하다.

공무원이 결근을 할 경우, 결근일수를 연가일수에 산입하도록 되어 있다. 따라서, 사용가능한 연가일수 중 결근일수만큼 연가를 사용한 것으로 보아 그 이후로는 연가일수에서 결근일수를 공제한 그 나머지 일수의 범위 내에서만 연가를 실시한다. 출장이란 상사의 명에 의하여 정규 근무지 이외의 장소에서 공무를 수행하는 것이며 공무수행을 위하여 출장지에서 전력을 다해야 할 의무가 있다.

(2) 출장공무원의 의무

근무지내 출장과 근무지외 출장으로 나뉜다. 근무지내 출장은 특별시와 광역시를 포함한 동일시와 군 및 섬(제주특별자치도 제외) 안에서의 출장 또는 여행거리가 12km 미만인 출장, 그리고 여행거리가 12km를 넘더라도 동일한 시·군 및 섬 안에서의 출장은 근무지내 출장에 해당된다. 근무지외 출장은 특별시와 광역시를 포함한 동일시와 군 및 섬(제주특별자치도 제외) 밖으로의 출장이며 여행거리가 12km 이상인 출장에 해당된다.

2) 영리업무 금지 의무

(1) 의의

공무원은 공무 외에 영리를 목적으로 하는 업무에 종사하지 못하며 소속기관장의 허가 없이 다른 직무를 겸할 수 없다(법 제64조). 공무원은 공무 외에 영리를 목적으로 하는 업무에 종사하지 못하며, 영리업무의 개념은 계속적으로 재산상 이득을 취하는 행위를 말한다. 예를 들어 상업, 공업, 금융업 등을 스스로 경영할 수 없다. 계속성이 없는 경우라면 영리업무 및 겸직허가 대상이 아니나, 계속성이 있는 경우라면 영리업무 및 겸직허가의 대상이다. 여기서, 계속성의 기준은, 첫째, 매일·매주·매월 등 주기적으로 행해지는 것, 둘째, 계절적으로 행해지는 것, 셋째,

명확한 주기는 없으나 계속적으로 행해지는 것, 넷째, 현재하고 있는 일을 계속적으로 행할 의지와 가능성이 있는 것을 포함한다.

(2) 복무규정 제25조에 따른 영리업무 금지

공무원은 다음 어느 하나에 해당하는 업무에 종사함으로써 공무원의 직무 능률을 떨어뜨리거나, 공무에 대하여 부당한 영향을 끼치거나, 국가의 이익과 상반되는 이익을 취득하거나, 정부에 불명예스러운 영향을 끼칠 우려가 있는 경우에는 그 업무에 종사할 수 없다: ① 공무원이 상업, 공업, 금융업 또는 그 밖의 영리적인 업무를 스스로 경영하여 영리를 추구함이 뚜렷한 업무; ② 공무원이 상업, 공업, 금융업 또는 그 밖에 영리를 목적으로 하는 사기업체의 이사·감사 업무를 집행하는 무한책임사원·지배인·발기인 또는 그 밖의 임원이 되는 것; ③ 공무원 본인의 직무와 관련 있는 타인의 기업에 대한 투자; 그리고 ④ 그 밖에 계속적으로 재산상 이득을 목적으로 하는 업무 등이다(국가공무원복무규정 제25조). 다만, 국가공무원복무규정 제25조의 금지요건에 해당되지 아니한 경우라면 소속기관장의 허가를 받아 겸직할 수 있다.

3) 정치운동 금지 의무

공무원은 정당이나 그 밖의 정치단체 결성에 관여하거나 이에 가입할 수 없고, 선거에서 특정 정당 또는 특정인을 지지 또는 반대하기 위한 행위를 하여서는 아니 된다(법 65조). 공무원은 선거에서 특정 정당 또는 특정인을 지지 또는 반대하기 위한 다음의 행위를 하여서는 아니 된다: ① 투표를 하거나 하지 아니하도록 권유 운동을 하는 것; ② 서명 운동을 기도·주재하거나 권유하는 것; ③ 문서나 도서를 공공시설 등에 게시하거나 게시하게 하는 것; ④ 기부금을 모집 또는 모집하게 하거나, 공공자금을 이용 또는 이용하게 하는 것; ⑤ 타인에게 정당이나 그 밖의 정치단체에 가입하게 하거나 가입하지 아니하도록 권유 운동을 하는 것 등을 해서는 아니 된다. 또한 공무원은 다른 공무원에게 정치적인 행위를 하도록 요구하거나, 정치적 행위에 대한 보상 또는 보복으로서 이익 또는 불이익을 약속하여서는 아니 된다.

따라서, 공무원이 특정 정당의 후보자에 대해서 선거운동 등의 정치운동을 하였다고 인정되는 경우에는 관련 공직선거법에 의하여 처벌되어야 함은 물론 공무원 징계사유가 된다. 공직선거법 제9조는 다음과 같이 공무원의 중립의무를 규정하고 있다: ① 공무원 기타 정치적 중립을 지켜야 하는 자(기관·단체를 포함한다)는 선거에 대한 부당한 영향력의 행사 기타 선거결과에 영향을 미치는 행위를 하여서는 아니 된다; ② 검사(군검사를 포함한다) 또는 경찰공무원(검찰수사관 및 군사법경찰관리를 포함한다)은 이 법의 규정에 위반한 행위가 있다고 인정되는 때에는 신속·공정하게 단속·수사를 하여야 한다. 다만, 대통령령에서 정한 대통령, 국무총리, 국무위원, 국회의원, 처의 장, 각 부·처의 차관 및 비서실장(비서관) 등과 같은 공무원들은 정치운동 금지의무의 예외가 적용된다. 또한, 정당법 제22조에 따르면, 교원 중 총장·부총장·학장·부학장·교수·부교수·조교수인 교육공무원은 정당에 가입할 수 있다.

4) 집단행위 금지 의무

공무원은 사실상 노무에 종사하는 공무원을 제외하고는 집단행위를 할 수 없다(법 제66조). 다시 말해서 사실상의 노무에 종사하는 현업공무원(우정공무원 등)을 제외하고는 노동운동과 기타 공무 이외의 일을 위한 집단적 행위를 금지한 것이다.

과제 인사혁신처의 홈페이지에서 복무제도와 적극행정 사례 등을 찾아보자.

☐ 인사혁신처의 홈페이지(www.mpm.go.kr)에서 공무원 인사제도 → 복무제도에 들어가서 각종 복무제도에 대한 것을 알아보자.

☐ 다음의 사례가 적극행정(Proactive Administration)에 해당되는지 논해보자(인사혁신처 홈페이지에서 복무제도의 적극행정 징계면제제도 참조).

공무원 A는 공공시설 보수공사에 대한 실시설계를 외주 용역으로 추진하자는 의견에 대해 설계예산이 없다는 것을 잘 알면서도 예산 소관부서에 설계예산의 배정을 추가로 요구하거나 예산 조정 등의 사전 절차 없이, 기관장에게 외주 용역으로 실시설계를 추진하겠다고 보고하여 승인을 받았다. 해당 공무원은 전부터 알고 지내던 업체에 구두로 용역을 의뢰하여 계약을 체결하였고 이후 용역이 완료되었음에도 불구하고 대금을 지급하지 못하여 민원을 야기하는 등 계약관련 규정을 준수하지 않았다.

❏ 아래의 사례를 보고 소청심사의 대상에 대해서 생각해보자(소청심사위원회 홈페이지 참조).

> 승진후보자 명부에 포함된 후보자는 임용권자로부터 정당한 심사를 받게 될 것에 관한 절차적기대를 하게 되는데 임용권자 등이 자의적인 이유로 승진후보자 명부에 포함된 후보자를 승진임용에서 제외하는 처분을 한 경우, 이러한 승진임용 제외처분을 항고소송의 대상이 되는 처분으로 보지 않는다면, 달리 이에 불복하여 침해된 권리 또는 법률상 이익을 구제받을 방법이 없으므로, 교육공무원법상 승진후 보자 명부에 의한 승진심사 방식으로 행해지는 승진임용에서 승진후보자 명부에 포함되어 있던 후보자를 승진임용인사발령에서 제외하는 행위는 불이익처분으로서, 소청심사의 대상이 된다.

❏ 다음의 질문에 답을 구하기 위해 인사혁신처 소청심사위원회 홈페이지(https://sochung.mpm.go.k)에서 찾아보자.
1. 소청제기를 할 수 없는 공무원은 어떤 방법으로 권리구제를 받을 수 있는가?
2. 시보공무원도 소청을 제기할 수 있는가?
3. 선친으로부터 상속받은 건물을 처분하여 은행융자·세액공제 등을 위하여 세무서에 임대사업자로 등록한 후 다가구주택을 지어 관리인을 두고 임대할 경우 동 행위가 공무원의 영리업무금지 조항에 저촉되는가?
4. 국립대학 교원이 관계법에 따라 등록된 기업체의 사외이사로 겸직하는 것이 법제64조, 복무규정 제25조에 위배되는가?
5. 공무원의 외부강의는 영리업무금지 조항에 저촉되는가?

❏ 공무원의 품위 의무에서 품위가 무슨 의미인지 다음과 같이 알아보자.

> '품위'라 함은 주권자인 국민의 수임자로서의 직책을 맡아 수행해 나가기에 손색이 없는 인품을 말하는 것이므로 공무원이 모든 국민에게 보장된 기본권을 행사하는 행위를 하였다 할지라도 그 권리행사의 정도가 권리를 인정한 사회적 의의를 벗어날 정도로 지나쳐 주권자인 국민의 입장에서 보아 바람직스럽지 못한 행위라고 판단되는 경우라면 공무원의 그와 같은 행위는 그 품위를 손상하는 행위에 해당한다고 할 것임(대법원 '87. 12. 8, 선고 87누657 판결).

인 사 행 정 론

18

공직윤리와 징계

인 사 행 정 론

제 18 장 | 공직윤리와 징계

제1절　공직윤리의 의의

1. 공직윤리의 의의

윤리관리와 관련하여 시대별 패러다임과 결부시켜 생각해보면, 구 행정(old public administration: OPA)에서는 법에 기반한(law-based) 법적 윤리관리라고 할 수 있다. 그 후 신공공관리(new public management: NPM)에서는 순응에 기반한(compliance-based) 규칙중시 윤리관리라고 할 수 있다. 현재의 신공공거버넌스(new public governance: NPG) 상황에서는 청렴에 기반한(integrity-based) 윤리관리 양상을 보이고 있어서 가치(value)가 어느 때보다도 중요해지고 있다고 할 수 있다.

윤리(ethics)는 ethos(도덕적 본성과 인격 등을 의미하는 옛 그리스어)에서 유래된 말로, 일반적으로 인간이 지켜야 할 행동규범을 말하며, 윤리학은 옳고 그른 행동의 개념을 체계화하는 도덕 철학의 한 분야이다. 여러 문헌에서 행정윤리(administrative ethics) 등을 다루고 있는데, 행정윤리는 행정의 역사와 더불어 존재해온 것이지만, 행정윤리를 간략하게 설명하기란 간단하지 않은 문제이다(Menzel, 2016; Terry, 2000, 2012). 행정윤리를 논하려면 행정과 공공정책이 추구하는 가치, 행정의 규범적 가치 기준 그리고 행정 책임 등을 따져 보아야 한다. 행정의 규범적 가치 기준은 그 시대의 상황, 그 나라의 역사성, 국가이념, 국민적 가치관, 행정문화 등에 따라 달라질 수 있는 특수성을 가지고 있으며, 동시에 널리 공통적으로 다루어야 할 행정윤리의 보편성도 함께 따져 보아야 하는 이슈이다. 어떤 이는 그 개념을 넓게 이해하고, 어떤 이는 그 개념을 좁게 해석하기도 하여 논자에 따라 서로 다르게 다루고 있다. 따라서 행정윤리에 대한 철학적 혹은 이론적 논의는 인사행정 교과서보다는 행정학개론과 행정철학 등에서 심도있게 다루는 것이 보다 더 적절할 것으로 보인다.

일반적으로 윤리에 관해서는 세 가지 차원으로 살펴볼 수 있을 것이다. 첫째, 도덕적 큰 명제의 이론적 의미 등에 관한 메타 윤리(meta ethics)가 있고, 둘째, 도덕적 행동과정을 결정하는 실질적인 수단에 관한 규범적 윤리(normative ethics)에 관한 것이고, 그리고 셋째, 특정 행동 영역에서 사람이 해야 할 의무에 관한 응용윤리(applied ethics)로 나눠볼 수 있을 것인데, 규범적 윤리와 응용윤리 차원에서 공직윤리를 살펴보고자 한다. 공직윤리는 정부라는 공적 영역에서 공무원이 지켜야 할 윤리에 관한 것이다. 우리나라의 공직윤리는 국가공무원법 및 지방공무원법은 물론, 공직자윤리법, 부패방지 및 국민권익위원회 설치 및 운영에 관한 법률(부패방지권익위법), 부패방지법의 제8조에 따른 공무원행동강령, 부정청탁 및 금품 등 수수의 금지에 관한 법률(청탁금지법), 그리고 공직자 이해충돌방지법 등에 근거하고 있다고 할 수 있다.

국가공무원법과 지방공무원법을 제외하고, 공직윤리와 가장 관련성이 깊은 법률은 1981년에 제정된 공직자윤리법이라고 할 수 있다. 공직자윤리법의 목적은 '공직자 및 공직후보자의 재산등록, 등록재산 공개 및 재산형성과정 소명과 공직을 이용한 재산취득의 규제, 공직자의 선물신고 및 주식백지신탁, 퇴직공직자의 취업제한 및 행위제한 등을 규정함으로써 공직자의 부정한 재산 증식을 방지하고, 공무집행의 공정성을 확보하는 등 공익과 사익의 이해충돌을 방지하여 국민에 대한 봉사자로서 가져야 할 공직자의 윤리를 확립함을 목적으로 한다'고 되어 있다(공직자윤리법 제1조).

공직자윤리법에서 표현한 공직자윤리를 공직자가 지켜야 할 윤리로 이해할 수 있고, 또한 이 법의 명칭을 그대로 원용하여 이 장의 제목을 '공직자윤리'로 부르는 것도 가능하다고 본다. 그러나 국제적인 사례를 참고해보면, 인사행정차원에서 다루는 공무원조직의 윤리는 '공직윤리'(public service ethics)로 불리는 게 일반적이다. 공직윤리는 공직자가 지켜야 할 행동규범으로 정의한다. 정부는 1981년에 공직자윤리법을 제정하면서 공직자윤리로 부르기도 했지만, 인사혁신처 윤리복무국의 "공직윤리업무편람"에서 보듯이 인사혁신처도 현재 내부적으로 '공직윤리'라는 표현을 사용하고 있다(인사혁신처 윤리복무국, 2020). 따라서 이 장의 제목은 공직윤리를 위반했을 경우의 징계를 포함하여 '공직윤리와 징계'로 정하였다.

2. 윤리법률 제정과 공직윤리 담당기관

공무원의 윤리와 관련하여 미국에서는 정부윤리법(Ethics in Government Act: EIGA)을 1978년에 제정하였고, 우리나라는 공직자윤리법을 1981년에 제정하였다. 미국의 경우에는 리처드 닉슨(Richard Nixon) 대통령의 워터게이트(Watergate) 사건(1972년 닉슨 대통령의 재선을 도모하는 비밀팀이 워싱턴 디씨의 워터게이트 빌딩에 있는 민주당 전국위원회 본부에 도청장치를 설치하려다 발각된 사건)을 계기로 정부의 윤리문제에 대한 논의가 활성화되었다. 미국 정부윤리법의 본래 법안명칭은 매우 길다(특정 연방 기관을 설립하고, 연방정부의 특정 조직개편에 영향을 미치고, 연방정부 운영에 있어 특정 개혁을 구현하고, 공무원 및 정부기관의 청렴성을 보존 및 증진하기 위한 목적의 법). 그래서 정부윤리법(Ethics in Government Act: EIGA)으로 축약하여 부르고 있다. 정부윤리법의 제정으로 미국 연방정부는 인사관리처(OPM)에 정부 윤리담당 부서를 신설했고, 이는 다시 1989년에 인사관리처로부터 분리되어 정부윤리청(Office of Government Ethics: OGE)으로 독립하여 연방정부 내의 흩어진 윤리업무를 현재 연계 관리하고 있다. 또한 대통령이 지명한 고위직 후보자(Presidential nominees)들에 대한 윤리서약과 상원의 인사청문회(hearing) 과정에 필요한 재산공개업무 등을 지원하고 있다.

우리나라 정부의 공직자윤리법은 일본보다 훨씬 빨리 제정되었다. 일본은 우리나라 정부보다 늦은 1999년에 국가공무원윤리법(National Public Service Ethics Act)을 제정하여 인사원과 국가공무원윤리심사회에서 국가공무원윤리법 등의 집행(재산등록, 공개, 취업심사 등)을 담당하고 있다. 우리나라 정부의 공직자윤리법은 1978년에 제정된 미국의 정부윤리법(EIGA) 사례 등을 참고하여 1981년에 제정하였는데, 당시 정부의 국정 기조가 정의사회 구현이어서 정의사회에 대한 다각도의 정책검토가 있었을 것이고, 그 과정에서 미국에서 제정된 정부윤리법 등을 참고했을 것으로 보인다. 그래서 공직자윤리법의 제정 당시의 목적(제1조)을 보면 '공직자의 부정행위를 방지하고, 공무집행의 공정성을 확보하여 깨끗한 공직사회를 구현하며, 나아가 공직자가 국민 전체에 대한 봉사자로서 그 책임을 다할 수 있게 함을 목적으로 한다'고 강조되어 있다.

현재 우리나라의 공직윤리 담당기관은 인사혁신처(윤리복무국)이며, 여기에서 복무제도, 윤리정책, 취업심사, 재산심사 등을 담당하고 있으며, 행정부 차원의 재산등록사항의 심사와 그 결과처리, 퇴직공직자 취업제한 여부확인 및 취업승인 등을 심사·결정하기 위하여 설치된 정부공직자윤리위원회의 업무를 지원하고 있다. 그리고 국민권익위원회가 범정부적인(공공기관 포함) 부패방지업무 등을 다루고 있고, 감사원과 검찰청 등도 부분적으로 관련업무를 담당하고 있지만, 이들 기관은 범정부적으로 광범위한 기능을 담당하고 있으므로 여기서 이들 기관에 대한 논의는 하지 않기로 한다.

3. 공직윤리에 대한 접근방법

공직자의 윤리를 제고하기 위한 단일 만능의 길은 없고, 다양한 접근방법이 필요하므로, 윤리 인프라(ethics infrastructure)를 구축하는 것이 무엇보다 중요하다. 그런 맥락에서 다음과 같은 제도적 접근방법이 여러 나라에서 널리 활용되고 있다고 할 수 있다.

| 그림 18-1 | 공직윤리에 대한 접근방법 |

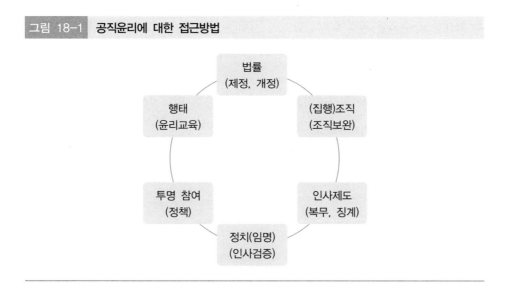

첫째, 법률적 접근방법으로 관련 법령을 제정하거나 실효성있는 방향으로 정비하는 것이 무엇보다 중요하다. 여러 나라에서 가장 기본적인 공무원법 외에도 부패방지법, 공직자윤리법, 청탁금지법 등을 제정하였으며, 우리나라는 최근에 공직자이해충돌방지법(2021년) 등을 제정하였다.

둘째, 조직적 접근방법으로 정부의 윤리정책을 개발하고 관련 법령을 집행하기 위한 행정조직체계가 정비되어야 한다. 부패방지기구 외에 공무원들의 윤리문제를 총괄할 수 있는 조직과 전문인력이 필요하다. 그래서 인사혁신처에 윤리복무국이라는 조직이 있다.

셋째, 인사제도적 접근방법으로, 적절한 인사제도를 개발하여 합리적인 인사행정을 펼쳐나가면서 윤리제도는 물론 복무제도와 징계제도 등 윤리와 관련된 인사체계를 잘 갖추어야 공직윤리를 제고할 수 있을 것이다. 인사혁신처의 윤리복무국이 복무와 징계제도를 관장하고 있다.

넷째, 정치적 접근방법으로 정무직과 고위직에 있는 정부 지도자나 고위직 후보자들이 본을 보여야 하므로, 대통령이 국정의 주요 직위에 정치적 임명을 할 때, 국민적으로 공감하는 윤리적 기준을 가지고 검증하며 인사를 해야 윤리적 방향성을 확보할 수 있다. 그런 맥락에서 국회의 인사청문회 과정에서 후보자의 도덕성을 검증하고 있다.

다섯째, 투명·참여적 접근방법으로 정책결정과정과 집행 등에 투명성과 참여를 확대하고 주요한 과정에 시민참여의 기회를 확대하는 것도 필요하다. 정보공개, 시민참여 확대, 데이터 개방 등 투명하고 참여적인 방법을 통해 공직자의 책임윤리를 제고할 수 있을 것이다.

마지막으로, 행태적 접근방법으로 효과적인 공직 리더십을 고양하기 위해서는 윤리역량(ethical competence)을 교육하고 강화해야 한다는 주장도 제기되고 있다(Cooper & Menzel, 2013). 국가공무원인재개발원 등 여러 교육훈련기관에서 공직윤리, 공직가치, 공직자의 자세교육 등을 실시하고 있다.

　헌법에는 공직윤리와 관련하여 구체적인 내용을 담고 있지는 않지만, 제7조에서 공무원은 국민 전체에 대한 봉사자이며 국민에 대하여 책임을 진다고 규정하고 있다. 아울러 제29조에서 공무원의 직무상 불법행위로 손해를 받은 국민은 법률이 정하는 바에 의하여 국가 또는 공공단체에 정당한 배상을 청구할 수 있으며, 이 경우에 공무원의 책임이 면제되지 않는다고 규정하고 있다.

　공직윤리와 관련하여 국가공무원법상의 의무규정과 국가공무원복무규정 그리고 지방공무원법상의 의무규정과 지방공무원복무규정, 부패방지법 제8조에 근거한 공무원행동강령 등에 공직윤리와 관련된 사항들(의무와 금지조항 등)을 담고 있다. 그리고 공직윤리와 관련하여 보다 구체적인 내용을 담고 있는 법률은 공직자윤리법이라 할 수 있다. 또한 부패방지법과 청탁금지법 그리고 공무원 복무규정에 있는 공무원 선서 및 공무원헌장도 공직윤리의 한 부분이라고 할 수 있다. 이 외에 공무원범죄에 관한 몰수 특례법, 특정범죄 가중처벌 등에 관한 법률, 공직자 등의 병역사항 신고 및 공개에 관한 법률, 형법의 공무원의 직무에 관한 죄(122~135조) 등이 있지만, 이 장에서는 다루지 않기로 한다.

　다음은 공직윤리와 관련된 주요 법령이다. 첫째, 국가공무원법(7장)과 지방공무원법(6장)의 복무 관련 조항에 8대 의무사항(선서, 성실, 복종, 친절공정, 종교중립, 비밀엄수, 청렴, 품위유지 의무)과 4대 금지사항(영리업무 및 겸직 금지, 정치운동 금지, 집단행위 금지, 직장이탈 금지) 등이 담겨 있다. 또한 국가공무원복무규정 및 지방공무원복무규정에 책임완수, 근무기강 확립, 친절·공정한 업무처리, 비밀엄수, 단정한 복장 착용, 영리업무 금지, 근무시간 등 복무 관련 사항을 담고 있다. 국가 및 지방공무원법에 나와 있는 공직자의 의무사항에 관해서는 앞장에서 다루고 있으므로 여기서는 다루지 않기로 한다.

　둘째, 공직자윤리법은 지난 1981년에 제정되었다. 이 법은 공직자 및 공직후보자의 재산등록, 등록재산 공개 및 재산형성과정 소명과 공직을 이용한 재산취득의 규제, 공직자의 선물신고 및 주식백지신탁, 퇴직공직자의 취업제한 및 행위제한 등을 규정함으로써 공직자의 부정한 재산증식을 방지하고, 공무집행의 공정성을 확보하는 등 국민에 대한 봉사자로서 가져야 할 공직자의 윤리를 확립함을 목적으로 한다. 이 법에는 재산등록·공개, 주식백지신탁, 취업제한 및 행위제한, 선물신고 의무 등이 담겨있다.

셋째, 부패방지 및 국민권익위원회 설치 및 운영에 관한 법률(부패방지법)은 지난 2001년에 제정되었다. 이 법은 국민권익위원회를 설치하여 고충 민원의 처리와 이에 관련된 불합리한 행정제도를 개선하고, 부패의 발생을 예방하며 부패행위를 효율적으로 규제함으로써 국민의 기본적 권익을 보호하고 행정의 적정성을 확보하며 청렴한 공직 및 사회풍토의 확립에 이바지함을 그 목적으로 한다. 이 법에는 부패방지에 관한 여러 사항 외에 공직자의 청렴의무, 비밀이용금지, 공직자 행동강령, 부패신고 등이 담겨있다.

넷째, 부패방지법 제8조에 근거하여 공무원행동강령(Code of Conduct for Public Officials; 대통령령)을 2003년에 제정하고, 여기에는 직무관련자로부터의 향응·금품 등을 받는 행위의 금지·제한에 관한 사항, 직위를 이용한 인사관여·이권 개입·알선·청탁행위의 금지·제한에 관한 사항, 공정한 인사 등 건전한 공직풍토 조성을 위하여 공직자가 지켜야 할 사항, 그 밖에 부패의 방지와 공직자의 직무의 청렴성 및 품위유지 등을 위하여 필요한 사항 등이 담겨있다.

다섯째, 부정청탁 및 금품 등 수수의 금지에 관한 법률(청탁금지법)은 공직자 등에 대한 부정청탁 및 공직자 등의 금품 등의 수수를 금지함으로써 공직자 등의 공정한 직무수행을 보장하고 공공기관에 대한 국민의 신뢰를 확보하는 것을 목적으로 하고 있다. 지난 2011년에 김영란 당시 국민권익위원회 위원장이 제안하였기에 일명 '김영란법'이라고도 하며, 우여곡절 끝에 2015년 3월에 제정되어 2016년 9월 말부터 시행하고 있다.

여섯째, 2021년에 제정된 공직자의 이해충돌방지법은 공직자의 직무수행과 관련한 사적 이익추구를 금지함으로써 공직자의 직무수행 중 발생할 수 있는 이해충돌을 방지하여 공정한 직무수행을 보장하고 공공기관에 대한 국민의 신뢰를 확보하는 것을 목적으로 한다. 공직자가 직무상 알게 된 비밀을 활용해 재산상 이익을 얻을 경우 7년 이하의 징역형이나 7천만원 이하의 벌금형으로 처벌하는 내용을 담고 있다. 한국토지주택공사(LH) 등 부동산 관련 공공기관의 공직자는 본인은 물론 배우자, 직계가족의 부동산 거래도 신고해야 하며, 내부정보를 활용한 투기 가능성을 봉쇄하기 위한 것이다.

일곱째, 위의 여러 법령 외에 선언적 내용의 공무원헌장(대통령훈령) 및 공무원
헌장 실천강령(국무총리훈령)이 있다. 이것은 공무원윤리헌장과 공무원윤리헌장 실
천강령을 2015년에 개정하여 2016년부터 시행하고 있다. 공무원윤리헌장은 1980
년에 대통령훈령으로 선포된 것으로, 이전의 '공무원의 신조'를 5개 항목(국가에 대
한 헌신과 충성, 국민에 대한 정직과 봉사, 직무에 대한 창의와 책임, 직장에서의 경애와 신
의, 생활에서의 청렴과 질서 등)으로 확대·발전시킨 것이고, 공무원윤리헌장 실천강

표 18-1	소관부처별 윤리 관련 법령체계 및 내용				
법 률	규정 혹은 시행령	규 칙	윤리 관련 내용		법령소관부처
국가 공무원법	국가공무원 복무규정	국가공무원 복무규칙	신분 관련(품위유지), 직무 관련(성실, 친절, 공정의무, 직장이탈금지, 금품수수금지, 비밀누설금지, 영리업무 및 겸직 금지 등		인사혁신처
지방 공무원법	지방공무원 복무규정	지방공무원 복무규칙	위와 동일		행정안전부
공직자 윤리법	공직자윤리법 시행령	공직자 윤리법 시행규칙	재산등록과 공개, 재산심사, 퇴직공직자 취업제한, 퇴직공직자 행위제한, 주식매각 또는 백지신탁, 선물신고 등		인사혁신처
부패방지 국민권익위법	부패방지 국민권익위법 시행령		부패행위 신고, 내부고발자 보호, 고충민원 처리, 국민감사청구 등		국민권익위
청탁금지법	청탁금지법 시행령		부정청탁 금지, 금품 등의 수수 금지, 일정액을 넘는 식사, 선물, 경조사비, 외부강의료 등의 수수 제한 등		국민권익위
이해충돌 방지법	이해충돌 방지법 시행령		공직자의 직무수행과 관련한 사적 이익추구를 금지함으로써 공직자의 직무수행 중 발생할 수 있는 이해충돌을 방지		국민권익위
부패방지 국민권익위법 (제8조)	공무원 행동강령		직무관련자로부터의 향응·금품 등을 받는 행위 금지, 직위를 이용한 인사관여·이권 개입·알선·청탁행위 금지 등		국민권익위

령은 공무원윤리헌장의 5개 항목을 항목당 6개로 구체적으로 각각 보완하여 1982
년에 국무총리훈령으로 발표한 것이다.

1. 국가공무원법

국가공무원법의 제7장에 공무원의 의무(선서, 성실, 복종, 친절·공정, 종교중립, 비
밀엄수, 청렴, 품위유지 의무)와 금지의무(직장이탈 금지, 영리업무 및 겸직업무 금지, 정
치운동 금지, 집단행위 금지) 등에 관한 사항이 규정되어 있고, 보다 자세한 내용은
국가공무원복무규정과 국가공무원복무규칙에서 확인할 수 있다. 그리고 이에 대한
논의는 앞장에서 이미 다루었으므로 여기에서는 반복하지 않는다(제17장 참조).

2. 공직자윤리법

공직자윤리법은 인사혁신처 윤리업무의 핵심적인 근거법령이다. 공직자윤리법
의 목적은 공직자 및 공직후보자의 재산등록, 등록재산 공개 및 재산형성과정 소명
과 공직을 이용한 재산취득의 규제, 공직자의 선물신고 및 주식백지신탁, 퇴직공직
자의 취업제한 및 행위제한 등을 규정하고 있다. 공직자윤리법은 1981년 제정 당시
'재산등록 및 부정방지법' 혹은 '공직자 재산등록 등에 관한 법률' 등의 명칭이 거론
되었으나, 깨끗한 공직사회를 정착시키려는 의지를 표명하고(당시의 정치적 수사가
'정의사회 구현'이었음), 공직자들에게 높은 윤리의식을 고취시키는 것이 이 법의 기
본취지라는 의견이 반영되어 '공직자윤리법'이라는 명칭을 사용하게 되었다고 알려
져 있다. 이 법은 재산등록과 공개, 재산심사, 주식백지신탁 제도, 선물신고, 퇴직공
직자 취업제한 및 행위제한 등을 포함하고 있다. 공직자윤리법이 제정된 이후의 주
요 변화과정을 정리하면 <표 18-2>와 같다.

공직자윤리법의 주요 내용은: (1) 공직자 및 공직후보자의 재산등록과 공개;
(2) 재산심사; (3) 퇴직공직자의 취업제한; (4) 퇴직공직자의 행위제한; (5) 주식의
매각 또는 백지신탁; (6) 선물신고; 그리고 (7) 공직유관단체와 공직자윤리위원회
등이며 이 부분이 인사혁신처의 공직윤리업무의 핵심적인 내용이다. 다음에서는 이
를 차례차례 살펴보기로 한다.

표 18-2 **공직자윤리법의 주요 개정 내용**

정부 구분	공직자윤리법의 주요 개정 내용
전두환 정부	공직윤리를 확립하기 위하여 1981년에 공직자윤리법을 제정(1983년부터 시행). 그 내용은 공직자 재산등록제도, 선물신고제도 및 퇴직자 취업제한제도에 한정
김영삼 정부	대통령의 자진 재산공개를 계기로 1993년 공직자윤리법을 전면 개정하고, 재산공개의 제도화와 4급 이상 공무원의 재산등록 의무화를 규정
김대중 정부	재산등록의 투명성을 높이고자 2001년 공직자윤리법을 개정하며, 재산공개자의 주식투자내역 신고를 의무화하고, 퇴직공직자 취업제한 범위 및 요건을 확대 강화
노무현 정부	직무 관련 주식보유와 관련한 이해충돌문제를 해소하기 위해 2005년 공직자윤리법을 개정하여 주식백지신탁 제도를 도입하였으며, 2006년 공직자윤리법을 개정하며 재산공개자에 대한 재산형성과정 소명 요구, 고지거부 사전 허가제 등을 도입
이명박 정부	호주제 폐지의 취지를 고려하여 2009년 공직자윤리법을 개정하면서 재산등록대상 친족의 범위를 배우자의 직계존비속에서 본인의 직계존비속으로 개정. 또한 2011년년에 다시 개정하면서 법무법인 · 회계법인 등을 취업심사대상으로 포함하고 업무 관련성 적용 기간을 확대
박근혜 정부	민관유착 관행 근절을 위해 2014년에 공직자윤리법을 개정하며 비영리분야까지 취업제한 대상기관을 확대하고 취업제한 기간을 연장(퇴직 후 2년에서 3년으로 연장)하며 취업이력공시제도를 도입. 또한 2015년에 주식 관련 이해충돌방지를 위한 직무회피제 등을 도입
문재인 정부	공직자윤리법을 2019년에 개정하며 재산등록의무자에 대하여 재산형성과정을 소명 요구; 비상장주식 가액의 선정방식을 액면가에서 실거래가격 혹은 별도 평가방식에 따른 가액으로 조정. 또한 2020년에 개정하면서 고위직에 대한 재산등록, 민관유착 우려분야에 대한 취업제한을 강화하고, 기관별 직무관련 주식취득 금지제도를 도입. 그리고 2021년에 공직자의 이해충돌방지법을 제정하여 직무상 알게 된 비밀을 활용한 사적 이익 추구 금지.

출처: 인사혁신처 윤리복무국(2020).

그림 18-2 **공직자윤리법의 주요 내용**

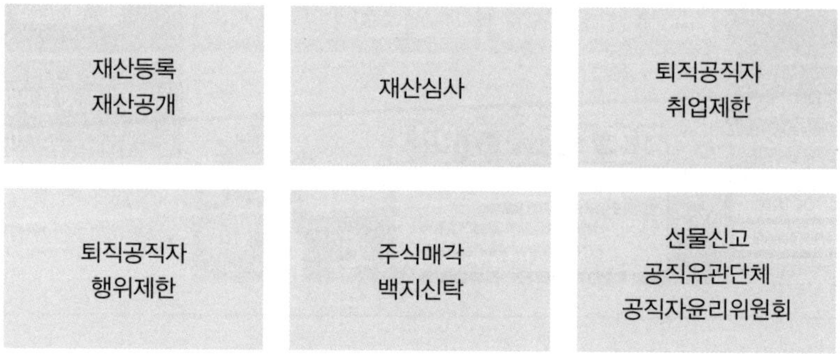

재산등록 재산공개	재산심사	퇴직공직자 취업제한
퇴직공직자 행위제한	주식매각 백지신탁	선물신고 공직유관단체 공직자윤리위원회

1) 재산등록과 공개

첫째, 재산등록(신고) 및 공개란 재산등록 의무자가 본인과 직계존비속의 재산을 등록하여 국민에게 투명하게 공개함으로써 부정이 개입될 소지를 예방하여 공직사회의 윤리성을 높이고 공복으로서의 역할을 다하고자 하는 제도이다.

둘째, 재산등록대상 공무원은 기본적으로 4급 이상 공무원이며, 2021년 현재 재산등록의무자 수는 164,855명이다(2022년 인사통계연보: 99). 또한 공기업의 장·부기관장·상임이사 및 상임감사, 한국은행의 총재·부총재·감사 및 금융통화위원회의 추천직 위원, 금융감독원의 원장·부원장·부원장보 및 감사, 농업협동조합중앙회·수산업협동조합중앙회의 회장 및 상임감사 등을 포함한다. 그 밖에 국회규칙, 대법원규칙, 헌법재판소규칙, 중앙선거관리위원회규칙 및 대통령령으로 정하는 특정 분야의 공무원과 공직유관단체의 직원 등도 재산등록대상에 포함된다(공직자윤리법 3조). 재산등록의무자는 공직윤리시스템(www.peti.go.kr)에 접속하여 재산등록을 해야 한다.

한국토지주택공사(LH) 간부들의 부동산투기사건(2021년)을 계기로 공직자윤리법을 2021년 4월에 개정하였다. 부동산 관련 공직유관단체 직원을 재산등록의무자

그림 18-3 공직윤리시스템(PETI)

출처: 공직윤리시스템(www.peti.go.kr).

로 추가하고, 부동산 취득제한 제도를 신설하였다. 이에 따라 한국토지주택공사 등 부동산 관련 업무나 정보를 취급하는 대통령령으로 정하는 공직유관단체의 직원에 대해 재산을 등록하게 하고, 아울러 재산등록의무자 중 부동산 관련 업무나 정보를 취급하는 대통령령으로 정하는 사람에 대해서는 부동산의 취득일자・취득경위・소득원 등 그 형성과정을 의무적으로 기재해야 한다.

셋째, 재산등록의무자가 등록할 재산은 본인, 배우자(사실상의 배우자 포함) 및 본인 직계존비속(부모, 자녀, 조부모, 손자녀 등)의 동산과 부동산 등의 재산이다. 재산은 소유 명의와 관계없이 사실상 소유하는 재산, 비영리법인에 출연한 재산과 외국에 있는 재산을 포함한다(4조). 재산등록은 정부・국회・대법원・헌재・선관위・지방자치단체 등 공무원의 해당 소속 기관에 등록하고, 관할 공직자윤리위원회에서 심사한다.

넷째, 재산공개 대상자는 국회의원과 장・차관을 포함한 1급(상당) 이상에 해당하는 공무원과 공직유관단체의 장 등으로 2021년 현재 공개대상자 수는 962명이다 (2022년 인사통계연보: 99). 공직유관단체의 장 등이란 공기업의 장・부기관장 및 상임감사, 한국은행의 총재・부총재・감사 및 금융통화위원회의 추천직 위원, 금융감독원의 원장・부원장・부원장보・감사, 농업협동조합중앙회・수산업협동조합중앙회의 회장 및 상임감사, 그 밖에 공직유관단체의 임원 등이다.

재산공개는 재산등록 또는 변동사항 등록(신고) 기간 만료 후, 1개월 이내에 관보 또는 공보에 게재하여 공개한다. 과거에는 공직자의 재산공개 정보를 정부, 국회, 대법원, 지방자치단체 등 각 기관별 윤리위원회에서 제공하였으나, 2023년부터는 인사혁신처의 공직윤리시스템(PETI)을 통해 통합 제공하게 되어 국민의 알권리를 보장하였다.

2) 재산심사

재산심사는 재산등록사항의 성실신고 여부와 공직 정보를 이용한 부정한 재산증식, 재산 형성과정의 정당성 및 타 법령 위반사항 등을 밝혀 공직자 재산의 투명성을 높이고 부정축재를 방지해 공직자로서의 책임과 역할을 다하는 데 그 목적이 있다. 재산심사에는 재산등록사항에 대한 심사와 재산형성과정에 대한 심사이다. 이 업무는 인사혁신처의 재산심사관리과에서 담당하고 있으며, 정부공직자윤리위원회에서 심사하고 결정한다.

첫째, 재산등록사항에 대한 심사는 등록된 재산과 등록에서 빠진 재산의 규모, 종류 및 가액과 빠트리거나 잘못 기재한 경위 등을 종합적으로 고려하여 심사한다. 재산심사과정에서 등록재산의 거짓 기재, 등록대상 재산을 중대한 과실로 빠트리거나 잘못 기재한 경우, 허위의 자료를 제출하거나 거짓으로 소명하는 등 불성실하게 재산등록을 하거나 심사에 응한 경우, 직무상 알게 된 비밀을 이용하여 재물 또는 재산상 이익을 취득한 사실이 인정되는 경우 등을 살펴보게 된다.

둘째, 재산형성과정 심사는 등록의무자의 재산등록에 대하여 소유자별 취득 일자, 취득 경위 및 소득원 등 재산형성과정에 대한 심사(법 제8조 제13항 및 영 제14조의2 제1항)이다. 이는 직무 관련 부정한 재산증식 여부, 타 법령을 위반하여 부정하게 재산상 이익 취득 여부, 재산상의 문제로 사회적 물의 야기 여부, 그리고 특별한 사유 없이 재산의 과다 증감 여부 등을 살펴보게 된다.

3) 퇴직공직자 취업제한

퇴직공직자 취업제한제도는 취업심사대상자(재산등록의무자였던 4급 이상 공무원, 공직유관단체 임직원, 지방자치단체장 등)인 공직자가 재직 중에는 퇴직 후 취업을 목적으로 특정 업체에 특혜를 주는 등의 부정한 유착관계 형성을 사전에 차단하고, 퇴직 후 업체에 취업한 후에는 퇴직 전에 근무하였던 기관에 부당한 영향력 행사 방지를 통하여 공무집행의 공정성을 제고하고 공직윤리를 확립하는 데 있다. 이 업무는 인사혁신처의 취업심사과에서 하고 있으며 정부공직자윤리위원회에서 심사하고 결정하며, 퇴직공직자의 취업심사 결과 유형은 취업가능, 취업제한, 취업승인, 취업불승인 등이다.

취업제한제도는 취업심사대상자가 퇴직일부터 "3년간" 취업심사대상기관에 취업하는 것을 제한하는 것을 말하며, 낙하산(parachute)인사를 예방하기 위한 것이다. 참고로 일본에는 아마쿠다리(天下り)라고 부르는 비슷한 관행이 있다. 다만, 취업심사대상자가 "퇴직 전 5년 동안" 소속하였던 부서 또는 기관의 업무와 취업심사대상기관 간에 밀접한 업무관련성(공직자윤리법 제17조 2항 참조)이 없다는 관할 공직자윤리위원회의 확인 또는 승인을 받은 경우에는 취업할 수 있다.

취업제한 대상 업체 및 단체는 영리사기업체 및 협회, 법무법인, 회계법인, 세무법인, 외국법자문법률사무소 및 합작법무법인, 시장형 공기업, 안전감독·인허가 규제·조달업무 등을 수행하는 공직유관단체, 사립대학과 그 설립학교법인, 종합병원과 그 설립법인, 사회복지법인, 방산·식품·의약품 등 특정 분야 등이다.

세월호 사건(2014년 발생)에서 민관유착문제 등이 드러나 고위공직자에 대한 낙하산 인사제도를 개선하는 계기가 되어 취업제한제도를 강화하고 취업이력공시제를 도입하였다. 고위공직자는 "퇴직 후 10년간" 취업제한 기관에 취업한 사실을 퇴직 전 소속 기관에 신고(미신고시 과태료)하고, 퇴직 전 소속 기관의 장은 관할 공직자윤리위원회에 이를 통보하여야 한다.

4) 퇴직공직자 행위제한

퇴직공직자에 대한 행위제한의 목적은 연고주의와 정서적 유대관계를 중요시하는 문화적 풍토로 인하여 발생하고 있는 불공정한 전관예우 문제, 퇴직공직자 로비스트(lobbyist)화 등 공직자와 취업심사대상 기관 간 부패행위의 사전적 예방에 초점을 두고 공무 수행의 공정성을 확보하는 데 있다. 이 업무는 인사혁신처의 취업심사과에서 하고 있으며 정부공직자윤리위원회에서 심사하고 결정한다.

첫째, 업무취급을 제한하고 있다. 모든 공무원 또는 공직유관단체 임직원은 다른 법률에 특별한 규정이 있는 경우를 제외하고는 재직 중에 본인이 직접 처리한 업무를 퇴직 후 취급할 수 없다(법 제18조의2 제1항). 또한 기관업무 기준 취업심사대상자는 다른 법률에 특별한 규정이 있는 경우를 제외하고는 퇴직 전 2년부터 퇴직할 때까지 근무한 기관이 취업한 취업심사 대상기관에 대하여 처리하는 업무를 퇴직한 날부터 2년간 취급을 금지한다. 이러한 업무취급 제한에도 불구하고 공공의 이익을 위한 목적 등 해당 업무를 취급하는 것이 필요한 경우에는 관할 공직자윤리위원회의 승인을 받아 해당 업무를 취급할 수 있다(법 제18조의2 제3항).

둘째, 부정한 청탁과 알선행위를 금지한다(법 제18조의4 제1항). 본인 또는 제3자의 이익을 위하여 퇴직 전 소속 기관의 임직원에게 법령위반, 지위 또는 권한을 남용하게 하는 등 공정한 직무수행을 저해하는 행위(법 제18의4 제1항)는 물론, 법령을 위반하여 업무를 처리하도록 하는 행위, 지위·권한을 벗어나거나 권한에 속하지 않은 사항을 행사하도록 하는 행위, 직무상 비밀을 요구하거나 위법한 사항을 묵인하는 행위, 공정한 경쟁을 저해하거나 정상적인 관행을 벗어나 업무를 처리하도록 하는 행위(영 제35조의4 제4항)를 금지한다. 재직자가 퇴직공직자로부터 직무와 관련한 청탁·알선을 받은 경우 소속 기관의 장에게 신고하여야 하며, 누구든지 퇴직공직자가 재직자에게 청탁·알선 한 사실을 알게 된 경우에 해당 기관의 장에게 신고할 수 있다.

5) 주식의 매각 또는 백지신탁

재산공개대상자 등은 본인 및 그 이해관계자(배우자, 본인의 직계존비속 등) 모두가 보유한 주식이 1천만원 이상 5천만원 이하의 범위에서 대통령령으로 정하는 금액(3천만원; 공직자윤리법 시행령 제27조의4)을 초과할 경우에는 주식백지신탁심사위원회에 직무관련성 유무에 관한 심사를 청구할 수 있다. 이때 직무관련성이 있다는 결정을 통지받으면, 통지받은 날로부터 2개월 이내에 주식을 매각하거나 주식백지신탁을 하고, 그 행위를 한 사실을 등록기관에 신고하여야 한다(법 제14조의4). 직무관련성 심사청구를 통해 보유주식이 직무와 관련성이 없으면 매각면제심사를 신청할 수 있다. 주식매각 및 주식백지신탁 대상자는 재산공개대상자(국회의원과 장·차관을 포함한 1급 이상 고위공직자)의 본인 및 배우자·직계존비속이다. 또한 직무적으로 관련성이 많은 기획재정부 금융관련국 및 금융위원회는 4급 이상 공무원도 해당된다.

백지신탁(blind trust)은 공직자 혹은 공직 후보자가 재임 기간 동안 재산을 수탁기관에 위탁하거나 보유주식을 매각하는 제도(공직자윤리법 14조)를 말하며, 해당 공직자(신탁자)가 자산의 관리·운용 및 처분 권한 일체를 금융회사에 신탁(Trust)하고, 금융회사(수탁자)는 신탁자산을 처분하여 다른 형태의 자산으로 변경하여, 신탁자가 변경된 자산에 관한 정보를 알 수 없게 차단(Blind)함으로써, 재직 중에 해당 재산을 사실상 보유하지 않은 것과 같은 효과를 발생하는 제도를 말한다. 이 제도의 목적은 공무원이 직무상의 정보를 이용해 부당하게 취득할 수 있는 불공정한 재산의 증식을 막고, 공직자의 국정 수행에 있어서 공정성을 기하도록 하기 위한 것이다. 이 업무는 인사혁신처의 윤리정책과에서 하고 있으며 주식백지신탁심사위원회에서 심사하고 결정한다.

재산공개대상자 등은 백지신탁한 주식의 처분 완료 시까지 직위변경 신청 후, 직무관련성 심사 완료 시까지 해당 주식 관련 직무관여가 금지되며, 직무회피가 불가능한 경우 직무관여 사실을 사후에 신고 및 공개하여야 한다(법 제14조의11).

보유주식이 담당 직무와 관련성이 없다고 생각되어, 매각의무 또는 주식백지신탁 의무 면제를 받기 위해서는 기준일로부터 1개월 이내에 주식백지신탁심사위원회에 직무관련성 심사를 청구할 수 있으며, 직무관련성 심사에서 직무관련성이 없다고 결정한 주식은 주식매각 또는 백지신탁의 예외로 인정된다.

6) 선물신고

공직자는 직무와 관련하여 직·간접을 불문하고 사례·증여 또는 향응을 주거나 받을 수 없다(국가공무원법 제61조 제1항, 청렴의 의무). 그러나 외교 및 국제 관례상 외국(인)으로부터 받는 선물을 거절하기 어려우므로 직무와 관련하여 일정 가액 이상의 선물을 받은 경우 신고하게 함으로써 국가 간에는 우호증진을, 공무원에게는 청렴의무를 준수하게 하고 공직자의 윤리를 확립하게 하는 것이 선물신고제도이다.

따라서 공무원(지방의회의원과 교육위원 포함), 공직유관단체의 임직원 및 그 가족은 직무와 관련하여 외국 또는 외국인(외국단체를 포함)으로부터 선물을 받으면, 해당 선물의 시장가격이 10만 원(미화 100달러) 이상이거나 시장 가액을 알 수 없는 경우에는 지체없이 선물수령신고서를 작성하여 소속 기관·단체의 장에게 신고하고 그 선물을 인도하여야 한다(공직자윤리법 15조; 공직자윤리법시행령 28조).

7) 공직유관단체

공공성이 큰 기관·단체를 공직유관단체로 지정하여 해당 임직원에게 재산등록·공개의무 등을 부과하여 부정한 재산증식 방지 등을 도모하기 위하여 정부 또는 지방자치단체의 재정지원 규모, 임원선임 방법 등을 고려하여 정부공직자윤리위원회가 지정한 기관·단체(법 제3조의2 제1항)로 인사혁신처장이 매 반기 말까지 관보에 고시하고 있다(영 제3조의2 제2항). 등록재산을 공개하는 공직유관단체 임원(법 제10조 제1항 제12호 및 영 제10조 제4항)에 대해 인사혁신처장이 매 반기 말까지 관보에 고시하고 있다(영 제3조의2 제5항). 공직유관단체 임(직)원에게는 재산등록, 취업제한, 선물신고 의무가 부과되며, 특히 등록재산을 공개하는 임원으로도 지정되면 재산공개 및 주식백지신탁 의무가 추가된다.

8) 공직자윤리위원회

공직자윤리위원회는 재산등록사항 심사, 퇴직공직자의 취업제한 심사 및 제한 여부 확인, 취업이력 공시, 법 위반자에 대한 징계의결요구 등의 기능을 수행한다. 정부공직자윤리위원회는 1983년 1월 공직자윤리법 시행과 함께 설치되었으며, 공직자의 부정한 재산증식과 직무를 이용한 개인적 이익추구를 방지하여 투명하고 깨끗한 공직사회 구현을 목표로 하고 있다. 이를 위하여 위원회는 공직자 재산등록 및 심사, 퇴직공직자 취업제한 및 취업승인 심사, 2급 이상 퇴직공직자 취업이력 공시, 고위공직자 재산공개 등을 실시하고 있다. 그리고 재산등록사항의 심사, 취업 제한 여부의 확인 심사 등을 위하여 공직자윤리위원회를 국회·대법원·헌법재판소·중앙선거관리위원회·정부·지방자치단체 및 특별시·광역시·도·특별자치도교육청에 설치한다(법 제9조 제1항).

정부공직자윤리위원회는 위원장(보통 학식과 덕망이 있는 법률전문가가 맡음)과 부위원장(인사혁신처장) 각 1명을 포함한 13명(위원장을 포함하여 9명의 외부인사와 4명의 공직자로 혼합구성)으로 구성된다. 단, 시·군·구 공직자윤리위원회는 위원장과 부위원장 각 1명을 포함하여 7명의 위원으로 구성, 위원장을 포함한 5명의 위원은 법관, 교육자, 학식과 덕망이 있는 사람 또는 시민단체 추천 인사 중에서 선임한다(공직자윤리법 제9조 제3항). 역대 정부공직자윤리위원회 위원장은 학자나 법조인 출신들이 주로 맡았다. 외부인사로 법관, 교육자, 학식과 덕망이 있는 사람 또는 시민단체 추천 인사 중에서 대통령이 위촉하며, 부위원장은 인사혁신처장이 되며, 그 외 위원은 정부 소속 공무원 중에서 대통령이 임명한다. 정부공직자윤리위원회의 위원장과 위원의 임기는 2년으로 하되, 한 차례만 연임할 수 있다. 정부공직자윤리위원회의 사무를 처리하고 사실조사 등을 하기 위하여 정부공직자윤리위원회에 간사 약간 명과 사무직원을 두며, 간사는 인사혁신처 소속 직원 중에서 인사혁신처장이 임명한다. 현재 재산심사기획과에서 업무를 지원하고 있다.

3. 부패방지국민권익위법

부패방지법은 2001년에 제정되었으며, 이듬해인 2002년 부패방지위원회 조직이 출범하고 이것이 다시 2005년도에 국가청렴위원회로 개명되었다. 그러다가 2008년에 정부조직개편을 하면서 국가청렴위원회가 국민권익위원회로 확대 개편(국가청렴위원회＋국민고충처리위원회＋국무총리행정심판위원회가 통합)되면서 부패방지법도 '부패방지 및 국민권익위원회의 설치와 운영에 관한 법률'(약칭 부패방지권익위법)로 명칭이 변경되었다. 부패방지국민권익위법 중에서 공무원이 지켜야 할 의무와 금지조항을 간략하게 정리하면 다음과 같다.

첫째, 공직자는 법령을 준수하고 친절하고 공정하게 근무하여야 하며 일체의 부패행위와 품위를 손상하는 행위를 하여서는 아니 된다(제7조: 공직자의 청렴의무).

둘째, 공직자는 업무처리 중 알게 된 비밀을 이용하여 재물 또는 재산상의 이익을 취득하거나 제3자로 하여금 취득하게 하여서는 아니 된다(제7조의2: 공직자의 업무상 비밀이용 금지).

셋째, 위원회의 위원, 전문위원 또는 직원이나 그 직에 있었던 자 및 위원회에 파견되거나 위원회의 위촉에 의하여 위원회의 업무를 수행하거나 수행하였던 자는 업무처리 중 알게 된 비밀을 누설하여서는 아니 된다(제30조: 비밀누설의 금지).

넷째, 누구든지 부패행위를 알게 된 때에는 이를 위원회에 신고할 수 있다(제55조: 부패행위의 신고).

다섯째, 공직자가 준수하여야 할 행동강령은 대통령령·국회규칙·대법원규칙·헌법재판소규칙·중앙선거관리위원회규칙 또는 공직유관단체의 내부규정으로 정한다(제8조: 공직자 행동강령).

여섯째, 비위 면직자의 취업을 제한하고 있다(제89조: 비위면직 공직자의 취업제한 위반의 죄). 비위로 면직된 공직자가 공공기관, 영리사기업체 또는 협회에 취업한 때에는 2년 이하의 징역 또는 2천만 원 이하의 벌금에 처할 수 있도록 했다.

4. 청탁금지법

공직자의 부패·비리 사건은 공정사회 및 선진 일류국가로의 진입을 막는 장애요인으로 작용하고 있다. 따라서 이 문제를 효과적으로 규제하기 위한 제도적 장치가 미비한 상태라고 생각한 정부는 공직자 등의 공정한 직무수행을 저해하는 부정청탁 관행을 근절하고, 공직자 등의 금품 등의 수수행위를 직무관련성 또는 대가성이 없는 경우에도 제재가 가능하도록 하여 공직자 등의 공정한 직무수행을 보장하고, 공공기관에 대한 국민의 신뢰를 확보하려는 목적을 가진 부정청탁 및 금품 등 수수의 금지에 관한 법률(약칭 청탁금지법)을 2015년에 제정(시행은 2016년 9월)하였다. 청탁금지법의 대상은 공직자뿐 아니라 기자 등 언론사 종사자, 사립학교와 유치원의 임직원, 사학재단 이사장과 이사 등이다.

주요 내용으로 첫째, 공직자 등에 대한 부정청탁의 금지조항(제5조부터 제7조, 제22조 제2항 및 제23조 제1항부터 제3항)을 담고 있다. 누구든지 직접 또는 제3자를 통하여 직무를 수행하는 공직자 등에게 부정청탁을 하지 못하도록 하고, 부정청탁을 받은 공직자 등이 거절하는 의사를 명확히 표시한 후에도 부정청탁이 계속되는 경우에는 소속기관장에게 신고하도록 하고 있다. 또한 제3자를 위하여 부정청탁을 한 자 또는 제3자를 통하여 부정청탁을 한 자에 대하여 과태료를 부과하고, 공직자 등이 부정청탁을 받고 그에 따라 직무를 수행한 경우에는 2년 이하의 징역 또는 2천만 원 이하의 벌금에 처하도록 하고 있다. 사실 이 법률이 공직자 직무에 대해 본인 또는 제3자를 통한 부정청탁 금지를 핵심으로 하고 있으며, 식사 3만 원·선물 5만 원·경조사비 10만 원으로 제한한 것 등이 이 법의 전부가 아니다. 이 법에는 <표 18-4>가 제시하는 바와 같이 금지하는 14가지 부정청탁 유형을 포함하고 있

표 18-3 음식물·선물·경조사비·외부강의 등 사례금 가액 범위

구 분	금액 상한선	내 용
음식물 (식사 대접)	3만 원 (상향검토)	식사, 다과, 주류, 음료 등
선물 (금전, 음식물을 제외한 일체의 물품)	5만 원	농수산물 및 농수산가공품은 10만 원까지 가능*
경조사비 (축의금·조의금, 조화 등)	5만 원	현금 상한선은 5만 원, 화환(결혼식, 장례식)은 10만 원까지 가능(현금 5만 원과 화환 5만 원도 가능)
외부강의 등 사례금* (강의는 1시간당, 기고는 1건당 기준)	100만 원	1시간 초과 강의 시, 강의시간과 관계없이 1시간 상한액의 100분의 150 해당하는 금액까지 가능

* 농수산물 및 농수산가공품을 선물하는 경우에 농축수산업계를 위해 "한시적으로" 20만 원까지 적용한 바 있고(청탁금지법시행령 별표 1의3), 공무원의 경우에 1시간당 강의사례금 상한액은 직급에 따라 달리 적용함.

출처: 부정청탁 및 금품 등 수수의 금지에 관한 법률 시행령 제17조 및 별표 1.

표 18-4	부정청탁 행위 유형과 예외사유
부정청탁 14개 행위 유형	**부정청탁 7개 예외사유**
• 불법 인허가·면허 처리 • 행정처분·형벌부과 감경·면제 • 채용·승진 등 인사 개입 • 의사결정 관여 직위 선정 개입 • 수상·포상 선정 개입 • 입찰·경매 직무 비밀누설 • 특정인 계약 선정 개입 • 보조금·기금 배정·지원 개입 • 재화·용역의 비정상 거래 • 입학·성적 등 학교업무 조작 • 법령 위반 병역업무 처리 • 각종 평가·판정업무 개입 • 행정지도·단속 배제·묵인 • 사건 수사·재판 개입	• 법령·기준이 정하는 절차·방법 준수 • 공개적으로 공직자에게 특정 행위 요구 • 선출직 공직자·정당·시민단체가 공익목적으로 제3자의 고충 민원 전달 • 공공기관에 직무를 법정기한 안에 처리할 것을 신청·요구하거나 확인·문의하는 행위 • 직무 또는 법률관계에 의한 확인·증명 등을 신청·요구하는 행위 • 질의·상담을 통해 직무에 관한 법령·제도·절차 등을 묻는 행위 • 그밖에 사회상규에 위배되지 않는 것으로 인정되는 행위

출처: 부정청탁 및 금품 등 수수의 금지에 관한 법률 제5조.

다. 그리고 선출직 공무원(국회의원, 지방의회의원, 지방자치단체의 장)과 정당의 대표자·후보자(후보자가 되고자 하는 자를 포함)와 그 배우자는 당해 선거구안에 있는 자나 기관·단체·시설 또는 당해 선거구의 밖에 있더라도 그 선거구민과 연고가 있는 자나 기관·단체·시설에 기부행위(결혼식에서의 주례행위를 포함)를 할 수 없다(공직선거법 제113조).

둘째, 공직자 등의 금품 등의 수수 금지조항(제8조, 제22조 제1항 및 제23조 제5항)을 담고 있다. 공직자 등이 직무 관련 여부 및 기부·후원·증여 등 그 명목과 관계없이 동일인으로부터 1회에 100만 원 또는 매 회계연도에 300만 원을 초과하는 금품 등을 받은 경우에는 3년 이하의 징역 또는 3천만 원 이하의 벌금에 처하고, 직무와 관련하여 대가성 여부를 불문하고 1회에 100만 원 또는 매 회계연도에 300만 원 이하의 금품 등을 받은 경우에는 해당 금품 등 가액의 2배 이상 5배 이하에 상당하는 금액의 과태료를 부과하도록 하고 있다.

셋째, 위반행위 신고 및 신고자 등의 보호조항(제13조부터 제15조)을 담고 있다. 누구든지 이 법의 위반행위가 발생하였거나 발생하고 있다는 사실을 알게 된 경우에는 위반행위가 발생한 공공기관, 감독기관, 감사원, 수사기관 또는 국민권익위원회에 신고할 수 있도록 하고 있다. 부정청탁을 신고한 공직자 등, 수수 금지 금품 등을 신고ㆍ인도한 공직자 등 또는 이 법 위반행위를 신고한 자 등에 대하여 불이익조치 금지, 신분 비밀보호, 책임감면 등의 보호장치를 마련하였다.

5. 이해충돌방지법

공직자가 직무를 수행할 때 자신의 사적 이해관계로 공정하고 청렴한 직무수행을 저해하는 것을 방지하기 위한 내용을 담은 공직자의 이해충돌방지법(약칭 이해충돌방지법)이 2021년 5월에 제정되었다. 이해충돌(conflict of interest)이란 공직자의 사적 이익과 공익을 수호해야 할 책무가 서로 부딪치는 상황을 이르는 말로, 우리나라의 경우 이익충돌 상황을 방지하기 위해 공직자윤리법에도 '이해충돌 방지 의무'를 명시하고 있다. 이해충돌방지법은 2013년 부정청탁금지법(일명 김영란법)의 일부로 국회에 제출됐으나, 공직자의 직무 범위 등이 모호하다는 이유 등으로 여러 해 동안 표류해 왔다. 그러다 2021년 3월 한국토지주택공사(LH) 직원들의 부동산 투기 사태를 계기로 법안 처리가 가속화되었다. 이해충돌방지법의 적용을 받는 공직자는 입법ㆍ사법ㆍ행정부와 지방자치단체 공무원, 공직유관단체와 공공기관의 임직원 등 약 190만 명으로 2022년부터 시행된다. 국회의원의 경우에는 국회법에 해당사항을 명시하여 함께 국회법을 개정하였다.

이해충돌방지법에는 직무 관련자에 대한 사적 이해관계 신고, 부정취득 이익 몰수ㆍ추징, 직무상 비밀 이용 재산상 이익 취득 금지 등의 내용을 담고 있다. 특히 공직자가 직무 중 알게 된 비밀을 이용해 재산상 이득을 취하는 것을 금지하고, 직무와 관련된 거래를 할 경우 사전에 이해관계를 신고하거나 회피하도록 규정했다. 공직자가 직무상 알게 된 비밀을 활용해 재산상 이익을 얻을 경우 7년 이하의 징역형이나 7천만원 이하의 벌금형으로 처벌하는 내용을 담고 있다. 공직자들이 사적 이해관계자를 대상으로 인허가ㆍ공사용역ㆍ재판ㆍ수사 등의 직무를 수행하게 된 사실을 알게 되면, 14일 안에 기관장에게 신고하고 이를 회피해야 한다. 한국토지주택공사(LH) 등 부동산 관련 공공기관의 공직자는 본인은 물론 배우자, 직계가족의 부동산 거래도 신고해야 하는데, 이는 내부정보를 활용한 투기 가능성을 사전에 봉쇄하기 위한 것이다. 현직이 아니더라도 퇴직 후 3년 이내에 업무상 취득한 미공

표 18-5   이해충돌방지법의 주요 내용

주요 이슈	내 용
사적이해관계자 신고·회피·기피 및 조치	공직자는 사적이해관계자(대리인 포함)를 대상으로 16개 유형의 직무를 수행하는 경우 소속기관장에게 신고하고 그 업무를 회피
공공기관 직무 관련 부동산 보유·매수 신고	부동산을 직접 취급하는 공공기관 공직자와 그 배우자, 생계를 같이하는 직계존비속이 업무와 관련된 부동산을 보유·매수하는 경우 신고
고위공직자의 민간 부문 업무활동 내역 제출	고위공직자는 임기 개시일 기준 최근 3년간 민간 부문 업무활동 내역을 제출, 소속기관장은 이를 공개 가능
직무관련자와의 거래 신고	공직자, 배우자, 직계존비속 등이 공직자의 직무관련자와 금전, 부동산 등 사적 거래시 신고
직무 관련 외부활동 제한	직무 관련 지식·정보를 제공하고 대가를 받는 행위 등 직무수행의 공정성을 해칠 수 있는 외부활동을 원천적으로 금지
가족 채용 제한	공공기관(산하기관, 자회사 포함)은 공개채용 등 경쟁절차를 거치지 않는 한 고위공직자 등의 가족 채용 금지
수의계약 체결 제한	공공기관(산하기관, 자회사 포함)은 고위공직자 또는 그 배우자, 직계존비속 등과 수의계약 체결 금지(생산자가 1명뿐인 경우 등 허용)
공공기관 물품 등의 사적 사용·수익 금지	공공기관이 소유하거나 임차한 물품·차량·건물·토지·시설 등을 사적으로 사용·수익하거나 제3자로 하여금 사용·수익하게 하는 행위 금지
직무상 비밀 또는 미공개 정보 이용 금지, 부정한 이익 몰수·추징	직무상 비밀 또는 미공개 정보를 이용해 이익을 취득할 경우 7년 이하 징역형이나 7천만원 이하 벌금형에 처하고 그 이익은 몰수·추징(퇴직 후 3년이 지나지 않은 자에 대해서도 적용되며, 직무상 비밀이나 미공개 정보를 이용해 이익을 얻은 제3자도 처벌)
퇴직자 사적 접촉 신고	직무관련자인 소속기관의 퇴직자(공직자가 아니게 된 날부터 2년 이내의 자에 한함)와 골프, 여행, 사행성 오락을 하는 경우 신고

출처: 공직자의 이해충돌 방지법 및 국민권익위원회 자료(2020. 4. 30).

개 정보를 활용할 수 없으며, 공직자로부터 얻은 정보로 이익을 본 제3자도 처벌이 가능하도록 했다. 또한 고위공직자나 채용업무를 담당하는 공직자의 가족은 해당 공공기관과 산하기관, 자회사 등에 채용될 수 없고, 공직자와 생계를 같이하는 직계 존·비속(배우자의 직계 존·비속 포함)은 공공기관 및 그 산하기관과 수의계약을 체결할 수 없도록 했다.

6. 공무원행동강령

「공무원행동강령」은 '부패방지 및 국민권익위원회의 설치와 운영에 관한 법률' 제8조에 근거하여 공무원이 준수하여야 할 행동기준을 규정하는 것을 목적으로 2003년에 제정된 대통령령(2003년 제정 당시의 명칭은 '공무원의 청렴유지 등을 위한 행동강령'이었으나, 2005년에 '공무원행동강령'으로 명칭 개정하여 2006년부터 시행)으로서 기존에 여러 법령에 흩어져 있던 부패 관련 규정을 종합하여 단일화시킨 법규범이며, 국민권익위원회의 행동강령과가 해당업무를 담당하고 있다. 공직자가 공무원행동강령을 위반한 때에는 징계처분을 할 수 있다. 이는 법적 구속력을 갖춘 종합적이고 구체적인 공무원 윤리규범이다. 공무원행동강령은 다음과 같은 주요 3가지 내용을 담고 있다.

첫째, 공정한 직무수행을 해치는 지시에 대한 처리, 이해관계직무의 회피, 특혜의 배제, 예산의 목적 외 사용 금지, 정치인 등의 부당한 요구에 대한 처리, 인사청탁 등의 금지 절차 등이다.

둘째, 부당이득의 수수를 금지하고 있다. 이권 개입 등의 금지, 직위의 사적 이

표 18-6 공무원행동강령의 주요 내용

구 분	주요 내용
공정한 직무수행	공정한 직무수행을 해치는 지시에 대한 처리, 사적 이해관계의 신고 등, 고위공직자의 민간 분야 업무활동 내역 제출 직무관련 영리행위 등 금지, 가족 채용 제한, 수의계약 체결 제한, 퇴직자 사적 접촉의 신고, 특혜의 배제, 예산의 목적 외 사용 금지, 정치인 등의 부당한 요구에 대한 처리, 인사 청득 등의 금지
부당이득의 수수 금지	이권 개입 등의 금지, 직위의 사적 이용 금지, 알선·청탁 등의 금지, 직무 관련 정보를 이용한 거래 등의 제한, 공용물의 사적 사용·수익의 금지, 사적 노무 요구 금지, 직무권한 등을 행사한 부당 행위의 금지, 금품 등의 수수 금지, 감독기관의 부당한 요구 금지
건전한 공직 풍토의 조성	외부강의 등의 사례금 수수 제한, 직무관련자 거래 신고, 경조사의 통지 제한
위반 시의 조치	위반 여부에 대한 상담, 위반행위의 신고 및 확인, 징계 등, 수수 금지 금품 등의 신고 및 처리

출처: 공무원행동강령.

용 금지, 알선·청탁 등의 금지, 직무 관련 정보를 이용한 거래 등의 제한, 공용물의 사적 사용·수익의 금지, 금품 등을 받는 행위의 제한, 금품 등을 주는 행위의 금지 절차 등이다.

셋째, 건전한 공직풍토의 조성을 위해 외부강의·회의 등의 신고, 금전의 차용 금지, 경조사의 통지와 경조금품의 수수를 제한하고 있다.

7. 공무원헌장

우리나라에서 공무원에 대한 가치적 요구가 명문화된 것은 1980년에 대통령훈령으로 제정된 공무원윤리헌장과 1982년에 제정된 공무원윤리헌장 실천강령이 거의 유일했다. 그러나 이 두 규정은 오랫동안 바뀌지 않아 시대의 변화된 가치와 규범 환경을 반영하지 못한다는 지적을 받아왔다. 따라서 시대변화에 맞는 바람직한 공무원상을 설정하기 위하여 공직가치를 재정립하고 이를 반영하여 현행 규정을 재검토하는 것이 시급하다고 판단하고, 전문가자문회의, 설문조사, 인터뷰, 폭넓은 의견수렴을 거쳐 공무원윤리헌장을 공무원헌장으로 2015년 말에 개정하여 2016년 1월부터 시행하였다.

<표 18-7>에 제시된 것처럼 3개 분야 9개의 핵심 공직가치는 여러 논의단계를 거치면서 공무원헌장에 반영되었다. 기존의 공무원윤리헌장은 전문, 본문, 공무원의 신조로 구성되었는데, 공직 수행의 판단기준 및 방향성이 부재하고, 전문에 이은 본문의 내용이 길고 거시적 관점의 가치로 구성되어 있어 구체성이 미비했다. 그래서 이전의 본문은 없애고, 공무원의 신조를 미래지향적이고 보편타당한 가치로 재정리하여 공무원헌장으로 정리한 것이다. 따라서 새로운 공무원헌장 전문에는 대

표 18-7   핵심 공직가치

구 분	의 미	핵심 공직가치
국가관	국가·사회에 대한 가치 기준	애국심, 민주성, 다양성
공직관	올바른 직무수행 자세	책임감, 투명성, 공정성
윤리관	공직자가 갖춰야 할 개인윤리	청렴성, 도덕성, 공익성

출처: 인사혁신처(2016).

표 18-8　공무원헌장

구 분	내 용
공무원헌장 전문	우리는 자랑스러운 대한민국의 공무원이다. 우리는 헌법이 지향하는 가치를 실현하며 국가에 헌신하고 국민에게 봉사한다. 우리는 국민의 안녕과 행복을 추구하고 조국의 평화 통일과 지속 가능한 발전에 기여한다.
공무원헌장 본문	• 공익을 우선시하며 투명하고 공정하게 맡은 바 책임을 다한다. • 창의성과 전문성을 바탕으로 업무를 적극적으로 수행한다. • 우리 사회의 다양성을 존중하고 국민과 함께 하는 민주 행정을 구현한다. • 청렴을 생활화하고 규범과 건전한 상식에 따라 행동한다.

한민국 공무원이 궁극적으로 지향해야 하는 과업과 비전 및 목표를 제시하였으며, 본문에는 핵심 공직가치를 직무 수행과정에 비추어 이해할 수 있도록 4개의 항목으로 나누어 제시하였다(인사혁신처, 2016).

제3절　공무원 징계제도

1. 징계의 의의

일반적으로 징계는 공법상의 특별한 감독 관계의 규율·질서를 유지하기 위하여 징계 사유에 해당하는 경우 그 관계에 속하는 자에게 제재를 가하는 것이다. 따라서 공무원의 경우에 징계는 공무원의 의무 위반에 대하여 공무원 관계의 목적을 달성하기 위하여 국가 또는 지방자치단체가 그 사용자로서의 지위에서 과하는 행정상 제재를 말한다(인사혁신처 윤리복무국, 2018). 대법원 판례(대법원 1983.6.28, 선고, 83누130 판결)에 의하면 공무원 관계의 질서를 유지하고 기강을 숙정하여 공무원으로서의 의무를 다하게 하기 위하여 과하는 제재를 말한다. 그리고 징계는 잘못된 행위에 대한 처벌의 목적도 있지만, 교정 혹은 예방의 목적도 함께 가진다.

징계벌과 형사벌은 독자적인 체계로 권력의 기초(공무원 근무 관계에서 사용자로서의 권한 대비 국가통치권), 목적(공무원 관계의 질서유지 대비 일반법익 보호), 내용(신분적 이익의 박탈 대비 신체적 자유 및 재산적 이익의 제한), 대상(공무원법상의 의무 위반 대비 형사법상 법익위반) 등을 달리하기 때문에 동일비위에 대하여 징계벌과 형사벌을 병과하더라도 일사부재리 원칙(일단 처리된 사건은 다시 다루지 않는다는 법의 일반 원칙)에 저촉되지 않는다고 본다.

징계는 공무원의 의사에 반하여 그에게 불이익을 주는 처분이며 국민으로서 가지는 공무담임권을 침해할 우려가 있으므로 신분보장의 견지에서 징계의 사유와 절차·효력 등을 법률이 직접 규정하고 있다. 징계대상은 모든 공무원이 징계의 대상이 되는 것은 아니고 경력직공무원과 특수경력직공무원 중 별정직 공무원이 그 대상이 된다. 특수경력직 공무원 중 정무직 공무원은 징계절차가 없다.

2. 징계의 사유

공무원의 징계 사유는 국가공무원법 제78조 등에 규정되어 있다. 첫째, 국가공무원법 및 이 법에 따른 명령을 위반한 경우는 국가공무원법 등의 각종 규정과 동법에서 위임한 바에 따라 제정된 일반적·추상적 행정명령(대통령령·총리령·부령 등)과 개별적·구체적 집행명령(훈령·지침·유권해석 등)을 위반한 경우를 말한다.

둘째, 직무상의 의무(다른 법령에서 공무원의 신분으로 인하여 부과된 의무를 포함한다)를 위반하거나 직무를 태만히 한 때를 말한다. 이는 공무원이 담당업무와 관련된 각종 법령이나 훈령에서 부과되어 있는 의무를 공공이익과 복리 증진에 기여하도록 적극·타당하게 수행하지 않은 경우와 당연히 해야 할 직무를 성실하게 수행하지 않은 경우를 말한다. 이 경우 본인의 고의·과실 유무와 관계없이 성립하며, 행위자뿐만 아니라 감독자에게도 감독의무를 태만히 한 구체적 사실이 인정되면 징계 책임을 물을 수 있다.

셋째, 직무의 내외를 불문하고 그 체면 또는 위신을 손상하는 행위를 한 때 등으로 포괄적으로 규정하고 있다. 공무원의 외부행위가 공직의 체면·위신을 손상하는데 직접적인 영향이 있는 행위로써 사회 일반 통념상 비난 가능성을 갖고 있는 경우에는 형사책임 유무나 공직 수행과 직접 관련이 없는 경우에도 불구하고 징계 사유에 해당된다. 그리고 의무위반행위로 인해 징계 등 처분을 받고도 또다시 의무를 위반하는 경우에는 가중하여 징계할 수 있다.

3. 징계의 종류와 효력

징계는 파면·해임·강등·정직·감봉·견책으로 구분한다(국가공무원법 79조).
중징계란 파면, 해임, 강등 또는 정직을 말하며, 경징계란 감봉 또는 견책을 말한다
(공무원징계령 1조의3). 그런데 징계의 종류는 공무원의 직종에 따라 약간의 차이가
있다. 예를 들어 법관의 경우에는 파면, 해임, 강등이 없고 정직, 감봉, 견책만 있으
며, 검사의 경우에는 파면과 강등이 없고, 해임, 면직, 정직, 감봉, 견책이 있다. 파
면·해임은 공무원 신분을 완전히 해제함을 내용으로 하는 배제징계이고, 강등·
정직·감봉·견책은 공무원의 신분을 보유하면서 신분상·보수상 이익의 일부를
제한함을 내용으로 하는 교정징계이다.

첫째, 파면(removal)은 공무원을 강제로 퇴직시키는 가장 엄한 중징계처분이다.
파면된 사람은 5년 동안 공무원으로 재임용될 수 없으며, 퇴직급여액의 1/2이 감액
(5년 미만 근무자에게는 퇴직급여액의 1/4이 감액)되며, 퇴직수당도 그 금액의 1/2이
감액된다(공무원연금법 64조와 공무원연금법시행령 55조).

둘째, 해임(dismissal)은 공무원을 강제로 퇴직시키는 중징계처분의 하나이다. 해
임된 사람은 3년 동안 공무원으로 재임용될 수 없으나, 파면과는 달리 해임의 경우
에는 연금법상의 불이익이 없다. 그러나 '금품 및 향응 수수, 공금의 횡령·유용으
로 징계 해임'된 경우(공무원연금법 64조와 공무원연금법시행령 55조)에는 퇴직급여와
퇴직수당의 1/4이 감액(5년 미만인 사람의 퇴직급여는 그 금액의 1/8을 감액)된다.

셋째, 강등(demotion)은 1계급 아래로 직급을 내리고, 공무원 신분은 보유하나
3개월간 직무에 종사하지 못하며 그 기간 중 보수의 3분의 2(연봉적용자는 연봉월액
의 7할)를 감한다(국가공무원법 80조). 아울러 처분기간(3월)과 추가 18개월간(금품 및
향응 수수, 공금의 횡령·유용, 성폭력, 성희롱 및 성매매의 경우에는 6개월을 추가한 기간)
은 승진임용의 제한을 받으며, 이 기간은 승진소요최저연수에서 제외된다(공무원임
용령 32조).

넷째, 정직(suspension)은 1개월 이상 3개월 이하의 기간으로 하고, 정직 처분을
받은 자는 그 기간 중 공무원의 신분은 보유하나 직무에 종사하지 못하며 보수의
3분의 2를 감한다. 아울러 정직처분기간과 추가 18개월간(금품 및 향응 수수, 공금의
횡령·유용, 성폭력, 성희롱 및 성매매의 경우에는 6개월을 추가한 기간)은 승진임용의 제

한을 받으며, 이 기간은 승진소요최저연수에서 제외된다(공무원임용령 32조).

다섯째, 감봉(salary reduction)은 1개월 이상 3개월 이하의 기간 동안 보수의 3분의 1을 감한다(국가공무원법 80조). 아울러 감봉처분기간과 추가 12개월간(금품 및 향응 수수, 공금의 횡령·유용, 성폭력, 성희롱 및 성매매의 경우에는 6개월을 추가한 기간)은 승진임용의 제한을 받으며, 이 기간은 승진소요최저연수에서 제외된다(공무원임용령 32조).

여섯째, 견책(reprimand)은 빚어진 과오에 대하여 훈계하는 것을 말한다. 아울러 그 처분종료일로부터 6개월간(금품 및 향응 수수, 공금의 횡령·유용, 성폭력, 성희롱 및 성매매의 경우에는 6개월을 추가한 기간)은 승진임용의 제한을 받으며, 이 기간은 승진

표 18-9 징계의 종류와 주요 내용

징계 종류		주요 내용	보수와 퇴직급여 제한	승진임용 제한
중징계	파면	공무원관계 배제(5년간 공직재임용 제한)	퇴직급여 1/2 감액(재직기간 5년 미만은 1/4 감액), 퇴직수당 1/2 감액	배제징계
	해임	공무원관계 배제(3년간 공직재임용 제한)	퇴직급여 전액 지급(단, 금품과 공금횡령 비위는 퇴직급여 및 퇴직수당의 1/4 감액; 재직기간 5년 미만은 퇴직급여 1/8 감액)	배제징계
	강등	계급 1단계 내림+정직 3개월(처분기간동안 신분은 보유하나 직무종사 불가)	강등 후의 3개월간 보수는 전액 삭감	처분기간(3월)+18개월은 승진소요최저연수에서 제외하고, 승진임용과 특별승진임용을 제한
	정직	직무종사 불가(1~3월)	처분기간중 보수 전액 삭감	정직처분기간(1~3월)+18개월은 승진소요최저연수에서 제외하고, 승진임용과 특별승진임용을 제한
경징계	감봉	직무종사 가능(1~3월)	처분기간중 보수의 1/3 감액(연봉적용자는 연봉 월액 40% 감액)	감봉처분기간(1~3월)+12개월은 승진소요최저연수에서 제외하고 승진임용과 특별승진임용을 제외
	견책	훈계와 회개		6개월은 승진소요최저연수에서 제외하고 승진임용과 특별승진임용을 제한

* 금품 및 향응 수수, 공금의 횡령·유용, 성폭력, 성희롱 및 성매매에 따른 징계처분의 경우에는 승진소요최저연수에서 각각 6개월을 가산함.

소요최저연수에서 제외된다(공무원임용령 32조).

그리고 직위해제는 해당 공무원에게 직위를 부여하지 아니하는 것을 말하며(국가공무원법 73조의3), 이는 직무수행능력 부족으로 인한 경우(직무수행 능력이 부족하거나 근무성적이 극히 나쁜 자, 고위공무원단에 속하는 일반직공무원으로서 적격심사를 요구받은 자) 및 징계 의결이 요구 중인 자와 형사 사건으로 기소된 자 등이 해당되므로, 공식적인 징계로 볼 수는 없다. 직위해제는 징벌적 제재인 징계와는 그 성질을 달리하므로 직위해제 처분 후 징계할 수 있다.

그 외 불문경고라는 징계양정은 견책에 해당되나 감경대상 공적이 있거나 혐의자의 비위행위가 성실·능동적 업무처리 과정에서 발생한 과실에 해당하여 감경한 것으로 법률상의 징계처분은 아니나, 1년 동안 인사기록카드에 등재됨으로써 그 기간 동안 표창 대상자에서 제외되는 등 사실상 징계에 준하는 불이익이 따르는 행정처분이다.

4. 징계의 감경

징계의결이 요구된 사람에게 다음에 해당하는 공적이 있는 경우에는 징계감경 기준에 따라 징계를 1단계 감경할 수 있다: (1) 훈장 또는 포장을 받은 공적; (2) 국무총리 이상의 표창(공적상 및 창안상만 해당)을 받은 공적; (3) 6급(상당) 이하 공무원은 중앙행정기관장인 청장(차관급 상당 기관장을 포함) 이상의 표창을 받은 공적; (4) 모범공무원규정에 따라 모범공무원으로 선발된 공적 등이다(공무원징계령시행규칙 4조). 징계감경을 위한 정부 표창은 공적에 대한 표창만을 의미하며, 기타 상장과 감사장 등은 제외한다. 그리고 금품 및 향응 수수, 공금횡령·유용 관련 비위 그리고 성폭력, 성매매, 성희롱, 음주운전, 공직자 재산등록 의무 위반 등의 경우에는 표창 감경이 제외된다.

5. 징계부가금 제도

징계부가금 제도는 종래의 징계처분이 주로 신분적 제제에 치중하여 징계의 실효성이 낮다는 비판을 반영하여 수립한 제도이다. 특히 금품 관련 비위에 대해서 재산적 제재를 가할 수 없는 한계가 있어 공직 비리를 더욱 엄하게 차단하기 위한 조치로 징계의 실효성을 높이기 위해 지난 2010년에 국가공무원법을 개정하면서 신설하였다(국가공무원법 78조의2). 따라서 징계부가금은 금품 관련 비위에 대해 보다 실효성 있는 처벌을 위해 징계처분 외에 금품수수 금액 등의 5배 범위내에서 금전적 제재를 부과하는 것을 말한다. 징계부가금 처리기준은 비위의 정도, 과실의 정도, 고의성의 정도에 따라 금품비위금액 등의 5배 내에서 정한다.

6. 징계절차

징계절차 공무원의 징계처분 등을 의결하게 하기 위하여 국회규칙, 대법원규칙, 헌법재판소규칙, 중앙선거관리위원회규칙 또는 대통령령으로 정하는 기관에 징계위원회를 둔다(국가공무원법 81조). 국가공무원의 경우에 중앙징계위원회와 보통징계위원회를 둔다.

중앙징계위원회는 5급(상당) 이상 국가공무원 등에 대한 징계나 6급(상당) 이하 공무원 등의 중징계 등을 담당하며 국무총리 소속으로 둔다. 중앙징계위원회는 위원장(인사혁신처장) 1명을 포함하여 17명 이상 33명 이하의 공무원위원과 민간위원으로 구성한다. 이 경우 민간위원의 수는 위원장을 제외한 위원 수의 2분의 1 이상이어야 한다(공무원징계령 4조).

보통징계위원회는 6급(상당) 이하의 국가공무원 징계를 담당하며, 각 기관 소속의 보통징계위원회를 둔다. 보통징계위원회는 위원장 1명과 4명 이상 7명 이하의 공무원위원과 민간위원으로 구성하며, 이 경우 민간위원의 수는 위원장을 제외한 위원 수의 2분의 1 이상이어야 한다(공무원징계령 5조).

지방자치단체의 경우에는 각시도와 시군구 인사위원회에서 담당한다(지방공무원법, 지방공무원 징계 및 소청규정 등).

공무원의 징계절차는 감사원, 검찰, 혹은 기관 자체 감사부서의 조사 등에 의해서 비위 사실이 적발됨으로써 시작된다. 징계 의결의 요구는 해당 공무원의 임용권자가 행하는 것이 원칙이다. 공무원의 징계처분 등은 징계위원회의 의결을 거쳐 징계위원회가 설치된 소속 기관의 장이 하되, 국무총리 소속으로 설치된 징계위원회에서 한 징계 의결 등에 대하여는 중앙행정기관의 장이 한다. 다만, 파면과 해임은 징계위원회의 의결을 거쳐 각 임용권자 또는 임용권을 위임한 상급 감독기관의 장이 한다(국가공무원법 82조). 징계위원회는 징계 의결 등 요구서를 접수한 날부터 30일(중앙징계위원회의 경우는 60일) 이내에 징계 의결 등을 하여야 한다. 다만, 부득이한 사유가 있을 때에는 해당 징계위원회의 의결로 30일(중앙징계위원회의 경우는 60일)의 범위에서 그 기간을 연장할 수 있다.

최근 징계 추세를 보면(인사혁신처 인사혁신통계연보, 2022: 71), 견책(reprimand)이 가장 많고, 그 다음이 정직(suspension), 감봉(salary reduction), 해임(dismissal), 강등(demotion) 순이며, 파면(removal)이 제일 적은 편이다. 그리고 징계 사유로는 품위유지의무(duty to maintain dignity) 위반이 가장 많고, 그 다음이 성실의무(duty of fidelity) 위반, 청렴의무(duty of integrity) 위반 등이다.

제4절 소청심사제도

1. 소청심사제도와 구제의 의의

앞 장에서 이미 설명한대로, 소청심사제도(Appeals System)는 공무원이 징계처분, 그 밖에 그 의사에 반하는 불리한 처분이나 부작위에 대하여 이의를 제기하는 경우 이를 심사·결정하는 특별행정심판제도이다. 이 제도는 위법·부당한 인사상 불이익 처분에 대한 일종의 구제(disciplinary relief)라는 사법보완적 기능을 수행함으로써 직접적으로는 공무원의 신분보장을 통하여 직업공무원제도의 확립에 기여하고, 간접적으로는 행정의 자기통제 효과를 도모하는 데 그 목적이 있다. 소청심사제도는 의사에 반하는 불리한 처분이나 부작위에 불복하는 당사자로부터 소청제기가 있을 경우, 구체적인 사실관계에 대해 심리하고 법령을 해석·적용하여 이를 판단한다는 점에서 준사법작용의 성격을 가지고 있는 한편, 행정청의 의사 표현으로서 그 자체가 행정작용이라는 이중적 성격을 가지고 있다(소청심사위원회, 2020). 소청심사의 대상은 첫째, 국가공무원법상 소청심사의 대상에는 징계처분(파면, 해임, 강등, 정직, 감봉, 견책(징계부가금 포함)) 등이다. 둘째, 기타 의사에 반하는 불리한 처분은 강임, 휴직, 직위해제, 면직(직원면직, 의원면직), 불문경고(견책에 해당하는 비위를 불문으로 의결하고 경고할 것을 권고하는 사안) 등이다. 셋째, 부작위(不作爲)는 당사자의 신청에 대하여 행정청이 상당한 기간 내 일정한 처분을 하여야 할 법률적 의무가 있음에도 처분을 하지 않은 경우를 말하며, 일례로 복직 청구에 대한 처분이 지연되면 부작위가 될 수 있다.

2. 소청심사 절차

소청심사위원회(Appeals Commission)는 1963년에 설치된 공무원 권익구제기관이다. 인사혁신처 소속의 기관으로 준사법적 합의제 의결기관으로 위원장 1인(차관급 정무직)을 포함한 5명 이상 7명 이내의 상임위원과 상임위원 수의 2분의 1 이상인 비상임위원으로 구성하도록 하고 있다(국가공무원법 제9조). 국가공무원은 국가공무원법에 의거 인사혁신처 소청심사위원회에 심사·청구하고, 지방공무원은 지방공무원법에 의거 지방시·도 소청심사위원회에 심사·청구할 수 있다. 국가공무원법은 제16조 제1항에서 소청심사위원회의 심사·결정을 거치지 아니하면 행정소송을 제기할 수 없다는 규정을 두고 있으므로 소청심사는 행정소송을 제기하기 전에 반드시 거쳐야 하는 필요적 전심절차이다. 소청심사위원회의 결정은 처분행정청을 기속(羈束)하며 감사원의 재심 요구가 없는 한 행정기관의 최종 결정으로 확정된다. 그러나 소청인이 위원회의 결정을 받아들일 수 없다면, 소청결정문을 받은 날로부터 90일 이내에 관할 행정법원(지방법원 합의부)에 행정소송을 제기할 수 있다(소청업무처리지침 제20조).

소청심사현황자료(인사혁신처 인사통계연보, 2022: 72)를 보면, 2010년에 구제율이 38.6%, 2015년에 38.8%, 2020년에 28.6%, 그리고 2021년에 25.5%로 구제율(percent of relief)이 조금 낮아지는 편이다. 이것은 공무원의 공직윤리 준수에 대한 국민의 기대가 높아지고, 금품 및 향응 수수, 공금의 횡령·유용, 성폭력, 성희롱 및 성매매에 대한 정부의 징계방침이 강화되어 소청을 통한 징계감경이 조금 까다로워지는 영향이 있는 것으로 보인다.

3. 고충심사

고충심사제도(Grievance System)는 인사 상담을 거쳐 고충에 대한 적절한 해결책을 강구하는 제도로서, 심사기관이 제3자적 입장에서 고충 사안이 원만히 해결되도록 주선하고 권고하는 조정자적 역할을 수행하는 제도이다. 고충심사의 대상은 근무조건(봉급·수당 등 보수에 관한 사항, 근무시간·휴식·휴가에 관한 사항, 업무량, 작업도구, 시설안전, 보건위생 등 근무환경에 관한 사항, 출산·육아·자녀교육, 질병치료, 주거·교통 및 식사편의 제공 등 후생복지에 관한 사항 등), 인사관리(승진·전직·전보 등 임용에 관한 사항, 근무성적평정·경력평정·교육훈련·복무 등 인사운영에 관한 사항, 상훈·제안 등 업적성취에 관한 사항 등), 상·하급자나 동료, 그밖에 업무 관련자 등의 부적절한 행위(성폭력범죄의 처벌 등에 관한 특례법 제2조에 따른 성폭력 범죄, 성희롱 등 부적절한 언행이나 신체적 접촉, 위법·부당한 지시나 요구, 신체적·정신적 고통을 주거나 근무환경을 악화시키는 직장 내 괴롭힘, 성별·종교별·연령별 등에 의한 차별대우 등), 그리고 기타(개인의 정신적·심리적·신체적 장애로 인하여 발생되는 직무수행과 관련된 고충) 등이다(국가공무원법 제76조의2, 공무원고충처리규정). 공무원의 고충은 해당 기관 내부에서 임용권자 단위로 상담하는 것이 원칙이나, 소청심사위원회를 통해 상담할 수 있으며, 고충심사제도를 이용했다는 이유로 불이익한 처분이나 대우를 받은 경우에는 그 처분은 소청심사를 통해, 그 대우는 인사감사 또는 재차 고충심사 청구를 통해 구제받을 수 있다. 공무원의 고충을 심사하기 위하여 인사혁신처에 중앙고충심사위원회를 설치하도록 하고 있는데, 중앙고충심사위원회의 기능은 인사혁신처 소청심사위원회에서 함께 맡고 있다.

제5절 공직윤리의 향상 방향

공직윤리를 향상하기 위해서는 여러 가지 저해요인(인적 요인, 문화적인 요인, 환경적인 요인, 제도적인 요인 등)을 줄여나가면서 윤리 인프라(ethics infrastructure)를 완비하고 엄격하게 관련 법령을 집행해야 할 것이다. 우리나라의 공직윤리 제도가 그간 상당히 발전한 것은 사실이지만, 앞으로도 더욱 발전시켜나갈 부분이 많다.

첫째, 법률적 접근방법 차원에서 그간 윤리 관련 법령을 제정하거나 개정하였지만, 아직도 선언적이거나 추상적인 내용을 개선할 부분이 많으므로 지속적으로 개정작업을 해나가는 것이 필요하다. 특히 공직자윤리법의 취업제한과 행위제한 그리고 백지신탁 제도에 대한 국민의 기대수준이 높아지면서 이 부분을 시대 흐름에 부합하게 좀 더 정교하게 정비해갈 필요성이 커지고 있다.

둘째, 조직적 접근방법 차원에서 공직윤리와 복무 기능을 포함한 중앙인사기관의 조직체계를 발전시켜나갈 필요가 있다. 특히 정부공직자윤리위원회의 업무가 늘어나면서 정부공직자윤리위원회에 대한 국민적 관심이 늘어났다. 아울러 정부공직자윤리위원회의 위원명단을 공개하라는 요구도 높아지고 있다. 따라서 정부공직자윤리위원회의 기능을 독립적으로 운영하는 방안도 검토할 필요가 있으며, 이를 지원하는 인사혁신처의 공직윤리 담당조직도 확대할 필요가 있다.

셋째, 인사제도적 접근방법 차원에서 윤리제도는 복무제도 및 징계제도 등과 상호연계되어 있으므로 관련 제도도 아울러 개선해나가야 한다. 아울러 보상체계와 여러 인사제도(채용, 승진, 성과평가, 교육훈련 등) 등도 함께 개선하면서, 공직가치교육(의식개혁, 윤리적 리더십 포함) 등도 강화해나갈 필요가 있다. 공직윤리교육은 모든 공무원이 의무적으로 일정기간마다 수료하도록 해야 한다. 특히 윤리교육은 공무원만의 문제가 아니므로, 국가적인 차원에서 유년 시절부터 교육할 필요가 있다.

넷째, 정치적 접근방법 차원에서 정치권이 윤리적으로 혼탁하지 않도록 정치개혁을 지속적으로 해나가야 할 것이며, 국정 운영의 핵심 직위에 정치적 임명을 하는 과정에서 공정한 검증과 인사청문과정을 통해 윤리적 리더십을 가진 고위공직자를 배출해야 할 것이다.

다섯째, 투명·참여적 접근방법 차원에서 정책결정과정과 집행 등에 시민참여를 확대하고 투명성과 개방성 등을 확대해나가야 할 것이며, 정부가 시민사회의 역량개발을 간접적으로 확대 지원하여 시민사회가 감시자 역할을 충실히 감당할 수 있도록 할 필요가 있다.

여섯째, 행태적 접근방법 차원에서 공무원들의 윤리의식을 제고하는 주제별 공직윤리교육과 공직가치 교육 등을 정기적으로 실시하여 인식변화(change of perception)와 윤리역량(ethical competence) 강화를 도모할 필요가 있다.

공직윤리시스템과 공직자윤리위원회에 대하여 알아보자.

□ 인사혁신처의 공직윤리시스템(www.peti.go.kr)에 접속하여 다음 사항을 알아보자.
- 공무원의 재산등록과 재산공개
- 공무원의 주식백지신탁
- 공무원의 선물신고
- 퇴직공지자의 취업제한
- 퇴직공직자의 행위제한
- 공직유관단체 임직원의 의무사항

□ 공직윤리시스템(PETI)에서 정부공직자윤리위원회에 대한 소개와 기능 등에 대해 알아보자.
- 정부공직자윤리위원회의 구성
- 정부공직자윤리위원회의 수행업무
- 정부공직자윤리위원회의 취엄심사결과
- 재산등록사항 공개목록

□ 미국의 정부윤리청(Office of Government Ethics)의 홈페이지(www.oge.gov)를 방문하여 이 기관의 조직과 주요 업무 등을 살펴보고, 인사혁신저(www.mpm.go.kr)의 윤리복무국 기능 등과 비교하며 토론해보자.

References 참고문헌

[국내 문헌]

강성철 · 김판석 · 이종수 · 진재구 · 최근열. (2018). 「새인사행정론(제9판)」, 대영문화사.

고용노동부. (2019). 「직장 내 괴롭힘 판단 및 예방, 대응 매뉴얼」, 고용노동부.

고희진. (2021). "ILO 핵심협약 비준 동의안 3건 국회 본회의 통과," 「경향신문」, (2월 26일).

공무원연금공단. (2013). 「공무원연금의 이해」, 공무원연금공단.

공무원연금공단. (2014). 「공무원연금제도 주요 현황」, 공무원연금공단.

국가인권위원회. (2017). 「직장내 괴롭힘 실태조사」, 국가인권위원회.

국미애. (2004). 「성희롱과 법의 정치」, 푸른사상사.

권경득 · 이주호. (2015). "지방자치단체 공직자의 퇴직관리 효율성 확보방안," 「지방행정연구」, 29(2): 31-60.

권설아 · 오명근 · 이주호 · 이민규 · 박상호 · 현승효 · 류상일. (2019). "소방공무원의 공상관리 제도에 대한 실증연구," 「한국콘텐츠학회논문지」, 19(3): 114-125.

권영주 · 권경득. (2010). "한국 고위공무원단제도의 도입 과정에 관한 연구," 「한국인사행정학회보」, 9(2): 1-30.

권용수. (2006). "공무원 역량기반교육훈련에 관한 고찰," 「한국인사행정학회보」, 5(1): 129-148.

김강식. (2000). "다양성관리와 인적자원관리," 「노사관계연구」, 11: 41-57.

김광수. (2008). "공무원과 기본권," 「서강법학」, 10(1): 1-23.

김기형 · 진종순. (2018). "공직 전문성 강화를 위한 공직분류체계 개선방안에 관한 연구: 국가 일반직 공무원의 직군, 직렬, 직류를 중심으로," 「한국인사행정학회보」, 17(3): 89-116.

김동원. (2012). "직무분석, 평가를 활용한 조직진단의 정확성 및 정치성에 관한 연구," 「정부학연구」, 18(2): 185-209.

김명식. (2003). "우리나라 공직분류체계의 개편방향," 「한국행정학회 하계학술발표논문집」, 2003: 551-572.

김명식. (2019). 「국가와 공직」, 법우사.

김미림. (2020). "산재보험법상 자살의 업무상 재해인정 개선방안-공무원재해보상법과 산업재해보상보험법 비교를 중심으로," 「법학논총」, 33(1): 357-383.

김순양. (2021). " 공무원의 정치적 중립: 개념, 규범성, 실천가능성에 대한 토의," 「한국사회와 행정연구」, 31(4): 1-29.

김영우. (2005). "한국 공직분류체계에 대한 평가와 개선방안," 「한국행정연구」, 14(3): 273-294.

김은지 · 김판석. (2021). "공무원의 직무 스트레스가 성과와 만족에 미치는 영향: 공공봉사동기의 매개효과를 중심으로," 「한국행정논집」, 33(1): 93-121.

References 참고문헌

김재형·김호현·김근세. (2020). "요양보호사의 근무환경과 휴가권이 직무태도에 미치는 영향," 「정책분석평가학회보」, 30(4): 211-238.

김정인. (2021). "일본 공무원 정년 후 재임용제도 연구-조직정당성 관점에서," 「한국행정학보」, 55(1): 31-56.

김중양. (2010). 「한국인사행정론」, 법문사.

김지원·이제복. (2020). "공상공무원 재해보상서비스 정책수단의 차이가 어떠한 정책효과의 차이를 가져오는가?: 수요지원방식 정책에 대한 이용자 관점을 중심으로," 「한국행정학보」, 54(4): 411-439.

김판석. (1994). "관리혁신과 행태변화를 통한 새로운 행정개혁의 방향 모색," 「한국행정학보」 28(3): 1015-1032.

김판석. (1996). "지방공무원 직제의 문제점과 개선," 「한국행정연구」, 4(4): 51-89.

김판석. (1999). "정부인력 선발방식 개선," 「행정논총」, 37(2): 147-184.

김판석. (2000). "지방자치단체의 인사교류 발전방향," 「한국지방자치학회보」, 12(4): 5-32.

김판석. (2002). "공무원 핵심역량 강화를 위한 민관의 교육훈련 협력방향," 「한국정책학회보」, 11(1): 81-110.

김판석. (2002). "한국 인사행정의 발전방향: 전환기의 담론," 「한국행정연구」, 11(1): 54-88.

김판석. (2003). "대통령과 인사: 정무·고위직 인사혁신," 「한국정치학회보」, 37(2): 385-414.

김판석. (2005). "정치적 임명에 관한 비교연구: 미국, 영국, 일본을 중심으로," 「한국인사행정학회보」, 4(2): 1-40.

김판석. (2007). "공무원 교육훈련의 전환: 혁신과정과 주요 변화 및 향후 과제," 「한국인사행정학회보」, 6(1): 1-35.

김판석. (2021). "(제3장) 지능형 정부의 인사행정: 전자시스템 개발과 전산 직렬 개편," 「지능형정부의 정책이슈」, 정충식 외 공저, 윤성사, 89-122.

김판석·박미영. (2022). "스마트워크에 따른 공무원 유연근무제 연구: 원격근무제 이용 활성화와 발전방향을 중심으로," 「한국인사행정학회보」, 21(3): 37-62.

김판석·서한순. (2010). "일본 국가공무원제도의 변혁 흐름: 하토야마 정권의 개혁 사례를 중심으로," 「한국인사행정학회보」, 9(1): 1-30.

김판석·오성호·이선우. (2000). "업적평가체계로서의 다면평가제도 도입과 추진방법에 관한 사례연구," 「한국행정학보」, 34(4): 343-363.

김판석·연원정. (2019). "정부와 공무원노동조합의 단체교섭 사례연구: 정부교섭을 중심으로," 「한국인사행정학회보」, 18(2): 115-146.

김판석·정성호. (2010). "미국 주정부의 임의고용제도 연구: 조지아, 플로리다, 텍사스 주 사례를 중심으로," 「한국인사행정학회보」, 9(2): 59-87.

김판석・정성호. (2012). "공공부문의 심리적 계약 강화: 인사혁신의 새로운 대안,"「한국인사행정학회보」, 11(2): 75-101.

김판석・정홍원・홍길표. (2008). "고위직 공무원 인사검증시스템의 개선방안 모색: 노무현 정부의 관련제도 변화와 시사점을 중심으로,"「한국인사행정학회보」, 7(1): 109-146.

김판석・천지윤. (2020). "포스트 코로나 시대의 공공조직 인적자원관리의 변화와 함의: 국제연합의 코로나 위기 대응사례를 분석을 중심으로,"「한국인사행정학회보」, 19(4): 335-350.

김해동. (1988). "공무원의 정치적 중립,"「행정논총」, 26(2): 69-90.

김현주. (2003). "역량기반인적자원관리(CBHRM)의 도입과 발전: 한국기업을 위한 상황론적 접근법,"「POSRI 경영연구」, 3(1): 120-158.

김호섭・김판석・유홍림・김대건. (2011).「행정과 조직행태」, 대영문화사.

남궁 근. (2003). "참여정부의 공직사회 전문성 제공방안,"「한국인사행정학회보」, 2(2): 89-104.

남궁 근・류임철. (2004). "공직의 전문성 제고를 위한 보직관리시스템 개선방안,"「한국인사행정학회보」, 3(2): 93-120.

류현숙・오시영・진종순・박천오・조소연. (2010).「중간관리자 이하 직무분석 활성화 방안 연구」, 한국행정연구원.

민효상・서정욱. (2013). "공무원연금개혁 요인에 관한 국가비교,"「한국거버넌스학회보」, 20(1): 85-109.

박경효. (1993). "한국관료제의 지역대표성 제고를 위한 정책방향,"「한국행정학보」, 27(3): 705-720.

박대규. (2017). "공무원 정치적 중립성의 실질적 보장 미국「Hatch」법을 중심으로,"「인하대학교 석사학위논문」.

박동균・박주상. (2012). "현장 경찰공무원의 근무환경 사례분석 및 개선방안-수・형사 분야를 중심으로,"「한국경찰학회보」, 14(4): 31-57.

박민정・김판석. (2016). "최근 한국 정부의 정치적 임명에 관한 분석,"「한국인사행정학회보」, 15(2): 287-314.

박종승. (2019). "경찰공무원의 재해보상제도 개선방안에 관한 연구,"「한국공안행정학회보」, 28(3): 117-152.

박찬석. (2020). "델파이 기법을 통한 소방공무원 보건안전정책의 문제점 및 개선방안 도출,"「Journal of the Society of Disaster Information」, 16(1): 34-43.

박천오. (2011). "공무원의 정치적 중립: 의미와 인식,"「행정논총」, 49(4): 25-50.

박천오・강제상・권경득・조경호・조성한・박홍엽. (2010).「현대인사행정론(제2판)」, 법문사.

References 참고문헌

박천오 · 권경득 · 권용수 · 조경호 · 조성한 · 최성주. (2020). 「인사행정론(제2판)」, 법문사.

박천오 · 조경호. (2013). "고위공무원단제도의 기대와 성과: 시행 초기와 그 이후를 중심으로," 「한국인사행정학회보」, 12(1): 147-168.

박해육 · 윤영근. (2016). 「직방공무원 직위분류제 확대방안」, 한국지방행정연구원.

백종섭. (2013). 「공무원노동조합론」, 대영문화사.

백종섭 · 김동원 · 김철우 · 이근주 · 조선일. (2016). 「인사행정론」, 창민사.

백종섭 · 김동원 · 김철우 · 이근주 · 조선일. (2018). 「인사행정론(전정판)」, 창민사.

삼일회계법인 · Hewitt Associates. (2001). 「대한민국 정부 역량모델 개발 및 구축」, 중앙인사위원회.

서원석. (2013). 「공무원 인사제도 개혁 방안 연구: 공무원 시험을 중심으로」, 한국행정연구원.

소청심사위원회. (2020). 「소청심사 업무편람」, 소청심사위원회.

신종국. (2001). "캐나다 정부의 역량중심 인사관리," 「인사행정」, 6: 64-67.

양형렬 · 이태영. (1993). "사회적 형평과 국가통합을 향한 대표관료제의 접근," 「한국행정학보」, 27(2): 348-358.

여성가족부. (2018). 「2018년 성희롱 실태조사」, 여성가족부.

여성가족부. (2018). 「공공기관의 장 등에 의한 성희롱성폭력 사건처리 매뉴얼」, 여성가족부.

염재호 · 김상구 · 윤성철. (2003). 「경찰공무원의 퇴직관리 및 퇴직자 지원프로그램 개발 · 운영에 관한 연구」, 치안연구소.

오동희. (2021). "ILO 핵심협약 비준: 노조권리만 강화, 기업할 권리는?" 「머니투데이」, (2월 27일).

오석홍. (1993). "미국의 대표관료제: 정부관료제의 대표성 제고를 위한 노력," 「한국행정학보」, 27(2): 323-342.

오석홍. (2016). 「인사행정론」, 박영사.

오성호 · 황성돈 · 이선우 · 서원석 · 김영우. (2014). 「인사행정론」, 다산출판사.

우희숙. (2013). "산업재해와 형사책임: 산업안전보건법 제66조의2를 중심으로," 「법학」, 54.

유민봉. (1997). 「인사행정론」, 문영사.

유민봉 · 박성민. (2014). 「한국인사행정론」, 박영사.

유상엽. (2016). "작업환경과 일하는 방식에 대한 소고: 어느 행정사무관의 이야기," 「한국정책학회 추계학술발표논문집」, 2016: 45-58.

유상엽 · 김지성. (2018). "우리나라 공무원의 경쟁력 및 전문성 제고를 위한 공직분류체계의 진단과 혁신방안," 「한국인사행정학회보」, 17(4): 233-259.

윤견수 · 정민경 · 김영은. (2020). "지방 공무원의 전문성에 대한 연구: 정치화와 계급제 기반 관료제를 중심으로," 「정부학연구」, 26(1): 131-160.

윤견수·한승주. (2012). "정치적 중립의 경험적 범주에 대한 연구: 지방자치단체 중하위직 공무원을 중심으로," 「행정논총」, 50(3): 237-261.

윤석명·문채봉·Mikko Juhani Sankala·양혜진·이힘찬·신화연·박헌열. (2012). 「공무원연금 등 직역연금 재정평가와 정책현안 분석: 군인연금과 노르딕 모델을 중심으로」, 한국보건사회연구원.

윤여순. (1998). "기업교육에서의 Competency-Based Curriculum의 활용과 그 의의," 「기업교육연구」, 1(1): 103-123.

이각희. (2018). 「공무원연금제도론」, 공무원연금공단.

이건·서원석. (2020). "우리나라 직업공무원의 정치적 중립 실현의 한계와 대안: 박근혜 정부 임명직 공무원의 인사농단 사례를 중심으로," 「한국인사행정학회보」, 19(4): 211-235.

이상주·이린나·원철식. (2016). "기업 종사자의 안전의식이 직무만족과 조직몰입에 미치는 영향-부산·경남지역 제조업 종사자를 중심으로," 「지역산업연구」, 39(1): 103-121.

이상호. (2002). "다양성관리(Diversity Management)의 이념과 가치에 관한 논의: 인력활용의 관점에서," 「한국행정논집」, 14(3): 625-644.

이선우·조선일·권용수·노승용. (2013). 「공직 전문성 강화를 위한 보직관리 등 개선방안」, 인사혁신처.

이선우·진종순. (2014). "공무원 직종개편에 관한 연구," 「한국인사행정학회보」, 13(1): 119-140.

이영애. (2004). "실적제 공무원 인사제도의 변형적 집행에 관한 연구: 충청지역의 사례연구를 중심으로 한 여성공무원 우대제도에 대한 인식과 태도," 「한국정책과학학회보」, 8(3): 276-308.

이영재. (2021). "노동권 보호 ILO 핵심협약 비준 절차 완료: 내년 4월 발효," 「연합뉴스」, (4월 20일).

이유현·김지원. (2020). "공상공무원 재활정책 설계 연구-프랑스 경찰공무원 사례분석을 중심으로," 「한국정책학회보」, 29(2): 189-223.

이종수. (2002). "공무원의 전문성 향상방안으로서 경력개발제도(CDP)에 관한 연구: CDP의 시각에서 분석한 한국인사행정체계의 문제점과 개선방안," 「한국행정연구」, 11(4): 149-175.

이종수. (2009). 「행정학 사전」, 대영문화사.

이종수. (2012). 「새 행정윤리」, 대영문화사.

이진규. (2009). 「전략적 윤리적 인사관리」, 박영사.

이창길. (2019). 「인적자원행정론(제3판)」, 법문사.

이한빈 외. (1969). 「한국행정의 역사적 분석(1948-1967)」, 한국행정문제연구소.

References 참고문헌

이홍민 · 김종인. (2003). 「핵심역량 핵심인재: 인적자원 핵심역량 모델의 개발과 역량평가」, 한국능률협회.

인사혁신처. (2014). 「공무원연금개혁 교육자료」, 인사혁신처.

인사혁신처. (2019). 「공무상 재해 심사사례집」, 인사혁신처.

인사혁신처. (2019). 「공무원 다면평가 운영 매뉴얼」, 인사혁신처.

인사혁신처. (2019). 「공무원 성과평가 등에 관한 지침(예규)」, 인사혁신처.

인사혁신처. (2019). 「공무상 재해 심사사례집」, 인사혁신처.

인사혁신처. (2019). 「공무원 인사실무」, 인사혁신처.

인사혁신처. (2019). 「공정채용 가이드북」, 인사혁신처.

인사혁신처. (2019). 「한 눈에 보는 공무원 재해보상」, 인사혁신처.

인사혁신처. (2020). 「2020 공공부문 균형인사 연차보고서」. 인사혁신처.

인사혁신처. (2020). 「소청심사 업무편람」, 인사혁신처.

인사혁신처. (2021). 「공무원 보수 등의 업무지침」, 인사혁신처.

인사혁신처. (2021). 「공무원 성과평가 등에 관한 지침(예규)」, 인사혁신처.

인사혁신처. (2021). 「인사혁신처 주요업무 추진계획」, 인사혁신처.

인사혁신처. (2021). 「2020년 행정부 국가공무원 인사통계」, 인사혁신처.

인사혁신처. (2021). 「국가공무원 재택근무 매뉴얼」. 인사혁신처.

인사혁신처. (2022). 「2022 공공부문 균형인사 연차보고서」. 인사혁신처.

인사혁신처. (2022). 「2022 인사혁신통계연보」. 인사혁신처.

인사혁신처. (2022). 「국가공무원 원격근무제 이용 현황」. 인사혁신처.

인사혁신처 윤리복무국. (2018). 「징계업무편람」, 인사혁신처 윤리복무국.

인사혁신처 윤리복무국. (2020). 「공직윤리업무편람」, 인사혁신처 윤리복무국.

임도빈 · 유민봉. (2019). 「인사행정론(제5판)」, 박영사.

임성근. (2014). 「공직윤리제도가 공직자의 비리 예방에 미치는 효과성 연구」, 한국행정연구원.

전충렬 · 김판석. (2014). "미국 연방정부의 고위직 임용체계와 인사청문제도에 대한 사례연구,"「한국인사행정학회보」, 13(2): 1-37.

정부혁신 어벤저스. (2020). 「90년생 공무원이 왔다」, 세종: 행정안전부.

정재명 · 오경아 · 민소정. (2006). 「주요국의 공무원 인사제도에 관한 연구」, 한국행정연구원.

정충식 · 고대식 · 김판석 외. (2021). 「지능형 정부의 정책이슈」, 윤성사.

정하중. (2020). 「행정법개론(제14판)」, 법문사.

조석준 외. (1987). 「한국행정의 역사적 분석(1968-1984)」, 서울대학교출판부.

조석준. (1992). 「한국행정학」, 박영사.

조성혜. (2012). "공무원의 노동기본권 제한의 연혁과 헌법재판소의 태도,"「노동법학」, 43:

249-296.

차병직·윤재왕. (2016). 「지금 다시, 헌법」, 로고폴리스.

최관섭·박천오. (2014). "중앙부처 공무원의 성과평가제도 수용성: 성별, 직급별, 연령별 인식을 중심으로," 「한국인사행정학회보」, 13(3): 89-116.

최동훈. (2012). "한국 공무원의 정치적 중립 개념 인식," 「주관성 연구」, 24: 63-83.

최무현. (2001). "대표관료제 이론과 그 적용에 관한 연구," 「사회과학논집」, 연세대사회과학연구소, 7: 143-166.

최무현. (2002). "적극 평등인사정책(Affirmative Action)의 세 가지 접근법과 시사점," 「현대사회와 행정」, 12(1): 173-198.

최무현. (2004). "한국 공무원의 보직 및 경력관리 체계 개선방안 연구," 「한국행정연구」, 13(2): 125-153.

최무현. (2005). "공무원 인사관리에 경력개발제도 도입의 문제점과 개선방향," 「한국인사행정학회보」, 4(2): 159-190.

최무현. (2015). "'확장된' 퇴직관리 관점에서 퇴직공직자 재취업 문제에 관한 정책방안 연구," 「정부학연구」, 21(2): 5-35.

최무현·조창현. (2007). "정부부문에 역량기반 교육훈련제도(CBC)의 도입: 과학기술부 사례를 중심으로," 「한국인사행정학회보」, 6(2): 263-291.

최병대. (2003). "공무원의 전문성확보 방안: 서울시 도시계획분야를 중심으로," 「한국지방자치학회보」, 15(3): 125-144.

최병대·김상묵. (1999). "공직사회 경쟁력 제고를 위한 실적주의 인사행정기능의 강화," 「한국행정학보」, 33(4): 77-94.

최성주. (2017). "한국의 정무직 인사 개선방안: 해외 사례 분석을 중심으로," 「한국인사행정학회보」, 16(1): 51-74.

최순영. (2015). 「직위분류제 확대와 연계한 공무원 인사관리의 개선방안」, 한국행정연구원.

최은희·정혜선. (2019). "남자 제조업 근로자의 직무스트레스, 피로도, 안전보건서비스의 경험이 건강문제에 미치는 영향," 「한국산업보건학회지」, 29(2): 226-235.

최재식. (2016). 「공무원연금제도 해설」, 공무원연금공단.

최종태. (2008). 「현대 인사관리론: 의사결정론적 시스템 어프로치」, 박영사.

표시열. (2014). 「정책과 법: 원리-판례」, 박영사.

하미승·권용수·이재은. (2007). "공무원 직종·직급체계의 합리적 개편방안 연구," 「한국인사행정학회보」, 6(2): 163-194.

하재룡. (2011). "공무원의 실적주의 인사제도와 단체교섭의 공존: 가능성과 도전," 「한국인사행정학회보」, 10(1): 87-116.

References 참고문헌

하태권·이선우·조경호·강인호. (2000). "한국정부 공직분류체제의 실태분석 및 대안모색: 공무원의 종류구분과 직급체계를 중심으로," 「한국정치학회보」, 34(3): 103-128.

한국개발연구원. (2014). 「공무원연금제도 개선방안 연구", 한국개발연구원.

한국행정연구원. (2017). 「공무원 후생복지 제고방안 연구", 한국행정연구원.

한국행정연구원. (2022). "공무직 현황과 이슈 진단: 한국과 주요 해외국 사례를 중심으로," 「KIPA 정부디자인 Issue」, 통권18호, 한국행정연구원.

한수웅. (2012). "헌법 제7조의 의미 및 직업공무원제도의 보장," 「법조」, 61(11): 5-52.

한인근. (2010). "영·미 고위공무원단 설립의 역사적 배경에 관한 연구," 「한국인사행정학회보」, 9(1): 59-82.

행정안전부. (2010). 「유연근무제 활성화 기본계획」. 서울: 행정안전부.

행정안전부. (2013). 「2014년도 유연근무제 활성화 기본계획」. 서울: 행정안전부.

[국외 문헌]

Allard, M. J. (2002). "Theoretical Underpinning of Diversity," Carol Harvey & M. June Allard (eds.) *Understanding and Managing Diversity: Readings, Cases, and Exercises*. 2nd ed. NJ: Prentice Hall.

Azzaro, S. D. (2014). "The Hatch Act Modernization Act: Putting the Government Back in Politics," *Fordham Urban Law Journal*, 42(3): 781-819.

Bandura, A. (1976). *Social Learning Theory*. Englewoord Cliffs, NJ: Prentice-Hall.

Bendix, R. (1949). *Higher Civil Servants in American Society*. Boulder: University of Colorado Press.

Bodenheimer, E. (1962). *Jurisprudence: The Philosophy and Method of Law*. Cambridge, MA: Harvard University Press.

Boyatzis, R. E. (1982). *The Competent Manager: A Model for Effective Performance*, New York: John Wiley & Sons.

Bryson, J. M. (2010). "The Future of Public and Nonprofit Strategic Planning in the United States," *Public Administration Review,* 70(s1): s255-s267.

Carrell, M. R. & Everett, E. M. (1995). "Defining Workforce Diversity in Public Sector Organization," *Public Personnel Management*, 24(1): 99-111.

Chyung, S. Y., Stepich, D. & Cox, D. (2006). "Building a Competency-Based Curriculum Architecture to Educate 21st-Century Business Practitioners," *Journal of Education for Business*, 81(6): 307-314.

Condrey, S. E.(ed.). (2005). *Handbook of Human Resources Management in Government.* New York: John Wiley & Sons.

Cooper, K. (2000). *Effective Competency Modeling and Reporting: A Step−By−Step Guide for Improving Individual & Organizational Performance.* New York: American Management Association.

Cooper, T. (ed.) (2000). *Handbook of Administrative Ethics,* 2nd ed. Oxfordshire, UK: Routledge.

Cooper, T. (2012). *The Responsible Administrator: An Approach to Ethics for the Administrative Role,* 6th ed. San Francisco: Jossey−Bass.

Cooper, T. & Menzel, D. (2013). *Achieving Ethical Competence for Public Service Leadership. Oxfordshire,* London, UK: Routledge.

Cox, T. H., Sharon A. L. & Poppy L. M. (1991). "Effects of Ethnic Group Cultural Differences on Cooperative and Competitive Behavior on a Group Task," *Academy of Management Journal,* 34(4): 827−847.

Dahl, R. A. (1982). *Pluralist Democracy: Autonomy Versus Control.* New Haven, CT: Yale University Press.

Dresang, D. L. (1999). *Public Personnel Management and Public Policy.* New York: Longman.

Dubois, D. (1993). *Competency−Based Performance Improvement: A Strategy for Organizational Change.* Amherst, MA: HRD Press.

Dubois, D. & Rothwell, W. (2004). *Competency−Based Human Resource Management.* Mountain View, CA: Davies−Black Publishing.

Durant, R. F. (2003). "Senior Executive Service," in Jack Rabin (ed.), *Encyclopedia of Public Administration and Public Policy.* 1089−1093. New York: Marcel Dekker, Inc.

Ebert, R. & Griffin, R. (2016). *Business Essentials,* 11th edition, London: Pearson.

Ely, R. J. & David A. T. (2001). "Cultural Diversity at Work: The Effects of Diversity Perspectives on Wok Group Processes and Outcomes," *Administrative Science Quarterly,* 46(2): 229−273.

Fernandez, S. & Moldogaziev, T. (2011). "Empowering Public Sector Employees to Improve Performance: Does it Work?," *American Review of Public Administration,* 41(1): 23−47.

Fisher, R. & Ury, W. (1981). *Getting to Yes.* New York: Penguin Books.

Frederickson, H. G. (1980). *New Public Administration.* Alabama: University of Alabama

References 참고문헌

Press.

Gilmour, J. B. & Lewis, D. E. (2006). Political Appointees and the Competence of Federal Program Management. *American Politics Research*, 34(1): 22-50.

Golembiewski, R. T. (1995). *Managing Diversity in Organizations*. London: University of Alabama Press.

Harding, R. (2022). "Debate: The 70:20:10 rule in leaning and development-the mistake of listening to sirens and how to safely navigate around them," *Public Money and Management,* 42(1): 6-7.

Hart, D. K. (1974). "Social Equity, Justice, and the Equitable Administrator," *Public Adminstration Review,* 34(1): 3-11.

Honey, M. (2008). *Going Down Jericho Road: The Memphis Strike, Martin Luther King's Last Campaign*. New York, NY: W.W. Norton & Company.

Ingraham, P. & Rosenbloom, D. (1990). "Political Foundations of the American Federal Service: Rebuilding a Crumbling Base," *Public Administration Review*, 50(2): 210-219.

[UK] Institute for Government. (2021). *Percentage of Civil Servants at Each Grade*. London: Institute for Government. https://www.instituteforgovernment.org.uk/charts/percentage-civil-servants-each-grade

Ivancevich, J. M. & Jacqueline A. G. (2000). "Diversity Management Time for a New Approach," *Public Personnel Management*, 29(1): 75-92.

James, P. (2002). "Discourses and Practices of Competency-Based Training: Implications for Worker and Practitioner Identities," *International Journal of Lifelong Education*, 21: 369-391.

Jeffrey, P. (1994). *Competitive Advantage Through People*. Boston: Harvard Business School Press.

Joinson, C. (2001). "Refocusing Job Descriptions," *HR Magazine,* 6(1): 66-72.

Jones, C. O. (1969). "Reevaluating the Hatch Act: A Report on the Commission on Political Activity of Government Personnel," *Public Administration Review*, 249-254.

Jones, S. R. (1990). "Worker interdependence and output: The Hawthorne studies re-evaluated," *American Sociological Review*, 176-190.

Jung, C. S. & Lee, S. Y. (2015). "The Hawthorne studies revisited: Evidence from the US federal workforce," *Administration & Society*, 47(5): 507-531.

Kearney, R. C. & Mareschal, P. M. (2014). *Labor Relations in the Public Sector*, 5th edition.

Oxford, UK: Routledge.

Kellough, J. E. & Katherine C. N. (2004). "Responding to a Wake-Up Call: An Examination of Federal Agency Diversity Management Programs," *Administration & Society*, 36(1): 62–90.

Kernaghan, K. (1985). *Public Administration in Canada*. Toronto: Methuen.

Kim, P. S. (1992). "Who Serves the People: Educational Backgrounds of South Korean and Japanese Bureaucrats," *American Review of Public Administration*, 22(4): 307–326.

Kim, P. S. (1993). "Public Bureaucracy and Regionalism in South Korea," *Administration and Society*, 25(2): 227–242.

Kim, P. S. (1993). "Toward Gender Equality in the Korean Civil Service," *Public Personnel Management*, 22(3): 403–419.

Kim, P. S. (1994). "A Theoretical Overview of Representative Bureaucracy" Synthesis, "*International Review of Administrative Sciences*, 60(3)" 385–397.

Kim, P. S. (1996). "Disability Policy: An Analysis of the Employment of People with Disabilities in the American Federal Government," *Public Personnel Management*, 25(1): 73–88.

Kim, P. S. (1999). "Globalization of Human Resource Management: A Cross-cultural Perspective for the Public Sector," *Public Personnel Management*, 28(2): 227–243.

Kim, P. S. (2001). "Utilizing 360 Degree Feedback in the Public Sector: A Case Study of the Korean Central Government," *Asian Journal of Political Science*, 9(2): 95–108.

Kim, P. S. (2003). "Strengthening the Pay-Performance Link in Government: A Case Study of Korea," *Public Personnel Management*, 31(4): 447–463.

Kim, P. S. (2004). "Presidential Personnel Innovation for Presidential Appointees in Korea: Toward an Institutional Presidency," *Public Administration and Development*, 24(3): 235–246.

Kim, P. S. (2005). "An Analysis of the Employment of Persons with Disabilities in the Korean Government: A Comparative Study with the American Government," *Public Personnel Management*, 35(1): 15–32.

Kim, P. S. (2007). "Transforming Higher-Level Civil Service in a New Age: A Case Study of a New Senior Civil Service in Korea," *Public Personnel Management*, 36(2): 127–142.

Kim, P. S. (2007). "Building National Integrity through Corruption Eradication in South Korea," *International Public Management Review* 8(2): 138–163.

References 참고문헌

Kim, P. S. (2008). "How to Attract and Retain the Best in Government," *International Review of Administrative Sciences*, 74(4): 637–652.

Kim, P. S. (2009). "A Case for Performance Management for Political Appointees," *Public Personnel Management*, 38(4): 1–18.

Kim, P. S. (2012). "A Historical Overview of Korean Public Administration," *International Review of Administrative Sciences*, 78(2): 217–238.

Kim, P. S. (2017). "The Development of Modern Public Administration in East Asia," *International Review of Administrative Sciences*, 83(2): 225–240.

Kim, P. S. (2018). "New Development: A New History of Collective Bargaining in South Korean Governance," *Public Money and Management*, 38(7): 539–542.

Kim, P. S. (2020). "New development: A New Principle–the higher the position, the broader the view," *Public Money and Management*, 40(4): 326–329.

Kim, P. S. (2020). "New Development: Competency Assessment System and Practice in Government: The South Korean Experience," *Public Money and Management*, 40(8): 611–614.

Kim, P. S. (2022). "A behavioral approach to administrative reform: a case study of promoting proactive administration in South Korea," *Public Administration and Policy*, 25(3): 310–322.

Kim, P. S. & Chun, J. Y. (2019). "A Critical Review of the 2015 Korean Civil Service Pension Reform," *Public Money and Management*, 39(5): 369–378.

Kim, P. S. & Hong, K. P. (2006). "Searching for Effective HRM Reform Strategy in the Public Sector: Critical Review of WPSR and Suggestions," *Public Personnel Management*, 35(3): 199–215.

Kim, P. S. & Hong, K. P. (2013). "Major Constraints and Possible Solutions for Performance Management in Korea," *Public Management Review*, 15(4): 1137–1153.

Kim, P. S. & Hong, K. P. (2017). "Debate: Humanized Robotic Agents in Government: the Emergence of the Hubogent," *Public Money and Management*, 37(2): 131–132.

Kim, P. S. & Lewis, G. (1994). "Asian Americans in the Public Service: Sucess, Diversity, and Discrimination," *Public Administration Review*, 54(3): 285–290.

Kim, P. S. & Yoon, T. B. (2017). "Strengthening Public Service Ethics in Government: The South Korean Experience," *Public Integrity*, 19(6): 607–623.

Kim, T., Mullins, L. B. & Yoon, T. (2021). "Supervision of Telework: A Key to Organizational Performance," *American Review of Public Administration,* 51(4):

263-277.

Kingsley, J. D. (1944). *Representative Bureaucracy: An Interpretation of the British Civil Service*. Yellow Springs, OH: Antioch Press.

Kirkpatrick, D. L. & Kirkpatrick, J. D. (2006). *Evaluating Training Programs: the Four-Levels*, 3rd ed. Oakland, CA: Berrett-Koehler Publishers.

Kirton, G. & Anne-Marie, G. (2005). *The Dynamics of Managing Diversity: A Critical Approach*, 2nd ed. Oxford, UK: Butterworth Heinemann.

Klingner, D. E. & John, N. (1993). *Public Personnel Management: Contexts and Strategies*, 3rd ed. Englewood Cliffs, NJ: Prentice Hall.

Kossek, E. E. & Sharon A. L. (1996). *Managing Diversity: Human Resource Strategies for Transforming the Workplace*. Oxford, UK: Blackwell.

Kranz, H. (1976). *The Participatory Bureaucracy: Woman and Minority in A More Representative Public Service*. Lexington, MA: Lexington Books.

Lee, H. J. (2022). "Changes in industrial safety practices to be pushed by government," *Korea Joongang Daily* (English newspaper, November 30). https://koreajoongangdaily. joins.com/2022/11/30/business/economy/Labor-Occupation-accident-SPC/202211301 75604114.html

Lemoyne de Forges, J. M. (1997). *Droit de la Fonction Publique*. Paris: PUF.

Leonard, S. (2000). "The Demise of Job Descriptions. Future Focus: Emerging Issues," *HR Magazine*, 45(8).

Lewis, D. E. (2007). "Testing Pendleton's Premise: Do Political Appointees Make Worse Bureaucrats?," *Journal of Politics*, 69(4): 1073-1088.

Long, N. E. (1962). *The Polity*. Chicago: Rand McNally.

Lucia, A. & Lepsinger, R. (2001). *The Art and Science of Competency Models: Pinpointing Critical Success Factors in Organizations*. San Francisco: Jossey-Bass.

Mathis, R. & Jackson, J. (2006). *Human Resource Management,* 11th ed. Mason, OH: South-Western.

Mayo, E. (2003). *The Human Problems of an Industrial Civilization*. New York: Routledge.

McClelland, D. C. (1973). "Testing for Competence Rather than for Intelligence," *American Psychologist*, 28(1): 1-14.

McLagan, P. A. & Bedrick, D. (1983). "Models for Excellence: The Results of the ASTD Training and Development Competency Study," *Training and Development Journal*, 37(6): 10-20.

References 참고문헌

Menzel, D. (2016). *Ethics Management for Public and Nonprofit Managers*, 3rd ed. Oxordshire, UK: Routledge.

Milliken, F. J. & Luis, L. M. (1996). "Searching for Common Threads: Understanding the Multiple Effects of Diversity in Organizational Groups," *Academy of Management Review*, 21(2): 402-433.

Mirabile, R. J. (1997). "Everything You Wanted to Know about Competency Modeling," *Training and Development*, 51(8): 73-77.

Mitchell, J. (1997). "Representation in Government Boards and Commissions," *Public Administration Review*, 57(2): 160-167.

Mosher, F. C. (1982). *Democracy and the Public Service*. 2nd ed. New York: Oxford University Press.

Naquin, S. & Holton, E. (2003). "Redefining State Government Leadership and Management Development: A Process for Competency-Based Development," *Public Personnel Management*, 32(1): 23-46.

Nigro, F. & Nigro, L. (1995). *The New Public Personnel Administration*. Itasca, IL: P.E. Peacock.

Nigro, L. G., Nigro, F. A. & Kellough, J. E. (2012). *The New Public Personnel Administration*. Boston, MA: Cengage Learning.

Noe, R. A., Hollenbeck, J. R., Gerhart, B. & Wright, P. M. (2017). *Human Resource Management: Gaining a Competitive Advantage*. New York, NY: McGraw-Hill Education.

Norma M. R. (ed.). (2017). *Public Personnel Management: Current Concerns, Future Challenges,* 6th ed. New York, NY: Routledge.

OECD. (2000). *Korea and Knowledge-Based Economy: Making the Transition*. Paris: OECD.

OECD. (2009). *Government at a Glance 2009*, Paris: OECD.

Office of Personnel Management(OPM). (2021). *Status of Telework in the Federal Government: Report to Congress, Fiscal Year 2020*, Washington, DC: Office of Personnel Management.

Overeem, P. (2005). "The Value of the Dichotomy: Politics, Administration, and the Political Neutrality of Administrators," *Administrative Theory & Praxis*, 27(2): 311-329.

Peters, L. H. & O'Connor, E. J. (1980). "Situational Constraints and Work Outcomes: The Influences of a Frequently Overlooked Construct," *Academy of Management Review*, 5(3): 391-397.

Pfeffer, J. (1994). *Competitive Advantage through People: Unleashing the power of the work force*. Cambridge, MA: Harvard Business Review Press.

Rawls, J. (1971). *A Theory of Justice*. Cambridge, MA: Harvard University Press.

Rohr, J. (1986). *To Run A Constitution: The Legitimacy of the Administrative State*. Lawrence, KS: University of Kansas.

Rosenbloom, D. (1989). *Public Administration: Understanding Management, Politics, and Law in the Public Sector*, 2nd ed. New York: McGraw-Hill.

Sanchez, J. I. & Levine, E. L. (2000). "Accuracy or Consequential Validity: Which is the Better Standard for Job Analysis Data?," *Journal of Organizational Behavior*, " *International Journal of Industrial, Occupational and Organizational Psychology and Behavior*, 21(7): 809-818.

Sandel, M. (2009). *Justice: What's the right thing to do? New York: Farrar, Straus and Giroux.*

Shafritz, J. M., Rosenbloom, D. H., Riccucci, N. M., Naff, K. C. & Hyde, A. C. (2001). *Personnel Management in Government: Politics and Process*. 5th ed. New York: F. E. Marcel Dekker, Inc.

Skinner, B. F. (1965). *Science and Human Behavior*. New York, NY: Free Press.

Smith, S. R. & Dollase, R. (1999). "Outcome-Based Education: Part 2-Planning, Implementing and Evaluating a Competency-Based Curriculum," *Medical Teacher*, 21(1): 15-22.

Snyder, K. (2012). "Enhancing Telework: A Guide to Virtual Leadership," *Public Manager*, 41(1): 11-14.

Spector, P. E. & Jex, S. M. (1991). "Relations of Job Characteristics from Multiple Data Sources with Employee Affect, Absence, Turnover Intentions, and Health," *Journal of Applied Psychology*, 76(1): 46-53.

Spencer, L. M. & Spencer, S. M. (1993). *Competence at Work; Models for Superior Performance*. New York: John Wiley & Sons.

Stahl, O. (1976). *Public Personnel Administration*. New York: Harper & Row.

Stanley, D. T. (1970). "*What Are Unions Doing to Merit Systems?*" *Public Personnel Review*, *109.*

Thomas, R. (1990). "From Affirmative Action to Affirming Diversity," *Harvard Business Review*, 90(2): 107-117.

Thompson, F. J. (1976). "Minority Groups in Public Bureaucracies: Are Passive and Active Representation Linked?," *Administration & Society*, 8(2): 201-226.

Tolman, E. (1932). *Purposive Behavior in Animals and Men*. New York, NY: Century

References 참고문헌

Psychology Series.

Tyler, Tom. (2006). *Why People Obey the Laws*. New Jersey: Princeton University Press.

United Kingdom Government. (1994). *The 1994 Continuity and Change: White Paper*. London: Stationary Office.

Ulrich, David. (1996). *Human Resource Champions: The Next Agenda for Adding Value and Delivering Results*. Boston, MA: Harvard Business Review Press.

US Advisory Commission on Intergovernmental Relations. (1969). *Labor-Management Policies for State and Local Government*. Washington DC: Government Printing Office.

Van Riper, P. (1958). *History of the United States Civil Service*. New York: Harper and Row.

Viscusi, W. K. (1983). *Risk by Choice: Regulating Health and Safety in the Workplace*, Cambridge: Harvard University Press.

Von Bergen, C., Barlow, S. & Teresa, F. (2002). "Unintended Negative Effects of Diversity Management," *Public Personnel Management*, 31(2): 239-251.

Voorhees, R. (ed.). (2001). *Measuring What Matters: Competency-Based Learning Model in Higher Education*. San Francisco: Jossey-Bass.

Walker, J. W. (1980). *Human Resource Planning*, McGraw-Hill, New York.

Warren, G., Warner, K. O. & Hennessy, M. L. (1967). *Public Management at the Bargaining Table*. Chicago: Public Personnel Association.

Wilson, W. (1887). "The Study of Administration," *Political Science Quarterly*, 2(2): 197-222.

Wise, L. R. (1990). "Social Equity in Civil Service Systems," *Public Administration Review*, 50(5): 567-575.

[인사행정 관련 홈페이지]

공무원연금공단, www.geps.or.kr
공무원연금공단 맞춤형복지포털, www.gwp.or.kr
인사혁신처, www.mpm.go.kr
인사혁신처 공무원 채용 역사관, https://www.mpm.go.kr/historyofexam/
인사혁신처 공무원재해보상연금위원회, https://www.mpm.go.kr/simsa/
인사혁신처 공직윤리시스템, www.peti.go.kr
인사혁신처 국가공무원인재개발원, www.nhi.go.kr
인사혁신처 국가인재데이터베이스, www.hrdb.go.kr

인사혁신처 국외출장연수정보시스템, https://btis.mpm.go.kr/cmm/main/mainPage.do

인사혁신처 나라배움터, https://e-learning.nhi.go.kr

인사혁신처 나라일터, www.gojobs.go.kr

인사혁신처 사이버국가고시센터, www.gosi.kr

인사혁신처 소청심사위원회, https://sochung.mpm.go.kr

인사혁신처 인재개발정보센터, www.training.go.kr

인사혁신처 인재개발플랫폼, www.learning.go.kr

인사혁신처 정부공직자윤리위원회, https://www.peti.go.kr/instNdCmps.do

전자인사관리시스템(e-사람), https://www.mpm.go.kr/mpm/info/infoEsaram/introEsaram/

행정안전부, www.mois.go.kr

행정안전부 국민재난안전포털, www.safekorea.go.kr

행정안전부 정부조직관리정보시스템, www.org.go.kr

행정안전부 정보공개, www.open.go.kr

행정안전부 지방공무원인재개발원, www.logodi.go.kr

행정안전부 행정서비스통합포털(정부24), www.gov.kr

Index 찾아보기

Index 찾아보기

Index 찾아보기

Index 찾아보기

저자약력

김판석(金判錫)

현, 유엔(UN) 국제공무원위원회(ICSC) 위원
　　연세대학교 미래캠퍼스 글로벌행정학과 명예교수
미국 American University 행정학박사
연세대학교 미래캠퍼스 글로벌행정학과 교수 역임
대통령비서실 인사제도비서관 및 인사혁신처장 역임
세계행정학회(IIAS) 및 아시아행정학회(AAPA) 회장 역임
유엔행정전문가위원회(UN CEPA) 위원 및 부위원장 역임

최무현(崔武玄)

현, 상지대학교 공공인재학과 교수, 학술정보원장
　　한국인사행정학회 지역부회장, 인사혁신처 정책자문위원회 자문위원,
　　상지대학교 인권센터장
연세대학교 행정학박사
한국행정연구원 수석연구원, Florida State University 방문교수 역임
정부혁신지방분권위원회 인사혁신전문위원회 전문위원 역임

한유성(韓釉星)

현, 연세대학교 미래캠퍼스 글로벌행정학과 조교수
미국 Indiana University-Bloomington 행정학박사
고려대학교 연구교수 역임
미국 University of Southern California 박사후 연구원 역임

인사행정론 –개정판–

2021년 8월 20일　초판 발행
2023년 3월 20일　개정판 발행

저　자　김판석 · 최무현 · 한유성

발행인　배　　효　　선

발행처　도서
출판　法　文　社

주　소　10881 경기도 파주시 회동길 37-29
등　록　1957년 12월 12일 제2-76호(윤)
전　화　031-955-6500~6, 팩 스 031-955-6525
e-mail(영업) : bms@bobmunsa.co.kr
　　(편집) : edit66@bobmunsa.co.kr
홈페이지 http://www.bobmunsa.co.kr

조　판　광　　진　　사

정 가　34,000원　　ISBN 978-89-18-91400-8